本书由中国传媒大学乡村振兴研究院、中国传媒大学铸牢中华民族共同体意识研究基地资助出版

文化传播与乡村振兴

河阳论坛萃文 2015—2022

赵月枝◎主　编

安萧宇　姬德强◎副主编

光明日报出版社

图书在版编目（CIP）数据

文化传播与乡村振兴：河阳论坛萃文：2015—2022 /
赵月枝主编；安萧宇，姬德强副主编 . -- 北京：光明
日报出版社，2025. 1. -- ISBN 978 - 7 - 5194 - 8390 - 6

Ⅰ. G127 - 53；F320. 3 - 53

中国国家版本馆 CIP 数据核字第 20256G7K62 号

文化传播与乡村振兴：河阳论坛萃文：2015—2022
WENHUA CHUANBO YU XIANGCUN ZHENXING：HEYANG LUNTAN
CUIWEN：2015—2022

主　　编：赵月枝	副 主 编：安萧宇　姬德强	
责任编辑：章小可	责任校对：郭玫君　李海慧	
封面设计：中联华文	责任印制：曹　净	

出版发行：光明日报出版社

地　　址：北京市西城区永安路 106 号，100050

电　　话：010-63169890（咨询），010-63131930（邮购）

传　　真：010-63131930

网　　址：http：//book. gmw. cn

E - mail：gmrbcbs@ gmw. cn

法律顾问：北京市兰台律师事务所龚柳方律师

印　　刷：三河市华东印刷有限公司

装　　订：三河市华东印刷有限公司

本书如有破损、缺页、装订错误，请与本社联系调换，电话：010-63131930

开　　本：170mm×240mm

字　　数：680 千字　　　　　　　印　　张：39

版　　次：2025 年 1 月第 1 版　　印　　次：2025 年 1 月第 1 次印刷

书　　号：ISBN 978 - 7 - 5194 - 8390 - 6

定　　价：99.00 元

编 委 会

主　　编：赵月枝
副 主 编：安萧宇　姬德强
编务助理：朱泓宇　苏映潭

代序一　新闻科学在"三农"建设中大有作为^①

童　兵

在 2019 年两会期间，习近平总书记在参加河南代表团审议时指出，党的十九大做出了实施乡村振兴战略的重大决策部署。乡村振兴是包括产业振兴、人才振兴、文化振兴、生态振兴、组织振兴的全面振兴，要求实现农业全面升级、农村全面进步、农民全面发展。令人欣喜的是，"三农"建设的这三个"全面"，同新闻学科的发展和新闻学人的有所作为，是紧紧联系在一起的。

一、信息需求成为中国"三农"的第一需求

中国早期新闻学者任白涛在《综合新闻学》中引用西方新闻学者格劳德和约斯特的理论，说明新闻信息对于人类社会生存发展的意义。格劳德认为，"想知道人及事物的欲求，是由于希求生存的保证或安全化而促成，而形成之原始的冲动"。约斯特则指出，"报纸是适合于探求新闻报道的人类性的一般需要和欲求的东西，报纸不是创造它的需要的；反过来说，需要是常存在的，而报纸乃是它的必需的产物"^②。

十分遗憾，对于新闻起源及新闻科学的发生这么起码的知识，以及传递新闻信息这么简单的要求，我们却是经历了许多年的挫折和努力，才获知和懂得。这里特别应该指出，曾经生活在中国社会最底层的广大农村和农民，这种生活信息的获得和创办信息传递工具的权利，是更加不易和需要付出更加昂贵的代价的。

正因为如此，党的十八大以来，习近平总书记思考得最多、谋划得最周

---

① 本序为 2019 年 3 月 23 日，复旦大学新闻学院童兵教授在第五届河阳论坛上做的题为《新闻科学在"三农"建设中大有作为》的专题报告。本文原载于河阳乡村研究院从全球到村庄微信公众号。

② 任白涛. 综合新闻学［M］. 长沙：商务印书馆，1941：239-240.

全的就是让普通老百姓，特别是生活在农村的农民们，用最低的成本和通过最便捷的渠道获知所需求的信息，接触和使用这些信息安排自己的生活和生产。2016年4月19日，在网络安全和信息化工作座谈会上的讲话中，习近平提出，网信事业要发展，必须贯彻以人民为中心的发展思想，"要适应人民期待和需求，加快信息化服务普及，降低应用成本，为老百姓提供用得上、用得起、用得好的信息服务，让亿万人民在共享互联网发展成果上有更多获得感"①。他特别指出，"相比城市，农村互联网基础设施是我们的短板。要加大投入力度，加快农村互联网建设步伐，扩大光纤网、宽带网在农村的有效覆盖。"他还提出，"可以瞄准农业现代化主攻方向，提高农业生产智能化、经营网络化水平，帮助广大农民增加收入"。

上面我们分析了"三农"建设中对新闻信息的需求，特别从农村经济发展的需求角度，分析新闻科学对今天"三农"建设的意义。十几年前喊得很响的"文化搭台，经济唱戏"的口号，实际上已经涉及文化生活、社会信息对"三农"发展的意义。现在，"三农"建设已经直接呼喊出农业、农村、农民对新闻信息的巨大需求，这应该是一个巨大的进步。在习近平的言传身教下，许多新闻学人开始认识到信息需求将成为中国今天"三农"建设的第一需求，开始用自己所掌握的新闻科学知识和技能为"三农"服务。由赵月枝教授领衔的河阳乡村研究院这个民办社会组织和民间智库就是这样一个主动热情为"三农"建设尽心尽力的典型，值得我们学习和效法。

二、媒介的使用将引导农民实现完全的精神解放

马克思指出，人们能够自由地获得世界范围内的最大信息，才能得到完全的精神解放。可以肯定地说，当亿万中国农民逐渐懂得接触和使用越来越多的传统媒体和新兴媒体，当他们逐渐学会借助现代媒体行使自己的经济权利和政治权利，他们一定会成为中国农业发展的真正动力，成为中国农村的完全主人，成为全球农民的先进代表。

让我们回忆一下2019年的两会，涉及"三农"建设的代表委员们的发言和提案，其中不少内容言及保障和提升农民的权利和利益，如提高乡村教师待遇、深化农村金融改革、实施乡村医生支持计划、唤醒乡村优秀文化资源、鼓励优秀青年返乡创业、培养更多新型职业农民……讨论和分析近两年中国经济下行的原因时，不少农民代表和民营企业家对砍断资金流和所谓"公私

---

① 习近平. 在网络安全和信息化工作座谈会上的讲话 [N]. 光明日报，2016-04-26（2）.

合营"的主张提出尖锐的批评。一次两会就有这么多人从"三农"建设的角度和维护"三农"利益为出发点提出这么多好的意见和尖锐的批评，说明农民和农村工作者一旦能够从全球、全国的视野掌握信息，以此观察和思考中国的现实问题，我们还有什么困难克服不了？

2019年2月28日公布的第43次《中国互联网络发展状况统计报告》指出，截至2018年12月，我国网民规模达8.29亿，全年新增网民5653万。我国手机网民规模达8.17亿，网民通过手机接入互联网的比例高达98.6%，全年新增手机网民6433万。报告还指出，贫困地区网络基础设施"最后一公里"逐步打通，"数字鸿沟"加快弥合，移动流量资费大幅下降，跨省"漫游"成为历史，居民入网门槛进一步降低，信息交流效率得到提升。有关方面分析，这些领域的拓展，互联网络使用者的扩大，许多来自农村地区和农民群众。这些数据表明，农民一旦掌握全国乃至全球范围的信息，他们的精神世界将进一步扩大，他们自己也将获得完全的精神解放。

在这种喜人的态势下，像河阳乡村研究院这样的学术共同体中思想开放、学术水准很高的专家学者来到中国的农村，带动越来越多的学者专家同广大农民接触交流，中国的"三农"建设必将拥有新的发展前景，广大农民的精神解放指日可待。从这个意义上可以说，中国传媒的未来在日新月异的中国农业中发展，在欣欣向荣的中国农村中进步，在实现精神完全解放的亿万中国农民中成长！

三、新闻科学的魅力在"三农"建设中绽放

在政治正确和政策科学的条件下，媒体发展和社会进步一定会互存互利、相向成长。媒体对中国"三农"建设的关注与投入，农民兄弟对新闻信息的使用与传播，不仅直接提升了中国媒体和媒体内容在中国人口占八成以上的行业、地区和人群中的传播力、引导力、影响力、公信力，而且也有效地增强了新闻舆论工作者的脚力、眼力、脑力和笔力，使他们能够真正从理论同实践的结合上解决好"为了谁、依靠谁、我是谁"的根本问题。不仅如此，由于新闻学者的参与，新闻学者和新闻业者的紧密配合，新闻科学在农业、农村、农民的接触使用过程中接受检验，"三农"建设中的新经验、新方法、新问题也将不断推动新闻科学的创新与发展，并在这种创新发展中使新闻舆论工作者和广大新闻学师生实现自己思想感情的转变，不断实现新闻科学的中国化、时代化、大众化。一句话，新闻科学走进农业、走进农村、走进农民，是一件双方受益、互惠互利的大好事。

新闻科学在河阳乡村研究院这样的学术共同体的推动下走进"三农"建设，促进了农民新闻素养的提升，引导他们的信息需求向着健康高尚合理的方向拓展，推动他们民主意识和社会主义权利意识的形成和完全精神解放的实现，新闻科学自身也将会逐步获得完善、发展和创新。这种完善、发展和创新，在笔者看来，大致表现在以下三方面：

第一，全面履行新闻传媒的历史使命和社会职责。习近平提出的新时代新闻传媒使命职责的48字方针，如引领导向、服务大局、鼓舞士气、凝心聚力、明辨是非、沟通世界等，在媒体与农民的交流沟通中，都能够很好地得到落实。

第二，一些过去理论讨论中难以弄懂搞清的问题，如党性人民性一致的问题、舆论引导与两个舆论场的问题、党的领导和新闻自由的问题、马克思主义新闻观与西方新闻观的问题等，只要切实联系"三农"建设的实际，联系农民的切身利益，这些问题就会迎刃而解。

第三，新闻实务方面的一些难题，如时度效三者辩证把握的问题、网络安全与信息开放的问题、舆论引导与舆论监督的问题，只要能够联系"三农"实际，或者请教农民兄弟，不少难题就可以不言自明、不辩自清。

总之，新闻科学是从社会实践中来的，也必须回到社会实践中去接受检验和完善发展。新闻科学的魅力只有到社会生活中去，到"三农"建设实际中去，才能得到展现，才能发挥其作用与功能。这里，新闻学者的沟通和解说，理论上的提炼和思维科学的养成是不可缺少的。缙云的这个会，已经为我们做出了示范。让我们以此为推动，把这件事做得更好更深入，去迎接新闻科学的春天。

作者简介：童兵，复旦大学文科特聘资深教授。

代序二　从文化自觉到河阳论坛①

李　彬

　　中青院期间，也是在当代商城，第一次与赵月枝老师相聚。同声相应，同气相求，我有嘉宾，鼓瑟吹笙——20年来我们的交往正是如此。我能够开启四十不惑，乃至五十知天命的人生历程，也离不开一批有学问、有思想、有见地、有良知的大家高手，由此不断获得知人论世、求学问道的滋养，赵月枝同样名列其中。我们第一次见面的情形已经模糊了，而第一次在清华相见的场景却是历历在目。当天，我们约在清华甲所共进午餐，十二点一见面，就开始你来我往，把谈甚洽，差不多一个小时后才想到吃饭点菜。20年来，我们之间有许多类似这般忘乎所以的精神交往，她的大作更是每每给人以启发。改革开放以来，海外学术思潮前呼后拥，此起彼伏，留学海外的中国学者各擅胜场，各抱地势，对中国新闻学做出各自贡献，如赵心树、祝建华、潘忠党、洪俊浩。但总体而言，相信一般不能不承认，赵月枝的学术贡献根本性地影响或扭转了中国新闻学的方向。如果说之前，我们大多以洋为师并与中国传统与马列道统渐行渐远的话，那么，赵月枝则以一人之力，根本性地影响或扭转了这个方向。尤其是21世纪以来，在她的影响与感召下，一批有学术抱负、有政治觉悟、有创新意识的青年才俊，立足大地，心系苍生，为解释世界与改变世界提供了令人耳目一新的思想成果，包括王维佳、王洪喆、张慧瑜、张志华、洪宇、向芬、沙垚、盛阳……2018年，向芬在《清华大学学报》发表文章，题为"新闻学研究的'政治'主场、退隐与回归：对'新闻论争三十年'的历史考察与反思"，对共产党、共和国首屈一指的新闻论争及其核心问题，进行了历史与逻辑有机统一的深刻阐发，拨乱反正，正本清源，不仅对新闻传播学关系重大，而且也体现了21世纪以来人文社会科学领域日渐自觉的新气象，可以称之为第二次思想解放。如果说第一次思想

---

① 本序原载《清园闲墨：新闻与人生的交响》第514-522页。

解放突破了"左"的僵化教条，那么第二次思想解放则正在突破"右"的僵化教条，包括20世纪80年代以来的一套"专业主义话语"及其思想桎梏。这个变化如果持续下去，到90后、00后一代学者成长起来，中国的新闻传播学自当今非昔比了，而这个新时代新潮流的首倡者非赵月枝莫属。《国际新闻界》2019年刊发她的新作《否定之否定？从中外传播学术交流史上的3S说起》，读后我忍不住给她去信："用了半天时间，终于拜读了一遍3S大作，名副其实的大作！你对一系列学术与政治、中国与西方、新闻与传播、历史与现实等大问题的认识越来越清醒，把握越来越深刻。你在两个维度上超越了当下学界，一是历史维度，一是理论维度，正因如此，衮衮诸公就很难理解。好在越来越多的年轻学人开始醒悟，逐渐趋向你的方向，实际上也是大道之行的方向。"

这些年，她还以清华大学特聘教授身份，主讲本科生的马克思主义新闻观课程，一些外校甚至外地的青年学子与学者也慕名前来旁听。同时，我们还一起参加中信改革发展研究基金会，基金会与胡钰教授牵头的中国特色新闻学研究会联合举办了三届暑期班，鲜明亮出马克思的旗帜，积极推进中国新闻学及其学科体系、学术体系和话语体系的建设。她在清华承办的第一届暑期班上的报告，提出八点思考，精骛八极，视通万里，举重若轻，不同凡响，后来收入《马克思主义新闻观十五讲》（修订版）。20年来，新闻学界各路轰轰烈烈的暑期班，每每以理论与方法为号召，然而，天知道有多少马克思主义，又有多少非马克思主义，就此而言，赵月枝的影响就更是非同凡响。她在中信基金会的一次会议发言，对新闻自由与文化领导权的精辟阐发，同样令人豁然开朗，最后一句堪称警策："任何鼓吹媒体和文化产业不仅能赚大钱，而且还能打赢意识形态战争的说法，如果不是别有用心的意识形态烟幕弹，就是痴人说梦。"（《被劫持的"新闻自由"与文化领导权》）

如同赵月枝的刑天舞干戚、猛志固常在，吕新雨、卜卫以及同为女性的一批学术新秀，在西潮滚滚、新潮漾漾的洪流中，迎着纷纷倒伏的降幡，高擎起虽千万人吾往矣的大纛探求真知、探求真理，追求光明、追求正义，在新闻传播领域燃起了星星之火，点亮了希望之光，仿佛张承志的孤独背影，义无反顾踏上荒芜英雄路，给人以勇气、力量和信心。倘若不惮性别歧视的"政治不正确"，那么不妨袒露一点私心：每念几个"弱女子"疾风劲草，砥柱中流，行不苟合，义不取容，我总感到羞愧，不由想起花蕊夫人痛彻心扉的亡国之声："十四万人齐解甲，更无一个是男儿！"在赵月枝、吕新雨等"批判知识分子"或一批批"进步的""人民的"知识分子身上——无论男女，无论中外，都拥有共同的思想基因，就像张承志评价导师翁独健的学术时所言："比一切更重要的，是判断力和正义。"

2019 年，继入选中国长江学者讲座教授，赵月枝又荣膺加拿大皇家学会院士（1991 年古典诗词名家叶嘉莹先生也曾获得这一荣誉），实至名归，当之无愧。同年，暮春三月，我应邀第一次参加她的"河阳论坛——第五届河阳论坛暨乡村、文化与传播学术周"。河阳是她的老家，在浙江缙云县。河阳者，河南信阳也，河阳的先人宋代从信阳迁到缙云，为了怀念故乡而取名河阳。为了此次论坛，我准备了一篇文章，题为"知行合一新探索"，其中诸般思考可以说都是这些年我们交往的点滴结果。全文如下：

早就听说赵月枝教授的河阳论坛，传扬间感觉就像新闻传播领域的一个"小延安"，吸引着各方探求真知、追求真理的青年知识分子，我也悠然神往，延颈鹤望。2019 年 3 月，终于有机会参加第五届河阳论坛，更是感触良多。李洱积 13 年之功于 2018 年完成一部新作《应物兄》，这部近百万言的作品所关注的核心问题是："当下环境中，知识分子知行合一的难题与困境。"在我看来，河阳论坛一方面固然为传播研究打开了一方天地，为暮霭沉沉的主流传播学界注入了一线生机；另一方面，也在于探索知识分子知行合一的具体路径，在意识形态乱云飞渡之际，力求探索知识创新与家国天下的水乳交融、学术情怀与社会关切的血脉相通，从而同前赴后继的各路探索如出一辙。从费孝通到邓英淘、温铁军、曹锦清、李昌平、贺雪峰、何慧丽，从陈望道为复旦新闻教育确立"好学力行"的系铭到清华新闻学院"大篷车课堂"的实践，如此一脉探索轨迹一言以蔽之就是知行合一，即解释世界与改变世界的统一、求学问道与身体力行的统一。

2019 年两会期间，习近平总书记首先看望了文艺界与社科界的政协委员，这一举动的象征意义不言而喻。其间，他再次谈到了哲学社会科学研究首先要搞清楚为谁立言，这是一个根本问题，并希望学者多到实地调查研究，了解百姓生活状况，把握群众思想脉搏，把学问写进群众心坎里。河阳论坛探索的正是这样的治学之路以及人才培养之路，无论是几届论坛的主题，如第一届的"构建平衡互哺的城乡关系"、第二届的"乡土文化复兴：机遇与挑战"、第三届的"文化主体性与乡村发展：国家、市场与民间的联动"、第四届的"生态文明与传播：乡村作为前沿"、第五届的"乡村故事，中国道路"，还是河阳论坛几届国际暑期班的专题，如"传播、文化与全球南方""从全球到村庄：以乡村为方法"，也无论是 2016 年推动 18 位村干部致全国农村干部群众的联名倡议书——呼吁强化土地集体所有权，还是 2019 年"以红色精神引领绿色发展"的倡议获得当地市县干部群众热议，无不体现了解释世界与改变世界的统一、求学问道与身体力行的统一。所以说，河阳论坛既是传播研究中国化的新尝试，也是中国学术走向知行合一的新探索。李书磊赞许唐代诗人及其精神境界的一段话，也完全适用河阳论坛及其新青年："他们毫不踌躇地就把生命依托于这片土地，这里的山川草木都成了他们不可缺少的生命内容。他们在这块有限的土地上展开了他们无限的情感与愿望……他们执着于这一方烟火，把生命落到实处，与立足的土地有一种不可分割的亲情，使人生变为真切而具体的过程。"

这种知行合一的传统源远流长，无论是5000年老中国的晴耕雨读，还是70年新中国的德智体美劳，始终薪火相传。古人云，"大学之道，在明明德，在亲民，在止于至善"，并将立德、立功、立言视为人生不朽的三重境界。治学的立德、立功、立言迹近北宋张载的"为天地立心，为生民立命"，南宋胡宏的"学贵大成，不贵小用。大成者，参于天地之谓也；小用者，谋利计功之谓也"。古往今来一切真学问、大学问即所谓"大学"，无不在现实层面"超凡脱俗"，鄙薄追名逐利，拒绝著书只为稻粱谋，又无不在精神层面关注社会，心系天下，服务苍生，正如经济学在中国一向属于经世济民之学。历代非常偶傥之人更在知行合一中，为中华民族留下弥足珍贵的文化遗产和精神财富。从诸子百家的上下求索到诸葛孔明的经世致用，从范仲淹的先忧后乐到岳麓书院的实事求是，从文天祥的留取丹心照汗青到鲁迅的我以我血荐轩辕，从毛泽东的为人民服务到习近平的以人民为中心，古老而青春的东方大地千百年来始终磅礴着一股浩然正气，流淌着一脉文化清流。在中华人民共和国七十年蔚为壮观的新文化大潮中，更是涌现出数不胜数的人民知识分子及其彪炳史册的思想文化创造。人们知道国画大家谢瑞阶80岁的封笔之作，悬挂在北京人民大会堂接待厅的《大河上下浩浩长春》，但未必知道当年这位艺术大家的创作与人民群众的生活是怎样水乳交融。比如，一位普通的小学教师都可随时登门，请他为孩子们画些教学用图，而他总是欣然命笔。

当然，随着近代中国被胁迫卷入资本主义世界体系，以及半殖民地半封建社会状态的加剧，一方面导致《共产党宣言》说的东方从属于西方、乡村从属于城市的畸形状态，另一方面促成《德意志意识形态》所言"物质劳动和精神劳动的最大的一次分工"，在推进学科分化、专业林立以及现代化之际，也使知识脱离大地、学者远离民生一度成为趋势，由此造成了一批不及物的"学院知识分子"或曰"知道分子"，至于一些买办文人更如美国学者格里德（Jerome Grieder）的评价："对于他的人民的'社会愿望'或他们生活的'实际条件'几乎完全没有什么真正的认识。"这种状况依然难以根本摆脱，无怪乎李书磊对比今昔不由慨叹："中国古代的诗人、史家、学者多有在中国国土上四处游历的经历，这种游历使他们贴近土地和人民，走进历史和生活，体悟到文化的灵魂并由此形成他们自己的情感与精神。古时候当然没有汽车、火车、飞机火轮之类机械化的工具，游历是靠骑马、乘木舟甚至步行这种原始而自然的方式完成的，因而使游历者与山水民风有一种肌肤之亲。这种长久而深刻的肌肤之亲竟使我们这些今天的文化人生出无限的心仪和向往。我们今天被课堂、研究室、图书馆和电脑网络牢牢地囚禁起来，被各种各样的学术文化规范囚禁起来，被知识分子自身的趣味和利益集团囚禁起来，变得日益地孤立、孱弱而苍白。"

为此，新中国成立70年来，为了实现人民当家做主的政治愿景，既在文学艺术领域清除列强、封建、买办等旧艺术、旧品味，倡导社会主义新文化、新风尚，又在知识界、学术界、教育界不断探索实事求是的治学之道以及知行合一的育人之道，如知识分子劳动化，劳动人民知识化，从实践中来，到实践中去，又红又专，三大革命。在此过程中，即便出现偏差或失误，左一脚、右一脚、深一脚、浅一脚的行进中，哪怕留下一串歪歪斜斜的脚印，但大方向、总目标从毛泽东到习近平一以贯之，也就是确立新中国的道路与新时代的道统之际，培育一代又一代的社会主义新人，造就一批又一批知行合一的人民知识分子。

河阳论坛及其国际暑期班的探索就行走在这一方向和道路上，尊率"要做人民的先生，先做人民的学生"，走向田间，走进民间，走进人民心间，将书斋世界与现实世界打通，将学术人生与社会人生打通，连一些活动形式如"沉浸式研习"都不无马恩论述的意味："在共产主义社会里，任何人都没有特定的活动范围，每个人都可以在任何部门内发展，社会调节着整个生产，因而使我可能随我自己的心愿今天干这事，明天干那事，上午打猎，下午捕鱼，傍晚从事畜牧，晚饭后从事批判，但并不因此就使我成为一个猎人、渔夫、牧人或批评者。"

这一探索今天尤其富有现实意义。因为，学术界与教育界一方面固然成绩不少，进步不小；另一方面脱离实践、远离人民的状况也日益突出，毋庸讳言。现行的一些体制机制，如随波逐流的"国际接轨"、对标美国的"一流大学"，也在助推一些为做而做的"八股学术"、自娱自乐的"英文发表"、既有碍于探求真知更无助于追求真理的"清规戒律"；助推没有人间烟火气的"精神贵族"，促使学生不得不从校门到校门，从书本到书本，从纽约到伦敦，从巴黎到柏林，而难如曹锦清20世纪80年代就曾提出的"返回国情，返回实证，返回历史"。这种状况让人想到白修德笔下的民国精英：毕业于哈佛、耶鲁、哥伦比亚等美国常春藤大学，说得一口流利英语，就连做梦都用英语，却与自己国家的人民严重脱节。

当然，需要指出的是，现代化的分工需求、精细化的社会服务与国家治理以及日益广泛的世界交往，离不开千千万万的专业人才，各路学子也在求学问道过程中不断觉悟，既成就自己的梦想，又以所学专业服务社会，报效桑梓，造福人民，最终汇入"中华民族优秀子孙"千百年生生不息的历史大潮。与此同时也不能不承认，解释世界与改变世界的分离、求学问道与身体力行的分离等种种知行分离的态势与趋势，也难免导致学术研究以及人才培养的一种总体性偏差，结果既异化学术、异化学人，如《应物兄》等作品活生生展现的"学术江湖"；又影响个人自由而健全地发展，与"士不可不弘毅"的境界渐行渐远，与社会主义建设者与接班人的目标往往圆凿方枘，与穆青"勿忘人民"、范敬宜"念白云深处万千家"等寄慨良深也恐怕各行其是。

遥想40多年前，我作为一名知识青年，在河阳原籍即河南信阳一带"上山下乡"，尽管当时青春年少，懵懵懂懂，时间也不过两年，但这段经历在人生路程上却留下难以磨灭的印迹，也奠定后来著书立说与教书育人的根基。所以，我对毛泽东的广阔天地大有作为，习近平的扎根中国大地等思想由衷服膺，对甘惜分"立足中国土，请教马克思"的主张越发认同，视之为青年知识分子有所成就、有所作为的大道之行。也因此，我对河阳论坛以及知行合一的各路探索充满敬意，虽不能至，心向往之！

"老骥伏枥，志在千里，烈士暮年，壮心不已。"曹操写下这些诗句的时候，不过50多岁，赵月枝已经过了这个年龄，而今天看来，则既不老也不暮，但同样志在千里，壮心不已。2020年新冠疫情期间，她蛰居故乡，专心致志，又完成一篇煌煌四万言的新作《社会主义跨文化传播政治经济学：理论路径与问题意识》，用文章的话说："旨在融通中外学术前沿，超越政治经济研究与文化研究分野，在国际社会主义运动和跨文化传播双重视野中，探索社会主义跨文化传播政治经济学的理论路径和问题意识，从而为马克思主义政治经济学创新发展贡献中国智慧以及信息、传播与文化领域的思考。"

作者简介：李彬，清华大学新闻与传播学院教授。

代序三　河阳共识
（2022 年修改版）
第一届河阳论坛集体成果

当前，全球资本主义的急剧扩张导致生态断裂，气候反常，大气、水源、土壤遭到严重污染，生物多样性状况持续恶化，人类最基本的生存条件受到威胁。与此同时，在一个缺少平等、正义的世界里，贫富分化加剧，城乡差别扩大，阶级、族群和性别等矛盾激化，冲突、战争频发。

资本主义制度基本矛盾导致的问题不可能用资本主义的方式解决，必须选择新的发展道路——建设社会主义生态文明是野蛮与文明之间的抉择，是科学社会主义在 21 世纪的必由之路，也是生态文明的必由之路。

社会主义生态文明根植于人与自然和谐共生的理念，坚持平等正义的价值取向，要求重新界定生产目的，重新建构生产关系和社会关系，寻求永续发展，反对资本主义、发展主义、城市中心主义和消费主义。

波澜壮阔的 20 世纪退潮后，经历过一场深远社会革命洗礼的中国，至今仍坚持走社会主义道路。面对新自由主义经济政策和意识形态对中国的持续影响，中国的社会主义者不仅迫切需要一个超越资本主义的视野，而且必须从本土历史中汲取理论和实践资源，以抵抗资本主义巨大的胁迫力量，推动全球社会主义运动的前进。

我们，一群中国的社会主义者，在浙江缙云仙都和河阳村经过讨论，达成以下共识：

1. 只有当生产以满足最广大人民的基本需要、而不是以资本积累和利润为目的，人类的经济活动才可能避免劳动异化和剥削、环境破坏和资源竭尽等后果，才能同时保护和利用自然，开发绿色能源，永续发展。从社会主义的生产关系与生产目的出发，环保不等于生态，警惕环保主义沦为少数人的"绿色消费主义"。

2. 人的自由全面发展是社会生活和组织的根本目标。为此，在社会主义的生产方式中，基本生产资料和公共资源必须公有和共享。反对土地、矿产、山林、草场等资源的金融化、私有化。反对劳动力商品化、反对放纵资本、牺牲劳动。反对国有企业和国有银行的私有化改制及外资化。反对以市场万能的思路解决食品、医疗、教育、住房、交通等公共产品供给的问题。坚持以国家利益和公共服务原则指导科技创新体系的建设，反对科技创新从属于资本扩张、寡头垄断和个人消费主义的需要，反对知识产权和营利性专利垄断文化、科技资源。

3. 城市与乡村应当协调发展，支持乡村建设，支持农户以各种集体、合作形式重新组织起来。反对任何形式对农村、农民和村庄集体的剥夺，反对任何形式对农民工的歧视和剥削。反对违法占地、改变土地种植功能，使之成为少数人豪赌发财的房地产。支持人民食物主权运动，维护粮食安全，反对跨国资本轻易准入。反对农业非主粮化，反对金融资本挤压小农。

4. 人民主权是民主的最高实现方式，其中劳动者参与经济和社会政治生活的管理，是最重要的民主权利。反对政府与私有资本联姻。反对官僚本位、以权谋私，以及国家对外关系和经贸谈判中官员的买办化。主张人民至上，劳工神圣，坚持劳动人民主体性，重建工农联盟。反对剥削性的雇佣关系，以及由此产生的无视工人合法的工会选举、集体协商、合同保障、工时限制、生产安全、工资按时足额领取等基本权利。捍卫社会主义的阶级基础，坚持性别平等，维护各民族平等与团结，反对大汉族主义。

5. 积极健康的社会主义文化应以集体为重，以劳动为荣，以共享为纲。反对占有性个人主义，反对市场引导的无谓消费，反对一切形式的浪费。知识分子应当视自己为劳动者，以为祖国为人民服务为宗旨，献身学术研究、科技创新和文艺创作，为世界和平发展贡献力量。主张公共传播、文化生产和社会交往空间的人民性和创造性，反对公共媒体商业化、逐利化、庸俗化，以及由此产生的话语霸权。

6. 国家统一和独立自主，与国际主义相辅相成，是争取社会主义斗争取得胜利的前提。必须尊重各国人民的历史传统，弘扬各民族的优秀文化，珍惜人类共同的文化遗产，从实际需要和本土理解出发，探寻人类发展的多元可能。反对资本主义的单一现代化模式，反对种族主义、反对新帝国主义和新殖民主义。同时，反对任何形式的宗派主义和原教旨主义。

中国的社会主义者联合起来，与弱小民族和发展中国家一起，与全球所有进步力量一起，共同联合起来，沿着社会主义生态文明之路，建设属于世界人民的新地球村！

河阳论坛是由缙云县河阳乡村研究院发起组织的一个聚焦乡村研究的跨学科学术交流平台。首届于 2015 年 3 月在浙江省缙云县召开。

序言：村庄、县域与大地上的学问①

赵月枝

甘阳早在 20 世纪 90 年代就指出，中国社会科学的发展唯有建立在对"乡土中国"的大量经验研究的基础上才有可能；当中国社会科学的成熟能达到基本把握"乡土中国"的历史变迁，而又能与中国哲学和人文学传统达到高度互动之时，那也就是"文化中国"有所落实之时。② 今天，面对百年未有之大变局中乡村振兴在国民经济发展、社会稳定以及应对各种风险挑战中的"压舱石"作用，面对世纪疫情下"大疫止于村野"的真知灼见和乡村在生态文明转型战略中的关键作用，面对新闻传播与文化领域在政治经济和社会文化生活中的核心地位，我们如何发展出具有全球视野和乡土中国立场的新闻传播学术？

新闻学被认定是中国哲学和社会科学发展中一个具有支撑作用的重要学科。传播学自 20 世纪 80 年代初被引入中国后，在中国已随信息与传播领域的爆炸性发展而成为显学。如何让 40 年前引入的、有美国冷战社会科学背景的传播学，80 年前在延安的山沟沟里淬炼出来的马克思主义新闻学以及有 5000 年积淀的世界上唯一持续的农耕文明有机融合？新闻传播学者又如何能在续接中国革命从农村包围城市的道路和中国知识分子百年乡建传统的过程中，克服普遍存在的西方化、城市化、学院化与内卷化倾向，"呼啸着走向田野"，把论文写在大地上，进而融入当下的乡村振兴实践？

8 年前，在"返乡体"那近乡情怯的悲观叹息中，我以一位海外华人新闻传播学者的身份，在故乡浙江创办缙云县河阳乡村研究院，开启了重新认识中国乡村、县域和把学术根植于乡土文化和乡土中国的过程。这是一个重

---

① 本文的一个删节版刊载于 2022 年 12 月 21 日《农民日报》第 8 版。
② 甘阳. 文化中国与乡土中国——后冷战时代的中国前景及其文化［EB/OL］. 爱思想，2007-01-25.

1

新认识自己的过程，一个重构学术主体性和学术共同体的过程，一个探索学术创新与乡村振兴良性互动的过程，更是一个在中华优秀传统文化和马克思主义的结合中，开拓"厚植乡土，绿色共富"①新视野的过程。

本书收集的，是围绕缙云县河阳乡村研究院的学术活动而产生的文化与传播学术文章、媒体报道和相关文献。之所以把它命名为"河阳论坛萃文"，不是因为所有文章都是在"河阳论坛"上发表的论文，而是因为"河阳论坛"是这个研究院的标识性学术平台，取其象征性的意义。这里的"萃"字，取其"草丛生""茂盛"与"人和物聚集在一起"的双重含义：以这个草根研究院为核心，我们聚集在一起，像春草一样，根植大地，茂盛生长，以自己荟萃出来的那一抹新绿，装点新时代学术百花苑的春天。

要给这部文集提供一个背景并介绍其来龙去脉，就必须从河阳这个村庄说起，说到缙云这个县域，再说到以这两个地名命名的"缙云县河阳乡村研究院"及其学术追求、学术活动和由此产生的学术共同体的研究成果。我希望，这篇文字能提供一个通过具体的村庄和县域来认识乡土中国，然后通过描述缙云县河阳乡村研究院的跨学科理论与实践相结合的学术实践，来分享一个学术如何根植乡土中国的案例。

村庄：从河阳的故事说起

河阳是一个位于浙江省丽水市缙云县西乡的千年古村落，有近千户，三千多人口。跟许多中国村庄一样，河阳在过去半个世纪也经历了从兴旺到空心化再到寻求复兴的过程。与其他村庄所不同的是，河阳作为农耕文明的一个村庄"载体"有代表性意义。进入21世纪第二个十年以来，随着国家保护乡土文化力度的加强和乡村振兴战略的推进，河阳的各种"国"字招牌纷至沓来：2012年，河阳入选国家住房和城乡建设部、文化部（现文化和旅游部）、财政部第一批中国传统村落；2013年，河阳的乡土建筑被国务院列入第七批全国重点文物保护单位；2014年，河阳被住建部和国家文物局公布为第六批中国历史文化名村；2020年，河阳入选全国乡村旅游重点村名单。

与河阳隔着一条小溪，是我生长的小自然村岩山下。村庄名不见经传，

---

① 这是2022年4月1日在线上召开的"浙江省丽水市社会科学界第二届年会暨第八届河阳论坛"的主题。

只有80多户，400左右人口。由于道家文化的影响——周围的山村中，有因东晋道教理论家、著名炼丹家和医药学家葛洪炼丹而得名的丹址村，有至今还有纪念葛洪庙宇的竹海婆娑的葛竹村——我生长的农家院子叫"道坛"。这是一个与河阳古民居中那些国宝级的"十八间道坛"一样的四合院，院内宽敞明亮，外面青砖黑瓦，大闾门门楣上"淳朴家风"四个大字遒劲有力，几年前成了电视剧《麦香》中男主人公生长环境的取景地。河阳是当年的人民公社所在地，也是我上初中和高中的地方。那排气派的徽派建筑马头墙边，曾是我的教室所在地；那几个别致的苏式圆筒门附近，曾是我寄宿的姑妈家所在。现代历史上，岩山下与河阳分分合合，在民国和人民公社期间各有一次合并。2011年1月，在又一轮行政村规模调整中，岩山下与河阳第三次合并，组成一个行政村，沿用河阳村名。从此，尽管我每每感觉有"高攀"之嫌，河阳还是成了我在对缙云之外的人讲自己来处时的村庄。

河阳村大部分人姓朱，是一个典型的江南单一宗族聚居村落。据《义阳朱氏家谱》记载，该村先祖朱清源生于唐僖宗年间，曾任吴越武肃王钱镠的掌书记。钱镠死后，为躲避庙堂之上的祸乱，朱清源与弟弟朱清渊于吴越宝正七年（公元932年）全家从杭州迁居缙云，在县西12.5千米的中峰山下择地建居。"河阳"是个古县名，指原河南省孟县（孟州市），取黄河之阳之意。但是，根据河阳村的叙事，村名取自朱氏祖籍河南信阳各一字。无论如何，南方山区里的这个村庄的名字，遗留着中华民族从北向南迁徙的"编码"，凝聚着民族血脉中那种依恋故土的情结。朱氏一脉在河阳休养生息，繁衍后代，一边耕读传家，维系着村庄共同体，一边通过科举制度再把子孙送回庙堂，通过经商把自己的足迹留在大江南北。虽然河阳经历过明正统十四年（1449）的丽水银矿矿工起义、明末太平天国农民起义以及日寇入侵的战火，但是，村庄至今还保留着元明古民居的基本格局。人文底蕴十分深厚的河阳，史有自成一体的"义阳诗派"，流传至今的剪纸艺术也独具特色，而村庄导游津津乐道的那个朱元璋因该村出过八个进士而赠送"石稀罕"的故事，更彰显了这个村庄的文化自信。

与河阳一样，岩山下也是一个以单姓为主的宗族聚居村庄。其赵姓先祖建村的时间，虽比河阳朱氏晚，但其来历比朱氏更显赫。根据家谱和一块20世纪90年代出土的、现存于村中"赵氏宗祠"的宋代墓碑，岩山下赵氏是缙云两支赵氏中人数较少的"君派"，即宋太宗赵光义四世孙、保康节度使赵仲晓的后裔（另一支是宋代开国宰相赵普的后裔，称"臣派"）。赵仲晓因靖康之变抱先祖神位先在缙云西北边比岩山下更偏僻的张公桥村定居，其十四世后裔迁居到地形相对平坦一点的岩山下。

两个一衣带水的自然村落，尽管来历不同，却演绎着缙云一带典型的乡村与国家互构关系的故事。由于这里山清水秀，山高皇帝远，村庄的先祖往往可以追溯到身居庙堂的政治与文化精英。他们或主动或被动在这一带建村，躲避祸乱，韬光养晦。当然，在这方面，我夫家潜姓先祖的故事，比起河阳与岩山下的先祖们，就更悲壮了，此姓可以追溯到五代时期后梁大臣钱佶（公元851—919年），因庙堂上的杀身之祸，不但改姓潜，逃避到缙云"潜伏"了下来，而且留下了"潜源""下潜"等村名。

说这些故事，不是为了证明我有什么蓝色血脉。从社会身份的角度，我成长的家庭属于贫农。这是马克思主义意义上的"显性"阶级身份，也是传播政治经济学和社会学研究者关心的议题，我也曾多次讨论过信息、传播与政治经济、社会资源分配不平等之间的关系。但是，一旦我追寻起我"隐形"的文化身份，故事就复杂而绵长多了，而我也是到了国外之后，才感觉到，原来自己的"民族性"甚至"种族身份"问题，也可以如此"显性"地被呈现出来。中华民族是一个因文化认同、而不是以血脉关系而构成的超大型共同体。从民族和家族，共同体内部的构成关系往往比想象的要复杂得多。具体到我自己，我虽姓赵，但亲生爷爷却姓孙。父亲给他的外公做了儿子，姓了他外公的赵姓。这是男权社会中续接家族"香火"的各种"例外"方式中的一种，在我所认识的缙云熟人中，这种安排就有两家。

更能激发我的跨文化想象力的，是我母亲的钦姓。与潜姓一样，这也不是一个大姓。不过，我外婆家所在的那个缙云村庄，就叫钦村。根据家谱和《缙云姓氏志》记载，钦氏先祖是古代没有回国的外国使臣，因精通天文历法而在钦天监任职，被皇帝赐姓钦。钦天监是古代官署名，掌观察天象，推算节气，制定历法，相当于今天的国家天文馆。这使我这个爱吃奶酪和面食、不喜米饭的跨文化研究学者发挥起了人类学想象力：莫非自己早就是跨文化混杂的产物？

这并非我对自己的文化身份过分解读，亦非我对缙云的村庄情有独钟。而是因为在缙云，你很容易去追溯中华农耕文明的历史，解码中华民族的文化基因，深化对这个国家和这片土地上的人民的认识，体验中国乡村正在经历的巨大变革。在缙云东北部的千年古镇壶镇，有一个叫陇东的小村落。在这里，新石器时代的史前遗迹与"后工业"时代的美丽村庄风貌并存。2017年年底，在该村的壶镇中学新校址工地，发现了据称距今约9000年的新石器时代早期人类遗迹。① 一年后的 2018 年 12 月 29 日，陇东村成了央视《焦点访谈》的报道对象：不是因为考古发现，也不是作为批评对象，而是作为浙江省"千村示范，万村整治"（简称"千万工程"）的可推广代表。这曾是一个走在典型的以"村村点火、户户冒烟"为特色的浙江在地工业化发展道路上的村庄。直到 2014 年，全村 1042 人，50 多家厂房，平均每 21 人就有一个工厂，一半以上的村民靠在家里打磨加工缝纫机、锯床等零部件赚取收入。由于家庭作坊林立，违章建筑遍地都是，污染严重，经济发展了，但人居环境十分恶化。终于，到了 2014 年，早在 2003 年就启动的浙江省"千万工程"的春风，吹绿了缙云。在党建引领下的美丽乡村建设过程中，陇东村党支部书记卢桂平带头第一个拆掉自己弟弟的工厂，最终成功把村里的全部工厂搬迁到镇上的工业区进行规模化与标准化生产。随后，卢桂平带着村双委从捡垃圾开始，整治村庄。卢桂平说："你自己去帮村民扫干净，1 次、2 次、3 次可能无所谓，他认为你们是在作秀，10 次、8 次就不一样了。"村民则说："每天看见书记都在扫地，自己也要扫，不然难为情，他都扫了我们不扫。"②

在 2019 年 7 月 24 日与本人的一次访谈中，卢桂平详细描述了自己的村庄被《焦点访谈》节目组看中的生动而曲折的经过。他特别强调，《焦点访谈》的记者是在经过多次筛选之后，才在宣传部门推荐的 12 个村之外，自主选定陇东村作为在全国层面，尤其在中西部不发达的省份可复制可推广的浙江"千万工程"示范案例报道的。卢桂平自豪地说，这是缙云的一个村庄第一次以正面形象出现在《焦点访谈》中。他总结道，美丽乡村建设中不大拆大建的理念、党员干部和村民代表真正用行动的语言在践行社会主义核心价值观，是他的村庄被记者看中的关键，而对他自己来说，让他最有成就感的，是村庄的"人文感觉"，正是这种氛围，使他"回到村里，感觉是天堂"③。正是在这样的村庄中，在这样的对村庄充满感情的党支部书记面前，参加河阳乡村研究院组织的各项活动的中外学生才意识到，在缙云的村庄，有最生动的党建和党课；也正是在感受陇东村美丽蝶变的过程中，"后工业村庄"这个概念在我的头脑中油然而生。它让我十分兴奋，感觉是一个可以生产出原创性知识的概念。我曾不止一次对身边的学生说，如果我还是个博士生，我就围

---

① "距今约 9000 年！考古专家揭开'缙云陇东遗址'神秘面纱" [EB/OL]. 浙江日报网，2018-09-27.

② 焦点访谈：过去脏乱差，如今美如画，美丽乡村怎么"治"出来的？[EB/OL]. 中国日报网，2018-12-30.

③ 本人与卢桂平的访谈，2019 年 7 月 24 日，缙云县壶镇镇陇东村。

绕这个概念，以陇东为例，做博士论文，探索"中国式现代化道路"和"人类文明新形态"在这个有新石器时代遗迹、有晋代古墓遗址，还有一位为了保护陇东遗址而不遗余力的老村主任的村庄的在地体现。

更为神奇的是，在缙云的村庄，你会发现，中华民族的历史甚至就写在某些个体的脸上，而当代中国在世界中崛起的历史，又十分具体地在他们的脚下延伸。2017年夏天，在缙云办暑期班期间，我陪着曹锦清、吕新雨两位教授到一个叫岩下的古村落采风。在村庄漫游时，一位长相酷似中亚人的中年村民吸引了我们的目光。仔细一问，这位土生土长的农民叫朱焕然，他不仅从小就被村里人称为"外国人"，而且竟能说一口流利的印度尼西亚本地语言。从2002年出去打工，后来作为熟练电子设备修理工被派往印尼工作开始，他凭着自己的勤劳与智慧在印度尼西亚、阿塞拜疆、乌兹别克斯坦等国家创业打拼，不但把义乌的小商品卖到国外，在印尼拥有自己的工厂，还用自己的脚步丈量了吉尔吉斯斯坦、阿富汗、伊朗等国间的距离。十多年来，这位缙云农民已经到过东南亚和中亚的20多个国家了。就这样，在缙云一个偏僻的山村，我们碰到了一位真正的"新地球村"中人。我这里之所以用"新地球村"概念，是为了区别于麦克卢汉意义上的"地球村"，因为在麦克卢汉的"地球村"里，你很难想象，会走出像朱焕然这样的农民"全球化者"。

惊奇之余，我们在村里做了初步访谈。随后，吕新雨教授所带领的华东师范大学传播学院"中国国情调查"学生暑期实习团队回到了村中，翻开了朱家已经残缺的家谱。他们得知，该村的朱氏始祖600多年前来自北方。当时，由于战乱和民众迁徙，中原百姓中混入大量外族的血液，完成了古丝绸之路上的民族大融合。具体到朱焕然的身上，他很可能就有北魏时期鲜卑族慕容部的基因，而他的相貌，可能是"返祖"的结果。①

无论如何，2021年春天，当我读到潘岳先生那聚焦东西方族群观念和政治共同体形成历史比较的《中国五胡入华和欧洲蛮族入侵》② 文章时，我马上想到了朱焕然，因为该文所讨论的那段中华民族融合的历史，就仿佛活生生地"写在"了江南山村里的这个农民的脸上。实际上，朱焕然不仅为我们

---

① 类似地，缙云本地的文史专家王达钦老先生，就不止一次跟我说道，岩山下我那位辈分很高的族人赵岩苓，长相酷似他在历史典籍中看到的宋太宗赵光义的画像！对此，我总是笑而不语，表示惊奇。对于一位为缙云的地方文化建设和缙云的人文历史如此投入的老人，我还能有什么可以挑战他的呢？

② 潘岳. 中国五胡入华和欧洲蛮族入侵 [J]. 中央社会主义学院学报，2021（2）：5-32.

重新定义了今天中国农民的内涵，而且诠释了从古丝绸之路到今天"一带一路"的历史。正如我在为《"一带一路"与我们的未来》一书所写的序言中所说的那样，他使我认识到，今天的中国农民，早就有"闯世界"的佼佼者，"一带一路"不仅存在于国家领导人的倡议里，存在于国家的外交政策里，存在于大公司的战略里，存在于学者的课题里，而且早已融在了中华民族的血液中，融入了千千万万像朱焕然这样的普通民间先行者追求美好生活和个人全面发展的能动实践中。① 疫情之下，朱焕然这个"新地球村"村民是如此让我牵挂，以至于到了2021年春节，作为正在建设中的缙云县仙都国际人文交流基地挖掘缙云民间对外人文交流故事的一个小小行动，我又带着两位缙云年轻人去采访他，看他是如何与印度尼西亚的合作伙伴保持商业联系的。我们的报道，以"浙江'外国人'闯二十国：一带一路先行者疫情后想带老乡打拼"为标题，在中国传媒大学和今日头条合作的"大地传媒工作坊"中发表。②

　　总之，河阳、岩山下、潜源、下潜、钦村、陇东、岩下，这些有名与无名的缙云村庄和他们的村民，不仅承载着中华文明的文化基因与发展历史的编码——无论是农耕文明的史前史、中华民族的融合史，还是北方人口南迁史，抑或是乡村与国家的关系史，而且展示着今天中国的村庄与"全球"的联系程度。而这也正是我希望通过河阳乡村研究院的学术实践，从人类文明史的高度、从中华文化的高度，来理解中国乡村的过去，认识中国乡村的现在，以及想象"新地球村"未来的基础。而我之所以愿意去组织和指导关于朱焕然的自媒体报道，是因为我希望用具体的行动，讲述"乡村故事，中国道路"③，并在此过程中，培养有全球视野和乡土中国立场的新一代跨文化传播主体。

县域：从缙云的黄红绿文化说起

　　虽然"村庄"是一个乡村视野中的最基本分析单位，但是乡村研究不应

---

① 赵月枝.序二：为了大多数民众的"一带一路"[M]//李续双，宋子玉."一带一路"与我们的未来.北京：商务印书馆，2018：VI.

② 周恩洁，周琛然，华伊然.浙江"外国人"闯二十国：一带一路先行者疫情后想带老乡打拼 [EB/OL].从全球到村庄微信公众号，2021-03-03.

③ 这是2019年第五届河阳论坛的主题。

只局限在村庄，也不只是乡镇，而应该涉及县域。从治理的角度，村庄作为政策的落地环节，是与县、乡这两级政权密切联系在一起的。正如中国农业大学人文与发展学院的何慧丽教授所说的那样，村庄只是一个细胞，县域才是一个有机体，而县域在中国这个人类唯一持续农耕文明的治理体制中至关重要。① 从秦始皇开始，中国就已不是一个西方历史意义上的封建王国，而是一个郡县制的国家。兰考焦裕禄干部学院里一块巨石上刻着的"郡县治，天下安"那六个字，让人觉得意味深长。县是"中国地方行政空间最重要和最稳定的单位"②，当下的国家发展战略，也强调了县域作为城乡融合发展的重要切入点和城镇化建设重要载体的地位。这些都体现了县域在中国政治经济和社会文化中的关键角色。从这个角度，缙云县河阳乡村研究院作为一个在县级民政部门注册的民非机构，本身还真包含了"制度设计"的内在逻辑，它的的确确为我们的学术活动定义了一个以县域为单位的政治经济、社会文化与人文地理空间。

在中国的三千多个县域行政单元中，缙云不算最古老。然而，如果缙云一些村庄的渊源，可以追溯到来自北方的先祖以及与"庙堂"的历史性联系，那么，缙云这个县名，则与中华民族传说时代的人文始祖——轩辕黄帝——联系在一起。根据先秦史专家和地方史专家研究，"缙云氏"一词最早见于《左传》，"缙云"是黄帝时的一个官名，缙云氏是黄帝的一个氏族。缙云文史专家经常引用唐代张守节所撰写的《史记正义》一书中的"黄帝有熊国君，乃少典国君之次子，号有熊氏，又曰缙云氏，又曰帝鸿氏，亦曰轩辕氏"一句来说明缙云就是轩辕黄帝的名号。③ 作为一个县，缙云是中国历史上唯一的女皇帝武则天于武周万岁登封元年（公元696年）单独设置的，"其重要原因在于缙云地域系缙云氏居所，而缙云氏系黄帝氏族"④。缙云境内有道教名山缙云山（后缙云山被唐玄宗赐名仙都山，即今仙都风景区内的鼎湖峰），而缙云山又有轩辕黄帝在其顶上铸鼎炼丹、驭龙升天的传说。"万岁登封"这一年号，武则天用的时间不足三个月，从腊月十一日到第二年农历二月十六日。

---

① 赵月枝、杜鹏程：《浙江缙云县河阳乡村研究院：文化传播何以赋能乡村振兴——年轻人与赵月枝教授的对话》，即将在何慧丽教授主编的一部著作中出版。

② 应星."田野工作的想象力"：在科学与艺术之间 以《大河移民上访的故事》为例［J］. 社会，2018，38（1）：30-53.

③ 王达钦.缙云文化研究续编［M］.杭州：浙江大学出版社，2016：15.

④ 麻松亘.缙云第一次置县是什么时候？《缙云人话缙云》第三期为你解读！［EB/OL］.缙云县融媒体中心，2020-06-02.

在这两个多月中，武则天以女皇身份封嵩山（祭天）、禅少室（祭地），打破了历史上男性独霸"祭天地"大典和泰山作为唯一封禅圣地的局面，成为中国封禅史上唯一女性。为了纪念这次祭祀天地大典，武则天取"登嵩山，封中岳，大功告成"之意，改嵩阳县为登封县（今登封市），改阳城县为告成县（今登封市告成镇），同时在传说中的轩辕黄帝驾龙飞升之地设置"缙云县"，以求得人文始祖轩辕黄帝的见证。①

就这样，通过近几十年来持之以恒的历史挖掘、地方文化叙事构建和文旅产业发展，一个只有40多万人口的浙西南山区小县，正以中国唯一一个以轩辕黄帝名号命名的县的"自觉"身份，把自己打造成中国南方黄帝文化的辐射与传播中心，以及铸牢中华民族共同体意识的一个重要节点。"自觉"两字在这里非常重要，诠释了21世纪以来一个上上下下文化身份意识强化和文旅产业发展互动的过程。这是在经历了快速经济发展和剧烈的城市化与全球化过程后，从村庄到整个国家文化主体意识都在觉醒的写照，而《"两省三地"争夺曹操故里互不相让狼烟滚滚》②的奇观和2005年韩国"江陵端午祭"成为联合国教科文组织人类口头和非物质遗产的新闻在中国激起的千层浪，则彰显了这种"自觉"背后的地缘政治经济和社会文化动力机制。在缙云，推动黄帝文化发展的，除了地方文化人、商人和政府官员，还有台胞、台属与青田华侨商人等群体。1998年，缙云县人民政府在仙都鼎湖峰附近重建了黄帝祠宇，恢复了据称最晚在东晋年间就已开始的祭祀轩辕黄帝的仪式。2011年，浙江省缙云县申报的黄帝祭典（缙云轩辕祭典）经国务院批准被列入第三批国家级非物质文化遗产名录，浙江缙云仙都与陕西黄陵、河南新郑成为国务院批准的三个全国祭祀轩辕黄帝的地方。2021年重阳节，中国仙都祭祀轩辕黄帝大典第一次由浙江省人民政府主办。在全国人大、政协领导的参与下，这个地方活动成了一个国家级的文化仪式，一场铸牢中华民族共同

---

① 王达钦、项一中、麻松亘等人是黄帝文化研究中的重要缙云本地文史专家。他们在中国先秦史专家指导下的研究成果既为当地政府向上级申报弘扬黄帝文化的各种项目提供了学术支撑，也在当地文化建设和地方文化叙事的构建中发挥了重要作用。而如何把他们所代表的乡土文化研究与从西方引入的、以媒介文化和流行文化为对象的"文化研究"进行对接，正是中国文化与传播研究中研究跨越东西方、城乡、现代与传统鸿沟的重要组成部分。关于"缙云"含义的通俗文章，见缙云县广播电视台2018年12月15日发布的《缙云人，你可懂得"缙云"？缙云县名从何而来?!》。值得一提的是，这样的文章在这个年代出现，正是"文化自觉"在地方层面上的体现。

② 裴钰."两省三地"争夺曹操故里互不相让狼烟滚滚 [J]. 中国地名，2013（7）：34-35.

体意识的礼乐大典。总之，不管是源于史上南迁氏族的怀祖意识还是出于今天强化民族认同的需要，祭祀轩辕黄帝作为缙云重新"发明"的传统，已经成为缙云最重要的文化标识。

当然，缙云的"黄"，不仅仅局限于狭义的黄帝文化和中华民族尊祖敬宗和慎终追远的人文主义情怀，而是这里厚重的传统文化遗存和浓郁的农耕文明底色的整体性展现。缙云的山水风光及其处于浙西南交通要道上的地理位置，让王羲之、谢灵运、李白、白居易、沈括、朱熹、徐霞客等历代文人墨客，在这里留下足迹和墨翰。缙云的民间，更是蕴藏着丰厚的乡土文化遗存。这里的缙云方言珍藏着无数"古文正字"，这里的乡间婺剧演出常盛不衰，这里的"迎案"庙会四季不断，这里的石头文化根底深厚，这里的农民书法家小有名气，这里的根雕艺术饶有趣味，这里的民间中草药知识颇为普及，这里的缙云烧饼和其他民间小吃精致讲究，这里的垂钓群体定义着何为闲情逸致，这里的乡村春晚更是唱响了乡土文化复兴的时代强音。

缙云还是一方红色的土地，是浙西南革命老区的一部分。土地革命战争时期，这里是中国工农红军第十三军的主要活动地之一。作为当年城市中心革命道路的一部分，1930年9月10日，中共中央机关报《红旗日报》刊登的《浙南红军占领了缙云县城》的新闻报道，还传到了莫斯科，鼓舞了当时的共产国际。① 第五次反"围剿"失败后，为了策应红军主力长征，粟裕、刘英领导的红军挺进师在浙西南进行了艰苦卓绝的游击斗争。在抗日战争和解放战争时期，缙云也都有可歌可泣的革命故事。在2019年年初开始的丽水市"浙西南革命精神"弘扬践行活动中，缙云的革命遗产得到了进一步的挖掘与保护，缙云的"红色"身份也得到了强化。与河阳这个相对平原地区当年的"地主村"和今天的"古民居"身份相对照，也是缙云乡村内部的阶级与"中心—边缘"关系相互交织的见证，缙云十里八乡中一些贫苦农民聚居的山村，从当年的革命根据地变成今天的"红色村庄"。2021年中共建党100周年之际，集地方党史专家40年呕心沥血的研究成果《中国共产党浙江缙云历史》第一卷（1927—1949）出版发行，其中许多资料对我们从地方的角度，研究中共早期的乡村传播和文化领导权建设，有开拓性的意义。

如果黄与红代表缙云的中华传统文化与革命文化历史遗产，那么，绿则代表着缙云的社会主义生态文明建设未来和高质量绿色发展方向。在缙云，天人合一理念在古村落的布局与农民的日常生产生活中影响深远，而其所在

---

① 见于浙江省丽水市的"浙西南革命根据地纪念馆"。

的丽水市也因有着生态富集地区的后发优势，在新时代中国发展道路的转型中，成了"绿水青山就是金山银山"理念的前沿实践地。2013 年，浙江省开始不再考核丽水各区县 GDP 和工业总产值两项指标。丽水作为华东地区生态屏障的地位进一步得到加强，新发展理念指引下推进生态文明建设的"经济生态化、生态经济化"新篇章正在展开。位于丽水市北大门的缙云，在社会经济和文化发展方面不仅是"红色浙西南，绿色新丽水"的排头兵，而且也是浙江省共同富裕示范区建设中所划定的共富路上不掉队的"26 个加快发展县"中的先进县。

总之，黄红绿构成了缙云文化的底色。如其名号，缙云是一个既特殊，又在某种程度上有普遍意义的中国县域，是我们从乡土中国变迁中认识"中国式现代化道路"和"人类文明新形态"的鲜活标本。作为一个经济发达省份的山区县，缙云是"富人中的穷人"，也是"穷人中的富人"，是一个中国中西部山区和其他革命老区在探索自身发展路径中可资参考的案例。陇东村登上《焦点访谈》的故事，是缙云村庄在千差万别的中国村庄中具有代表性的一个注脚。也正因为这样，河阳乡村研究院策划的一年一度的河阳论坛主题，如"构建平衡互哺的城乡关系""乡土文化的复兴：机遇与挑战""文化、传播与乡村主体性：国家、市场与民间的有机互动""生态文明与传播：乡村作为前沿""乡村故事，中国道路：红色精神引领绿色发展""从乡村革命到乡村振兴：红色土地上的百年思索""厚植乡土，绿色共富"等，既切合缙云，又有一定的普遍意义。

当然，正如中国哲学家赵汀阳已经从认识论层面明确指出的那样，那种认为普遍性高于特殊性，普遍性是存在的本质、普遍知识才是真理，而特殊性只是偶然的、暂时的、地方性的知识，既不完全也不具规范性的认识，不过是西方形而上学的迷思。按照中国文化的理解，特殊性就是一切事物的本质，而普遍性只有方法论上的意义，即便如此，方法论层面的最高境界也是道家的"法无定法"。① 因此，一方面，我们不能要求任何一个村庄、任何一个县域有形而上学意义上的"普遍性"；另一方面，正如我在本书把丽水的经验总结为"红色精神引领绿色发展"章节中所讨论的那样，我们需要坚持的，是政治理论家林春所说的那种基于特定地域的历史斗争经验，但分享共同的政治承诺和社会解放愿景，并且坚持相互借鉴和平等对话的"历史唯物主义普世主义"（historical materialist universalism）。也就是说，我们需要在认识到

---

① 赵汀阳. 关于普遍性与特殊性的一个注解 [J]. 东方学刊，2021（1）：34-35.

"差异才是普遍的"前提下①，把普遍性当作不同语境下的社会实践间的"理解媒介"，即"差异状态下"不同历史、地理的特定性与本土历史中的解放性社会运动的"开放性自我完成"②。从这个意义上，美国主流传播学者罗杰斯（Everett Rogers）1976 年在承认美国式现代化发展道路在第三世界已经失败，而中国基于自身实践创造的"现代化奇迹"则表明，"每个国家，也许每个村庄，都可能根据自己的道路发展"③ 的认识，倒不失为一个有"普遍意义"的结论。具体到当下的中国乡村，在实现社会主义现代化和共同富裕的普遍愿景下，中国千差万别的村庄，不同的县域，都需要因地制宜，找到适合自己的振兴之路。

正是基于这样的认识，当我面对学生关于我们在缙云做研究有没有普遍性，这里村庄的条件比西北或西南山区的少数民族村庄好得多，甚至面对中国千差万别的乡村和乡村内部的社会与族群分化，"乡村"概念本身已经没有什么意义这类问题时，我会说，我们一不求这种意义上的普遍性，二不掩盖村庄内部的社会分化。毕竟，我们只能到一个具体的村庄和县域去工作，不能到一个"普遍"的村庄与县域去"落地"。如果我们的参与式行动研究让你觉得不够有"代表性"或"普遍性"而激发你到你自己认为更合适的村庄、县域、城市或城乡接合部社区做你认为更有"代表性"或"普遍意义"的工作，那正是我们的目的呢！

学术：如何根植乡土再出发

从离开缙云去北京上学，到去加拿大留学，再到回家乡创办缙云县河阳乡村研究院，我经历了从背对乡土到面对乡土的过程。这个过程，恰恰也是中国过去 40 年发展道路所经历的从农村改革到城市化、全球化，再到新发展阶段、新发展理念以及新发展格局中"以内循环为主"和加快建设"全国统

---

① 孙歌 . 寻找亚洲：创造另一种认识世界的方式［M］. 贵阳：贵州人民出版社，2019：264.

② 孙歌 . 寻找亚洲：创造另一种认识世界的方式［M］. 贵阳：贵州人民出版社，2019：343.

③ ROGERS E M. Communication and Development：Passing of the Dominant Paradigm［M］// ROGERS E M. Communication and Development：Critical Perspectives. London and Beverly Hills：Sage, 1976：211-148.

一大市场"的过程。

除了在学理上意识到西方中心主义和城市中心主义的偏颇，意识到做"摇椅上的马克思主义者"的局限和从事参与式行动研究的吸引力，到了2010 年年初，是老河阳中学课室的断垣残壁、河阳村中一位回乡大学生与云南青年网络相约自杀的新闻以及《纽约时报》一个关于中国村庄的消失就意味着文化的消失的头版大标题，不断刺痛着我，让我走上创新自己的理论框架与学术生产模式的道路。建立缙云县河阳乡村研究院，让我能在"从全球到村庄"和"从村庄到全球"的视域转换中丰富与深化新闻传播学研究，探寻超越东西方二元对立的途径。与此同时，我希望把这个研究院办成一个学者观察乡土中国的窗口，一个学者以学术和文化反哺乡村的平台。

实际上，在决定回缙云和选择以一个研究院的方式切入村庄之前，我曾分析过 21 世纪初在中国发展传播领域内的一个著名的"信息技术扶贫"案例：台湾富商温世仁花巨资在贫困的甘肃省黄羊川村打造中国首个"因特网村"，希望通过发挥"电脑的力量"，把三万村民"带入信息经济时代"。然而，掌握了电脑技术的当地人"没有用网络来为黄羊川村寻找机会，而是用它到别的地方寻找机会"的结论，说明了技术和资本驱动的乡村发展模式的局限性。① 我也曾到重庆北碚，登上过那里的缙云山②，考察过那里的乡村建设传统，探寻过晏阳初等人的足迹。虽然到西北和西南去开拓更有挑战性，但是我最终选择在缙云建立乡村研究院，不是因为选择家乡有"家乡社会学"意义上的"自然正当性"③，而是因为这里有我作为一个文化与传播学者最感兴趣的乡土文化与生态优势，尤其是我作为一个国际传播学者通过学术与媒体的语言"讲好中国故事"的潜质，更因为对我来说，以乡村为参照的学术模式创新、知识范式转型、新闻传播人才培养，才是第一位的。从这个角度，

---

① 美报报道富商温世仁帮助甘肃黄羊川村脱贫故事［EB/OL］. 新浪网，2015-10-19.

② 根据缙云文人考证，此缙云山原来就是"巴山"，而成为"缙云山"，则因唐末缙云籍哲学家、思想家、道教集大成者杜光庭（850—933）。根据这一叙述，杜光庭"十八岁离开缙云，在唐末入蜀，对故乡缙云一直魂牵梦萦，但时逢五代乱世，只得稽留四川青城山修道终生，于是'移来故土作巴山'，将'巴山'改为'缙云山'"。无论如何，以两地乡建学者和实践者为主体，我和重庆大学的潘家恩教授曾在河阳论坛上以"两个缙云，一样精彩"为题，组织过一场乡村建设实践交流活动。有意思的是，近年来，缙云县和重庆缙云山所在的北碚区政府之间，还真"走起了亲戚"，建立了联系。从浙江的"山海协作"到全国范围内的"对口支援"，这种不同地域间的联系和支持，是颇具中国特色的"国家建设"（nation-building）和区域协调发展实践。

③ 应星."田野工作的想象力"：在科学与艺术之间 以《大河移民上访的故事》为例［J］. 社会，2018，38（1）：30-53.

任何一个村庄，都可以是一个我所致力于发展的跨文化传播政治经济学研究的"落脚点"，关键是要有内省精神。

城乡关系是传播政治经济学所必须面对的重要权力关系维度，"跨文化"不仅意味着不平等的世界体系中不同民族间的"文化互化"过程，也应包括马克思和威廉斯所思考的城市与乡村之间的文化碰撞及其可能的结果。在最根本的意义上，我所思考的问题是《共产党宣言》中所说的"资产阶级使农村屈服于城市的统治"，"使农民的民族从属于资产阶级的民族、使东方从属于西方"①的状况，是一种"历史的终结"意义上的宿命吗？在中国革命已经走出一条以农村包围城市的道路后，在延安这个中国西北角的农村已经孕育出了马克思主义中国化的新闻传统以后，中国这个人类历史上唯一持续的农耕文明如何能在"降伏"资本主义的世界历史进程中实现凤凰涅槃和对人类做出较大的贡献？在人类已经进入数字时代的今天，中国的新闻与传播研究如何才能在这个世界历史进程中进行历史逻辑、理论逻辑与实践逻辑相统一的创新？

正如潘家恩所说的那样，大变革的时代，需要有"顶天立地"的学问，而要把学问写在大地上，知识分子需要"眼高手低"——既要有宏观的视野，又要有强的执行力度。②成立于2014年12月的缙云县河阳乡村研究院，就是这样一个"眼高手低"、既"高大上"又"接地气"的乡村文化与传播研究实践机构。一方面，它有我的加拿大国家人才计划（Canada Research Chair Program），中国教育部长江学者讲座教授项目，浙江省、丽水市、缙云县的人才计划的支撑；另一方面，这又是一个务实的草根学术实验。作为围绕乡村文化与传播开展理论与实践相结合的参与式行动研究的网络化学术平台，研究院集乡村文化与传播研究、农民口述史书写、乡土中国实习与培训、跨文化交流以及乡村传播赋能等功能于一体，以发展有全球视野和乡土中国立场的中国社会科学以及对中国百年乡村建设传统在新时代的创新为宗旨，开展多层次的学术研究、人才培训和乡村文化建设工作。研究院没有正式员工，没有固定经费，甚至最初在河阳村的办公地点也只有"窗口"或象征性的意义。因为研究院以学术活动为基本存在形式，"聚是一团火，散是满天星"这句常常被草根社会运动者用以自勉的话，的确成了研究院工作模式的写照。

---

① 中共中央马克思恩格斯列宁斯大林著作编译局．马克思恩格斯文集：第2卷［M］．北京：人民出版社，2009：36.

② 潘家恩在"大地上的学问——乡村振兴分享云沙龙"上的发言综述，见乡村建设研究微信公众号，2022年4月30日。

"河阳论坛暨乡村、文化与传播学术周"（简称"河阳论坛"）是一个跨学科与跨界的学术活动，也是河阳乡村研究院的标识性学术品牌。① 虽然它也有一般学术会议的征文过程和主旨发言、圆桌讨论、学术报告、工作坊等学术形式，但是，与它聚焦的乡村主题相匹配，它比一般的学术会议更有跨学科性，而新闻与传播领域普遍存在的媒介中心主义在这里更没有市场。缙云当地乡土文化专家、相关部门干部、企业家、乡镇干部和村干部的参与，使这个论坛有了一般学术会议所没有的在地性、乡土性、跨界性和实践性。这些学院之外的参与者或以专题报告，或以圆桌讨论，或以论文点评人的形式，参与论坛的各个环节。更重要的是，河阳论坛包含与主题相关的乡村调研与文化观摩环节。虽然这样的调研只能是走马观花式的，但是，田野体验为论坛中的讨论提供了鲜活的背景，给参与者带来了非同一般的认知与感受。同样，在"从全球到村庄"暑期班②上，讲座中有中外跨学科学者，也有媒体人和地方文化实践者，而由青年学者带队的分组专题调研及其成果分享，则为许多青年学生获得乡土中国研究的问题意识和切入相关前沿课题提供了有组织的途径。

与其他领域学者引领的乡村建设实践不同，河阳乡村研究院的目标首先是为学者提供一个向乡村学习、补上乡土文化课的机会，以此改变新闻传播学界与乡土中国"脱嵌"的现状。也就是说，新闻传播学界如果要有效参与乡村振兴行动之中，首先需要一个自身通过进入乡村，改造自己的行动。让我感到欣慰的是，我所引领的微小学术实践得到了中外新闻与传播学界同仁和青年学者与学生的热烈响应。这也说明，经过几十年的快速发展，深受西方中心主义和城市中心主义影响的中国新闻传播学界，已经深刻意识到乡村视角的重要性和学术创新从"乡村"突围的可行性。更让我深受鼓舞的是，其他学科的学者也纷纷以实际行动支持河阳乡村研究院组织的各项活动，形成了与新闻传播学科"携手共进"的乡村研究。毕竟，正如我在一些跨学科场合呼吁的那样，新闻传播学科是如此重要，不应该只留给本领域的学者

---

① 多年来，"河阳论坛"的主办单位经历了各种变化，但河阳乡村研究院作为主导策划者、组织者和承办者的地位一直没有改变。

② "从全球到村庄"是2015年河阳乡村研究院组织的第一个中加暑期调研项目的名称，后来成了河阳乡村研究院年度暑期班的名称。与后来的暑期班不同，2015年这个奠基性暑期项目没有采用公开招生的形式，学员主要由西蒙菲莎大学和中国传媒大学青年学者和硕士生、博士生组成。2016年的"传播、文化与全球南方"第八届四校联合国际暑期班也是河阳乡村研究院参与组织和承办的第二届暑期班。

来做。

一届届的河阳论坛和一年年的"从全球到村庄"暑期班，成了"以乡村作为方法"，创新"跨学科理论与实践相结合"新型学术模式的试验地。从德高望重的新闻学前辈到乡建与"三农"领域的领军学者，从文学与文化研究学者到人类学者、社会学家甚至管理学者，从高校学生学者到社科院和党校系统的学者，从媒体工作者到基层干部、地方文史专家和乡土文化爱好者，不同领域、不同地域和不同角色的人们，汇聚在一起，为了乡土中国的复兴，为了根植乡土中国的学术创新，而相遇相识、相互激荡。2015 年那个春寒料峭的夜晚，在第一届河阳论坛期间，当我带着一群来自祖国各地的青年学者来到我生长的"十八间道坛"的"祀间"（中堂），与父老乡亲们一起讨论"生态文明""生态社会主义"等中西前沿概念和"河阳共识"文本的时候，我感觉到，我们几乎是在举行一个让思想冲破牢笼、让学术回归乡土的"仪式"。

当然，我们最反对的，是把学术做成玩"花拳绣腿"的学者"自我再生产"的形式主义游戏。2015 年那个研究院建立时的奠基性"从全球到村庄"国际暑期调研班，不仅从项目申报到后期英文成果出版严格遵循了学术生产规范，而且让每一个参与者都结合自己与乡村"碰撞"的体验，反思跨越东西方和城乡鸿沟的文化主体性形成的可能性与现实障碍，从而把整个暑期班办成一个"在河阳，研究传播，发现自己"的过程；每一届河阳论坛，我们都组织严谨的征文活动，到了 2019 年的第五届河阳论坛，会议论文的淘汰率就达到 50%；而"从全球到村庄"暑期班，也不断在内容、形式和组织方式上进行创新。2019 年和 2021 年，这个暑期班在先从缙云走向西北古城西安，再落地中原古都开封的过程中，已经变得一席难求。从河阳到河南，从以革命年代的缙云老区乡村为调研地点，到以建设年代焦裕禄曾经战斗过的兰考乡村为调研地点，我们在穿越历史时空的文化寻根之旅中、在南北交融的学术求索之路上，思考着从新型集体经济发展到乡村文化创意和乡村主体性重构的各种问题。在这两个年度主要学术活动之间，研究院还组织不定期的小团队学术专题调研、学术研讨会、中外学生学者研学、社会实践活动、乡村口述史人才培训和书写等各项活动。秉承过程导向与结果导向并重的学术理念，我们尤其强调学术传播的公共性和对学术过程本身的反思性，让硕士生、博士生在写作讲座和会议综述与媒体报道中得到学术素养和学术传播能力的锻炼，也就成了研究院学术活动的一大特色。

从 2014 年 12 月呱呱坠地，到 2020 年成为丽水市委、市政府表彰的"在创新引领中有突出贡献"的集体，再到2022年春天在疫情之下第一次组织没有实地调研的第八届河阳论坛，河阳乡村研究院已经走过了八个春秋。在这八年中，河阳与缙云的村庄已经发生了日新月异的变化，而一群群的青年学者与学生，也在重新认识乡土中国的过程中，深化了何为中国、中国为何，以及何为学术、学术为何的认识。八届河阳论坛上的数百个学术报告，六届"从全球到村庄"暑期班上的六七十个学术讲座，总共十几万字的两篇缙云烧饼产业研究报告，《国际传播学刊》（*International Journal of Communication*）上八篇聚焦河阳古村落中的文化与传播问题的专刊文章，牛津大学、西蒙菲莎大学、清华大学的多篇博士论文与硕士论文，十几种中外学术刊物上的文章，从《新京报》到《缙云报》的各种媒体报道，"批判传播学"和"从全球到村庄"微信公众号上的学术综述和学术活动特写等，组成了以河阳乡村研究院组织的学术活动为契机的学术生产和媒体报道的细小知识流和传播流。

本书：如何以适合的方式打开

一方面，研究院的学术活动和学术成果是多层次和多元的；另一方面，这些活动又都体现了一以贯之的全球视野和乡土中国立场，以及跨学科理论与实践相结合的学术特质。正因为如此，在包括本篇序言在内的"序曲"部分之后，本书以"一唱三叹"的篇章结构，呈现研究院所汇聚的乡村文化与传播学术共同体的主要学术成果。这些成果许多已经在学术刊物和微信公众号上发布过，但也有不少是第一次与读者见面的原创文章。有些观点和叙事，不同部分和不同篇章之间难免有重复，我们把它们当作同一主题的在不同语境中的变奏，予以保留。读者可以按本书的结构，从理论框架、实证研究和扩展性资料这三个层面，全面了解我们所构建的乡村文化与传播研究图景，也可以按自己的兴趣，从不同的部分切入，甚至从浏览第三部分更原始的学术生产"第一稿"开始。

除了本文之外，本书的"序曲"部分还包含其他三篇短文。第一篇和第二篇分别是新闻传播学界的童兵和李彬两位教授基于2019年第五届河阳论坛发的文章。在这两位学者对本人作为邀请人的溢美之词之外，他们的文章，从不同的角度，阐述了乡村视角和知行合一传统于新闻传播研究与中国知识界的意义。第三篇是一篇特殊的文字。它是在我的倡议和组织下，由2015年3月的第一届河阳论坛参与者集体生产的纲领性成果。文章由几十位参会者在两个晚上集体讨论的基础上，由几位青年学者和媒体人组成的起草小组夜以继日起草，然后在论坛的一个特别会议上讨论形成初稿，最后在会后由几位资深学者反复推敲而于 2015 年 4 月 20 日定稿。需要强调的是，与其说我们这是为中国的社会主义未来"振臂高呼"，毋宁说我们是真心希望在乡土中国的环抱中，就一些根本问题和原则达成共识，为大家在集体前行的道路上，提供思想指南。这也正是标题中的"共识"两字的恰如其分之处。这篇当时并没有发表，后来只在"批判传播学"公众号发布过的文字，代表河阳论坛汇集的跨学科和跨界思想共同体的集体心声，也是这部"河阳论坛萃文"的灵魂所在。①

本书第一部分，"从全球到村庄的理论构建与学术实践"，是对乡村文化与传播研究理论框架的阐发和对河阳乡村研究院所引领的跨学科理论与实践相结合学术模式的综述性概括。其中，前面十篇文章与访谈是理论构建型的，后面六篇是学术活动综述型的。这两个部分相辅相成，形成前后呼应的有机整体。

第一部分的前十篇文章中，本人的三篇文章和梁媛对吕新雨的访谈构成了在东西方关系和城乡关系双重视野下重思乡村在全球历史发展中的地位和乡村在中国传播研究中的地位的基本框架。本人基于 2019 年第五届河阳论坛上的主旨发言的文章，围绕"红色精神引领绿色发展"这一从丽水的实践中提炼出来的具象性中国发展道路命题，指出中国新闻传播学需要在根植中国革命和发展道路中续接其马克思主义中国化传统。在此基础上，陈鸥帆在 2020 年第六届河阳论坛上的文章就中国特色新闻学与"红绿"融合发展如何"双向互构"进行了进一步思考。本人与张志华在 2019 年的访谈以及潘家恩、沙垚、陈晶晶在 2021 年"从全球到村庄"暑期班期间的对谈，则分别讨论了乡村数字经济和乡村创意产业这两个前沿领域如何赋能乡村发展和如何锻造出联通村庄内外的复合型的乡村建设新主体的问题。最后，吕新雨与何慧丽各自在 2022 年第八届河阳论坛主旨演讲基础上所写成的文章，分别从"社会主义发展传播学的构建"和"家庭建设是乡村主体性建设的切入口"的角度，就中国传播学术主体性和中国乡村建设主体性的问题，提出了建设性的思考。吕新雨从宏观理论和全球史的高度回眸城乡关系与传播问题，提出了在中国

---

① 本文当时有两个名称，河阳共识，或生态社会主义共识。这次编入书中出版，本人做了以下修改：第一，把名称定为《河阳共识》；第二，由于"生态社会主义"是一个西方马克思主义中的词汇，决定以中国的"社会主义生态文明"取代之；第三，把原文中的"至今还保留社会主义遗产"改为"至今还坚持社会主义道路"。

现代化道路发展过程中创新中国特色社会主义发展传播学的可能性及其核心内涵；何慧丽则从在地化的微观日常实践出发，展现了跑完乡村主体性建设"最后一百米"的可行路径。两个珠联璧合的演讲，彰显了理论与实践相结合的乡村文化与传播研究的广度、深度与温度。

第一部分中的后六篇文章所进一步展示的，是学术建设与乡村建设相结合的路径与河阳乡村研究院开拓的跨学科理论与实践相结合学术模式的内涵与参与者的体验。从这些来自学术活动一线的访谈和综述中，读者可以从做什么样的学术和如何做学术的角度，从亲历者的视角，体验河阳论坛与"从全球到村庄"暑期班的初衷、主题、议程设置、知识生产模式及其对参与者的意义。正如媒介即信息，学术活动过程本身诠释着我们的知行合一学术理念，体现着我们对新闻传播研究现状的超越，包含着我们对学术范式转型的追求，凝聚着我们锻造学者主体性的尝试。从青年教师到博士生和硕士生，以张志华、龚伟亮、梁媛、邹月华、朱泓宇为代表的学术梯队，也正是在参与这些活动和写作这些访谈与综述的过程中，体会到了"以乡村作为方法，意义不止于认识乡村，还在于认识世界；意义不止于认识世界，还在于认识自我"的深意。

本书第二部分的文章，基本上是在第一部分的理论视野和知识生产模式框架下所产生的具体研究。除了少数例外——林莉君教授早年就在缙云和隔壁的磐安县从事民间"迎案"仪式中的音乐研究，这些研究的选题，大部分来自河阳乡村研究院的暑期班。一般情况是，暑期班的选题和初步调研提供了切入点，随后，青年学者和学生以刊物文章、博士论文、硕士论文的方式跟进。八年来，河阳乡村研究院所带动的田野研究不仅颇具规模，而且几乎涵盖了乡村文化与传播领域的方方面面，第二部分的文章就是代表性的案例。从历史维度，这批文章包含从革命年代共产党领导下的乡村传播和文化领导权建设和集体化时代的农村文艺图景和农村广播发展历史，到改革开放时代的乡村文化与传播结构转型、乡村春晚的兴起和今天的县域融媒体建设的发展脉络；从研究题材角度，这些文章涵盖从媒体传播到民间仪式音乐传播、从乡土戏剧演出到"土味"视频和乡村文旅产业、从乡村传播生态到县域公共文化政策等方方面面；从研究范围角度，这些研究既有聚焦乡村，围绕乡村春晚对乡土文化复兴、农民主体性重构、女性文化赋能以及农民的精神小康和乡村礼乐秩序等问题的分析，也有"城乡中国"社会形态下一个村庄的文化与传播生态的图绘，更有县域融媒体发展路径的比较、城乡关系视野下从农民到工人的复杂身份转型逻辑的历史性研究以及城乡接合部的文化生产与意义，甚至对冷战分断体制下中国台湾土地政策和农民主体性问题的反思性研究。虽然这些研究大部分以缙云的田野调研为基础，但是其所包含的问题意识，无论是新闻与传播这两个学科在具体的乡村革命历史中的有机融合和今天的农村文化领导权重建，还是文艺的集体性、商业性与业余性之间的关系，抑或是融媒体时代的基层传播和县域公共文化治理和生态文明建设视野下对"美好生活"的追求，都具有普遍意义。值得一提的是，本部分中关于城乡二元体制下的身份认同问题和分断体制下台湾农民与土地问题的文章，均源于2015年"从全球到村庄"暑期调研要求每一个参与者思考自己与以河阳为代表的乡土中国的关系的问题意识。而陶稳的文章，则是河阳乡村研究院在学术研究和乡村文化建设中的双重引领作用的一个见证——通过参与河阳乡村研究院的学术活动，当时还是中国传媒大学硕士研究生的作者，把源于丽水的乡村春晚这一文化形式推广到自己的皖北家乡村庄，使自己成了文化赋能乡村振兴的参与式行动研究者。

如果读者愿意看到河阳乡村研究院学术活动更为"原生态"的成果，那么，本书的第三部分所选编的，正是这样的内容。这部分包含如下三类文字：八年中河阳论坛学者发言和"从全球到村庄"学术讲座的综述选编、相关学术活动的报刊与自媒体报道以及学术随笔特写选编、河阳论坛与"从全球到村庄"的启事汇编。我们希望，这些鲜活的材料，能为读者提供一个开拓问题意识和激发学术想象的空间。在选择中，我们遵循了如下原则：第一，虽然许多新闻传播学科外的学者和实践者在这两个平台上做了许多高屋建瓴的主旨发言和学术报告，但是本部分所入选的综述，主要局限在新闻传播与文化领域的国内外学者。第二，为了丰富与补充本书第一部分的学术综述内容，我们选取了第五届河阳论坛上三个特别圆桌论坛和"重新认识乡土中国：台湾学者眼中的大陆脱贫攻坚"学术研讨会的综述，以及相关学术活动的报道、特写与随笔。我们希望，这些材料，既能彰显河阳乡村研究院学术活动的跨文化和全球视野、中华民族高度及其前沿引领性与在地性特质，又能显示学者主体性形成的心路历程。第三，我们把河阳论坛与暑期班的历年启事精选进来，这体现了我们这个学术共同体的集体思考，也展示了我们以什么样的内容来成就这个学术共同体。

结语："她在丛中笑"？

2014 年年底，当缙云县河阳乡村研究院成立的时候，缙云还没有通高铁，离中共十九大提出乡村振兴战略也才将近三年。今天，"民族要复兴，乡村必振兴"已然成了时代强音。随着浙江被赋予努力打造展示中国特色社会主义制度优越性"重要窗口"的使命，河阳乡村研究院作为智库所助推的缙云县仙都国际人文交流基地的建设工作，也得到了上级主管部门的认可和支持，而缙云县河阳乡村研究院一直倡导的讲好乡村故事、讲好中国故事的理念，也被一些学者和媒体人所认同。更能反映出乡村振兴已经成为学界热点的是，据说仅在北京高校，各种形式的乡村振兴研究院，就达 40 多个。在新闻传播学界，也出现了相关的乡村振兴机构，而本学科需要在根植中国实践中实现范式转型的呼声，更是此起彼伏。

2022 年 4 月 22 日，中国农业大学一个跨学科团队启动了在教育部学位与研究生教育发展中心立项的中国专业学位主题案例项目——"革命老区实现乡村共同富裕的缙云之路"。这意味着，缙云乡村发展的故事，将在中国高校系统的"案例教学"库中，占一席之地。当然，这并不是说，河阳与缙云，已经无可挑剔，解决了发展中的问题。这也更不是说，我们这个小小的研究院，已经找到了一条可持续的扎根乡土的道路。

面对中国乡村建设学界许多筚路蓝缕的开拓者的持续努力，河阳乡村研究院不敢有"她在丛中笑"的奢望。让我高兴的是，随着更多的学者进入乡村振兴学术场，我们将有更多的同行者。我们也愿以这部文集作为一块垫脚石，邀请新闻传播领域更多的青年学者，一起走向田野，走向未来。

作者简介：赵月枝系本书主编，清华大学人文讲席教授。

目　录
CONTENTS

代序一　新闻科学在"三农"建设中大有作为 ……………………… 1

代序二　从文化自觉到河阳论坛 ……………………… 1

代序三　河阳共识（2022 年修改版） ……………………… 1

序言：村庄、县域与大地上的学问 ……………………… 1

【上编】从全球到村庄的理论构建与学术实践 ……………………… 1

　【一】中国与全球传播：新地球村的想象 ……………………… 3

　【二】乡村视野的历史文化和生态意义 ……………………… 13

　【三】从全球到村庄：传播研究如何根植乡土中国 ……………………… 25

　【四】城乡关系视野下的乡村振兴与中国传播 ……………………… 49

　【五】"以红色精神引领绿色发展"的新闻传播学在地思考 ……………………… 59

　【六】"红绿"融合发展与中国特色新闻学构建 ……………………… 70

　【七】跨文化传播政治经济学视角下的乡村数字经济 ……………………… 83

　【八】更新与互动：文化创意赋能乡村振兴 ……………………… 98

　【九】"新乡土主义"再回首：试论社会主义发展传播学的
　　　　可能路径 ……………………… 107

　【十】家庭建设是村庄主体性建设的切入口 ……………………… 119

　【十一】学术、田野与"越界"实践——"乡村、文化与传播
　　　　学术周"发起人赵月枝教授专访 ……………………… 126

　【十二】"新地球村"的想象——赵月枝谈传播研究新实践 ……………………… 132

　【十三】植根乡土中国　对话城乡关系："跨学科理论与实践
　　　　相结合的新型学术模式" ……………………… 145

【十四】认识乡村·认识世界·认识自我——"从全球到村庄：
以乡村作为方法"2017年国际暑期班综述 ·············· 158

【十五】探索跨学科理论与实践相结合的新型学术模式 ·············· 167

【十六】激活"乡村传播就是中国传播"的跨界视域 ·············· 177

【中编】"乡村传播就是中国传播"的田野探索 ·············· 185

【一】地方红色文化的当代意义：让"高大上"的革命精神更加
"接地气" ·············· 187

【二】集体性与业余性：1949年以来浙江省缙云县婺剧实践的
理论启示 ·············· 193

【三】乡土文化复兴与中国软实力建设——以浙江丽水乡村
春晚为例 ·············· 208

【四】乡村主体性与农民文化自信：乡村春晚的启示 ·············· 218

【五】乡村春晚、女性主体性与社会主义乡村文化 ·············· 236

【六】乡村春晚与农民文化主体性初探 ·············· 257

【七】"媒介化"、政府角色与文旅产业：关于乡村春晚
前途的讨论 ·············· 263

【八】乡村传播生态中的村民与村庄主体性——以浙江省缙云县
历史脉络与当下动态为例 ·············· 275

【九】农民的广播？关于中国农村广播电视发展史的思考——基于
一项在浙江省缙云县葛竹村的调查 ·············· 289

【十】社会主义新农村的"美好生活"——以笕川花海为例探讨
一条可持续的路径 ·············· 304

【十一】"胡公信仰"仪式音乐传播之演变及动因考察——以浙江
"白竹案"为例 ·············· 331

【十二】公共文化传播与乡村文化生成的新路径——以浙江省
缙云县为例 ·············· 348

【十三】县级融媒体改革的现状、原因与进路初探——基于对浙江、
山西两县媒体调研的比较 ·············· 358

【十四】单位里的城乡关系：身份、利益与社会流动——基于对
胜利油田退休职工的访谈 ·············· 367

【十五】 城乡接合部的摇摆:"土味视频"的意义指向 ……………… 378

【十六】 中国共产党早期乡村革命传播:完善中国新闻传播研究的
地方逻辑起点 ……………………………………………… 387

【下编】作为过程与乡村振兴行动的学术传播 ………………………… 407
【第一部分】学术综述选编 ……………………………………………… 409

【一】 曼殊纳特·蓬达库:我的印度村庄全球化了 …………… 409

【二】 艾伦·塞特:家庭、工作和数字的民族志 ……………… 415

【三】 阿尼斯·拉赫曼:乡土孟加拉国的政治经济、传播与文化 … 418

【四】 郑保卫:做"接地气、连民心"的学术 ………………… 420

【五】 卜卫:民族志研究的研究政治与伦理 …………………… 422

【六】 金兼斌:社会化媒体时代的数字鸿沟及其测量 ………… 427

【七】 罗岗:小农户·小农经济·现代农业:在新语境下重新
理解"小农" ………………………………………………… 429

【八】 孙信茹:"好想说的田野":媒介人类学的方法与实践 … 432

【九】 吴飞:关于民族志的几点思考 …………………………… 435

【十】 温铁军:生态资源价值实现与重构新型集体经济 ……… 437

【十一】 陈学明:期待丽水为中国的生态文明建设、为人类
创建新的文明做出突出贡献 ……………………………… 442

【十二】 洪宇:解读"十四五"——赛博域的未来政治 ……… 444

【十三】 梁君健:用影像探究民间信仰的生生不息——关于西北
道教民俗的视觉民族志 …………………………………… 448

【十四】 项一中:乡村与乡愁 ………………………………… 451

【十五】 麻松亘:缙云百姓的狂欢节——迎案 ……………… 454

【十六】 基地小虎:乡土与流行的二重奏 …………………… 457

【十七】 从革命、建设到改革:探寻"缙云精神"与乡村振兴的
力量源泉——第五届河阳论坛主题圆桌(一) ………… 459

【十八】 绿色发展、全域旅游与乡村产业振兴:政府、企业与村庄
的有机联动——第五届河阳论坛主题圆桌(二) ……… 464

【十九】 返乡、新乡贤与乡村振兴的多元主体——第五届河阳
论坛主题圆桌(三) ……………………………………… 469

【二十】"乡村故事，中国道路：台湾经验分享"特别沙龙 ………… 473

【二十一】重新认识乡土中国：台湾学者眼中的大陆脱贫攻坚 …… 477

【第二部分】媒体报道中的跨学科理论与实践相结合学术探索 ……… 486

【一】情系村野，理寓乡间："理解乡土文化"缙云暑期班暨乡村
　　　振兴人才培训与学术交流会圆满结束 …………………… 486

【二】在乡村认识中国：一群国际留学生的缙云之旅 ………… 490

【三】让世界认识中国乡村——河阳乡村研究院专家在加拿大
　　　成功讲学 …………………………………………………… 498

【四】留学生初探中国乡村，最吃惊老乡要求"加微信" ………… 502

【五】加拿大留学生初探中国乡村，最难理解"留守儿童"问题 …… 505

【六】河阳，有一种神秘的力量在召唤 …………………………… 508

【七】以红色精神引领绿色发展助力乡村振兴 全国顶级专家
　　　"鼎湖论剑" …………………………………………………… 513

【八】红色精神引领绿色发展创造多彩未来 …………………… 518

【九】从温哥华到轩辕街：全球传播教育中的跨文化精神洗礼 … 522

【十】西蒙菲莎大学—中国传媒大学全球传播双硕士国际留学生
　　　零距离感受乡土中国魅力 ………………………………… 531

【十一】"红绿"融合怎样落地乡村？ ……………………………… 535

【十二】表彰│河阳乡村研究院获丽水市委市政府"突出贡献
　　　　集体"称号 ………………………………………………… 539

【十三】全球学者云端"聚会"共探乡村绿色共富路——丽水市社
　　　　会科学界联合会第二届学术年会暨第八届河阳论坛侧记 … 547

【十四】以自己为方法——关于河阳论坛的一些回忆 …………… 553

【第三部分】历届河阳论坛与"从全球到村庄"历届暑期班启事精编 … 558

后　记 ……………………………………………………………… 573

【上编】 01

从全球到村庄的
理论构建与学术实践

【一】中国与全球传播：新地球村的想象①

赵月枝

一、逆全球化与新全球化

2017 年上半年，中国在国际舞台上"走出去""请进来"，在外交和全球传播中因两个会议赢得了世界目光的聚焦。新年伊始，中国国家主席习近平出席了世界经济论坛 2017 年年会开幕式，并发表题为"共担时代责任　共促全球发展"的主旨演讲。国外知名媒体《华尔街日报》《金融时报》和美国国家公共广播电台等于 2017 年 1 月 17 日做了这样一些有意思的报道："中国国家主席习近平抓住了作为全球化领袖的角色""习近平在达沃斯坚决捍卫全球化""中国国家主席习近平在世界经济论坛的首次演讲中捍卫全球化"。5 月 14—15 日，中国在北京主办了"一带一路"国际合作高峰论坛，迎来了130 多个国家的约 1500 名正式代表和全球 4000 余名记者。中国作为新全球化引领者的地位已然呼之欲出。美国彭博新闻在 5 月 13 日的报道标题中，干脆不用"一带一路"和"一带一路"论坛，而直接用"中国领导的全球化"和"中国的全球化论坛"。

20 世纪 80 年代以来，美国和西方曾是"冷战"结束后新一轮全球化的龙头。但随着中国不断被卷入这一全球化过程中，在多年"与狼共舞"之后，中国成为第二大经济体，国际地位也在不断攀升。2008 年国际金融危机以来，欧美民族主义和孤立主义高涨，逐渐表现出"逆全球化"趋势。中国领导人在达沃斯讲话中发表了被认为是"捍卫全球化"的言论和"一带一路"国际合作高峰论坛之后，中国已然被认为是全球化的新龙头。如果是这样，接下来的问题就是，中国领导人所"捍卫"的"全球化"是欧美主流媒体所指的全球化，还是另一种形式的全球化？中国于 2013 年提出的"一带一路"倡

---

① 原载《国际传播》2017 年第 3 期，此版有修改。

议，受到作为全球化早期形式的古老"丝绸之路"启发，而这一连接中国与欧亚非地区的古老商贸和文化交往形式，与 500 年来西方所主导的基于工业资本主义和金融资本主义扩张的全球化是不同的。

　　本文无意聚焦"一带一路"的现状和未来。为了在全球关注"中国的全球化"或"全球化 2.0"的众声喧哗中提供一个另类的坐标，本文聚焦有关西方主导的旧式全球化讨论中一个重要但很少被关注的视角和问题。这就是：城乡关系视角和被"全球"概念遮蔽的乡村在全球化过程中的命运。"全球化"往往勾起人们对"地球村"（global village）的想象。这是 20 世纪 60 年代，加拿大学者马歇尔·麦克卢汉（Marshall McLuhan）提出的概念，指的是随着信息技术的发展，世界正变得"越来越小"，感觉地球变得和一个村庄一样。很明显，虽然这个概念唤起了人们有关村庄社区里人和人之间关系非常亲近的想象，但麦克卢汉并不关心全球真正的村庄何去何从，而只是用了"村庄"这样一个隐喻。在这里，"村庄"是在象征意义上被提及的，是被挪用的。不过，在同时代另一套学术话语体系中，即丹尼尔·勒纳（Daniel Lerner）、威尔伯·施拉姆（Wilbur Schramm）等人有关传播与发展的研究中，倒是有对真正的村庄的关注。当然，在"冷战"语境下，这些学者关注的不是美国村庄，而是第三世界国家的村庄，尤其是土耳其这样的"冷战"前沿国家和其他亚非拉国家的农村。在这一发展主义的框架内，勒纳和施拉姆等学者希望通过信息通信技术——如广播——来帮助第三世界国家的村庄摆脱传统的发展模式，转而遵循欧美的现代化道路。在这个意义上，他们定义着何为"发展"。但在本质上，他们延续了麦克卢汉的对传播技术的歌颂式和浪漫式论述。

　　今天，一方面，互联网的扩散和新媒体的广泛使用使麦克卢汉意义上的"地球村"更接近现实；另一方面，新自由主义全球化所造成的不平等加剧了阶级、民族和城乡之间的不平等。从中东到美国本土，乡村和内陆地区民众的失望甚至绝望，为极端民族主义和恐怖主义提供了文化政治土壤。在这样的背景下，如若中国要引领新的全球化，那么，关注真正的村庄，并在此基础上开启给乡村带来实质性发展的"新地球村"（the new global village）的想象①，就变得非常重要和急迫。

---

① 张志华."新地球村"的想象——赵月枝谈传播研究新实践［J］. 国际新闻界，2016，38（10）：54-67.

二、"全球"与"村庄"的文化政治

"全球"和"乡村"不仅是简单的空间概念，而且体现了世界资本主义体系中的城乡二元关系和中心与边缘的文化政治张力。一方面，在现代资本主义扩张的过程中，农村作为现代城市的文化和精神的对立面，被等同于落后与愚昧；另一方面，农村又被城市中心主义的意识形态所浪漫化、客观化和景观化，这一过程掩盖了城市对农村的剥夺式积累和农村作为解决全球资本主义经济危机的"安全阀"的功能。① 在"冷战"期间，当麦克卢汉的"地球村"概念突出传播技术的发展对人类意义的时候，勒纳和施拉姆等学者希望传播技术能解决具体的村庄发展问题，从而一劳永逸地"解决"农民问题，尤其是激进农民革命对世界资本主义体系的威胁问题。然而，正如提奥多·沙宁（Teodor Shanin）在 20 世纪 60 年代末所说的那样，"日复一日，农民让经济学家叹息，让政客汗颜，让战略家诅咒，在世界各地击败他们的计划和预言：莫斯科和华盛顿，北京和德里，古巴和阿尔及利亚……"②。今天，虽然乡村人口在世界总人口中的比例已经减少，但总量依然庞大。如何克服城乡分裂，处理好农民问题，仍是世界各国面临的重大挑战。然而，在源于英国"圈地运动"的资本主义现代化和全球化道路上，除了消灭乡村，把农民变为"无产阶级"，进而把乡村问题转化为城市贫民窟问题，几乎没有别的出路。

在全球资本主义面临结构性危机和互联网的时代，我们需要在"从全球到村庄"和"从村庄到全球"的有机互动中，想象"新地球村"愿景，从而让麦克卢汉的"地球村"概念观照真正的村庄，让勒纳和施拉姆等学者对农村发展的关注超越"冷战"意识形态的羁绊，成为以农民为主体的、真正可替代的发展道路选择。这要求我们挑战资本主义现代化、新自由主义全球化以及相关的技术浪漫主义叙事，激活超越资本主义单一全球化、城市化和现代化道路的社会主义新想象。对文化和传播学者来说，这意味着通过"深度去西方化"的学术理论和实践，克服研究中的西方中心主义、东方主义和城市中心主义偏颇，尤其是对包括中国在内的非西方国家的刻板偏见。

---

① 赵月枝. 生态社会主义：乡村视野的历史文化和生态意义［J］. 天府新论，2015（6）：66-72.

② SHANIN T. The Peasantry as a Political Factor［J］. The Sociological Review, 1966, 14（1）：5-27.

这又涉及媒体理论与社会理论的关系问题。正如戈尔丁（Peter Golding）和默多克（Graham Murdock）早就指出的那样，我们需要的不是大众传播理论，而是社会理论，在此基础上得出指导我们研究的原则。[①] 因此，"深度去西方化"需要从社会理论开始，这正是中外传播学者在研究媒体时需要做的基础功课。而在进行具体的分析研究时，还需要面对这样的一些问题：为什么苏联和东欧社会主义国家会发生剧变，而不是中国或越南？为什么中国是"世界工厂"，而不是印度？为什么巴西和印度都有大规模的城市贫民窟，而中国的情况不一样？是什么让巴西无地农民运动（MST）的领导人认可毛泽东的《实践论》和《矛盾论》，把它们当作自己的理论指导？想要回答这些问题，必须在世界体系范围内，进行历史比较性分析，理解这些社会与西方社会之间以及彼此之间的普遍性与特殊性。

三、现代性的"中国特色"

首先，中国传统社会与西方资本主义社会在城乡关系上有着根本的差异。尽管这两个体系在具体世界历史进程中的碰撞是非常不平等的，中国在现代民族国家的构建过程中，依然体现了对更平等的城乡关系的追求。历史上的资本主义以城市为中心，与资本家对劳工的剥削关系相辅相成的是城市对乡村的剥夺关系。这一剥夺性关系扩张至欧洲之外，就出现了帝国主义、殖民主义，对非洲黑人奴隶的罪行和对北美原住民的剥夺。相反，在中国历史上，城乡之间没有发展出对立的关系。在《回不去的乡村：为什么？——城乡关系与现代性反思》一文中，严海蓉教授对18、19世纪东西方不同的发展模式有简要明了的概括："中国农村和城市没有形成对立的关系，而欧洲工业革命后形成的城乡关系是对立性的。"[②] 当然，这里需要注意的是，中国历史上这种城乡相互依存的关系既不能用静态的"亚细亚"模式来描述，也不像文化本质主义所描述的那样——是中国文化的内在特征，而是中国农民周期性反抗斗争的结果。

其次，中国和许多其他发展中国家之间在"现代化"和"全球化"道路上有着历史性差异。在欧美资本主义/帝国主义入侵之后，中国被卷入西方主导的全球资本主义体系的过程中，中国传统的城乡关系遭到破坏，土豪劣绅

① GOLDING P，MURDOCK G. Theories of Communication and Theories of Society ［J］. Communication Research，1978，5（3）：339-356.

② 潘毅，等. 农民工：未完成的无产阶级化 ［J］. 开放时代，2009（6）：21.

阶层的崛起、农村的凋敝和农民的绝望使农民问题成为中国革命的首要问题。因此，中国共产党通过领导农民进行土地革命，进而通过建立土地集体所有制，取得了社会主义革命的胜利和国家建设的成就。正如王宏甲所说，"农村土地集体所有制，是中国共产党革命取得的最伟大制度性财富"①。在毛泽东时代，尽管新中国的工业化对农村利益有所挤压，但农村人民公社制度的建立为维护城乡之间的互哺关系提供了一定的制度保证。正是在这样的社会和历史背景下，"工农联盟"才具有真正的政治经济学意义，才成为新中国的宪政基础。

最后，与"全球南方特色的新自由主义"不同②，中国农村土地所有制所释放的制度性红利是改革开放取得举世瞩目成就的重要保障。一方面，在新自由主义的全球劳动分工体系中，中国成为"世界工厂"的前提条件是中国农民工拥有农村土地的保障，虽然劳动力价格不高，但不会成为真正的城市流民；另一方面，正是中国农民工为城市发展做出的巨大贡献，包括他们在城市服务业中的重要角色，使得城市中产阶级认为城市代表了"好生活"。这方面，王晓明教授那个"乡村让城市更美好"的《中华读书报》文章标题③，可谓一语中的，把"城市，让生活更美好"这一上海世博会口号所隐含的城乡关系意识颠倒了过来。

然而，让乡村不断为城市付出的现状已经难以为继。在后金融危机时代，出口带动的增长面临欧美市场乏力和贸易保护主义壁垒所带来的阻碍，农民和工人阶级的权利意识和社会公平与正义诉求在提高，而生态危机也使消费资本主义的扩张在全球范围内不可持续。资本主义的体制性危机呼唤另类全球化——一个社会主义的"新地球村"，而中国有条件也有可能探索这样的一条新路。

四、中国站在新全球化起点的背景

中国能站在一个新全球化的起点上，我认为至少有以下一些方面值得我们进一步总结和反思。

第一，在从"传统社会"向"现代国家"的转型中，中国保存了作为世

---

① 王宏甲. 塘约道路 [N]. 贵州日报，2017-03-03，11 版.

② PRASHAD V. Neoliberalism with Southern Characteristics：The Rise of The BRICS [EB/OL]. ROSALUX-NYC，2013-05-23.

③ 王晓明. "乡村让城市更美好" [N]. 中华读书报，2016-03-23 (13).

界历史上唯一持续农耕文明的文化和历史连续性。直到今天，"大道之行也，天下为公"的理念依然与共产主义理念交相辉映，而基于古丝绸之路的商贸和文化实践则展示了历史上非资本主义和非帝国主义的另类"全球化"的丰厚遗产。

第二，中国共产党领导的中国革命是一场真正的社会革命，这场革命所建立的政权有历史性的社会和民意基础。在广大的农村，革命意味着作为社会底层的农民阶级真正"翻身"：革命剥夺了地主和富农阶级的政治、经济权力和社会影响力，赋予了农民阶级真正的社会权力。裴宜理（Eizabeth J. Perry）教授也谈到，与苏联和东欧不同，当今世界上现存的中国、越南、老挝、朝鲜和古巴这几个社会主义政权有一个共同之处，那就是，它们都是经历了相对漫长的民族主义农民动员（nationalistic peasant mobilization）后建立起来的政权，这些政权在如何使自己与社会相关联方面积累了宝贵的经验。她还特别提到，相对于这几个国家，中国共产党在马克思主义的中国化和文化领导权建设或"文化治理"（cultural governance）方面，表现更为突出。①总之，简单用基于西方城市社会（市民社会）的国家与社会对立框架来理解中国，是无效的。

第三，新中国成立后，社会主义革命和建设给中国带来了巨大的发展，这使得中国民众对社会主义普遍有着广泛的认同，并对"资本主义复辟"保持一定的警觉。市场自由主义和反社会主义思潮在民众中并没有深厚的社会基础。

第四，虽然民众的彻底觉悟需要时间，但是，自下而上的社会主义实践在中国从来没有停止过。在中国农村，有南街村、华西村等一直坚持走集体化道路的村庄；2017 年年初开始被热议的《塘约道路》——贵州一个贫困村振兴集体合作经济的故事——更是一个新的例证。同时，中国共产党领导的革命一开始就具有反帝国主义性质，这一历史遗产意味着，以美国为代表的西方越是试图"遏制中国"，其结果可能越是适得其反。

第五，在风云变幻的新自由主义全球化过程中，中国共产党一直在汲取从苏东到中东许多国家发生"颜色革命"或"政权更迭"的教训，在调整自己的治理策略，包括强调"群众路线"。在农村，党的基层组织的建设被提到重要的高度，而"反腐"则旨在遏制公权力的私有化。与此同时，2008 年全

---

① PERRY E J, LU H. Narrating the Past to Interpret the Present：A Conversation with Elizabeth J. Perry ［J］. The Chinese Historical Review, 2015, 22 （2）：160-173.

球金融危机的后果至今未消，中国人看到了资本主义的危机四伏，以及市场化媒体和美国式选举政治的丑陋，这客观上使社会主义愿景更有吸引力。

所有这些意味着，简单的西方化是充满偏见的一厢情愿，是早已破产的"历史终结论"的幻影，它与中国的革命历史和社会主义发展道路格格不入，与全球权力转移的趋势也背道而驰。这不是证明"中国例外"，而恰恰是诠释历史的、唯物的普遍与特殊的辩证关系，也代表了被压制的民族和阶级争取实质性的民主的必然要求。

五、想象"新地球村"的"希望之源"

正是在这样的背景下，一些知识分子开始想象替代性全球化，包括围绕"民生和发展""构建出一套既是中国的、又是世界的新型话语和价值观"，进而"颠覆不平等的国际政治经济秩序，彻底清算殖民主义和帝国主义的历史"①。"一带一路"倡议为这样的另类想象插上了翅膀。

考虑到传播领域"地球村"这个概念的中心地位，以及这一领域从一开始就对传播技术的扩散和农村发展问题的关注，笔者把从城乡关系角度对中国社会内部能否超越城市剥削和消灭乡村的资本主义逻辑当作这种思考的焦点，并把"新地球村"的理念当作另类全球化的想象的一部分。回到前面的讨论，这里所说的"新地球村"，不是麦克卢汉意义上的"地球村"，而是观照现实存在的乡村的"地球村"，亦即克服了马克思（Marx）所讨论的人与自然代谢断裂、弥合了雷蒙·威廉斯（Raymond Williams）在《城市与乡村》中所描述的城乡撕裂的地球村。威廉斯在其晚年出版了《希望之源：文化、民主、社会主义》一书，把实质性的民主和社会主义这两个主题紧密联结在一起。这也正是萨米尔·阿明（Samir Amin）在总结了中东的"阿拉伯之春"教训以后得出的结论："争取民主和争取社会主义的斗争是一样的，没有民主就没有社会主义，没有社会主义的视野也没有民主的进步。"② 在中东或者其他一些地方，尽管民众在革命中推翻了威权政权，但是，由于民众的抗争缺乏超越既有资本主义全球化的社会主义视野，也由于帝国主义的遗产和以美国为首的西方资本主义势力的干涉，民众对文化主体性的追求和对民主的渴

---

① 玛雅专访祝东力：中国文化自信与普世话语构建 [EB/OL]. 观察者, 2015-01-05.
② AMIN S. The Implosion of Global Capitalism, The Challenge for the Radical Left [J]. https：//www. networkideas. org/wp-content/uploads/2016/08/Implosion_ Global_ Capitalism. pdf.

望最后被宗教原教旨主义势力所裹挟和绑架，社会的阶级关系和权力关系没有产生革命性的改变，民生与发展问题依然得不到有效的解决。同样，在新自由主义全球化的发源地美国和英国，民众对精英宰制、极端贫富不均和文化多元化带来的冲击的反弹被右翼保守主义势力所裹挟。总之，在经历了30多年的快速新自由主义全球化后，社会主义还是野蛮主义的选择又一次清晰地展现在世人面前，而且这一选择从来没有像当下这样，有如此普遍的全球意义。

在中国，一方面，中国共产党誓言"不忘初心"；另一方面，底层民众也重新认识了社会主义之于他们的价值。这就有可能在使"中国特色就是社会主义"成为探索中国道路过程中新出现的共识的同时，使社会主义国际主义的思想遗产在中国的对外交往中、包括在"一带一路"的理论与实践中有所体现。更重要的是，对平衡互哺的城乡关系和对中国要强、要美、要富，乡村必须强、美和富的坚持，是中国想象另类全球化的基础和出发点。

"新地球村"的想象基于对社会主义道路的认同，也建立在各种"希望之源"上：在基础设施方面，中国在基本完成了自己境内的道路、电力、电信方面的"村村通"后，正通过"一带一路"倡议促进与更多国家，尤其是亚洲、中东欧和非洲一些发展中国家的互联互通，以及这些国家内部的基础设施建设；在思想和文化方面，"唱衰乡村"的媒体和网络舆论高潮过后，经历了新自由主义全球化洗礼、体验了"分田单干"的好处和弊端的乡土中国，在人口和村庄数量都大大减少的前提下，在主体性和文化自信方面，也已经今非昔比。这些不仅是全球化了的乡村，也是有可能在新的历史起点上，以新的姿态走向全球的乡村。比如，从2016年春节开始，浙江丽水一些充满乡土气息的乡村春晚，就通过中国文化网络电视向"一带一路"上的二十多个国家直播，而这些主办春晚的村庄社区中的村民，也通过这样的春晚，有了真正的"新地球村"的体验与主体意识。当然，乡村春晚的意义主要不是有多少台乡村春晚向海外直播和有多少海外观众，而是这些春晚所体现的乡村社区的重建、文化主体性的加强并从"自在"村庄变成"自为"村庄的历史过程。最后，也是最重要的，这是经历了全球化、市场化和城市化冲击的中国农民，开始在农村追求一种"怡然自得"的美好生活的过程。①

正是在这个意义上，笔者策划的第二届河阳论坛在其征文启事中写道：

---

① 赵月枝，龚伟亮. 乡土文化复兴与中国软实力建设——以浙江丽水乡村春晚为例［J］. 当代传播，2016（3）：51-55.

"乡土文化复兴绝非回到前现代历史，或以一种乡绅情结和精英姿态蹈入现代历史的虚无和国家虚无，而是在建设生态社会主义的背景下谋划城乡政治、经济、社会、文化、生态五位一体的协调发展。它意味着跳出对乡村文明和城市文明非此即彼和唯我独尊的文明模式认知，在否定之否定中开启人类文明新纪元。在社会政治意义上，这必然是重建农村社区共同体的过程和实现以城乡互哺、工农联盟为本质的城乡一体化的过程；在世界历史意义上，这必然是建立在对物极必反的现代化和全球化反思基础上，建设包含农业和工业文明积极成果的生态文明的过程；在文化自觉意义上，这必然是在情理并重和知行合一中重新发现'乡土中国'的过程。"①

习近平总书记在2013年中央城镇化工作会议上曾指出："乡村文明是中华民族文明史的主体，村庄是这种文明的载体，耕读文明是我们的软实力。"② 乡土文化的复兴关乎中国的文化重建，关乎大国崛起中的软实力建设。在此意义上，乡土中国的复兴与中国引领可替代全球化必须是紧密联系在一起的征程与使命。其中，文化自信和文化主体性的建立，城市与乡村、乡村与国家的有机联系和良性互动，以及与构建一个更平等和正义的全球传播秩序的相辅相成，都是题中应有之义。

六、结语

与本文开头所引述的一个正在崛起的中国在引领新全球化的媒体叙事相对，在某种程度上，我是因为"乡村败落"而最终把东西方关系和城乡关系视野下的中国乡村何去何从的问题，当作自己研究的焦点。对一个有几千年农耕文明历史的国家来说，就像当年那场以农民为主体的社会革命是人类历史上一场前无古人的翻天覆地的大变革一样，改革时代几亿农民离开乡土、上百万个村庄在短短几十年内消失的过程，无论从哪个角度来说，都是一场世界历史性的"大转型"。历史上，面对西方帝国主义的入侵和被动被资本主义"全球化"，古老的农耕中国在"三千年未有之大变局"中，经过漫长的血与火的革命，建立了以"工农联盟"为权力基础的人民共和国；改革开放和新一波以信息和金融为主导的资本主义全球化开始不久，曾有人把"落后

---

① 河阳乡村研究院．第二届河阳论坛暨"乡村、文化与传播"学术周征文启事《乡土文化复兴：机遇与挑战》［EB/OL］．白杨网，2016-03-15.
② 中共中央文献研究室．十八大以来重要文献选编：上［M］．北京：中央文献出版社，2014：605.

和保守"的帽子扣在农耕文明和中国农民身上，加上"唱衰乡村"的媒体和网络叙事崛起，乡村被构建为"问题"，成为中国现代化和"走向世界"的负担，并不奇怪。

然而，当我们带着乡土中国何去何从的问题意识，从"深度去西方化"的理论视界出发，在跳出"国家与社会"的二元对立框架的同时，将一个居于主体地位的、活跃和能动的乡土社会的存在置于首要地位，并深入乡土中国的机理去检视其内生活力的时候，我们就会发现，其实，乡土中国的贡献不仅是"中国崛起"的重大秘密所在，而且在今天也还有许多"希望之源"，乡村中国的故事也不是一个简单的败落的故事。① 这些"希望之源"并不是本质化了的乡村传统，不是没有被新自由主义市场化与全球化过程构建的"原生态"，更不是与国家对立的"乡村"，而是维系着村庄共同体的理念和日常实践，以及不同历史时期建设和积累起来的基础设施，经历了现代化、市场化和全球化过程洗礼的新型乡村主体，从"村双委"到乡镇和县市的各级公权力体系，包括作为"国家意识形态机器"一部分的基层公共文化和传播体系。

在《塘约道路》中，这些被调动和激活的"希望之源"包括土地集体所有制度和集体化的精神遗产，在改革和市场化的"单干"过程中重新认识到了组织起来和"抱团发展"重要意义的村支书和村民们，对农民首创精神有尊重态度和引导力的上级领导，更包括那位面对塘约农民的实践，而感到"看到了，不敢不写"的有社会主义情怀和立场的作家王宏甲。回到前文提到的浙江丽水的乡村春晚，这包括那些主要在传统祠堂和毛泽东时代的"大会堂"基础上修建或小部分新建起来的"文化礼堂"，包括那些富于创造性、"拿来主义"精神和不甘于乡村衰败的基层干部和村民，尤其是那些从跳广场舞开始组织乡村文化生活的妇女们，也包括组织和引导乡村文化领导权建设的从中央到地方的各级文化宣传部门。

如果包括"发现乡村春晚"在内的走近乡土中国的学术过程向我们昭示了什么，那就是，媒体和学者建立有全球视野和乡土中国立场的另类全球化话语体系是可能的，基于"新地球村"想象的新全球化道路也是有可能的。

作者简介：赵月枝，清华大学人文讲席教授。

---

① 河阳乡村研究院. 第二届河阳论坛暨"乡村、文化与传播"学术周征文启事《乡土文化复兴：机遇与挑战》[EB/OL]. 白杨网，2016-03-15.

【二】 乡村视野的历史文化和生态意义①

赵月枝

2013 年 12 月中央城镇化工作会议指出，城镇建设要让居民望得见山，看得见水，记得住乡愁。"记得住乡愁"这句话很动听，它诉诸我们对乡土的眷念情感，但好像是城里人的事。我希望从历史逻辑和理论逻辑相结合的高度，并站在社会主义生态文明愿景的立场，理解乡村视野和城乡协调发展的世界历史文化和生态意义。

笔者的专业研究一直有很强的政治经济学取向，但政治经济学与文化研究从来都是一体两面的，其终极关怀是价值和意义问题。比如，亚当·斯密（Adam Smith）在写《国富论》之前关注伦理哲学，而马克思对以斯密为代表的古典政治经济学的批评旨在人类解放。这里所指的文化，是人类学意义上的，而非文化研究意义上的文化。此处的文化也不能简约到那种被商品化了的文化产品，而是涉及人和人之间的关系，以及人的内在传播，即"我是谁""生命的意义是什么"这样的主体性问题。生态涉及人和自然的关系，是任何政治经济形式得以存在的前提物质条件。

笔者在《中国的挑战：跨文化传播政治经济学刍议》中，阐述了跨文化传播政治经济学理论框架的基本内涵。② 在此基础上，笔者希望通过强调文化和生态的视角，进一步打通从全球到村庄、从国际到国内两个层面的分析，发展社会主义生态文明视野中的"新地球村"思维。除了批判政治经济学所关注的阶级问题外，这一思维还涉及国家内部乡村和城市、边疆和沿海，以及世界体系中的边缘和中心国家的关系等问题。2008 年世界金融危机后，笔者深切认识到，唯有"社会主义生态文明才能救中国与世界"。

---

① 原载《天府新论》2015 年第 6 期，此版有修改。
② 赵月枝. 中国的挑战：跨文化传播政治经济学刍议 ［J］. 传播与社会学刊，2014（28）：151-179.

从政治层面，社会主义和生态文明已经成了定义中国发展道路的关键词汇。十七大报告明确提出"科学发展观"和"建设社会主义生态文明"，标志着中国发展道路的巨大飞跃。进入新时代，习近平总书记明确指出，"我们党始终强调，中国特色社会主义，既坚持了科学社会主义基本原则，又根据时代条件赋予其鲜明的中国特色。这就是说，中国特色社会主义是社会主义，不是别的什么主义"①。从学术层面，林春在 2013 年出版的英文著作《中国与全球资本主义》中，就从理论与历史逻辑相统一的高度指出，"中国特色"不是别的，就是社会主义。林春描述了社会主义中国模式的四个基本方面：强大的国家，强大和赋有资源的"公有"经济部门，民生优先的发展，社会组织、参与和权力。一个强大的国家，首先是一个社会主义性质的国家，不是资本主义的国家。"公有"经济部门，比当下说的"国有"更广泛——"国有"并不是"公有"的唯一形式，在中国特色社会主义历史上，就有过强大的集体经济。② 该书所勾勒的社会主义模式不仅非常清晰，而且具有历史基础和强大吸引力。在这里，笔者只希望从城乡关系的视野，在文化和生态两个层面做些阐述与补充。

一、乡村视野的世界历史文化意义

"村庄"这一理念，内含着全球资本主义体系中城市与乡村、中心与边缘之间的悖论逻辑。一方面，资本主义扩张的过程就是城市剥削，进而消灭乡村的过程，乡村的生产要素被掠夺，随后被空心化。在资本主义现代化叙事框架里，乡村在精神和文化层面是城市的对立面，意味着落后、狭隘，是要被抛弃的。另一方面，资本主义又把乡村作为转嫁和化解经济危机的安全阀，并且在精神和文化层面挪用和占有它，对它进行理想化和景观化处理。

资本主义的发展与英国的圈地运动密切相关，这一过程使英国农民变成了产业工人。这是我们熟知的叙事。正是在此基础上，马克思把工人阶级看成是最先进的革命主体。然而，从全球资本主义体系的角度考察，一个不可忽略的事实是，殖民主义和帝国主义同样是资本主义不可或缺的部分。资本

---

① 中央文献研究室．十八大以来重要文献选编（上）［M］．北京：中央文献出版社，2014：109.

② LIN C. China and Global Capitalism：Reflections on Marxism，History，and Contemporary Politics［M］．New York：Palgrave Macmillan，2013：180-181.

主义的原始积累直接得益于欧洲的海外扩张。① 也就是说，资本主义的崛起，是个全球性的过程。在全球视野而非英国视野下，资本主义的生产"要素"和社会劳动主体，除了英国圈地运动产生的英国工人，还包括北美原住民的土地、拉美的白银、非洲的黑奴、印度和中国的农民等。

2015 年 2 月的美国《每月评论》（*Monthly Review*）中，一篇题为"原住民的土地和非洲人的身体：美国资本主义的源泉"的书评，说的也是这一观点。② 一旦跳出欧洲中心主义和东西方二元论的认识论误区，我们就会发现，奴隶，连同被驱赶、几乎被灭绝的以土地为生存资源的原住民，是与英国工人阶级同时存在的。这就启发我们，要重新思考机械的线性发展观：这一立场仅仅看到了从奴隶到农民到工人这一后者替代前者的过程，而忽略了所有这些范畴在历史时空中的同时性。虽然这些构建欧洲资本主义的非欧洲因素是"非资本主义的"，但不一定是"前资本主义的"。③

这又涉及如何在认识论和方法论层面更好地把握全球资本主义体系的中心和边缘关系，把马克思主义以阶级为中心的立场与反帝立场更有机地联系在一起的问题。站在工人立场上的反资本主义视野和站在农民/原住民立场上的反殖民主义视野，是交互的、缺一不可的。这是连接西方马克思主义和"南方"马克思主义的关键。这不仅仅是理论问题，更是指导思想和实践问题。在实践中，忽视农民问题的代价是非常大的。在现代中国，农民问题一直是革命的根本问题。在欧洲语境中，崔之元教授就认为，马克思对农民问题的忽视，直接影响了德国社会民主党在指导战略上的失败和希特勒的上台。④

印度棉农的破产、中国的鸦片贸易、把非洲黑奴贩卖到南美银矿和北美种植园、大规模向外移民以减轻英国本土的人口压力，所有这些，构成了以英国工业资本主义为核心的"西方崛起"。从 1840 年到 1860 年间——也就是中英第一次到第二次鸦片战争这段时间，从非洲运往美国的黑奴从 25 万增加

① LIN C. China and Global Capitalism：Reflections on Marxism，History，and Contemporary Politics [M]. New York：Palgrave Macmillan，2013：5.

② DUNBAR-ORTIZ R. An Indigenous People's History of the United States [M]. New York：Beacon Press，2014.

③ LIN C. China and Global Capitalism：Reflections on Marxism，History，and Contemporary Politics [M]. New York：Palgrave Macmillan，2013：180-184.

④ 崔之元. 自由社会主义与中国未来——小资产阶级宣言 [EB/OL]. 爱思想，2004-04-05.

到75万。① 更重要的是，和当下有关美国国家角色的新自由主义迷思不一样，在这个过程中，美国扮演了非常重要的角色：从一开始，美国就是暴力原始积累的引擎，干着驱赶原住民和镇压奴隶反抗的勾当。今天，这些问题依然以各种官方的和民间的、暴力的与非暴力的形式存在。在温哥华，笔者所供职的学校位于市区的校区，就在原住民一直没有割让的土地上，笔者的办公室不远处，就有原住民的聚集区，这是温哥华最穷的街区。在这里，沦为妓女、流落街头的100多名原住民妇女失踪了。她们中许多人受到一位白人猪场老板的暴虐后被肢解。这是一个令人发指的故事。在原住民眼里，这也是种族灭绝历史在今天的遗产。总之，北美农业资本主义的历史遗产包括原住民痛苦的挣扎和黑人社区的贫困等。今天，美国黑人社区时有发生的暴乱，也是美国黑人奴隶问题存在的历史遗产。

有关中国农业为什么不能走美国道路这一政治经济问题，吕新雨教授已经有深刻的讨论。② 但回到文化层面，笔者要强调的是，资本主义和殖民主义与种族主义密切相关。上述书评中说，通过军事力量，原住民的家园被转化为"种植白色"的巨大保留地。③ 这里的白色是棉花，同时也是种族意义上的白色——"优越的白人"。实际上，我们至今还深受内在化的白人种族主义的影响。作为海外华人，笔者对这方面更有体会。比如，中国人移民或把孩子送到国外教育，往往希望到一个白人多、华人少的地方，对其他有色族裔，则避而远之。更令人担心的是，今天在讨论"中国崛起"时，一些民族主义者对殖民主义及其文化表达——种族主义——没有足够的反思和批判，一厢情愿地表达出希望中国步英美后尘的"帝国"心态。由于西方的某些舆论也乐于和急于制造"中国威胁论"，中国在亚非拉的投资，尤其是中国对这些地方的能源和其他资源的兴趣，往往成了西方制造"中国威胁论"的话柄。

如果中国模仿美国道路，"我们真的也会阔了吗？"美国人真会把你当回事，与他们平起平坐吗？实际上，美国——或更具体地说，美国的主导阶级——更可能会像《阿Q正传》里的赵老太爷那样，只许他自己革命，不许你革命。你可以成为美国主导的资本主义的附庸，但美国的"赵老太爷"不

① DUNBAR-ORTIZ R. Natine Land and African Bodies, the Source of U. S. Capitalism [J]. Monthly Revies, 2015, 66 (9): 47.

② 吕新雨. 乡村与革命：中国新自由主义批判三书 [M]. 上海：华东师范大学出版社，2012.

③ DUNBAR-ORTIZ R. Native land and African bodies, the source of US capitalism [J]. Monthly Review, 2015, 66 (9): 47.

会让中国在资本主义体系内取代它自身。正如林春所指出的那样,资本主义积累逻辑"包含着剥削、宰制、颠覆,这些都阻碍边缘国家的发展"。同时,由于韩国、中国台湾等国家和地区的成功发展得益于美国的援助和市场以及冷战的特殊背景,它们不能证明依附理论的基本立场是错的。① 更何况,今天的中国也绝不可能像当年的欧洲白人垦殖主义者和种族主义者那样,用地缘政治和道德空间去剥夺亚非拉民众。

相对于上述资本主义发展中的城市与乡村关系悖论,中国当下的情形与其他国家不完全一致——这部分得益于中国农民不屈的抗争。但是,中国农村也面临同样的矛盾:一方面,农村正在被现代化和城市化的进程所边缘化;另一方面,农村又被认为是中国文化的根脉之所在。就在几年前中国开始大规模并村的时候,连《纽约时报》(*The New York Times*)也刊登头版文章指出,村庄才是中国文化的载体,村庄死了,中国文化也就死了。② 以成为国家重点文物保护单位的我的家乡浙江缙云河阳古民居为例,一方面,它早就面临空心化的问题;另一方面,它也面临被挪用和被景观化的问题。这个村庄,与其他一些类似的少数村庄一样,成了城里人,甚至整个中华民族寄托乡愁的标本性地方。2015年春晚《乡愁》那首歌的背景影像,就有河阳的镜头。然而,好几户村民在被拆了房子或迁出如今成了文物的祠堂后,由于宅基地分配问题多年没有解决等原因,成了住房困难户或感觉利益受损。在这些人眼里,民生问题与古民居保护和旅游开发之间出现了矛盾。宅基地是按市场购买力还是按需分配?拆迁或征地过程中的公开、公平和公正原则如何保证?村民作为村庄的主体参与村庄建设的积极性有没有得到发挥?城里来的专家在设计规划河阳未来发展的过程中,有没有尊重本地知识,更遑论走"群众路线"和充分征求村民的意见?最起码,这些规划村民是否知情?这些问题,加上村庄内外复杂的政治经济权力关系和社会分化、村庄选举政治对一个以血缘和宗族为纽带的熟人社会产生的社区撕裂影响、村民们对公权力机构的信任度、对村庄未来不同的想象、信息的公开性等政治、经济和文化因素,相互纠结,使一个小小的河阳,跟整个乡土中国一样,处在了何去何从的十字路口。

历史上,中国共产党领导的那场中国革命是以土地革命为核心的。这场

---

① LIN C. China and Global Capitalism: Reflections on Marxism, History, and Contemporary Politics [M]. New York: Palgrave Macmillan, 2013: 184-185.

② JOHNSON I. In China, Once the villages are gone, the culture is gone [EB/OL]. The New York Times, 2014-02-01.

轰轰烈烈的土地革命，不仅挑战了全球资本主义秩序，而且为中国农民赢得尊严和主体性开创了可能性道路，也为世界下层民众赢得尊严树立了标杆。在今天的中国，随着资本下乡和农村变成城市人后花园的进程不断加快，随着消费主义文化意识形态不断侵蚀农村和传统的农村生活方式，如何重构农村社区，维护农民、农村、农业的尊严和主体性，如何定义什么是好的生活，成了至关重要的问题。这是一个有世界历史意义的问题，绝对不是简单地靠经济发展就可以解决的。为了避免中国重复农业资本主义的道路，我们有必要对自由主义市场原教旨主义和内在化了的白人种族主义进行意识形态和文化层面上的双重批判。

经过改革开放，中国成了世界第二大经济体，中国崛起的声音不绝于耳。有些美国精英正在担心中国会取代美国的世界霸主地位，在中国国内，也有不少飘飘然的声音。但是，如果可以说土著人的土地和非洲人的身体是美国资本主义的源泉，那么，在今天，中国农民的土地和农民工的身体，就是中国特色社会主义背景下中国成为世界工厂的秘密。

今天，在"小岗村"早已完成了它为改革鸣锣开道的意识形态符号作用之后，在广东乌坎、浙江画水成为农村围绕土地和环境而爆发的新冲突的符号之后，我们不得不面对一个中国何去何从、中国农村何去何从的问题。就像农民问题曾是中国革命的根本问题一样，今天，乡土文化的复兴是中国"软实力"建设的重要内容。而追求这种软实力，正如黄平在一篇访谈中所指出的那样，最关键的不是如何走出去影响别人，而是我们应该有一个自己视为天经地义的、理所当然的文化伦理格局，广大人民身在其中，自得其乐。①这是一个经济发展的过程，更是一个寻找精神家园、重建社区共同体的过程。

需要强调的是，我们关注乡土中国，并不是要简单地回到过去——我们既没有理由把过去浪漫化，实际上也回不到过去了。拿笔者个人来说，首先，由于笔者出生的岩山下自然村已被并成河阳村的一部分，笔者不知回到岩山下还是河阳——从行政意义上，岩山下这个村已不存在；其次，笔者出生的那间"十八间"厢房，现在房门紧锁，从窗户往里可以瞧见里面堆满了我父母用过的农具。房子的主人——男权社会里笔者的弟弟，已离开村庄谋生多年，早已找不到开启房门的那把钥匙了。众所周知，到了改革开放后期，年轻人继续留在农村，已经很难看到未来了。实际上，在中国语境下，"回到过

---

① 玛雅，黄平.中国在 21 世纪上半期的国际环境与战略选择［EB/OL］.爱思想，2008-08-04.

去"是一种特定修辞方式，以此打压有关中国未来走向的讨论。我们不是要回到过去，而是要走向未来——不是所有人都不得不到城市，而是要让乡村留得住年轻人，在那里过上一种怡然自得的生活。

要回答什么是属于我们自己的好生活，需要整个社会价值体系的变革，需要挑战什么是好生活想象的西方消费资本主义文化霸权，还需要中国社会科学进行本体论和认识论层面的创新和范式革命，彻底抛弃西方中心主义、城市中心主义，扬弃资本主义发展本体论和资本积累的逻辑。① 如果跳出发展主义，并从文化是一种生活方式这一角度看，我们也许对"中等收入陷阱"这样的问题会有新的认识。也就是说，"中等收入陷阱"本身会不会就是一个资本逻辑和发展主义逻辑内的问题？首先，在一个贫富非常不均、极少数人占有大量财富的社会里，基于"人均收入"的"中等收入"，是个非常有欺骗性的指标；其次，分配不平等，生产过剩，底层消费能力不足，是经济危机和发展"陷阱"的根源。更何况，西方早有研究表明，GDP 增长到了一定的程度，不会给国民带来更多的幸福感。今天，用壮士断腕的决心推动更激进的市场化和私有化，只能带来更大的不平等。我们更需要推动的是新时代的"潘晓讨论"，对那场为利己主义思想和丛林法则正名的讨论进行否定之否定，重新讨论什么是人生目标这个问题，进而确立生活的意义。

要开启新生活，超越欧洲中心主义和 19 世纪的发展观，思想资源在中国，在全球的南方，在欧美反帝、反资和同时反种族主义的学者以及原住民那里，在我们展开对资本主义和殖民主义的双重批判这里。在河阳，传统文化强调"耕读家风"。我就是在"耕读家风"的潜移默化下成长起来的，我祖辈所建"十八间"的院门上，则赫然写着"淳朴家风"四个字。从"耕读""淳朴"这四个字里，我深感这是一种追求物质和精神、体力和脑力平衡的、非消费主义的生活。在温哥华，在读过加拿大传播学者麦克卢汉、伊尼斯（Innis）等人的著作后，我发现了加拿大原住民思想家们。2013 年夏天，在我主办的学院 40 周年院庆国际学术会上，我们请来了三位原住民理论家作为会议的主题发言人。他们是北美原住民文化 500 多年来几近被毁灭后的新生思想家，他们分别来自哥伦比亚大学、不列颠哥伦比亚大学、维多利亚大学这些殖民历史刻在其名字上的北美大学。他们具有北美最前沿的批判学术

---

① 赵月枝. 传播与社会：政治经济与文化分析 [M]. 北京：中国传媒大学出版社，2011.
　沙垚. 重构中国传播学——传播政治经济学者赵月枝教授专访 [J]. 新闻记者，2015
　（1）：5-14.

思想，他们关于人和自然之间关系的思想，与我们中国农民先辈有共通之处。而他们彻底的反殖民主义和反种族主义思想，又是我所熟悉的西方批判思想难以望其项背的。其中格林·科塔德（Glen Coulthard）所出版的《红皮肤，白面具》，该书名与20世纪非洲著名反殖思想家法农（Frantz Fanon）的名著有明显的对话关系，而作者自称是他所属的德尼部落的共产主义者。

二、乡村视野与社会主义生态文明愿景

资本主义发展过程是马克思所说的"生态断裂"的过程，即人与自然物质交换关系的断裂过程。为了弥合这一断裂，中国的人文和社会科学工作者有许多工作可做——一方面吸收中华传统文化的精华，另一方面深化马克思主义的生态思想研究，从而为建设生态文明提供思想和文化基础。在文化方面，我认为，把"天人合一"当作中华文明的核心理念，应该毫无争议。如果要说"中国特色"，这就是中国特色，而不应该是以牺牲环境为代价的发展。如果说中国特色就是社会主义，那么，这样的社会主义，必定是以人与自然和谐共生为基础的社会主义生态文明，这才是最有"中国特色"的社会主义定义。而社会主义制度也是生态文明的必然要求。

同时，我们需要强调的是，西方马克思主义者近二十年来在"重新发现"马克思的生态思想方面已有许多突破。根据美国《每月评论》杂志主编、激进生态社会主义者福斯特（John Bellamy Foster）的分析，西方生态主义思想已经历了从"第一阶段"到"第二阶段"的发展。①

在"第一阶段"，即20世纪80年代至20世纪90年代初，西方的生态主义者——有的也自称"生态社会主义者"——多少受"绿党"的影响。当时，他们希望与斯大林主义以及作为共产党国家官方意识形态的"科学社会主义"划清界限，也希望与因东欧剧变而处于危机中的马克思主义理论体系保持距离，有些人甚至把马克思主义当作生态主义思想的障碍。从这个意义上说，他们只"绿"而不"红"。他们并没有在汲取马克思主义对资本主义激进批判的基础上，建立起自己的生态主义理论体系。在政治上，西方第一阶段的生态主义者更接近西方社会民主党的立场，即资本主义改良主义的立场或"绿色资本主义"。

此后，尤其是20世纪90年代中期以来，随着《马克思与自然》《马克思

---

① FOSTER J B. Paul Burkett's Marx and Nature Fifteen Years After [J]. Monthly Review, 2014, 66（7）：56.

的生态学》等著作于 1998 年、1999 年先后出版，以及资本主义生态危机的深化，马克思主义政治经济学的生态视野得到了进一步的阐释和发展。这些研究表明，马克思早已深刻认识到资本主义条件下自然被破坏的程度和资本主义发展所造成的生态危机。而《每月评论》2014 年第 10 期上发表的一篇对马克思有关现代农业问题的笔记研究，则更清楚地表明，虽然马克思在早期曾对现代科技对农业的影响表示乐观，但基于他所掌握的当时最前沿的农业化学知识，马克思已经逐渐认识到资本主义农业科技应用对人与自然交换关系具有不可逆转的破坏作用。①

正是在这些最新研究的基础上，西方一些生态主义者的思想进入了更激进的第二阶段，也就是彻底反对资本主义和重新理解马克思主义理论的自然科学基础和"科学性"的阶段。对第二阶段的分析者来说，"绿色资本主义"这个词本身就自相矛盾——资本主义所产生的生态危机不可能靠资本主义体制本身来克服，不管具体的手段是绿色技术还是碳排放的市场交易机制。总之，正如福斯特所指出的，马克思不仅认为资本主义损害了劳工和土地这两个财富的源泉，而且认为社会主义的定义包含生产者联合体对人和自然关系的"合理规制"②。笔者以为，正是在这个意义上，"科学社会主义"中的"科学"一词才回归了其本义。

总之，建设社会主义的关键，在于重新定义生产目的、超越消费资本主义生产关系和生活逻辑：在资本主义体系中，被剥削的劳动者往往从事异化的、浪费的、破坏生态的生产，为资本积累而消耗自然资源和自己的生命。然而，异化劳动不仅局限于富士康般的"血汗工厂"，"世界工厂"早已把触角伸到了麦克卢汉意义上的"地球村"每一角落，剥削着农村中任何具有劳动能力的人群。比如，在我生长的村庄里，不少老年人和妇女从事非常简单和机械的"来料加工"工作，主要是装配微小的塑料小玩意儿，如笔头的小饰品等。他们是全球资本主义这架生产机器最末端、最不需要技能、最低廉的劳动力。用笔者一位邻家姑姑的话说，她知道她做的东西是"垃圾"，也知道卖到国外也是"垃圾"，但她没有别的出路。

当然，说到垃圾，就不能不提到资本主义市场体系对中国和第三世界国家的生态破坏，包括中国的农村已是电子垃圾和城市垃圾的倾销地这样的事

---

① SAITO K. The Emergence of Marx's Critique of Modern Agriculture：Ecological Insights from His Excerpt Notebooks［J］. Monthly Review，2014，66（5）：25.

② FOSTER J B. Paul Burkett's Marx and Nature Fifteen Years After［J］. Monthly Review，2014，66（7）：56.

实。比如，广东贵屿已经成为西方电子垃圾的最大堆放地，不仅造成当地环境污染，还让本地人的健康受到极大威胁。

与此同时，中国农村的土地正被逐步商品化，而更激进的中国新自由主义者不仅力推土地私有化，还认为这是效仿美国的"先进"制度。实际上，在北美，原住民的反殖民主义、反资本主义斗争一直围绕着土地问题而展开。在原住民的思想里，人和土地的关系不是一种占有的概念，而是一种馈赠的概念；土地不只被看成人的一种物质资源，还被看成与人形成一种互惠关系。换言之，除了从政治经济的角度，我们还有必要从文化和生态的角度丰富对土地的认识。在这点上，北美原住民的认识和中国农民的认识也是相通的。也正因为如此，笔者反对文化本质主义和简单的东西方二元对立①——我本人生于"东方"，现在又来自地理意义上的"西方"，而原住民一直在"西方"的土地上。上面所指的对人和自然关系的"合理规制"，必然涉及农业知识。前面讲到，马克思十分关注现代农业科技的应用对土地造成的损害。这使我想起《四千年农夫》以及这本书所昭示的谁"先进"、谁"落后"、谁有知识、谁在学术思想前沿的问题，与我们今天重新发掘被抛弃、被压制和边缘化的知识体系和思想的迫切性问题。《四千年农夫》是美国农学家富兰克林·H. 金（Franklin H. King）的遗著。他在 20 世纪初就意识到美国现代农业的不可持续性，因而来到东亚研究"永续农业"和东亚农民是怎么种地的，并把这些农民描述成是在生物、化学、土壤、气候等方面拥有丰富知识的专家。这本于辛亥年间（1911—1912）在美国出版的著作，记录了许多东方农民的传统农业知识，如今成了美国有机农业实践者的指南。具有讽刺意味的是，这本书在 2011 年，正值它在美国出版后的一百年之际，在中国农业滥用化肥和农药已经到了无以复加的今天，被翻译成了中文在中国出版。

当然，就像笔者前面提到的电子垃圾问题，当我们谈环境和生态时，就不能离开国内、国际层面的正义问题。2015 年，柴静拍摄的纪录片《穹顶之下》曾引发了极大的争论。批评者把矛头指向柴静倡导能源产业私有化的新自由主义政治倾向，以及全片的城市中产阶级立场：因工厂被关闭而失业的工人和受更严重的水污染和土壤污染之害的农民是不被当作主体的，他们最多是被同情的对象。需要指出的是，比城市雾霾问题更严重的土壤、水源等污染最终也会通过食品影响城里人，而这也恰恰证明了城乡关系视野的重要性，以及在今天的语境下如何重构作为主体的"工农联盟"的迫切性。国际

---

① 赵月枝. 传播与社会：政治经济与文化分析［M］. 北京：中国传媒大学出版社，2011.

层面上，在此前哥本哈根国际气候会议问题上，柴静对中国科学院的丁仲礼院士做过一次访谈。访谈中，柴静俨然内化了主要西方国家在碳排放分配中对发展中国家的不公正立场，以至于引起丁院士反问：中国人是不是人？如果一个国家颇有影响的媒体人，一边忽视国内不同阶级和阶层间的环境正义问题，一边把西方在环境问题上的立场当成"普世"的立场，那么，环境领域成为城市中产阶级维护其特权地位和西方国家推行新自由主义及新殖民主义政策的新场域也就不足为奇了。当然，经过30多年的商业主义转型，中国媒体本身早已被做强做大的资本逻辑所驱动，并沦为强大的消费主义意识形态的推销工具。①

总之，一方面，中国作为世界上唯一持续的农耕文明，作为一个在20世纪进行过血与火的土地革命，在宪法中明文规定"以工农联盟为基础的社会主义国家"，至今依然具有在21世纪引领世界走向社会主义生态文明的政治经济和社会文化资源；另一方面，从化肥农药在当下中国农业中的过度使用，到中国知识分子和媒体在土地和环境等问题上的新自由主义和西方中心主义主导立场，再到中国最边缘的劳动力也已被卷入世界工厂的生产这一事实，社会主义生态文明愿景在中国将面临巨大的挑战。

三、建设社会主义生态文明的"新地球村"

在此前的一次演讲中，笔者指出，在一定意义上，农民是中国的原住民。需要补充的是，中国的农民，当然也包括中国境内的各少数民族农牧民，是中华人民共和国的主人，他们与北美保留地上的原住民有非常重要的政治主体性上的区别。也就是说，中国的农民是一个主权国家的人民的有机组成部分，而北美的一些原住民至今还在争取他们的"主权"——在他们眼里，北美的国家政权依然是垦殖主义者政权的延续，而不属于他们。

在中国语境下，强调乡村视野，旨在希望实质性地提高农民和农民工的政治代表性、话语权和参政机会，从而真正落实"人民民主"。需要强调的是，要在村庄层面实现真正的民主，就要超越简单的农村选举政治，而在具体的工作中让村民实质性地参与乡村治理。同时，作为一个主权国家，中国需要在抗击与资本主义"接轨"的过程中，争取自主发展的空间，逐渐改变目前这种作为世界工厂的地位。当然，在思想、文化与传播层面，必须坚持

---

①　赵月枝，范松楠. 环境传播：历史、现实与生态社会主义道路——与传播学者赵月枝教授的对话［J］. 新闻大学，2015（1）：1-7.

不懈地批判西方霸权和内在化了的种族主义。只有这样，中国才能超越资本主义、城市中心主义和工业主义，实现"新乡土主义"①或"新地球村"愿景。之所以是"新地球村"，是因为麦克卢汉意义上的"地球村"不仅在象征层面掩盖了国内、国际不平等关系，而且具有技术中心主义的色彩，而我所想象的"新地球村"，既是象征意义上的，更是实质意义上的。它既涉及重构人与人之间的紧密关系，也涉及重建人与自然的和谐关系。它是生态的、社会主义的，也是科学的、具有各民族特色的。

回到河阳这个已成为全国重点文物保护单位的村庄，当下面临的挑战是，如何在古民居保护和开发中，在走向全国、走向世界的过程中，使村庄依旧属于河阳村民的村庄，并能拥有一种属于自己的美好生活？如何以村民为本、民生为本，以及以村民自我民主管理和主体性重构为核心，进行社区再造，促进农耕文明的承传和河阳作为"新地球村"的复兴？文化和生态资源是社区共同体的公共财富。正因为如此，河阳只有也必须在林春所倡导的"共产主义道义经济"②框架中才能健康发展。笔者以为，除了在新历史条件下把农民以集体或合作经济为基础和共享共赢为原则组织起来，从而把乡村共同体变成以人的自由全面发展为根本目标的社会主义生态文明建设前沿实验区，其他任何选择都是不可取和不可行的。

　　　作者简介：赵月枝，清华大学人文讲席教授。

---

① 吕新雨. 新乡土主义，还是城市贫民窟？［J］. 开放时代，2010（4）：115–135.

② LIN C. China and Global Capitalism：Reflections on Marxism，History，and Contemporary Politics ［M］. New York：Palgrave Macmillan，2013：7.

【三】从全球到村庄：传播研究如何根植乡土中国①

赵月枝

C. 赖特·米尔斯（C. Wright Mills）在《社会学的想象力》中曾言，社会科学家作为文科教育工作者的政治职责，"就是不断地将个人困扰转换为公共论题，并将公共论题转换为它们对各种类型个体的人文上的意义"，进而在研究和作为教育工作者的生活中展示这种"社会学想象力"。② 作为米尔斯这一著名观点的一个例证，本文所讨论的研究与教学实践在很大程度上可以追溯到笔者的一个个人困扰。事实上，这个困扰引发了笔者的一次学术方向转移，导致笔者于 2014 年年底在故乡浙江省建立了一个扎根乡村的研究和教育民办非营利机构——缙云县河阳乡村研究院。2015 年夏，一项从传播与文化视角审视当代中国农业、农民及乡村的跨国实验性项目成了启动这一机构的奠基性研究。该项目邀请了一批中外年轻学者，要求他们在研究中结合理论知识，将各自的学术兴趣落地于河阳这个中国村庄，以此拓展和深化他们在传播、文化及全球化等研究领域的探索。"从全球到村庄"项目是一个集体学术旅程，它最为重要的意义在于它是一个传播实践和一个跨文化全球公民教学活动。当学术界聚焦于"中国崛起"及其投射到"地球村"③ 中的力量及影响时，转而将注意力投向正在经历深刻变革的现实中的村庄，有利于深化笔者所一直致力于分析的"传播、危机和全球权力转移"这一全球性重大时代主题的认识。④

---

① 原载《江西师范大学学报》（哲学社会科学版）2020 年第 1 期，此版有较大改动。
② C. 赖特·米尔斯. 社会学的想象力［M］. 陈强，张永强，译. 北京：生活·读书·新知三联书店，2016：187.
③ MCLUHAN M. The Gutenberg Galaxy：The Making of Typographic Man［M］. Toronto：University of Toronto Press，1962.
④ ZHAO Y. Communication，Crisis and Global Power Shifts：An Introduction［J］. International Journal of Communication，2014，8（1）：275-300.

　　笔者出生于浙江省缙云县河阳村岩山下自然村，它是中国东部沿海地区一个约460人的小村庄。与岩山下村隔溪相望的是约有3210人的河阳村。1975—1979年间，笔者在河阳读中学。几乎与中国具有世界历史意义的改革开放进程，尤其是这一进程所包含的迅速城市化和更深入的全球融合过程同步，笔者于1980年到北京上大学，后于1986年赴加拿大攻读研究生学位。

　　这些年中，笔者也多次回到故乡，并在文章中讨论过中国城乡间传播权力分配不均衡的问题。这些文章主要采用现有政治经济学框架，其讨论偏重于宏观历史过程而非具体的、活生生的现实生活体验。然而，2010年年初的一天，温哥华一份中文报纸头版上的一则新闻，把一个活生生的乡村现实带到了笔者的眼前：24岁的河阳村青年朱小辉与24岁的云南青年刘黎通过互联网相约自杀。刘黎特意从云南赶到缙云，二人在河阳所在新建镇上的宾馆里结束了生命。根据国内某中文网站搜索到的一篇报道①，这两位青年是通过一个网络聊天群相识的，而此聊天群中的所有人都具有自杀倾向。

　　无论是作为一位同乡抑或一名"全球传播"领域的学者，这个故事都令笔者十分困扰。在许多传播与发展的文献中，现代传播通信手段的近用（Access）仍是一个关键问题，而乡村的互联网近用更是备受关注的问题。然而，朱小辉的故事迫使我们超越近用问题。在这个故事中，一个受过大学教育的年轻人没有将高等教育作为现代化和城市化过程中走出农村的单程车票，而是最终回到农村，并且通过网络与远在千里之外的另一青年网民相约自杀。没有找到理想城市白领工作又在公务员考试中失利的朱小辉，不愿意成为一名劳工，更不用说当一名农民了。

　　埃米尔·涂尔干（Emile Durkheim）指出，自杀是一种社会事实，而这个自杀事件也驱使笔者重新思考学术。这里有几个不同层面的问题：首先，朱小辉的命运是不是中国通过城市化实现现代化的发展路径遭遇瓶颈的又一例证？在中国于2008年全球金融危机后已经开始调整其以出口为导向、信息技术驱动的且依赖农村劳动力的发展路径的背景下，受过高等教育的年轻人在网络化和全球化的中国乡村能否拥有未来？其次，回到传播与文化研究领域，如何解释乡村议题在研究中系统性缺席的现象？最后，基于超越近用问题对现代通信技术的讨论②，并参考达拉斯·思迈斯（Dallas Smythe）在中国改革

---

① 李笛. 小伙子加入自杀群与一网友一同寻死或有更多人加入［EB/OL］. 搜狐网，2010-03-31.

② ZHAO Y. After mobile phones, what? Re-embedding the social in China's "digital revolution"［J］. International Journal of Communication, 2007（1）：92-120.

之初曾提出过有关中国发展道路的深刻问题"自行车之后，是什么?"①，我们应当如何在总是系统地把劳资关系置于全球资本主义发展研究首位的传播政治经济学传统中，将城乡关系作为一个重要的分析维度来重新认识城乡鸿沟，实现城乡融合，并弥合马克思曾在其著作中讨论过的城乡之间的"新陈代谢断裂"(metabolic rift)?

这些问题的解决超出了任何单一研究项目的范围。然而提出这些问题，成了"从全球到村庄：传播研究如何落地乡土中国"实验性项目的出发点。本文包括五个部分。第一部分对乡村在传播、现代化和资本主义之间关系的相关文献中所处的位置进行分析；第二部分从城乡关系视角切入深化讨论，勾勒中国卷入全球资本主义的历史轨迹以及此轨迹中传播和文化的作用；第三部分聚焦河阳村，分析其发展成为一个数字化和全球化的中国村庄的历史。随后的两个部分介绍这个集体项目研究的论题和方法，进而讨论本项目后续进展和乡村振兴语境下文化与传播的关键地位。

一、资本主义、城乡关系与传播研究

虽然麦克卢汉的"地球村"概念只是在隐喻层面挪用了村庄这个词，并没有关注真正的农村，但是，传播和文化研究领域一开始并不是城市中心主义的。就如同"村庄"长期以来就是人类学的焦点，农民社会的未来也是"二战"后美国社会学的关注点。对"二战"后新生的美国传播学而言，大众传媒和农村发展是其主要的国际领域研究议题。正如佐尔格（Antonio Sorge）和帕德韦（Jonathan Padwe）通过引用巴林顿·摩尔（Barrington Moore）的名著《专制与民主的社会起源：现代世界形成过程中的地主与农民》指出："在冷战地缘政治的语境下，'第三世界'的农民问题被视为全球纷争的关键要素。"② 正是有了这一地缘政治和意识形态考量，勒纳和施拉姆等美国传播研究的先驱开始关注"第三世界"的农民，并就传播技术在促进"第三世界"农村发展中的积极作用提出建议。隐藏在这一"主导范式"背后的，是这些美国学者力图在后殖民世界的其他地区避免产生已在中国发生的以农民为主体的共产主义革命。

---

① SMYTHE D. Counterclockwise: Perspectives on Communication [M]. Boulder, CO: Westview Press, 1994: 230-244.

② SORGE A, PADWE J. The Abandoned Village? Introduction to the Special Issue [J]. Critique of Anthropology, 2015, 35 (3): 235-247.

印度裔学者蓬达库（Manjunath Pendakur）通过印度的案例指出，这一主导范式假定发展中国家的"静态的和受传统束缚的"农村等待着经由最新传播技术的应用而被唤醒。① 因此，该范式所呈现的是"这样一个意识形态建构的世界：天真无知的'土著'（natives）着迷于又一个西方人业已拥有的器具"②。这一范式隐含着线性的现代化逻辑，即乡村和城市之间、内陆地区和沿海都市中心区之间，以及以农民为基础的"传统社会"和以北美和西欧的消费社会为模板的"现代社会"之间，存在的只是时间上的差距。但是，蓬达库没有指出的是，对这一范式"展开强有力的左翼批判"的激进传播政治经济学者，基本上也没能处理农村问题和更大的城乡关系问题。作为一个例外，蓬达库自己向其导师、传播政治经济学先驱思迈斯致敬的文章《政治经济学与民族志研究：一个印度村庄的转型》，恰恰证明了传播政治经济研究的这一盲点。与此相互印证的是，虽然英国文化研究学者威廉斯早在 1973 年就出版了《乡村与城市》，但是威廉斯对城乡分化的深切关注在包括文化研究者在内的批判传播研究中，也几乎没有什么回响。

事实上，传播政治经济学者汲取马克思主义思想资源的批判在倒掉美国主导传播研究范式这盆洗澡水时，似乎把对乡村社会的关注这一婴孩也一并给倒了。这有几方面的原因：首先，马克思颇有争议的"亚细亚生产方式"和他对殖民主义在印度的进步意义的评价，给有关亚洲农村的批判学术研究带来了深远影响，而马克思和恩格斯（Engels）有关"农村生活的愚昧状态"的知名论断，也被长期来反衬（西方式）现代化的必然性和进步性。③ 从这个意义上可以说，不论是主导范式学者还是西方马克思主义学者，虽然他们对自由民主资本主义是否就是"历史的终结"有不同看法，但是，他们都赞同加拿大原住民学者格伦·库塔（Glen Coulthard）所说的"规范性的发展主义"④。也就是说，他们都如出一辙地内化了资本主义现代化、都市化、工业化不可避免这一目的论历史观。其次，由于批判政治经济学往往"把可用

① PENDAKUR M，WASKO J，MOSCO V. Illuminating the Blindspots：Essays in Honoring of Dallas W. Smythe ［M］. Norwood, New Jersey：Ablex, 1993：82.
② PENDAKUR M，WASKO J，MOSCO V. Illuminating the Blindspots：Essays in Honoring of Dallas W. Smythe ［M］. Norwood, New Jersey：Ablex, 1993：83.
③ SORGE A, PADWE J. The Abandoned Village? Introduction to the Special Issue ［J］. Critique of Anthropology, 2015, 35（3）：235-247.
④ COULTHARD G. Red Skin, White Masks：Rejecting the Colonial Politics of Recognition ［M］. Minneapolis：University of Minnesota Press, 2014：9.

的历史化约为殖民的历史"①，这就把工业资本主义的兴起视为历史的"起点"，并把都市无产阶级视为社会革命的普遍主体，留给关乎农民的批判研究议程的余地很小，最多只是作为一个"残留的"类别出现。毕竟，连著名的马克思主义历史学家霍布斯鲍姆（Eric Hobsbawm）在其自传性的著作中也认为："20世纪后半期最显著、影响最深远的社会变化，也是把我们与过去世界永远区分开的变化，就是农民的消亡。"② 最后，也是最为关键的，是后冷战新自由主义全球化阶段传播研究议程的变化。由于世界各地被商业化的现代传播业都对有利可图的城市受众更感兴趣，也由于美国不再把传播与（第三世界的）发展问题当作学术资助重点，这一领域的研究者后继乏人。与此形成对比的是，在"第三波民主化"学术思潮的推波助澜下，传播研究转而聚焦于媒体全球化、数字化和政治民主化诸进程的研究。在"全球对本土"（global v. s. local）这一强势的二元对立框架内，"本土"往往意味着"本国"（national），而后者又被等同于城市。结果就是传播研究领域的一分为二状态：一方面，传播与发展这一主导范式的残留要素或其新的变体，被少数学者用于研究发展中国家农村人口或西方贫民窟穷人的接入和连接问题；另一方面，大多数学者用"（新）媒体与民主范式"来研究（城市的）中产阶级和网民。

在当前的全球传播学术研究中，这种城乡二元对立和西方中心主义的城市偏向根深蒂固。这也就不难理解，从《去西方化的媒体研究》《国际化的媒体研究》《重整全球传播》，到近期的《图绘金砖国家媒体》等一系列倡导新研究议程的论文集（笔者本人也是后三部文集的论文作者之一），没有一章分析传播与城乡关系。③ 事实上，在这几本书后面的索引中，也没有任何有关农村或农民的条目。虽然笔者与他人联合主编的《全球传播：迈向跨文化传播政治经济学》一书的作者大部分有非西方背景，但是，城乡关系依然不是其

---

① MAMDANI M. Post-colonialism and the New Imperialism. In Shaikh N, the Present as History：Critical Perspectives on Global Power［M］. New York：Columbia University Press, 2007：95；ZHAO Y. Communication, Crisis and Global Power Shifts：An Introduction［J］. International Journal of Communication, 2013：20-22.

② HOBSBAWM E. The Age of Extremes［M］. New York：Vintage, 1996：289.

③ CURRAN J, PARK M. Dewesternizing Media Studies［M］. London：Routledge, 2000；THUSSU D. Internationalizing Media Studies［M］. London：Routledge, 2009；CURTIN M, SHAH H. Reorienting Global Communication［M］. Urbana：University of Illinois Press, 2010；NORDENSTRENG K, THUSSU D. Mapping BRICS Media［M］. London：Routledge, 2015.

中重要的主题，更遑论把城乡关系当作分析框架了。① 作为论文集的两位主编之一，笔者并不是有意去忽视作为分析矢量的城乡关系；毋宁说，这一忽视和遮蔽是"自然而然"发生的，原因在于上述根深蒂固的学科参考框架。总之，学术研究议程设置中的"沉默的螺旋"起了作用。这一知识霸权的另一个表现是，当决定聚焦于传播与城乡关系时，下意识中，笔者马上觉得有必要回应：这是在放弃马克思主义的范式吗？甚至是，这样的学术研究是被乡愁和情感所驱动甚至是在向后看吗？更严重的是，这是否意味着走上自我边缘化的学术道路，甚至是学术生涯的慢性自杀？

因此，文化与传播的乡村转向不是小事，"赌注"很高。尽管联合国在2005 年宣布，全世界生活在城市的人口已经超过了生活在农村的人口，但是，正如佐尔格和帕德韦所指出的，今天农村人口的绝对数量是历史上最多的，"这一事实增加了了解为何今天农村人口尚未实现现代化这一问题的迫切性"②。一方面，由于全球资本主义的不平衡发展带来了城市化在地理分布上的不平衡，出现拉丁美洲的城市化程度在整体上要高于亚洲和非洲等现象；另一方面，全球资本主义的历史发展也使得城乡关系问题在不同地区以不同的面貌呈现出来。例如，在北美，剥削性的城乡关系这一资本主义的典型特征，历史性地与垦殖主义、奴隶制和新自由主义全球化交织在一起，并产生了对原住民的剥夺和边缘化、对非裔美国人的种族压迫，以及今天大量拉美移民农业劳工在美国的困境等问题。因此，麦克·戴维斯（Mike Davis）所描述的"布满贫民窟的星球"这一问题，可以追溯到城乡关系问题。③ 可以说，上述形式的经济剥削、种族压迫和文化流离失所（cultural displacement）与全球资本主义扩展的历史进程紧密相连。在这样的背景下，传播和文化研究如果仅仅停留在处理身份政治或承认政治层面问题，而不能对资本主义持续地使农村和边缘地带服从于城市和大都市中心的这一进程进行根本性的批判，就避免不了其唯心和片面的性质。

从社会变革的主体层面，尽管传统马克思主义者关注作为潜在革命主体的产业工人阶级，后冷战时期的批判传播研究关注作为社会变革能动主体的城市中产阶级和网络时代的"赛博无产阶级"或"数字劳工"，但是，从 20

---

① CHAKRAVARTTY P, ZHAO Y. Global Communications: Toward a Transcultural Political Economy [M]. Lanham, MD: Rowman & Littlefield, 2008.

② SORGE A, PADWE J. The Abandoned Village? Introduction to The Special Issue [J]. Critique of Anthropology, 2015, 35 (3): 235-247.

③ 吕新雨. 新乡土主义，还是城市贫民窟？[J]. 开放时代，2010 (4): 115-135.

世纪上半叶的中国农民到印度农村的纳萨尔游击队，从 20 世纪 90 年代墨西哥农村的萨帕塔主义者到今天美国农村腹地的特朗普（Trump）支持者，世界各地的农村人口不断地表明，他们是重要的社会力量和不容忽视的强大政治能动主体。回到本文开头所引的自杀悲剧，作为河阳富裕的小企业主家庭中的一员和有大学学历的青年，朱小辉拒绝成为打工者宿命，在一定程度上也包含了农村青年拒绝"无产阶级化"的因素。实际上，就在 2010 年春朱小辉和他的云南网友相约网络自杀的时候，与他们同龄的富士康工人通过"十几连跳"自杀，用结束自己生命的方式，反抗在跨国工业流水线上遭受的超级剥削。两者发生在同一个春天，并不是巧合。实际上，中国 2.8 亿农民工的无产阶级化还"没有完成"，这一规模庞大的群体依旧辗转于农村和城市"之间"。

这不禁让我们思考：既然资本主义生产关系的继续取决于全球范围内作为雇佣劳动者来源的农民的背井离乡和受剥夺，既然中国在全球资本主义体系的转型中所起的作用依然不确定，那么，通过为朱小辉们和返乡农民工建设一个能够承载有意义的现代生活的中国农村，能否截断中国为全球资本主义供应廉价劳动力的源泉，从而在全球资本主义体系的转型中，发挥中国作为世界上唯一一个经历了反帝反资社会主义革命的农耕文明大国的作用？在马克思主义对资本主义剥削的分析中，城市工业无产阶级具有重要的位置，而印第安人没有尊严的惨淡生活以及殖民统治的具体特征很大程度上只是边缘性的问题。对此，加拿大原住民学者库塔在对马克思的资本主义剥削分析进行后殖民批判时主张，需要重新确立"剥夺性的殖民关系作为我们理解资本主义和批判资本主义的共同的基本特征"①。库塔呼吁，需要通过"将我们的研究从对资本关系的强调转移到对殖民关系的关注"②，以此来超越马克思对资本主义批判中有关殖民地问题的"残留"地位。尽管北美原住民群体和中国农民群体在其与全球资本主义的关系中所处的地位不能被简单化进行类比，但库塔作为一名北美原住民批判学者的分析，为我们把政治经济批判的视角从劳资关系扩展至城乡关系提供了理论参考。

与此同时，全球资本主义时代日益加剧的生态危机和粮食安全问题，也为修复城市和乡村之间的"生态断裂"增添了新的紧迫性。这不是要唤起对

---

①　COULTHARD G. Red Skin, White Masks：Rejecting the Colonial Politics of Recognition ［M］. Minneapolis：University of Minnesota Press，2014：14.

②　COULTHARD G. Red Skin, White Masks：Rejecting the Colonial Politics of Recognition ［M］. Minneapolis：University of Minnesota Press，2014：10.

乡村的浪漫主义，或者是在威廉斯所娴熟描绘的如下两对城乡关系二元对立神话之间来回切换，即"一方面是农村的愚昧神话和城市的文明潜力，另一方面是田园的纯真神话和城市的腐化影响"①。实际上，农村在生态上遭到的破坏比城市更为严重。例如，由于工业的发展和农业过度使用化工产品，中国农村已经处于高面源污染状态。此外，它还曾是数字资本主义时代由西方产生并非法运入中国的电子垃圾的倾倒地和拆解地。

然而，农村并不仅仅是悲惨世界或荒原；相反，借用威廉斯晚年一部著作的名字，它可能蕴含着克服全球资本主义危机的"希望之源"②。例如，近期有中国学者就提出，"向乡土社会学习"是中国未来的前进方向。其中，乡村与自然的紧密联系和它对共同体而非单个农民或农民家庭的强调，尤其它有关共同体是社会资源分配和共享的基本单位这一理念，对克服当下的生态和社会危机有指导意义。在提出这一观点的同时，这些学者也试图论证中国的"一带一路"倡议，有着替代美国主导的新自由主义资本主义全球化的更加公正和更可持续的潜在可能。③ 通过呼吁在传播和文化研究中重新与乡村的全面联结，我们希望与这些学者一道，探讨恢复传统知识体系与其他可持续生活方式和共同体生计手段的可能性，以克服全球资本主义现代性的多重危机。这些知识体系、文化实践和信仰体系包括有机农业实践、草药医学，以及更深层的信仰体系和基于人与人之间、人与自然之间非剥削关系的美好生活方式。然而，需要强调的是，笔者在这里并不是假定有永恒的、静态的"传统"，而是在具体历史脉络里和地理空间中的特定样态的知识、实践和社会斗争。在北美，这无疑包括原住民反抗殖民主义和资本主义斗争的理论和实践；在中国，这不仅包括传统"天地人"三和观念中人与土地的关系，还包括中国共产党的土地革命和社会主义改造的理论及实践。如库塔所言，原住民批判理论中"落地的规范性"或"扎根的规范性"立场主要受到土地的启发并以土地问题为中心，而土地的意义不限于其物质意义，而是其作为一种人与自然间的互惠和义务体系的存在本身所包含的规范性价值，它教会我们如何更多地想象与他人和与自然界在非支配、非剥夺的相互关系中生活，

---

① SORGE A, PADWE J. The abandoned village? Introduction to the special issue [J]. Critique of Anthropology, 2015, 35（3）：235-247.

② WILLIAMS R. Resources of Hope：Culture, Democracy and Socialism [M]. London：Verso, 1989.

③ WONG E, KIN-CHI L, TSUI S, et al. One Belt, One Road：China's Strategy for a New Global Financial Order [J]. Monthy Review, 2017, 68（8）：36.

而不是陷入那种"没有权利的无产阶级"的生活状态。① 总之，库塔所代表的原住民批判思想要抵抗的，正是在资本主义社会关系的扩展中被"无产阶级化"的宿命。

在上述加拿大原住民和中国农民在土地观念上存在共鸣的基础上，本文随后转向中国与河阳，因为这不只是一个令朱小辉绝望的地方，还是有希望克服资本主义现代性多重危机的地方，或者至少是为了社会主义未来的斗争尚未结束的地方。

二、中国卷入全球资本主义的历史轨迹：传播与城乡关系

中国是世界上唯一持续的农耕文明，中华人民共和国 20 世纪一场以农民为主体的社会革命的产物。中国具备从城乡关系视角来观照全球资本主义，以及将传播和文化作为融入和抵制资本主义的关键场域的优势。有学者指出，西方工业资本主义发展道路以剥削性的城乡关系和殖民关系为基础，与此相反，中国在 19 世纪初被迫与资本主义交锋之前，始终保持着非对抗性的城乡关系。② 不过，需要强调的是，这样的城乡关系并不是某种静态的亚细亚生产方式或中华文化精髓的衍生物，而是中国农民周期性抗争的结果：当生活在城市的"不在地地主"累积了过多的土地，或由于维持国家权力和统治阶级特权的税赋过重时，中国农民就会通过反抗推翻统治势力，在新的"天命"下建立新王朝。当然，维系城市和乡村之间人情纽带的文化和社会规范，对维系中国社会的乡土根基也发挥了重要作用。比如，通过考试入朝为官者会在退休后回归乡里，在传统文化中，有源源不断的诗句将田园生活描绘成终极美好生活。

本文并不旨在评述那些关于中国遭遇资本主义的内部和外部因素，以及随之而来的中国对这一体系的适应与反抗的大量文献。林春在《中国与全球资本主义》一书中为所有希望超越浅薄的去西方化，并将中国纳入对世界未来的思考的学者提供了深刻洞见。③ 以下概述所希望突出的是，中国探索社会主义现代化道路与参与新自由主义资本主义全球化之间存在重要区别，而两者又历史性地相互交织在一起。

---

① COULDTHARD G. Red Skin, White Masks：Rejecting the Colonial Politics of Recognition [M]. Minneapolis：University of Minnesota Press, 2014：13.

② 严海蓉. "中国农业的发展道路"专题导言 [J]. 开放时代, 2015 (5)：13-17.

③ LIN C. China and Global Capitalism：Reflections on Marxism, History, and Contemporary Politics [M]. New York：Palgrave Macmillan, 2013.

　　首先，由于中国城市工人阶级的规模有限，中国共产党的实践中将马克思主义中国化，形成了农村包围城市的革命战略，从而使中国农民在历史变革中发挥了关键作用。中国共产党不但成功领导了土地革命，并且发展出了以"群众路线"为特征的政治传播和文化治理模式。"群众路线"不仅体现了有别于自由民主理念的国家与社会关系，而且承认"群众"的积极性是社会变革的动因。群众路线体现了中国共产党将列宁主义原则与中国现实相结合的努力，通过在占人口大多数的农民中开展工作而将自己与中国社会联结起来。① 裴宜理观察出，"现存的共产主义国家——中国、朝鲜、古巴、越南和老挝"都是"通过农村的民族主义革命而取得政权的"。她还指出，"或许这些通过对农民开展民族主义动员而取得政权的国家，习得了如何与社会发生联系的宝贵经验"②。

　　中华人民共和国成立后，中国的现代化先遭到来自西方的经济封锁，后又经历了中苏决裂。中国初期工业化与现代化依赖于对国内农业剩余的过度提取（这一国内的关系相当于国与国之间的殖民攫取或国际市场中的贸易不平衡），而城乡户籍制度的确立以及"不断加剧的城乡差别"，成为"这一革命性现代化工程的意外后果之一"③。然而，正如布朗（Jeremy Brown）所说，毛泽东时代遗留下来的城乡差别问题非常复杂，在"不平等、相互作用及发展等彼此重叠的主题"之间充满张力。④ 事实上，毛泽东时代的发展政策并没有完全将中国农民和农村社会弃之不顾。阿瑞吉（George Arrighi）甚至认为，"与斯大林时期的苏联存在明显的反差，中国在毛泽东时代对现代化的追求不是通过消灭农民，而是通过提高农民的经济和教育水平"⑤。尽管这一概括性表述需要更为细致的研究加以补充，但是，就农村发展而言，中国在成人扫盲、基础教育和医疗卫生领域取得的成就令发展中国家艳羡，这是不争的事实。

---

① SELDEN M. The Yanan Way in Revolutionary China [M]. Cambridge：Harvard University Press，1971.

② PERRY E J，LU H. Narrating the past to interpret the present：A conversation with Elizabeth J. Perry [J]. The Chinese Historical Review，2015，22（2）：160-173.

③ BRWON J. City Versus Countryside in Mao's China：Negotiating the Divide [M]. New York：Cambridge University Press，2012：2.

④ BRWON J. City Versus Countryside in Mao's China：Negotiating the Divide [M]. New York：Cambridge University Press，2012：230.

⑤ ARRIGHI G. Adam Smith in Beijing：Lineages of the Twenty-First Century [M]. London：Verso，2007：374.

在传播和文化政治方面，大众传媒的社会主义修辞将工人和农民树立为新中国的历史主人翁。严海蓉甚至认为，农村在毛泽东时代是"意识形态高地"，农民的积极性和能动性得到颂扬。① 与此相对，城市尤其是沿海城市则成为社会主义改造的目标地区，为的是清除剥削和殖民遗产，使它们从"寄生性"的消费场所转变成生产性的场所。正是在这一语境下，大寨这个山西省的贫困山村，因为艰苦卓绝的集体主义发展经验而变得家喻户晓，成为自力更生、艰苦奋斗、社会主义的中国农村的一个典范，而遍布全国农村的村校、邮局、有线广播、公社电影放映队以及地方剧团，也是那个时代农村传播和文化建设的重要基础。

上述革命遗产和社会主义建设成就，也使改革开放时代中国重新与全球资本主义整合的道路，既有别于城市化与工业化程度更高的苏联和东欧国家，也不同于巴西和印度等后殖民资本主义国家。正如土地革命是中国共产主义革命的核心所在，家庭联产承包责任制开启了中国的改革开放进程。一方面，集体土地所有权制度确保了承包土地的平均分配，加上农村扫盲、教育和医疗卫生方面前 30 年社会主义建设的"红利"，为改革开放时期的中国提供了"比较优势"——"廉价的土地"和"廉价的"农民工。这支劳动力大军之所以能够承受整合到全球产业链中中国沿海工业区的"超级剥削"，很大程度上是由于农村土地制度和农村家庭作为一种社会保障制度和社会与文化再生产的场所的存在。如果说，原住民的土地和非洲人的身体历史上曾是"美国资本主义的源泉"②，那么，中国农民的土地和身体在很大程度上既是新自由主义全球资本主义积累的源泉，也是中国在新自由主义资本主义全球化时代取得成功的"秘诀"。③

其次，由于中国在快速城市化与全球化的过程中不仅在政治经济层面忽视了农村，而且在话语层面将农民贬低为中国落后的象征，因此，到了世纪之交，中国对农村累积了大量"债务"，包括乡村治理的"黑社会化"、经济衰退、社会空心化、农业基础设施老化等。在传播与文化领域，除了教育制度致使农村人才流失之外，媒体的商业化和城市中心主义改革带来了社会价值取向错乱和对农村身份的诋毁。正如严海蓉指出的，在逆转毛泽东时代的

① 严海蓉. 虚空的农村和空虚的主体 [J]. 读书，2005 (7)：74-83.

② DUNBAR-ORTIZ R. An Indigenous People's History of the United States [M]. New York: Beacon Press, 2014；DUNBAR-ORTIZ R. Native land and African bodies, the source of US capitalism [J]. Monthly Review, 2015, 66 (9)：47.

③ 温铁军. 八次危机 [M]. 上海：东方出版社，2013.

城乡文化政治和复兴中国 20 世纪早期的殖民现代性的过程中，"城市重新获得了作为现代文明中心的优越地位"。随着精英阶层在中西对比中将中国这个农业大国界定为"贫穷"和"落后"，"贫穷"和"传统"也成了农村的同义词。当假定具有"文明"和"现代"本质的城市被构建为"封闭"和"落后"的农村的对立面时，农村在意识形态层面就被"挖空"了，而这与它在经济和社会层面的空心化是同步的。严海蓉总结道，经济和文化的"空心化"过程致使农村的诸多"经济和文化价值"遭到掠夺，而这正是农村青年看不到农村未来的原因。①

　　总之，20 世纪 80 年代早期家庭联产承包责任制取得最初的成功后，20 年以城市为中心的改革和以西方为中心的资本主义再整合，使新世纪初的中国农村陷入了经济、社会和文化层面的衰颓之中。2000 年 3 月，湖北省乡村干部李昌平向时任总理力陈"三农"问题，使农村危机引起国家领导层和全国媒体的关注。2002 年 1 月，李昌平的著作《我向总理说实话》出版并引起全国轰动，"三农"问题成了一个妇孺皆知的词汇。

　　随着 2002 年年末中国领导班子换届，中国共产党无论在修辞上还是在实际的发展政策上都大大加强了对农村的重视，甚至将农村问题视为工作的重中之重：2005 年，中国共产党重新使用了毛泽东时代"建设社会主义新农村"的口号；2006 年，国家取消了农业税，并大大增加了农村投资。事实上，正如温铁军所说，自 2003 年开始，特别是 2006 年之后，通过把乡村作为投资的目的地和内需的来源地，中国成功地使自身免遭 2008 年全球金融危机的波及。相应地，在传播与文化领域，国家投资包括持续的"村村通"电话网建设，以及近年来的"宽带下乡"和各类乡村公共文化建设和文化赋权项目。②

　　2008 年以来，中国通过减少出口驱动以重新平衡经济来调整中国发展模式，同时，国家也认识到，工业支援农业、城市反哺农村的时候已经到了。简而言之，只有乡村崛起了，中国才能崛起。一方面，在历经 30 年的高速现代化和全球化后，针对日益严峻的文化认同危机，在文化上需要重新找回中华文明的乡土根脉，这为重新认识乡村提供了文化和意义层面的动因；另一方面，在 2008 年危机之后，不仅城市工商资本和包括设计师在内的城市文化

---

① 严海蓉．虚空的农村和空虚的主体［J］．读书，2005（7）：74-83.
② HONG Y．Networking China：the Digital Transformation of the Chinese Economy［M］．Urbana：University of Illinois Press，2017.

资本需要新的投资场所，国家在经济上也需要把包括乡村旅游在内的新兴产业和第一、二、三产业的融合发展作为新的增长点。作为这个过程的一部分，国家建立了一套不断延伸的农村文化遗产保护制度，"传统村落"和文化遗产的数量不断增加，并作为体现中华农耕文明的精髓而获得保护和开发。① 与此同时，以首都北京的雾霾问题为标志，中国人满为患的中心城市日益严重的环境危机，则进一步促使中国的城市将更加美好甚至浪漫化的凝视投向乡村和小城镇。到了 2017 年年末，中共十九大已然把乡村振兴上升为国家战略。

这些发展能否促使中国城乡之间的权力关系发生重大变化？现在下结论未免为时尚早。截至 2016 年年末，中国的城镇化率为 57.35%。② 然而，多达 2.92 亿人——占中国总人口的 20%以上——被归为"居住地与户口登记地分离人口"（这类人口多数是居住在城市却没有城市户口的农民工，他们因此被排除在享受城市公民权利范畴之外）。因此，户籍人口城镇化率实际上低于 40%。尽管当前国家计划到 2020 年将户籍人口城镇化率提高至 45%③，但是，鉴于城市生活的高成本以及它对农民工的吸引力越来越弱，这被认为是一个难以达成的目标。从经济角度看，尽管西方和城市中心主义的观点认为城市化具有更高的规范性价值，然而，温铁军却发出警告：中国农村在某种程度上充当了安全阀的角色，具体地说，农村在日益以城市为中心的中国经济中，成为转嫁周期性危机的内部之"外部"（internal "outsider"），这种城乡人口天平向有利于城市一侧倾斜，对中国城市克服未来的经济危机的能力而言或许并不是好消息。而国家投资的增加、城市工商资本的下乡也未必能自动使所有人都获益。由于农村日益加剧的社会分层、阶级分化和权力关系的不平等，以及更为根本的——中国农民组织力量的缺乏与中国农业和全球资本主义的日益整合这两者并存，国家、资本和城市中产阶级利益群体进入农村的新一轮浪潮很容易成为一个"剥夺性积累"的过程。同样地，尽管越来越普及的互联网、国家农村文化赋权项目以及文化遗产保护计划似乎都有益于农村，但问题却产生于细节处——尤其产生于新的连接形式和文化支持形式落地的方式上，以及产生于不同社会力量之间与相互竞争的文化传统和价值体

① WU K. Reinventing Chinese Tradition: The Cultural Politics of Late Socialism [M]. Urbana: University of Illinois Press, 2015: 65.
② 国家统计局. 2016 年国民经济实现"十三五"良好开局 [EB/OL]. 国家统计局, 2017-01-20.
③ 陈朔. 发改委：户籍人口城镇化率 2020 年达到 45%需付出巨大努力 [EB/OL]. 中国新闻网, 2016-01-29.

系之间的复杂摩擦之中。回到本文第一部分的主题，正是在这一语境下，蓬达库 1993 年文章的标题"政治经济学与民族志研究：一个印度村庄的转型"给当下的传播研究带来新的启示，而这一次，我们观照的是河阳村的转型，这个中国村庄正是本项目"落地"的所在。

三、定位河阳：全球化的中国村庄，后改革的国家

　　尽管中国村庄的数量在过去几十年间急剧减少，在 2016 年中国仍然有 2617000 个自然村、526000 个行政村。中国的村庄在历史、社会经济和文化构成上极为多样，并存在着巨大的区域和地方差别。最重要的是，村庄并非孤立和静止的，村庄一直是人员流动的所在，也是中国国家和社会关系不断转型的重要载体。河阳村位于的浙江省丽水市缙云县，是浙江这个发达沿海省份的内陆山区后发地区。该地区拥有丰富的文化遗产，建县历史可追溯至公元 696 年。有关缙云县和河阳村的形成与发展的描述都显示了中国人口由北往南迁移的历史，并体现出国家与乡村的共生关系以及城市和乡村之间的复杂联结。

　　改革开放加速了河阳向一个全球化中国村庄的转型。一方面，全球化力量加速了河阳与全球化整合的进程。在这一进程中，最直观和影响最深远的标志包括电视、电信以及后来互联网服务的普及。最为重要的是，河阳因靠近中国小商品之都义乌，已直接被纳入中国的全球生产链和出口驱动型经济之中。在河阳，一些民居的走廊和厅堂实际上成了世界装配线上最遥远的操作端和中国"全球工厂"的临时车间：老年人、年轻人和家庭主妇们——那些在工厂系统中最无法获得雇佣的劳动力——正在零零碎碎地进行技术要求最低、劳动最密集的来料加工作业，装配好的小商品通过义乌出口到美国等世界各地。

　　另一方面，改革开放也使河阳的人口和劳动力通过养殖业、教育、商业、工业和服务业在地区、全国及全球层面向外流动。2013 年 10 月，河阳的 2363 名农村劳动力（当时河阳总人口约 3600 人，此前已与相邻的岩山下村合并为一个行政村，并沿用"河阳"为村名）中，有 1348 人在外从事经济活动，其中多数在广东、广西与海南等地从事高风险的虾养殖业。这些人应该说是在外的小规模农业经营者，而非农民工。就像整个中国社会一样，河阳在高流动性的改革时期也经历了剧烈的社会分层和阶级分化过程：在外经商致富的家庭在老村内和老村附近建起了多达 300 余栋新屋，而贫困家庭则继续住在传统老宅中，其中有的已经是危房。

新世纪初，正当李昌平呼吁国家关注"三农"问题的时候，河阳以其独特的明清及民初乡村建筑重新进入国家的视野，成为浙江省"省级历史文化保护区"，河阳也从此走上了乡村旅游的道路。对河阳来说，这标志着颇为吊诡的身份转变：从历经现代化并正处于现代化进程中的社会主义村庄，向"传统村落"的身份回归，以将其作为正在消逝的农耕文明的一个具体化身予以保护，并发展成一个文化旅游景点。2011年，河阳村乡土建筑被正式列入浙江省级文物保护单位，借此机会，缙云县政府成立了缙云县河阳古民居保护开发管理委员会（以下简称"河阳管委会"），负责管理河阳的保护与发展。2012年12月，河阳成为列入全国首批"传统村落"名录的646个村庄之一。同月，河阳村委会与河阳管委会签署协议，村集体将河阳村保护和旅游开发的权利与责任承包给河阳管委会及其下属的旅游开发公司。2013年5月，河阳乡土建筑成为国务院批准的第七批全国重点文物保护单位。由此，河阳登上了中国文物保护梯级的最高级。就这样，这个在毛泽东时代被改造为"社会主义农村"的昔日"地主村"，在改革年代的市场经济中经历了一段"自谋生路"的不平衡发展后，村庄的古民居和祠堂被中国国家重新宣布为"国宝"和中国乡村文明的载体。正如河阳管委会名称中的"保护"和"开发"所体现的，不只是要把河阳作为历史文物予以"保护"，还要对它进行"开发"，把它纳入"绿富美"的缙云——"中国梦"的缙云版——建成一个旅游景点。这标志着在后改革时期中国从战略上对乡村的重新调整及其联结传统与现代、缩小城乡鸿沟的雄心壮志。中国会成功吗？中国重新调整乡村战略将对中国发展道路产生什么影响，又会对中国卷入其中的危机重重的全球资本主义秩序带来什么影响？在改革开放前，户籍制度限制了农村人口的流动；在中国融入新自由主义全球资本主义生产的过程中，许多农村劳动力成了半无产阶级。在2008年后的全球秩序中，中国农村将发挥怎样的政治、经济和文化作用？中国有着丰富的农耕文明遗产，"工农联盟"依然是宪法中的中华人民共和国国家权力基础，中国农村能否重新建设成为美好生活的场所，甚至重新成为想象后资本主义另类方案在生态和文化层面的灵感来源？朱小辉自杀于2010年，河阳村成为省级古村落保护对象以及缙云县建立河阳管委会的前一年。从这个角度，他的绝望也可以说是他生长的河阳村在自己命运转折前夜的绝望。我们无法知道，朱小辉的在天之灵会不会看到自己在河阳过上有意义生活的可能，但是，通过把与朱小辉同辈的年轻人从温哥华带到河阳，将他们的研究与朱小辉生活过的村庄联系起来，在探究朱小辉网络自杀新闻所引发的问题以及2010年以来的变化的过程中，会产生什么洞见甚或改造三观的体验？

四、传播研究在河阳落地：项目设计

本研究项目以"从全球到村庄"为范式，并受美国社会学家布洛维（Michael Burawoy）以不同力量、联结和想象为核心范畴的"全球民族志"方法论的启发，把城乡关系视角纳入分析之中，以丰富笔者所一直致力于发展的跨文化政治经济研究框架对传播与全球化的观照。跨文化传播政治经济框架融合了批判政治经济学与后殖民政治和文化转型研究的理论和方法，它首先在前文提及的《全球传播》一书中提出，又在对中国的具体研究中得到发展。① 这一框架秉持广义的、完整的传播与文化观，不仅包括新旧媒体以及政治参与、意义生产、身份认同形成等相关议题，还涉及地方知识体系、日常生活实践，以及与经济生产、社会发展和共同体形成等过程融为一体的物质文化形式。总之，这一框架强调经济与文化、物质与表征之间不可分割的关联性。② 此外，它还秉承这样一种理念："全球化不仅是多层面和极不平等的，而且同样重要的是，全球化还通过新的既包容又排斥的方式被经历和经受着。"③ 正如笔者在最近一篇文章中所进一步阐述的那样，作为马克思主义传播学术的当代发展，这一研究取向聚焦权力这一核心概念，以挑战西方中心主义、文化本质主义和媒介中心主义为己任，将传播、政治经济结构和社会发展等问题放在全球资本主义体系内不同文化间的碰撞和互动过程中来分析，强调社会体系的动态转型与历史性演变以及传播与文化的社会历史嵌入性和社会主体的能动性。一方面，它强调源于西方的强势现代资本主义政治经济体系所主导的殖民主义、帝国主义和新自由主义全球化过程的划时代影响，对任何传统主义和本土主义（nativism）倾向保持警觉；另一方面，它尤为关注以中国为代表的非西方国家和地区在与全球资本主义的碰撞与摩擦中的特殊历史文化资源和所形成的多样现代性，包括挑战资本主义的可能性以

---

① ZHAO Y. The Challenge of China：Contribution to a Transcultural Political Economy of Communication in the 21st century. In Handbook of the political economy of communication［M］. Malden：Blackwell, 2011：558-582；赵月枝. 跨文化传播政治经济研究中的"跨文化"涵义［J］. 全球传媒学刊, 2019, 6（1）：115-134.

② CHAKRAVARTTY P, ZHAO Y. Global Communications：Toward a Transcultural Political Economy［M］. Lanham, MD：Rowman & Littlefield, 2008：10.

③ CHAKRAVARTTY P, ZHAO Y. Global Communications：Toward a Transcultural Political Economy［M］. Lanham, MD：Rowman & Littlefield, 2008：4.

及这种挑战的主体等问题。①

如果《全球传播》一书主要处理"全球"与种族、性别和民族差异之间的关系，那么本项目则力图以城乡关系为首要分析维度对跨文化传播政治经济学进行拓展，并基于在河阳的实地调研对政治经济分析和文本分析予以补充。我们希望这不仅能够根据蓬达库的提议，在乡村研究中将政治经济学和民族志结合起来，而且引入发展传播中更为积极的参与式行动研究方法，从而不但彻底改造麦克卢汉的地球村概念，而且创新跨学科理论与实践相结合的新型学术模式。一方面，河阳是项目中每一位青年学者学术旅程的"最后一公里"——不论他们的理论工具是什么，也不论他们具体的研究题目是什么，已经确定了研究题目的学者，甚至已完成研究计划的学者都被要求将研究"落地"到河阳——从城乡关系的视角来联结、扩展甚至重新构思他们的研究，包括研究假设和研究问题。② 另一方面，河阳的复杂性与河阳居民生活现实的多层次性，也为重新衡量和审视全球体系及体系性的问题提供了有利视角。

除了介绍河阳的大量文献、融入乡村生活的两周（2015 年 6 月 26 日至 7 月 13 日）、一系列由地方行政部门做的背景情况介绍以及与村干部的深入座谈之外，本项目的主要资料收集方法是焦点小组访谈，这一方法能够在一段集中的时间内发现当地居民高度关注的问题。在总结两个试验性焦点小组访谈的经验基础上，项目组通过目标抽样和滚雪球相结合的方法，邀请了 94 位村民（58 名男性和 36 名女性）参与焦点小组讨论。项目组成员根据研究题目的相关性组成四个专题小组，每组各有一个调研专题，分别是信息通信技术与社会，媒体与再现政治，媒体中介的城乡关系：农民、工人和知识分子，文化、遗产与日常生活。四到五位参与者被随机组成一组，然后四个专题小组轮流对这些村民小组进行访谈，直到每个专题小组完成对所有村民小组的访谈。另外，那些未被抽中但对我们的研究感兴趣的村民，可以在 7 月 4 日至 7 月 7 日期间自愿加入在村里的朱大宗祠进行的任何一个焦点小组的讨论。为了对乡村事务有更多的了解，我们还单独组织了一个特别的焦点访谈小组，小组成员由 15 位有河阳生活背景，但已不住在河阳却由于家庭原因经常返村

---

① 赵月枝. 跨文化传播政治经济研究中的"跨文化"涵义［J］. 全球传媒学刊，2019，6（1）：115-134.

② 本项目的参与者包括笔者、三位西蒙菲莎大学博士生、四位"西蒙菲莎大学—中国传媒大学"全球传播双学士学位的应届毕业生、一位牛津大学的硕士生以及分别来自西蒙菲莎大学与中国传媒大学的四位青年教师和本地文化研究者。

的县、镇干部及教育工作者组成。项目组成员总共进行了 33 次焦点小组访谈（四个专题小组各 8 次，另加一次项目全体成员参加的特别焦点小组），每次焦点小组访谈时长介于 2~3 小时之间。除项目组集体进行的焦点小组访谈外，每位研究者也通过对乡村生活的参与式观察、使用滚雪球法对选定的村民进行深度访谈以补充研究发现。为了使研究更加深入，有三位年轻学者又在接下来的几年中多次回到河阳调研，并最终"扎根"河阳做博士论文研究。

在这个集体性的协作型研究项目中，每个人都有各自的研究专题，同时，各自的研究题目相互关联，出现问题项目组集体讨论，并在研究过程中共享资料，互相激荡想法。在实地调研之前、之中和之后，通过集体讨论，掌握跨文化传播政治经济研究理论框架和"全球民族志"方法论的要旨，讨论焦点访谈预调研的结果，打磨焦点访谈的设计、执行和所获得的资料，这些对研究的进展和论文的写作都极其重要。作为项目的发起者和组织者，笔者也很清楚自己在这个被定位为试验性（pilot）的项目中的角色，尤其是项目的教学目标——通过这个项目让每个人意识到城乡关系视角的重要性，真切地鼓励项目组每一位成员都能够做自我反思，将他们的个人成长经历与这个研究项目联系起来，进而将项目研究与促进河阳这个古村落的复兴和更公平正义的发展联系在一起。实际上，不但项目组的到来和在公共场所展开的焦点组访谈成了影响村庄传播生态和一些村民的主体认知的事件，而且这个项目的第一项成果就是成员集体协作写成的递交给当地有关部门的关于改善河阳传播生态的研究报告——从一开始，项目组就在对西方社会科学方法论进行深刻反思的基础上，把自己的研究与村庄的发展联系在一起。

五、在河阳，研究传播，发现自己

在经历两年多的理论探讨、田野调查、集体研讨、论文写作与专家评审过程之后，2017 年 10 月 31 日，《国际传播学刊》（*International Journal of Communication*）以专题的形式发表了"从全球到村庄"的项目部分成员的研究成果，包括本导论和七篇研究论文。这些研究文章理论视野开阔，方法多样，涵盖了传播与文化研究领域广泛且丰富的讨论。从乡村媒介环境的历史梳理到生态文明的乡土阐释，从"美好生活"的乡土想象到广场舞的"乡村版本"，从作为农耕文明载体的传统民居，到作为政治参与主体的当代农民，再到将上述元素编织为一体的"乡愁"话语，各篇论文将批判传播研究的理论视角与田野调研研究方法有机糅合在一起，展现了乡村生活的方方面面与当代农民的所思所想，较好地展示了跨文化传播政治经济分析的学术视野和

"全球民族志"的研究路径。以河阳为代表,乡村也作为重新审视、解读与想象世界体系和全球性议题的切入点,被赋予了新的意义和可能。

延续上文关于乡村在中国发展道路中的作用以及由此产生的多方面危机的讨论,并通过对威廉斯"情感结构"概念的创造性化用,"乡愁"概念在理解中国与全球资本主义的整合带来的经济和文化矛盾中被赋予丰富而复杂的内涵。通过政策分析、多模态话语分析及田野调研的综合方法,项目中的研究者整合政治经济分析、文化研究和田野研究三种方法,讨论了2008年后全球政治经济危机和中国发展道路转型语境下,"乡愁"这一话语是如何被习近平总书记在2013年中央城镇化工作会议上表述,如何被中央电视台等国家媒体呈现,如何被缙云县地方党委政府转化为具体的发展策略,并最终在河阳村庄层面以一种充满矛盾和争议的方式被使用的。[①]

中国数字革命语境下的信息通信技术及其在农村生活中的作用,农民在从有线广播到数字电视的发展过程中如何使用传播技术,河阳村民的意见表达,是项目组的另一个重要关注议题。研究者中,生长于加拿大的拜伦·霍克(Byron Hauck)最初仅是对中国乡村的手机使用情况感兴趣。但是,进入河阳这个具体的村庄后,他体认到了社会组织而非技术,以及地方知识、社区凝聚力和民众参与乡村治理的诉求的重要性。也正是在这个过程中,他在对西方"国家对社会"二元对立模式进行批判性反思的基础上,确立了从"群众路线"作为一种政治传播模式的历史性演化角度理解传播技术与农民的关系。他总结道,地球村因传播技术而紧密联系,但河阳村民却因共同体的解体而感知到了"社会距离",他们呼唤"群众路线"的真正回归,渴望能实质参与政治过程。

河阳不仅是探寻"乡愁"话语和"群众路线"变迁的载体,也是分析"什么构成美好生活"和"什么构成世界主义视角"的切入点。从跨文化传播政治经济框架出发,这需要我们对城市中产阶级霸权式地将乡村构建为诗意田园进行批判,揭示在中国与资本主义融合的不平等历史过程中,存在于河阳历史上的美好生活神话中的阶级维度。这还需要我们倾心聆听那些被压抑和边缘化的河阳居民的声音,分析他们心中的不同美好生活概念共存和相互作用关系。通过将这些概念放置于中国农村社会关系的转型之中,我们可

---

① QIAN L. The Political Economy and Cultural Politics of Rural Nostalgia in Xi-Era China: The Case of Heyang Village [J]. International Journal of Communication, 2017 (11): 4423 - 4442.

以揭示过去和现在的农村隐藏的权力斗争，体认当代中国农村问题的复杂性，尤其是村内的不平等现象，以及去集体化的发展如何强化了河阳居民作为小产权所有者的占有性个人主义意识。① 然而，在河阳，一种基于"大家好才是真的好"的共同体美好生活愿景依然存在，而这才是真正的世界主义视角，是一种"处于相似被压迫境况中的人们所共通的、超越其自身地域限制的具有全球视野的社会想象"。

美好生活不仅需要和超越人与人之间的剥削和不平等关系，还离不开人与自然的和谐共生关系。由于中国农耕文明传统有生态文明建设的幽幽先声，在全球生态危机时代让传播研究落地中国存在，意味着我们有必要在有关生态、环境与传播的研究中，聚焦乡村文明及其所包含的生产生活的生态智慧和河阳这样的古村落所蕴含的传统生态观。与基于人与自然二分法的西方主流生态文化思想和将自然视为与人类分离的风景地和资源地的自然观相反，河阳古居民设计理念包含天人合一的"直觉框架"，而村民不区分人化环境与非人化环境的思维方式，则体现了一种与西方认知框架不同的传统知识体系。② 通过研究河阳村民与其生活环境关系的实践和情感维度，我们可以发现，河阳传统建筑及文化体现出一种与自然之间保持互惠、和谐和非资源开发的关系的本土生态意识，而这也正是河阳具有"文化"价值的理由以及因此作为文化遗产得到国家保护的原因。实际上，河阳村民对人与自然之间互惠关系的理解绝非独一无二，这是本文前面讨论的原住民批判理论中"落地的规范性"或"扎根的规范性"在中国农耕文明中的体现。

将全球传播研究落地村庄，离不开对村庄设计和村民世界观中的人与人关系和人与自然关系的分析，更需要我们将目光转向在全球化与数字化的村庄中更为休闲和世俗的日常生活领域。通过观摩村中妇女的广场舞活动，甚至参与她们的活动，赵晴———一位生长在温哥华的年轻华人学者，把自己对中国都市广场舞的研究，延伸到了河阳，从而不仅深化了自己对广场舞所代表的中国民间文化实践的认识，而且揭示了河阳这个网络时代的"新地球村"中的日常生活政治。在她的研究报告中，赵晴批判性地结合当代空间、权力、

---

① ZHANG X. Global to Village Ⅰ A Dreamland or the Land of Broken Dreams：Juxtaposed Conceptions of the Good Life in Heyang ［J］. International Journal of Communication，2017（11）：4462-4480.

② CHEN S. Global to Village Ⅰ Toward Multiple Conceptions of Human-Nature Relationship：The "Human-Nature Unity" Frame Found in a Chinese Village ［J］. International Journal of Communication，2017（11）：4481-4498.

场所营造和性别关系理论来理解广场舞这种以中年妇女为主体并在一段时间在都市中产阶级眼中颇有争议的日常文化实践，对河阳"日常生活地理学"以及河阳妇女在广场舞实践中新奇的甚或带有创造性的场所营造、社区建设和地缘政治跨越方式，进行了生动、丰富且广泛的情景化分析。① 赵晴的分析不仅挑战了当前全球化概念中深刻的城市中心主义倾向及其对非城市地区的排斥，还为理解当代中国的性别政治和地缘政治提供了灵感。

与此同时，在香港长大的澳大利亚籍华裔青年学者江咏宇把内地的城乡关系问题与内地和香港的关系相关联，并将其从个体身份认同维度扩展到政治主体和政治能动性维度。② 她在硕士学位论文研究中分析的是《人民日报》关于 2014 年秋天香港"占中"事件的报道。作为这一项目在河阳的后续"落地"研究，她对河阳居民关于该事件的信息来源与解读，以及他们对香港在中国的地位的看法进行了调研。在此过程中，她还对自己作为一名跨国研究者参与到河阳居民对香港"占中"事件的思考和理解过程中的能动角色进行了分析。通过这种方式，作者不仅深化了对焦点小组的参与者同时作为河阳村民和中国公民的认识，而且进入了一个在与村民的互动中促进自己的跨文化主体性形成的过程之中。她的研究方法是一种自我反思的、赋权的、行动导向的传播实践，而这也正是笔者在成立河阳乡村研究院及启动本项目时所预期的。

最后，出生于地中海科西嘉岛的法裔加拿大籍青年学者约瑟夫·尼科莱（Joseph Nicolai）对亚欧大陆的乡村文化遗产进行了跨文化政治经济分析。这不但丰富了"从全球到村庄"项目的地缘覆盖面成果，而且赋予项目的去西方中心主义理论视角以更深刻的、超越中西方二元对立的内涵——他的研究首先提醒我们，在西方，农民问题和内部的中心—边缘问题依然存在。尼科莱通过发挥"社会学想象"，在自己法国故乡的文化遗产保护制度与河阳的相应制度之间建立了一种跨文化勾连关系。他首先强调，正是由于法国对该岛的内部殖民主义历史，科西嘉岛这个以农民为主要人口的地中海岛屿长期处于结构性贫困之中，使其越发"原始"并因此对法国来说具有文化价值，最终成为一个边缘性的乡村及"西方"世界中被殖民的"他者"。他还使用同

---

① CHAO M. Global to Village | Reading Movement in the Everyday: The Rise of Guangchangwu in a Chinese Village [J]. International Journal of Communication, 2017 (11): 4499-4522.

② KONG V. Research as Communicative Praxis: Crossing the Urban-Rural Divide in Understanding Hong Kong's Occupy Central Movement [J]. International Journal of Communication, 2017 (11): 4523-4540.

样的理论框架对河阳进行了分析。尼科莱的文章驳斥了任何"西方/非西方"的简单二分法，挑战了在文化遗产的确立与传播过程中的国家中心主义和去政治化主导框架。通过"从全球到村庄"和"从村庄到全球"的视域转换以及科西嘉岛与河阳的类比，尼科莱对世界遗产保护制度的新自由主义本质进行了纵横两个面向的批判，指出这项制度是如何从联合国教科文组织世界遗产中心一直辐射到中国重新嵌入全球文化遗产产业的文化政治中，以及其中杂糅着的民族主义和阶级政治。① 河阳这样的中国乡村成为文化遗产胜地的过程，也毫不例外地是这一过程的一部分。

六、结论：向前看——传播与中国乡村的未来

朱小辉不是"典型"的河阳人，河阳也不是"典型"的中国村庄。更何况，中国在世界历史和当今的全球资本主义结构中，也不是一个"典型"的国家。尽管如此，或者说正因为如此，通过突显城乡关系视角，并将传播研究"落地"进而"扎根"在河阳——一个业已融入全球并日益全球化的中国村庄，"从全球到村庄"项目希望借助近年的传播研究去西方化的趋势，从理论框架和方法论层面重新调整传播研究的坐标系。最重要的是，也许这个跨文化政治经济研究框架下的理论与实践相结合模式对其他国家和地区也有借鉴意义——甚至在那些对"农民之死"不存在争议的国家和地区。

就中国而言，鉴于其庞大的农村人口、复杂的乡村遗产和日益增长的全球地位，实现城乡平衡发展的既定发展目标，不仅会在中国内部产生深刻的政治影响，也将对世界其他地区产生巨大影响。在此语境下，中国的传播与文化领域以及关于中国的传播和文化的学术研究，就成了关于中国未来的发展和转型政治的重要领域。

尽管有关中国乡村未来的讨论是多层面的，有时甚至并不清晰，但在总体上，想推动中国农村土地私有化并支持城市资本接管中国农业的新自由主义改革者，与主张通过集体化或合作化振兴农村经济以实现乡村振兴的倡导者，在讨论中站在对立的立场上。在一些专家和农村干部希望通过土地确权恢复农村土地私有化的同时，② 主张走新型集体化道路的一些力量，也通过各

---

① NICHOLAI J. Rewiring UNESCO's World Heritage Centre and Rural Peripheries：Imagined Community and Concrete Inequality From France's Corsica to China's Heyang［J］. International Journal of Communication，2017（11）：4541-4558.

② 徐祥临. 如何充分发挥农村土地集体所有制优势［J］. 国家治理，2019（27）：3-13.

种渠道，冲破各种阻力发声。与正徘徊于城乡之间如朱小辉一样的农村青年和庞大的农民工群体的命运最为相关的是，新出现的走新型集体经济或合作经济道路的村庄，无不设法吸引外出打工和从事小买卖的村民返乡，参与各种集体经济和合作经济活动，共同创造令人向往的农村生活。当然，"贫穷大抵相似，美丽乡村各有特色"①，中国乡村以多样性为特征，乡村振兴的具体道路也必然是多样化的。从宏观层面看，最为关键的问题是，倘若中国农民能以各种形式重新组织起来，这对中国农村的未来意味着什么，这对形成中的中国城市新工人阶级的前景有什么影响？这些都与中国 2.8 亿农民工的命运，以及新形势下"工农联盟"的实现形式密不可分。

就在本项目的年轻参与者的学术论文在《国际传播学刊》发表的同时，2017 年 10 月召开的中共十九大把乡村振兴确立为中国国家战略。2018 年年初，中共中央发布了《中共中央 国务院关于实施乡村振兴战略的意见》的"一号文件"，同年 9 月，中共中央、国务院印发了《乡村振兴战略规划（2018—2022 年）》。2019 年 6 月 1 日，中共中央总书记习近平在《求是》杂志署名文章中不仅强调"实施乡村振兴战略是关系全面建设社会主义现代化国家的全局性、历史性任务"，而且指出，"我国作为中国共产党领导的社会主义国家，应该有能力、有条件处理好工农关系、城乡关系，顺利推进社会主义现代化进程"。他还指出，"要把好乡村振兴战略的政治方向，坚持农村土地集体所有制性质，发展新型集体经济，走共同富裕道路"。

总之，大方向已经明确。从贵州省的塘约村到四川省的战旗村再到浙江省缙云县的陇东村，全国和地方层面的乡村振兴成功案例层出不穷，而河阳也在过去几年中出现了许多可喜的变化。比如，2018 年开始，在政府有关部门的扶持下，这个让朱小辉感到绝望的古村落中，一批青年大学生返乡创业者，已经入住一个"十八间"院子，开始创业。在河阳所在的浙西南丽水市层面，以战争年代的"浙西南革命精神"为动力，加快推进高质量绿色发展，为"绿水青山就是金山银山"发展理念提供丽水实践样板的努力方兴未艾；在国家层面，随着建设"中国特色社会主义"进入"新时代"，中国乡村在行进中的中国政治经济和发展道路转型中也必将发挥更为关键的作用。

回到传播学科，接下来的问题便是，既然传播学与农村发展研究的"主导范式"与 20 世纪冷战的全球论争密不可分，那么，在 21 世纪中国建设社

---

① 田杰雄，杨亦静．留学生初探中国乡村最吃惊老乡要求加微信［EB/OL］．新浪网，2019-05-08．

会主义的"伟大斗争"中，传播研究将以怎样的面貌出现？虽然上述问题与本文引言中提出的更加广泛的问题，都超出了这个探索性的"从全球到村庄：传播研究如何落地乡土中国"项目所能包含的范围，但是，毫无疑问的是，本项目开启的河阳乡村研究院的学术实践，已经以自己的涓涓细流，融入了中国乡村振兴的洪流。

　　针对本文开篇的"社会学想象力"问题，这个项目给予我们的启示至少包括以下四个层面：第一，从全球历史的高度来理解中国和世界的乡村问题，在从"全球到村庄"和"村庄到全球"的视域转换中把握国家与乡村、城市与乡村关系的变迁；第二，挑战根深蒂固的线性历史观，深刻认识今天的中国乡村作为探索中国特色社会主义道路和生态文明建设前沿的意义和乡村故事之于"中国道路"的世界历史意义；第三，超越媒介中心主义和技术中心主义偏颇，以跨学科的视野和整体性的框架来分析乡村传播生态和村民对乡村历史的记忆及他们对生活意义的多重理解；第四，也许是最重要的，在落地甚至扎根乡村的研究过程中，在与村民的互动和转型过程中，深化对知识与权力关系的认识和反思，进而促进村民和学者新的主体性的形成。总之，正如缙云县河阳乡村研究院在其 2017 年的"从全球到村庄：以乡村作为方法"暑期班主旨中所言，从全球到村庄的传播研究实践，意义不止于认识乡村和改造乡村，还在于认识世界和改造世界；不止于认识世界和改造世界，还在于认识自我和改造自我，从而实现研究对象、研究的内容与形式，以及研究者本身的转型。

　　作者简介：赵月枝，清华大学人文讲席教授。

【四】城乡关系视野下的乡村振兴与中国传播①

吕新雨 梁 媛

中国的问题是一个轴，城市与乡村围轴而转，组成了同一个问题的不同面向。当下中国讨论的"三农"问题，其实质是中国未来城市的发展问题，乡村振兴战略则可以理解为中国特色社会主义的全面振兴，同时，这也是20世纪整个中国历史发展的内在逻辑与中国道路的结构性结果。新时代背景下，新闻传播学者对理论和实践之关系进行反思，并建立起个人理想信念与学术意义有机结合的学术坐标，建构属于中国特色社会主义传播学的学术主体性，是中国传播学的当务之急，值得所有人为之共同奋斗。

作为"三农"问题、城乡关系和新纪录运动等领域知名专家和系列乡村研究国际暑期班常驻学者，华东师范大学传播学院院长吕新雨教授一直赤诚以待地参与国际暑期班活动，多年来从《国际共运视野下的"土改"问题》（2017）、《延安道路、工业化与今天的"三农"问题——兼论梁漱溟与毛泽东的世纪论争》（2018）及《"新乡土主义"与乡村振兴——以一个世纪以来中国城乡关系变革为视角的历史考察》（2019）等不同主题视角对"乡村与革命""乡村与历史"以及"中国道路"进行理论关怀和学术思考。围绕其学术经历的发展过程、中国城乡关系变迁、西部传播与乡村振兴等议题，《现代视听》特邀访谈人梁媛与吕新雨教授展开对话。

特邀访谈人：中国传媒大学传播学博士研究生梁媛

访谈对象：华东师范大学传播学院院长，教授、博士生导师吕新雨

梁媛（以下简称"梁"）：吕老师您好，首先感谢您在百忙中抽出时间来接受访谈，我们先从您的学术经历聊起吧。您在学术研究上有过从文艺理论研究、纪录片研究，到聚焦"三农"问题、新闻传播研究以及传播政治经济学等研究领域的跨度转变，可以请您谈谈这种学术兴趣发生转向的缘由和

---

① 原载《现代视听》2019 年第 10 期。

具体过程吗？

吕新雨（以下简称"吕"）：我硕士读的是现当代文学专业。毫无疑问，现当代文学与 20 世纪中国革命的历史有着很深的勾连关系，所以这也给了我一个从文学的视角去看 20 世纪中国革命的机会。我读大学本科是在 20 世纪 80 年代，那时候国内有许多很活跃的文学与社会思潮，如寻根文学，而寻根文学的兴起就跟乡村有很大关联。在当时，国内的社会思潮一方面有着非常激进的向西方转向的倾向，如出现了像《河殇》这样的纪录片；但同时也出现过非常强劲的对本土进行回顾的冲动，如乡土文学和国学的兴起。所以说，整个 20 世纪 80 年代的思潮就像是一个硬币的两面，非常丰富的同时也非常复杂，其中包裹着很多的悖论与冲击。

我们在读大学的时候特别热衷于听各种各样的讲座，那时候的大学也非常活跃，所以各种乱七八糟的东西都装在脑袋里。再加上我自己的专业是现当代文学，导师陈坚先生是夏衍研究的专家，所以我就会比较多地去跟左翼戏剧、左翼文学的脉络产生联系。我记得当年就是因为现当代文学专业的缘故，所以我们研究生同学还去乌镇做过调研。当时，我们不断寻访和接触像茅盾的故居、鲁迅的故居，这些都是现实层面的乡村，然后再去跟文本中的乡村联系起来。比如，鲁迅和茅盾都是非常重要的处理城乡关系的作家，茅盾的《子夜》就是一个以上海为视角，但却在城乡关系视角下对中国都市进行描述的作品；鲁迅先生也是一辈子跟乡村有着密切的关系。实际上，这些都在提示我们：中国和乡村是连在一起的，不管是现代文学视角还是当代文学视角，乡村的脉络是非常明晰的。

到了博士阶段，我跟随蒋孔阳先生读美学研究。我当时关注的是古希腊的"诗学"传统，其中的关键问题就是什么是悲剧、什么是喜剧，为什么很多戏剧学家都说中国没有悲剧？后来，我发现其实乡村在其中扮演着很重要的角色。我在以前发表的文章中讨论过，悲剧进入中国是五四新文化运动之后产生的一个结果，它实际上更多的是指文人戏剧、话剧，中国的传统戏剧虽然有知识分子的介入，但它的主体部分仍是民间戏剧传统。而民间戏剧传统的特点在于它的自发性与自律性，它的角色行当制、戏班组织、行当分配、演出程式等都已经形成一种有机的独特的运作方式，它与各地的方言结合在一起，形成了形形色色的地方戏。① 而这些民间传统戏剧或者说地方戏的根就

---

① 吕新雨. 戏剧传统在大众传媒时代的命运 [J]. 安徽大学学报（哲学社会科学版），2000（10）：95-99.

在农耕文明的乡村社会，它与乡村社会中人民的生命仪式、民族的生存方式都是联合在一起的。"中国老百姓生活中最重要的事情婚丧嫁娶，最重要的节日庆典，都是与中国民间传统戏剧的演出不可分割的，是族类生存与发展的本能的文化需求"①，所以戏剧是一个民族的心声。因此，我从中国的传统视角来思索，乡村怎样决定了中国戏剧传统，为什么中国民间戏剧基本上是喜剧的传统？为什么中国戏剧的文化特点还突出地表现在最后都要大团圆结局而不能是以悲剧的形式呈现？事实上，这正是中国戏剧传统本质性的凸现，它代表了一个民族的精神，一种对生存幸福的祈求，就像过年一定是要穿戴红色的服饰，红色和这些大团圆的结局其实都是一个民族对自我生命力的期许和表达。因此，我认为传统戏剧的复兴只能从乡村开始，这也是我在博士阶段所关注的最重要的课题。

博士毕业之后，1993 年我进入了复旦大学新闻学院广电系工作。当时学院让我教电视专题片写作课程，但是我后来发现"电视专题片"这个概念已经过时了，大家都在讨论纪录片，然后我就进入对纪录片的研究中，也就开始了通过纪录片关注中国乡村以及城乡关系的探索之路。

梁：您之前在文章中多次提到过，中国的农村或者农业"天然地"不能走资本主义的道路，按梁漱溟先生的说法，即中国的国家和社会都是和西方不一样的。在这样的国家和社会都完全不同的情况下，我们要怎么走城市化、工业化发展道路，则是直接关系到近代以来的城乡关系发展与变迁。从历史角度来说，您认为中国的城乡关系经历了怎样的变迁？在当下乡村振兴战略背景下，我们该如何把握或者理解中国在与世界资本主义体系整合过程中的城乡关系，中国城乡关系的未来趋势又会是怎样的？

吕：20 世纪 90 年代中国加快市场经济改革之后，整个中国城乡关系处于一个急剧变化的状况——城市里进行国企改革，而乡村则成了向城市输送大量民工的存在。因此，在当时有大量关于城乡关系主题的纪录片涌现，而这些进入城市的民工群体，自然也成为中国 20 世纪 90 年代纪录片的主角。当中国城乡问题不断地与以乡村为基石的中国现实发生碰撞的时候，你就会发现，这些问题都好像是冰山下的存在，任何表面上存在的现象其底下都是乡村问题。我们甚至可以说，在中国，任何城市问题的背后其实都是乡村问题，离开乡村，我们是不可能理解中国的城市发生了什么变化的。当然，反过来

---

① 吕新雨. 戏剧传统在大众传媒时代的命运［J］. 安徽大学学报（哲学社会科学版），2000（10）：95-99.

也是一样，离开对城市的观察，我们也无法理解乡村为什么会变化。因为中国的问题其实是一个轴——乡村和城市是围绕着这个轴来转的，它们是一个问题的不同面向。我们今天讨论中国的"三农"问题，它的背后就是中国未来城市发展的问题。① 那么在这个意义上，乡村振兴战略自然也就可以理解为中国特色社会主义的全面振兴。

对这一问题的关注也是有这样一个契机。我最开始是想关注这些城市里的农民工在媒体和纪录片里面的呈现问题，而这自然也就需要我去关注中国的传媒议题设置，关注它们是如何呈现乡村或理解乡村的。然后在这个时候，我发现媒体在乡村的表述上是有问题的，他们将中国的市场化进程非常简单地理解为一个解放的过程："民工潮"的涌动——农民离开乡村来到城市——是一个自由流动的过程，"是真正农民自由意志的体现"②，它使中国农民获得了历史上唯一一次，甚至是全球唯一一次的解放。在我看来，这种说法肯定是有问题的，所以就追着这个问题往下走：为什么会产生这样的表述，中国媒体的这些理念是从哪来的？所以在这种情况下，我对城乡关系的关注从一开始的有意无意发展为一种问题意识的自觉。

在当时，秦晖先生的观点非常受媒体关注，所以我就以秦晖先生的观点作为我主要的一个考察对象，并在 2004 年的时候形成了《农业资本主义与民族国家的现代化道路——驳秦晖先生对"美国式道路"和"普鲁士道路"的阐述》③ 的文章，试图与之进行讨论，这些问题一直到 2011 年的时候才重新变成了学术的辩论。但是，这次学术辩论的过程也变成了一场复杂的多方的话语博弈，整个过程我就不再赘述。但这次"遭遇"让我对当时中国传媒的"党派化"有一个非常切身的体会，也让我开始关注中国大众传媒公共性的问题。于是，我选择在微博发公开信④，并把跟秦晖先生的学术辩论汇编成《乡村和革命》⑤ 这本书。当然，在这个过程中，我其实不是为了跟秦晖先生个人辩论，而是需要在一个理论的层面上对中国问题的本身有一个更清晰的描述，对此我必须对 20 世纪的中国历史有一个更深入的基于乡村视角的

---

① 吕新雨．新乡土主义，还是城市贫民窟？[J]．开放时代，2010（4）：115-135．
② 吕新雨．"民工潮"的问题意识 [J]．读书，2003（10）：52-61．
③ 吕新雨．农业资本主义与民族国家的现代化道路——驳秦晖先生对"美国式道路"和"普鲁士道路"的阐述 [J]．视界，2004（13）．
④ 吕新雨．被《东方早报》拒绝发表的答秦晖先生的文章并致《东方早报》的公开信 [EB/OL]．乌有之乡网刊，2011-12-29．
⑤ 吕新雨．乡村与革命——中国新自由主义批判三书 [M]．上海：华东师范大学出版社，2013．

理解。

我开始关注乡村是在李昌平还没有给总理写公开信的 20 世纪 90 年代，那时候农业税还没有取消，乡村问题越来越严重，中国乡村整体上处在一个非常危急的状态，就如李昌平——这位乡党委书记对国家高层的呼吁："农民真苦，农村真穷，农业真危险！"这个现象到底意味着什么？它是我们今天出现的新现象，还是一个历史的原因？带着这样的思考，我转头去研究我国 1949 年之前有没有民工潮，发现"很多学者都不假思索地以为'民工潮'只是 80 年代后期才出现，但其实它对于今天的中国来说只是重演的故事"①。其实，这可以追溯至 20 世纪伊始以"洋务运动"为代表的晚清工业化时期。在当时乡村走向破败的同时，"民工潮"便已经出现。那么我们如何以一个长的历史视角——从 20 世纪到今天 21 世纪中国近代历史——来理解这个问题，这就需要我们必须把中国的问题和世界的问题联系在一起。

所以在这个过程中，我就要去了解为什么中国的农业会破产，资本主义的农业意味着什么，美的农业又意味着什么？在当时世界贸易组织（WTO）的框架之下，大家都认为农业让步是比较多的。我也带着一些问题去思考，并特别比较了中国与美国的农业，比如，为什么美国的农业那么厉害？为什么美国农产品那么便宜，甚至是价格倒挂的，为什么倒挂的还要全球倾销，而且不怕赔钱，为什么美国二战之后多次用粮食做武器，而时至今日，中美贸易谈判里面，美国的大豆仍然是其中很重要的一个筹码，为什么日本的农产品市场是打开的？在这个不断追寻的过程中，我逐渐对资本主义有了一个新的理解：资本主义的核心其实是农业问题，是粮食问题，其中的农业资本主义实际上是资本主义最核心的部分。

反过来再看中国改革开放这个过程，一方面我们工业化的发展步伐非常快，但是外向型的经济让我陷入非常深的忧虑。在我看来，外向型的经济使得整个中国的工业跟海外的市场直接连接，这就使得中国的城乡关系产生了分裂：中国的农业和工业之间的分裂，其实表现为城市和乡村的分裂。毛泽东时代讲求的是工业和农业互相支持，所有的工业原材料来自农村，而农村的机械化和现代化则依靠工业，当时的国家建设实际上是以工农两大部类互换的方式来构建的一个经济体系，虽然有剪刀差，但也消灭三大差别。改革开放之后，农村的人民公社解体，整个工业发展走向外向型，此时中国的农业就变成了一个原子化的小农经济的状态，而小农经济是没有办法应对市场

---

① 吕新雨."民工潮"的问题意识［J］.读书，2003（10）：52-61.

的。所以，"三农"出现这么多问题，其实都是跟小农经济不断市场化和去组织化有关系。虽然建立在改革开放上的中国经济取得了巨大成就，但在今天，忧患也随之浮现出来：粮食对全球市场越来越依赖，全球市场的互补导致我们不需要生产粮食了，因为我们可以通过市场来买这些东西。但是，这样一来，一旦国际格局发生变化，别人要卡你便随时可以卡。面对这样的隐患，习近平总书记十分关注"三农"问题，特别是粮食问题，他说"中国人的饭碗任何时候都要牢牢端在自己手上。我们的饭碗应该主要装中国粮"①。那么，中国的现代化发展，中国的崛起，中国道路到底意味着什么？

迄今为止，虽然我们国家还有一半的人口在农村，也就是说城市化已经把一半的中国人转移到了城市，但改革开放 40 年来，中国的城镇化道路还是碰到了诸多的问题，如城市病。与之相呼应，我们可以看到中央的政策也是从城市化发展到城镇化发展，然后一直到十九大之后提出的乡村振兴。这个逻辑的不断变化，实际上跟我们的判断是吻合的：乡村的问题才是最后的根源性问题。乡村问题得不到解决，前面的问题其实都不可能真正得到解决。所以今天乡村振兴战略的提出，在很大程度上与我们在做"三农"问题研究过程中的思路非常吻合。我最近在重新梳理关于"新乡土主义"的论述，在新乡土主义之后又关注集体经济的问题，这一问题聚焦的过程实际上也是跟整个中国社会发展的思路是同步的，我们其实也在不断从学术上跟踪这样一个过程。

所以，中国的道路到底是什么？中国作为第三世界唯一崛起的社会主义国家，其道路就是天然地不能走资本主义道路，它是不能走欧洲那种以第三世界为乡村的发展道路，它只能也必须走城乡互助互补的道路，才能有持续发展的可能，而这也是中国革命现代化发展到今天的一个内在逻辑。所以从这个角度来讲，今天的乡村振兴不只是一个战略问题，它是中国整个 20 世纪的一个结构性结果。

因此，在这个时候既然要提中国道路，就要将中国的理论跟中国的实践相结合。我们要对所有以城市为中心的系统理论做一些比较全面的清理，才有可能来建立中国自己的理论。当然，我也反对那些很激进的——认为中国的理论就是必须回到中国——盲目的排外做法，我们必须是在一个融通的对话过程中，才有可能建立一个具有普遍意义的中国模式。我觉得乡村的问题，

---

① 吕新雨. 中央农村工作会议：中国人饭碗要端在自己手上 [N]. 人民日报（海外版），2013-12-25（1）.

特别是在第三世界的现代化发展的过程中，是中国的核心问题。从这个角度来讲，这是我后来花了很多的精力去做梁漱溟研究，去关注中国的集体经济，去做 20 世纪从乡村革命到乡村国家，再回到城乡关系这样一个关注脉络的背后的原因。

梁：的确如您所谈及的，"对于中国的崛起，中国道路到底意味着什么"可以说是您的一个理论探索之源，这一问题意识勾连了您对"三农"问题、城乡关系以及新闻传播的研究。我们知道，近年来您也主动引入了传播政治经济学视角来关注中国传媒发展、"三农"问题、新媒体变革等许多社会现实问题。在您看来，传播政治经济学视角对理解中国城乡关系与新闻传播研究有什么新的启示？城乡关系视角如何融进传播政治经济学的观照之中？

吕：传播政治经济学强调的是从政治和经济的视角来理解传播。于我个人来说，除原来的文化研究与文学视角之外，我也一直从政治和经济的视角来考虑问题。正是在这样的过程中，我其实已经在试图建立一个文学文化与政治经济相融合的视野，而这种融合的视野实际上也是传播政治经济学的视野，两者逻辑基本一致。所以从这个意义上讲，传播政治经济学对我来讲是有启发意义的。但是，西方的传播政治学视角里面，实际上是没有真正处理城乡关系的，那么"怎么样让城乡关系的视角对中国的传播政治经济学有所贡献"，这是我一直在努力的方向，也是我跟赵月枝教授一起合作推进的一个方向。

城乡关系的视角对于理解中国、理解"南南世界"都非常关键。而对一个"历史个体"因果规律的探究也需要一个可以着眼的逻辑起点和分析框架，所以我们要先以中国为视角、为方法，先把城乡关系的视角与中国传播经济学的理论架构建立起来，进行一个更加普遍化的观照，也就是"从特殊到普遍"，之后，再"从普遍到特殊"，建立"个别"与"理想类型"之间的联系。因为唯有"特殊"，或者说"个体性的现实"才能表现出对我们来说与价值理念的联系因而重要的关系，使我们更加深刻认识社会现实，进而确立和创建文化的价值意义，这是韦伯所言的社会科学工作的终极目的①，也是我们和田野保持密切关系的原因。在我看来，这些都是传播政治经济学者应该去做的事情。

今年夏天，我带学生们去了山西省永济市蒲韩社区调研，对蒲韩社区的关注，其实也是对中国农村的中国特色社会主义发展的关注。我们在调研的

---

① 吕新雨. 学术、传媒与公共性［M］. 2 版. 上海：华东师范大学出版社，2018：45.

过程中发现了很多国家战略与现实之间的张力，这些张力该怎么样理解？我们又怎样以一个中国传播学者的身份在这个过程中去理解和介入这些问题？再进一步，在当下的市场环境里，我们怎样去重新理解中国的传播体制，以及传统体制本身变革的问题？如我前面所讲，中国的传媒发展跟市场经济的联系使得我们国家经历了一个从城市中心主义的传播视角和传播体制机制到国家政策不断向乡村倾斜的转型，如乡村振兴战略。在乡村振兴这个层面上，一个最为重要的举措就是以政治的方式，而不是以市场的方式对县级融媒体进行强劲推进。这一点非常值得关注。因为这个举措既不是欧美发达国家所可能出现的，也不是第三世界发展出来的，恰恰只有在中国特色社会主义政治体制里才会出现，它究竟意味着什么？它对中国城乡结构中的传播会扮演什么样的角色？区县级融媒体既需要在市场化的环境中生存，但同时又扮演着一个重组重建基层社会组织和提供公共服务的非市场化的功能，其中的市场和非市场之间的张力又该怎么理解？这些都是我们应该关注的视角。

中国的社会主义经济体制是社会主义市场经济，社会主义包含着一些克服市场经济的部分，但是它又必须在市场经济里面存活，它既需要面对整个中国，又必须在整个世界资本主义的大格局里贴身肉搏，以赢得自己的生存权。所以，在这个过程中，中国的很多问题都会以一个悖论的结构式的方式出现，这也就更需要我们传播学者具备城乡关系的视角和传播政治经济学的理论分析框架，对这些问题做出新的解读和探索。

梁：谢谢吕老师为我们提纲挈领又高瞻远瞩地解答了乡村振兴战略背景下，传播学子该如何更好地进入城乡关系视角下的乡村传播研究。今年第五届"从全球到村庄"国际暑期班将主题定为"西部传播与乡村振兴"，您是如何看待西部传播在乡村振兴战略过程中扮演的角色，以及在中国特色社会主义道路发展中的意义？

吕：在党的十九大报告中，两个提升到战略性高度的发展决策就是乡村振兴战略和区域协调发展战略，这是针对我国社会主要矛盾发生变化后做出的新的战略决策。[①] 在这个"我国社会主要矛盾已经转化为人民日益增长的美好生活需要和不平衡不充分的发展之间的矛盾"的新时代，我们把克服不平衡发展的宣言写进了新时代的党的报告，这就意味着我们承认中国在 40 年市场经济过程中产生了高度的不平衡，而接下来的战略发展决策就是要平衡

---

① 徐林. 城镇化是乡村振兴和区域协调发展的"牛鼻子"［N］. 中国城市报，2017-12-21
　（2）.

这个问题。那么，城市和乡村怎么平衡，东部与西部怎么平衡，如何平衡贫困的问题？在这个格局中，乡村振兴和区域协调发展战略就占据了两个最重要的战略制高点，也就是说当下中国的社会主义最核心的部分实际上就是在乡村与西部。如若乡村和西部不能够完成社会主义的承诺，那么中国的社会主义就是不成功的，所以说"西部传播与乡村振兴"的意义就在于此。如果中国的乡村和城市的结构性沟壑不能被填补，东部和西部的结构性沟壑不能被填补，而是依然按照市场的逻辑走向两极分化，形成"市场主导型二元结构"①，那么中国特色社会主义就是失败的。在十九大之后，整个国家的战略都转移到怎么去填补这个不平衡的问题上，这是新时代中国特色社会主义前所未有的"新"的意义所在，也是"西部传播和乡村振兴"前所未有的意义所在。

"西部传播和乡村振兴"得到前所未有的关注和热度，除了十九大报告为其"助兴"，同时还有一个很重要的原因就是"一带一路"倡议的推动。"一带一路"倡议的发展作为时下中国特色社会主义的一个重要举措，其建立了不同于殖民主义逻辑下的国际商贸新平台，秉持着共商共建共享的全面开放理念，打破以欧美为主导的世界霸权国际关系体系。值得注意的是，共商共建共享的理念毫无疑问是社会主义的理念。当然，在实现实践过程中，问题和困难也会随着影响力和参与度持续提升，如贸易保护主义抬头、"逆全球化"风潮、大国地缘博弈激化等②，但是这个理念正在努力地去克服那些困难，而这也是正在发生的故事。要知道，社会主义从来都不是一国的现实，它本来就需要一个国际的范围。因此，从国际主义视角出发，"一带一路"倡议其实是一个社会主义传统在一个新的历史阶段中的延伸。所以从这个意义上说，中国的西部具有双重意义，一方面连接着中国国内的社会主义实现，另一方面作为"一带一路"倡议起点的中国西部拓展着世界范围内新型的社会主义国际关系的可能。毫无疑问，中国西部也在当下这个特殊的历史进程中扮演着举重若轻的角色。我想，围绕"西部传播与乡村振兴"主题的论坛和暑期班的异常火爆，也是这样一个事实的具体体现。

梁：最后我们还希望了解一下，您对有志于城乡关系传播研究以及乡土建设的青年学者有何寄语？在这过程中，您认为如何培养新闻传播学者的学

---

① 河阳乡村研究院.吕新雨："新乡土主义"与乡村振兴——以一个世纪以来中国城乡关系变革为视角的历史考察［EB/OL］.从全球到村庄，2019-07-17.

② 罗雨泽."一带一路"经济走廊面临的形势与问题［N］.中国经济时报，2019-02-18.

术主体性？

　　吕：有志于建立中国特色传播学或者说中国特色社会主义传播学的学者，都有责任去关注在今天中国发生的这些故事。这些故事并不都是高大上的，它们是平凡的，甚至里面还包含了很多的矛盾、困难、困惑甚至是悖论，这些都是探究具体问题过程中不可避免的。在我看来，真正重要的是学者们怎么去对待这些问题：是建立起一个学术意义上的学术坐标，使得自己的个人理想信念能够和学术之间有一个有机的结合，还是一种功利主义心态，根据追逐资金来源而不断调整自己研究领域的做法？答案不言自明。我们学者需要去真正理解国家战略背后的历史性问题与结构性问题，这样的话我们才能够对未来有自己的判断，而不是被动地跟风走。就如我前面所述，我做乡村研究的学术脉络与中国社会的发展在逻辑上是高度吻合的。这并不是想要证明我多有先见之明，而是说，当我们一旦进入那个学术结构，会有发现结构性问题的可能，这种发现也会逐渐在国家政策层面上体现出来。我认为，对事情的来龙去脉做出一个判断，才能体现作为学者的意义。

　　当然，在这个判断的过程中需要进行很多的反思：需要对自我的反思，对自我的知识体系的反思，对既有的知识体系的反思，还有对理论和实践之间关系的反思。另外，很多的社会现实，我们都无法从既有的理论里得到很好的解释，所以学者们的研究还需要和实践结合，需要了解实践中发生的事情，然后再和理论之间进行一个往复，从实践中提炼理论，再次把理论和实践进行进一步的提升。在这个过程中，我希望年轻的学者能够继续往前走，所谓学术主体性其实就是你真的相信你所做出的研究是求真的，是你对自己的学术理想和现实问题保持真诚的初心。唯有此，你才有可能有真理，才有可能锻造中国的传播学，才有可能建立真正的学术体系。

　　作者简介：吕新雨，华东师范大学紫江特聘教授；梁媛，中国传媒大学传播研究院博士研究生。

【五】"以红色精神引领绿色发展"的
新闻传播学在地思考①

赵月枝

　　第五届河阳论坛在发征文启事时，只有"乡村故事，中国道路"这个主标题，没有副标题。但当置身于丽水和缙云令人振奋的发展实践过程中，悟出了一句"以红色精神引领绿色发展"，感觉用它做这次论坛的副标题，既贴切又有引领意义。同时更符合笔者希望结合缙云经验来谈"乡村故事，中国道路"的初衷，也有了一个重访传播学科所关注的发展问题的机会。

　　近年来，无论在全国层面还是在家乡层面，都发生了巨大变化。乡村振兴已然成了国家战略，高屋建瓴的顶层设计，更被"跨山统筹、创新引领、问海借力"这样的既有地方特色、又有普遍意义的发展方法论"金钥匙"所折服。

　　发展问题和用什么思想来引领发展问题是笔者最为关注的核心问题，而中国乡村振兴战略和丽水实践展现在我们面前的，正是我们在认识过程中碰到的前所未有的情况。在中国，新闻学与传播学有复杂的学术政治关系，在一定程度上，有冷战意识形态背景的美国主流传播学在改革开放初期被引进来时，是有解构中国本土化的马克思主义新闻学的动机和效果的。传播学的研究领域更为广泛和基本，在新媒体扩张和新闻学所依托的传统新闻业萎缩的时代，我们更需要"大传播"的视野。然而，正因为传播学的这一反共"原罪"和整个领域在中国发展的过程中一直没有能很好解决西方中心主义问题和在理论层面超越基于资本主义现代化的线性发展逻辑这一思维定式，到了 2016 年，是新闻学，而不是传播学，被认定为中国哲学和社会科学繁荣和

---

① 原载《当代传播》2019 年第 4 期，此版略有修改。

发展的 11 个支撑性学科之一。①

当然，如果传播学在中国需要马克思主义化的话，新时代的新闻学如果要发挥支撑性学科的作用的话，必须在新媒体时代扩展自己研究领域的同时，处理好原本只属于传播学的发展问题，而这恰恰也是产生于山沟沟的中国化马克思主义新闻学，从产生它的革命语境向全媒体时代的绿色发展语境转型的关键。

一、全球视野，中国立场

"以红色精神引领绿色发展"是笔者对丽水当下实践的概括，更是基于中国革命历史经验和马克思主义立场对冷战传播学的批判。这个提法不仅有地方性意义，还有中国道路意义。

可以说，在全球视野中，美国传播学，尤其是其国际部分，源于"用绿色革命消解红色精神"的冷战动机。当然，这里的"绿色革命"不是我们今天讲的环保和生态革命，而是战后美国针对中国的共产主义"红色革命"而在东南亚和更广泛的亚非拉农村地区推广的农业工业化革命。"绿色革命"的目的，就是通过解决第三世界农民的发展问题，消除农民的革命动机，从而消解"红色革命"对美国主导的战后资本主义世界体系的威胁。在这个过程中，大众媒体和传播技术的推广，被赋予重要的角色，而这也是众所周知的主流传播与发展问题论述的核心内容。

应该说，美国传播与发展领域学者的问题意识是非常好的，他们所要解决的第三世界农民的发展问题也是至关重要的。然而，当今许多亚非拉国家的发展道路的困境以及这些国家的农民所依然面对的根本问题也表明，基于技术主义和市场关系扩展的绿色革命，并不能从根本上解决第三世界农民的发展问题。甚至可以说，用"绿色革命"消解"红色精神"的策略，虽然符合美国和发展中国家统治阶级的利益，但就其根本方向而言，是南辕北辙和逆历史潮流的。更重要的是，"绿色革命"在生态和环境方面的危害，也正在不断被认识。

正是在这样的现实语境中，我们需要对过去 40 年中国新闻学和传播学的发展道路进行反思。美国主流传播学在 20 世纪 80 年代的引入有多个原因。从内因层面，这是对"文革"和教条主义的反弹；从外因层面，这是受到美

---

① 赵月枝. 否定之否定？从中外传播学术交流史上的 3S 说起 [J]. 国际新闻界，2019，41（8）：6-37.

国文化帝国主义和冷战思维，也就是当时占统治地位的国际意识形态影响和渗透的结果。① 从认识论和方法论层面，中国新闻与传播学界又陷入线性历史观和西方资产阶级新闻学术的方法论民族主义的泥淖。比如，作为一个全球性的帝国，美国新闻学本身很少涉及国家发展问题，只关注民主问题；同时，在战后发展起来的专门针对第三世界的发展传播学，则聚焦发展问题，把传播技术当作发展的工具。当我们这个后发国家的新闻与传播学者把美国的学术思想引入中国时，就出现了新闻学者不关注农村发展问题，只关注新闻与民主、专业主义等问题，甚至存在以自由主义框架研究媒体与环保运动的学者，却不知道有传播与发展领域的文献的情况。今天，要让新闻学成为对中国哲学社会科学发展有支撑作用的学科之一，就要回到中国革命和发展道路问题上来，让曾经在延安生根开花的中国马克思主义新闻学科与"乡村故事，中国道路"在新时代乡村振兴的语境下重新对接。

乡村是传统中国安身立命的所在，乡村是近现代中国革命与变迁的焦点，乡村是当代中国剧烈变革的前沿，乡村更是探索中国未来发展的关键。乡村故事里蕴含着中国道路的历史坐标，中国道路上铭刻着乡村故事的历久弥新与千回百转。

中国革命道路成功的秘诀在于其"农村转向"，这一点众所周知。而中国发展道路成功的秘密也在"三农"问题，这一点也越来越被认识到。哈佛大学裴宜理教授有关中国共产党如何善于文化治理，即把基于西方的马克思主义理论与中国本土的文化，尤其是根植于农民社会的传统文化相结合，来使自己的政权深深嵌入中国社会。根据裴宜理教授的观察，相比于苏联和东欧共产主义政权，中国共产党政权的强大韧性在于这个政权是在长期的农民和民族主义动员中锻造的，在这个过程中，中国共产党特别善于通过扎根于乡土中国的文化体系来赢得和巩固政权。②

乡村故事既是中华民族文化根脉延绵不断的故事，也是探寻中国革命正确道路的故事；它既是"勤劳革命"和中国农民对中国崛起做出巨大贡献的故事，也是中国农民重建文化自信与村庄重获尊严的故事；它既是践行"绿水青山就是金山银山"重要发展理念的故事，也是在实现天人合一理想中追求美好生活的故事；它既是坚持农民在乡村振兴中的主体地位的故事，也是

① 赵月枝. 否定之否定？从中外传播学术交流史上的 3S 说起 [J]. 国际新闻界，2019，41（8）：6-37.

② PERRY E J, LU H. Narrating the past to interpret the present: A conversation with Elizabeth J. Perry [J]. The Chinese Historical Review, 2015, 22（2）：160-173.

知识分子与人民群众相结合的故事。如此丰富的内涵，需要新闻与传播领域的学者以高度的历史使命感，从全球视野着眼，从中国立场出发，扎根中国实践，写出无愧于时代的思想答卷。

一旦我们跳出冷战思维和线性发展逻辑的羁绊，就会发现我们所在的丽水，已然成了新时代演绎"乡村故事，中国道路"的热土。与西方中心主义的线性发展观相反，在革命和建设的实践中，马克思列宁主义者提出了"不平衡综合发展"理论，强调后发国家和地区跨越性发展的可能性与现实性。从苏联当年所取得的成就到今天中国的现代化成就，都是这一主观能动的发展逻辑的体现。① 改革开放初期，温州人以敢为天下先的勇气，通过基于纽扣、衣帽、皮鞋等小商品生产和与之相关的商贸活动，开启了浙东南的温州模式；此后，附近以"鸡毛换糖"起家的义乌人，又以"无中生有"的大手笔，硬是把一个资源匮乏的浙中内陆县变成了世界小商品之都和"一带一路"的一个新起点。随着中国特色社会主义进入新时代，位于浙西南的丽水曾是浙江这个发达省份的"后发地区"，如今已经成了以自己的生态和文化优势创新引领高质量绿色发展的前沿。2018 年，丽水的地区生产总值增长 8.2%，增幅创五年新高，在浙江省位居第一，18 项经济指标有 14 项增幅全省前三，9 项全省第一。

更重要的是，基于生态和文化资源本身的公共性特质，更基于丽水市委、市政府用"浙西南革命精神"为高质量绿色发展注魂、赋能和立根的顶层设计，丽水的发展必将在探索中国特色社会主义道路的过程中，为坚持科学社会主义基本原则，坚持以人民为中心和共同富裕的发展道路，做出开拓性的贡献。我们相信，面对新自由主义经济政策和意识形态对中国的持续影响，中国的社会主义者不仅迫切需要一个超越资本主义的视野，而且必须从本土历史中汲取理论和实践资源，以抵抗资本主义巨大的胁迫力量。②

二、"乡村故事，中国道路"的缙云篇章

让我们进一步本地化，以缙云为例，深化"乡村故事，中国道路"的演

---

① DESAI R. Geopolitical Economy：After US Hegemony, Globalization and Empire ［M］. London：Pluto Press, Halifax & Winnipeg, Fernwood Publishing, 2013；LIN C. China and Global Capitalism：Reflections on Marxism, History, and Contemporary Politics ［M］. New York：Palgrave Macmillan, 2013.

② 《生态社会主义共识》（又称《河阳共识》）集体写作于 2015 年 3 月第一届河阳论坛会议期间，后由论坛主办者和几位特邀参会嘉宾集体通过邮件讨论定稿。文本曾在批判传播学公众号发布。

绎，从本土历史中汲取中国特色社会主义的理论和实践资源。

第一，缙云有悠久的农耕文明文化遗产。这里的陇东遗址是我国目前发现的第 19 处上山文化遗址，有丽水距今为止最早的史前人类遗迹。这一新近考古发现，将丽水文明史整整提前了 5000 年。缙云还是传说中轩辕黄帝飞升地，早在西晋永嘉年间，从北方南迁的氏族，就在仙都建立了缙云堂，以纪念轩辕黄帝这位中华民族的人文始祖。不管轩辕黄帝是否真的在这里驭龙升天，可以肯定的是，缙云是农耕文明的最早发祥地之一，是最能表达中华民族的乡愁情结的地方之一，也是最能体现中华民族南北交融的人文历史的地方之一。

第二，缙云是"天人合一"思想的活化石。这得益于仙都山作为道家文化圣地的地位，也得益于缙云山水的钟灵毓秀。在缙云河阳一带的民居，不叫院子，而叫"道坛"，是弘扬道学的地方；从河阳古村落布局设计到民间日常生产和生活实践，都能体认到生态文明的幽幽先声；从更为普遍的意义上说，这里的每一方水，每一座山，几乎都有故事，都凝聚着中国人文思想的光辉。

第三，缙云是伟大的"浙西南革命精神"的重要发源地。基于其沿海省份中相对封闭和贫困的大山腹地，从近代开始，丽水所在的浙西南地区，就一直是一片革命热土，缙云在这片热土中有其重要位置。早在 1930 年 8 月 31日，活跃在浙西南、被列入中央军委序列的全国 14 支红军之一——中国工农红军第 13 军，就成功攻克过缙云县城。在浙西南革命根据地纪念馆，1930 年9 月 10 日中共中央机关报《红旗日报》刊登着《浙南红军占领了缙云县城》的新闻报道；在缙云东方镇的一个自然村的一幢民宅里，还有红军留在院墙上的几十条革命标语。尽管红军的武装暴动被残酷镇压了，但红军组织和动员贫苦农民的努力，为后来的革命斗争打下了坚实的群众基础。1934 年 6 至7 月间，在第五次反"围剿"面临失败的时刻，为了宣传和推动抗日斗争，调动和牵制围攻中央苏区的国民党军，掩护中央红军的长征，中共中央组织了中国工农红军北上抗日先遣队，从江西经福建转战浙江。以方志敏为代表的先遣队指战员，为掩护和策应中央红军主力在 1934 年 10 月开始的长征，做出了巨大的牺牲，1935 年 1 月在江西的一次战斗中，他们大部分牺牲了。同年 2 月，以这支先遣队的先头部队和突围部队为基础，又组建了由粟裕、刘英领导的 538 人的中国工农红军挺进师（简称"挺进师"），"进入浙江开展游击战争，创建苏维埃根据地，以积极的作战行动，打击、吸引和牵制敌人，从战略上配合主力红军的行动"①。就这样，"在全国革命形势陷入低潮之时，挺进师指战员以大无畏的精神，肩负先遣队未竟的使命，誓死挺进国民党统治的腹心地区浙江"②。在电台被毁，与中央和上级失去联系、陷入孤军奋战的境地时，革命者以彻底的革命性、坚强的意志力和主观能动性，转战包括缙云在内的浙西南山区，发展地方党组织，宣传和组织民众，进行了长期的游击斗争。在中国革命历史上，挺进师留下可歌可泣的壮丽诗篇。然而，这里的革命故事，一直没有在更大的范围内被广泛传扬。

2018 年 8 月 31 日，丽水市委四届四次全会提出"要继承、弘扬和践行'浙西南革命精神'、将精神的强大动力转化为全面推动'丽水之干'的自觉行动"③。此后，"伟大的浙西南革命精神"这个词汇高频率进入了丽水的公共话语空间，而这种精神的具体内涵，也在丽水大地上，通过上上下下广泛的参与，得到了提炼。这种精神之所以伟大，应该有以下四个方面：

一是因为它的彻底性和牺牲观——它是在国民党统治最强大的腹心地区，由一批批大无畏的革命者在前赴后继的牺牲中开创的；

二是因为它的战略性和大局观——它是在中国革命的低潮期和挫折中，在配合中央红军主力实现战略转移的英勇斗争中淬炼的；

三是因为它的自主性和能动观——它是在与上级长期失去联系背景下，以崇高理想信念为支撑，在积极主动的游击战中闪耀的；

四是因为它的乡土性和群众观——它是在极为艰苦和恶劣的斗争环境里，在汲取乡土智慧和与人民群众融为一体的过程中升华的。

当今世界正处于百年未有之大变局的背景和特征之下，在中华人民共和国成立 70 周年和中国共产党即将迎来百年华诞之际，在西方帝国主义势力西化和分化社会主义中国的攻势正在加剧的恶劣国际环境下，挖掘和弘扬伟大的"浙西南革命精神"，不仅有为"丽水之干"注魂、赋能和立根的地方性意义，而且对全党、全军和全国人民在建设中国特色社会主义的新时代，深化对伟大的中国革命的认识，以彻底的革命性和大无畏的牺牲精神，以全国一盘棋的战略性和重构更公平正义全球体系的大局观，以积极进取的自主性

---

① "浙西南革命精神"弘扬实践活动领导小组办公室编.浙西南革命精神学习读本［M］.内部出版，2019：10-11.

② "浙西南革命精神"弘扬实践活动领导小组办公室编.浙西南革命精神学习读本［M］.内部出版，2019：10-11.

③ 以"丽水之干"提纲"丽水之赞"！市委四届四次全会发出实干最强音［EB/OL］.丽水网，2018-08-31.

和善于把握时势的主观能动性，以汲取地方智慧和融入人民日常生产生活乡土性和群众观，实现"两个一百年"奋斗目标，构建人类命运共同体的美好未来，也有普遍意义。

第四，缙云是"勤劳革命"（industrious revolution）的光辉典范。在世界经济史的中西方比较研究中，还有一个很有影响的概念，这就是与英国的工业革命相对应的东亚"勤劳革命"发展道路。英国和西欧以机器为动力的"工业革命"（industrialrevolution）与中国和东亚以人力资源为动力的"勤劳革命"只有很小差别，但是，两者一个代表资本主义工业化道路，一个代表非资本主义的市场经济道路。

缙云是一个"八山一水一分田"的山区县，这里的人民以吃苦耐劳、敢闯敢拼著称。缙云岩宕诠释缙云人民的自力更生和勤劳革命的伟大精神。虽然采石的历史有千年，但缙云壶镇一带的大部分岩宕应是20世纪七八十年代的产物。这是"庶民的胜利"的世纪，这是"勤劳革命"的时代。尼罗河畔，古有追求永恒的埃及法老命令劳动者为自己建造永恒的坟墓；鼎湖峰边，今有缙云人民在取材自然创造现代生活的过程中，无意中为自己留下的一座座不朽的丰碑。在笔者眼里，这些丰碑上分明写着：劳动光荣，人民万岁！它们不需过度的景观雕琢与粉饰，就会让人叹为观止；它们无需太多名流与神像的陪衬，就是现代敦煌和华夏文明史上的华彩篇章。

第五，也是最为重要的，缙云有经过革命锻造、马克思列宁主义武装和改革开放洗礼的人民。今天的缙云人民，是中国特色社会主义建设的主体，不是当年鲁迅笔下的"愚民"，更不是一些官员和老板口中的"刁民"。不久前在双溪口乡著名的"博士村"姓潘村参加杏花节活动，笔者光顾了该村的旧书摊，书摊上竟然有《反杜林论》《国家与革命》《经验主义还是马克思列宁主义》这样的书，在缙云老百姓中，也许还有读过这样的书和经过"反修防修"锻造的中国社会主义事业的中坚？也许这样的人凤毛麟角，但比起那些满脑子历史虚无主义和资产阶级意识形态的学者专家，那些因为自己的阶级身份而在政治运动中个人受损就没完没了地沉醉于"伤痕文学"中的知识分子，这样的人也许就不是少数，而这样的人民，才是中华人民共和国的脊梁。

正因为这些，当读到张抗抗赞美缙云人文和历史底蕴的《仰视缙云》时，笔者有强烈的共鸣；当笔者在"缙云发布"公众号读到缙云县委"始终坚持以人民为中心的发展思想，时刻牢记'为了谁，依靠谁'这一根本立场，为担当全市高质量绿色发展的排头兵汲取无穷的人民智慧"① 宣誓的时候，没有理由因为这里也有各种不如人意的人和事，而仅仅把它当作官方表面宣传和意识形态粉饰。因为在笔者看来，用"红色精神引领绿色发展"是中国特色社会主义道路的题中应有之义，它包含以人民为中心的发展思想，包含社会主义生产关系和生产目的，更包含在引领中国发展过程中，中国共产党为人民服务的根本宗旨和各级党组织的战斗堡垒作用。

与此相反，离开了以"红"为底色的社会主义的生产关系和生产目的，绿色发展就会变成形式主义和机会主义的"漂绿"，而环保主义则会沦为少数人的"绿色消费主义"，甚至西方强势国家用以垄断全球环境话语，遏制南方国家发展的意识形态工具。②

三、"以红色精神引领绿色发展"的普世意义

在从缙云层面简要演绎了"乡村故事，中国道路"的内涵之后，让我们回到普遍的层面，然后再回到新闻与传播学科。

西方人权概念所讲的是抽象的"人"，是从中世纪宗教理念中解放出来的世俗"人"，这个大写的、抽象的"人"，在资产阶级意识形态和资本主义政治经济体制中，最终具体化为理性经济人和占有性个人主义意识形态中的个人。还需要指出的是，在自由主义和白人至上主义意识形态同构的过程中，这个"人"往往具体化为具有文化和种族优越感的白种男人。正是马克思主义，从社会关系总和的角度，重新定义了具体社会关系中的阶级和个体的关系；正是中国革命和建设的实践，锻造出了具有主观能动性的、作为中华人民共和国主体的人民。这一点，罗岗教授在他的《人民至上》一书中，已经有非常好的分析。总之，我们今天不需要求助于西方的"普世人权"概念来解决"为了谁，依靠谁"的问题和捍卫绿色发展中的人民利益，我们在这里演绎"乡村故事，中国道路"，也不是为了用中国道路的特殊性来否定普世主义本身。

英文学界的马克思主义前沿研究，从不同的角度挑战了对马克思主义的西方中心主义和白人种族主义解读，并论证了这样一个基本立场：解构和挑

---

① 缙云县委宣传部. 让"浙西南革命精神"在缙云大地绽放出灿烂的时代光芒［EB/OL］."缙云发布"微信公众号，2019-03-07.

② 赵月枝，范松楠. 环境传播：历史、现实与生态社会主义道路——与传播学者赵月枝教授的对话［J］. 新闻大学，2015（1）：1-7.

战基于西方资本主义的普世话语的目的，不是为了退回到特殊主义、本土主义和传统主义的立场。如果这样，就是西方话语霸权的最大胜利——因为我们把定义普遍，甚至定义现代的话语权力，也让给西方了。

在《中国与全球资本主义》一书中，华人马克思主义学者林春基于对马克思主义的去西方中心主义批判性阐释和中国与亚洲的革命历史经验，提出了"历史唯物主义普世主义"的概念。林春认为，可以用亚洲作为一个想象中的基点来重铸具体历史斗争中的普世主义。这样的普世主义并不依附于任何文化层面的同一性，而是基于共同的政治承诺和社会愿望以及相互借鉴和平等对话。①　与其"历史唯物主义普世主义"相关，但根植于非洲社群主义共产主义思想的一个概念，是加纳政治哲学家塞科伊-欧图（Ato Sekyi-Otu）的"左翼普世主义"。②

虽然各有侧重，林春和塞科伊-欧图的普世主义理念都基于对共产主义作为一个理想和一个历史性运动的认同。林春在书中提出了"共产主义道义经济"的概念，塞科伊-欧图在书中专门用一章讨论"非洲思想中的道义共产主义"。虽然林春的论述更多从历史唯物主义的立场和中国革命的经验出发，塞科伊-欧图更多是从文学和道德哲学的层面出发，两位作者都反对后现代主义相对主义，拒绝把"普世主义"这个婴儿从欧洲中心主义的洗澡水里泼出去，反对用本土主义和文化相对主义去抗拒欧洲中心主义和资本主义普世主义。林春的书的理论和历史逻辑极为严谨缜密，需要多次阅读才能深得其义；塞科伊-欧图的书行文极为晦涩难懂，好在他的核心观点体现在他第一章中所引的一句阿坎-加纳语中。当一个人被虐待时，旁人会说，"她不也是人吗？"。在作者眼里，这就是根植于非洲本土的普世人权概念。有意思的是，在缙云，也有类似的话。比如，我们骂人最狠的一句就是，"此厮真不是人！"。从这句话中我们也可以得出，在缙云文化中，也有普世主义的人权概念。

让我们再回到新闻与传播学科。新闻学科要在西方中心主义和新旧冷战意识形态的影响下成为无愧于中国哲学社会科学的支撑性学科之一，需要汲取国内外最新学术思想，也需要从缙云这样的山沟沟重新出发，从民间言语中得到灵感。笔者除了从事乡土文化和乡村口述史研究外，早在 2018 年 6 月底就从文化和传播的角度，开始挖掘缙云的红色文化，分析它与乡土文化的

① LIN C. China and Global Capitalism：Reflections on Marxism，History，and Contemporary Politics［M］. New York：Palgrave Macmillan，2013：198.

② SEKYI-OTU A. Left Universalism，Africacentric Essays［M］. New York：Routledge，2019.

交融关系。

从全球视野、中国立场重思中国新闻与传播学术，需要重新根植于历史，尤其是中国革命的历史。① 一旦我们从学科化的传统中共新闻事业史的狭窄视野中解放出来，把中国共产党人在人际传播、组织传播和媒体传播各个领域的传播实践放在更为广阔的城乡文化领导权建设和文化治理的角度来重新审视；一旦我们能说明，中国共产党是如何在浙江这样一个传统文化底蕴十分深厚的国民党统治腹心地区赢得群众，并在今天通过乡村春晚这样的文化与传播实践，重建党群关系和乡村与国家关系，并在此过程中构建乡村共同体和村民主体性；一旦我们把陇东遗址和今天的陇东村作为一个后工业美丽中国乡村的标本故事，从新闻与传播学术层面做出解释，我们就能成功谱写出无愧于中国文明历史和无愧于时代的"乡村故事，中国道路"篇章。

在更为宏观的层面上，一旦 20 世纪 80 年代以来新闻学与传播学之间因意识形态和学术政治的不同而画地为牢的原因被厘清；一旦 20 世纪 90 年代以来"本土化"讨论所掩盖的有意无意虚无中国现代革命历史的倾向被澄清，我们也可以在超越文化本质主义、媒介中心主义和城市中心主义的前提下，重访这一讨论所涉及的真问题。这就是：

如何从传播学的角度理解和分析中国农耕文明的遗存和积淀，重思中国革命、建设和改革中农民、农业、农村的地位与作用，以及社会主义文化领导权的建立、巩固、发展与乡土文化的关系，进而在全球资本主义工业文明面临多重危机的时代，从生态社会主义的高度重新认识乡村视野的世界历史文化和生态意义，以及展开"新地球村"的想象。只有这样，才能更有效地回应何以中国、中国如何在全球资本主义中定位自己以及中国如何改变世界等问题。也只有这样，才能在"历史唯物主义的普世主义"或"左翼普世主义"的框架下，在探索社会主义发展道路的过程中，与"新闻学"一道成为有中国立场和世界意义的中国哲学和社会科学发展中一个"具有支撑作用的学科"。

正如有学者指出的那样，以"普世"宣称的欧洲资本主义现代性不可能用任何特殊性来超越，只有不断增强的社会主义才能最终消除资本主义中心主义和冷战意识形态的长期与短期影响。只有一个能推翻以欧洲工业资本主义价值观为中心的普世主义宣称的认识论范式转型，"才能抗击东方缺陷的神

---

① 赵月枝. 否定之否定? 从中外传播学术交流史上的 3S 说起［J］. 国际新闻界，2019，41（8）：6-37.

话和耻辱"①。总之，只有社会主义的普世主义，才能抗击和战胜资本主义的普世主义。

　　这正是今天我们讨论"乡村故事，中国道路——用红色精神引领绿色发展"的普世意义所在，也是让网络时代中国新闻与传播学术重新根植于像丽水和缙云这样"中国本土"的发展实践的真正含义所在。实际上，有学者早在 20 世纪 90 年代初期就指出，中国社会科学的发展唯有建立在对"乡土中国"的大量经验研究的基础上才有可能。不妨说，当中国社会科学的成熟能达到基本把握"乡土中国"的历史变迁，而又能与中国哲学和人文学传统达到高度互动之时，那也就是"文化中国"有所落实之时。② 我们今天在做的，就是这样的工作；而让"文化中国"重新找到自己的根脉，是我们不忘初心，重新出发的关键。

　　作者简介：赵月枝，清华大学人文讲席教授。

----

① LIN C. China and Global Capitalism: Reflections on Marxism, History, and Contemporary Politics [M]. New York: Palgrave Macmillan, 2013: 196.
② 甘阳. 文化中国与乡土中国——后冷战时代的中国前景及其文化 [EB/OL]. 爱思想，2007-01-25.

【六】"红绿"融合发展与中国特色新闻学构建^①

陈鸥帆

　　摘　要： "红绿"融合发展，既"以红色精神引领绿色发展"，又"以绿色发展传承并弘扬红色精神"，"红绿"相辅相成，具有多层次的立体内涵，并因此与中国特色新闻学形成多层面的互构关系。在生态文明建设和乡村振兴的时代语境中，"红绿"融合发展这一具象性的核心议题，对传统农耕文明的复兴，对中国特色社会主义生态文明发展的倡导和实践，为中国特色新闻学实现积极的视域融合，对实现具有主体性的理论构建和话语构建提供了内生的实践动力和历史契机。同时，中国特色新闻学对"红绿"融合发展相关新闻传播舆论框架的构建，也应蕴含在其重新阐扬中国文明传统视域，并把新闻传播融入中国社会主义历史发展逻辑的理论构建思维中。

　　关键词： "红绿"融合发展；生态文明建设；中国特色新闻学；视域融合；互构关系

　　2019年2月中旬，浙江省丽水市委、市政府召开了"两山"发展大会，提出加快实现高质量绿色发展的战略；2月下旬又召开了"浙西南革命精神"弘扬实践活动动员大会，市委书记胡海峰在大会上强调，要以实际行动弘扬践行伟大的"浙西南革命精神"，让红色精神绽放出新的时代光芒，汇聚起"丽水之干"的磅礴伟力。^② 3月下旬，在政协第四届丽水市委员会第三次会议上，华裔学者、缙云河阳乡村研究院执行院长赵月枝发言指出，"丽水之干"的精髓——用红色精神引领绿色发展。既提纲挈领又具象生动地概括出了丽水落实"两山"绿色发展战略和在生态文明建设过程中发扬革命精神的

---

① 原载《当代传播》2022年第1期。

② 胡海峰. 让"浙西南革命精神"永放时代光芒 为"丽水之干"提供强大精神支撑［EB/OL］. 丽水妇联，2019-02-27.

核心要旨。

所谓"红绿"融合，既"以红色精神引领绿色发展"①，又"以绿色发展传承并弘扬红色精神"，"红绿"一体两面、相辅相成。它蕴含着在地化的具体意义，即以浙西南革命精神引领生态乡村建设，成为2005年时任浙江省委书记的习近平在丽水市考察工作时提出"绿水青山就是金山银山"理论的有机组成部分和具体实践路径。它也有中国社会主义生态文明建设，以及在马克思主义生态观引领下克服人与自然断裂，解决资本主义工业化造成的生态危机全国性甚至全球性的普遍意义。它更具有政治经济文化方面的纵深内涵，即以中国特色社会主义生态文明建设的理论和实践挑战"农村屈服于城市""东方从属于西方"的资本主义发展主义道路，构建生态文明即人、自然、社会和谐共生发展的后工业文明形态和人类命运共同体。这样看来，与"红绿"融合发展相关的新闻传播实践也随之构成了一个巨大立体的张力结构，其空间视野从中国乡村一点延展到全球整体，其时间触手则抚过中国生态文明的历史，审视当代，遥感未来。那么，"以红色精神引领绿色发展"就如同一个隐喻，对应着中国特色新闻学的"破立"二元并举——挑战并摆脱西方中心主义和城市中心主义新闻传播观，从马克思主义及其指导下的中国革命、建设和改革实践中，从中国源远流长的传统文化和具体在地经验中汲取营养，解决现实问题和发展困境，构建中国独特性的，同时真正具有普适性的理论体系和话语体系。事实上，正是"以红色精神引领绿色发展"这一核心议题所昭示的中国进一步发展的方向和路径，同构着当前中国学界与业界形塑新闻学与新闻实践的力量应该从何导源，以及如何导向积极而明确的理论构建和话语构建。

一、"中国是什么"：生态文明秩序与新时代新闻学特色定位

2016年5月17日，习近平总书记发表《在哲学社会科学工作座谈会上的讲话》，谈道"要加快完善对哲学社会科学具有支撑作用的学科"，包括新闻学在内的11个学科，"打造具有中国特色和普遍意义的学科体系"之后，构建"中国特色新闻学"的学界回应渐成主流。论及"中国特色"，所有负责

---

① 2019年4月，赵月枝以"乡村故事，中国道路"为题引，发表了《"以红色精神引领绿色发展"的新闻传播学在地思考》的论文，对"红绿"融合发展的地方性政策进行了普遍化解读；2020年，赵月枝领衔主持组织的第六届河阳论坛以"'红绿'融合的全面小康样本：历史、理论与实践"为主题，引领众多学者对此展开相关研究。

任的思考都会追问"中国"是什么？或者"什么是中国"？甘阳在 2005 年著名的"通三统"讲座中，强世功在 2010 年分析"一国两制"的中国香港政策和中国治理观念时，华裔学者林春在 2012 年探讨"中国在世界历史中的定位"时，赵月枝在 2017 年"以乡村、文化和传播议题为核心"探讨研究范式和权力转移时……都明确提出了这个问题，而他们的答案也都指向了中国传统文明的特殊性，认同这是中国特色的根脉所系。

　　甘阳"特别强调，中国漫长的独特文明传统对于中国现代发展具有根本的重要性"，要看到"传统中国与现代中国的连续性""毛泽东时代和邓小平时代的连续性"①；强世功援引汪晖、赵汀阳、吴增定等人观点，说明"'中国'这个概念"凝聚着儒家主导但层次丰富的中华文明关于生活伦理秩序和政治秩序的思考；② 林春侧重阐述"中国"自我身份认同的"复数"与"变动"，即中华文明的多元一体和分歧流变的辩证统一；③ 赵月枝则着眼于"中国不仅有几千年的持续农业文明历史和农耕文化积淀，还有与印度和拉美等国家不一样的社会主义现代化实践"④。这些大家学人充分阐明了今日中国之政治经济文化的存在样态及其理念与实践，无不植根于中国文明丰富多元的传统之上。这不仅是中国人的"文化身份"体认，欧美一些有识之士也旁观者清，美国政治学家白鲁恂（Lucian Pye）（《亚洲权力与政治：文化方面的权力》）、亨廷顿（Huntington）（《文明的冲突与世界秩序的重建》）、政治家基辛格（Kissinger）（《论中国》）等人都倾向于"文化是理解中国的关键"，这些研究虽然不乏冷战意识形态的偏见和文化本质主义之嫌，但对中国文化具有历史连续性的巨大影响的基本判断还是比较中肯。

　　在法国年鉴学派巨擘布罗代尔（Fernand Braudel）看来，"特定的地理条件与生态环境制约着一个共同体的生活与生产方式，而特定的生活与生产方式决定着他们的社会组织与制度构成，而特定的社会组织与制度构成又影响着他们的思想传统与文化精神"⑤。中国文化的衍生赓续亦是如此，"先民既受惠于光风水土滋养哺育的东亚万年农业，又受制于资源环境只能聚落而居，

---

① 甘阳. 新时代的"通三统"：三种传统的融汇于中华文明的复兴［M］//李彬，李漫. 马克思主义新闻观拓展读本. 北京：清华大学出版社，2008：95.

② 强世功. 中国香港［M］. 北京：生活·读书·新知三联书店，2010：228.

③ 林春. 马克思主义与中国在世界历史中定位的政治［M］//曹天予. 文化与社会转型. 桂林：广西师范大学出版社，2012：254.

④ 赵月枝，林安芹. 乡村、文化与传播：一种研究范式的转移（下）［J］. 教育传媒研究，2017（5）：24-32.

⑤ 李彬. 传播学引论［M］. 北京：新华出版社，2003：425.

久之则族群杂处，而需邻里守望、礼义相袭，遂有乡土中国仁学礼教上下一致维系的家园文化之说"①，循此思路，当下中国的生态文明建设，不仅是对300多年来以人类征服自然为特征的工业文明的理智反弹；还是对改革开放40多年来中国接受欧美低端制造业转移而破坏了家国河山的痛定思痛。针对目前生态危机的西医式思维的"头痛医头，脚痛医脚"，再次奏响中国传统文化"按照儒家伦理原则来处理生存意义上的天道自然秩序、个体心灵秩序和社会伦理秩序"和谐之音。中共十八大定位生态文明是人类为保护和建设美好生态环境而取得的物质成果、精神成果和制度成果的总和，是贯穿于经济建设、政治建设、文化建设、社会建设全过程和各方面的系统工程，就是这种和谐之音的历史回响，是对这种和谐秩序的文明延续。因此，立足当下生态文明发展定位，塑造一套后西方工业文明中国主体性的生产生活方式和文明形态，是新时代对中国特色社会主义的新认识、新阐释与发展方向，是中国特色社会主义"回归正朔"。相应的，中国特色新闻学需要从中国特色生态文明建设系统工程的视野出发，对中华文明传统返本开新，全面调动和汲取传统文化精华构建理论体系、营造生态文明建设的新闻舆论框架。

二、中国特色新闻学：以生态文明系统工程启动传统文化视野

所谓从中国特色生态文明系统工程的视野汲取传统文化精髓，首先意指中国特色新闻学对中国文化遗产的全面尊重，广泛启用。事实上，中国革命、建设与改革的历程，始终伴随着对丰厚文明传统的全面调用。近年来围绕中国特色社会主义及其方向与道路，儒家传统得到了比较充分的阐扬："大道之行，天下为公"的"大同"理想，政治治理层面的"差序格局"思想，舆论治理层面的"和而不同"思想，全球体系的"王道""霸道"之辨等，都是学者们调动儒家传统文化资源对现实问题的积极回应。然而儒家文化只是中国文化百川中的一脉，中国社会主义生态文明建设及其新闻传播框架构建都需要调动中国多元的传统文化资源。

首先，北京大学韩毓海教授从思想史视角"重读毛泽东"②，把他作为因全面领受传统文化滋养，而深得马克思主义精髓的中国共产党典型文化人格进行解码：他受母亲信仰佛教的"大悲悯"情怀感染，对中国人民饱含深情，并以此激发个人的情感和意志，摆脱了现代知识分子往往有知识而缺乏情感

---

① 温铁军. 乡建笔记［M］. 北京：东方出版社，2020：1.
② 韩毓海. 重读毛泽东［M］. 北京：人民出版社，2017：9.

和意志的弊病；他深受王阳明心学"知行合一"思想的影响，深知在中华民族物质财富被掠夺殆尽，精气神低迷涣散的情况下，能够进行动员组织以奋起斗争的唯有人心；他发挥主观能动性，在面对变局时化用法家的"术""势"思想扭转变局……事实上，在"儒释道"融通的中国主流传统思想中，即便看似无为的道家思想作为中国社会心理基础，也对马克思主义新闻观指导中国新闻事业，实现以"人的解放"为共产主义目的，各阶层充分社会动员起到了积极作用。《庄子·齐物论》中"天地与我并生，而万物与我齐一"的逍遥游境界，描述了人与自然万物和谐共生、实现彻底解放的存在状态和思想追求，与共产主义、生态文明理想若合一契。这是处于一神论主宰、人与自然主客二分思想脉络中西方人无法透彻理解和难以憧憬的一种大和谐、大平等、大解放的境界，是中国人独特的文化心理结构。1925年晚秋，毛泽东去广州主持农民运动讲习所途中，在橘子洲头畅想"万类霜天竞自由"，既勃发"主沉浮"的壮志，又激扬着"粪土万户侯"的洒脱——后来自称"新华社最好的记者"毛泽东，那时候是否就已经开始考虑中国人能够充分理解共产主义"自由解放"的文化心理，接下来给农民骨干授课时有意识"借力发力"，如今难以悉知，但毛泽东丰厚的文化人格与中国革命、建设及其新闻事业历程的深度交融却启示当代中国特色新闻学需要全面汲取传统文化资源。

　　而且，以汉民族文化为主体"中华民族是个大家庭……多彩多姿灿若云霞的文化传统以及同根同源的心理认同，均为大一统的中国不可或缺的有机构成，并由此成为中华文明存续繁衍的命脉所系"[①]。中国一半以上的少数民族人口身处边疆，千百年来少数民族与山水田林湖草和谐共生的生产生活经验和生态实践本身就是传统文化的有机组成部分，是中国生态文明故事的重要内容。所以，讲好生态文明建设的故事同时也是讲好中国特色社会主义内地与边疆、中心与边缘全面协同发展的故事。中国新闻学建设因此不应自设局限，仅仅钩沉与交际、传播等内容相关的汉民族古典思想。

　　其次，中国特色新闻学构建还需以问题意识贯通古今理论与实践。近年来清理和总结古典新闻传播思想的相关研究，就其整体而言，与亟待以"中国气派"确立自身主体性、对抗西方自由主义新闻传播学强势渗透的中国特色新闻学理论构建之间，似乎一直二水分流。造成这种悖论现象的根本原因在于相关研究没有通过具体问题来激活传统传播思想的当代生命，而是造就了一种"专业性文化标本"。与之形成对比的是，厦门大学陈嬿如教授从反思

---

① 李彬．水木书谭：新闻与文化的交响［M］．北京：新华出版社，2016：208．

美国传播学经验学派和技术学派的问题语境中探讨中国的"人即讯息"（榜样力量）、"心传"（心心相印）传统等①，确立其在当代传播中的实践价值；赵月枝教授从对冲与批判西方传播话语霸权的问题视野出发，阐发了儒家"以文化人"、情为理先、中国式礼仪传播等传统思想在中共新闻理论与实践中的经世致用；② 都为调动中国传统传播思想构建中国特色新闻学提供了创新思路。

再次，中国特色新闻学对文化传统的继承与启用，还意味着应对传统圆融致用，化用创生。长江学者王绍光教授论中国"天下理念"施于治国理政乃是"三位一体"的"政道"：本体意义上的天道、伦理意义上的人道与行政意义上的治道。③ 清华大学李彬教授阐发其"形于精神文化，则有不拘一格、因地制宜等传播思想与模式。'一种话，千种说''见什么人说什么话'之类的习俗背后，何尝不是对他人设身处地地理解与发自内心的尊重呢。由此说来，内宣外宣的内外有别、外外有别，不仅契合实事求是的精神传统，而且也彰显着中华文明海纳百川的胸襟气度"④。由此引申，传播之道还要因时制宜、因事制宜、因势制宜……总之"兵无定势，水无常形，行之有效，则师出有名"⑤。

最后，对传统之道加之充分理解、融通运用，以定度传播之道，在当下尤为重要。2020年4月28日至5月初，央视5次直接点名批驳美国时任国务卿蓬佩奥（Pompeo）。而在此不久之前，中国驻法大使卢沙野曾撰文批评中国媒体没有战斗力。西方媒体一直是本国颠覆他国的急先锋，尤其在疫情防控期间对中国的污蔑造谣抹黑更是变本加厉。因此卢大使质问："西方媒体描绘的中国形象和中国实际形象完全相反。这个现象很严重。因此我们加强了同外国的沟通。但为什么是中国外交官冲在前面？如果中国媒体与西方媒体一样强大，中国外交官就不必冲在前面对外沟通。"⑥ 在当前国际局势下，中国媒体应该具有的反击能力甚至主动出击能力，被外交部门发言人承担了，于

---

① 陈嬿如．心传［M］．厦门：厦门大学出版社，2010：84．
② 赵月枝．全球视野中的中共新闻理论与实践［M］//胡钰．中国特色新闻学：何以可能与何以可为．北京：中国社会科学出版社，2019：260．
③ 王绍光．理想政治秩序：中西古今的探求［M］．北京：生活·读书·新知三联书店，2012：10-20．
④ 李彬．水木书谭：新闻与文化的交响［M］．北京：清华大学出版社，2016：20．
⑤ 李彬．水木书谭：新闻与文化的交响［M］．北京：清华大学出版社，2016：305．
⑥ 卢沙野．中国驻法大使卢沙野批评中国媒体对外没有战斗力［EB/OL］．微博，2020-05-01．

是中国外交背上了"狼性"污名。据此检视中美贸易战、科技战、围绕疫情防控期间的政治战，同时也都是媒体战、新闻战、传播战；在中国社会主义生态文明建设过程中，也必将面临与资本主义消费主义展开的意识形态战、舆论"拉锯战"。另外，美国媒体在气候变化、环境危机问题上，长期深受能源巨头们及受其支持和牵制的政治人物们操弄，媒体出于自身利益有意无意地予以配合，以"戏剧化、碎片化、个人化"的方式演绎环境问题，质疑环境科学，已经对美国民众产生了严重的误导,① 甚至令美国本土负责任的学者们忧心忡忡。在这样的情势下，如果中国媒体的实践及其理论研究依然执迷于西方自由主义新闻观的"专业主义"原则，无视主流传播学的冷战意识形态背景和碎片化、个体本位、功利主义特性，则无异于"请君（中国媒体）入瓮"。

所以，无论是指导本土新闻传播实践，还是对冲西方新闻传播理论，从而走出一条适合于自己的路，中国特色新闻学理论都面临着前所未有、严峻而复杂的挑战——唯有在马克思主义的辩证唯物主义和中国"实学"② 所倡导的"实事求是"原则下，针对具体新闻传播问题，向中国丰厚的文化传统探求破解的智慧，复兴毛泽东"政治家办报"的丰富内涵才能破茧而出。既要审时度势，像卢沙野大使提醒的，媒体把握好外交的节奏，适时采取针锋相对的雷霆战术；也要保持圆融应对的韧性战略，基辛格《论中国》开篇就引入《孙子兵法》，并以围棋为例阐发中国的大国政治与战略："而中国的理念强调巧用计谋及迂回策略，耐心积累相对优势。"③ 作家阿城则在小说《棋王》中以中国象棋为例，阐述了中国人应战时儒墨道法兵等"杂家"融合运作的"沙盘演绎"："对手若盛，则以柔化之，可要在化的同时，造成克势，柔不是弱，是容、是收、是含。含而化之，是让对手入你的势。这势要你造，需无为而无不为……造势妙在契机，谁也不走子儿，这棋没法下，可只要对方一动，势就可入，就可导……势式要相机而变，势式有相因之气，小势导

---

① 兰斯·班尼特.新闻：幻象的政治［M］.9版.杨晓红，王家全，译.北京：中国人民大学出版社，2018：138-143.

② 实学：中国"实学"，先秦以来中国思想史上注重现实人生、强调经世致用的传统，儒家表现最为突出。汉唐时期"实学"概念明确，以"修学好古""实事求是"为主要内容。"实事求是"一词最早见于《汉书·河间献王刘德传》；明清时代"实学"昌达，强调学以致用，通过对事物本身的探索发现规律性的东西。实事求是、学以致用、务实求新、关注社会民生成为中华文化独特的精神品质。

③ 基辛格.论中国［M］.胡利平，林华，杨韵琴，译.北京：中新出版社，2012：19.

开，大势含而化之。"① 赵月枝教授在探讨乡村生态文明故事的传播策略时就运用了这样一种"中国式系统论"思维："乡村中国的故事讲给谁听？""讲中国美丽乡村建设的故事，美国人可能的确听者寥寥；但是生态断裂和生态修复的故事，美国人可能爱听。如果讲述如何走城乡互补发展道路的故事，我相信第三世界的发展中国家一定会感兴趣。我们还可以想象，如能讲述一些中国农村青年不再需要离乡背井，在'世界工厂'里廉价出卖自己的劳动力……能在农村安居乐业的故事，那么，我们也许可以釜底抽薪，使美国的右翼政客们再也无法在他们的'美国故事'中，煽动美国工人的种族主义，把中国农民工当替罪羊。"② 面对西方顽固的精英阶层可以先退一步、"让一子"或"损一子"，不急于盲目去占据那块舆论阵地；面对可能打开的局面则"一种话，千种说"，视传播对象不同"各个击破"；步步造势，势势相因，最后形成"造势以解套"的效果，由各种生态文明故事传递中国特色社会主义的话语内核。

三、视域融合中的发展：中国特色新闻学与"红绿"融合发展双向互构

一方面我们强调中国传统文化形塑中国特色新闻学的特质，另一方面也要警惕以褒扬传统文化贬抑甚至解构马克思主义的话语策略。中国传统文化确实需要辩证看待。复旦大学哲学院王德峰教授解读《红楼梦》说，曹雪芹在清朝鼎盛时期就已经看到了中国文化衰落的命运：担负家族使命"入世"的元春代表儒家，整天按《太上感应篇》行事的"二木头"迎春代表道家，小小年纪立志出家的惜春代表佛家，三人后来或死或流离。正所谓"三春过后诸芳尽"，儒释道三家是中国传统文化的主流，主流走衰代表着中国文化整体没落。事实也是如此，在近代西方资本主义文明的强势冲击下，养成于农业文明的中国传统文化无法担负起救亡图存的历史使命，直到内生于资本主义文明、深刻认知其本质机理，能抗衡之、解构之并缔造新世界的马克思主义学说被中国人掌握为思想武器之后，近代中国才摆脱了亡国亡天下（文化）的命运。

马克思主义作为直接挑战近现代资本主义及其殖民霸权体系、烛照中国人清醒认知时代主要矛盾、不断发展创新的理论体系，对尚未挣脱帝国主义主导的世界秩序的第三世界民族国家而言，是思想引领也是行动总纲，是宏

---

① 阿城. 棋王 [M]. 上海：上海三联书店，2019：5.
② 赵月枝. 讲好乡村中国的故事 [J]. 国际传播，2016（2）：21-33.

观指导也内含全盘筹划。马克思主义新闻观就内生于这种全盘筹划和思想引领之中，中国特色新闻学则是马克思主义新闻观在当代中国的具体发展。但是，中国近代学术都有着栉沐欧风美雨的相似命运，中国新闻学在 20 世纪初诞生之时其理论架构和主要内容都舶自西方，到马克思主义及其新闻思想在中国落地生根，中国新闻学就内含着马克思主义、西方思想、中国传统文化三种视野，成为近代以来中、西、马三大文化思潮在中国汇流发展并内化成学科视野的典型代表。关于三者中马克思主义居于何种地位，哲学思想界总结百年中国文化发展的历史经验，提炼出"马魂、中体、西用"说。① 具体到新闻学理论与实践，李彬教授指出，马克思主义及其新闻思想因其实事求是的活的灵魂和为天下人谋福祉的不朽价值，是我们的新闻魂。② 尽管马克思主义及其新闻思想始终被置于"灵魂"地位，但中国特色新闻学的三种视野从根本上说有着视域融合的内在机理，"马魂、中体、西用"说从哲学层面也对此给予了阐释。

　　所谓视域融合，并不是由抽象精神完成的，而是由具体主体在理论构建和实践行动中实现的；视域融合也不是不同视域必然经由平等对话而融合互补，检视、反思、接纳或吸收、批判或斗争、存续或代谢，本来就是视域融合过程的内在机制。溯源中国新闻事业史，反思百年来中国新闻学的理论阐述和新闻实践，不难发现中国传统文化视野在三种视域融合过程中始终处于"隐而难彰"的地位。赵月枝在《全球视野中的中共新闻理论与实践》一文中分析了"理解中共新闻理论与实践的三个视角"：第一，从国际共运史的角度。中国马克思主义新闻理论研究的核心关注是工人阶级及其政党建立自己控制的媒体，从马克思主义的阶级斗争话语出发，"提倡和捍卫我们自己的事业"。第二，从美国新闻传播学看中共理论与实践、以施拉姆为代表的美国经验传播学、批判传播学派等多种声音，最后被中国新闻学界内化得最有效力的主流声音是冷战传播学，业界迷信的是"新闻专业主义"。这两个视角分别阐述了中国新闻学在中国革命和建设时期由马克思主义视野占据主导、改革开放之后由西方传播学视野占据主导的历史状况。第三，赵月枝从跨文化传播政治经济学的视角出发重新审视中共新闻理论，一方面继续进行"中、西、马"思想理论精华整合，另一方面开始贯通古今，探讨中华传统文明在中共

---

① 方克立 .《马魂中体西用》序［J］. 云梦学刊，2016，37（5）：158-159.
② 李彬 . 再塑新闻魂——浅谈马克思主义新闻观及其科学与价值［J］. 新闻记者，2016（6）：4-16.

新闻理论与实践中无声但有力的存在，比如，中共对宣教的重视，毛泽东对经济主义的批判，"可能有意无意地继承了中华文明对教化的注重，尤其是儒家传统对'以文化人'的强调"①。赵月枝是新闻学界少数开始在中国特色新闻学构建中直接复苏中国传统文化视域的人之一，韩毓海则从思想史角度，充分肯定了以毛泽东为典型代表的共产党人只有对传统文化精髓有着全面而深刻的领受，才能更有变通性地接受和理解马克思主义基本原理，进而意指，以此为根基，中国共产党人才能针对国情和民情进行革命、建设、改革及进行相应的新闻传播实践。

中国新闻传播学界从20世纪90年代中后期到新世纪，逐渐开始反思新闻学阵地的全面失守，呼唤"马克思归来"，一方面重建中国特色新闻学的宏观政治视野，对抗西方新闻传播学"去政治化的政治"；另一方面力图扭转西方主流传播学西方中心主义、城市中心主义、技术中心主义倾向。近年来我们看到赵月枝、吕新雨、李彬等一批大家学人为批判传播政治经济学而奋力开道和努力传道，在呼唤"马克思归来"的思潮中，为中国传统新闻学以"阶级分析"为核心的马克思主义视域进行立体拓展，或者说在马克思主义视域内部，使得阶级分析、传播政治经济学、文化研究、依附理论为代表的全球化批判理论等多种视域在新的历史条件下得以融合拓展，以回应新闻传播理论与实践的现实问题，并在这个过程中实现对西方自由主义新闻传播学的批判与解构。但是赵月枝也提醒研究者警惕西方批判传播政治经济学的西方中心主义和城市中心主义色彩，以中国依然存在庞大的村社共同体的在地化经验为现实依据，城乡关系视角、乡村传播视角、"红绿"融合发展的生态文明传播视角因此渐次成为中国特色新闻学拓展和更新视域的新途径。

在这种背景下，我们想强调的是，乡村传播和生态文明构建视角的倡导和建立，不仅是中国新闻传播研究建立的一种新的关注点及其微观视角和具体方法，而且关乎中国特色新闻学整体构建，换言之，在中国新的社会历史条件下，乡村和生态文明建设视角有以下五个方面转变：第一，启动了中国特色新闻学内在视域的重组，即中国文化、马克思主义、西方文化三种视域新层次的平等对话与视域融合；第二，研究方向的调整，即从西方中心、城市中心的研究偏向到城乡关系平衡互补，延续中国农业文明优良生态传统的研究方向；第三，研究目的的明确，即以乡村建设为根本途径、实现社会主

---

① 赵月枝. 全球视野中的中共新闻理论与实践［M］//胡钰. 中国特色新闻学：何以可能与何以可为. 北京：中国社会科学出版社，2019：265-280.

义生态文明建设；第四，研究方式的转变，即从城市"书斋里的革命"下沉到农村调研，了解城乡关系，了解生态建设实践，从实践出发探讨相关新闻舆论框架和理论构建；第五，研究格局的扩展，即从乡村传播到中国生态文明传播话语，从中国的可持续发展到构建人类命运共同体。这些转变不是纸上谈兵的畅想，既是已经展开的理论研究实践，也是中国社会发展的大势所趋。

20 世纪 80 年代以来，在新中国前三十年奠定的工业基础之上，改革开放继续追逐现代化梦想，大力推进工业化、城市化发展。存在决定意识，工业社会效率优先的组织方式，对所有学科服务于工业化城市化的要求，以及城市化商业化的发展，使得新闻传播理论与实践很难具有超越性，一定会呈现出亲城市、亲资本、亲消费的一面。加上新自由主义意识形态的刻意操作，新闻理论对媒体产业化鸣锣开道，新闻实践更有为商业化、产业化、消费主义所俘虏的迹象和趋势。中国传统新闻学马克思主义的宏大政治经济视野、阶级分析视野因此被挤压殆尽，诞生成长于中国农业文明的传统文化视域更是在中国特色新闻理论中"大音希声"。

而所谓"中国新的社会历史条件"是指当今中国发展的新危机与新契机，2017 年特朗普执政以来，美国重启"新冷战"，试图"去中国化"，中国内部也面临着产业资本、商业资本、金融资本三大过剩的危机；2019 年应对中美贸易战，中央提出"乡村振兴是我们应对全球化挑战的压舱石"。而早在2012 年，中国就已经把乡村振兴、生态文明作为国家重大战略，探索绿色生产方式；2020 年新冠疫情暴发，引起全球供应链、产业链解体，美国和中国"硬脱钩"，加剧了中国内部的危机，2020 年面对全球经济解体，5 月 14 日中共中央政治局常委会会议首次提出"构建国内国际双循环相互促进的新发展格局"，并在此后的三个月里连续多次解读，强调以"国内经济大循环为主体"，其根本就在于乡村振兴和生态文明建设；2021 年 4 月 22 日世界地球日，习近平以视频方式出席世界领导人气候峰会，首次全面系统阐述"人与自然生命共同体"理念。中国的发展方针出现根本性转变，意味着改变以自然和社会付出巨大代价的西方现代化发展模式，中国人生产生活方式也将发生巨大变革，而所谓"改变"和"变革"，其本质是对绵延几千年的中国乡土文明、文化生活方式在"看山还是山"层次上的复归。

温铁军教授曾给他带领的乡建团队定位："在 21 世纪初重启中国乡村建设运动之后，我们团队试图把近代史上逐步从实践中清晰起来的乡建思想，寻源上溯地与先贤往圣之绝学做跨时空结合，归纳为人类在 21 世纪转向生态

文明要承前启后的社会改良思想。"①　其内涵就是在乡村建设、生态文明建设
过程中续接中国传统文化精髓。传统文化的续接与更新在于它不是历史中的
固态存在，不是本质主义实体，而是以本社会自身发展历史逻辑和历史目标
为主体性，结合当时当地的经验和广泛吸纳世界各地文明而不断绵延发展，
它保留在"吾土吾民"的生活方式中，也更为完整地保留在乡土中国习焉不
察的价值观念和日常言行中。中国农业文明生态文明的视野归根结底就是人
类改造自然的同时也自我改造、自我节制的反人类中心主义的视野，这是社
会主义的内在标准与要求，是需要召唤中国"天人合一"传统以构建"人与
自然生命共同体"理想的智慧，是"越是中国的就越是世界的"普适价值与
普世智慧。具体到中国特色新闻学，如果没有中国传统文化视野，没有中国
各民族传统生态思想的继承发展，没有对各地区、各民族的生态文明建设发
展经验进行调查、研究和归纳，就不能形成整体性的中国生态文明经验及其
新闻传播报道框架、实践和理论总结，就不能形成内涵传统文化视野和中国
社会主义发展逻辑的中国主体性理论建构，也就无法建立中国特色新闻理论
和话语，皮之不存、毛将焉附，更不要谈构建中国特色新闻理论的全球话
语权。

2019 年 4 月 29 日，美国黑人女高官国务院政策规划主任凯润·斯金纳
（Kiron Skinner）在接受媒体采访时发出了刺耳的声音，她说过去的大国冲突，
包括美苏冷战，都是西方内部思想的冲突和较量，而与中国是美国首次面对
的与"非白人"文明的超级强国的竞争，表面上是在炒亨廷顿"文明冲突
论"的冷饭，言下之意是马列主义也属于西方内部文明，是西方思想。我们
当然不会像美国政客那样故意混淆地理意义上的西方和政治意义、价值观念
上的西方②，但是斯金纳确实也挑起了一种说法，另外，"马克思学说也是西
方思想"既是当下很多人的疑惑，也为中国特色新闻学构建的主体性问题留
存了可议空间。马克思学说诞生之后的马克思主义不断发展着马克思的学说，
列宁、毛泽东、邓小平等都是经典大师，因为马克思的学说确实具有西方在
地性，或者说一定的视野局限性，所以它内涵的普遍真理需要不断地被吸收
化用。吸收的主体是什么？在中国的主体当然是中国文化——不是抽象精神
层面的，而是具体的中国人，是在中国革命、建设、改革过程中的中国人。

① 温铁军．乡建笔记［M］．北京：东方出版社，2020：3.
② 李彬．新时代新闻学若干问题辨析［M］//李彬．新时代新闻论．北京：清华大学出版社，2009：3.

具体到中国特色新闻学，学人需要全面吸收传统文化精华，培植中华文明视野，对象化为新闻传播理论与实践成果，将书斋里的革命变成濡化人民的实践理念，只有这样，马克思主义理论及其新闻观才能真正被理解、吸收、化用，成为海纳百川的中国文化的一部分，其精髓也才会成为中华文化基因的一部分，内化成中国人面对现实的实践智慧和改造世界的科学方法，中国特色新闻学的主体性问题也就迎刃而解。

"红绿"融合发展这一核心议题为传统农耕文明的复兴，为中国特色社会主义生态文明发展的倡导和阐述，为中国特色新闻学实现积极的视域融合和具有主体性的理论构建、话语构建提供了内生的实践动力、历史契机与时代语境；同时，中国特色新闻学对"红绿"融合发展相关新闻传播舆论框架的构建，也蕴含在其重新阐扬中国文明传统视域，推动发展社会主义而非资本主义的生产方式、生活方式、思维方式的实践与理论中，其最终目标指向"实现人与人的和谐、实现人与自然的和谐，是人的解放，人的复归"①。

作者简介：陈鸥帆，山东师范大学新闻与传媒学院副教授。

---

① 房宁. 社会主义是一种和谐［M］//李彬，李漫. 马克思主义新闻观拓展读本. 北京：清华大学出版社，2008：314.

【七】跨文化传播政治经济学视角下的
乡村数字经济①

赵月枝　张志华

摘　要： 数字乡村的发展尤其中国农村数字经济的快速演化与裂变，对现有的经验知识、理论框架、研究方法，甚至学术论文生产模式，都提出了挑战。本文以全球数字资本主义危机深化和全球权力关系经历百年未有之大变局为时代背景，从个案切入，在浙江省缙云县追踪数字经济发展的轨迹，从中认识中央政府、地方政府以及乡村青年等主体在促进乡村经济数字化发展和推动乡村振兴过程中的作用，体认乡村数字经济发展的契机和所面临的挑战，并检视现有的"数字劳工"和"土味文化"概念在分析数字乡村议题中的局限性。以点带面的方法和对话形式，有利于更为灵活地分享对这一议题的开拓性观察与思考。

关键词： 数字经济；乡村振兴；淘宝村

一、从家电下乡到乡村数字经济：淘宝镇与其他

张志华（张）：赵老师，您多次提到，触动您聚焦城乡关系和回国研究乡村问题的原因之一是 2010 年的一则新闻：您家乡浙江省缙云县河阳村一位 24 岁的大学毕业生与同龄云南青年通过网络相约自杀，最后死于河阳村所属新建镇的一家小宾馆。就在几天前，新建镇成了淘宝镇。您怎么看这些年乡村在数字经济方面的发展？

赵月枝（赵）：的确，十来年前，乡村的空心化，尤其是年轻人在乡村找不到就业机会，是一个让我忧心忡忡的大问题。因此，城乡关系视野下和数字化条件下的中国乡村发展，上升为我的主要关注点。当时正值 2008 危机不

---

① 原载《新闻与写作》2019 年第 9 期，文章被人大报刊复印资料《新闻与传播》2019 年第 12 期全文转载。

久，美国和欧洲市场萎缩，中国以出口为导向的经济难以持续，乡村成为中国克服全球经济危机的"安全阀"。当时我国最主要的应对形式就是"家电下乡"，通过扩大内需化解产能过剩的危机。在 2015 年我们组织的"从全球到村庄：传播研究如何落地"调研中，特意设计了"家电下乡"的议题。

家电下乡带来的电视机在中国农村的超饱和状态，手机的快速普及，以及广电、邮电"村村通"和有线电视数字化平移为主要内容的农村数字化建设，为后来数字经济的发展奠定了物质基础。对于这一系列发展，许多中国人也许不以为然，但是只要我们放眼全球，看到有些国家和地区的农村连稳定的电力供应还是问题，美国偏远农村腹地的数字化服务也面临挑战，我们就会意识到我们政府在建设数字乡村方面的关键作用。

从 2015 年夏天我们一起第一次做调研到今天，乡村的数字化进程日新月异，发生了巨大变化。网络的普及和移动互联网用户在农村的快速增长所构成的数字技术下沉，已经成为不争的事实。中国互联网络信息中心（CNNIC）第 43 次报告显示，我国农村网民规模为 2.22 亿，占整体网民的 26.7%。虽然城乡之间的数字鸿沟依然存在，但不断增长的乡村网民规模为乡村数字经济发展提供了最基本的条件。就在我们展开"从全球到村庄"项目调研的同一年，时任总理李克强在政府工作报告中提出鼓励"大众创业，万众创新"，相关的产业政策和扶持措施以及政府自上而下的动员为包括农村青年在内的广大民众参与数字经济的发展提供了前所未有的机遇。2017 年，乡村振兴上升为国家战略。随后，中共中央、国务院于 2018 年 1 月和 9 月先后颁布了《关于实施乡村振兴战略的意见》和《乡村振兴战略规划（2018—2022年）》。2019 年 5 月，中办、国办印发《数字乡村发展战略纲要》，"数字乡村"成了乡村振兴的战略方向和建设数字中国的重要内容。

正如前面已提及，这一系列中国国家战略转型的外部背景，是美国主导的全球资本主义在数字化发展的过程中发生了系统性危机，进而使全球权力关系出现了百年未有之大变局。众所周知，500 年来，资本主义的发展包含了城市吞噬乡村的逻辑；与此相关，基于西方经验的资本主义现代性历史叙事，内含了从传统乡村社会到现代工业社会再到后现代信息化和数字化社会的线性历史逻辑。然而，乡村和数字化这两个在这一线性历史观中看似风马牛不相及的概念，在 21 世纪的中国就这样历史性地结合在了一起。由此产生的政治经济和社会文化生活的转型与裂变，成了我们在认识世界中碰到的前所未有的社会实践"新境界"，这也必然带来新问题和新挑战。

张：截至 2019 年 8 月，全国有淘宝村 4310 个，淘宝镇 1118 个，其中，浙江省居第一，共有淘宝村 1573 个，淘宝镇 240 个，其中包括新入围的您的家乡新建镇。您认为新建镇成为淘宝镇的原因是什么？

赵：新建镇有其独特的机遇和外部条件，但也有本地经济转型和发展的内在逻辑，从中我们也能看到数字经济在乡村萌芽和发展的一些普遍性的东西。

在政策环境层面，浙江省是数字经济大省，缙云县所在的丽水市位于浙西南山区，是后发地区，但是，它一直处于全国农村电子商务发展的最前沿。早在 2010 年，丽水团市委就开设青年网上创业培训班；2012 年，丽水成了全国第一个成立农村电子商务建设工作领导小组的地级市；2013 年，丽水成立了全国第一个农村电子商务服务中心。在阿里巴巴 2013 年公布的全国首批 14 个淘宝村中，丽水就占了两个，包括缙云县的北山村。2015 年，丽水市农村电子商务工作办公室就出版了一本书，探讨农村电商的"丽水现象"。① 书中总结出"商务部门主导、共青团主推、平台支撑、两化（社会化和市场化）结合"的农村电商公共服务"丽水经验"。从 2016 年开始，"中国农村电子商务大会"每年都在丽水举办。

就缙云县来说，它是全省电子商务示范县，阿里研究院的中国电子商务百佳县。2017 年，有媒体总结了缙云电子商务"农村包围城市"的草根创业五大模式，即北山模式、天喜模式、家家店模式、顺联模式和脚急模式。② 2018 年，缙云成为丽水市唯一进入阿里县域电商 GMV（商品成交总额）全国百强的县。2019 年 8 月，缙云入选由财政部、商务部和国务院扶贫办联合确定的全国 8 个电子商务进农村综合示范县。

具体到新建镇的电商发展，它又有自己的偶然与必然因素。新建镇在历史上有较强的手工业基础和商业传统。在 20 世纪 80 年代乡镇企业的发展热潮中，我生长在新建镇的一个有 400 多人的小村，村里一度曾有 10 多家制造工艺品、小五金、纸箱、皮鞋，甚至电风扇的小企业。这里山多地少，人地关系紧张，20 世纪 80 年代后期，在以乡镇企业为主体的就地工业化努力受挫后，更多人走上了到上海、福建、广东、广西、海南等地养鸭的致富之路，新建由此成为"中国麻鸭之乡"，演绎出了"四万鸭农闯天下"的故事。此

---

① 丽水市农村电子商务工作办公室．互联网+绿水青山——农村电商"丽水现象"透析［M］．北京：红旗出版社，2015.

② 丽水日报．丽水缙云五种电商模式掀起农村草根创业热潮［EB/OL］．丽水日报，2017-03-19. 其中，北山是淘宝村、天喜是传统企业上线、家家店提供免费培训、顺联动力和脚急是电商平台。

后，有许多人在这些地区从养鸭转为养虾。但是，养殖业，尤其养虾的经济风险是很高的，而且人在他乡，家庭和社会成本也非常高，空巢老人和留守儿童现象很普遍。到了新世纪第二个十年，生长于养殖家庭的"养二代"走上社会之后，并不想继续在外养殖，而是通过各种渠道回归。然而，"养二代"在家乡没有现成的产业可以从父辈那里继承。不过，这些人熟知外部世界，有商业头脑，往往有大专以上学历。在政府的引导下，他们中的一些人通过电商创业，也就"顺理成章"了。

张：新建镇"养二代"的电商转型，跟缙云县壶镇镇最早的淘宝村北山村类似。这个村走的是从"烧饼村"到淘宝村转型之路。2016年我作为河阳乡村研究院主办暑期班的调研带队老师第一次去北山村，后来又去过很多次。北山村早年因为很多村民外出卖烧饼，被称为"烧饼村"。成为淘宝村是因为有一位叫吕振鸿的本村人比较早做淘宝，也做得比较好，专门卖户外用品，做大了之后就带动其他村民开网店，成为他的分销商。虽然吕家企业自己并不生产，但是，企业做大之后，注册了商标，有了自己的品牌。不过，"北山模式"的成功之处，也是其局限性所在。首先是一家独大，如果没有村里最先开网店并发展成户外用品企业的"带头人"，可能就不会有后来的淘宝村，成为淘宝村的重要指标之一的交易额，主要就由这家企业贡献；其次，这家企业自己不生产，早期从义乌拿货，有自己的品牌后，由外地工厂贴牌代工，在缙云本地有较大的仓库，因此主要是在产业的下游或者流通领域发力；最后，村中开得比较好的网店，产品主要也是户外用品，包括皮划艇、户外烧烤炉具等，但货源都是其他地方的生产企业。某种意义上，这些网店就是外地企业的网络分销商，有些村民或者因为开网店比较晚，或者因为没有找到合适的产品，很难把网店做好做大，有些实际上已经不做了。尽管从"烧饼村"到"淘宝村"的故事和村中广场那句"在外东奔西跑，不如在家淘宝"的标语非常能拨动乡村振兴的心弦，"北山模式"的实质基本上是，以一户人家为龙头，部分村民成了户外用品企业的分销商。同时，因为这些商户与村集体没有太多关系，他们在经济和社会上似乎是"飞地"一般的存在。在最大的企业从村中搬到附近的园区之后，北山村电商好像风光不再。同样是淘宝村，这次调研我们去的新建镇笕川村与北山村的区别主要在哪里？

赵：相对于北山村，笕川村是后发的。这里以文具为主的电商一条街的带头人，是生长于该村的"养二代"、回乡青年创业者朱凯。大学毕业后，他先在杭州创业，做创意文具，主要是给各大文具零售商线下供货。2015年，省里领导来笕川村视察时，看到该村展出他在线下销售的创意文具时，问到有没有线上销售。恰好发展农村电商是当时县里正在推动的工作，这次领导视察就成了促使县里和镇里说服朱凯回乡发展电商的重要契机。他先通过自己的人脉关系，把12位外地店主引入村里发展电子商务。然后，他自己通过学习，开始线上经营，并成功吸引更多的店主入驻笕川电商一条街，形成以创意文具为主打的电商集聚群，并逐步发展到附近的两个村。到了今年，以笕川村为龙头，新建镇进入"淘宝镇"之列。首先与北山村不同的是，笕川电商所销售产品有些就是在缙云生产的，这给本地带来了来料加工的商机，在一定程度上扩大了本地就业，特别是为妇女和老人提供了增加收入的机会；其次，电商销售的创意文具产品，图案由朱凯的公司在杭州的设计部门设计，有专利，因此，公司对产品创新有一定的自主性和把控能力；最后，这里的电商大多是回乡知识青年创立的，他们对电商行业日新月异的政策和市场环境有更高的敏感度和掌握力。另外，笕川村是缙云乡村振兴中的明星村，这里有坚强的村基层党组织和得天独厚的村庄外部环境优势，电商一条街有与村庄共同体协同发展的可能性。

张：淘宝村是乡村数字经济发展中最让人看得见的形式。不过，如果将乡村数字经济等同于淘宝村，就大大局限了农村数字经济的各个面向。淘宝村更多是基于村民借助电商平台开设网店，而电商平台自身还通过其他形式下沉到农村。这方面，最典型的是淘宝在农村发展"农村淘宝"，又叫"村淘"，具体内涵是淘宝在村里设服务站，有大显示屏展示平台的页面，还以实物展示网上商品，成为村民网购下单、收货的地点，也即村民的"代购点"。

赵：在乡村数字经济发展的初期，大型电商平台企业、媒体甚至政府和社会层面对乡村数字经济，尤其是通过电商扶贫和促进乡村产业发展寄予厚望，但也存在令人担忧的炒作和浮夸。过去几年以来，各级政府出台各种措施，鼓励县域电商创业，发展乡村数字经济，然而，真实情况往往是，电商园区的牌子竖起来了，热闹了一阵子后，又人去楼空。与此相互促进和呼应的，是阿里巴巴、京东等各大平台企业在农村的布局和占领农村市场的各种新闻。比如，早在2014年10月，阿里就推出"千村万县"计划，宣布要投资100亿，发展农村淘宝；2015年5月，阿里又宣布一个升级计划，要发展"10万名农村淘宝合伙人"；到了2018年4月，又有阿里与另一家农村电商企业合作，投资45亿打造"农村电商新生态"的消息。相关计划和项目的消息一波接一波，好不热闹。然而，农村电商的发展，究竟有多少成效，还缺乏研究，尤其是在新闻标题之外、立足不同县域数字经济的在地研究。淘宝创业梦碎的故事也不少，① 毕竟，政府的推动也好，平台大企业的电商助农计划也罢，数字经济要在农村真正生根开花结果，并非易事。

以北山和笕川的电商发展为例，我们可以看到，移动互联网或数字平台的普及，大大扩展了人们从事商业活动的时间和空间，也为乡村数字经济的发展提供了契机。当然，更为普遍的乡村数字经济活动，还可能存在于无以计数的微商之中。比如，我认识的人中，就有人通过微信业余卖服装。一些大牌商品，尤其是化妆品，在县城和乡镇没有专卖店和专柜，也产生了"小镇青年"通过微信朋友圈做"代购"的生意。

张：不过，在城里，微信圈变成销售圈的做法，可能会让人反感。对城里人来说，尤其在大城市，微信往往是工作工具。许多群实际上是工作群，而工作群里出现销售信息是很诡异的。我自己就有很多基于具体的工作、项目而建的微信群，功能性诉求强，工作完成之后几乎就是"僵尸"群，或者在不同阶段的任务之间，微信群处于间歇式"僵尸"状态。微信群在城乡之间是否存在差别？

赵：就微信使用而言，城乡社会之间会有差别，但你说的情况，可能也源于城市群体中你自己所在的年龄段和职业与其他年龄段和职业群体的差别。但有一点应该是可能的，那就是，乡村社会原来非常紧密的人际关系，通过微信得到了强化和放大，微信与社会共同体因此有更强的耦合度。农村社会是整体性的社会，政治、经济、社会生活没有分得那么开。在乡村社会，商业关系是嵌入到乡村社会中，被看成是日常生活的一部分。因此，在群里沟通商品信息更能够被接受。在一定程度上，基于微信这一社交平台的微商所调动的，正是乡村社会的这种密切的人际关系和整体性特征。所以，基于社交网络的电商一方面依靠的是数字化的现代传播手段，另一方面调用的是传统农村社会高密度的人际网络和基于口碑相传的社会传播的信任度。当然，这里被调用起来的，可能还有从众、面子、爱占小便宜、攀比和炫耀性消费等各种因素。总之，电商、微信、平台、物流，在各级政府大力发展乡村数字经济的努力中，在企业和媒体的推动下，形成了线上线下互动、个体和群体相交的购买氛围和数字化商业活动在中国乡村社会的发展。

---

① 芦苇. 双十一再刷销量纪录，却撑不起我的农村淘宝创业梦［EB/OL］. 人民食物主权，2018-11-11.

二、数字劳工、数字小生产者与数字乡村新精英：新乡村、新青年

张：2019 年上半年，"996"工作制引发了很多争议。在传播政治经济学领域，一说到数字经济，学者立马会想到数字劳工，觉得劳资关系是最重要的维度。现在，网红经济、直播经济也下沉到了乡镇，我原来对网络直播从劳动角度做过分析，但是没有城乡关系的维度。① 那么，当我们从城乡关系的视角观照乡村数字经济时，数字劳工或者劳资关系如何处理是比较合适的？

赵：尽管县域与乡村有区别，我们可以从县域的层面来对乡村数字劳动的种类进行一个大致的归类。

首先，西方政治经济学研究中一直非常热门的产消者概念，也可以被运用在县域数字经济中，并从城乡关系视角加以丰富。比如，通过调研一家在缙云县城的自媒体公司，我们发现，这家公司也有几十位签约主播，并主动让利，让主播能得 50% 的收益，一些有一定人气的主播，据说一个月也有七八千元的收入。这些与平台或经纪公司有从属和分成关系的全职或者业余主播与网红，是乡村数字经济中的一群"产消者"。乡村主播或短视频"玩家"要做网红，并以此赢得基于流量的收入，可以通过"户外"和"打野"等主题和打小镇青年的"小清新"牌，提供区别于城市主题的内容，有一定的优势；同时，由于县域网民基数小，密度相对低，加上其他各种局限，这些人要成为网红，往往比城市更难，有些人甚至通过把自己"虚拟定位"到大城市来试图克服城乡鸿沟。当然，无论在农村还是城市，成为网红都需要"博出位"，不仅要吸引粉丝，更要吸引经纪公司的关注，为你包装和推广。毕竟，正如一位业内人士所言，"没有包装是没有流量的"。遗憾的是，对于县域和乡镇层面的"网红经济"，包括主播等人群的数量、他们的生产和生活状态、他们的基本投入与产出情况，我们这次没有更多时间去展开进一步调研。

其次，是一般意义上的"数字劳工"，即在数字经济公司里上班的雇员。在缙云这样一个县域，最典型的"数字劳工"应该是在顺联动力这家离县城不远的东渡镇的电子商务平台企业里工作的百来位年轻人。在那里，我们看到了在电脑前的一个个工位上从事企业运营和客服的工作者，他们在类似"数字生产车间"的环境中工作。不过，无论从教育程度还是家庭经济状况，我们接触到的这些青年劳动者与 90 年代从中西部贫穷村庄流动到东南沿海的

---

① 张志华，董欣佳. 劳动力商品化视角下的网络直播［J］. 文艺理论与批评，2018（1）：121–129.

农民工有很大的不同。那时候，由于家乡经济贫困，这些人除了外出打工，别无选择。而现在，在县域数字经济领域工作的90后们，不但是教育程度较高的"网络原住民"，而且因改革开放农村脱贫和计划生育政策而有相对较好的家庭经济条件，尤其是在浙江这样经济发达省份的农村。由于他们很多人不用为衣食发愁，就业不等于为稻粱谋，活着的意义、工作的意义更加凸显。你一开头提到的当年那位与人网络相约自杀的河阳青年，也不是因为经济贫困。虽然他们中的佼佼者也认为，自己不比在城里工作的人差，希望在乡镇能得到跟在杭州一样的收入，但他们至少对在小城镇的生活是感到满意的。另外，也许这么些年来城乡鸿沟一定程度上的弥合，也许由于浙江是全国城乡差别最小的地方，长三角属于"包邮区"，城乡物流发达，再加上当地有很深的文化底蕴，这些选择留在家乡或从外地来到缙云工作的年轻人对自己就业的选择、对小城镇的生活是充满了自信的。在我们焦点小组访谈的五位不同岗位的工作者中，职位最高的经理是位70后，他因为"上有老，下有小"，"不想走出去"而选择留在县里就业。尽管他对互联网行业并不熟悉，但是通过重新学习成了公司的骨干。最年轻的是一位来自河南的22岁小伙子。2015年18岁高中毕业时，他不知要干什么，在网上偶然知道了这家公司后，虽然不知道缙云在哪里，但是很好奇，就不顾母亲的反对，坐了20多个小时的绿皮火车到了缙云。他回忆道，当时自己连"如果面试不成功被拒怎么办，也没有想过"。他从做客服接电话开始，不但使自己连在人前说话都害怕变成能言善道的客服主管，而且用自己赚到的钱，让母亲认识到，儿子从事的是一个"不错，很正规的职业"。他认为，比起在深圳工厂流水线上打工的同乡朋友，"那要幸福太多了"。这不仅是工作性质、工作环境和劳动强度的区别，而且也由于小城镇在住房等方面物价水平更低。对于其他几位大专毕业的缙云本地年轻人，能就近工作，甚至住在家里，是非常好的选择。

　　最后，乡村数字经济中的第三类"数字劳动者"，最有代表性的是淘宝村中的店主和在县域经营自媒体和从事微商的小业主。这些人有的是全职，有的是兼职。以笕川电商一条街为例，网店店主以本地的年轻人为主，有不少都是"养二代"。他们与带头人朱凯没有一般意义上的雇佣劳动关系和股份合作关系。不过，这些人开网店一方面得到政府在政策和租金方面的扶持和补贴，另一方面由于经销的是朱凯的产品，在技术、市场规范、与政府打交道和对外利益代表、品牌效应以及从快递到包装盒方面的集体议价优势等方面，都得到了朱凯的支持。我前面提到的那家自媒体公司，是一个业主用自己以前和现在从其他产业中获得的资本来扶持这个被他称为"自己的孩子"的小企业。它有不同的"数字经济"及劳动关系，经过几年经营，现在公司收入支出基本持平。虽然有几个不是主播的本地雇员，这些雇员也并非一般意义上的靠这份工作维持自己生计的"数字劳工"，而是不愁吃穿，通过在这家公司工作，大家一起做一点对家乡经济、社会和文化发展有意义的事。正因为如此，这家公司做的一些工作，包括免费为当地的乡村文化活动做直播，都有公益的性质。也就是说，不管是业主还是雇员，已经有了为自己的爱好、需要和个人发展而劳动的性质。

数字经济的顶端无疑是淘宝村的带头人和电子商务企业的创业者，他们是数字乡村新精英。进入数字产业之前，他们通过自己或家庭都已经有一定的资本积累，也有很强的"先富带后富"意识和社会责任感。朱凯甚至说，一部手机，一个人，到笕川来找他，就可以做电商，赚了归你，亏了找他。他还认为，尽管从产值的角度，笕川村电商 2018 年总共 1 个多亿的产值不如本县一个工业企业的网上销售额，但电商在村里发展起来的意义，不只是中国又多了一个淘宝村，而是通过这条街，一群年轻人在乡村找到了发展的机会，可以在自己的家乡有意义地工作与生活。正如他所注意到的，除了 20 世纪 80 年代的一批基于乡镇企业发展起来的老板和他们的后代，许多当地年轻人学校毕业后，家里人不管或者管不了，也没有创业的途径和路子，无所事事，在社会上混，很容易堕落，甚至因涉黑涉毒涉赌而给自己和家庭带来无限的痛苦。虽然劳资关系真实存在，但是，比起没有工作的绝望，比起农村青年劳动力流失的没有希望，小城镇中前面三个层面的数字劳动机会，有重要的社会意义。

张：这让我想起《解放日报》在 2016 年一篇有关缙云乡村的报道中，提出"泥鳅和年轻人，能否都回来"的问题。① 其实，农村或者乡镇的青年返乡不一定是务农，如果电子商务能够成为他们回来或者能够留住他们的一个可行的路径，也不啻为是对那篇报道的一个现实的回应。

赵：没错。如果"泥鳅回来"代表农村的生态修复，那么，"年轻人回来"就代表农村生机的回归，就是农村的希望所在。需要指出的是，起码在浙江农村，随着年轻人接受中等甚至高等教育越来越普遍，劳动力结构和经济模式发生了重大变化。在我们调研的乡村数字经济的主体中，劳资关系不能概括所有的劳动关系。在 2019 年河阳论坛特邀嘉宾的后续微信群讨论中，

---

① 孔令君. 18 位缙云村干部联名倡议为土地，能比安徽小岗 18 个手印？[EB/OL]. 解放日报，2016-12-03.

罗岗教授提出了"科技小生产者"的概念。我对此非常认同，认为这是一个颇有后现代中国特色并颇有描述和分析力的概念，正好跟传统农村社会的农业小生产者相对应。针对我们所讨论的"数字乡村"话题，我觉得可以把罗岗教授的概念进一步窄化，变成"数字小生产者"，用来描述我们今年夏天调研中碰到的一部分乡村数字经济主体，尤其是前面提到的第一和第三类主体。

"数字小生产者"不仅是一个经济概念，而且是一个社会概念。这次调研，让我印象深刻的是朱凯提出的"新西乡，新青年"概念。① 一方面，在经过小城镇综合整治后，新建镇这个千年古镇面貌焕然一新，为吸引年轻人回乡创业提供了更好的生活环境，结合相关产业振兴措施的推出，"新西乡"的出现就有了有利的条件；另一方面，这一概念代表了经过走南闯北，在比较过城乡生活之后，对数字化乡村的生产和生活充满了自信的新一代小镇青年。在新建，他们是特殊的；在全国，他们可能有普遍意义。他们当年是留守儿童，跟着爷爷辈长大，有过到了暑假，才十来岁就只身一人，背着背包坐长途汽车和绿皮火车千里迢迢去与父母团聚的难忘经历。在这次调研中，不止一位创业者跟我们说起自己小时候类似的经历。当他们的父母告老还乡，把在外地的生意留给他们时，其中一位自媒体经营者说，接手后，猛然发现，在那里待着太孤独了。于是，自己很快把生意都处理了，只身回到家乡，走上数字化创业的道路。尽管创业道路并不顺利，用他自己的话，"也烧了近百万元"，但是他的重要考虑是，自己上有老下有小，尤其不想正在上学的孩子重复自己当年的留守经历。因为有过让自己刻骨铭心的留守，也因为父辈的辛劳和自己童年时代的牺牲，给家庭带来了一定的积累，他们尽力不再让自己的孩子留守，这是乡村社会的否定之否定，是生长在农村的年轻人基于自己以前痛苦经历的选择，是他们有主体性的选择。他们能否在乡村安居乐业，成为乡村数字经济的主人和乡村振兴的主体，这非常关键。

张：这类电商带头人或新媒体创业者，选择以数字经济为途径回乡创业，一方面可以不让自己的下一代再成为留守儿童，另一方面，他们也创造了让更多的年轻人不用非得外出、非得去大城市谋生的机会。访谈中，朱凯说得最多的一个词就是"抱团"。他把店主联合起来，克服单打独斗和彼此恶性竞争，与物流公司集体议价、争取包装箱进货最低价，代表店主与政府打交道和协调店主群体之间工作。他说，在这条街上，大家称他为"凯哥"，他也把大家当兄弟。

---

① 缙云县城西部的地域在本县被称为西乡，新建镇属缙云西乡。

赵：在这样的语境下，用简单的劳资关系描述这条街上的劳动关系，的确不足以体现不同个体的客观经济角色和主观认同的全部。这些创业者基本不是"外来的"，而是党委政府通过"乡愁"和乡情引回来，为乡村发展出力回乡的"新乡贤"。他们被商机所吸引，但更被理想和情怀所感召；他们一方面受党委政府的扶持、影响与引导，一方面还受乡村的社会规范和人伦关系影响。总之，源于美国的数字资本主义的逻辑，在与乡土中国相"碰撞"时，在中国被国家和乡土中国中既存的社会关系所调节，产生出了新的社会经济和文化形式。如你所知，这正是我所一直倡导的跨文化传播政治经济研究的核心内涵。我曾经用这一框架研究缙云乡村春晚①，在这里，我觉得可以把它用于乡村数字经济领域。

张：您的框架还强调政治经济与文化分析的融合。目前，在对乡村数字经济的关注中，除了市场做大做强逻辑下的"下沉"，最常见的就是聚焦于所谓"土味文化"。尤其是随着短视频平台的流行，像江西农村的"华农兄弟"，他们在网上传播与他们养殖有关的视频，有大量的粉丝，给平台带来巨大的流量。不论是消费者还是研究者，都很关注"土味"的表达。

赵：在今年暑期调研中，我们也意外发现新建镇有一位网红，据说有一百多万粉丝。但是，从上面我们所探讨的生活方式和生产方式层面，对"土味文化"的关注还是流于表面了，只局限于表征层面，一不小心就可能陷入文化研究脱离政治经济分析的窠臼，而没有深入到青年、内容创作者、创业者们的择业和总体性生活层面。

某种意义上，数字乡村新精英与不同类别的数字劳工和数字小生产者的出现，意味着新时代农村新人的出现。这些人很多都有希望通过网络、电子商务与家乡发生联结，进而把网络经济回嵌乡村社会的情怀。当然，对于其中的一些希望把自己的企业做强做大的人来说，城市的支撑也是必要和不可或缺的，而既理想又现实的状态，可能是跨越城乡，在动态的城乡互构关系中，实现城乡联动与融合发展。比如，有的把公司的产品设计部门放在杭州，因为杭州更具人才优势；有的除了需要城里更有利的人才和技术支撑外，还考虑到如果公司上市，就要在杭州有比在小镇里的总部更体面的门面等。所有这些，都说明，要克服城乡差别，并非易事，总之，乡村的社会关系和文化资源是否有可能把美国主导的数字资本主义逻辑"降伏"、使它重新嵌入中

---

① 赵月枝，龚伟亮. 乡村主体性与农民文化自信：乡村春晚的启示［J］. 新闻与传播评论，2018，71（2）：5-16.

国社会、跨越阶级分化和城乡割裂的鸿沟，是一个前所未有的挑战，也是一个在具体的实践中，甚至每一个人和每一家公司的选择中，不断被推进的过程。

三、在数字乡村想象城乡融合的未来

张：我 2016 年开始关注淘宝村的时候，就有一个很强烈的感受，这是一个庞大的销售体系，基于数字销售平台，通过平台上一家家农村电商搭建的销售渠道在销售商品。同样是在我老家县里的那个村淘点，我看到，除了展示易耗消费品，还有各种家电。从 2018 年开始，阿里实施天猫优品计划，官方说法是这是农村淘宝战略的升级，在县域设立天猫优品服务站，品类也包括家电。而京东的农村战略则是设立线下店和京东帮，家电是其优势品类。基本上，各大电商平台基于其农村战略铺开的线下网点都在大力销售家电，我们看到，应对金融危机的"家电下乡"正以另一种方式在继续。在村淘、淘宝村兴起的过程中，农民继续被动员起来，加入销售大军和消费大军，继续为消化巨大的产能贡献力量。然而，在消费品下行的同时，消费主义也在下行。对此，您怎么看？

赵：一方面，我们从中可以看到国家发展战略的转型；另一方面，工业品下行，确实弥补了城乡鸿沟。毕竟乡村里的人，不仅还有许多刚需，也可以消费在当地没有专柜的商品上，包括通过网购和微商代购的高端消费品、奢侈品。不经过否定之否定的过程，很难对消费主义进行有效的现实批判，尤其在一个消费主义表达在媒体中几乎无孔不入的时代。人们往往是在用过之后，才更关心性价比，才更明白奢侈品的问题所在。当年，使用价值是第一位的；后来，真假名牌在城乡大地满天飞；现在，不论是美国的乔布斯（Jobs）、扎克伯格（Zuckerberg），还是笕川的朱凯，都以穿最简单的 T 恤为荣。总之，工业品甚至奢侈品的下行，有它合理的一面，也是一个历史阶段性的发展。

张：最近几年，与资本市场联姻的互联网在下沉。随着一二线城市市场饱和，三线及以下城市和农村地区成了市场扩大的重要来源。与此同时，近年在市场营销领域和学术领域，"小镇青年"成了一个耀眼的关键词。从市场角度看，小镇青年是本"生意经"，大有不抢占小镇青年这一庞大的群体就没有未来之势。正是在这样的语境下，我们一边看到像拼多多这样在挖掘小城市和农村市场的社交电商，一边看到像快手这样出现大量"土味"视频的泛娱乐社交平台。"土味"视频有很多用户观看，流量很大，因此有人觉得，这

是农村在趣味上的一次胜利。但是，如果考虑到短视频平台的算法，"土味"视频大流量背后胜出的是逐利的逻辑。这一逻辑对"土味"之外的、反映村社共同体多元文化的内容实际上形成了某种压制。

赵：我们前面也说到了村社共同体，乡村社会关系的紧密程度和全面程度要高于城市，让人帮忙"砍一刀"更容易实现，口碑传播更有效果，但是，换一个角度看，像拼多多这样的"社交"购物平台，恰恰是挪用了人的社会性和群体性，在这样的机制下，人与人之间朴素的"人情"和"道义"被劫持了，人们可能因为人情而买了并不需要的东西。总之，人们有限的生命被动员了起来，投入无限的销售和消费中去了。不论是通过短视频"带货"也好，微商也好，在某种意义上，他们都是传统的由广告支持的媒体的一种分解或者重构，并没有改变消费主义和商业主义的逻辑。

小镇青年是一个非常重要的社会群体，他们是城乡融合发展的主力军，新时代"工农联盟"的主体，如果他们仅仅以各路"网红"的身份出现，成为销售载体，这对他们个人和社会的发展都是非常有局限性的。其实，在乡村有很多有才华和对乡土文化有一定情怀的年轻人，他们需要有机会得到全面发展，光在线上展示"土味"是不够的。在前面关于新建镇电商的讨论中，我们从经济和社会角度，分析了"新西乡，新青年"口号所包含的希望。从传播角度，中宣部等发布的《县级融媒体中心建设规范》中，涉及县级融媒体中心建设的基层信息和社会服务功能。如何通过县级融媒体中心建设和县级融媒体中心这一新的公共平台，把"小镇青年"和民间自媒体机构组织起来，引导他们发挥自己的积极性和能动性，而不是让他们单打独斗，或通过各自的直播公会互相PK，在市场逻辑下胜者王侯败者寇，是一个非常重要的问题。在这个过程中，重新激活当年的新闻通讯员制度，也许是新技术条件下加强县级媒体与基层链接、强化群众路线的新途径和新挑战。

张：提到乡村数字经济，不能没有农产品。各大电商平台在其农村战略规划中，都是包括农产品上行部分的，但是，农村战略推行几年以来，农产品上行似乎并不顺畅，电商平台的农村战略更像是给工业品下乡铺开越来越大的零售网。在短视频平台上，各类"土味"视频、"村播"也通过网红们的努力带动农产品销售，甚至连县长都得走网红路线，在淘宝直播间或短视频平台为本县农产品吆喝。所以，一方面是数字乡村经济蓬勃发展，一方面是与农村经济息息相关的农产品销售的努力和窘境并存。您怎么看这样的现象？

赵：电商或网红帮着卖农产品，当然是好事，电商平台开设地方馆，也确实能抚慰人们的乡愁，拨动流动社会中人们的家乡情结。但是，滞销的农产品通过网络被卖出去，更多是个案，电商助农的案例之所以成为新闻，恰恰是它们非同一般，不是常态。农产品上行难，纵向看，与农村集体经济解体后农业生产欠缺组织性和乡镇工业化半途而废导致农业加工业薄弱有关；横向看，当农产品是中美贸易谈判的重要议题时，当进口水果越来越普遍地出现在电商平台，它注定也是个全球维度的问题。农民如何在数字经济条件下重新联合起来，提高生产、加工和销售的组织化程度，而不是企望网红的流量效应，才是关键。

如果把视角打得更开，那么在乡村快速数字化的同时，我们看到了公共服务在乡村的萎缩。比如，过去乡镇卫生院能看很多病，甚至做各种小手术，乡镇中学有很好的老师，而现在医疗、教育资源在乡村退却，这与农村数字经济以及基于销售平台的商业在农村的兴起，形成此消彼长的态势。如何让商业的便利与公共服务的便利更好地在乡村协调起来，这是一个重要的协调发展问题。就像县域的自媒体使我想起当年的新闻通讯员制度，这种基于数字技术动员农民成为销售大军和消费大军的过程，也让我想到曾经覆盖城乡、沟通城乡的供销合作社体系。

张：现在供销社系统在打造农村电商国家队——供销e家，它由中华全国供销合作总社下设的中国供销电子商务股份有限公司负责平台搭建和运营，不直接参与产品购销。就像我们前面讨论的，各大数字平台成了动员一个人作为消费者的重要力量，与此同时，追求利润最大化的各个平台又像是彼此隔绝的"独立王国"。这是一个普遍现象，自从我国引入市场机制，一方面，市场和社会被激活了，另一方面，很多原来国家积极发挥作用的领域交由市场，又引发了不少矛盾和问题。当我们的讨论具体到供销e家这种农村电商国家队出现的时候，我们对它应该有什么期待？

赵：我也只有更多的问题。如卖农产品不能只靠情怀，目前电商销售农产品组织化程度不高，随机性很强，甚至是无政府状态。从东南跑到西北去帮人卖苹果，无疑是一个很好的助推乡村振兴的媒体故事，从中央到地方媒体都有类似的版本，也创造出了网商电商助农的氛围。但是，不论是实际效果，还是数字经济所能达到的组织化高度，都是不够的。这不免让我思考，在当年供销社统购统销的全面计划经济和今天网络的无政府状态之间，是不是有一种更为理想的制度设计和平衡？原来的供销社系统有没有在数字乡村发展过程中，重新构建出一个2.0版本，使它成为全国统一、打通城乡的一个体制机制？新型的乡村集体或合作经济组织如何产生，如何发挥基础性的作用？在强调回乡资本、"新乡贤"等外部力量在振兴乡村中的作用同时，如何更好地在理解当下各地乡村社会不同的分层结构，从而在乡村振兴中更好地坚持"群众立场"？如何让数字化更好地与农业生产相结合，从而防止数字化条件下，乡村出现一块块与农业生产基本无关的数字经济"飞地"？总之，如何让基于村社共同体和乡村内生动力的集体经济和超越地域局限的数字经济在乡土中国连接起来，从而创新数字化时代城乡社会经济有机发展的形式？这些问题虽然已超出我们这次调研的范围，但是，它们应该可以打开想象城乡融合未来的空间。

作者简介：赵月枝，清华大学人文讲席教授；张志华，中国传媒大学新闻学院副教授。

【八】更新与互动：文化创意赋能乡村振兴①

潘家恩　沙　垚　陈晶晶

摘　要： 随着乡村振兴战略的推进，众多乡村建设设计师、艺术家、文创团队介入乡村，以文创实践为乡村振兴赋能。乡村振兴需要引导外部人才、资源与在地农民、集体发生深入持久的互动，在推动多元主体共建新型乡村社区过程中，面对外来主体与在地居民之间的关系张力，可以通过党建引领、社区营造等方式加强主体间的沟通，搭建互动的平台，锻造出一个连通村庄内外新的、复合的乡村建设主体，推动可持续乡村的更新与发展。

关键词： 文创；制度建设；乡村治理

引言

2021 年，乡村振兴战略全面推进，人才、土地、资金等要素回流成为乡村振兴的核心。近年来，越来越多乡村建设设计师、艺术家、文创团队入驻乡村，以文化创意赋能乡村振兴。

政治、经济资源相对薄弱的中国乡村，如何振兴？有一个共同的认识是文化创意是必不可少的要素，如何理解文化创意？要跳出狭义的"文创产品"的视野局限，在更大的范畴内考量。清华大学文化创意发展研究院认为，文创即对传统文化进行创造性转化和创新性发展。要以文创理念为基础，以文化、艺术、创意等手段激活乡村生态自然资源与历史文化底蕴，为乡村振兴赋能。

在文创赋能乡村振兴之路中，如何引进外部资源与乡村发生深入持久的关系，包括新村民与在地村民、艺术家、政府等在内的多重主体如何进行互动，如何通过社区营造与制度创新来推动可持续乡村治理模式的展开等是本文要讨论的几大问题。本文根据潘家恩、沙垚、陈晶晶三位长期致力于乡村

---

① 原载《现代视听》2021 年第 9 期。

建设研究与实践的学者在"2021 从全球到村庄：传播赋能乡村振兴"国际暑期班期间的对谈整理而成。

一、文化创意成为乡村发展的新动能

文创赋能乡村振兴即以文化、艺术、创意等手段激活乡村文化的深厚底蕴，使乡土文化重唤生命力，以文化振兴促乡村发展。在文化创意的支持下，推动乡村创造出新的产品和服务，以一种新的引领性的生产方式与生活方式推动城乡间的互动。

江西浮梁县携手清华文创院共同探索打造了"浮梁红·守千年"焕新中国节系列活动，通过焕新乡村的传统文化资源，将其变成新的支持乡村振兴的品牌、IP、产品设计和网络资产等，打造可持续运营的区域乡村公共文化IP，以传统节日为村庄赋能。2021 年春节期间，浮梁县深挖本地年俗传统，与北京、上海、深圳等地的 30 多个平台合作，动员以港口村、沧溪村、严台村为代表的数百名村民参与其中，通过直播、短视频、微剧等方式在全网呈现"村里云上云下过大年"的盛况，创新节日体验。端午节的线下活动则由《幻乡·沧溪风华录》与"沧溪秘境"两部分组成，作为国风沉浸式游戏，活动在保留沧溪村古建筑风貌的基础上进行氛围搭建、演员植入，游客可以在其中自由体验、与 NPC（非玩家角色）进行互动，还可以参与祭祀屈原仪式、人间风味市集等活动。浮梁的文创实践既推动了传统节日的传承与创新，也使乡村生产与生活方式发生了新变化。

福建省屏南县从 2015 年开始通过文创助力乡村振兴，经历短短几年时间，便焕发新的活力，离不开艺术家的实践与基层干部的创新相结合。在屏南有一批艺术家，他们既在艺术领域深耕多年，同时又是地方干部，并且对乡村抱有感情。2015 年至今，屏南县陆续引进了林正碌、程美信、张勇、程子劲等文化创意团队，在实践中，创新性地实现了三个层面上的思维转变。第一是"愚公变李白"，即突破过去"走出去"寻找资源的观念，在"绿水青山就是金山银山"理念的指导下，挖掘本地生态资源并实现价值转化，用文化唤醒乡土；第二是"人人都是艺术家"，即通过教乡村的老人、小孩、残疾人创作，来突破精英教育对艺术的限制，重新赋予乡村自信与价值；第三是"人人是李白"，即通过新老村民使用自媒体，将各种作品和思想传播出去，促进新老村民生产、生活观念和方式的转变。此外，屏南积极改造古民居，在吸收地域传统文化元素的同时融合当代科学时尚元素，建设传统性与现代性兼具的复合型建筑，让宜居重归乡村。如今，不少屏南古村也拥有书

屋、咖啡馆、博物馆、品酒屋等现代城市常见的文化与娱乐空间，打破了传统乡村的日常生活，为乡村发展注入新活力。

四川省成都市的明月村依托茶、竹等特色产业基础，以"明月窑"为主线发展陶艺、农旅等新兴产业，基于其独特的土地供给政策，吸引了众多艺术家、青年创客入驻明月村，成为"新村民"，带动明月村产业发展，走出了以文创产业发展为催发的乡村振兴之路。明月村项目操盘手徐耘是进行村庄具体设计和规划的决策人之一，曾任蒲江县政协主席，做过地产项目，同时在艺术领域也有建树。依据"乡创+文创"的基调，明月村操盘团队在"茶山、竹海、明月窑"的产业基础上改造村落、规划创业区，推进文创空间建设，文创公司、艺术家等通过改造村民闲置房屋来创建文创工作室、手工艺文创园区。目前，明月村已连续几年举行"明月村春笋艺术月""明月村中秋诗歌音乐会""大地民谣音乐会"等品牌文化活动，打造"明月酿""明月陶"等文创品牌，借力"互联网+"，拓宽产品销售渠道，营造村庄新业态与生活方式。

浙江省青山村从 2015 年开始做水资源的保护工作，大自然保护协会联合阿里巴巴公益基金会、万向信托在青山村创建善水基金，修复具有重要水源涵养功能的林地。在此过程中，青山村生态产品、手工艺品、环境教育逐渐发展起来。目前，青山村已成为包含自然保护与环境教育、生态旅游休闲度假、传统手工艺与文创、亲自然体育赛事等主题在内的生态村落。与典型意义上的艺术家做的文创实践不同，青山村更多侧重于从村民的生活、工作以及自身需求出发推动文创。如果将"文创"的"文"扩展范围来看，它可以突破文化、创意或艺术的意思，水资源的保护或者自然资源的开发与设计也是"文创"的一部分。文创事业推动了社区建设的发展，例如，青山村通过成立村集体控股的旅游公司把村民闲置的老房租回，再通过农村职业经理人作为中介对接外部租房需求。同时，开放"未来青山"微信公众平台，提供青山村地图、活动清单、民宿信息查询与订购等服务，为新村民进入社区提供便利，创造青山村新型生活方式。

二、在多元主体互动中感受张力

乡村建设是为农民而建，但仅仅依靠农民很难完成，必须要有外来的人才和资源与乡村发生深入持久的互动。但是新农人和在地农民之间从价值观念、生活方式到思维逻辑都存在很大的张力，如何消弭矛盾，加强沟通，锻造出一个新的农人主体，是乡村振兴必须处理的问题。

福建省屏南县以"政府+艺术家+古村+农民+互联网"的文创发展模式来探索乡村振兴之路,"引进高人、引回亲人、引来新人"成为重要的"屏南经验"之一。"引进高人"指引进艺术家团队引领乡建实践,"引来新人"指引进新村民到屏南县乡村居住与生活。其中,林正碌团队最早引来新村民的方式为:送当地农民到该县的双溪镇学习绘画,在镇中同时还有来自全国各地的市民在此学习,农民和市民通过学画画建立关系,再经由老师介绍带回龙潭村。"引回亲人"即通过改善创业环境吸引外出经商、务工人员回乡创业。例如,该县的龙潭村当前人口大约1/3是老村民,1/3是外来的新村民,还有1/3是本地返乡创业者。

在多主体互动过程中,出现了外来与本土、新村民与老村民之间的内在张力。屏南县曾有一棵"网红柿子树",吸引众多艺术家与摄影师来此,柿子树照片曾经获得奖项,然而现在柿子树却没有了,消失的原因众说纷纭。从村民的立场出发,自己的村子成为网红村,艺术家因照片获得奖项,但是可能和自己没什么直接关系,人来人往反而把自己的田地踩坏,影响正常生产。因此,要设计一个利益机制,推动村庄资源成为整体性资源,在此基础上发展新型集体经济,以新老村民共同参与的多元化股权方式,为村庄的整体活化及生态资源价值实现提供保障。

江西省浮梁县推动的乡创特派员制度是在全国范围内寻找26位认同乡创发展理念的特别派遣人员来运营村庄。与典型的艺术乡建不同,乡创特派员并不直接接受政府乡村振兴项目或资金,而是嵌入基层社会治理和政治运行,在"面"上整体推进乡村振兴发展,这与政府购买服务的第三方机构运用资源与智慧在"点"的层面推进个体乡村的建设与发展是不一样的。"点"与"面"之间存在着矛盾与张力,需要细腻地调节。同时,做制度建设要符合政府系统内的制度要求,例如处理工作表格、提交工作汇报等行政事务,这与艺术家的工作习惯相悖。部分特派员存在不理解工作制度、害怕与村民打交道等心理,有碍事务推进。因此,需要在多种主体之间进行沟通、调动多元力量的积极性以推动乡创事业发展。

除此之外,新村民与老村民之间因为生活方式、价值观念的不同也很难形成真正的融合甚至会出现利益冲突。四川省明月村以陶艺、手工艺为主线聚集艺术家来此形成文化创意聚落与文化创客集群,推动新老村民在此共创、共享。新村民通过租赁本地村民的闲置房屋或通过"招、拍、挂"的方式获得土地使用权,推动文创项目的开展。其间,新村民与老村民的关系问题成为明月村推动文创实践中要处理的重要问题。例如,村中来来往往人多繁杂,会打破老村民原有的生活秩序，给村民出行与交通带来不便，也会造成垃圾污染、汽车尾气排放过多等环境问题，造成新老村民之间的利益冲突。浙江省青山村新老村民在融合过程中也有类似的问题，青山村新村民与村里的年轻人有一个共同的微信群，但是在微信群中会存在两批人自说自话以及发生小矛盾等现象，新村民也会因为不理解、不适应社区组织活动与组织形式并不积极配合社区工作。由此看出，新老村民要实现相互融合、成为共同体进行共建与共创，仍然是具有挑战性的事情。不能假想基于不同生活、不同目的、不同需求的新、老村民在以后一定完全融合的共同体。乡村振兴的外在条件、项目和设计进村为这种相互的影响搭建了台子，这种影响是相互和持久的。

三、以制度化的建设保障可持续的乡村治理模式创新

"外发促内生，内联促外引"，外部资源进入乡村就像往一潭水中投入一粒石子，重点在于石子怎样产生反应。因此，乡村社区内部必须组织起来或形成一种机制与外部资源形成联结，在内外新旧之间形成常态化、长期性的衔接机制以保证可持续的乡村振兴模式得以推进。文化、创意与传播赋能乡村振兴需要制度建设与创新来撬动社会力量，实现乡村治理由"点"到"面"的转变。

江西省景德镇市浮梁县邀请清华大学文创研究院等专家团队推进浮梁乡创实践，通过成立浮梁乡创学院、组建乡创联盟来进行基层实践人才的培训。乡创特派员制度就是学习科技特派员设置的人才制度，要求特派员认同乡创发展理念，在社区建设与资源盘活的基础上运营村庄。乡创特派员由全国具有乡建实践的人自投简历报名而来，同时，乡创联盟广泛邀请社会各界参与乡创实践的个人和机构加入，并从中挑选合适的特派员人选。特派员可以列席村"两委"会议，确保其对乡村重大事项的知情权。此外，浮梁县设立了乡创办，负责收集特派员的情报和信息，与村双委沟通村庄事宜，共同决策村庄重大事项。"乡创特派员制度"是从以制度建设为杠杆撬动社会建设，借助官方系统，整体推进制度创新、组织振兴，实现"自上而下的引导扶持与社会力量和村庄相互勾兑的自下而上的自然生长"。

福建省屏南县"文创推进乡村振兴"的发展之路总结出"三引三创"的经验，"三创"是以文创为牵头带来的三大制度创新，"创新老屋流转机制"，即以村级组织为中介进行老屋流转，避免出现信息不对称、权益纠纷等问题，推行"老屋认租15年或20年"模式；"创新老屋修缮机制"，设立"新村民

出资+驻创专家设计+村委会代为修建"的运作模式，使各要素发挥作用，便于形成稳定的租房需求；"创新项目管理机制"，试行"工料法"计算工程成本管理机制，允许村级组织自行购料、聘请工匠、组织施工、全程监督，提高工程效率，节约工程成本，传承工艺技术与工匠精神。此外，屏南县还创新"居住证制度"，即当地派出所为从北京、上海、武汉等地过来的新村民派发居住证。原来的居住证都是由城市公安局、派出所给进城打工的农民工派发，是单向的城乡融合。而屏南县公安部门为新村民发放居住证，相当于"乡村绿卡"，推动人口、资源等要素在城乡之间的双向流动。同时，在推动城乡融合过程中，要处理新村民在乡村生活时只享受良好环境而不履行义务的问题，因为，村集体要承担比从前更多的卫生管理工作。由此可见，要通过机制建设推进新型乡村社区治理方式的创新，突破城乡融合壁垒，推动文创助力乡村振兴的可持续发展道路。

四、推进"党建引领，农民主体，社会参与"的乡村文创模式

乡村振兴需要新农人和传统农民、政府、企业家、投资人等主体进行共创、共建，锻造出一个新的复合的主体共同支持。党建作为一种机制，在多主体互动中的重要作用在于组织各方主体以形成合力，同时协调各主体之间的利益关系。以党建为机制，由政府、社会组织、村民等主体形成一个类似社会市场的架构，通过相互竞争，提高各自的专业水平与资金使用效率，这是一个需要不断发展的过程。

四川省明月村项目操盘人徐耘谈到"113+3"的乡创操盘工作法，两个"1"指乡村发展需要有一名导师和一名操盘人，导师既要懂得政策和政府诉求，还要懂农民、能和企业打交道，同时熟悉市场操作方法；第一个"3"指乡村振兴项目需要三名专干，包括一名乡村设计师、一名乡村社工师与一名合作社孵化师；第二个"3"指在本地乡镇和村庄培养三名年轻人做助理，通过骨干与种子培育计划让本地青年人参与到乡创项目中。在党委政府的领导下，通过"113+3"的架构将政府、资本、农民、文化人、NGO（非政府组织）等要素结合起来，推进明月村的文创建设、社区建设、乡居建设与合作社建设，达到新老村民共同安居乐业的愿景。

屏南县乡村振兴的经验之一就是党委政府、艺术家、古村落+新老村民、互联网等多种力量共同发力，强调社会参与和农民主体地位，实现由"火车头"到"动车组"的社会力量多元参与的乡村振兴。屏南党委政府积极行动，成立文创产业工作领导小组、项目指挥部，各相关乡镇、村成立文创领导办

公室，出台《屏南县促进文化创意产业发展的实施意见》，制定战略目标、产业布局、政策支持等助力文创发展。此外，从乡长冒着争议与风险提出创新方案到"工料法"在全省范围的推广，其中离不开基层干部的积极作为。

浮梁县乡创经验之一是由县委主要领导牵头成立浮梁县创建乡创特派员制度工作领导小组，并在县委组织部设立"乡创办公室"，统筹协调全县的乡创工作。县委印发《关于创建乡创特派员制度的实施方案（试行）》《浮梁县乡创特派员管理暂行办法》，后续出台《关于进一步推动乡创特派员制度实施的十条措施》等政策文件持续跟进乡创工作；定期召开乡创推进会，及时调度解决乡创工作中的痛点堵点问题。县委领导深入乡创项目一线开展调研，征集问题意见，搜集需求和政策建议。同时，发挥考核指挥棒作用，将落实和推进乡创特派员制度纳入对相关县直单位和乡镇党委政府的高质量发展考核体系和基层党建述职评议中去，切实提高各相关单位对乡创工作的重视程度和积极性，破解单个部门"单打独斗"的难题，形成多部门协同推动格局。因此，党建引领是屏南、浮梁等地乡村振兴的一大重要经验。

浙江省杭州市的青山村位于杭州西北郊，生态资源丰富，其间筑有水库。2015年，大自然保护协会联合阿里巴巴公益基金会、万向信托在青山村创建善水基金，进行水资源保护工作，推动本地村民停止使用农药、化肥、除草剂等，恢复本地生态系统。在此基础上，青山村生态农产品、传统手工艺制品逐渐兴起，并吸引青年人与国内外艺术家汇集于此，为青山村发展增添活力。其中，由来自世界各地20余位设计师在改造村落废弃礼堂的基础上共同打造的"融设计图书馆"，已成为公众了解传统手工艺文化的窗口与公共空间。2020年8月，青山村所在的黄湖镇启动"未来乡村实验区"改革，黄湖镇又在9月成立了"未来乡村"联合工坊党支部等两党新组织与"未来乡村"党建联盟。在党建引领下，青山村推动新老村民融合共生，探索政府、社会组织、村民等多方共治的新实践。

五、外部资源与集体经济合作以加强社区营造

在文创助推乡村振兴之路中，不同主体之间因为思维方式、价值观念、处理问题的方式不同而出现一些关系张力。因此，需要加强社区营造，鼓励外来企业与乡村集体经济组织合作，壮大集体经济，锻造乡村社区利益共同体、新老村民情感共同体以及推进新老村民的组织化发展，探索共建共治共享之路。

锻造乡村社区利益共同体要在新老村民之间建立利益联结机制，扶持本

土产业经营主体，坚持农民主体地位，壮大集体经济。一要鼓励到乡村投资兴业的外来企业与县域国资平台、乡村集体经济组织合作，联合成立平台公司，共同运营乡村产业项目。二要扶持培育一批独具乡村特色的本土新型经营主体，参与平台公司的运营，在乡土逻辑与现代市场之间发挥中介作用，对内开展群众工作，凝聚共识，化解矛盾；对外承接各类市场主体，股份合作，打通乡村产业的生产端和市场端。三要帮助外出人才回流乡村，吸引外来人才到乡村投资兴业，提升乡村的组织化水平，解决乡村空心化和留守化的社会治理难题。既要促进集体资产保值增值，确保农民受益；又要提升本土人才价值观念和经营管理能力，实现业态的可持续运营。江西省浮梁县正探索由"县文旅投+外来投资企业+村级合作社"联合成立平台公司的模式来运营文化产业项目，成立集体经济属性的合作社来盘点、整合村级资源，折合入股，组织分红，落实多主体之间的利益分配机制，推动新老村民之间形成利益共同体。

建立新老村民的情感共同体即从柔性角度推动社区营造，使新老村民成为真正的朋友，推动二者相互融合。福建省屏南县是著名的民间戏曲之乡，其中四平戏有着悠久的历史传统，现存于屏南县的龙潭村，已成为国家级非物质文化遗产。屏南县策划组织了"龙潭戏曲文化节"等特色传统节日文化活动，在活动中，新村民向老村民学习戏曲技艺，二者在相互尊重的基础上有更多的情感性交流，逐渐实现更深的互动与融合。浙江省青山村在2021年端午节举办了"端午游龙会"，村民利用改造后的电瓶车与电动三轮车组成巡游车队"游龙"，游龙会还通过组织市集、包粽子比赛等活动推动新老村民共同参与和交流互动，增强社区凝聚力，促进社区情感共同体的发展。

社区营造还要将新村民与老村民共同组织起来，通过文化活动推动新老村民的组织化发展，提升社区凝聚力，形成乡村社区有机共同体。江西省浮梁县的"浮梁红·守千年"焕新中国节活动十分重视社区营造。2021年春节篇共组织356名村民参与录制"浮梁红·守千年"浮梁云春晚，以文化集人气聚人心，引领新生活风尚。端午篇《幻乡·沧溪风华录》的氛围营造环节和现场工作人员中，有50多名在地村民参与，热心村民甚至还组成了"沧溪最帅男团"和"帮帮阿姨团"，为游戏体验提供道具与帮助。在游戏环节设置和现场演绎中，筹备组也悉心听取村民的意见和建议，将村民的自营小店、手艺、民俗等串联到剧本中，真正做到与村子、村民共融，持续与村民携手不断迭代更新剧情和场景。通过壮大集体经济组织、以文化活动推动新老村民的融合互动，乡村社区正逐步形成利益共同体与情感共同体，走向组织化的共治之路。

小结

以文化、艺术、创意等手段激活乡村生态自然资源与传统文化底蕴，为乡村振兴赋能，我们强调艺术家、政府、企业、在地村民等多元主体的共创与共建。在多元主体互动过程中，存在一定的关系张力与摩擦，要通过党建引领、社区营造与制度创新在不同主体间建立利益机制，推动可持续乡村治理模式的落地发展。目前，乡村振兴正发生三大转型：城乡转型，即从乡土中国转向城乡中国；生态转型，即在生态文明时代，生态资源的价值化成为显性需求；数字转型，即数字经济时代，信息化、网络化在乡村治理中的作用加强。在整个中国的大转型趋势下，如何重新定义资源，如何在调动社会力量的同时尊重农民的主体地位，如何进一步处理好生意与生活，外来与本土，传统文化与现代文化，下乡、留乡与还乡之间的平衡关系，打破城乡之间的区隔，为主动下乡开门、为在地建乡搭平台、为被动返乡留条路，让回流的要素动起来，促进城乡融合共生，是乡创实践者与研究者需要持续探索的问题。

作者简介：潘家恩，重庆大学人文社会科学高等研究院副教授；沙垚，中国社会科学院新闻与传播研究所副研究员；陈晶晶，四川战旗乡村振兴培训学院温铁军工作室专家。

【九】"新乡土主义"再回首：试论社会主义发展传播学的可能路径

——在第八届河阳论坛上的发言

吕新雨

感谢赵月枝教授的邀请，祝贺第八届河阳论坛成功举办！论坛举办八年，实属不易，我自己参加了七次，深知其中甘苦。因为河阳论坛，缙云好像成了我的另一个故乡。2010 年，也就是十二年前，我发表了一篇名为《新乡土主义，还是城市贫民窟？》的论文，提出了"新乡土主义"的理论构想。① 其实，2016 年我已经在河阳论坛上做过一次回首了，题目就叫："新乡土主义"与中国农村的社会主义实践——以一个世纪以来中国城乡关系变革为视角的历史考察。六年之后，今天可以说是再回首，这篇论文从美国学者戴维斯所著的《布满贫民窟的星球》谈起，描述了人类正在发展中的一个过程，就是与全球化过程相伴随的，在城市化过程中发展的贫民窟问题。贫民窟现象以一种历史上前所未有的速度蔓延，遍布了整个星球，这样的一个全球化过程，一面是资本的全球化过程，另一面是贫民窟的全球化过程。所以，这本书最重要的意义，就是以清晰的图景打破了我们对于人类所谓全球化和都市化的幻想，让我们看到人类文明史中，全球化与城市化过程中不容忽视的负面性。这其实也是我自己思考了很多年的问题：当时 2010 年的中国正在极力推行城市化，我们把都市、城市作为普世文明的一个象征，这个提法和这个实践本身有没有问题？有什么问题？这也是今天再回首的背景和问题，就是中国的城市化道路到底该如何走？如何理解中国进行的从城市化、城镇化再到精准扶贫、乡村振兴的变化过程？

---

① 吕新雨. 新乡土主义，还是城市贫民窟？［J］. 开放时代，2011（4）：115-135.

一、新乡土主义与共同富裕

欧美作为民族国家的发源地，其历史来源于地中海的城邦国家，资本主义在经历不同体系的发展过程中，其核心和动力都是城市。中国历史上的城乡关系不像西方是对立的，相反，中国的城乡关系是互相哺育的过程。近代以来，随着现代化的开启，中国的城乡开始分裂，并成为一个世纪以来中国最深刻的现代性问题：现代性的学术框架中最关键的部分。今天，我们在学术范式讨论中，批评了发展主义的范式，觉得现代性的范式很重要。在现代性的范式里面，城乡分裂的问题，对于中国，特别是第三世界来说，是最核心的一个关键，对于如何反思中国的城乡关系问题，无论是现代性的范式还是发展主义的范式都无法回避。关于发展的范式问题下面会继续提及。所以我当时从设计学那边挪用了一个概念，设计学里面有一种风格叫新乡土主义，我把它借用过来了。十二年前，那时候国家还没有提出精准扶贫和乡村振兴的国家战略，但是中国每年的一号文件都是关于"三农"问题的，"三农"作为国家的基础，基础不牢就会地动山摇，这是全国上下的一个共识。因此，需要在新的历史条件下重建新乡土主义，重新讨论中国小农经济的过去、现在与未来，重建城乡的互哺互动的关系，只有这样，才有可能解决目前中国城市和乡村所面临的社会危机，完成共同富裕的社会主义发展目标，并在其基础上为改变不平等的世界格局探索可能性。

中国城乡关系问题需要放在西方工业文明、资本主义全球化的大背景下，从 20 世纪初中国逐渐被纳入资本主义全球化过程的视角进行考察。在这一过程中，中国是以革命的方式建构自己的现代化，同时它也是全球现代化过程的一部分。但是我们今天谈论中国的现代性和现代化的时候存在误区，就是讨论中国的现代性却不提及革命，讨论中国的现代化却不讨论其与全球资本主义的关系，我们需要打破两个概念之间的壁垒，在这个意义上，中国乡村问题、城乡关系问题，具有一定的"世界普遍性"。中国传统的城乡关系在国家现代化过程中发生历史性巨变，乡村问题、城乡关系问题是 20 世纪中国革命和现代化发展的核心问题。

二、欧美国家并没有很好地解决城乡问题

西方工业文明的进程、城市化的发展道路，就是我们今天所认为的——西方文明是城市文明，城市化被看成是文明的最高发展模式。但这个带来城

乡两极分裂的西方城市化道路是不是中国的必经之路？如果是中国的必经之路，我们就不会去讨论从精准扶贫到今天的乡村振兴的意义，习近平总书记就不会说"小康不小康，关键在老乡"。如果回到经典马克思主义就可以看到，马克思在《资本论》里面有大段的篇幅讨论资本主义工业化的过程必然导致城乡分裂，《共产党宣言》的说法是资产阶级使农村屈服于城市，它创立了巨大的城市，使城市人口比农村人口大大增加起来，它使未开化和半开化的国家从属于文明的国家，使农民的民族从属于资产阶级的民族，使东方从属于西方。从世界范围内看，农民变成城市无产阶级和工人阶级的过程确实是发生了，而且仍然在发生。我们在历史和现实中看到了这一过程，工业化导致城乡差距拉大，农民被无产阶级化，新老殖民主义则使得南北问题成为全球结构性不平等。

不同于西方的第一世界，第三世界的城乡分裂过程，并不意味着工业化的完成。特别是在第三世界的很多国家，农民离开土地了，沦落进城市的贫民窟，因为国家的工业化没有完成，所以他们不能够被国家的工业化过程所吸纳，也可以说恰恰是因为工业化的失败，离开土地的农民没有办法被城市吸纳，同时他们又没有办法再回到乡村。所以我们可以看到巴西无地农民运动（MST）的出现。

巴西是世界上土地所有权高度集中的国家，它的1%的土地所有者拥有46%的土地。中国的城市化过程中，虽然有数亿的农民工流动到了城市，但是并没有出现拉美式的大规模的贫民窟，原因是我们保有的农村土地集体所有制，它保证了农村土地的村社所有权，也就是说只要你是村里人，你就有土地，进城打工的农民还是可以回到村里的。这是中国的工业化道路和英国的早期工业化道路不一样的地方。这个就是中国的社会主义特色，土地制度的特色。

如果我们从这个视角再去看欧洲的工业化道路，如英国的工业化道路，从雷蒙·威廉斯的著作《乡村与城市》中我们可以很清楚地看到，英国工业化的完成是以它的殖民地成为乡村为前提的，也就是说它只完成了"欧洲本土的城市化"，而使第三世界成为它的乡村，从这个意义上说它并没有真正完成城市化过程，它只不过是把第三世界作为它的乡村而已，这是殖民主义的表现。殖民过程的实质是欧美国家是全球的城市，而第三世界作为全球北方的农村。

再看美国，美国今天依然严重的种族问题其实是农业和农民问题的转移。南方种植园的农民因农业的现代化被排斥到了城市，农村问题被转换成城市问题、种族问题来表达，但是它的根源依然是美国没有解决的城乡关系问题。美国农业现代化，是贩卖黑奴的起源，正是因为南方种植园经济需要劳动力，才使得殖民者从非洲把奴隶贩卖到美洲，之后南方要求免税，北方要求提高关税，利益冲突引发南北战争，所以美国的民族市场完全是靠着打一场内战来完成的。即便内战结束了，农奴被解放了，后果依然存在。比如，种族问题，特别是今天的"黑命贵"（Black Lives Matter）运动，仍然是美国的核心社会危机，但问题的本质是什么？其实就是没有真正解决城乡关系的问题，只不过它看上去不再是一个农村问题了，而是一个城市问题、种族问题了。

三、社会主义遗产对社会主义市场经济的补贴

回到中国，如果今天中国进城打工的农民不再能够回到农村，那么它就会转化为城市的贫民窟问题，它就会变成工人阶级的问题，就不再是农民的问题。从这个角度来看，今天并没有任何一个国家，不管是英国还是美国，真正完成了工业化过程和城乡一体化过程，也因此，城乡关系问题，或者是工农的关系问题，依然是人类命运所面临的一个巨大挑战。在这个层面上，我倒是认为中国的农民工的称呼，不一定意味着歧视性，它在很大程度上恰恰是中国特色的一个表现。如果我们放弃了农民工这个概念，用新工人阶级的概念取代它，恰巧就遮蔽了农民工概念背后的中国特色——社会主义土地双轨制的特色，土地双轨制是指城市土地国有，乡村土地集体所有，这个特色对于解释今天中国的现实具有重要性。

中国在这个问题上是怎么处理的呢？中国即便有大规模的城中村，但也不完全是翻版的贫民窟。一方面是这些城中村是城市的工业和服务业所吸纳的就业人口的聚集地，住在城中村的人是有工作的，不管是以什么样的方式工作。而我们今天所讨论的全球范围内出现的，如印度和巴西的贫民窟，很多是非法占地，住在那里的人很多是没有工作的，每天靠一两元美金生活，所以城中村和贫民窟在功能上是有所不同的。另一方面城中村的规模也没有那么大，最重要的是，城中村的人如果在城市中找不到工作，是能够回到乡村去的。他们之所以聚集在城中村，是因为他们没有办法承担城市里高昂的租房成本。有意思的是，早期城中村的土地大部分恰恰是农村集体所有制的土地，比如说广州的城中村，它的土地是农村集体所有的，所以它不能市场化，租金相对便宜。也就是在这个意义上我认为，社会主义的遗产补贴了社会主义的市场经济，没有社会主义遗产为中国的社会主义市场经济做补贴，中国的市场经济不可能达到今天这样的高度。

再来看中国城市住宅市场化的过程。这一过程之所以一开始比较顺利，是因为有社会主义住房分配体制，大家的住宅都平等地被市场化、资本化，大家同时都有房子住了，这是人们愿意接受的。以上海为例，原来上海的住房很紧张，市场化放开的时候大家都特别欢迎，觉得突然就有财富了，而且房子还可以换大的。但是今天这个市场逻辑进一步往前推的时候，就会自然产生一种现象——本地居民被排斥出市中心，因为市中心的住宅价格太高，上海的本地居民就渐渐地到城市边缘去了，城市中心都是购物中心（shopping mall）或者高档住宅。

我觉得中国城市资本化过程，不能完全等同于西方资本主义的城市化过程，因为中国的地方政府把大量的土地收益拿来进行城市公共建设。为什么今天中国的城市化过程这么快？在很大程度上是土地收益的一个转换，当然同时也有房地产商在这个过程中获得了很大的利益，所以我们看到前一阶段的富人是王石那一波，房地产商是当时的时代英雄，到今天时代英雄已经变换成平台垄断巨头了，比如说马云、马化腾之类，但随着国家对平台的整治，他们头上的光环现在也开始黯淡下来了。时代英雄的转换，也暗含了中国资本市场的转换。

土地收益也是今天中国精准扶贫、东部城市支援西部乡村的资金来源。所以中国城市化土地资本化，有资本化获利的成分，也有公共性和社会主义性质的成分，这是中国的城市化过程。

四、中国为什么没有出现城市贫民窟

每当经济特别不好的时候，中国就会有一批经济学家呼吁说，城市的土地已经卖完了，要开始卖乡村的土地了，我们当时特别担心农村土地的资本化、私有化过程，因为农民在这个过程中会处于非常弱势的地位。在土地资本化的初始阶段，土地价格都会非常便宜，由于农民种地收益微薄，有小恩小惠他们就把土地抛卖了，就像当年国企改革的时候，工人也分股，看上去是很公平的，但是很快这些股份都被资本家垄断了。所以土地在资本化的过程中，升值的部分是不会到农民手里的，农民卖地很容易，想再买回来就很难。如果农村土地资本化发生了，那么中国城市的贫民窟过程就会真正开启。

迄今为止我们没有看到中国城市贫民窟化的真正开启，反而现在城乡差距还在缩小，那么说明我们并没有真正走西方城市化道路。中国城乡实行的是两套土地制度，城市的土地是全民所有，农村的土地是集体所有，城乡两套土地制度分开是社会主义遗产，也是我们今天社会主义制度，或者说是我

们新时代社会主义建设的一个基本底盘。这个基本底盘在社会主义市场经济中怎么运作，包括我们特别关心利益分配问题，涉及判断中国的社会性质到底是资本主义还是社会主义的问题。在中国，我们都说这是中国特色，是社会主义初级阶段，是中国特色社会主义市场经济，但是海外对中国的批评中，很多左派和右派都说中国正走向资本主义，是国家资本主义。怎么去回应这些问题，我们需要阐释清楚中国为什么是社会主义。

农村土地集体所有制，在人民公社取消之后采取的是家庭联产承包责任制，家庭联产承包责任制依旧属于集体所有制的框架，也就是集体所有，个人承包。农村土地集体所有制是宪法规定的，如果把农村集体所有制改变了，社会主义性质就改变了，这就涉及定义什么是社会主义的问题。习近平总书记也说过，农村改革无论怎么改，不能把农村集体所有制改垮了，因为一旦改了，社会主义性质就没有了。

农村土地集体所有制意味着什么呢？意味着农村是以村社为单位的土地所有制。因为传统上土地作为生产资料，是和人口变化相联系的，农村根据社区人口进行土地调整，从而实现"耕者有其田"，所以农村的集体土地所有制，是一种具有社区保护性质的社会主义，保障的是农民的土地所有权。

由于家庭联产承包责任制建立在土地被重新细分的基础上，它保护的是小农经济的承包经营权。在此基础上，一方面那些离开乡村去城市并且获得城市户口的人，他们的土地荒废了，集体应该把它收回来给村社有能力耕种的人；另一方面村社集体能够自主经营，或决定土地经营规模和经营方式，以实现土地最大效率的综合运用。如果在两个方面能够行使集体土地制度功能的话，集体所有制就不会被架空。我们当时特别担心承包经营权的固化，以及经营权流转的走向。

再来解释下土地承包权。承包权其实就是农民的土地所有权，你只要是农民，是农村户口就或多或少有块地，耕者有其田，就像城市分配住宅的时候，居者有其屋，大小而已，反正都有屋。这块土地是国家给你的，叫承包权，它实际上是跟人走的，有城市户口的人是不能拥有土地承包权的，城市人没资格分农村的土地。今天很多城市人想变成农村人，农村户口现在变得很金贵了，就是因为农村人只要你生下来，就有一份田，这是一种社会主义保障。这也是为什么现在国家农村土地承包政策中"增人不增地、减人不减地"是最有争议性的部分。

五、农村土地流转的风险

现在很多农村人流动到城市去了，不耕地了，或者年纪大了耕不动地了。国家为了解决农村农业市场化、农业现代化问题，启动产权改革。补充一点，毛泽东时代是寄托人民公社进行规模化经营，进而完成农业现代化，人民公社解体后实行家庭联产承包责任制，农业都变成小农经济了，小农经济是很难进行农业现代化的。国家要解决小农经济的细分土地和小农经济下农民特别弱势的地位，出台了一项政策：放开土地经营权，即土地经营权可以进行买卖、流转，如果农民自己不种地了，可以把经营权卖给别人，然后让别人耕种，或者进行规模化经营。

虽然这种做法仍是在土地集体所有的框架下，但是当时我们很担心这种情况的走向，担心它名义上是社会主义，但实质上是资本主义私有化。土地经营权流转的问题到现在也还是有很多争议，它威胁到土地承包权保障功能的发挥。市场经济具有不稳定性，到城市打工的大批农民工都处于流动状态，或者是非正式就业状态，这要靠土地承包权发挥它的社会保障功能。

土地承包权绑定村社成员，是中国作为社会主义国家为农民提供的制度红利。但由于小农经济的弱势市场地位，农民从土地中获得的经济效益太低，农民宁愿打工也不种地，土地抛荒严重，这个制度红利就处在一个虚置的状态，一方面它不能落实，另一方面农民也不觉得这是他的红利。当前土地制度红利的兑现方式被寄托在土地经营权的买卖/市场化上，它以地租的方式，或者是以股份的方式来实现。

比如，我们看到农民用土地入股、劳动力入股参与农村合作社建立和经营中，国家也出台了很多鼓励参与的政策，包括合作社法等。从政策出台的动机来讲是好的，希望解决的问题也是真实迫切的，但问题的症结在于农业弱势的市场地位，以及粮食的公共品性质，农业市场化的风险非常高，一旦流转出去的土地在市场中失利，承包权所绑定的农民社会保障功能就无法落实，而农民也丧失了用自己的土地自给自足的权益。如在十八大之前，很多地方所谓群体性事件都是跟失地农民有关。农民把土地流转出去，作为工业用地，但是工业企业经营失败了，农民的土地又拿不回来，就演变成了社会事件，曾被西方媒体密集关注的"乌坎事件"的实质就在这里。因此，土地经营权流转能不能成为中国农业市场化、现代化的推手，仍然有待观察和研究。

还有一个问题，土地经营权的流转打破了土地所有权的界限，本来土地是乡村社群所有，经营权放开后，等于外来地主、外来资本可以去农村圈地。但是这些外来资本，他的动机并不是粮食的市场化，因为粮食市场化的利润是很低的，国家对粮食价格也是有控制的。他们的实际动机是去套取国家的补助资金，这就使得农村土地流转面临很多质疑。而土地经营权一旦出让，农民想要再拿回来就不那么容易，农民很容易就会变为失地农民，他们只有到城市里去打工，成为没有保障的流民，那么已经在大部分第三世界发生的贫民窟现象也会在中国出现。

六、中国克服城乡分裂的政治使命

中国农村面临的问题是，现有小农经济在市场经济的环境下是没有出路的。农业部想改变家庭联产承包责任制带来的原子化的小农问题，把农村土地的经营权从小农手上合法地置换到以市场为导向的新型农业经营主体去，推行规模化经营，以完成中国农业的现代化过程。现在的共识是，农村需要一个再组织化的过程，分歧在于，分散的小农怎样进行再组织化，以什么样的方式进行再组织化？

事实上，在中国三四十年的市场经济改革开放中，我们看到了大量不同的社会实验，有人民公社遗留下来的，仍然以公社方式来发展农村经济的模式，也有在新的历史条件下，重新以村社集体经济的方式来实现农业市场化的探索。怎么样从今天中国农民自发创新的实践中，提炼出中国特色社会主义新的发展经验、发展道路，这个是我特别关心的，也是我提出"新乡土主义"的主要内涵，即重建良性的城乡互哺关系的实践过程，克服资本主义全球化带来的城乡分裂。这个良性的关系，不是把乡村变成城市，也不是把城市变成乡村，而是在保存乡村既有的文化多样性、物种多样性、生物多样性和生存方式多样性的情况下，使得乡村能够更适合人类居住，这也是后来所说的"乡愁经济"的前提。

在毛泽东时代，我们是通过政治的方式来解决这个问题，即所谓解决三大差别问题——工农差别、城乡差别、体力劳动和脑力劳动的差别，它的背后都是城乡关系的问题。从宪法角度来看，社会主义国家（苏联、中国等）的宪法不同于资本主义国家的宪法，社会主义国家的宪法一定是工农联盟的宪法，工人和农民联盟的关系，本身就包含着克服资本主义全球化带来的城乡分裂的政治使命，这也是中国建设社会主义国家的政治使命。

工农联盟，其实不只是一种政治关系，它也是一种经济关系，强调工农互利互惠。我们知道毛泽东时代，城市工业发展要为农业现代化提供条件，农业发展要为城市工业化提供原料，所以国家性质是以工人阶级领导的、以工农联盟为基础的社会主义国家。改革开放以后，中国经济发展向外向型转型，农村变成家庭联产承包责任制，变成原子化的小农经济，原来城乡互相勾连的经济关系就解体了，工业和农业的发展就脱钩了，"三农危机"就产生于城乡经济脱钩之后。而我们今天所谓的内循环，包含了重新让城市工业和乡村农业发生勾连、互相促进发展的内容，所以我是在这个意义上理解经济内循环的，并且内循环的重要性逐渐高过了外循环，因为我们碰到了中美贸易严峻形势带来的冲突问题，经济内循环里面嵌含了重建城乡关系、重建工农关系的内部逻辑。

改革开放后，大量的农民变成了农民工，大量的国企工人下岗，都是我们经历过的阵痛，怎么去回顾改革开放的历史？我们有非常辉煌的一面，但是我们也要看到代价，如今天依然存在的农村留守儿童问题。怎么样在新一轮高质量的经济发展中克服这些问题？城乡断裂，当时是以农民工潮出现为表现的，我们今天如果再提工农联盟，它就需要有一个新的表述，因为工农之间的界限已经模糊了，比如说农民工的出现。我十多年前提出新乡土主义的时候，就是试图探索克服城乡断裂的理论路径和现实路径，我觉得这个提法在今天，尤其在双循环战略中内循环意义不断凸显的背景下还是可以有所延伸的。在这个意义上，农民工的称呼本身并不是污名化的，新工人的称呼反而遮蔽了背后中国特色的城乡关系。

中国的"三农"问题不可能单独靠农村解决，它一定是在城乡关系中，在追求共同富裕的过程中完成的。在这个意义上说，从精准扶贫到乡村振兴，内部都是包含了社会主义现代化发展逻辑的。

七、中国现代化发展道路与社会主义发展传播学的可能路径

乡村发展一直是第三世界的问题与挑战。无论是基于冷战背景的现代化发展理论，还是九十年代之后基于对资本主义全球化批判的新发展主义理论，在实践层面上都没有能够真正解决第三世界的贫困问题。中国共产党提出"科学发展观"，即"马克思主义同当代中国实际和时代特征相结合"的发展观，要解决的就是中国加入 WTO 之后的"三农"危机、城乡分裂、环境和生态恶化等一系列社会分化与危机。这些危机无法依靠市场，而必须依靠政治去解决，这正是"科学发展观"不同于其他发展主义的地方。十九大之后中国进入"新时代"，即"社会主要矛盾已经转化为人民日益增长的美好生活需要和不平衡不充分的发展之间的矛盾"。解决城乡、区域发展不平衡问题——

非均衡正是资本主义市场经济的必然产物，正是中国作为"社会主义"市场经济的自我承诺：用政治的方式纠正市场，是"社会主义市场经济"中"社会主义"的含义。中国以举国之力消除内部贫困的巨大工程，这包括东部支援西部、从精准扶贫到乡村振兴战略等一系列政治、经济、技术、文化的国家制度安排，这也是为什么中国的"一带一路"着重为第三世界国家提供基础建设——这是所有后发国家工业化的前提。中国的扶贫模式其实不止于中国，也已经广泛应用在对于第三世界的援建上，在这个意义上，中国消除贫困的努力和成就不仅属于中国，也属于第三世界。

而发展传播学是冷战背景下针对第三世界发展的西方传播学的重要分支，当然它的目的是防止第三世界国家倒向苏共的红色阵营，用技术的方式来讨论第三世界的乡村发展问题。但是发展传播学的实践在第三世界中的失败已是共识，面对失败的西方发展传播学，我们在今天的传播学有关发展的议题中，怎么来理解中国作为第三世界中唯一崛起的社会主义大国呢？怎么理解中国社会主义发展的问题呢？我们对资本主义全球化过程中的发展主义是持批评态度的，因为这个发展主义是导致全球两极分化的南北问题以及城乡分裂的根源，但我们是否能就此放弃"发展"这个理念了呢？那肯定不行，拒绝资本主义全球化中的发展主义并不意味着拒绝第三世界发展的权利，我们拒绝不平等的资本利益至上的全球化，需要的是基于平等原则的共商、共建、共享的人民至上的全球化发展道路。中国的国家战略依然是以发展为核心的，关键是我们怎么样在新的理论视野和实践过程中来重新理解中国现代化发展的模式，因此，今天恰恰要重新回过头去讨论发展的问题。中国的官方表述是科学发展观，背后是中国的发展模式和中国道路之间的关系，需要在这个框架下来讨论社会主义发展传播学。

如果没有这个前提，没有对作为现代性核心的城乡分裂问题的分析，以及中国发展模式对此回应的梳理，我们就不可能直接来讨论社会主义发展传播学，这是由于社会主义发展传播学一定是跟中国的发展道路问题联系在一起的。从全球范围来看，南方国家针对资本主义全球化的发展理念也提出了新的发展理念，包括一些另类发展的观念等。在这个层面上，中国的发展道路具有特殊性，是在解决发展问题的普遍性基础上具有特殊性，对于这个特殊性，我们需要做的工作是，怎么样从中国道路的特殊性中提炼出普遍性意义。这是我正在思考的问题，也是希望和大家一起来共同探讨。

八、社会主义发展传播学的四个理论框架

参照之前的思考，我把这个问题放在社会主义公共传播学的框架下进行讨论。在传播学的概念中，公共传播是核心概念，同时也是一个基于资本主义条件下传播学的学术概念。那么，怎么样对这个西方的公共性概念进行理论阐述，把它和中国的社会主义发展问题结合在一起？这是我原来的思考路径，并且提出了四个框架。① 我现在觉得，需要在促进社会主义公共传播的脉络下讨论社会主义发展传播学的可能路径，可以在之前提出的四个框架下继续推进，接下来就是对这四个框架的介绍。

第一，蓬勃发展的数字经济背景下的城乡协同发展。数字经济的发展已经是中国的国家战略，互联网、大数据、人工智能如何与乡村社会和经济融合发展？数字经济背景下的城乡协同、绿色生态发展问题，是社会主义发展传播学要关注的第一个框架性问题，它包含了乡村的交通通信等基础建设、数字平台、电商下乡与全国统一大市场建设等系统性问题。

第二，社会效益和经济效益相统一的公共文化传播体系在乡村的发展。需要融合发展时代下的主流媒体加快构建把社会效益放在首位、社会效益和经济效益相统一的公共文化体制机制。高度重视传播手段建设和创新，着实提高新闻传播舆论在乡村地区的传播力、引导力、影响力和公信力，推陈出新，建设村社文化共同体，培育乡村自治的文化主体地位，也就是建设乡村主体性的过程。主流媒体既是乡村公共服务的主渠道，也是促使社会主义核心价值观和习近平新时代中国特色社会主义思想深入乡村发展的主战场，是构建和引导城乡社会认同的基础和关键。

第三，公共传播体系作为乡村社会主义基层民主制度建设的有机组成充分发挥作用。要促使乡风文明、治理有效，就需要发挥公共传播体系的服务与引导的双重功能，坚持和实践共建、共治、共享以人民为中心的乡村社会发展思想。同时，巩固基层政权，完善基层民主制度，保障基层民主制度的"最后一公里"，推进区县融媒体中心的建设战略与全过程人民民主的结合，保障人民知情权、参与权、表达权、监督权，真正让人民群众成为乡村社会治理的最广参与者、最大受益者、最终评判者，也需要社会主义发展传播学进行新的破题。

第四，社会主义公共传播体系需要为东西部区域协调发展战略服务。东

---

① 吕新雨. 试论社会主义公共传播［J］. 开放时代，2019（1）.

西部发展不平衡不充分的问题在民族地区尤为突出，社会治理和国家认同的矛盾在民族地区也最为尖锐。党的十九大报告要求全面贯彻党的民族政策，深化民族团结进步教育，铸牢中华民族共同体意识，加强各民族交往、交流、交融，促进各民族像石榴籽一样紧紧抱在一起，共同团结奋斗、共同繁荣发展。民族间的交流、交往问题其实就是传播与发展的问题，也是一个怎么样从传播的视角去理解民族融合和民族团结的问题，我认为这是中国特色社会主义发展传播学最具特色的地方之一。

　　谢谢大家！

　　作者简介：吕新雨，华东师范大学紫江特聘教授。

【十】家庭建设是村庄主体性建设的切入口①

何慧丽

序

今天会议的主题是"厚植乡土　绿色共富","绿色共富"不只是自上而下的"政策性"厚扎,更有自下而上的"乡土性"深植。在当前国际局势不稳、国内提倡城乡融合的大背景下,吕新雨教授所主张的"新乡土主义",能让我们从当前的城乡中国整体出发,就乡村振兴的主体性支撑需要,来审视、弘扬中国延续千年的"乡土性"价值。

老子《道德经》第五十一章言:"道生之,德畜之,物形之,势成之,是以万物莫不尊道而贵德。"在乡村振兴这个系统性的伟大工程中,同样要理解好"道"与"德"两方面因素的关系与相互作用。如果说,"道"是指乡村振兴的环境和条件,是其系统性的规律与结构;那么遵循"道"而生成的"德",则是此系统中那份自下而上、自内而外的探索性行动力量,是乡村振兴内在的根据和动力,是一种积极的主体性。

一、城市化进程中的农民家庭、家庭经营及其问题

党中央提出的乡村振兴战略,是超越西方资本主义发展模式的,从里面能提炼出具有中国特色的社会主义的学术理论。当前,党和国家制定和出台了《乡村振兴战略规划(2018—2022 年)》《中国共产党农村工作条例》《中华人民共和国乡村振兴促进法》等行动纲领性文件,围绕乡村振兴搭建起"四梁八柱"的制度安排,其理论依据是实事求是的。比如,就中长期来看,

---

①　此文是参与浙江省丽水市社会科学界联合会第二届学术年会暨第八届河阳论坛主旨发言内容(经讲者修订)。感谢清华大学马新中心赵月枝教授的指导,以及中国农业大学硕士生杜鹏程同学的整理校对工作。

两个发展趋势都得重视：一方面，城市比重上升，乡村比重下降是客观规律；另一方面，乡村具有生态涵养、休闲体验、文化传承等多元价值，不管城镇化、工业化发展到哪一步，乡村都不会消亡。此外，中国特色的城镇化道路，就是在城乡长期共生共存的发展中，进城打工的农民工能够做到"进退有据"，农民工想到家里有地种、有饭吃、有事干，心里就会踏实。由此来看，保障"有地种、有饭吃、有事干，心里就会踏实"的制度，就是城乡流动中的"半耕半工"，就是家庭分工与家庭经营。只有具有经营人口再生产能力和物质再生产能力的"家"，才是农民工的身心归宿！这就不得不提到家庭和家庭经营这个微观的实体概念。

首先，是家庭。家庭是在婚姻关系、血缘关系或者收养关系基础上产生的人类最核心、最重要的一种社会生活组织形式。家庭具有满足人们两性需要、精神慰藉、生育、抚养、赡养、经济生产等基本功能。正是由于村落或社区环境下家庭多功能作用的发挥，人类最本原意义上的精神归宿和乡愁情结才得以形成。家庭对每个人影响的重要性是不言而喻的，然而现在大部分农民家庭出现了一些问题。我带着我的学生进入那些北方分化了的村庄中调研发现，即使村庄得到了一些国家项目资助，无论项目内容是涉及村内人居环境卫生建设还是规模性产业经济建设，甚至是花费巨大的文化广场建设，村民们会认为那些项目与他们本人没有直接关系。当你去问农民，你现在需要什么？农民可能说："我儿子年龄大了还没媳妇儿……""我儿子跟儿媳妇离婚了留下了孙子……""我要外出打工养家但孩子没人照看……""我不能在年迈父母跟前来赡养他们……""我老公外出打工我在家种地照看家……"也就是说，现在农民实际上最关注的是家庭问题，是对上孝敬、赡养父母，对下慈爱、抚育子女以及中间和合处理夫妻关系的问题。在这些关乎到人的基础性问题没有得到妥善解决之前，小农以家庭为基本组织的主体性怎么能够建立起来呢？习近平总书记指出，务必"以人为本"谋"三农"！乡村振兴，关键在人，关键在干，要广泛依靠农民、教育引导农民、组织带动农民，激发广大农民群众积极性、主动性、创造性。在这个过程中，应当如何解决留守老人、留守妇女、留守儿童，如何解决农村大龄青年的相关问题，从而激发农民的积极性、主动性、创造性呢？

其次，是家庭经营。乡村的老观念是"家和万事兴"，其中"家和"（主要指主干家庭的和谐，有夫妻和，父子和，亲子和）是内核，"万事兴"是外核。家和，便会发挥小规模家庭相对稳固的家庭经营优势，这个优势指的是家庭内部具有合作的自觉性、协同性与责任驱动力，且不计算成本。国家强调"稳固小规模家庭经营"的农业本源性制度,并将之作为农业农村改革发展的重点目标和方向之一,一方面源于家庭是人类的本源性组织;另一方面,家庭的经营制度也能进一步加强家庭的稳固性。但是,长期以来,家庭经营持续存在的客观事实,家庭经营的低成本优势被主流群体有意忽略,现实中的涉农发展项目普遍以大规模的龙头企业发展为主,现实中的人们多以小农家庭没有效率、农民缺乏主体性为假设前提,农业制度设计多以投资资本增密型为主,这样产业化发展农业的代价在某些地区某些程度上是投资大,后遗症多,资金链易断裂,不经济、不生态、不共享。结合诸多现实经验和教训,中央不得不一再强调坚持农村基本经营制度,强调家庭经营的基础性地位,强调发挥小农户经营本源性制度的综合生产经营能力。而现实中存在的问题是"半工半耕"的小农户存在着去组织化、去家庭化问题,缺乏发挥其内源优势的综合生产经营能力,没有什么组织庇护他们,他们在市场上因不具有主体地位、缺乏定价权而陷入"增产不增收,优质不优价"的竞劣状况中拔不出来。也因此,现实中迫切需要建立保障小农户发展的支持保护体系。

二、家庭建设,是新时代"实施乡村建设行动"的"最后 100 米"问题

新时代"实施乡村建设行动",其"最后 100 米"建设就是体现农民主体性的家庭建设。"实施乡村建设行动"是一个系统化的复杂社会行动过程,具有经济基础和上层建筑同步调整变化的"过程同构"、多元社会主体参与的特点。对此我的团队曾以实践中的经验与问题为导向,写了一篇文章,详细解读了"党建引领""政府主导""农民主体""多元参与""技术嵌入""文化本位"等六个要素的协同作用,形成组织(党建引领—政府主导)、群体(农民主体—多元参与)和推进要素(文化复育—技术嵌入)的互动规律与模式。其中,"农民主体"与"多元参与"的群体组织动力,大多源自家庭建设或家乡建设的本源动力。调研发现,农民主体性发挥与为家庭建设而"拼命"分不开,如成家前是为了结婚而奋斗,甚至两代人都在积极经营搞财富积累;成家后为了养育子女、为了赡养老人而奋斗。而一些有资源有声望的乡贤,大都因故乡生养的乡愁情怀而自觉自愿地参与到当地各种乡村振兴行动之中。这个"农民主体—多元参与"中的乡村建设行动里面,有着乡土文化的复育,包含着家文化和乡贤文化的基因,这是家庭、村社、乡村建设的灵魂。

这几年党建引领下政府主导推动实施的乡村建设行动,多以发展产业、基础建设、组织建设为主,而在作为乡村治理与乡村建设的神经末梢的家庭

建设方面，其综合性全面建设寥寥可数。一个能调动起广大小农积极性和主动性的乡村社会"场"的振兴，应是"经济血液"与"文化灵魂"相辅相成。作为"最后100米"的家庭建设（从村庄主干道到自家门口—庭院—房屋的平均距离），尤其是作为人口再生产单位的家庭人伦关系和谐建设，以及作为物质再生产单位的家庭财富积累建设，正是党中央提出的"共同富裕"的最小单元，也是自下而上的农民创造和农民主体性的最小单元，对这个单元的有效的主体性赋能或赋权探索，显得尤为重要。

三、重建"家庭教育—家庭经营"的弘农试验

我在2012年左右回到生我养我的河南省灵宝市罗家村，在一所废弃的小学里，聚合了一些社会公益人士与组织，建立了"弘农书院"。之所以叫弘农书院，是希望通过耕读教育从根本上弘扬农业、农村、农民的多元价值，以村民为本位来振兴农民，振兴村庄里的留守老人、留守儿童；更希望把有意愿、有能力返乡创业的人感召回来，让村庄充满正能量，让村庄成为从农民振兴出发带动文化、产业、生态、组织等方面振兴的场域。在当前，城市化仍是社会发展的现实主流，但并不意味着没有支流、逆流，不意味着没有返乡群体，更何况还有城乡融合、乡村振兴战略政策的引导。返乡青年为什么要回来？显然，这个现象只从经济学或者增收的角度是解释不清的。

中国人内心有一个共同的图腾崇拜，那就是"家"，虽然从现象上看是一个多神信仰的体系。我为什么从2012年到现在一直坚持在老家做一些事？实事求是地说，是因为我的亲人在灵宝，在村庄，我想孝敬父母之志，我想关注"最后100米"——家庭建设的问题。因为信仰是家庭，"家和"是内核，"万事兴"是外圈，家和万事兴是一个"本立而道生"的关系。在这一认识的基础上，我提炼了四个词作为以弘农书院为平台的"弘农试验"的宗旨：孝亲为根、生态为本、合作为纲、文化为魂。其中，以"家和"建设为切入点，把家庭建设做好，让农民先作为和谐与幸福的家庭成员存在，然后再顺理成章地做合作社建设、生态产业建设等方面的建设。

在一个主干家庭里，存在着夫妻关系、父母关系、子女关系，其中父母是根本，夫妻是枝干，孩子是果实，家庭建设就是让家庭中每个人都找好自己的位置，行好自己的角色担当，使家庭成为一个稳固的、和合的精神共同体和利益共同体，而不是一个身心不一、貌合神离、功能缺位的组合体。这样家庭成员必能积极认知生命的权利与担当，行使察觉与意志的力量，调动起家庭内部的正能量。弘农试验的本质是推动社会的基础单元——家庭建设，

从家庭建设出发，发挥乡村建设中自觉自为的内源性力量。弘农试验首先是培养、激活并稳固返乡青年人对父母的"孝敬心"，对爱人的"和爱心"，重点是以"家庭教育"担当起对子女的"养育心"。有专家强调，"家庭教育"很重要，社会上凡是提到谁不好时往往是说"缺家教"，而并未说"缺大学教""缺社会教"；"教"的本源是父母对子女的言传身教，"育"的本源是"养子使作善"。返乡青年人一旦激活了其在家庭人伦关系中的权利和责任意识与行为，其返乡理由便可以充分理解了。

在家庭建设的基础上，再来做农民的合作社建设。表面上合作社是资格股、孝亲股、投资股的合作，实际上其内核是一个个和谐家庭为了家庭物质财富建设而合伙起来的原始股东。在这个稳固而有力的合伙基础上，才是作为外核的各种股的合作，从而围绕由原始股东发起和决定而社员多方参与的各种业务开展工作。这样健康的合作社，发展到一定程度，便进一步形成超出村庄联社，形成地域性的城乡融合合作。作为弘农试验各专业合作社的联合体——弘元联社，多年来一直以资金互助、技术服务等方式支持其农户成员搞生态种养的综合性经营，在2022年则以联社为平台在消费者与生产者之间搞起了"购猪认养"的城乡融合制度创新，2022年"购猪认养"共认养了35头，认养者除了市民消费者个人之外，还有一些单位，包括涉农公司、城市社区服务站、市县合作社以及供销社等。许多外来的调研者与参观者，不只是看其生态产业建设，也都受感染于他们的夫妻和谐、孝善敬老和亲子亲密关系。原先，我们常说"猪健康了，人就健康，家庭就和顺了，社会就和谐了"，其实也可以说"家和顺了，人安康了，猪就养好了，养猪业就有内涵地发展了"，二者是相辅相成的辩证关系。

四、葬礼可以成为村庄从家庭、家族到村社"德治+自治"的有效动员方式

今年大年初一，我的母亲去世了，享年89岁。母亲年轻时嫁到中农成分的老何家，老何家从我这一辈算起向上追溯，有一个老老爷，四个老爷，七个爷，几代繁衍下来，就有更多的家族家支；我爷爷生了三个儿子，一个女儿，我父亲排行老三。在集体化时代，我大伯在县里某国有棉厂上班，大娘是老党员，很能干，曾当过生产大队妇联主任。在大娘的带动下，整个老何家大伯那一辈的男丁按年龄大小排了序，我上一辈共有15个大大（河南地区方言，是对本族直系父辈的称呼），我父亲排行老三。我的父母作为旧式农民一辈子生了一儿三女，我是老小，孙辈上是七个孙子孙女（包括外孙、外孙

女），五个重孙子重孙女（包括重外孙、重外孙女）。母亲平安而逝，也算是
五福俱全，传统上认为是喜丧。

　　受弘农书院推动的孝亲文化影响，同时也基于母亲一辈子的勤劳、忍耐、
节俭以及其高龄善终、子孙满堂的事实，再加上春节期间何家大家族和村里
人大都在家过年，于是，母亲大人整个葬礼的前后过程，不只是意味着对逝
者的思念和安葬，更呈现了家族、家庭建设动员以及村庄层面的建设动员过
程，是一种村庄人伦秩序、村社秩序等乡土社会的一次"大整合式"的动员。

　　第一，在家庭建设层面，当事者家庭三代纵轴的主干家庭建设得到了提
升。老人去世，直系的孝子贤孙连续几天都在灵堂前守亲思故，想念其一生
之不易，一辈子对家庭、对子孙的好；父母辈的老人去世，使得子辈和孙子
辈的家庭地位迅速发生变化，代际之间突然真实地践行着继替关系，从而加
强了家庭中的责任权利角色意识和行为。比如，孙媳妇珍珍在参与收拾遗物、
装扮灵堂、守灵追思、出殡顺序、追悼会、答谢客人等过程中意识到：奶奶
从王家嫁给了何家爷爷，为几代人做了勤劳、简朴、干净和守家的好榜样；
婆婆从冯家嫁给了何家公公，也是相夫教子，赡养其婆婆多年，现在 60 多
岁，越来越走向奶奶的样子；自己从刘家嫁给了何家孙子，奶奶的逝世，使
得她意识到她的家庭继替轨迹和责任担当，自己已嫁入何家 10 余年，已是家
庭建设的有生力量。总之，丧葬仪式使得家庭中成员之间的联结更加紧密，
直系亲属的每个角色都得以被充分动员，在参与葬礼仪式之中找到身份定位，
祖孙、婆媳等家庭角色关系得到了充分展现和进一步强化。

　　第二，在家族建设层面，逝者本人所属的老何家家族面上的建设也得到
了激活、激发。前面说过，老何家四代传下来变得人丁兴旺，21 世纪以来第
四代平均已到了青壮年时期，大都属于"半耕半工"型家庭，第五代也大都
在外工作或求学。老母亲属于第三代中排行老三的高位，刚好过春节第四代、
第五代大都在家，于是大部分老何家的第四代携带其子女（尤其是男丁）参
与了葬礼。这样，第四代、第五代在吊唁环节受到了活生生的乡土教育：为
去世长辈行点香、鞠躬或磕头礼仪；出殡头天晚上在村中央的撞丧礼仪；出
殡时各种葬品用途、出殡伦次和角色担当、下葬礼仪；儿媳一辈多人到坟上
抓湿土回家供奉礼仪；下葬后三日晚上追思礼仪……通过参与葬礼的体验，
平时忙着工作和求学的后辈们，得到了一些村庄历史和文化的乡土教育，也
在交流互动中熟悉了自己的血缘关系纽带，是一次家族层面上"慎终追远"
的扎根和厚植。若不是这样德高望重的长辈的葬礼，很少有把各家族聚集到
一起的可能！葬礼既表达了对逝者的一种思念，同时也是家族在人口城市化

过程中趋于分化的一种聚合式的组织动员，至少是在表面上凝聚的一种激活与激发。

第三，在村庄公共治理层面，丧葬仪式是村庄内进行"德治+自治"教育的有效场域。在村庄整合层面，丧葬仪式体现出村社内部"自发"和"自觉"两种组织动员形式的有机结合。首先，负责操办村庄红白喜事的问事人团队，大多是村里德高望重的老年人，他们负责安排和主持整个葬礼期间的流程，负责管事和接待宾客，他们不是村两委的干部成员，他们是村庄内部自下而上的、还未被瓦解掉的内源性力量，是在村的乡贤群体。其次，村书记结合当前国家注重的家风家道建设和居家养老政策，为其开一个隆重的追悼会，代表村集体对过世老人表示悼念，将老人的过往事迹，与村庄整体发展历史以及"以孝治村"的理念相结合，从而实现了公共权威与家庭大事、家族权威的相互融合。可见，葬礼虽说是家庭事件或家族事件，但是也可以成为我们借用其内生性增强村社凝聚力的事件。

结尾

如上所述，我认为，城市化进程中的农民家庭、家庭经营及其问题是摆在面前的重大问题，这是新时代"实施乡村建设行动"的"最后 100 米"问题。知识分子参与的重建从"家庭教育"到"家庭经营"的弘农试验，不只是实际内涵有效，更有可行路径方面的价值；最后，以自己为体验方法，强调乡村葬礼可以成为村庄从"德治"出发达到"自治"任务的有效动员方式。生态文明和乡村振兴战略宏观背景下的家庭建设以及家庭的综合建设，是赋能于村民主体、发育村庄主体性的火苗。我长期扎根基层参与乡村建设，就是想为这个火苗不断兴旺做一点贡献。乡村振兴难道没有政策吗？难道没有钱吗？乡村振兴从基础上到底缺什么？我想，缺少的就是村庄的主体性，而培育村庄主体性的一个重要切入口就是家庭建设。本讲重点，就是从家庭建设入手通向村庄主体性的基本内涵和可行路径。

谢谢大家！

作者简介：何慧丽，中国农业大学人文与发展学院教授。

【十一】学术、田野与"越界"实践①

——"乡村、文化与传播学术周"发起人赵月枝教授专访

张志华　赵月枝

2015 年 3 月 26 日至 30 日，"乡村、文化与传播学术周"在浙江省缙云县召开。学术周设"浙江省缙云县河阳村民间非遗文化节"观摩、以"建构平衡互哺的城乡关系"为主题的首届河阳论坛以及"2015 批判传播学年会"等环节。

学术周归来，中国传媒大学新闻学院张志华副教授与学术周发起人赵月枝教授就学术周感受进行了越洋笔谈。赵老师指出，城乡关系视野不仅是中国国情的要求，也是中国社会科学创新的突破点和对世界社会科学有所贡献的切入点之一，更是中国社会科学前沿与世界社会科学前沿交相辉映的结合点。她还指出，跳出媒介中心主义和技术中心主义的偏颇去研究传统知识的继承，村社共同体中价值体系和意义的解体与重建，土地之于农民的意义，乡土文化遗产产业化开发中如何坚持公共性和民主性，是事关当下农村文化领导权重建和农民主体性重建的重大问题。

张：赵老师，这个学术周活动地点设在浙江省缙云县是出于什么考虑？是因为您是缙云人吗？

赵：是，也不是。我最主要的目的是让学术走出象牙塔，走出学院，走出大城市，到生活的第一线去"接地气"。由于这个学术周是关于城乡关系以及农村文化和传播的，所以我必须找一个县城去开会，并让与会者看到村庄。选缙云，首先因为我是缙云人；其次因为我参与成立了缙云河阳乡村研究院，在那里既有田野研究基础，也有当地党政部门的支持；最后，我认为缙云与这个学术周的主题有非同一般的切合意义。作为一个富裕省份相对偏僻的山

---

① 访谈精要版刊登于 2015 年 4 月 28 日《中国传媒大学校报》第 438 期 4、5 版，完整版刊于中国传媒大学校园网。

区县，从横向看，缙云在中国农村有点代表性；从纵向看，缙云自称有"黄、红、绿"三种文化元素，有丰富的历史文化底蕴和未来发展指向。"黄"是"黄帝文化"，引申开来，就是中华民族传统的农耕文化。缙云这两个字本身是轩辕黄帝的封号，我们开会所在的仙都，传说中是轩辕黄帝炼丹升天的地方；我们会场的隔壁，是南宋理学家朱熹讲学纪念地"独峰书院"。"红"指缙云是革命老区，"绿"是指向绿色发展的未来。所有这些，都使缙云成了学术周的不二举办地。

张：很多时候，传播学者/学子潜意识里觉得传播研究跟农村、城乡结构没什么关系。您认为这是为什么？

赵：是的，传播研究——不管是美国的实证研究，还是批判研究——都有根深蒂固的城市中心主义偏向。就像我今年年初发表在《新闻记者》上的"重构中国传播学"访谈文章中提到的，这又与传播学的西方中心主义视角有关系。你知道，西方资本主义发展的过程，就是城市吞噬农村、工人替代农民的过程。而作为一个学科的传播学，是在美国这个大学生比农民多的国家发展起来的，更重要的是，中国意义上的小农在美国非常少，美国农业由农场主，或农业资本家主导，可是，中国是个传统的农业社会，中国现代革命最终以土地革命和农村包围城市的道路取胜，即使在改革开放后城市化进程加快的今天，"三农"问题依然非常核心，这就是中国与西方不同的"国情"。可是，我们的传播学，由于接受了西方的理论框架和问题意识甚至研究议程，对这样的国情视而不见。

当然，与媒体的商业化相关的城市中产阶级视角，以及媒体研究者自己的城市人身份，更强化了这一偏颇。因此，我非常高兴能与长期研究中国乡村问题的吕新雨教授合作，推进有中国主体性的批判传播学研究，并在学术周上推出我们在华东师范大学出版社联合主编的"批判传播学丛书"；2014年春天，我与1990年代初在一次抽样调查中去过缙云做传播研究的卜卫教授，在缙云开始做田野研究，并直接促使了她所在的中国社会科学院新闻与传播研究所把自己的国情调研基地设在了缙云。更令我鼓舞的是，我的学术取向得到了缙云许多领导和群众的支持与鼓励。2014年年底，我参与成立了非营利机构——缙云河阳乡村研究院，作为推进乡村传播研究的草根平台。当然，我也感谢母校在科研资金方面的支持。

张：为什么研究传播需要有城乡关系视野或者乡村视野？

赵：中国传播研究如果要有自己的主体性和问题意识，而不是西方传播学的附庸和浅薄的"本土化"版本，就必须有城乡关系视野或乡村视野，因为这是中国的"国情"。正是出于这样的反思，我早在受聘学校的长江学者职位之时，就把"文化、传播和中国城乡协调发展"当作自己最主要的研究方向。也就是说，我不是把长江学者职位定位于从西方引进什么新理论，而是把自己的职责定位为基于中国国情的学术纠偏和重构中国传播学的一种努力。当然，在某些因不喜欢我的学术立场而拿"文革"中的"身份论"说事的人眼里，我做这个题目，想必是因为我在海外过腻了资产阶级生活，通过回家乡做研究以慰藉自己的"乡愁"。对此，我除了无奈，最多只能说，我不至于那么狭隘，也还没有在西方被边缘和老化到要"落叶归根"的时候。比如，我还忙着办 SFU—CUC（中国传媒大学—加拿大西蒙菲沙大学）全球传播双硕士学位项目，试图以行动改革资产阶级"主流"。

对我来说，城乡关系视野不仅是中国国情所要求的，也是中国社会科学创新的突破点和对世界社会科学有所贡献的切入点之一，更是中国社会科学前沿与世界社会科学前沿"接轨"和交相辉映的结合点。不过，请不要"自然地"把我这里所指的"世界社会科学前沿"想象成是英美白人男性学者的理论。我不会像前面所说的"身份论"者那样，一概排斥西方白人男性学者的激进社会理论，我这里要强调的是"南方理论"，包括西方反种族主义理论家和北美原住民理论家的学术思想。这些理论在不否定马克思主义所强调的劳资关系的前提下，突出对西方殖民主义的批判，从而把分析的重心在欧洲城市语境下的劳资关系外，加上全球语境下的殖民关系和人与自然的关系，并以此超越欧洲中心主义和发展主义，为一个生态社会主义的未来提供理论基础。正是在这个意义上，我把自己在这次学术周上演讲的题目定为"不只是乡愁，而是生态社会主义：学术研究城乡关系视野的世界历史和生态学意义"。我希望以自己提出的跨文化传播政治经济学（transcultural political economy of communication）为框架，打通全球和村庄、国内（乡村—城市）和国际（边缘—中心国家）两个层面的分析，从而尝试做出一个海外华人学者应有的学术贡献。

张：也有一些传播学者关注乡村，也有人在做对农传播研究。您认为传播学乡村研究是否存在问题？

赵：没错。实际上，当年美国的主流传播学者像施拉姆不仅关注农村，而且"第三世界落后的农民"是现代化理论框架下"传播与发展"范式中的经典研究对象。之所以这样，是因为基于美国的冷战战略考虑，部分由于中国以农民为主体的社会革命的胜利，战后美国社会科学主流把如何防止第三世界，尤其是亚洲其他国家的农民不再被贫穷所"赤化"，作为问题意识和学术政治指向。而对这个问题的回答，则是媒体和传播技术扩散所起的"发展"作用，即把第三世界农业社会最终整合到世界资本主义体系中的作用，唯有这样，激进社会革命的根源才能被"消解"。总之，传播研究的城市中心和西方中心倾向的深层表现，不在于研究者是否完全忽视农村和农民，而在于他们的理论框架、问题意识与学术政治取向。

对当下国内的涉农传播研究，要具体分析。如果仅仅是现代化理论的应用，或者把当年有关电视的扩散能如何带来农村现代化的论点平移到今天的新媒体和农村，或者最多试图把基于第三世界后殖民国家经验的"参与式发展传播"范式在中国本土化，那么，这种研究不仅没有多少理论创新的价值，还有可能强化现有理论范式的缺陷——不管是现代化理论还是对其有一定批判和超越的"参与式发展传播理论"。

张：从传播的角度切入"三农"和城乡关系问题的研究，该如何着手？

赵：传播学是一个交叉学科，切入"三农"问题有其他学科所不具有的优势。在这方面，我们这次参会的许多学者已经做了很多有益的探索。理论上，我们可以对传播与现代化范式影响下的"新媒体与乡村发展"研究进行批判与反思；实证层面，我们可以从城乡关系的角度分析现有媒体和信息基础设施在表征、资源分配方面的偏向。我们可以进一步从这个角度分析媒体体制和新闻传播政策的偏向，然后提出构建更平衡的城乡文化和传播关系的建设性意见；我们可以深入田野，研究农村活生生的传播生态——从日常的传播现象到农民春晚。另外，我们不妨从广义的传播学和文化研究角度，跳出媒体中心主义和技术中心主义的偏颇去研究传统知识的继承，村社共同体中价值体系和意义解体与重建，土地之于农民的意义，乡土文化遗产商业化开发和产业化发展中如何坚持公共性和民主性，以及在城市中心主义媒体氛围中乡村中的代际、性别传播等问题。再有，我们往往倾向于从传播角度研究农民工在城市如何，很少研究农民工回乡后如何，更缺少对外出经商的农民企业家是如何与家乡维系文化与传播关系等问题的研究。这些问题很可能是中国特有的，而且是事关当下农村文化领导权重建和农民主体性重建的根本问题。

张：这次学术周活动有不同层次的交流，既有城乡/乡村研究的知名学者，也有传播学领域像您和吕新雨老师、卜卫老师这样标杆性的学者，也有其他中青年学者，还有新闻传播学的博士生和硕士生。为什么做这样的安排？

赵：这样做是为了整个学术周活动有交响曲的效果。首先，"序曲"部分，包括观摩河阳民间非遗文化节和缙云烧饼产业发展研究报告的发布会。其次，学术周主体部分以从宏观的经济、社会、文化视野分析"三农"问题的"河阳论坛"高调开场。"河阳论坛"的发言者和点评者由特邀学者组成，他们为整个活动确立高远和前沿理论视野的同时，也为参加活动的传播学者建立了去媒体中心化的切入点。如果"河阳论坛"是"起"，那么，我本人和吕新雨、卜卫三人的"2015 批判传播学年会"主题发言环节就是"承"——在把论题转到传播与文化领域的同时，承接了"河阳论坛"的宏观视野，而且分别从世界历史、中国革命历史和当下层面用城乡关系视野总揽政治、经济、社会、文化和生态"五位一体"的讨论。最后，在三天的时间里，由不同层次和不同部门的学者参加的论坛和圆桌讨论依次有序展开，交相辉映。为了表达对所有参会者的尊重和营造平等参与的学术平台，我们没有设"并行论坛"，从而保证了所有发言者都有机会被所有参会者"听到"。同时，我们并不以狭隘的学术政治"正确性"选取投稿论文，我们相信，不同观点的交锋是促进学术发展的必由之路。

令人难忘的还有学术周最后三个晚上，一些学者、记者、基层文化研究者与管理者自愿聚在一起，畅谈生态社会主义的场景。当然，整个学术周以"越界"——跨越了传播学与其他社会学科，学者、记者和乡村建设实践者，批判研究者和行政管理者，"高高在上"的学府学者和基层独立学者等的界限，而使人耳目一新。

张：我参与了学术周的会务工作，了解到与会者普遍感觉收获颇多。这次为期五天的学术周活动，您觉得对于国内的传播研究可能带来什么样的影响？

赵：由于我们立意高远、选稿严格，并精心组织整个活动的各个环节，与会者对学术周"高大上"的理论视野、"接地气"的问题意识以及"越界"的实践精神，评价颇高；同时，由于我们及时用微信发布学术报告的综述，并吸引了一些记者参会，整个活动也有一定的会场外传播效果。但是，这仅仅是一次以农村为主题的系列学术活动，我不敢奢谈它对国内传播研究会有什么影响，毕竟，中国传播研究的浮躁、功利主义、西方中心主义和城市中心主义不是一天两天形成的，而且现有的学术体制——不管是访学计划、社科基金还是"横向"项目——并不鼓励学者长期深入农村做研究。我只是用我长江学者的特殊条件，尽力而为而已。最使我感动的是，有这么多人支持这个学术周，袁军副校长、丁俊杰教授和雷跃捷教授等也在百忙中到缙云参加相关活动。也许，正如前来旁听的一位在武汉大学访学的台湾学者所言，这个学术周会是让中国传播学术更接地气和更具批判精神的星星之火。

作者简介：张志华，中国传媒大学新闻学院副教授；赵月枝，清华大学人文讲席教授。

【十二】"新地球村"的想象①
——赵月枝谈传播研究新实践
张志华　赵月枝

　　摘　要：2016 年 6 月 21 日至 7 月 2 日，由中国传媒大学广播电视研究中心（现国家传播创新研究中心）、加拿大西蒙菲莎大学传播学院、英国西敏寺大学传播与媒介研究所、香港中文大学新闻与传播学院主办，缙云县河阳乡村研究院主导承办的"传播、文化与全球南方"第八届四校联合国际暑期班在浙江省缙云县举行。这次暑期班以全新的理论视野和丰富的农村实地调研为来自国内外 20 多所高校的青年学子开拓了学术空间。笔者是暑期班实地调研的带队老师之一，在暑期班最后一天，就此次暑期班实践所昭示的传播研究新思路，采访了主要策划人赵月枝教授。赵月枝教授认为，传播研究需要克服麦克卢汉"地球村"概念的局限，从全球层面深入、纵贯到乡村层面和不平等全球社会的底层，并在此基础上想象新地球村的未来。

　　关键词：全球南方；新地球村；跨文化传播政治经济学；实践

一、从麦克卢汉的"地球村"概念到"新地球村"想象

　　张：赵老师，您建立的河阳乡村研究院以"新地球村"作为标识，2015 年春天在浙江省缙云县召开的"乡村、文化与传播"学术周上，您第一次正式提出"新地球村"，它与麦克卢汉的"地球村"有何种关联？

　　赵：这得从我的学术体验和学术视角说起。麦克卢汉的"地球村"是传播学领域很重要的概念，认为由于传播技术的发展、现代信息的流动，全球都变为一个村庄。在这里，"地球村"是个隐喻，它并不是真正意义上的村庄，村庄在这里是被挪用的。如果说"地球村"是 20 世纪 60 年代的概念，那么它在资本主义进入新自由主义阶段的翻版就是"世界是平的"，这个概念

---

　　①　原载《国际新闻界》2016 年第 38 卷第 10 期。

由《纽约时报》专栏作家弗里德曼（Samuel G. Freedman）提出，认为由于信息产业的发展，第三世界国家——如印度的软件和信息产业之都班加罗尔，变得与第一世界没有差距了。也就是说，信息产业抹平了东西方、南北方的差别，地球变小了、人们之间距离拉近了、世界大同了。当然，如同地球村，"世界是平的"也只是一种隐喻，本质上，它们都是对传播技术歌颂性、浪漫性的论述。

基于批判传播政治经济学的框架，我看到地球村里面黑暗的角落，看到社会、阶级、国家分层，甚至由于新自由主义全球化，非洲成为"失落的大陆"的事实。实际上，在加拿大、美国这些所谓"全球北方"、世界体系核心地区的内部，贫富不均也是越来越明显的。所以，正如早就有观察者说过，第一世界里有第三世界，第三世界里有第一世界，甚至还存在第四世界，这指的是被抛弃、被边缘化、被遗忘的群体，如加拿大的土著部落、温哥华最穷街区中的贫民窟等。很显然，在地球村中并非所有村民都是平等的，民族国家、阶级、种族的区别越来越凸显。例如，20 世纪 90 年代资本主义新自由化以来，尤其是反恐以来，阿拉伯世界的很多国家——如伊拉克、叙利亚等——从部落和宗教纷争形成现代的民族国家，到被夷为平地，被称为"失败的国家"（the failed state），从世俗的民族国家到成为被狂热的政治伊斯兰所左右。在这里，问题的核心就不只是民族国家层面的不平等问题，而且是民族国家的基本形式能不能在一些地区持续的问题了。

与此同时，我对真正意义上的村庄被卷入全球化的境遇和被卷入全球化所导致的变化，一直是敏感的，这与我来自村庄有关，还因为我对中国城乡二元结构的敏感。我的确看到了一个个被全球化了的村庄，如我老家缙云河阳村，老人和妇女在家里从事原料加工工作，这是中国作为世界工厂最末梢的手工密集型工作，如此生产出来的微小塑料装饰配件等产品，通过义乌出口，其实大都是消费主义垃圾。但通过这样的生产链条，全球资本主义真的把这些村庄全球化了。另一方面，村庄里的很多人也到了全球各地，打工、读书等等。而这次暑期班调研，我们看到在缙云葛竹村还有柬埔寨新娘，这是婚姻的全球化。从这个角度来说，麦克卢汉意义上的"地球村"需要被重新想象。

张：这种对"新地球村"的想象如何在学术研究中落实？

赵：一方面，承认新媒体、互联网把全世界各地更紧密地联系在一起，尤其关注过去 30 年金融资本主义全球化带来的全球权力关系的变化；另一方面，既要聚焦国家、民族间的不平衡，又要关注城乡关系视野下真正的村庄。

它们不是孤立和封闭的村庄，而是被全球化力量构建了的村庄。总之，我希望我的研究既有全球层面的分析，同时又在纵向扎根，这个根在中国就是中国的村庄，在加拿大可能就是当地原住民的村落和当下原住民与城市流浪者聚集的温哥华最穷的街区。这并不是我学术兴趣转移，从全球层面转移到乡村，而是从全球层面深入、纵贯到了乡村层面，到了不平等的全球社会的底层。

张：所以，去年夏天您带着加拿大和中国的联合研究团队到浙江农村开展调研，今年夏天您发起成立的缙云河阳乡村研究院作为承办方之一，又将四校联合国际暑期班办在浙江省缙云县——中国东部发达省份的落后地区。

赵：没错。去年的调研项目就叫"从全球到村庄：传播研究如何落地"，我带着中国传媒大学和加拿大西蒙菲莎大学的调研团队到浙江最山区的地级市丽水市下面的缙云县河阳村开展调研，这是我建立河阳乡村研究院以来的第一个大型暑期调研项目。在去河阳村之前，研究团队的青年学者、研究生就已经做好了文献准备，每人都带着自己的研究题目进入田野，如家电下乡给农民带来什么、农村广场舞跟城市有什么区别，把自己的研究课题在河阳扎下根，在村庄落地。今年则是另外一种设想，在四校联合国际暑期班原有基础上的创新，与往年一样，暑期班是开放招生的，我们最后从众多报名者中选了30多人，但是，我们不满足于只有学者讲授，今年暑期班的最大亮点在于不仅有理论讲座，还有学员参与其中的田野调查。

二、全球南方："地球村"被遮蔽的另一面

张：今年四校联合国际暑期班的主题是"传播、文化与全球南方"，"全球南方"在"新地球村"中处于什么位置？

赵：就像"南北对话"中的南方，这里的南方不是地理概念，而是社会分析批判视角的概念，指的是全球的乡村、不发达的地方，全球被剥夺的边缘群体，他们希望争取自己发展的权利。就像我们在暑期班的招生公告中所说的，一方面，互联网和新媒介技术似乎有能力跨越国族疆界，将空间碾平；另一方面，发达资本主义对发展中地区的剥夺、民族国家间的争竞、国家内部的阶层与族群分化、城乡间的社会与文化鸿沟，都在提醒我们，横亘于地理和社会空间的区隔不仅不会轻易消失，反而有可能加深。

张：不久前《新闻记者》的微信公众号在总结、评点2016年新闻传播学暑期班时，特别提到了四校联合国际暑期班。

赵：这个暑期班的历史也是一个从全球到村庄的历史。一开始中国传媒大学广播电视研究中心发起四校联合国际暑期班是希望国际化，四所高校联

合和国际化招生。当年的模式是在传媒大学办，其他学校派学者来北京集中授课。2012 年第五届时，为了促成中加全球传播双硕士学位项目，也为了促进我自己所在学校同事与中国的学术交流，或者这些"全球北方"学者与"全球南方"的学术交流，我把加拿大西蒙菲莎大学的多位学者请到北京授课。2013 年西蒙菲莎大学传播学院四十周年院庆，暑期班第一次走出去，办在了加拿大，当年我作为副院长正好负责院庆事宜，就把暑期班与四十周年院庆的学术会议套在了一起，暑期班的日程安排就包含了那次会议，让学员们也有机会参与会议。一位在泰国任教的西方学者参加了那次暑期班，感觉很好，所以，2014 年他所任职的泰国高校，就以同样的授课加学术会议的形式将暑期班办到了泰国。2015 年，边疆地区的高校希望与传媒大学合作，内蒙古师范大学承办了暑期班，当时，我正开始办河阳乡村研究院，计划次年把暑期班办到缙云河阳，所以今年暑期班就从边疆到了村庄。国际暑期班从一开始力图把国外学者请进来进行国际化，到真正走出国门，再到今年到了村庄，也算是经历一个从全球到村庄的轮回。我们把国际学者请到村庄来，还把在国外留学的中国青年学子带到了国内的村庄。

张：暑期班授课的编排是如何体现从"全球"纵贯到"村庄"的？

赵：邀请的国外学者中，我们希望是研究全球权力关系转移中关注全球南方崛起的学者，最好还有研究非西方地区的经验。我们请的这些学者中，一位是研究非西方国家媒体崛起的印度裔学者屠苏（Daya Thussu），他来自英国西敏寺大学，他从国家主义和文化民族主义的框架展开分析。另一位学者伊斯干达（Adel Iskandar）是我在加拿大西蒙菲莎大学的同事，他关注中东区域内外的权力关系和复杂的文化宗教关系，对半岛电视台很有研究。同时，他还看到，美国这个被称为"衰落的国家"在维护自身霸权地位过程中策略的变化，一方面它出兵中东，一方面又通过挪用和吸收中东文化，希望重新在当地赢得民心，打心理战，因此他用了跨文化帝国主义（transcultural imperialism）这一表述。在伊斯干达看来，并不是美国衰落了，非西方国家就崛起了，他看到了东西方和南北方权力斗争的动态过程，其中包括美国的反扑，作为霸主国家它不愿放弃历史舞台和既有权力而采取新的策略，如半岛电视台崛起后，又被美国同化。屠苏以民族国家为分析单位，用的是全球北方与南方之间的力量对比此消彼长的框架，他没有对民族国家进行内部权力关系的分析，也没有关注美国帝国策略的新变化，伊斯干达是对屠苏的深化，但屠苏研究的意义在于，我们国内很多学者不愿意承认全球权力在发生变化。

以上两位分别有印度和阿拉伯世界的背景，但是都没有"冷战"中社会主义阵营的知识和历史背景。实际上，冷战结束以来，整个英语学术界的国际传播研究框架，尤其有关文化帝国主义的批判与反批判的研究，往往只关注西方国家和第三世界国家，而"东方国家"——社会主义国家的传统没人梳理和研究，中国在这个框架中因第一不同于苏联、第二也不是一般的第三世界国家而被忽视。正是在这样的语境下，吕新雨教授的讲座就显得特别重要：她不仅把东西方关系中的东方那一半的视野展现了出来，而且为我们今天如何定位中国提供了必要的历史视野。她讲国际共运史中苏联关于工农联盟问题的论争，进而指出当年国际共运的问题也是今天中国的问题，这样就为我们克服国际传播研究中的历史虚无主义提供了历史和理论基础。要理解今天的中国，不能割裂中国与国际共运的历史脉络，然而，我们的西方中心主义学术框架和内化了的冷战立场，导致我们往往有意无意将国际共运的历史忘掉或否定掉。虽然吕老师不是从文化与传播的角度做这方面的研究，但她的框架是总揽性的，对任何人文社科学科研究都很重要，因为工农联盟不是归属于哪个学科的问题，它写在《中华人民共和国宪法》的序言中，是事关权力主体的问题。如果我们的学术研究连权力主体的问题都不去观照，很可能就南辕北辙了。

　　总之，中国学者在传播学的知识创新方面，既要有东西方关系的视野，也要有南北方权力转移的视野，既要看到民族国家间的权力关系，也要看到民族国家内部的复杂社会、文化权力和身份认同关系，还要在这些多维度的国际和国内、中心和边缘、城市和乡村、政治经济和社会、文化与生态等因素的动态交互关系中把握传播问题。正是在这样一种整体性思路中，我试图探索跨文化传播政治经济学的分析路径和发展"新地球村"思维。

　　张：这次暑期班还邀请了包括民间学者在内的本地学者，为什么？

　　赵：要扎下根就要有本土知识。暑期班邀请了本地民俗、文化专家和掌握本地政治经济发展情况的官员，还邀请了浙江省内两位学院派的专家：杭州师范大学音乐民族志学者林莉君和研究河阳村落政治经济变迁的丽水学院政治学者彭兵。这跟我说的扎根理念是一致的，不能都找大都市的学者。实际上，不同学者的选题、视角、分析框架的区别非常重要，地方院校学者的研究很值得我们重视。回到农村，我还深深感受到了民间学者的力量和"高手在民间"的道理。与学院派不同，民间学者不囿于学术建制，反倒可能将被学术研究遮蔽的部分更好地呈现出来。这次我们请来讲课的麻松亘老师对民俗的分析就是一个实证，正因为他不是学院派，没那么多条条框框，所以他在分析缙云的"迎案"民俗时做得全面、生动和朴实。学院派可能会局限于研究的视角，或者硬给套上个什么理论，也可能拘泥于学科分界，这些不是我的研究范畴，那我就不必去研究。而这跟农民活生生的实践却是相背离的，他们的实践本来就是整体性的。

张：暑期班除了授课，还有学员参与其中的实地调研，这是今年的一大亮点。调研题目是从哪儿来的？

赵：把暑期班办到缙云这个中国发达省份的落后地区并不是一时冲动，而是有一定的知识积累和调研基础的。我这两年回老家缙云做研究，接触了一些村庄，发现可做的题目太多了，但是我自己实在忙不过来，非常希望把自己的问题意识与有兴趣的同行分享，如从《阿诗玛》到《道士下山》的中国影视与缙云山水风光的关系，就是一个非常有意思的题目。缙云仙都附近一个村庄有个祠堂，变成了影视博物馆，2015 年河阳论坛期间，我和吕新雨教授一起参观那个博物馆的时候注意到，在改革开放和旅游产业没发展之前，缙云作为电影外景地，是上海电影制片厂想象中的西南。当时的少数民族、边疆题材的电影，往往有一个民族问题和阶级斗争问题联系在一起的视角，而这些电影，也许是从节约成本和风景类似的角度考虑，会到缙云取外景，以缙云代替西南和边疆。那时候还没有横店呢！实际上对上海来说，用缙云替代西南民族地区和边疆，也说得过去，这里还有两个畲族村呢。从当年在国有制片厂体制时期上影厂的"边疆"，到今天以《天龙八部》为代表的武侠片的"江湖"，对缙云山水的不同想象折射了中国影视业的变迁。这次暑期班有一个很大的小组做这个题目，我非常高兴。

广电我也一直很有兴趣，尤其是数字化转型。去年 7 月回村里调研，我回到自己原来住过的院子，正好碰上我堂叔家在装"锅"，当时正是去年数字平移的时候，平移后，通过机顶盒收视每月从 18 元涨到 22 元，农民一算看电视一年就要 200 多元，现在只要买个"锅"，一次性付费后就一辈子一劳永逸了。但"锅"现在处于灰色地带，而且信号也不稳，我觉得技术升级对农村收视的影响非常值得做，也很高兴这个题目能由对广电数字化有专门研究的领队带队做。而处于海拔近 500 米的葛竹村刚好有我熟悉的当地民间文化研究者来听讲座，因此这个团队"进村"就有联系人了。

另外，我与仁岸村的"相遇"也是从全球到村庄的经典故事。我是在加拿大通过与国内出去的书画界人士接触才知道，抗战期间，著名画家潘天寿曾在缙云待过，我再回缙云来一问，才知道潘天寿和他岳父一家抗战避难的村庄是仁岸村。今年春天，我平生第一次去了仁岸村，惊喜发现，这里不仅有当年潘天寿寄居过的房子，而且颇有一派"美丽乡村呼之欲出"的景象。

当时，我并不知道这个村因为近一两年来的巨大变化，正被县里树为新农村建设示范村。那次是我自己私下找朋友带着去的，是一次自下而上的探访，我们到了村子里随意逛，看到老乡就问，知道不知道潘天寿，他在哪里住过，然后就被带到他过去住的地方，见到了他房东的孙子，看到了一些遗迹，也听到了许多故事。从那以后，我对这个村及其所在的舒洪镇就有了更深入的了解。这次我们的仁岸村调研小组就是在我调研的基础上开展工作的。

笕川村将村民手中的土地流转到村集体，用于建设花海，以集体经济的方式搞创意旅游，这是"新生事物"，这个案例肯定是要做的；县内外闻名的淘宝村北山村也是"互联网+"时代最前沿的东西，很有做的价值；民俗也很重要，迎案、七月七文化是缙云很传统的东西，正好有人告诉我缙云的女神崇拜很有意思，所以就将陈十四娘娘信仰列为调研题目；还有缙云的婺剧……这些题目涵盖了从传统的乡土民俗、戏剧，到广电、影视，再到新农村建设中的乡村旅游、创意产业发展和互联网电商，几乎涵盖了广义的传播研究的全部，这一系列的传播现象和过程中有很多是值得去发现和挖掘的。更重要的是，我不希望只是从媒介决定主义的视角，而是从意义层面去理解这些现象，如农民认为的"美好生活"是什么。当然，我也始终从城乡关系的视角来看农村题材的研究，无论是潘天寿在缙云的故事还是花海和电商，都包含这样的视角。其实，不论什么题目，到哪个村庄，重要的是研究农民的文化主体性，而不只是把他们当作大众文化的消费者、接收者，他们也是文化的创造者和演出者。

三、知识分子与乡村：碰撞与改变

张：赵老师，最近几年您一直在强调，传播学研究不能没有城乡关系的视野，为此，您还做了《重构中国传播学》的访谈。[①] 这几年，您在不同场合都提到了同一件触动您的事，一位农村青年与别人通过网络相约自杀。

赵：对，这是触动我回到中国农村做研究，思考农村未来的最重要的一件事。其实，历史上中国城乡之间的互哺关系一直是存在的，直到鸦片战争中国被迫卷入资本主义世界体系后，城乡关系断裂才越来越厉害，到了20世纪30年代，开始了一边是上海滩的繁华，一边是茅盾在《春蚕》中所表现的农村的破败，这两者共存，边远农村甚至完全彻底被边缘化，这也解释了为

---

① 沙垚. 重构中国传播学——传播政治经济学者赵月枝教授专访［J］. 新闻记者，2015（1）：5-14.

什么中国革命走的是农村包围城市的道路。新中国成立后，国家为了实现工业化，让农民勒紧裤腰带，支援城市，与此同时，也提出要减少包括城乡差别在内的"三大差别"，如1965年提出把医疗卫生工作的重点放到农村去，都是当年的具体举措。到了80年代初，国家在农村推行家庭联产承包责任制的同时，还提高了农产品收购价，减轻了农民负担，那段时间可以说是城乡差别最小的时期。但1984年城市改革启动后，乡镇企业开始衰落，城乡差别很快就越拉越大，知识分子与农民的差别也越来越厉害。在"伤痕文学"叙事以及部分知识精英对"文革"的控诉中，城乡间的对立被推到了一个极端，到了90年代，"农民"成了骂人的词汇，年轻人在农村看不到希望，但是，党中央对农村问题的认识也在深化，而这其中，知识分子也起到了重要作用。2000年李昌平上书总理，提到"农民真苦，农村真穷，农业真危险"，实际上是转折点之一，后来温铁军等一批学者以各种方式重续中国知识分子的百年乡村建设实践。总之，在经历了革命和改革之后，现在又到了知识分子重新思考城乡关系问题的时候了。

张：现在有越来越多的人在关注农村、关注乡建，也有不少人投身其中，我身边就有这样的人，他们也不只是知识分子。

赵：我也碰到过大学生村官、农民企业家和农民工回乡创业这样的回乡群体。我回到中国农村做研究，虽然是个人的选择，其实也代表了一个涌动的潮流，独立选择的道路刚好和周边很多同仁的选择不谋而合，涓涓细流可以汇成河流。我是在毛泽东时代的社会主义现代化的语境下成长起来的，80年代到了城市，经过改革开放后，再以一种新的姿态和思路回到农村，这确实是历史机遇，很多人认为人口一定会是往城市流动，但我不这么看。一方面，中国历史上一直有返乡运动，毛泽东时代还有去城市化运动。2013年中央城镇化工作会议上提出"望得见山、看得见水、记得住乡愁"，这里面也包含着缩小城乡差别的理想。当然，如何缩小是问题的关键，是资本主义现代化的逻辑和城市中心主义的"城市让生活更美好"的意识形态塑造，带来了乡村的破败。另一方面，农村不仅一直是"乡愁"的对象，而且许多农村人，在认识到现代化和城市化的弊端后，也开始重新认识农村，认识到在农村过好生活的可能。这次我们的调研也能看到，并不是所有的农村人都想到城市去。

张：而且村民似乎也因我们的到来而有所变化。

赵：暑期班有一组做婺剧调研，他们到胡源乡上坪村后，参加婺剧老艺人焦点小组的村民们马上就讨论了起来，勾起他们自己对历史的思考，都忘了调研小组的存在，由于我们的进入，使得他们作为戏剧生产者的主体被唤醒。我们关于潘天寿在仁岸岁月的调研所产生的部分成果，是希望对村里有用的，而我们的调研过程，也激发了仁岸村民书写自己村史的愿望。

我们的进入，勾起了乡村的主体对自己的思考，主体意识被唤醒，使得乡村意识到自己有研究和被书写的价值。但我们也要随时反思我们的进入对当地的打扰，虽然我们认为自己是在为中国的国情调研出力，或者在培养学术后人，而且基层干部和群众也很把我们当回事，为我们的调研做出了很多贡献，但是我们的到来的确增加了当地的负担。从一定意义上，当地干部群众并没有配合我们的义务。

在暑期班的设计中，我们尽力尊重当地干部群众和注重平等交流。我们邀请了一些民间文化活跃分子来听暑期班讲座，并把我们的资料和他们共享，这也给他们带来了讨论的机会。我们的到来也给这里创造了一种知识空间和氛围、机遇，你很难想象这会给他们带来怎样的赋权或者赋能。总之，一方面，我们向村民学习，另一方面他们也因为我们的存在而更觉得考虑文化研究、知识讨论的重要性和可能性，这是一个互动的过程，大家都在互相学习。

张：其实，变化更大的可能是暑期班学员，很多学员都说暑期班改变了自己。

赵：确实，最重要的是我们自己这群人受的洗礼和转型。有很多同学不经意就暴露出自己的城市中心主义和对"另一个中国"——乡土中国的知识的缺乏，连基本国情都不了解，谈什么为国家和社会提供有指导性的知识？比如，有一位学员，当她看到授课老师的访谈对象全都姓马，以为访谈的只是姓马的一家人，并以此为根据提出研究的客观性问题。这个例子太典型了，一方面，对我国南方很多单姓村的背景知识不具备；另一方面，对社会科学关于什么是客观，持一种幼稚假定，认为访谈的对象必须是抽样的。这里所显示的知识分子对农村知识的缺少，以及学者对客观抱持的只有抽样才合法的僵化方法论崇拜，非常值得我们反思。

很多学员来之前对乡村的想象基本是负面的。一位山东大学的学员说，以前对乡村的想象倾向于负面，现在看到无论村民的政治经济状况如何，总体来看生活都是向上的、乐观的。在笕川村做"美好生活"调研的小组，看到的情况比较正面，他们就开始担心，因此就使劲想，为什么我们看到的都是好的？其实他们在报告中已经提出很多问题了，还有北山村电商调研组也有类似的疑问，提供的资料会不会出于正面传播的需要，被筛选过？这肯定是会有的，但我感觉至少经过这次暑期班，大家对农村不会简单重复"回乡体"那种村庄败落的叙事。

张：暑期班最后一天，每个小组都做了调研成果展示，您如何评价初步调研成果和此次暑期班？

赵：首先，暑期班对学员们不论是开拓视野、深化对城乡关系的认识，还是在方法论上，特别是民族志方法和田野调查的接触上都是非常有利的。几乎所有学员都认为这次跟中国农村和农民的相遇改变了自己，是对灵魂的洗礼，对"三观"、学术立场起到了非常积极的作用。有小组在最后三天时间居然写出一万多字的报告，这让我非常感动。大家都带着开放的心态，愿意吸收、改变，不是教条的牺牲品，而是通过自我反思和自我学习，不断超越自己的盲点。

其次，调研成果可喜可赞。虽然题目是我定的，但每个小组在如何展开和深入方面都做得很出色，每个调研题目都考虑到是谁在受益、共同体内部的平等等政治经济视角的核心问题，以及学者的人文价值的关怀。调研报告还涉及农民主体性、文化内生性、国家和政府的角色等问题，并且在分析中达到一定的深度和广度。总之，选题成功固然重要，大家在执行过程中的创新性和系统性，以及为此付出的努力更不可或缺，看到这些有学术价值的题目被执行得如此好，我真的抑制不住激动，可见，一旦大家克服了知识上对农村的盲点，一旦我们搭建起让青年学人进入村庄的桥梁，农村真是传播学术希望的田野。虽然学术圈有浮躁和急躁等各种问题，但通过这个暑期班，我看到了，希望就在年轻学者的身上。

最后，我参加过很多"高大上"的暑期班，我认为这次暑期班无论在授课内容上、组织形式上和学员的认真程度上，都是前所未有的。我们有理论有实践，是真正的研习营，我们的全球视野和城乡关系视野，学院内外专家的结合，学员们的开放心态和学习能力，还有大家的团队精神和钻研劲头，都令人耳目一新。同时，这么大规模的田野调研也可能前所未有：带队老师和学员共有四十多人，分八个组下去，基本上遍布缙云的各个角落。所有这些，现在想想都让我觉得振奋。

四、跨文化传播政治经济学：碰撞中产生新的可能性

张：这种从全球层面纵贯至村庄的思路/学术框架，与您提出的"跨文化传播政治经济学"这一学术创新是否互为表里？

赵：你说得很对。我首先在西方接受了传播政治经济学和文化研究的理论框架，但我认为，在西方两者都存在西方中心主义的问题。批判传播政治

经济学也往往头重脚轻，缺乏对社会机理的深度分析。我和印度裔同事查克拉瓦蒂（Paula Chakravartty）一起提出的"跨文化传播政治经济学"的框架，是一个开放、动态、超越线性历史观和东西方二元论，同时结合了政治经济分析和文化研究分析路径的学术框架。① 正如我多次提到，这里的跨文化（transculturation）概念，包含了转型（transformation）和培育（cultivation）之意，是指不同的政治、经济、社会、文化体系在相遇（encounter）和碰撞中擦出火花，产生新的社会文化形式的可能性。冲突和碰撞不一定都是坏事，当然，因为不平等是现实世界的常态，碰撞也往往不是势均力敌的过程，但由于在碰撞中，社会力量被动员起来，有可能产生新的社会文化形式。前面我们讲过世界是不平的，世界体系中存在阶级、民族国家间、城市与乡村、中心与边缘的冲突，这个冲突的过程可能产生新的形式。从大的方面看，如鸦片战争是西方工业文明与中国农耕文明之间的冲突，但正是1840年以来的一系列冲突，导致了100多年后1949年中华人民共和国的成立；从小的方面看，如这次暑期班调研，在与缙云乡土文化的相遇和碰撞中，我们自己的思想得到转型，焕然一新。很多暑期班学员说自己对农村、乡土、城乡关系的看法变了，正因为如此，我还真有一种培养社会主义学术新人的感觉呢。

张：除了学术研究创新，近几年来您的很多精力花在搭建学术平台上，如去年首届河阳论坛暨"乡村、文化与传播"学术周的时候，您尝试"跨学科理论与实践相结合的新型学术模式"。

赵：是的。我希望克服理论与实践脱节的局面，真正践行政治经济学传统的实践性。很多传播政治经济学者在描述数字资本主义的逻辑，同时也说这个逻辑不是绝对的，社会抗争力量一直存在，但学者参与社会实践的途径需要开拓。作为一个传播教育工作者，我觉得在传播教育方面也应该有所创新，基于这个原因，我牵头办了中加全球传播双硕士项目，这是在学院体制内部的教育创新项目。在学院之外，我创办了河阳乡村研究院，地点就在缙云县河阳村，因此也就有了今年走入中国农村的国际暑期班。

我希望河阳乡村研究院是一所开放的大学，通过搭建河阳论坛和短期暑期班这样的平台，吸引中外学者做城乡关系视野下的传播研究。今年我们办的是四校联合国际暑期班的第八期，也是我在缙云探索办学术工作坊的一个尝试，所以，在我心目中，这个"第八期"也是我今后计划办的"缙云学术

---

① 赵月枝. 中国的挑战：跨文化传播政治经济学刍议［J］. 传播与社会学刊，2014（28）：151—179.

工作坊"的"首期"。我希望利用自己的条件，为有兴趣的年轻学人搭建一个从全球纵贯到村庄的学术平台，以此促进中外学术交流和探索中国传播学创新的路径，尤其是为克服传播研究的城市中心主义、西方中心主义以及技术中心主义探路。

张：您来自乡村，现在又利用自己在乡村的根为大家搭建学术平台。与您相反，有些人不愿承认自己农村的根，同样在学术圈，没去过西方发达地区"镀金"，似乎也不好意思说出来。

赵：对于乡村问题和城乡关系视角的重要性，我自己也在不断深化认识。这么多年来，我们国家去美、英等地访学的学者和学生，比来农村、基层调研的学者和学生可能还多，什么时候，有更多学者和学生愿意下基层调研，而不是只想到国外镀金，我们国家社会科学的创新就有希望了，当然，作为一个得益于国家留学政策，而且也一直在国外工作的学者，我不会把两者对立起来，最好是一年到外面去，一年到基层调研。当然，这个基层可以是城市社区，也可以是农村。但我们现在更多想到的是到外面去，而国家的学术机制也硬性要求你"出去"，而不是"下去"。

理工科的前沿在西方实验室里，但人文社会科学研究需要带着中国的问题深入基层，深入乡土中国、城市社区，积累大量的经验事实，需要深入中国社会的底层和最基本的单元来做学术研究。这次暑期班学员中有来自哈佛大学、西蒙菲莎大学、西敏寺大学、爱荷华州立大学、伦敦政治经济学院、天普大学等十几名中国留学生，这是很可喜的现象。这些学生在国外除了理论学习，基本上也是要研究中国的，我希望为他们提供一个进入"乡土中国"的切入点，使学术研究不仅是全球的，也是扎根中国的。

实际上，西方好大学的本科生往往有国际调研班（international field school），中国也是这些国际调研班的重要选择地。我希望能在缙云建成一个有接待能力的国际学术基地，为国际学生深入了解中国的"另一半"——农村，创造有利条件。

张：很多人到了"知天命"的人生阶段会更趋于循规蹈矩，但是这两年您反倒更多地突破书斋、走出学术圈。您是否在尝试以自己的行动来搭建一种知识分子与农村的桥梁？试图减少"三大差别"？

赵：到了"知天命"的阶段，才深刻意识到生命有限，学海无涯，因此，我决定做自己最想做但还没有做的事。缙云有人说，为了回家乡做事，我架子没有，面子也不要，这还真说对了。知识分子与乡村的关系是城乡关系的重要部分，把知识分子和乡村连接起来，是缩小城乡、脑体和工农之间三大差别的一条路径。对我来说，回乡村的过程也是我自己受教育的过程和寻找新的理论突破口的过程。

不管是初次"相遇"还是像我这样重回农村，我相信学者能得出我们自己对中国农村现状以及农村何去何从的判断，并以此作为判断中国何去何从的一个切入点，像我们前面所说，互动是多层面、多主体的，通过相遇、碰撞来互相改变。这次暑期班做的东西，有些就是为乡村建设出力的，同时，有的学员重新得到了洗礼、重新认识了农民、重新激发了研究思路，甚至改变自己的研究方向。我在加拿大的一位博士生去年夏天来了一趟，就不打算写原来的跨国离散群体如何理解"好生活"，而改为城乡关系视野下的"好生活"问题了。今年他更进一步，在最后的调研展示时说，这是一个"相遇、相知、相恋、相守"的过程。当然，我也没有想把所有人都改造成新乡土主义者，我只是希望让大家能够接触到这些，然后自己进行选择，聚焦一个地方，可以像一滴水，折射出太阳的光辉。

我希望，今年暑期班的尝试有"范式创新"的引导意义。虽然暑期班落地在缙云，但缙云农村与其他农村是相通的，有些调研是可以在其他地方复制的。去年河阳论坛，我提出希望探索一个"跨学科理论与实践相结合的新型学术模式"，在去年的基础上，今年在传播教学方面，我们有所创新。

张：按现在流行的说法，这是否因为您的"情怀"或"初心"？

赵：是的。是情怀或者初心，同时，也是我们这代人特殊的历史使命和责任。我们是唯一经历了人民公社时期的农村、八十年代的改革开放，并且从农村到了城市甚至西方的一代。我们曾经是"八十年代的新一辈"，如今，我们这代人到了功成名就的时候，同时也面临自己后半生何去何从的问题。同样，现在中国发展到了转折点，如何弥补城乡鸿沟、把断裂的城乡关系连接起来，是我们这代人前无古人后无来者的历史使命，因为如果我们不做，我们的儿女们很可能就不会回来做了。

我回来，看到了农村的空心化，看到了资本的力量和消费主义的力量，但也看到了政府的力量，农民的力量，看到中国自主走出一条生态社会主义的道路，并通过探索这条道路，对人类做出较大贡献的可能，这应该是我的"新地球村"想象的核心吧。

作者简介：张志华，中国传媒大学新闻学院副教授；赵月枝，清华大学人文讲席教授。

【十三】植根乡土中国　对话城乡关系：
"跨学科理论与实践相结合的新型学术模式"①

龚伟亮　张志华

摘　要： 以"构建平衡互哺的城乡关系"为主题的首届河阳论坛暨"乡村、文化与传播"学术周于 2015 年 3 月 26 日至 3 月 30 日成功举办，引发了广泛的学术和社会反响。这是一次"植根乡土中国，对话城乡关系"的学术盛会。学术周不仅以饱满议程和丰富安排为城乡政策制定者、乡村建设实践者及乡土中国研究者搭建了探索与对话的平台，更凭借高远立意和精心组织为中国新闻传播研究创新范式和方法论，从而为世界传播学术做出独特贡献提供了重要契机。更为重要的是，它开启了跨学科理论与实践相结合的新型学术模式。其与众不同的知识视野、问题意识、行动理念和"跨界"实践必将给新闻传播学界带来深远影响和长久回响。

关键词： 城乡关系；乡土中国；河阳论坛；乡村建设；创新

2015 年 3 月 26 日至 3 月 30 日，由中国传媒大学传播政治经济学研究所、华东师范大学康奈尔比较人文研究中心、中国社会科学院新闻与传播研究所缙云国情调研基地、缙云县河阳乡村研究院等联合举办的以"构建平衡互哺的城乡关系"为主题的首届河阳论坛暨"乡村、文化与传播"学术周在浙江省缙云县举行。学术周包括观摩缙云河阳村祭祖活动和参观河阳古民居、《舌尖上的缙云、烧饼中的乾坤：缙云烧饼品牌推广与产业培育调研报告》发布会、首届河阳论坛、"2015 批判传播学年会"，以及"缙云文化与传播研究专场"等一系列活动。

这次学术周"植根乡土中国，对话城乡关系"，既有对批判传播研究的中国主体性的鲜明张扬，又有超越现代化"传播与发展"范式的理论自觉。更

---

① 原载《新闻大学》2015 年第 6 期。

重要的是——正如学术周发起人赵月枝教授在回顾此次学术活动时对笔者所言——它旨在创新一种"跨学科理论与实践相结合的新型学术模式"，而这正是她所倡导的"跨文化传播政治经济学"学术理念的体现。① 整个学术周以其跨越了传播学与其他社会学科，学者、记者和乡村建设实践者，批判研究者和行政管理者，"高高在上"的学府学者和基层独立学者等诸多界限，而令人耳目一新。② 其中的知识视野、问题意识、行动理念和"跨界"实践，对新闻传播学界而言，必将带来深远影响和长久回响。

正因为此，本综述如果有任何不同于以往类似体例的地方，就在于它不是/不只是对一个尘埃落定的学术历史文本的描述和评鉴，毋宁说，是对跨越了城市和乡村的边界、实践者和研究者的边界以及传播学和其他人文与社会学科在乡村研究中的边界的生气勃勃的实践中所创新的学术模式的介绍和期许。因此，本综述不仅绍述历史，也立足现实，更面向未来。

一、立意、动机与创新

学术周的系列活动以"城乡关系"为题眼。正如加拿大西蒙菲莎大学加拿大国家特聘教授、中国传媒大学长江学者讲座教授赵月枝有感于中国传播研究"由于接受了西方的理论框架和问题意识甚至研究议程"而对中国国情视而不见，甘为"西方传播学的附庸和浅薄的'本土化'版本"之积弊——所指出的："城乡关系视野不仅是中国国情所要求的，也是中国社会科学创新的突破点和对世界社会科学有所贡献的切入点之一，更是中国社会科学前沿与世界社会科学前沿'接轨'和交相辉映的结合点。"③ 而让学术走出象牙塔、让传播研究跳脱西方中心主义和城市中心主义窠臼，进而打通"从全球到村庄"的整体性研究路径，也是赵月枝此次联合其他合作者在其家乡浙江缙云举办"乡村、文化与传播"学术周的动机之一。④

"跨学科理论与实践相结合的新型学术模式"在学术周议程设置上体现为

---

① 赵月枝教授与龚伟亮的谈话，2015 年 10 月 15 日，杭州。有关跨文化传播政治经济学的阐述，见《传播与社会学刊》2014 年第 28 期。

② 赵月枝，张志华. 学术、田野与"越界"实践——"乡村、文化与传播学术周"发起人赵月枝教授专访［N］. 中国传媒大学校报，2015-04-28（4/5）.

③ 赵月枝，张志华. 学术、田野与"越界"实践——"乡村、文化与传播学术周"发起人赵月枝教授专访［N］. 中国传媒大学校报，2015-04-28（4/5）.

④ 李丹. 专访长江学者赵月枝：新媒体不会造就一个理想地球村［EB/OL］. 澎湃新闻，2015-04-16.

多层次交流的错落有致——参与者既有城乡/乡村研究的知名学者，也有传播学界的著名学者，还有其他中青年学者，以及新闻传播学的博士生和硕士生。在流程安排上则呈现多声部交响的特点："序曲"部分包括观摩河阳民间非遗文化节和缙云烧饼产业发展研究报告发布会；"主体"部分以从宏观的经济、社会、文化视野分析"三农"问题的"河阳论坛"先声夺人。来自各个人文社科领域的发言者和点评人在为整个活动确立高远和前沿的理论视野的同时，也为参加活动的传播学者建立了去媒体中心化的切入点；若"河阳论坛"为"起"，则赵月枝、吕新雨和卜卫三位教授在"2015 批判传播学年会"上的主题发言则为"承"——她们在把论题转到传播与文化领域的同时，承接了"河阳论坛"的宏观视野，并且分别从世界历史、中国革命历史和当下现实层面用城乡关系视野总揽政治、经济、社会、文化和生态"五位一体"的讨论。随后，由不同层次和不同部门的学者和实践者参加的论坛和圆桌讨论依次展开。①

"磨剑三载，始得青锋"，学术周组委会于 2012 年开始筹备工作。但如果考虑到自 2009 年赵月枝教授受聘中国传媒大学长江学者之际就不满于仅为"西方理论"提供"中国注脚"而矢志以全球视野立足中国创新，并明确将"文化、传播与城乡协调发展"作为自己最主要的研究方向，那么学术周的酝酿期则长达六年。2012 年开始组委会几度前往会议地点浙江缙云进行田野调查，2014 年 3 月征文启事正式发出，2014 年 8 月论文摘要递交截止，2014 年 10 月摘要录取通知发出，2015 年 1 月论文全文递交截止，2015 年 2 月媒体发布会在北京举行，会议议程首度公开。最终，2015 年 3 月底学术周在缙云成功举行，不仅以其饱满议程和丰富安排，为城乡政策制定者、乡村建设实践者以及乡土中国研究者搭建了探索与对话的平台，更以其高远立意和精心组织，为中国新闻传播研究创新范式与方法论，从而为世界传播学术做出独特的贡献，提供了重要契机。

二、学术模式创新的制度承载

让上述"立意与动机"得以落地开花的，正是以此次学术周的举办为契机和标志的"跨学科理论与实践相结合"的新型学术模式创新。开启这一新型学术模式，不仅有前述对"城乡关系"重要性的洞见、对学术研究公共性

---

① 赵月枝，张志华. 学术、田野与"越界"实践——"乡村、文化与传播学术周"发起人赵月枝教授专访［N］. 中国传媒大学校报，2015-04-28（4/5）.

的追求以及对"全球—村庄"辩证性的打通作为思想基础，更有坚实的制度化的组织架构基础——河阳乡村研究院和缙云国情调研基地，以及制度化的组织形式基础——"河阳论坛"和"批判传播学年会"。

缙云县河阳乡村研究院于2014年年底获批成立，致力于学术研究和乡村文化建设，是一个立足河阳、跨越中西方学术分界和城乡关系鸿沟、强调理论与实践结合、打通从"全球"到"村庄"各个层面进行学术创新和文化建设的独特平台。在其成立仅半年多的时间里，除联合主办本次学术周外，还先后成功发布《舌尖上的缙云、烧饼中的乾坤——缙云烧饼品牌推广与产业培育评估与建议》一期调研报告（2015年3月）、组织"从全球到村庄：传播研究如何落地"大型中外学术调研（2015年6—7月）、启动"口述河阳、口述缙云"乡村口述史项目（2015年7月至今），创办人赵月枝教授依托其学界影响力与跨国学术网络支持，一头撬动"地球村"中的学术资源，一头调动缙云本地的文化积淀，使这家民办社会组织成为发展有国际视野和乡土中国立场的社会科学研究和探索中国乡村复兴道路的前沿阵地。①

中国社会科学院新闻与传播研究所缙云国情调研基地成立于2014年11月，其目的在于促进传播学研究人员深入基层，紧密结合中国实际从事科学研究，在实践中发现问题，发展具有学术主体性的中国传播学研究，并利用研究成果为当地广播电视和文化系统服务。设立所级国情调研基地是社科院这一中国哲学社会科学研究的最高学术殿堂，为落实党和国家、学科自身和地区长远发展的现实需求所采取的重要措施，是对走理论与实践相结合的道路、为人民群众做研究的有力示范和推动。而把基地设在浙江缙云，其渊源可追溯到1991年该所的卜卫教授赴缙云开展居民媒介使用调查研究和2013年春赵月枝教授邀请卜卫教授重访缙云。②

河阳论坛是致力于乡土中国建设的思想交流平台，论坛旨在梳理乡村建设历史脉络、汇集乡村研究前沿思想、分享新农村建设实践创新、探索构建平衡、互哺城乡关系的路径，以促进城乡政策制定者、乡村建设实践者以及乡土中国研究者之间沟通与协作，在资本主义全球化危机重重的时代探寻面向未来的生态社会主义道路。③

批判传播学年会是中国新闻传播学界以反思与批判为诉求，探索跨学科

---

① 主要出自赵月枝主笔的《缙云县河阳乡村研究院简介》，并综合了其他有关材料。
② 主要出自卜卫《关于国情调研项目的方案》，从赵月枝教授处得到，并综合了其他有关材料。
③ 出自《2015年首届河阳论坛议程》。

式发展的学术交流平台，由"工作坊"与"青年学术论坛"两部分构成。年会源于2011年在复旦大学召开的"当代马克思主义视野下的传播与社会变迁"国际学术研讨会和此后由复旦大学当代马克思主义新闻与传播研究中心和中国传媒大学传播政治经济学研究所联合主办的一系列学术活动。2014年，这两家单位联合华东师范大学—康奈尔比较人文研究中心主办了以"中国媒体的政治坐标"为主题的批判传播学年会。① 年会由中国传媒大学传播政治经济学研究所和华东师范大学—康奈尔比较人文研究中心轮值负责。②

正所谓"凭空怎起危楼"，没有基石、框架何谈学术模式创新？正是这些学术机构和交流平台为跨学科理论与实践相结合的新型学术模式创新提供了制度性承载，既托起了一出多声部的学术交响，更在从"全球到村庄"的贯通处，托起了中国传播学术范式转变和自主发展的上进步伐，为跨界的学术模式的持续创新提供了制度性支持和动力。

三、乡村经济：总结与反思

在河阳论坛首场讨论中，嘉宾围绕"乡村经济"主题进行了实践总结与理论反思。

打响头阵的不是学界大咖，其文章也并非学术八股，但却突出展示了一位基层工作者的理论素质和思想水平。曾在缙云县乡镇、县委宣传部、县委组织部、县电力公司任职，有丰富基层经历和浓厚理论兴趣，在缙云县河阳乡村研究院义务任职的周春光副院长，在其被林春老师点评为"特别重要"的题为《农村土地经营制度的过去、现在与将来》的报告中，从基层实践出发，梳理了土地家庭承包经营体制的历史形成与演变，指出了家庭承包经营制度存在的突出问题，并尝试从理论上探讨土地经营制度再度改革的思路与方向。他的发言既有经验支持，又有理论高度和历史视野支撑，作为首场分论坛的首位发言人，为本次河阳论坛做了精彩开篇。

香港理工大学应用社会科学系严海蓉教授在《农业资本化的动力和农村生产关系的变迁》中，结合走向农业资本主义的两条道路（自上而下的普鲁士道路和自下而上的美国道路）指出：中国经历的是农业资本主义的转向，而并非"没有资本主义的资本化"，这无疑是对中国农村分化和阶级问题的一

---

① 黄艾. 中国媒体的政治坐标：2014批判传播学年会会议综述［J］. 新闻大学，2014（6）：143-148.

② 出自《2015批判传播学年会："乡村、文化与传播"工作坊议程》。

个重要判断；就农业资本化的动力问题，严海蓉进一步指出：中国农业资本化特征体现为资本化动力来源的上下结合，以及在此过程中国家所起到的"培育资本活力""鼓励农村分化"，但也"踩点刹车"的作用。

华南师范大学"三农"与城镇化研究所所长胡靖在《核心要素、主体性与"村庄各美"》发言中，借助核心要素（人作为一种动物的最基本的生理性需求）和边缘要素（包括商品和服务产品，多数与人的生理性需求和福祉无直接关联）的区分，讨论了当前的粮食安全与食品安全等核心要素危机以及正确的核心要素配置顺序，并指出：人类的文明形式应该是"村庄各美"的百花齐放，而不应该是市场经济的单一模式。

中国农业大学何慧丽副教授结合河南省灵宝市弘农书院的实验，讨论了城乡良性互动的可能性。通过"购猪认养"和"生态苹果道义流通"案例，何慧丽生动阐释了城乡之间"道义流通"的宗旨在于通过一种体现道义价格的农产品生产、流通和销售机制的方式，从点到面、推己及人地改良社会。

四、"乡村文明复兴"与农业和阶级关系问题讨论

在河阳论坛有关"乡村文化"和"乡村社会"主题讨论中，执笔完成《中国乡村文明复兴宣言》的国家行政学院教授张孝德，以"生态文明与乡村文化时代价值的解读"为题阐释了生态文明视野下中国乡村文化的价值与使命，他指出：生态文明是一种全新文明模式，而世界文明需要中华文化的复兴。

伦敦政治经济学院学者林春在《经典"农业问题"是否已被超越?》的演讲中，对经典"农业问题"的界定、历史和理论背景以及这一问题为什么会在当代被重新提出等进行梳理，她重点探讨了这一最初在 19 世纪西方形成的问题与当前的"三农"危机、粮食安全等问题的关联。

此外，重庆大学青年学者潘家恩在《百年乡建，一波三折》的演讲中，对百年中国乡村建设史进行了重新梳理和总结；"碧山计划"发起人欧宁先生分享了其乡建实践的切身体会与理论思考；香港理工大学潘毅教授讲述了自己相隔二十多年两次走进中国农村的所见所闻所思，关注持续恶化的阶级关系；《开放时代》主编吴重庆则以自己在珠三角地区农村考察经验，讨论了当代农村治理的新变化，并郑重提出对集体经济村庄进行全面摸底调查和系统研究的学术行动倡议。

五、"不只是乡愁"：批判传播学年会上的振聋先声

3月28日上午，在华东师范大学出版社"批判传播学"丛书首发式之后，2015批判传播学年会："乡村、文化与传播"工作坊正式拉开帷幕。在主题演讲环节，三位"跨学科理论与实践相结合新型学术模式"的践行者赵月枝、吕新雨、卜卫分别从不同的角度"跳出传播谈传播"，用城乡关系视野总揽中外历史和当下传播学内外一系列关键议题。

中国传媒大学传播政治经济学研究所所长赵月枝教授以《不只是乡愁，而是生态社会主义：乡村视野的世界历史文化和生态意义》为题，承接"河阳论坛"业已展开的相关论题，在进一步把整个活动的主题提升到当下全球政治经济和人类未来的高度的同时，也为整个学术周在文化和传播领域的深化做了铺垫。针对时下"登堂入室"的"记住乡愁"的大众表达和官方话语，赵月枝立足全球历史文化视野和生态视野，以跨文化传播政治经济学为框架和方法，从全新的生态社会主义学术政治指向上进行了高屋建瓴的阐释。在演讲中，她以"某种意义上，我从来就没离开过村庄"的切身经历，鲜活展示了城乡关系视角的全球政治经济和历史文化意义。她指出：是"寻找精神家园的过程"，把我们带到了"乡土中国"，然而这并不是要"回到过去"，而是走向"新地球村"的未来。在谈及认识城乡关系视角的生态学意义时，赵月枝指出：关键在于重新定义生产目的，以及如何超越资本主义生产和生活逻辑，这涉及环境和生态领域的社会正义，涉及文化传播的重要角色，涉及对土地意义的重新认识，涉及重新发掘被抛弃、压制和边缘化的思想资源。在演讲最后赵月枝指出，2008年之后的"后资本主义经济危机"时代是"只有生态社会主义才能救中国和世界的时代"，而中国农村将是这场波澜壮阔的伟大实践的最前沿。

华东师范大学紫江特聘教授、华东师大—康奈尔比较人文研究中心主任吕新雨教授的演讲《延安道路、工业化与今天的"三农"问题——兼论梁漱溟与毛泽东的世纪论争》，把赵月枝教授所开启的世界历史性主题带回到中国革命的历史遗产及现实意义层面。吕新雨教授从"延安时期的重要标志"就是"领导民众大胆地、创造性地解决农村在多重压迫下解体的问题"谈起，她指出：以简政放权和合作运动等为重要标志的延安道路"几乎就是新中国建立后农村建设的预演"，"它是我们理解新中国在毛泽东时代所实行的社会主义改造和建设的钥匙"。《论十大关系》在很大程度上可以看成是对延安经验的回响和发展，作为中国社会主义道路关键的农村的合作化道路，也在很

大程度上植根于延安时期共产党创立的传统。而对于围绕工业化与国家和农民关系问题的"梁毛之争"，理解的关键在于将这一论争放在20世纪共产国际的历史过程中，它涉及国家资本主义、民粹主义以及社会主义这一系列主义与道路的重大路线斗争。吕新雨最后指出：今天，如何抵御一个世界性的普遍军事化过程，应该成为一个"崛起"的中国对于世界和平的贡献，这将取决于中国如何处理自己的现代性悖论，能否找到自己的解决之道，这也将决定着"中国模式"是否具有对于世界的普遍意义，决定着中国究竟能否为世界做出较大贡献。

　　作为长期关注"传播与社会发展"议题和边缘群体媒介使用的传播学者，中国社会科学院新闻与传播研究所的卜卫教授以《"我们繁荣了别人的城市，却荒芜了自己的家园"——城乡关系视野下的传播与社会发展研究》为题，分享了自己的研究体会和实践思考，并呼吁以社会发展为核心重构中国传播研究。卜卫以两首流动女工所作歌词开篇，谈及城乡撕裂及重新定义城乡关系问题，结合自己从事发展传播学研究的经历，卜卫认为，需要反思发展传播学中预设的西方中心主义、城市中心主义以及媒介技术中心主义的现代化框架，及其"只见经济不见社会"的局限；"发展"的概念本身需要批判，并要追问是"谁的发展""谁的媒介"以及"为谁做研究"等问题。只有通过以"人"为视野、以经济公正和发展公正为方向的反思，才能建立传播学术的主体性，才能建立"批判的社会科学取向"，才能实现学术与政治的结合，也才能在行动传播的研究中赋权被边缘的群体。

六、村庄里"新来的青年人"

　　在此次体现世界眼光和乡土中国立场的学术实践中，青年人的声响尤为令人欣喜。他们作为新闻传播学术新生力量、作为"让中国传播学术更接地气和更具批判精神的星星之火"中的闪亮一簇，做出了自己直面中国问题、跨越城乡分野的尝试。

　　本次批判传播学年会上，王维佳、吴畅畅、张志华、姬德强、张慧瑜、沙垚、王东宾等许多青年学者充满朝气与锐气的论文和报告引人侧目。本综述仅撷取王洪喆和任守云的两篇论文以窥斑见豹。

　　北京大学新闻与传播学院的王洪喆所做报告《"十业并举"vs"信息主义"——重访1983年中国新技术革命论战中的城乡观》，是一项有着鲜明问题意识和敏锐历史视野的"技术政治"研究，也是一篇具有思想史高度的文献。通过对1983年一篇有关计算机新技术应用报道的症候性解读，王洪喆认为：随着经济权力的下放和合作社的解体，转型中的农村社会急需一套新的技术手段来重新组织小农经济与国家工业提留之间的对接，正是在这个历史语境下，以电子计算机为代表的信息传播技术革命成为 20 世纪 80 年代社会变迁中的"技术—政治"方案。王洪喆将钱学森在 1983 年所做的基于乡村技术革命的新型城乡关系的论述，与克鲁泡特金（Kropotkin）、毛泽东、陈伯达等人的相关思想承接，试图重现 20 世纪 80 年代社会主义改革中一个被压抑的、基于农业技术革命的另类城乡发展路径论述，进而尝试进入关于"社会主义城乡发展与国家科技、文化路线"之间关系的讨论。

太原理工大学公共管理系的任守云所做报告《农业现代化进程中农耕知识传播的动力、过程和影响——城乡关系视野的探析》引发较多关注和讨论。任守云结合实地调研对以技术中心主义为导向的农耕知识传播进行反思，她发现，在自上而下的农业现代化传播政策和实践中，农业技术传播作为一套权力话语体系和一种发展干预手段，将传统农耕知识和资本密集型机械—工业农耕方式分别建构为落后、不科学的与现代化、科学的二元对立话语—实践体系，进而对农村社区农业生产关系进行了改造。相对于城市，农民变为知识接受的客体，传统耕作方式被改造，地方性知识逐渐消解，现代农耕传播承诺的是一幅虚拟的蓝图，意味着一种技术殖民。

七、缙云文化与传播讨论专场

3 月 30 日下午，批判传播学年会特设一场旨在促进基层文化与新闻广播电视实践者和学者沟通交流的圆桌讨论——"中国县域广播电视与文化生产机制的现状与困境：以缙云为例"。缙云县广播电视台副台长丁加勇、《今日缙云》报主编陈紫阳、缙云县文化馆馆长楼焕亮等几位基层新闻广电和群众文化工作者进行了发言，华东师范大学传播学院吕新雨教授和中国传媒大学新闻学院张志华副教授做了评议，圆桌讨论由缙云县文化广电新闻出版局局长沈挺峰主持。

丁加勇副台长在《基层广播电视体制改革的困境》的报告中，介绍了缙云县电视台的机构现状，并着重从经营创收、内容生产、技术装备、人才队伍等四个方面谈及了所面临的困难和问题；陈紫阳作为浙江省内第一家和县级电视台合并的县（市）报主编，介绍了自 20 世纪 50 年代中后期以来的县（市）报沿革、经营现状和市场导向的负面影响；楼焕亮馆长则在《基层群众文化发展的经验与困境》的演讲中，介绍了缙云县群众文化工作在创新、培训、特色文艺团队组建、乡村文化礼堂建设、广场舞的组织推广、送戏下乡和乡村春晚等方面的生动实践，为基层文化行政部门保护与引领民间草根文化提供了鲜活范例。

在点评中，张志华副教授认为缙云群众文化活动众多，基层自发、上下互动营造的文化空间生态十分丰富，提出能否探索一种不使县级电视台始终面临经营压力的制度可能，以及能否借鉴县文化馆的做法增多基层群众的参与；吕新雨教授指出，媒体内部交叉补贴的效果不理想、缺乏活力，这不仅是缙云的问题，也是整个广电改革的缩影。县级广电等新闻媒体应当发挥作为党和政府基层治理的有效渠道的优势，改变人头费和内容生产之间脱节的现状，使得有活力的乡村文化的力量能进入电视台等机构，通过社会力量的进入，来改变官办媒体被商业逻辑和官僚主义双重夹击的窘境，改变其在普通受众中间沉闷凝滞的刻板印象。

这场别开生面的交流，与此前缙云县招商局局长虞晓雄提交的就缙云乡土文化的内涵、历史、现状与当代意义等问题进行全面概括和生动讨论的大会论文《缙云乡土文化的历史源流与当代意义》一起，从地方参与的层面例证了本次学术周"跨界融合"的实践。在知识分子"向基层走，往乡村去"的过程中，在"高大上"与"接地气"的互补对接中，新的问题、新的理解、新的资源和新的启迪从被纷繁理论或琐碎事务所迷蔽的意义世界里浮现——这样的新气象无论对于能够自觉弥合城乡裂痕、"向下"获得问题意识和一手资料的研究者，还是对于不应惮于和怠于理论思考的基层广电文化工作者而言，都是弥足珍贵的。

八、"内生性"：点评"暗战"与争鸣交锋

一场论坛也是一次规定主题下纷繁信息的时空聚集。与会者提交的论文作为静态文本固然构成精彩纷呈的"基本盘"，而在交流现场激发并转瞬即逝的点评与争鸣，则构成令人印象深刻的亮点瞬间。例如，潘毅教授在"插话"中对"农村"和"乡村"不同措辞的语词政治含义（前者对应革命传统，后者对应乡绅与精英传统，问题也许在于"没办法做一个选择"背后的"集体无意识"）的敏锐揭示；再如吕新雨教授在"少数民族、大众媒介与文化传播"专场的点评中对于在认知和表达中预设的、单纯"把国家定义为结构性的霸权力量"并"通过自我认同和自我赋权来反抗国家"的僵化的二元对立框架的深刻批评……最典型的则当属围绕"内生性"议题的点评"暗战"与观点争鸣。本节即是对讨论和相关的延伸讨论中几处"一刹的智识花火"的描影存照。

中国社科院新闻与传播研究所助理研究员沙垚在《乡村文化的内生性——以陕西皮影戏的乡村传播实践为例》的报告中，提出以"内生性"（指从文化主体的实践中、文化与社会的互动中，以及文化传统的内部生长出来的文化属性）作为农村文化传播成败的决定性因素。应该说，沙垚对"内生性"的强调有其清晰的问题意识，相对于那些忽略村庄"可持续生存的内部逻辑"（何慧丽）或"扎根日常生活的本土的心理、价值、文化结构"（黄万盛）的、擎着"从外部赋予其支配性意义"（杨念群）[1] 的普世性知识原则大旗的大规模文化运作，"内生性"的正面意义在于对农民文化主体性的尊重和对来自农村社会内部的文化资源的保护。但是随后《南风窗》主笔李北方在评议中直截了当地指出，"内生性没有那么重要"以及"从农村内生出的文化一定不是社会主义文化"，从而将另一个维度——"内生性"理论的"保守性"带入讨论之中。

若以"内生性"为视角，则整个学术周的多个场合都有观点鲜明的"隔空喊话"、侧面呼应或者隐形交锋（如吴畅畅在其他场次的评议中的反问："有必要保留封建家长制等这些传统内生性吗？"；再如张孝德教授礼赞的"东方智慧的文明之道"，是这种"内生性"的宏观历史表达；欧宁的"碧山计划"则是知识分子和艺术家对乡村"内生性"的善待以及在此基础上尝试对农村公共生活的重建；社科院新闻所助理研究员雷霞《新时代背景下西和乞巧节的文化传承与背离》报告展示的正是浓烈的行政参与和城市商业化的浸入对西和乞巧节这一"内生性"文化形式的负面影响；吕新雨教授指出的所谓"内生性"文化表现形态曾经可能是外来的，谈论"内生性"不能没有历史视野）。因此，何慧丽副教授所倡"道义流通"正是对民间儒学的原生的旧道德价值的发掘利用，她所讲"向农民鞠躬"的"谦卑之心"正是沙垚的"对农村衰落的体会，没有谁比农民更深切；对重建农村美好家园的欲望，没有谁比农民更为强烈；至于农村文化复兴的途径，也没有谁比农民更了解农村的历史、当下与未来的各种资源"这一判断的情感形式。对何慧丽老师而言，发扬传统文化的积极因素的努力当然值得尊敬，但作为总体实践，由于看不到旧道德的文化和伦理载体的分崩离析，注定会成为林春老师在点评时所说的"'道德复兴'的乌托邦"，注定无法在近代著名道德教育家王凤仪先生等的实践限度之外开出光明新篇。

---

[1] 以上三处直接引语均来自沙垚的大会现场报告《乡村文化的内生性——以陕西皮影戏的乡村传播实践为例》（2015 年 3 月 29 日，浙江省缙云县）。

如果考虑到乡村文化的"内生性"在很大程度上依赖小农经济基础（值得引申的是，如果"内生性"理论看不到文化的经济基础和伦理载体，则很容易流于文化本质主义；同理，"东方智慧的文明之道"若不能奠基于社会主义的政治经济，则也必然行之不远），那么整个学术周中有关小农经济有没有前途的讨论——不管是潘毅教授近乎彻底的否定（"小农经济没有任何进步意义，它制造了2.6亿农民工"），吕新雨教授的善意维护（"小农生产方式更科学更省力""小农经济不是回到原子化"），还是林春老师在社会主义方向上的重新探讨（"有没有社会主义组织小农的方式"）——都可看作对"内生性"讨论的理论延伸。

在此意义上，沙垚实际上提出了一个贯穿整个学术周的关键性议题，作为对此的回应，林春老师所讲的甄别选择的做法（"旧的道德哪些是值得和可能复兴的，哪些是不能的？"）固然重要，但根源上还是应回到从革命实践中得出的对中国农民的革命积极性、创造性和阶级弱点（正由于此，毛泽东才说"严重的问题是教育农民"）的阶级分析和辩证认识上来，在社会主义方向上激浊扬清，导势成事。非此，则不但容易在对"内生性"的"士大夫式的"绝对化认识中滑向文化本质主义和文化精英主义，知识分子也无法处理自身在面对农村和农民时的知识伦理和自身角色（与其说要做梁漱溟所称的"民之师"，不如说是做毛泽东所言"工人阶级、劳动者请的先生"）。

值得一提和令人期待的是，有关"内生性"不同面向的争鸣，将有可能作为内在线索，移师预定于2016年6月举行的第二届河阳论坛"乡土文化复兴：机遇与挑战"的讨论中，在更聚焦的理论和实践议题下和更深广的现实与历史层面上得到进一步的深化与明晰。

九、作为故事开启的结语

回首筹备六年、历时五天的首届河阳论坛暨"乡村、文化与传播"学术周，其内容之丰富、思想之高远、亮点之纷呈都不是一篇综述所能涵括的。诸如云南大学新闻系郭建斌教授组建的"少数民族、大众媒介与文化传播"单元，浙江工业大学新闻与传播学院王哲平教授主持、韩素梅副教授等参与的"城乡关系有机化·知与行"单元，卜卫教授主持的缙云国情调研基地专场"乡村、话语建构与公共空间"请缙云县长坑小学刘勇武校长（乡村小学校长的身份对于其他"高端"新闻传播学论坛来说恐怕是"别具一格"的）介绍面向当地小学生开展媒介素养教育的情况与收效……这许许多多体现"跨学科理论与实践相结合"的新型学术模式创新的生动段落都令人记忆犹新，却囿于篇幅难于尽述。

首届河阳论坛暨"乡村、文化与传播"学术周开启了这一创新学术模式，其意义经得起学界侧目和历史检验。这是一次"跨界融合"的盛会——如吕新雨教授在闭幕式上指出的：它"打破理论与实践边界、打破师生边界、打破性别边界，在一系列'跨界'中突破了此前基本上囿于发展传播学视野的'乡村传播'的框架"；这是一次倾情参与的盛会——不仅知名学者云集，当地和外地重要媒体记者云集，活动还吸引了来自中外多所知名学府的众多旁听者远道而来，与会者的热忱和投入，也绝非一般的学术会议能比，尤为令人难忘的是学术周最后三个晚上，一些学者、记者、基层文化研究者与管理者自愿聚在村中的茶馆和日常农家院里，畅谈生态社会主义的场景；这是一次成果丰硕的盛会——由于主题鲜明、立意深远、选稿严格和匠心设计，不仅产生了许多令人兴奋的学术成果，并且历练了一批对学术怀有真挚理想和信仰的青年批判学者；这是一次影响深远的盛会——通过一个精心组织的标志性事件开启了突破学科分割、城乡分野和知行分离之局限的学术新模式。这一关乎整个学科走向的宏图和愿景"把城乡关系提升到定义传播研究的基本理论框架的高度"①，或者说试图从城乡关系问题出发重构中国传播学的学术纲领，这既是真正的"回归"（"回到山沟沟"，回到中国马列主义和我党新闻理论诞生的地方），又是真正的"创新"（在脚踏实地建设"新地球村"的实践中寻找有中国立场和全球视野的传播研究理论创新的突破口）。本次学术周所开启的"跨学科理论与实践相结合的新型学术模式"之魅力与活力，还将在未来很长时段内影响新闻传播研究的学术议程和学术活动方式。

此次学术周征文启事的开篇写道：

乡村，传统中国安身立命的所在；乡村，近现代中国革命与变迁的焦点；乡村，当代中国剧烈变革的前沿；乡村，更是探索中国未来发展的关键。

回头来看，所有的"以乡村为本源、以乡村为视野、以乡村为方法、以乡村为未来"的知识自觉仿佛都已寓于这几句精当的排比之中。

学术创新的序幕已经拉开，这是本文的结语，这是故事的开启。

作者简介：龚伟亮，中国传媒大学传播研究院副教授；张志华，中国传媒大学新闻学院副教授。

---

① 沙垚. 重构中国传播学——传播政治经济学者赵月枝教授专访［J］. 新闻记者, 2015
（1）: 5-14.

【十四】认识乡村·认识世界·认识自我①
——"从全球到村庄：以乡村作为方法"2017年国际暑期班综述
龚伟亮

摘　要：2017年夏于浙江缙云举办的"从全球到村庄：乡村作为方法"国际暑期班，秉承"跨学科理论与实践相结合"的新型学术模式创新理念，在立意的前沿性、安排的有机性、理念的跨界性、结构的嵌套性等诸方面体现出鲜明特色，从多个维度开掘了"以乡村作为方法"的理论深意、方法启示和指向价值。

关键词：乡村作为方法；暑期班；跨学科理论与实践相结合；民族志；传播政治经济学

2017年夏，新闻传播学界数个高水平暑期班你方唱罢我登场，一时风华荟萃，让人目不暇接。在其中，让人尤为难忘的，是在浙江省一个山区小县里的"起承转合"、摇曳生姿。

起

从2015年的"从全球到村庄：传播学如何落地"中加联合暑期调研，到2016年的"传播、文化与全球南方"国际暑期班，再到2017年的"从全球到村庄：以乡村作为方法"国际暑期班，"跨学科理论与实践相结合"的新型学术模式创新在浙江缙云进一步深化。最新一届缙云暑期班由中国传媒大学新闻传播学部、华东师范大学传播学院、清华大学新闻与传播学院和加拿大西蒙菲莎大学传播学院联合主办，由中国传媒大学传播政治经济学研究所、中国传媒大学国家传播创新研究中心、华东师范大学—康奈尔比较人文研究中心和缙云县图书馆协办，缙云县河阳乡村研究院和丽水市瓯江文化研究中

---

① 原载"批判传播学"微信公众号，2017年8月18日。

心承办。来自国内外高校和科研机构的 50 余名学员（从青年学者、博士生、硕士生到本科生）齐聚一堂，聆听真知，砥砺思想，走访乡村，更新认知，收获良多。

6 月 30 日，各地学员陆续抵缙报到。当晚，整个国际暑期班活动在著名社会学家、"三农"问题专家曹锦清教授的演讲《土地制度、农民工与城市化》中开启序幕。

在演讲中，曹教授开门扣题，针对本次暑期班主题"从全球到村庄：以乡村作为方法"，指出在思想观念上，我们总是"以现代化为方法""以工业化、城市化为方法"，在这样的语境里，农村往往处于"被而能动""被而不动"乃至"被而反动"的被动境遇。将曹教授以疑问性质提出的点题放在认知正义和价值测度的角度来理解，那么，提出"以乡村为方法"，就具有纠正认知偏差，从历史和理论上重建中国学术主体性的重要意义。

曹教授梳理了国家土地制度的发展历史，指出土地制度作为现代化的逻辑起点对于上层政策以及底层现实的重要影响。曹锦清教授强调文化自觉和理论自觉，抱持中国立场、民族情怀、百姓视角，高屋建瓴论及中国当下社会议题，为暑期班奠定了宏大的理论基调。正如赵月枝教授指出，这种高屋建瓴的历史阐释和学术主体性洞见，为整个暑期班"开了一个不能再好的好头"。

曹教授的点题开门见山，释题的则属本次暑期班的主要发起者和策划人，中国传媒大学教育部"长江学者"讲座教授、河阳乡村研究院执行院长赵月枝教授。

赵月枝教授阐释主旨的演讲《村庄作为方法？理论思考与实践意义》，作为对暑期班主题的开放性探讨，引领大家超越人类学家对仅作为空间的村庄（而不是将之视为一个分析单位）的刻板化经典阐述，以一种米尔斯所称"社会学的想象力"的心智品质，思考"村庄作为方法"的理论资源、内涵、实践、历史和现实意义。赵月枝教授从城乡关系、村落共同体、村庄有机性和多样性、"三农"主体性以及乡村作为"希望之源"五个层面对于"以乡村作为方法"进行了阐释。她在倡导跨文化传播政治经济学理论框架与民族志、行动研究的结合时深刻指出：如何处理改革时代农民和农村翻天覆地的变化（她称之为"一场世界历史性的'大转型'"）问题，是我们今天的使命，也是发展有全球视野与中国立场的社会科学的关键突破点。赵教授对"'以乡村作为方法'不是回到前现代或本土主义"的价值指向的揭橥，给人启发、引人深思。

　　正如本次暑期班招募启事的开篇所言："全球"和"村庄"都不是简单的空间概念，而是隐含了文化政治以及世界资本主义体系中城市与乡村、中心与边缘之间的悖论逻辑；也正如赵月枝教授 7 月 1 日在浙江省缙云县图书馆举行的简短开幕式上指出的，此次暑期班提出"从全球到村庄"和"从村庄到全球"，旨在挑战资本主义现代化主流叙事，打开主流全球化、城市化、现代化道路之外的另类想象。

承

　　承载这种"另类想象"，展示"以乡村作为方法"的理论反思、历史反思和主体性反思，是随后在学员渴求的目光中相继登场的曼殊纳特·蓬达库、艾伦·塞特（Ellen Seiter）、吕新雨、卜卫等中外学者角度各异、精彩纷呈的演讲。

　　美国佛罗里达大西洋大学的印度裔学者曼殊纳特·蓬达库与美国南加州大学电影艺术学院著名学者艾伦·塞特以民族志为研究方法，分别考察了全球化了的印度村庄现状以及数字时代的美国女性主义。蓬达库教授的演讲题为《我的村庄全球化了：政治经济学和民族志 2.0》（*My Village Got Globalized：Political Economy and Ethnography* 2.0），在演讲中，他将政治经济学和人种学的民族志方法相结合，从阶级、种姓、性别、村庄的国际化等角度对自己出生的村庄做了介绍和讲述，对长于宏观层面分析的政治经济学与长于微观层面考察的民族志方法的结合做了现身说法的阐释；艾伦·塞特以《家庭、工作与数字民族志：实施具有适恰性、想象力和女性主义的田野考察》（*Ethnographies of Home，Work and the Digital：Doing Adaptive，Imaginative，Feminist Fieldwork*）为题，从理论和技巧层面展示了如何在传播研究中运用民族志方法。她认为，作为一种从人类学和社会学领域中发展出来的需要长期参与式观察、强调描述性写作的特殊研究方法，民族志方法在殖民主义渊源、时限和方法的严格性、政治视野的匮乏等方面的局限，要求研究者具有自反性。与曹锦清教授着眼于中国历史上的土地制度相互辉映，华东师范大学传播学院院长吕新雨教授《国际共运视野下的"土改"问题：从列宁到毛泽东》的演讲，接续去年暑期班有关布哈林的论题，将视野转向国际共运史上的农民问题和土地问题，追溯社会主义土地问题的源起以及中国革命性质的论辩。作为对曹教授历史论述的维度补充，吕新雨教授展开论述的方式是从现代国家层面，梳理经典马恩列斯著作，以"国际共运"为视野，以"回到马克思"为理论姿态，进行引经据典的历史考察和现实观照。吕新雨在演讲中揭示出的中俄（苏）之间存在的直接的不可分割的镜像关系、中国托派和民粹主义之间构成的比较视野，令人印象深刻。正如吕新雨指出的，今天之所以需要从国际共运的历史视野来梳理这段历史，是因为"它不仅关涉着如何重新理解和判断今天中国的国家性质问题，也直接联系着今天中国乡村正在进行的新'土改'究竟要走什么样的政治道路"。

而与蓬达库对政治经济学关键问题的追问（谁有权力，为什么；权力如何获得利益；谁受益于这些政策？换言之，被问到的中心问题是"谁的利益？""这些机构及其政策是否存在？"）以及艾伦·塞特运用民族志方法时所特别指出的"对性别的挑战""对政治经济学的重视"等论述相承的，是中国社会科学院新闻与传播研究所卜卫教授对"民族志研究的研究政治与伦理"的深入展开。

卜卫的演讲，涉及民族志的研究政治、研究技术、批判的社会科学研究架构、研究中的权力关系与伦理、民族志研究的挑战等议题，意在从自身丰富的民族志研究经验中提炼出关于研究政治与伦理的批判性思考，以一种强烈的和难能可贵的自反性达到对民族志研究的超越（以及对一种新的社会变革传播学的倡导和力践）。她所提示我们的"研究的客观性并不意味着没有建构"（相反，每一个研究都有政治，都有建构），以及她所提出的处理研究政治要问的六个问题（包括"利益群体对研究目的的影响""学术资源来自哪里？""研究问题来自哪里？是谁的研究问题？研究要为谁解决问题？""收集数据的过程：研究者找谁去收集数据，以及在观察或调查时关注或陈述哪些事实或数据？""如何解释事实和数据？""如何使用和推广研究结果？"），对每一个民族志研究者都有积极启示。

转

转变画风，让暑期班在缙云这方热土上更接地气，也让演讲内容往基层经验、方法、传媒和主体性领域进一步延伸的，始自暑期班第三日后虞晓雄等风格各异、各有专攻的专家学者带来的精彩演讲。

缙云县发改局虞晓雄局长以一名地方官员身份带来的讲座《缙云历史文化源流及乡村发展初探》，以大跨度的历史视野和上天入地的广度，在短短两小时内就将缙云历史文化的重要层面为同学们做了有深度成体系的概览。虞晓雄不仅分别从缙云概况、缙云文化以及乡村发展初探三个方面进行阐述，还对"从全球到村庄：以乡村作为方法"暑期班的田野调查主题寄予厚望。无论是从精彩演讲内容还是在演讲中显露出的基层干部的视野、学养、勤勉、担当，都让学员为之刮目。

缙云当地文史专家项一中先生，为学员带来题为《乡村与乡愁》的精彩演讲。在演讲中，项一中从"种子何来""种子落地""取名规律""建设与繁荣""天灾人祸""繁盛时代""黄昏现象""全面溃败""回光返照""乡愁兴起"十个层面，娓娓道来，以一种具有地方感的含蓄抒情和柔软观照，妙趣横生地谈了他对乡村、乡愁的理解。相对于人类学家对村庄的视而不见，这显然是一种带有诗意和温情的反驳；这种以缙云本地乡村历史为切入点，对乡村文明的生动讲述和人文思考，与前述赵月枝教授在释义"乡村作为方法"内涵时强调的村庄有机性和多样性显然不谋而合。

同样别开生面的来自缙云地方文化研究者的娓娓道来，是缙云民俗与乡土文化专家麻松亘先生以浙西南典型山区县缙云为例带来的讲座《古代浙南山区耕读文化初析》。麻先生细致梳理和翔实阐释了"耕读传家与耕读文化""缙云古代的耕读文化"等论题。在总结部分，他指出以亦耕亦读、耕读结合为核心的"耕读文化"具有自身产生、发展、提升的历史传承，是我国乡村社会具有普遍意义的优秀传统文化；"耕读文化"的本质就是不断自强进取，自我提升，追求丰盈的物质和精神文明成果。故耕读精神的传承，是家庭、宗教，乃至国家民族生生不息的重要动力。

基层干部、河阳乡村研究院副院长周春光的讲座"建设社会主义新农村的道路问题"，旗帜鲜明地将"社会主义"作为思考农村发展道路和土地问题的关键。其演讲分"社会主义新农村的基本概念和四项原则""社会主义新农村建设的四个阶段""道路问题的讨论为何仍然重要？""社会主义新农村建设的基本问题"四个部分，以理论与历史相结合的宽阔视野和既体现文化政治敏锐性又具有时势针对性的思考，使"乡村作为方法"获得基层思考的共振。

四位地方学者的深入参与，让暑期班学员切身感受到缙云的文化绵延、文脉繁盛以及缙云基层干部的见解、思考、坚守和探索。体现了从三届河阳论坛延续至国际暑期班的重要组织原则和理念：基层参与和跨界实践。

而吴飞、邱林川、李其芳等学者/记者围绕传播民族志、个案研究和媒体实践的讲解，进一步拓宽了"以乡村作为方法"在传播学研究方法层面的丰富意涵。

著名传播学者、浙江大学传媒与国际文化学院吴飞教授在《火塘·教堂·电视——一个少数民族社区的传播民族志研究》的演讲中，分享了自己多年前有关独龙族传播民族志的研究案例，他从"火塘""教堂""电视"这

三个物的隐喻切入，从"研究问题""田野对象和地点选择""研究方法"三
个方面做了总结提炼。在对传播学与民族志研究方法的讨论中，吴飞教授回
溯了民族志研究方法的谱系，对传播民族志在国内外的发展和现状、为什么
要提倡民族志研究、民族志研究的适用范围等问题进行了精炼的带有反思性
的梳理介绍。这种凝练的体会分享，帮助学员对于民族志这种"让研究者按
照被研究者自己的主张或逻辑去阐释为什么被研究者的生活对他们自己而言
是有意义的"方法在传播学研究中的使用快速建立了综观的认识。

　　香港中文大学新闻与传播学院教授邱林川为暑期班学员带来一次内容干
练、形式生动的"个案研究工作坊"。在理论解析部分，邱林川教授通过对
"什么是个案研究"、个案研究的应用领域等方面的讲解，在短时间里带领学
员进行了理论储备；在案例分析部分，邱林川以《十年之城：南海区互联网
发展分析》为例，以可观可感的方式，从理论框架、个案界定与研究设计、
分析单位、数据采集等方面对这一案例进行细致分析和解读，并为学员总结
了个案研究准则。应用个案研究方法要能达到"一叶知秋"而非"一叶障
目"的效果，科学的方法固然重要，同样重要的还有邱林川在最后意味深长
指出的：个案研究不但是研究方法，更是一种做人的方法。一个丰富的充实
的人生，往往是我们超越了自己成长的经验和包袱。

　　对于推进"三农"问题解决和新农村建设，涉农媒体扮演重要角色。"以
乡村作为方法"对于"三农"媒体来说是一种日常实践，正因为此，央视农
业军事频道记者李其芳博士作为一个有着丰富涉农报道经验的媒体实践者，
其演讲《电视传播中的乡村中国》就有了特殊地位和意义。他从新闻业务角
度出发，以局内人的身份和丰富材料，围绕当前乡村电视传播的问题，做了
具有一定理论深度和实践指导意义的阐述，是对大众媒介与乡村这一重要论
题的尝试性解读和探讨。

　　合

"合要渊永。"

本届暑期班有着好几重意味深长的收尾——

7月5日，清华大学新闻与传播学院党委副书记梁君健副教授，作为授课
部分的最后一名专家学者，为暑期班学员带来《从田野经验到大众传媒：人
类学电影的文化困境》的演讲。演讲着眼影像、技术媒介以及地方文化之间
的关系，是对文明与野蛮的人类学电影视角的媒介审视，在知识的高度统合
性上，用主持人赵月枝教授的话讲不啻"把整个课都过了一下"。梁君健的讲

述让大家看到娱乐工业、大众媒介、视觉的娱乐性和叙事性背后的其他要素，以及这些要素是如何与媒介、技术、文化和科学之间发生关联的。人类学电影的不同样貌，可被视为技术和知识相遇的结果。

"在最彻底的意义上，'方法'就是主体形成的过程。"如招募启事所掷地有声昭告的，对主体性的审思作为一条强烈线索，贯穿此次国际暑期班课程——无论是曹锦清强调的"不能把中国经验作为西方注脚，而应把西方的理论概念按照中国经验进行语义学上的重新阐述"，吕新雨强调的"在新的拿来主义的基础上回应中国问题"，还是卜卫强调的"找到局内人自己的问题和建立中国传播主体性"，更不必说活动发起人赵月枝教授近年来反复强调并身体力行的"在城乡关系视野中建立中国传播研究学术主体性"……在学术与生活合一的意义上，把"方法"所内含的主体性问题收束和落实在生活抉择和工作方式上的，是中国传媒大学传播研究院博士生、西村乡建实验志愿者白洪谭在授课阶段最后一天下午所做的分享《在希望的田野上：一个博士生的乡建实验》。这位乡建行动者现身说法，朴实而生动地讲述了自己在家乡从事乡村建设的理论思考和实践行动。在与我们有着类似处境，但以勇气、决心、热情回到乡村、谋福乡里，同时锤造自我的选择上，白洪谭或是我们许多人观照自我的一面镜子。

7月7日上午，2017批判传播学工作坊作为"从全球到村庄：以乡村作为方法"国际暑期班相对独立的重要环节，是对暑期班的又一重意义上的总结。浙江师范大学国际文化与教育学院的王道教授为工作坊所做题为《社区营造视野下的中国乡村发展》的主旨演讲，以"社区"和"社区营造"为基本概念，极具建设性地将"以乡村作为方法"导向社区营造视野下"涵盖着人与人、人与物、人与自然、人与环境等多重关系和谐发展"以及"有赖于社会多种力量的有效整合和高度参与"的中国乡村发展，为社会知识力量参与乡村社区发展指出了有效的理论和实践路径；主旨发言之后，十几名论文作者参与的三场朝气蓬勃、热忱如荼的学术讨论和圆桌讨论、观察分享，包括安徽师范大学马梅、陕西省社科院韩伟、华东师范大学刘一川、中国传媒大学张志华等年轻学者的评议和主持，在井然有致中对此次国际暑期班主题进行了多维度的活泼开掘。工作坊闭幕式上，中国传媒大学龚伟亮提出"对象—目的—方法"序列，指出如果"以乡村为对象"存在弊端和不足，那么"以乡村为目的"是对"以乡村为对象"的克服，而"以乡村为方法"又是对"以乡村为目的"的超越，为本次暑期班主题的阐述打开了另一个层面的纵深。

　　整个活动的尾声是安排在最后两天的别开生面的田野调研。7月8日，由赵月枝教授带队，暑期班学员和领队一行30多人，进入缙云县三溪乡三溪村后吴自然村考察，座谈会上，吴明军书记生动讲述了自己做村支书这些年治村理政的心得体会，充满实践智慧，令人叹服；7月9日，暑期班学员来到缙云县舒洪镇仁岸村，考察仁岸美丽乡村建设，座谈中，何伟峰书记以朴实无华的语言，介绍了在村双委带领下仁岸村打造美丽乡村、守护青山绿水的经验思路，展示了一个基层村干部的清晰头脑、自信姿态和高尚境界。座谈会最后在仁岸村会议室里举办的简短而特别的结业仪式，为整个暑期班活动划下了圆满的句号。

　　纵观此次为期十天的"从全球到村庄：以乡村作为方法"国际暑期班，突出的特点之一，在于立意的独具机杼。"以乡村作为方法"作为具有深刻思想性的传播学前沿命题，对于传播学研究的学科重构和研究者的自我反思，具有不容低估的引领意义和指向价值。对那些孜孜以求于"传播学前沿理论"的好事者来说，今夏于缙云这个浙西南山区小县所上演的，正是体现着"巨大的开放性和想象力"（赵月枝）的传播学研究的"尖峰时刻"。其二，在于安排的别出心裁。一种内在的有机性体现在演讲者身份和视角的各不相同、彼此勾连和相得益彰，体现在演讲内容和活动环节设置上的相互对话、彼此辩难和前后呼应。其三，在于理念的不拘一格。其核心仍在于"跨界"：跨越学院派、实践者、媒体人、地方学者、基层干部的界限，在"以乡村作为方法"的主旨引领下，共同完成方法的总结和重思，理论的深化和拓展，文化的反思和自觉，并使理论潜力的开掘与基层群众的实践重新结合。其四，在于结构的顾盼生姿。将批判传播学工作坊嵌套于暑期班日程之中，使得学员们不再只是被组织者居高临下安排的、吸收知识和消费学术明星的角色，而是有了发挥主动性、创造性、就乡村问题提出见解、相互切磋的机会。由于这种独特的连办/套办结构，学员们既是活动的参与者，又是活动的主人翁。

　　回顾短短十天的历程，许多身影仍在眼前，许多话语恍在耳畔，许多情景驻留脑海，许多感动铭记心间。来自海内外各地的学员暂时抛却都市的繁华喧嚣、离开城市中心主义的理论教谕，在"从全球到村庄"跟"从村庄到全球"的知识与经验跃迁中，接受由乡村至世界再到自我的理论培养和精神洗礼，并像学员詹子琪在暑期班感言中所说的那样：对于村庄升起一种"莫名温柔的情绪"以及"我需要这样的村庄"的朴素情感。

　　这种情绪，这般情感，有如一粒种子，蕴含着改变的力量。

　　在暑期班大幕已经落下之际，让我们再来一次"未能免俗"的"温故知新"——正如本次"从全球到村庄：以乡村作为方法"招募启事所言：

> "以乡村作为方法"，不只是技术性的路径启发，更重要的——正如
> "作为方法"最初由东亚学者提出（作为方法的亚洲/中国/日本等）时
> 意在强调对于主体性的追求一样——"作为方法"意味着对一种凝固的
> 现成知识的跳脱和打破，意味着通过一种自反性的审视形成新的主体。
> 在最彻底的意义上，"方法"就是主体形成的过程，因而，"以乡村作为
> 方法"，超越作为知识分野的"三农"研究，更超越乡村传播。
>
> 结合"从全球到村庄"和"从村庄到全球"的视域转换，以乡村作
> 为方法，意义不止于认识乡村，还在于认识世界；意义不止于认识世界，
> 还在于认识自我……

作者简介：龚伟亮，中国传媒大学传播研究院副教授。

【十五】探索跨学科理论与实践相结合的
新型学术模式①

邹月华　梁　媛

摘　要： 在近年日渐兴盛的围绕"传播与乡村振兴""媒介与乡村建设"等研究议题的学术会议与社会实践中，缙云县河阳乡村研究院开风气之先，在追问与讨论"学术为了谁"与"学术为了什么"等根本性问题过程中，将"城乡关系视野"上升为传播学关注的核心议题和持续关注的焦点。历经五年实践，该研究院所主导的河阳论坛暨"乡村、文化与传播"学术周、国际暑期班以及各种研习活动，以创新"跨学科理论与实践相结合新型学术模式"的独特学术理念，提供了为中国传播研究打开新境界，探索知识分子知行合一具体路径的经验模式。2019年春天的第五届河阳论坛和学术周活动集中体现了这种突破学科分割、城乡分野和知行分离局限的学术新模式的理论视野、问题意识、行动理念和"跨界"实践。

关键词： 河阳论坛；理论视野；问题意识；跨学科理论

自党的十九大首次提出"乡村振兴战略"以及2018年中央一号文件对此进一步做出战略部署以来，乡村振兴相关议题就得到了社会各界广泛讨论与关注。围绕"传播与乡村振兴""媒介与乡村建设"等研究议题的学术会议与社会实践日渐兴盛，仅2019年夏，就有"2019年清华大学乡村振兴工作站实践论坛""2019年全国大学生乡村振兴夏令营""2019年中国乡村振兴发展高级别座谈会"以及"2019年两岸大学生新农村建设研习营"等十数个活动

---

① 原载《新闻与写作》2019年第10期。

相继召开。① 正如布洛维认为，"不断扩大的社会学精神气质与我们所研究的世界之间的鸿沟激发了对公共社会学的需求"②，对于当下中国传播研究，如若追问"学术为了谁"与"学术为了什么"的根本性问题，反思传播学的学院知识与传播实践两者之价值前提与学术立场，无法避免的是应将"城乡关系视野"上升为传播学关注的核心议题。③ 以此观之，近年来乡村振兴研习营/论坛实践活动日渐盛行，可谓呈现出一种研究者们探寻"学术如何服务乡村振兴"理论研究路径和学术实践模式的尝试与自觉。

2019 年 3 月 22—26 日第五届河阳论坛暨"乡村、文化与传播"学术周活动在浙江省缙云县成功举办④，活动围绕"乡村故事·中国道路"主题展开了历时 5 天的学术研讨和村庄观摩，吸引了来自全国 150 多名学者、基层干部、企业家、乡建实践者齐聚缙云仙都，共叙乡村故事，把脉中国道路。凭借创新一种跨学科理论与实践相结合的新型学术模式的独特学术理念，河阳论坛历经五年落地耕耘，提供了"为中国传播研究打开新境界，探索知识分子知行合一的具体路径"的经验模式。⑤

自 2015 年首届河阳论坛以"构建平衡互哺的城乡关系"为主题，开启传播学放眼跨学科理论与"根植乡土中国，对话城乡关系"实践深度结合的序幕⑥，论坛相继以"乡土文化复兴：机遇与挑战"⑦"文化主体性与乡村发展：

---

① 此外，还有 2019 年 6 月 10—17 日"农业文化遗产地乡村青年研修班暨青年学子研习营"在中国农业大学举行；2019 年 6 月 20 日"2019 年中国乡村振兴·生态宜居高峰会议"在广西百色举行；2019 年 7 月 12—14 日中国社会学会 2019 年学术年会设"2019年农村社会学论坛"分论坛：乡村振兴与城乡协调发展等活动，主办单位涵盖了高校院系、科研院所、政府部门以及来自港澳台地区的高校院系等。

② 麦克·布洛维. 公共社会学［M］. 沈原，译. 北京：社会科学文献出版社，2007：10.

③ 沙垚. 重构中国传播学——传播政治经济学者赵月枝教授专访［J］. 新闻记者，2015（1）：5-14.

④ 第五届河阳论坛暨"乡村、文化与传播"学术周活动共历时 5 天，3 月 23—24 日为论坛集中汇报日，设置了内含 7 场主题研究的两场专题报告，16 场平行论坛，3 场主题圆桌讨论，1 场特别沙龙和 1 场特别企划，3 月 25—26 日为会后村庄观摩与实地调研活动。

⑤ 河阳乡村研究院. 李彬：知行合一新探索［EB/OL］. 从全球到村庄，2019-03-27.

⑥ 龚伟亮，张志华. 植根乡土中国 对话城乡关系：开启"跨学科理论与实践相结合的新型学术模式"——首届河阳论坛暨"乡村、文化与传播"学术周综述［J］. 新闻大学，2015（6）：145-152.

⑦ 龚伟亮. 听取"乡土文化复兴"的蛰音——第二届河阳论坛暨"乡村、文化与传播"学术周活动评述［J］. 现代传播，2016（12）：154.

国家、市场与民间的联动"①"生态文明与传播：乡村作为前沿"② 为主题展开学术探讨、实地观摩与研习互动。历届河阳论坛对"城乡关系"重要性的洞见、对学术研究公共性的追求以及打通"全球—村庄"辩证关系的执着，也引发了广泛的社会反响和国内多方媒体的呼应与认可。

本文以第五届河阳论坛为例，借助对活动各个环节的述评，阐释这种突破学科分割、城乡分野和知行分离之局限的学术新模式的理论视野、问题意识、行动理念和"跨界"实践，以此管窥河阳乡村研究院所开启的新型学术模式之一豹。

一、理论视野：乡村与国家辩证关系之对话

在新时代国家实施乡村振兴战略和城乡关系视野进入传播研究领域的情境下，第五届河阳论坛把主题上升到"乡村故事，中国道路"的高度，其专题报告聚焦"乡村故事擎举中国道路"和"中国道路镌刻乡村故事"这一乡村与国家的辩证关系，从历史和理论的高度以及跨学科的厚度，立体阐释中国发展道路的历史和未来面向。

探索与构建中国特色乡村振兴道路，需要对我国的"三农"问题和乡村建设有更为丰富的历史想象、全球视野和国家立场。在上半场的主旨发言中，华东师范大学中文系罗岗教授指出，无论从国际性视野还是从历史性视野来看，都必须对小农和小农经济有一个更加开放和丰富的理解，小农或者小农经济首先应是一个具有更广泛意义的社会经济概念；而以生态文明或生态社会主义视角反观之，小农经济不仅是一种经济方式，还是一种生活方式和文化方式——某种意义上，它包含了文化多样性和生态多样性的内涵，对生态和文化的多样性起到重要的保护作用。重庆大学人文社会科学高等研究院潘家恩副教授指出，何为中国？何为乡村？这些问题是我们讨论乡村振兴和讲好中国乡村振兴故事的基础。我们要以百年乡建作为一个整体性的研究对象，同时把 20 世纪中国历史上农民、知识分子、市民等群体的参与都纳入进来，更为立体多元地思考乡村振兴。香港理工大学严海蓉教授从农政视角对"三农"问题进行了分析，指出农业和农民发生分离是过去数十年间的一大现象，

---

① 龚伟亮. 打造跨界的立体式学术研讨新模式——第三届河阳论坛综述 [J]. 全球传媒学刊，2017（6）：144-150.

② 河阳乡村研究院. 论坛公告：第四届河阳论坛暨"乡村、文化与传播"学术周（4 月12—15 日）[EB/OL]. 从全球到村庄，2018-03-10.

长此以往最终导致的后果可能是农民两极分化，而农民分化、生态环境恶化、农业资本化和全球化都将成为"新三农问题"的挑战。

时代场景决定学术取向，面对乡村问题与乡村建设日益成为整个人文社会学科的重要议题之一，新闻与传播学科该如何开拓乡村视角和实践视角之于学科、学术和社会主义传播的重要意义，也成为与会专家讨论的关键点。承接上半场三位人文社科学者所打开的跨学科视野，复旦大学新闻学院童兵教授指出，当前信息需求成了中国"三农"的第一需求，"三农"建设和新闻学科的发展与新闻学人的有所作为日益紧密相关；媒介的使用将引导农民实现完全的精神解放，当他们逐渐学会借助现代媒体行使自己的经济权利和政治权利时，他们一定会成为中国农业发展的真正动力，成为中国农村的完全主人，成为全球农民的先进代表；因此，新闻科学的魅力只有到社会生活中去，到"三农"建设实际中去，才能展现和发挥其作用与功能。华东师范大学传播学院吕新雨教授认为需要在当下数字经济和社交媒体下沉背景下思考新媒体与公共传播的问题；当前主流媒体需要加快构建把社会效益放在首位、社会效益和经济效益相统一的公共文化体制机制，重视传播手段的建设和创新，提高新闻舆论传播力、引导力、影响力和公信力；社会主义公共传播体系要为乡村振兴战略服务；社会主义公共传播体系要为民族团结和民族交往服务，为东西部区域协调发展战略服务。清华大学新闻与传播学院李彬教授围绕学术中的理论与实践关系，探讨"当下环境中知识分子知行合一的难题和困境"，认为河阳论坛探索的正是这样的治学之路以及人才培养之路——既是传播研究中国化的新尝试，也是中国学术走向知行合一的新探索。

本届河阳论坛主要策划者赵月枝教授在主旨阐述环节最后一个发言。她表示，需要对过去四十年中国传播学的引进与发展历史以及它与中国本土化马克思主义新闻学的学术政治关系进行思考，让曾经在延安生根开花的中国马克思主义新闻学科与"乡村故事·中国道路"在乡村振兴和高质量绿色发展语境下的前沿实践重新对接。她从理论与实践相结合与在地化的角度，对"乡村故事·中国道路"主旨做了基于丽水和缙云的阐发，并从本土历史中汲取中国社会主义的理论和实践资源的高度出发，对缙云从传统道家思想到浙西南革命精神的丰厚历史文化做了提纲挈领式的概括。最后，她把"乡村故事·中国道路"的讨论上升到特殊性和普遍性的辩证关系层面，阐述了她为本届论坛提炼的主旋律"以红色精神引领绿色发展"的意义。①

二、问题意识：传播议题与乡村议题之交集

论坛活动由学术讨论和村庄研习与文化观摩两大部分组成，在议题设计和参与者选择方面都颇具匠心的十六场平行论坛及特别企划，演奏出了珠落玉盘般的思想交响曲和多声部学术大合唱：从"重新理解乡土社会"到"重新发现乡村传播"，挖掘以乡村打开想象，从乡土汲取灵感，由传播觉醒主体的多重可能；从"乡村与集体经济"到"乡村振兴多维观察"，勾连资本、知识分子、新乡贤、政府及农村基层组织与乡村振兴的辩证对话；再由"乡土文化：保护与开发"到"乡村与治理"聚焦乡土的内生性发展和"跨界"乡土实践。论坛呈现出的多元角度，尤其是本地学者、基层干部的广泛参与和热烈讨论带来的知识冲击，令人印象深刻，也回应了主题阐释中所言：乡村故事"如此丰富的内涵，隐喻了不同社会形态与话语的历史变迁，折射出现代与传统、国家与社会、阶级与民族、精英与大众、城市与乡村、沿海与内陆、全球与地方错综复杂的动态互构关系"②。

论坛首先围绕"乡村与女性""乡村与影像""乡村与城市""农民工面面观""媒介·话语"等议题解剖了城乡关系与乡村传播的多元面向，与会者或以"南昌地区农村外嫁女的'亚文化'实践"过程再现了整个社会的亚文化传播在乡村社会的流动过程，或在以快手为代表的短视频平台上涌入大众视野趋势下探讨乡村影像与城乡文化之间的断裂与重塑现象，或从文化研究视角对新型城镇化进程中"小镇青年"在媒介中的"土味文化"表达进行媒介公共性视角的批判反思，并从"乡村文化与传媒"维度探讨互联网媒介接触下农村青年群体的择偶观、性观念、离婚观等婚恋观变迁及其影响。如果说，"传播研究的城市中心和西方中心倾向的深层表现，不在于研究者是否完全忽视农村和农民，而在于他们的理论框架、问题意识与学术政治取向"③，那么，这些研究展示了这种从深层超越城市中心主义和西方中心主义的学术自觉。

---

① 赵月枝.以红色精神引领绿色发展的新闻传播学在地思考［J］.当代传播，2019（4）：25-29.
② 赵月枝，张志华.学术、田野与"越界"实践——"乡村、文化与传播学术周"发起人赵月枝教授专访［N］.中国传媒大学校报，2015-04-28（4/5）.
③ 赵月枝.生态社会主义：乡村视野的历史文化和生态意义［J］.天府新论，2015（6）：66-72.

　　在此基础上，论坛从"重新理解乡土社会"和"重新理解乡村传播"双重维度进行了探索延伸，前者有平顶山学院新闻与传播学院郑来老师以非虚构文学作为研究乡村社会的豁口，从文学作品中关注留守儿童生存问题、乡村教育资源贫瘠、乡村青年的城市感知与农民身份之间的困扰、"熟人社会"与公共事务之间的乱序等种种底层困境，指出乡土叙事要走向社会学研究来探寻文化的认同与发展。后者有加拿大西蒙菲莎大学传播学院博士生张晓星以河阳乡村古民居为研究对象，以多元主体的动态互构、城乡关系和对技术中心主义批判的视角，反思了回归生活意义、人生追求以及人与人的差异等根本性问题，强调要重新认识乡村，重新认识既有发展模式和理念，重新定义什么是"好生活"。此外，中国传媒大学新闻学院张志华副教授基于"新框架·新视野"论坛主题，指出在对外传播中除了面对西方精英，更需面向西方的中下层民众和第三世界民众。数场论坛之间可谓相得益彰，践行了"让学术走出象牙塔、让传播研究克服西方中心主义和城市中心主义，进而打通'从全球到村庄'的整体性研究路径"①。

　　与会学者还在丰富的现实案例基础上，深入如何"讲好乡村故事"与"振兴乡村发展"的操作机制与实施路径等问题。在"畲族文化研究"讨论中，来自浙江丽水学院民族学院的四位报告人围绕畲族乡村发展与民族文化等议题，试图整合畲寨文化各种资源进而推动乡土社会振兴。河南省沈丘县财税经济学会秘书长崔玉亮结合村级集体经济发展中所面临的资金、资源、资本方面的实际困难，以河南省沈丘县为例探讨了发展村级集体经济促进乡村振兴的思路和建议，丰富了以集体经济促乡村振兴的在地化经验。在"乡村振兴多维观察"特别企划场报告中，中国社科院新闻与传播研究所副研究员沙垚聚焦在1949年以来农村文艺中一个长期被忽略却又无法绕开的组织——农村俱乐部，围绕农村俱乐部产生的历史语境、农村俱乐部对于农村文化资源的动员、农村文艺的组织化以及农民文化的主体性等内容进行了深入阐释。在"乡村文化领导权与村民主体性——基于缙云的历史与现实"论坛中，中国传媒大学传播研究院博士生梁媛以"乡村春晚"作为切入点，深描了缙云县周村传播生态及文化实践背后依赖的社会经济结构图景的发展与现实。赵月枝教授进一步阐述了这一论坛中自己直接参与和指导研究的几篇文章的核心主题：中国共产党革命历史中广泛的基层动员，是建立巩固乡村

---

　　① 李丹.专访长江学者赵月枝：新媒体不会造就一个理想地球村［EB/OL］.澎湃新闻，2015-04-16.

文化领导权的重要基础，而缙云本地的文化传播实践为研究共产党基层文化领导权的重建提供了宝贵的现实观照和可行路径。

学术讨论之后，来自全国各地的专家学者走访考察了仙都倪翁洞摩崖石刻以及缙云岩宕群、周村文化礼堂和老年活动中心，观摩千年古村落河阳村的祭祖等当地民俗活动，更是体现了河阳论坛一以贯之的内在性学术理念和追求。

三、行动理念："以红色精神引领绿色发展"之跨界实践

基层蕴含着丰富的故事元素，它并非仅仅是中国崛起的细部和注脚，而是中国道路的活生生表达，亦是学者打破宏大叙事、抽象经验主义，回归"生活世界"的基点。县域是实施乡村振兴战略的主战场，也是学术研究宏观层面和微观层面的有效连接点。[1] 以缙云这个浙西南山区县为立足点的河阳论坛及其所依托的河阳乡村研究院的相关学术活动，一边"以乡村作为方法"[2]，一边追求"从全球到村庄"和"从村庄到全球"的整体性和辩证视角[3]，体现了其在学术理论和方法论创新方面巨大的开放性和想象力。

作为本届论坛"乡村故事，中国道路"主题在缙云本土层面的落地与深化，也为了让更多的缙云本地党政部门领导、村镇干部、企业家、文化乡贤以及青年返乡创业者等各界人士参与论坛讨论，赵月枝教授精心组织了贯穿论坛始终的三场主题圆桌论坛[4]，致力于推进理论潜力的开掘与基层干部群众的实践在更自觉层面上的结合。

缙云县所在的丽水市是浙西南革命老区。如何在时代发展背景下，探讨地方革命精神的历史传承与地域文化价值，讨论其精神对于积极力量源泉的引领作用，成为问题之眼。原中共丽水市委党史研究室主任诸葛蓉，原缙云县委党校党委书记、常务副校长马凤兴和丽水电大女子学院院长施蕾芬教授等地方学者分别从微观视角对"缙云精神"进行了提炼，认为浙西南地区的革命精神不管是在历史还是当下都体现了"为人民服务"精神与"勤劳革

---

① 陈柏峰．华中村治研究：问题与方法［J］．甘肃行政学院学报，2010（3）：58-64.

② 批判传播学．"从全球到村庄：以乡村作为方法"国际暑期班招生公告暨2017批判传播学年会征文启事［EB/OL］．批判传播学，2017-03-13.

③ 批判传播学．"从全球到村庄：以乡村作为方法"国际暑期班招生公告暨2017批判传播学年会征文启事［EB/OL］．批判传播学，2017-03-13.

④ 批判传播学．"从全球到村庄：以乡村作为方法"国际暑期班招生公告暨2017批判传播学年会征文启事［EB/OL］．批判传播学，2017-03-13.

命"精神的核心传承。丽水学院校长办公室副主任姚建伟认为，"缙云精神"有一种共性，即中国苦难百姓共有的一种试图改变命运的意愿，缙云劳动人民身上所体现的精神是在艰难困苦中崛起的中国人民的共性表现。从这个意义上来说，凝聚各行精神气质、体现各业精神力量，具有代表性的乡风文明则是乡村振兴的灵魂。罗岗教授点评到，在乡村振兴中一个至关重要的着力点就是建立乡村共同体，缙云的历史实际上就是中国的历史，在从传统中国到现代中国进而到崛起时代的中国，从缙云精神找寻乡村振兴的支援，以"红色精神引领绿色发展"正是一个贯穿发展始终的最重要的亮点。在乡村振兴战略指导下，如何壮大农村集体经济，如何让农村在建立起政治主体性的同时拥有经济主体性，一直以来是社会各界共同关注的焦点。严海蓉教授指出，乡村振兴如何增进，谁来振兴乡村，乡村共同体怎么界定，如何摆好这些主体的位置等问题，都是"新三农问题"的具体表征。台湾成功大学台湾文学系钟秀梅教授和上山采集工作室负责人柳琬玲女士就指出，台湾地区农村也有面临农村空心化的状况；台湾地区农业走向了小生产者即土地分割化与碎片化的发展趋势，而这种小户生产模式尽管使台湾地区农业在品种改良与耕种技术方面不断进步，但仍然无法形成市场竞争力。而推动实施乡村振兴战略"五个振兴"要素中，关键在于产业振兴。缙云县农业农村局党组书记、局长胡涌杰指出，推动农业与农产品走上绿色化、优质化、特色化和品牌化，以及通过全域旅游推动乡村振兴将是两条道路选择。浙江工商大学吕福新教授认为，绿色发展、全域旅游和乡村产业振兴之间的一个共同性内容是文化，即不同层次文化的体现、联系及相互转换，积极探索和激活支持农村依靠内生动力发展的各类资源要素是核心关键，而在"五位一体"的布局中，乡村文化振兴或许是最薄弱的环节，却也是连接政府、企业和村庄的纽带。河阳古民居管委会主任李德扬、丽水学院哈利老师和缙云县画居艺创写生实习基地90后创办人叶龙等人对此分别从注重各级政府主体责任与政策倾斜，探索以戏剧搭台的多种文化复兴途径，以及提供对接政策解析、对接企业资源、创业者之间交流的平台机制等方面，提出了产业振兴的未来着力点。

　　乡村社会共同体的建设与振兴需要多元主体有机联动，其中村书记是最为核心的人物，因为其他力量和多元主体要更有效地发挥作用，更好地嵌入村庄共同体，都离不开与"以村书记为核心的在地力量"的良性互动。吕福新教授格外强调，在这个过程中，社会是连接政府、企业与村庄三者之间的关系的重要基点和共通点，让在场乡贤和不在场乡贤结合在一起，合力发展乡村社会共同体，共同推动乡村"五位一体"文明进步与振兴非常关键。对此，葛竹村德菲利生态农业开发有限公司董事长章丽英从与村民"对抗性经济关系"到"协作共赢发展"的思想转变过程出发，指出"私营企业家"在投身乡村振兴和家乡发展过程中也需要注重探索新型的发展方式。缙云县壶镇镇好溪村党支部书记郑理坚则强调，从"我想怎么做"到"我想要什么"的主体意识转变，是基层干部树立"身在乡村就要服务村民"理念，调动农民主体意识参与乡村振兴实践的关键。缙云县三溪乡三溪村党支部书记吴明军与缙云县小章村乡贤联谊会秘书长蔡碧正也从作为乡贤工作参与者、组织者和引领者多重身份的视角出发，对如何引导乡贤参与振兴村庄发展进行了讨论。沙垚副研究员提醒到，乡村振兴中如设计师群体和类似于志愿者组织（联谊会）等常见参与者都不应该被忽略，前者不是真正地生活在乡村但却以一种抽离生活的设计介入乡村发展，后者中能够看到农民的一种组织能力以及自组织能力，在这里是农民群体的主体性被遗忘的事实。而关于资本与资本家的问题，同样要正视资本家被引导深入群众，嵌入村庄的可能性。罗岗教授指出，乡村振兴不只要把农村农业搞好，它更与今天社会重建共同体的目标紧密联系在一起，这就要在上述多元主体的联动中，充分调动农民的主体性。除了党和政府在乡村振兴和建设上要坚持"人民性"之外，更重要的是激发我国社会主义革命和建设锻炼出来的农民的政治主体意识、参与性和文化创造力。①

"在最彻底的意义上，'方法'就是主体形成的过程。"② 河阳论坛主题圆桌讨论借助跨界联动的行动实践，从文化、社会、国家、资本等多个角度展现了作为代表的缙云经验的丰富性和独特性。

习近平总书记在庆祝中国共产党成立 95 周年大会上的讲话中曾指出："时代是思想之母，实践是理论之源。"③ 传播学作为以文化和传媒为核心关注点、具有跨学科属性的社会科学，理应站在全球历史、社会进程、中国道路、城乡互构的高度推动学科自身的学术价值实现。这一方面关乎其在公共学术界"抢占"文化研究领域政治高地的主动权与首发性，另一方面为其在理解与构建社会整体的过程中寻找理论与现实的结合点。以河阳论坛为主要

---

① 沙垚. 重构中国传播学——传播政治经济学者赵月枝教授专访［J］. 新闻记者，2015（1）：5-14.

② 批判传播学. "从全球到村庄：以乡村作为方法"国际暑期班招生公告暨 2017 批判传播学年会征文启事［EB/OL］. 批判传播学，2017-03-13.

③ 习近平：在庆祝中国共产党成立 95 周年大会上的讲话［EB/OL］. 新华网，2016-07-01.

学术平台的河阳乡村研究院正是在这种对传播学学术主体性的反思与探索中，在跨学科理论与实践相结合的新型学术模式的思考与践行下，广集乡村研究前沿思想，不断为建设新乡村之路而前行，走过了可谓是"星火燎原"的五年。

对比历次论坛征集的论文，本次论坛入围论文更体现了学者们将历史维度和现实实践相结合的学术研究介入方式，呈现出一种"接地气"的学术之风。这五届河阳论坛对学术共同体价值取向的引导和影响且留待学界今后评说，但是，河阳论坛所体现的在共同问题意识引领之下的学术精神状态和思维方式的积极转型，已是有目共睹。比如，河阳论坛的"跨界理念"已深融会场内外和始末——硕学鸿儒与初出茅庐者，学科内外和学界内外，学院知识分子与基层干部群众，高端学府与地方院校，各方心意相通其乐融融。学者们的学术主体性也在社会与学术的互构中，在中国道路的探索中，在城乡关系的重建中，在乡村振兴的实践探索中得到重塑，熔铸着学术与社会互通互动的有机关系和全新格局。

作者简介：邹月华，赣南师范大学新闻传播学院讲师；梁媛，中国传媒大学传播研究院博士研究生。

【十六】激活"乡村传播就是中国传播"的跨界视域①

朱泓宇　邹月华

摘　要：2021 年是乡村振兴战略全面推进之年，新的时代场景赋予新闻传播赋能乡村振兴的新议题和新使命，即如何构建具有全球视野和乡土中国立场的学术研究，使之能成为乡村振兴的关键性和支撑性力量。2021 年"从全球到村庄：文化传播赋能乡村振兴"国际暑期班以"乡村传播就是中国传播"为理论指引，立足中原大地与红色精神，秉持学术型实践者与实践型研究者有机融合的新型学术模式，共同探讨文化传播推进乡村振兴的当下机遇与挑战。本文从理论书写立场、传播赋能乡建、学术融合实践等方面，回溯此次暑期班活动的思想精粹与学术风采。

关键词：从全球到村庄；乡村传播；中国传播；传播赋能

2021 年是中国共产党建党百年，也是乡村振兴战略全面推进之年。新的时代场景赋予新闻传播赋能乡村振兴的新议题和新使命。新颁布实施的《中华人民共和国乡村振兴促进法》从产业发展、人才支撑、文化繁荣、生态保护、组织建设、城乡融合六方面具体阐述了新征程下乡村振兴的时代意义、难点挑战与建设使命。新闻传播是赋能乡村政治、文化和生态附加值，实现"弯道超车"，为人类提供城市中心主义之外存在样本的重要途径。② 新闻传播学者应肩负起历史使命，扎根中国实践，让新闻传播学成为"有中国立场和世界意义"的学科。③ 2021 年"从全球到村庄"国际暑期班移师八朝古都

---

① 原载《现代视听》2021 年第 9 期。
② 河阳乡村研究院．"从全球到村庄：传播赋能乡村振兴"暑期班招生公告［EB/OL］．从全球到村庄，2021-05-27.
③ 赵月枝．"以红色精神引领绿色发展"的新闻传播学在地思考［J］．当代传播，2019（4）：25-29.

开封，高扬"文化传播赋能乡村振兴"主题，既表达了新闻传播学者积极投身乡村振兴行动的高涨热情，也彰显了新闻传播学深耕乡土中国，正在成为乡村振兴实践前沿的共识深意。作为"跨学科理论与实践相结合"新型学术模式的重要实践机制①，历届暑期班对"城乡关系"重要性的洞见、对学术研究公共性的追求以及打通"全球—村庄"辩证关系的执着也引发了广泛的社会反响和国内多方媒体的呼应与认可。

本届暑期班由河南大学新闻与传播学院、中国农业大学人文与发展学院、兰考县乡村振兴研究院与缙云县河阳乡村研究院联合主办，在华东师范大学传播学院、清华大学新闻与传播学院、浙江大学传媒与国际文化学院、中国传媒大学传播研究院、加拿大西蒙菲莎大学传播学院等高校和研究机构共同支持下，汇聚了全国各高校、科研机构的10余名专家学者和60多名硕博士生，在历时7天的学术活动中，以"讲学中穿插调研、调研中进行讲学"的形式感悟知行合一传统。暑期班学员于7月6日下午前往兰考调研，分组奔赴兰考大地近10个不同类型的当地村庄，立足中国乡村大地，汲取红色精神，让学术真正接地气。

针对这是一个"乡村传播"暑期班的认识，赵月枝教授在开幕式致辞中高屋建瓴地为在座学员阐释"乡村传播就是中国传播"的理论立场：中国传播学亟须跳出割裂城乡关系的"乡村传播研究"狭隘思维，如若从"农耕文明是中华文明史的主体"和"民族要复兴，乡村必振兴"的角度看，立足于乡村视野来确立中国传播研究的立场、问题域与方法论——乡村传播就是中国传播！借此，传播学者应从城乡关系视角和历史实践中发掘资源，在城乡融合道路中创新发展，因为这不仅关涉中国道路的未来，更关乎人类命运共同体的未来。

正如本届暑期班招生公告所言："乡村必定是2021年的学术热点，新闻传播学理应参与其中并贡献一臂之力，也唯有如此，才可能真正获得学科的主体性，并被其他相关学科所尊重。"② 本文以"从全球到村庄：文化传播赋能乡村振兴"暑期班活动为线索，从"理论书写立场：乡村传播就是中国传播""传播赋能乡建：打开'乡村传播'之讨论维度"与"学术融合实践：

---

① 龚伟亮，张志华．植根乡土中国　对话城乡关系：开启"跨学科理论与实践相结合的新型学术模式"——首届河阳论坛暨"乡村、文化与传播"学术周综述［J］．新闻大学，2015（6）：145-152．

② 河阳乡村研究院．"从全球到村庄：传播赋能乡村振兴"暑期班招生公告［EB/OL］．从全球到村庄，2021-05-27．

乡村作为方法的主体实践"等方面回溯相关思想精粹和学术风采，探讨"乡村传播就是中国传播"的跨界视域，以期回应新时代乡村振兴的战略诉求。

一、理论书写立场：乡村传播就是中国传播

不论是理论框架的搭建、历史脉络的追踪抑或围绕"数字中国"的探讨，对"乡村传播就是中国传播"之整体性辩证关系的讨论以及批判视野下"全球与村庄互构关系"立场的坚守，都贯穿于整个暑期班，这也是本届国际暑期班进行教学和调研所倡导的核心要义。

加拿大西蒙菲莎大学国家特聘教授、清华大学卓越访问教授、缙云河阳乡村研究院执行院长赵月枝教授在作为开场报告的《乡村振兴与新闻传播研究前沿》主题演讲中，以"乡村作为立场、乡村作为问题域、乡村作为方法"三个方面为逻辑框架进行了思想展演，搭建起一个"全球与村庄互构、历史与现实互动、跨越东西方、乡村与国家相交叉"的综合性学术理论框架。首先，面对"民族要复兴、乡村必振兴"的时代语境，赵月枝教授认为中国新闻传播研究要有自己的主体性、问题意识和实践品格，而不是西方传播学的附庸和浅薄的"本土化"版本，或是只强调中国特殊性，就必须要有"从全球到村庄"框架下的城乡关系视野，要有乡土中国立场，更要跳出传播做传播，通过参与式行动研究投身到乡村振兴行动的实践中。其次，赵月枝教授为在座学员阐述了从全球到村庄视野下"基于乡村整体传播问题意识的四个领域：如何针对西方主流和批判传播理论，重写发展传播学；如何挖掘治理领域以'枫桥经验'① 为代表的传播学内涵；基层党组织如何振兴以及乡村'驾驭'资本过程中的主体性问题；如何从电商到数字化垃圾回收系统看城乡融合的数字社会主义（digital socialism）愿景"。最后，她强调"乡村作为方法"并非西方社会科学框架下的人类学研究，而是有全球反殖反帝视野和乡土中国立场的"跨学科理论与实践相结合的学术"，其核心在于挑战西方中心主义，尊重文化多样性并在此过程中形成自己的"学术与文化主体性"。

华东师范大学传播学院院长吕新雨教授在《"延安道路"与山沟沟里的马新观》演讲中，通过追溯"第三世界"知识生产的问题，指出当前中国的知

---

① 20 世纪 60 年代初，浙江省诸暨县（现诸暨市）枫桥镇干部群众创造了"发动和依靠群众，坚持矛盾不上交，就地解决，实现捕人少，治安好"的"枫桥经验"。毛泽东同志曾批示"要各地仿效，经过试点，推广去做"。"枫桥经验"不断发展形成"党政动手，依靠群众，预防纠纷，化解矛盾，维护稳定，促进发展"的枫桥新经验，成为贯彻党群路线的典范。

识生产想要打破围堵、讲好中国故事，必须回到"第三世界"的理论立场与实践立场。一方面，我们要重返"延安道路"的历史经验，并在继承与创新中探索中国的未来，理解"延安道路"并非只是一种战斗模式，更是一种倡导平等和民众广泛参与的发展模式；另一方面，想要真正贯通"中国道路"的内部视野，须借用外部视野做比较分析。基于对戴维·哈维（David Harvey）和萨米尔·阿明等学者探讨"中国道路"的批判性反思，她认为中国对内推动区域平衡发展和乡村振兴，对外助力"一带一路"国家发展的战略布局，不仅是对"延安道路"的继承，更是在新时代下对"中国道路"的创新。理解"延安道路"和"中国道路"，需思考知识分子的历史角色及其与民族国家的关系，如重新理解中国精准扶贫、乡村振兴中的驻村干部制度如何再度推动知识分子与农民的联结，为乡村振兴注入国家力量的理论逻辑。

浙江大学传媒与国际文化学院研究员洪宇在《解读"十四五"：赛博域的未来政治》讲座中，从时代趋势、认知前提、理论概念与可视化场景等方面，通过解读"十四五""赛博域"（cybersphere）和"数字中国"等概念内涵及其理论关联，为我们呈现了互联网及数字传播在勾连中国之变与世界之变过程中的问题语境、国家视角和未来想象。在她看来，"十四五"作为一个将发展理念和主要矛盾可视化的文本，容纳了不同梯度的社会主体进行博弈，而政策文本是十分关键的、可把问题意识转换成研究对象的载体。以"十四五"规划作为切入口，洪宇强调，"全球化"的主要特征是互联网的兴起与新自由主义的全球蔓延。数字技术政治化由此而生：网络既是经济技术资源也是基础设施，同时也是一种权力制度，更影响了世界传播的文化领导权。"赛博域"的概念有助于我们关注不同语境中的"社会—技术"体系的在地特征（数据中心选址、网络铺设架构、社会关系属性等等），意识到全球普适性技术话语的局限性。在此意义上，"数字中国"是一个传播问题，关系到物质、财富、观念等的流动。而中国在数字技术领域的突破给全球格局带来重大影响，如何把社会主义建设的经验挖掘出来，需要从中国内部和外部的整体结构、制度安排、历史文化记忆等角度出发，将中国坐落回创新时代的坐标，将西方经验遮蔽掉的面向予以全盘呈现。洪宇通过对"十四五"文本的分析，总结了其中所建构的意义与对未来的一种可视化安排：围绕中国区域导向的经济布局和超越国界的网络扩张能力；以服务国内外市场大循环为导向的跨国网络与国内网络重构的辩证关系；具有跨越社会等级关系和创造新的世界主义取向的移动媒介实践以及数字经济组织样态重构。最后，洪宇提出"以数字中国为方法"的理念，强调研究"数字中国"不是单一的民族主义学术，而是借助中国探讨世界走向更美好未来的构想。

二、传播赋能乡建：打开"中国传播"之讨论维度

理解文化传播之于乡村振兴的价值离不开跨学科理论的互动及其与"三农"实践工作的有机相融，这是打开"乡村传播"之讨论维度的命门。社会主义文化传播为何必须回到乡土，或言其为何从未离开过乡土，如何发现内生于中国乡土深处的文化血脉和发展基因，这不仅需要中国传播与媒体研究自我革新，更需要跨学科研究理念与在地实践的共同参与联通尝试。多位学术型实践者与实践型研究者给学员们提供了连通多元理念、多个学科、多重视角、多样实践与多种体验的授课内容与乡建路径。

河南大学新闻与传播学院院长杨萌芽从国家治理体系和治理能力现代化视角出发，认为驻村实践是新时代中国特色社会主义道路探索的重要方面。伴随着乡村振兴战略实施和党的十九届四中全会提出"推进国家治理体系和治理能力现代化"，驻村干部这一群体在乡村治理中的重要性日益凸显，并以"卷入""嵌入"和"融入"等多样形式参与到乡村社会的实践逻辑中。复杂的乡村社会关系网络、艰巨的基层治理工作挑战以及党群关系和媒介使用叠加后的多维效应使得驻村实践及其研究充满张力。

作为驻村"实践派"①，中国农业大学人文与发展学院何慧丽教授结合自身多年驻村经历，为我们带来有关兰考乡村振兴建设行动中"农民主体、社会参与、党政主导"良性结合的案例分析。她以兰考实践为例在地化阐释了"经济就是经世致用""重振乡村精神""乡村振兴，文化先行""知识分子与群众相结合"等既作为理论指导又作为动员模式的关键词，分析了十余年来她所参与践行的兰考乡村建设三个有着渐进关系的过程：早期阶段是一种知识分子通过挂职与基层干部和群众相结合的"外发促内生"的探索阶段，而重振乡村最为关键的是"精神振兴"，即找到一种低成本、高实效的"精神变物质"的建设性方法；随着多元力量进入，包括党建引领、各级政府的政策支持、社会资本和市场的加入、地方乡贤与农民的参与，兰考乡村振兴逐渐进入在党建引领下"内引促外联"的主体性增长发展阶段，而如何实现"党建引领+政府主导"并制度化早期内生的力量，这成为新的问题焦点；新时代，兰考乡村振兴研究旨在深入探求乡村振兴的根本与体系，立足新阶段构

---

① 河阳乡村研究院. 暑期班·回放 | 何慧丽：兰考乡村建设行动的几个关键词［EB/OL］. 从全球到村庄微信公众号，2021-07-26.

建乡村振兴的"表率"和"示范"，最终将迈入"和合"关系上人的"幸福"阶段。因此，何慧丽强调要从整体性的视角认识乡村——它内嵌于区域经济、政治、文化、社会有机体；（乡村）社会的建设和恢复、文化的建设和恢复，不仅是经济发展的前奏和开始，更是综合扎根于农民的生活价值系统，并最终推动人与自然的可持续发展、人与人的和合关系。

　　河南大学新闻与传播学院教授苏士梅则从时代修辞的视角，阐述了围绕红旗渠所展开的跨媒介传播过程与机制，为我们打开了红旗渠精神与焦裕禄精神等红色精神如何引领乡村振兴发展的在地化思考。在她看来，作为中华主体文化的"黄河文化"及其个案"红旗渠"的跨时空、跨媒介叙事，是物质和符号之间的转化与强化过程，也是历史记忆不断演绎和地理空间不断重塑的"复调"过程，并表现为从"地理与文化内涵"到"物质工程向精神符号实质性转化"，再到"文化价值与现代中国的企业路径"三个话语阶段。与之相呼应，7月7日，全体暑期班学员在何慧丽教授及兰考当地干部的带领下，前往焦裕禄纪念馆参观并学习了焦裕禄精神。①

　　此外，还有多位实践派学者分享了他们对"文化传播赋能乡村振兴"的研究成果。中国社会科学院新闻与传播研究所副研究员沙垚结合近年来新开辟的田野研究，围绕"制度、关系与文化"之间不同互动结构如何助力乡村振兴进行了论述，提出需要将研究视角转向"人才逻辑"。他通过对"新农人"群体参与乡村振兴的行动逻辑及其与县域政治、县域经济、乡土文化和乡村主体之间的关系互动问题的分析，提出乡村治理需要从"点"到"面"的转变，即以制度建设为杠杆来撬动社会建设，从外来人才资源以及地方政府购买服务的"点"变为借助官方系统，进行制度创新、组织振兴、整体推进的"面"的尝试。重庆大学人文社会科学高等研究院潘家恩副教授基于长期投身乡村建设的实践体会，分享了他对屏南乡村文创助推乡村振兴过程中所引发的屏南"三变"、要素"三引"与机制"三创"等现象的观察思考，并对其中的要素回流机制与历史机遇予以探讨，指出生态空间的价值潜力日渐显现。清华大学新闻与传播学院副党委书记、纪录片导演梁君健副教授则从影像人类学视角解剖了有关陕西白云观道教仪式活动中"信众、艺人、社会"等概念的本土化阐释，认为民间信仰和地方民俗不仅形成了当地村民感知、认识和理解世界的观念体系，更在社会层面把分散的个体有机联结在一

---

① 河阳乡村研究院. 历百年新征程，经中原再出发——"从全球到村庄：文化传播赋能乡村振兴"国际暑期班成功举办［EB/OL］. 从全球到村庄微信公众号，2021-07-12.

起，成为乡村变革和文化振兴的基础性要素。四川战旗乡村振兴培训学院温铁军、工作室主任陈晶晶结合三个村庄运营的亲历故事，呈现并分析了对"工业下乡、项目下乡、人口下乡、城市下乡"等不同村庄发展类型的"看法"：把中国村庄放在农业国向工业国转换的视角中看，放在现代化的过程中看，放在"村庄与国家一体"的视野中看，最重要的是看到村庄中的人。①

三、学术融合实践：乡村作为方法的主体实践

正如杨萌芽院长在开幕式致辞中所说，中原大地不仅有极为深厚的历史文化，也有着最为广袤的土地，更对中华民族伟大复兴具有战略意义。对此，赵月枝教授在阐释本届暑期班的主题"文化传播赋能乡村振兴"时说道：中原大地不仅有丰厚的中华文化历史底蕴，而且有红旗渠精神、焦裕禄精神等丰厚的社会主义精神财富，中国传播学在新文科建设的背景中从中原大地寻文脉、从红旗渠扬精神、从乡村实践促振兴，具有重要时代意义。"从中原再出发"就是立足乡土中国的再出发，它是城乡关系视野下的传播，东西方思想碰撞中的传播，乡村与国家互构关系里的传播。

"在最彻底的意义上，'方法'就是主体形成的过程。"② 如何以乡村为方法，认识乡村、解读中国而理解世界，赵月枝认为，要有超越现有的西方中心主义知识体系的学术想象力，挑战西方中心主义，尊重文化多样性并在此过程中形成自己的"学术与文化主体性"。何慧丽强调要以"关系论"来理解知识研究与乡村的结合，从整体性的角度来认识作为经济发展前奏的社会建设与文化建设。沙垚则提出，以乡村为方法需要，以田野调查为基准，解剖乡村的切面，发现乡村社会的机理，探索乡村的运行机制。在杨萌芽看来，就是走向田野"上穷碧落下黄泉，动手动脚找东西"。

暑期班师生以"产业振兴、人才振兴、组织振兴、生态振兴、文化振兴与城乡融合"为主题分成调研小组，针对中原地区的产业转型升级、人才模式化创新、组织逻辑再造、生态治理举措、成熟农耕社会的文化和仪范、城乡融合范本以及其他新时代下兰考乡村振兴实践探索等议题，深入田野探寻文化传播赋能乡村振兴的具体表现形态、多元实践以及发展趋势。通过对兰

---

① 河阳乡村研究院.暑期班·回放｜陈晶晶：村庄的"看"法［EB/OL］.从全球到村庄微信公众号，2021-07-13.
② 批判传播学公众号．"从全球到村庄：以乡村作为方法"2017批判传播学年会征文启事［EB/OL］.批判传播学微信公众号，2017-03-15.

考大地近 10 个不同类型村庄进行田野观察，调研组学员们发现乡村振兴不是一个要素"单打独斗"的结果，而是"产业、人才、文化、生态、组织"等多要素协同发展的结晶。其中，人是乡村振兴的主体，进行乡村建设需要基层党员干部来发挥"组织起来"的作用，"组织起来"不仅意味着农民主体的再造，也是基层党员干部的主体性再造——人才振兴不仅需要关注到"人才"范畴中"才"的功用，还应该把握对"人"的全面发展，从而最大限度地激发村庄与农民的内生发展的主体性。在此过程中，调研组学员们也围绕基层干部结构与驻村干部日常权力运行现状，思考讨论了国家权力组织的毛细血管如何渗入农村最基层及其助推乡村振兴的作用与影响，企业家身份与其政治角色的冲突与调适在乡村振兴中的作用，本土要素流动、产业联动与园林规划互动对城乡融合与乡村振兴的影响机制等问题。

四、激活"乡村传播就是中国传播"的跨界视域

2021 年"从全球到村庄：文化传播赋能乡村振兴"国际暑期班立足于乡村振兴战略的新征程起点，"以乡村为方法，以中国为田野，以全球为视角"，在历史、理论、实践的融合统一与坚持知行合一传统下，顺利举办了一场高扬"乡村传播就是中国传播"的学术盛宴。推动构建有乡村视野的中国传播研究，需要坚持理论分析与经验实践并举，认识到文化传播赋能乡村振兴，是中华传统文脉、红色革命精神、社会主义乡村传播建设的遗产与经验智慧①、村落社会内生性文化等多股力量的辩证统一。"建设一个新世界，乡村振兴了，才算真正成功。"② 在这个意义上，新闻传播学者需要以中国共产党建党百年为历史新起点，找寻兼具历史传统和未来启发性的乡村传播和乡村振兴新方案，拓展而衍生出一条联系"传统与现代、西方与东方、全球与地方、发展与再发展"，甚至是超越上述二元关系的中国传播研究新路，激活"乡村传播就是中国传播"的跨界视域。

作者简介：朱泓宇，清华大学新闻与传播学院博士；邹月华，赣南师范大学新闻传播学院讲师。

① 沙垚. 社会主义与乡村：重构中国新闻传播学的起点 [J]. 全球传媒学刊, 2020, 7（3）：62-72.

② 河阳乡村研究院. 征稿 | 从乡村革命到乡村振兴：红色土地上的百年思索——丽水市社会科学界联合会第二届学术年会暨第七届河阳论坛征文启事 [EB/OL]. 从全球到村庄微信公众号, 2021-05-27.

【中编】

02

"乡村传播就是 中国传播"的田野探索

【一】 地方红色文化的当代意义：
让"高大上"的革命精神更加"接地气"①
赵月枝　沙　垚

自 2017 年 10 月 31 日，习近平总书记带领中共中央政治局常委赴浙江嘉兴瞻仰南湖红船以来，各地出现了发掘地方性革命精神和红色文化的热潮。各级组织部门、各级领导干部纷纷赴本地的革命遗址、纪念馆、烈士故居瞻仰学习。尤其值得关注的是，近年来，许多县委书记上任后考察的第一站，便是当地"中共一大"的会址，以示不忘初心，继续前进。

传承红色文化意义重大，用红色精神引领社会发展，涉及方向和道路的问题，符合十八大报告提出的"不走改旗易帜的邪路"，确保"市场经济的社会主义本质"的要求。2019 年，正值庆祝中国共产党领导中国人民取得新民主主义革命胜利和中华人民共和国成立 70 周年之际，深入挖掘地方性革命精神，发现历史实践中所蕴藏的中国革命和社会主义道路内在逻辑，可以将历史与未来更好地勾连起来，让"高大上"的革命精神更加"接地气"。习近平总书记 2019 年 3 月在看望参加全国政协会议的文艺界、社科界委员时就提出，"讲清楚历史性成就背后的中国特色社会主义道路、理论、制度、文化优势，更好用中国理论解读中国实践，为党和人民继续前进提供强大精神激励"。

在构建中国革命故事这棵参天大树的过程中，全国性的叙事是躯干，地方性的叙事是枝叶。没有躯干，不成大树；只有枝繁叶茂，大树才会充满生机，不可撼动。一方面，中国革命有一个整体的发展脉络、战略部署和各个阶段的革命中心。从嘉兴红船到井冈山，从遵义到延安再到西柏坡，这些耳熟能详的地方名字，成了中国革命从胜利走向胜利的代名词；以这些地方命名的革命精神，是中国人民在建设中国特色社会主义过程中取之不尽用之不竭的共同精神财富。另一方面，基于共同的革命信念和总体的布局，各地革

---

① 此文删减版刊载于《红旗文稿》2019 年第 20 期，本文系原版。

命者、各地方根据地和地方武装策应、坚守和战斗也功不可没。不同的地方，不仅以各种方式参与和支持全国革命，与一个时期的中国革命中心构成众星拱月之势，而且以卓有成效的地方工作为中国革命在全国的胜利打下了广泛的基层基础和群众基础。

比如，在渡江战役之后，人民解放军之所以能以摧枯拉朽之势解放了国民党统治的腹心之地浙江，就与浙江的地方革命工作紧密相关。实际上，早在大革命失败后到20世纪30年代中期这一中国革命最为艰难的时期，中国共产党就在浙江先后发动和领导了遍及50多个县的60多次武装斗争。1934年到1935年间，为了策应中央红军战略转移，中央又先后派遣红军抗日先遣队和红军挺进师浴血转战到浙西南一带，发展新的革命根据地，以积极的军事行动打击、吸引和牵制国民党部队，从战略上策应红军主力长征。此后，正是革命者在抗日战争和解放战争不同阶段在浙江各地进行的艰苦卓绝斗争，瓦解了国民党在浙江的群众基础，使浙江的国民党地方政权呈现出"红心白皮"的现象，因此，中国革命的胜利是全国一盘棋的结果，是全国叙事和地方叙事的合奏。今天，我们在新时代挖掘红色遗产、弘扬红色文化、传承红色基因，既要突出主干，也不能忽略枝叶。

时代性：从史料搜集到当代转化

一直以来，红色遗产的发掘、红色精神的提炼多为党史、史志部门的专业性工作，而革命史也常常被置于传统史学的框架中，以尽可能多地收集、整理和呈现生动而翔实的档案、故事、口述资料等为目标。但是，中国革命历史和红色文化史作为一种特殊的门类，其研究目的不仅在于复现、复活历史，更要服务于今天的社会主义意识形态和文化领导权建设，使社会主义红色文化成为凝聚人心的力量，成为人心所向。地方红色精神需要进史书、博物馆、纪念馆，更要进入人心，融入日常实践，也就是说，革命历史的书写和红色文化的研究不能自说自话、脱离基层、脱离实践；相反，要增强革命历史和红色文化对现实的解释力和对实践的引导力，真正打通历史与当下、理论与实践，让两者统一于新时代中国特色社会主义的建设。如习近平总书记所说，"中国革命历史是最好的营养剂，多重温我们党领导人民进行革命的伟大历史，心中就会增添很多正能量"。因此，革命精神的当代转化至关重要。

首先，红色革命精神不能仅仅停留在复述史料，或阳春白雪的学术探讨，要具有对当代实践的解释力。当前中国正处于改革的深水区，种种社会问题频出，种种错误思潮大肆传播，各地通过发掘和引导，有针对性地挖掘和讲述红色文化、革命故事，就是讲好中国故事，通过讲故事的方式去提高干部群众的精神境界，回应社会文化和精神危机，在历史与现实的连接中，深化对共产党人的"初心"的认识，深化中国革命、建设和改革各个阶段的连续性的认识，从而实现红色革命精神的当代意义，这也是党的十九大报告关于"推进马克思主义中国化时代化大众化"和"推动习近平新时代中国特色社会主义思想深入人心"的要求。比如，在接受了缙云县河阳乡村研究院的口述历史采写培训后，浙江省缙云县妇联就曾组织乡镇妇联干部对本县依然健在的女性老党员、老游击队员和老交通员的革命故事进行抢救性的挖掘和编采工作，于 2019 年 7 月编印了《缙云"革命妈妈"故事选编》的小册子。这不仅丰富了当地革命故事，而且让妇联干部在采写故事的过程中，受到了革命精神的洗礼。

其次，红色革命精神的当代转化不仅表现在内容的挖掘和丰富上，形式和手段同样重要。习近平总书记一向高度重视传播手段建设和创新，认为这是"提高新闻舆论传播力、引导力、影响力、公信力"，"占领意识形态制高点"的重要方式。当代红色革命精神的表达不能只是展板和图片，要更多采用数字化技术、沉浸式的方法，增加体验感和互动性。更重要的是，让当地人民群众通过县级融媒体中心、网络平台和移动端参与到红色革命精神的表述和提炼过程中来。比如，丽水市在表述当地红色革命精神内涵时就广泛发动群众，数百万人参与，最后提炼出"忠诚使命、求是挺进、植根人民"的"浙西南革命精神"。这个过程使全市干部群众对这一革命精神产生拥有感和认同感。

在地性：发掘红色革命精神地方意义

在中国共产党领导中国革命的过程中，涌现出许许多多以地方命名的革命精神，如"军民团结、艰苦奋斗"的井冈山精神，"改变作风、提高素质"的延安精神，"谦虚谨慎、戒骄戒躁、艰苦奋斗"的西柏坡精神等。这些革命精神起源于革命战争年代党中央带领人民群众在一个作为全国革命中心的地方开展工作时所产生的先进理念和实践，在随后的宣传与弘扬中，这些理念和实践被抽象为有普遍意义的中国革命精神。因为这些以地方命名的革命精神有着全国性高度和普遍意义，这些地方成了中国革命取得伟大成就的精神堡垒，它们身上的光辉，不会因为时过境迁而失色。作为中国革命发展中的关键节点和全国性的红色文化教育基地，它们在中国革命的总体历史叙事和精神宝库中有着无可替代的地位，而它们成为今天全国各地党组织和党员、群众瞻仰考察的首选之地，也顺理成章，当之无愧。

但是，在社群化和部落化趋势盛行的今天，围绕这几个地方的传统红色精神弘扬与传播实践，迫切需要丰富、补充与发展。而冷战意识形态的长期影响，"告别革命"思潮和"翻案"史学的一度兴起，尤其是互联网时代的历史虚无主义解构思潮的出现，更要求我们用更为生动、翔实和富有各地特色的革命故事来支撑基于以上地方的总体性革命叙事。只有这样，中国革命和中国社会主义道路选择的必然性才会在普遍与特殊的关系中越辩越明，中国革命的叙事也会在复杂的国内外意识形态斗争中汇聚成此起彼伏和一唱三叹的时代强音。

总之，新时代，弘扬地方革命精神，是以地方革命叙事来丰富和补充全国性的叙事，而不是解构总体性叙事；是将宏大的革命历史具体化、在地化和零距离化，而不是像某些地方为了争夺一些古代名人的出生地那样，是个非此即彼的零和游戏。而一旦宏大的全国性革命故事被嵌入本地社会，甚至与家族的血缘关系或者村庄共同体的地缘关系相勾连，红色精神就可以与当下生活着的每一个人的生命和情感发生关系。反过来，也只有把在全国性革命叙事真正具体化和在地化的过程中，人民群众才能更好地理解"全国一盘棋"的真正含义，更好地通过"人同此心，心同此理"的感知和认知过程，去超越因历史文化和政治地理的差异所造成的理解力、想象力和认同感障碍，从而更好地理解和把握井冈山精神、延安精神等有全党和全国高度的革命精神的伟大、崇高和普遍意义。

因此，在继续发扬光大井冈山精神、长征精神、延安精神、西柏坡精神的全国性和标杆性意义的同时，革命精神的挖掘与弘扬实践转向在地性，让中国革命故事带着乡音乡情，在祖国大地遍地开花，就成了大势所趋、水到渠成的发展，甚至是人心所向的必然逻辑。事实上，评判一个地方的革命精神的挖掘和弘扬效果，不在于空间范围内的知名度，更不在于其有没有被提升为全国性典型的普遍意义，而在于其在本地得到回响和获得民心的深度。习近平总书记早就指出，"一个政党，一个政权，其前途命运最终取决于人心向背"，这应该成为深入发掘和弘扬地方革命精神的重要目的。一个地方性的革命故事的挖掘和基于这些故事的革命精神的提炼，如果能够深入人心，能凝聚起本地人民共同的价值认同和信念，能够引导本地干部群众不忘初心，努力建设中国特色社会主义，就值得称道。

群众性：乡村振兴的基础

乡村是传统中国安身立命的所在，是近现代中国革命与变迁的焦点，也是当代中国剧烈变革的前沿，更是探索中国未来发展的关键，乡村蕴含着中国道路的历史坐标。乡村里面既有中华民族文化根脉延绵不断的故事，也有探寻中国革命正确道路的故事；既有"勤劳革命"和中国农民对中国崛起做出巨大贡献的故事，也有中国农民重建文化自信与村庄重获尊严的故事；既有践行"绿水青山就是金山银山"重要发展理念的故事，也有在实现"天人合一"理想中追求美好生活的故事；既有坚持农民在乡村振兴战略中的主体地位的故事，也有知识分子与人民群众相结合的故事。从秋收起义到农村包围城市，从井冈山到延安，中国共产党创造性把马克思主义的立场、方法、观点与中国乡村相结合，通过扎根乡土中国和广泛的农民动员来赢得和巩固政权，因此，讨论红色革命精神的诞生、传承、发展与弘扬，都离不开乡村。2013 年，习近平总书记视察临沂市时重新定义了沂蒙精神，他指出沂蒙精神的关键是"水乳交融、生死与共"的党群关系和军民关系。事实上，不仅是沂蒙地区，几乎所有红色文化的精髓都是党和人民群众，尤其农民群众的鱼水深情。

如何从历史和革命精神中汲取营养，坚持群众路线，始终和农民群众在一起，让生态文明建设、脱贫攻坚、乡村振兴协同推进，让乡土文化的复兴成为中华民族伟大复兴的坚强基石，让农民在乡村振兴战略中成为真正的主体，这是一个重要的命题。

我们也发现，随着乡土意识的回归和村民主体意识的增强，也随着党在农村的基层组织的强化、文化阵地的重建和乡村旅游业的发展，一些村庄和村民已经不满足于党和政府自上而下的对革命先烈的纪念活动，他们要求在村庄中为本村的先烈塑像立碑，表达自己的情感。这些先烈有些是当地小有名气的革命领袖，更多的或许只是一位普通的革命战士，在全国范围内几乎无人知其姓名，但是，在他们走出去的村庄中，他们是英雄。比如，2018 年7 月初，当我们带着学生在缙云县大源镇的红色村庄小章村调研的时候，就无意间发现，当地村民对该村的革命烈士蔡鸿猷有着深厚的怀念之情。虽然这位 1922 年加入共产党的黄埔军校二期革命先烈于 1927 年 10 月就在广州英雄就义，当地党和政府相关部门也在该村的宗祠开辟了他的纪念展示，但是，村民们还是非常希望能为他立一尊铜像，以自己的方式表达对他的纪念。总之，村民要以自己的方式纪念自己的英雄，很多迁居外地的族人也纷纷希望赞助，并以此来树立一个村庄共同体的认同感、自豪感和崇高感。从这个意义上讲，红色文化在当代已经成为一种特殊的乡愁，一种自下而上的群众性情感结构。这种自下而上的内生性情感与自上而下的"不忘初心、牢记使命"主题教育有机结合，就会凝聚成上下同心推进实现乡村振兴目标的磅礴伟力。

红绿融合：开辟新时代发展的新境界

在中华人民共和国迎来 70 华诞之际，中国古老的农耕文明在经历了中国革命凤凰涅槃般的洗礼之后，正以重新焕发的青春脚步，践行着"绿水青山就是金山银山"的新发展理念。2019 年 4 月 28 日，习近平总书记在中国北京世界园艺博览会上向全世界发出了"共同建设美丽地球家园，共同构建人类命运共同体"的"绿色约定"。今天，在新时代的"新长征路"上，要"不忘初心、牢记使命"，坚定走中国特色社会主义道路，不只是发掘革命故事、学习革命精神、弘扬红色文化，还要和绿色发展、乡村振兴等国家战略结合起来。反过来，乡村振兴也不能简单地被化约为经济增长，而是要有红色文化的价值底色和以人民为中心的基本立场，要有红色革命精神的引领。也只有这样，才能有效探索绿色发展和乡村振兴时代红色资源的价值转化与体验塑造，推进红色遗址的功能拓展与可持续发展。

总之，在绿色发展和乡村振兴的语境下挖掘和弘扬具有鲜明时代特征和生动地方特色的革命精神，对全党和全国人民在实现"两个一百年"奋斗目标的新时代，深化对伟大的中国革命的认识，以坚定的革命彻底性，以全国一盘棋的战略性，以积极进取的自主性和融入人民日常生产生活的乡土性，开创建设美丽地球家园和人类命运共同体的美好未来，具有重要意义。

作者简介：赵月枝，清华大学人文讲席教授；沙垚，中国社会科学院新闻与传播研究所副研究员。

【二】集体性与业余性：1949年以来浙江省缙云县婺剧实践的理论启示①

沙　垚　赵月枝

摘　要：沿着群众文化的线索，重新扎根历史，1949年以来浙江省缙云县农村婺剧发展的案例，体现出农村文艺实践中集体性和业余性的原则，其中还包含着社会主义想象，以及一种超越工资关系的生产关系和组织关系的可能性。更重要的是，在中国特色社会主义的文艺实践中，这种关系一直延续到当下，仍处于进行时态，这在乡村振兴的新时代又具有了新的理论和实践意义。

关键词：群众文化；集体性；业余性；农村业余剧团；缙云婺剧

近年来，乡土文化复兴，很多地方基于传统的文化形态，大力发展乡村文创和旅游产业。常见的模式：一是文化弘扬，二是产业发展，三是农民增收，显然，这是在"文化搭台，经济唱戏"的逻辑基础上增加了"农民增收"这一维度，并把它作为"群众观点"在农村落地的表现。当前乡村实践中，由于意识形态、社会治理和经济发展的要求，基层干部很难找到一个总体性的实践框架，将"政治""经济"和"文化"统筹起来，让三者各就其位、各司其职。在这种情况下，"文旅产业+农民增收"成了一个能够令诸方满意的博弈结果。

稍加推敲，我们就会发现，在这个框架中，"文化"和"政治"都是为"经济"服务的，而增收的农民则以一个被动参与者的角色分享"经济"红利。比如，各地乡村旅游景点的民俗表演，参与其中的农民可以获得从几十到几百元不等的收入。但是，这种以盈利为目的的文化表演是否已经抽离了有血有肉的村庄？这样漂浮的、展演的文化活动还能否在社区中撑开一个

---

① 原载《杭州师范大学学报》（社会科学版）2020年第2期。

"公共领域"，承担应有的政治经济和社区维系功能？我们担心，这一看似具有统筹性质的框架遮蔽了乡村文化主体的实践和探索，或者说，这是用文化主体"参与"的表象来割断文化与社区内在的有机关系。

因此，实践召唤一个新的、替代性的范式，既能解释现实、参与现实又能引领现实。问题在于，基于什么样的理论脉络和实践逻辑可以达致这样的目标？在本文中，我们通过"重新扎根历史"①，选择了"群众文化"的话语框架，因为"它所蕴含的历史思想资源及其体现出的观念对于实践的指导性，一直延续到乡村振兴和传统文化复兴等当下政策与实践"②。

一、群众文化：历史与实践

由于"群众身上具有一种自发的社会主义倾向"③，一直以来，文化研究的学者较为关注群众文化，但囿于研究方法和路径的限制，他们更多从文本出发，"长期以来……将重心放在几个经典小说上"④，因而受到不少批评。比如，早在 20 世纪 80 年代中后期，威廉斯就意识到文化研究有可能与社会运动和社会实践脱节，成为书斋里的知识活动。⑤ 倪伟进一步提醒大家："文化研究必须……深入到历史的、现实的结构及其运动之中，抱着一种具有高度自觉性的自反意识去分析和批判横亘于眼前的巨大而普遍的精神危机，并在此基础上构建一种新的人文价值基础。"⑥

这里很清楚地指出了文化研究的两条出路：一为历史。这不是要"逸入历史"⑦，去讨论社会主义的乌托邦，而是要告别和拒绝这种对历史的"单纯怀旧"。这是因为，"真正救赎过去，需要将'过去'作为'潜能'来阅读，

---

① ZHAO Y. Rethinking Chinese media studies：history, political economy and culture［M］// THUSSU D K. Internationalizing media studies. New York：Routledge, 2009：176.

② 梁君健."群众文化"：乡村振兴的历史资源与当下价值［J］. 江淮论坛, 2018（6）：41-45，155.

③ 蔡翔. 革命/叙述：中国社会主义文学—文化想象（1949—1966）［M］. 北京：北京大学出版社, 2018：18.

④ 谢俊. 社会主义文艺总是"不自然"的？刻板印象背后，是更复杂的美学［N］. 新京报书评周刊, 2019-05-24.

⑤ WILLIAMS R. The Future of Culture Studies［M］// WILLIAMS R, PINKNEY T. The politics of modernism：Against the new conformists. London：Verso, 1989：158-162.

⑥ 倪伟. 打造有用的人文知识：文化研究的再出发［J］. 文艺理论与批评, 2019（3）：60-66.

⑦ 埃尔基·胡塔莫, 尤西·帕里卡. 媒介考古学：方法、路径与意涵［M］. 唐海江, 译. 上海：复旦大学出版社, 2018：3.

将之视为尚有待实现的'起源',同时使之向新的历史经验与历史条件开放"①,或者借用刘岩在研究东北工人文化时的叙述,之所以要再现和讨论"东北老工业基地历史的各种文本与文化现象",是希望"最终抵达对蕴含社会主义经验的文化生产的未来可能的尝试性探究"②。

二为"现实的结构及其运动",即实践。威廉斯在《乡村与城市》一书中批判了把"过去"想象成"伊甸园",进而"当作一种手杖来敲打现在"③的做法,他更鼓励对现实社会结构及其变化的关注。倪伟也认为,如果文化研究"高深的理论语言不能为普通大众所理解……无法帮助他们去认识身边的社会和世界,认识自己的生活境况是如何形成的,更不可能变成一种积极的力量去推动社会现实的变革"④。那么,文化研究的意义何在?

从这个意义上来说,"群众文化"是文化研究多维的交汇点。一方面,"群众文化"可以对接历史,承袭中国共产党的道统和政权的基础,社会主义文艺必须是人民群众的文艺;另一方面,"群众文化"指向当代轰轰烈烈的基层文艺实践,人民群众通过戏曲、广场舞、乡村春晚等形式,参与社区文化生活和公共事务,以文化的方式应对乡村在急剧变迁的现代社会所面临的种种风险与挑战。这里,不仅可以发现历史与当代实践的勾连,而且理论与实践的有机关系也得以重建。因此,群众文化活动的分析框架不仅对中国乡村文化实践具有更大的解释力,而且对乡村振兴战略下促进乡村政治经济和社会文化一体化发展有引领意义。

20世纪中国农村有轰轰烈烈的戏曲实践。在很长一段时间里,戏曲是农村地区的文化传播和意识形态教育的主要媒介。因此,如果仅仅用"文旅产业+农民增收"的框架分析以戏曲为主体的农村文化和文艺实践,不仅犯了去历史化、去政治化的错误,而且是"自觉或不自觉地将自己置身于中国革命现代性及其历史发展的轨迹之外,并以一种隔岸观火的方式"⑤来考察中国

① 朱羽.社会主义与"自然":1950—1960年代中国美学论争与文艺实践研究 [M].北京:北京大学出版社,2018:430.
② 刘岩.历史·记忆·生产——东北老工业基地文化研究 [M].北京:中国言实出版社,2016:10.
③ 雷蒙·威廉斯.乡村与城市 [M].韩子满,刘弋,徐珊珊,译.北京:商务印书馆,2013:15.
④ 倪伟.打造有用的人文知识:文化研究的再出发 [J].文艺理论与批评,2019(3):60-66.
⑤ 赵月枝,吴畅畅.网络时代社会主义文化领导权的重建?——国家、知识分子与工人阶级政治传播 [J].开放时代,2016(1):6,119-140.

的农村文化和文艺实践。

在田野调查的过程中，我们发现了浙江省缙云县农村戏曲的案例。作为全国少有的"戏曲文化之乡"，相比于各地农村戏曲普遍衰败的现状，缙云的案例似乎没有代表性，然而，这恰恰是作为传统戏曲文化和社会主义群众文化活化石存在的缙云当代戏曲文化案例的价值所在——因为它让我们看到了另一种根植于人们社会生活的文化形式的生存和发展的可能性。以"群众文化"话语为线索，重新发现乡村戏曲文艺实践，或许可以寻找到一个能在乡村振兴语境下把文化包含在内的政治性、经济性和农民主体性有机联系在一起的理论和实践框架。

二、作为"群众文化"的缙云戏曲

缙云县位于浙江省南部山区，直到 21 世纪初，交通依然很不方便，但这里的戏曲文化有着深厚的群众基础。2018 年 5 月 28 日，中国民间文艺家协会授予缙云县"中国民间戏曲文化之乡"的称号，认为"戏曲文化渗透于群众生产、生活、习俗各个领域，群众基础扎实，风格多样，传承有序"。① 在很多地方戏曲已经奄奄一息的大背景下，为什么这里的戏曲依然一枝独秀？

缙云于公元 696 年立县，是一个"百乐戏为首"的戏曲繁盛之地。清中叶（1662—1795 年）开始，"花部乱弹兴起，高、昆、徽、乱各路声腔社流入缙云，地方班社应运而生"，成为"浙江南路徽班的荟萃之地"。② 到了乾隆、嘉庆年间，缙云的一些村庄，便有本土班社存在，而到了 1931 年前后，县内就有 14 个班社，许多常年演出，大小村庄中，共有 400 多座戏台。③ 实际上，在缙云，即使普通的几百人小村庄的祠堂，也建有戏台，而"锣鼓响，脚底痒"的民间谚语，也生动说明了戏剧对于相对闭塞的缙云老百姓的吸引力。在解放初的戏曲改革中，与金华地名相关联的"婺剧"这个称谓开始出现，由于缙云在新中国成立初期被划入金华地区（缙云后来被划归丽水地区），其境内的戏班也被统称为"婺剧团"。

20 世纪 50 年代初，全县尚有古戏台 141 座。民间婺剧团最兴盛时期，曾

---

① 陈俊杰."中国民间戏曲文化之乡"花落缙云［EB/OL］.浙江以线—中国缙云新闻网，2018-06-19.

② 潘力峰.处州古韵：丽水市非物质文化高遗产项目精编［M］.北京：中国戏剧出版社，2011：103-104.

③ 潘力峰.处州古韵：丽水市非物质文化高遗产项目精编［M］.北京：中国戏剧出版社，2011：105.

有 200 多个大大小小的婺剧班社。① 所以，在很长一段时间里，婺剧是缙云县农村主要的文化形态，农民通过看戏，了解国家的科层体制，接受礼义廉耻的道德教育，也在看戏中想象着美好的爱情，幽默的戏引人哈哈一笑，武打的戏热闹起劲……总之，戏曲传播，既有高台教化，又有文化娱乐，还有社区维系以及民间仪式的功能。

20 世纪 80 年代之后，以农村人民公社的解体为重要的制度性变革为基础，中国引入市场经济的生产与消费模式，对乡村文化来说，一方面，大量劳动力外流，导致很多地方的传统戏曲因缺少表演者与观众而演出频次锐减；另一方面，电视、智能手机、互联网已经融入村民的日常生产生活之中，传统的传播活动受到不同程度的冷落。但是，截至 2016 年，缙云县"本地演出每年 3000 场以上，市场容量 300 万人次，参与互动的人口众多，几乎一年到头演出。从业人数达 1500 多人，年演出在 1.5 万场次以上，年收入达 5000 多万元，观众达 1000 多万人次，并带动戏服加工、运输、灯光音响、饮食、百货等产业链的发展和文化消费，年交易额均在 1 亿元以上"②。

2017 和 2018 年春节，我们在缙云调研，发现在缙云的十里八乡，每天都有婺剧演出。大大小小各种固定的和临时搭建的流动戏台前，观众看得入迷；在戏台的后面或外面，各种小吃摊和玩具摊前人声鼎沸，热闹非凡。无论是村集体的平安戏，还是个人的还愿戏和祝寿请客戏，也无论是出于喜爱，还是仅仅为了招待亲朋好友，甚至为了戏台前的商机和那一个烧饼、那一截甘蔗的味道，请戏、演戏、看戏和"赶台前"，的确是缙云人民群众日常经济和文化生活的一部分。多年来，缙云县委县政府，也按"政府引导、民间自主、群众合力"的思路，不断加大投入力度，积极引导社会力量共同参与戏曲发展。从兴建和修建文化礼堂、乡村戏苑、农村古戏台、婺剧活动点、婺剧专题展示馆等各类戏曲活动场所和健全县、乡、村三级戏曲文化设施网络，到通过开展婺剧进校园工作培养戏剧后备人才，再到定期举办各类培训班及大赛、展演，缙云走出了一条传统文化振兴的新路径。

三、农民业余剧团和农民演员

上坪村是缙云南乡一个距离缙云县城 60 千米山路的村庄。1952 年，上坪

---

① 访谈：缙云县婺剧促进会会长陈子升，2016 年 6 月 27 日。
② 缙云县文广新局《缙云县戏曲发展概况》，载于《中国民间戏曲文化之乡传承基地申报文本》，2017 年内部资料，未公开发表。

村成立了文艺婺剧团，这是一个农村业余剧团。

什么是农村业余剧团？它是农民群众自己的一种业余的文娱组织形式，其活动原则是"业余、自愿、小型、多样"。不同于专业剧团，它具有更为广泛的群众性。文化主管部门规定，关于节目，农村业余剧团当以社会主义、爱国主义、宣传集体化、发展农业生产为主要内容，同时内容健康，不违反社会主义原则，为群众喜爱的优秀民间传统剧目，也可以上演。关于活动时间，业余剧团应根据农村生产季节的特点，以在本村本队活动为主。应本着农忙不活动，农闲时间适当活动的原则，排戏、演戏，必须利用节日、假日、雨天等农事空隙时间进行，不得占用生产时间，不得影响社员休息，更不得因排、演戏而记工分，如邻近村庄没有业余剧团，需要交流或联欢演出时，经过双方生产队同意，可以流动演出，但必须遵循两个原则：第一，不得妨碍农业生产；第二，不得做营业性演出。

因此，戏曲演出、交流活动常常在春节期间进行。"大年三十、初一，戏班在村里演，是免费的，演员在自己家吃，演给自己村里人看；初二各家要拜年，村里不演戏；到初三、初四，就出去演，到隔壁村。那时候几乎每个村都有戏班，但不是每个村的戏班水平都高。有些村大年三十、初一自己的班子演一下，村民都嫌弃，到初三就请周边村的戏班去演。一般都是村民认领演员，到自己家里吃住，条件好的村民，认领两三个演员，条件差的就认领一个。"①

要成立农村业余剧团，首先是人，一个农村青年，如何从农民变为演员？戏曲演员的学习与养成是社会化的。拜师学艺固然重要，但这只是学习过程中的一个环节，更重要的是他们从小受到村庄中戏曲氛围的熏陶。

来自缙云县另一个村庄——河阳村的婺剧演员朱马成告诉我们，他年幼时学戏全靠自己的兴趣。以前农村没有什么娱乐方式，就是看看戏，大家在田间地头也都唱这些戏文，作为劳动之余的休闲放松。自己放牛时在山坡上没事的时候，也会哼两句，也会拿着锄头、铁锹当道具，当大刀耍起来。老戏恢复（20世纪70年代中后期）之后，河阳村的大会堂有了电视机，看电视是要买票的，3—5分钱一次，朱马成常常去看电视，电视节目里戏曲节目较多，他在电视里看了之后就记下来自己学，招式动作自己回家练习，再向到村里来唱戏的老先生请教。再后来，县里的文化馆为各个村举办了7天的

① 访谈，缙云县退休干部项一中，2018年9月29日。

学习班，朱马成在这期间将基本功都学会了。[①]

正如上坪村业余剧团的历史在缙云有一定的代表性，朱马成的经历也有一定的代表意义。根据他的经历，我们可以将戏剧演员社会化的学习机制概括为如下几个关键词：社会接触、媒介参与、师父指点、专业培训、自主练习，这五个方面在具体的日常生活中相互交织，共同发生作用。也正是由于这一社会化的学习方式充满着不确定性，因此戏曲的程式、剧目在代际之间的传承也相对随意。朱马成等任何一个戏剧传承者都可以根据自己的喜好，以及客观条件的限制改变一些唱词或程式。今天舞台上一出戏的样貌，是一代又一代的农民艺人在学习与演出的实践中不断加入自己的理解进行再生产才得以形成的。直到今天，每年6月份排练新戏，还会无偿借用戏曲底蕴较为深厚的村或社区进行。排练期间，附近的戏迷们就是最早的观赏者和品评者，排练将结束时，剧团无偿为该村或社区奉献3—7场戏曲大餐。[②] 换言之，戏曲剧目、程式的生产与再生产是历代农民艺人在集体实践中共同完成的。

这是民间戏曲的特点，同时也是专业或职业演员嗤之以鼻的地方，因为在专业工作者看来，一招一式不可轻改，由此，我们也可以看出"专业"与"业余"区别。对专业演员来说，专业性、艺术性是其行为原则，但在农村，戏曲是一种生活方式。比如，官店村一位老演员说："我们村就是能上台的都上台，上台能演戏，下台能种地……从田里回来，不找个事玩一玩，就空虚，大家都有这个文艺爱好，村里整体的氛围就好起来了。打工没关系，晚上有时间，也有休息时间，只要是你喜欢，就有办法的。"[③]

学成之后的演员们组织起来成立戏班，但是按照规定，农忙时必须保证生产劳动，是主业，只有农闲时才能演出，因此生产队与农民艺人一起创造性地探索出了"半农半艺"的戏班组织方式。这是一种适合农村生产生活结构的方式，将文艺娱乐与农业生产有效结合，互不影响。上坪文艺婺剧团成立时一共有30多个人，作为演员并不是每一场演出都必须参加，有演出了，五六个年长的召集人共同发出邀请，其他演员中谁会唱这出戏、谁有空、谁愿意出演就参加。

尽管是业余的文化活动，但在20世纪50—70年代的历史语境中，农村

---

① 访谈，河阳村民间艺人朱马成，2016年6月26日。
② 缙云县文广新局《缙云县戏曲发展概况》，载于《中国民间戏曲文化之乡传承基地申报文本》，2017年内部资料，未公开发表。
③ 访谈，缙云县官店村业余剧团演员杨喜让，2019年2月10日。

业余剧团完成了三项重要的使命：第一，宣传共产党的方针政策，开展群众性自我教育，不断提高群众的社会主义觉悟，如张炼红所说，很难想象，新中国成立之初社会政治文化转型，如果没有这样一支"指挥自如、训练有素且能广泛深入民间的群众性宣教队伍，那么各项政策的上传下达还能否进行得如此顺利"①；第二，以促进农业生产的发展为导向，鼓舞群众的劳动热情，要求演员不能脱离生产，演出不能妨碍生产；第三，为群众提供日常化的文化娱乐。

组织戏班需要戏服、道具等行头，这对戏班来说是重要的生产资料，生产资料的来源决定着戏班的性质。在1949年中华人民共和国成立前，由于戏班的行头常常是地主财东提供的，因此戏曲演员成为他们雇佣的文化劳动者；那么，20世纪50年代开始的农村业余剧团的生产资料从哪里来？

朱马成提到，河阳村婺剧团在人民公社时期，是由村民自己生产戏服，刺绣、做道具，家家户户都做过这个，结果也导致了村剧团的戏服道具比县政府官方剧团还要多、还要好。② 这是一种由生产队牵头，组织村民进行媒介资料集体生产的方式。

上坪村文艺婺剧团生产资料有五种主要来源：第一，上坪村部分村民主动捐了一些钱；第二，打草席是上坪村的传统手工艺，演员及其家庭成员利用空闲时间打草席，卖掉之后的所得全部捐给剧团；第三，演员们到山上"挖柴根"，都是4个人抱不过来的大树，此前村民为了搞社会主义建设，都上去把木头锯了卖掉，剩下了好多树根，唱戏的演员就去挖树根卖；第四，有时候演戏会收到别人送的白糖，也拿去卖；第五，戏班到邻村或别的村庄去演戏，演完戏都会收到一个红包，多少钱并不是确定的，但是给多少是多少，演员不会公开要价，这部分钱，也是用来投入添置行头的。③ 这个传统一直保持到20世纪80年代中期，尤其值得一提的是，剧团在上坪村本村演戏是义务，不收钱的。所以，村民的捐赠、卖草席、卖树根、卖白糖、唱戏收入都是集体生产、集体创收、集体使用，具有群众性、公共性和集体性。

这里有必要讨论一个问题，既然不是为了挣钱，演戏是义务的，不仅如此，他们还需要用其他家庭收入来支付演戏的道具开支，那么业余剧团的演

---

① 张炼红.历练精魂：新中国戏曲改革考论［M］.上海：上海人民出版社，2013：377.
② 访谈：河阳村民间艺人朱马成，2016年6月26日。
③ 焦点小组访谈：上坪村文艺婺剧团老艺人——胡振鼎（小生）、胡文貌、胡舜庆、胡售坤、胡桂禅（花脸）、胡桂钦（正生）、胡寿照等，2016年6月28日，上坪村委会议室。

员们为什么而演？这是一个按照经济逻辑无法解释的问题。村里的小生演员胡振鼎说："都是为了自己的兴趣爱好，自己开心投钱进去也无所谓。"①

　　一方面通过发动村民为戏班捐赠行头，另一方面巧妙地利用地缘、亲缘关系，以及传统的价值观念，调动起农民艺人的文化热情、自我展示和服务意识，从原来的挣钱养家糊口，到现在的利用自己的能力为生产、为他人服务，在这个过程中，他们意识到自己的演唱不仅对亲人、对社区，甚至对民族、国家和社会主义建设事业都做出了贡献，借此重构了农民艺人个人的人生价值和意义。如自愿熬夜排练，到公共水利工程"古方塘"为村民演出《战方塘》，动员其他群众以更积极和主动的姿态参与到社会主义建设中来。如傅瑾所说："将艺人们从那种有知道通过演戏挣钱度日的'麻木'状态中'唤醒'，让他们感觉到在新社会所肩负着的无比光荣的责任。"②

四、集体性、业余性与社会主义的想象

　　如果说在巴迪欧（Alain Badiou）那里，20 世纪是一场"远征"③，那么中国社会主义实践的意义，以及为寻找人类未来可能的更为美好的社会形态所做出的努力和付出的代价，无疑是这场"远征"中悲壮的史诗。④ 翻开其中一个群众文化的案例——缙云县婺剧，就会发现，它为我们提供了讨论 20 世纪以来很多重大理论议题的活生生实践。

　　1949 年新中国成立，如何在乡村传播社会主义意识形态，是中国共产党必须解决的问题。很多乡村地理位置偏远，如缙云县处于浙江腹地的山区地带，交通不便，并且农民的识字率不高，所以传统民间戏曲成为党和政府联系群众的重要文化纽带。需要特别强调的是，当时的群众文艺，并不是如裴宜理所说的那样，简单地"用民歌、音乐和故事将外来的革命目标本土化"⑤，即所谓"旧瓶装新酒"。从 20 世纪 50 年代上半叶开始，党和政府就探索出了"两条腿走路"的传播策略：一方面，要求国家的文艺工作者到农村去学习，将农民的生产生活和文化风俗，按照社会主义价值取向进行再生产，编排出戏曲演给农民看；另一方面，要求对农村原本就存在的演出团体，

① 访谈，上坪村文艺婺剧团老艺人胡振鼎，2016 年 6 月 28 日。
② 傅瑾. 新中国戏剧史：1949—2000［M］. 长沙：湖南美术出版社，2002：4.
③ 阿兰·巴迪欧. 世纪［M］. 蓝江，译. 南京：南京大学出版社，2011：89.
④ 沙垚. 传播学底层研究的范式更迭与当代探索［J］. 江淮论坛，2017（1）：146-150.
⑤ PERRY E J. Anyuan：Mining China's Revolutionary Tradition［M］. California：University of California Press，2012：283.

如农村戏班，进行培训，然后奔赴最为偏远的山区，或进行最为日常的文化传播活动，即所谓"农民唱戏农民听"。与"旧瓶装新酒"不一样的地方在于，它不是文艺内容与媒介形式的重新机械组合，而是在实践中摸索出的形式与内容的有机统一。这种方式，既保证了戏曲传播的频率，使戏曲成为乡村地区党和政府认可的、日常的文艺实践，变动员群众为群众自我动员，又将戏曲传播的主流性、社会主义属性与戏曲的民间性、实践性达成一定程度的统一。

在此过程中，有两个关键词逐渐清晰起来：一为集体性，二为业余性。集体性主要表现在如下三个方面：

首先，集体协作完成的文艺实践。从上文分析可知，农村业余剧团是一个集体组织，内部是集体领导制，由几个资历较老、经验丰富的演员共同决定剧团事务，团长与演员之间不存在雇佣关系，而是集体协作，集体进行剧本创作和演艺活动。20世纪80年代之前，剧团全部经济收入，集体管理、集体支出。20世纪80年代之后，剧团开始盈利，分配时将总收入按人头均分。从观众来说，看戏是一个需要集体来完成的文化活动，不同于个人化地坐在家里看电视。其次，基于村庄共同体的文艺实践。业余剧团归村集体所有，不是私人、私营的剧团，剧团道具行头的获取都是来自村民的集体捐赠或演员的集体劳动，因此演员为本村村民演戏必须是免费的，这个过程培养了演员的服务意识和集体意识，升华了人生价值。同时，一个村庄不仅春祈秋报要请戏，而且村民还愿、祝寿甚至开业的最高形式也是请戏，通过戏把每个村民个体的人生节点转化为村庄的公共仪式。① 由此，村庄共同体的凝聚力得到加强。最后，社会主义国家引导的文艺实践。在这里，我们需要强调的是，在农村业余剧团发展过程中，国家文化政策起到了持续不断的引导作用，也就是说，这个过程不只是受到市场的影响，也不完全是农民自发的。业余剧团必须在党、政府领导下有计划地安排活动；缙云县文化馆、县属专业剧团不仅在业务上指导业余剧团，介绍推广和供应演唱材料，而且协助培养骨干力量。就这样，通过戏，国家和农民之间建立起了更为密切的联系，戏曲成了联系国家和乡村的文化纽带。

总之，无论是戏曲的表演者，还是观众；无论是戏曲的学习机制，还是生产资料的获得，戏曲活动的传播；无论是戏曲的组织方式，还是其在实践中生产出的社会关系，都是集体性的。这与资本或市场主导的文化生产和传

---

① 沙垚. 从影戏到电视：乡村共同体想象的解构［J］. 新闻大学，2012（1）：35-39，93.

播机制有着本质的区别。

回顾 1949 年以来缙云民间业余剧团的发展历程,我们同时发现农民艺人唱戏是一项业余的文化活动,在长达近半个世纪的时间里,其业余性表现在:第一,戏班相对松散,戏班演出和角色没有固定的人选,演出对于演员来说不是主业,是业余的文化活动;第二,演员农忙时种地,农闲时演出,"半农半艺"的组织方式和演出方式,与农耕型社会结构相吻合;第三,演员的专业水平有限,常常会碰到不会演的戏。与此同时,政府规定,"业余性"是农村业余剧团得到许可的首要原则,严禁向专业化、规模化与营业性的方向发展,这些制度保障了剧团的社会主义属性,杜绝了向资本主义逻辑的生产与传播方式转型的可能性。

需要指出的是,现代化语境下,分工日益明晰,专业化程度越来越高,这并不是 21 世纪才开始的。然而,为什么全世界都在现代性的道路上狂飙猛进的时候,20 世纪后半期的中国乡村文化传播却独辟蹊径,要求坚持戏曲的业余性?我们认为,这里的答案,必须从 20 世纪下半叶中国独特的社会主义建设实践中去寻找。业余,因其不是主业,就不会追求经济利益的最大化,从而保证了文化传播活动的相对纯粹性,以及区别于资本主义文化工业的独立性;业余,挑战了脑力劳动和体力劳动的分野以及体力劳动者和脑力劳动者缺乏交流沟通的现实的社会结构。重新回到马克思,回到"生产者联盟"的思想,我们就会发现,这种联盟不仅指物质生产者的联盟,还包括体力劳动者和脑力劳动者的联盟,物质生产、文化生产和意义生产相互联结。更为重要的是,脑力劳动者和体力劳动者从"联盟"到"合而为一",就达到了马克思所期望的,"上午打猎,下午捕鱼,傍晚从事畜牧,晚饭后从事批判"① 的状态。在这里,猎人、渔夫、牧人、谈判者和诗人的身份是可以在一个人身上实现统一的。在人民公社体制下的农村业余剧团成员,很难说一个人是农民,还是演员,因为其身份是双重的、合二为一的。从这个意义上,集体性和业余性的讨论,为我们在网络社会语境下展开超越城乡分野和脑体分工的新形式生产和生活方式,提供了一个历史的参照。当然,这是一个与数字资本主义语境下的"996"式和"消费—生产者"式生存方式完全不同的愿景。

基于集体性和业余性,我们或许可以在文化生产与传播实践中找到一种

---

① 中共中央马克思恩格斯列宁斯大林著作编译局. 马克思恩格斯选集: 第 1 卷 [M]. 北京: 人民出版社, 1995: 229.

超越工资关系的生产关系和组织关系的可能性。在缙云农村业余剧团的案例中，农民艺人借助社会主义语境中群众文化活动的合法性，登上了农村文化的舞台。由此，他们人生的意义与价值得到重构，从唱戏挣钱转变到为村民提供文化服务，这种主体性行为，与席勒（Dan Schiller）提到的"家务劳动""农民生产""奴隶劳动"，以及威廉斯提到的手工艺人和后手工艺人（post-artisanal）一样①，都是超越工资关系的实践性的表征。当然，相比之下，缙云县农民艺人的文化传播活动，更具有明显的社会主义色彩，他们不仅是消费者、接受者，更是文化的创造者和演出者。更重要的是，虽然演出需要经济基础和一定的物质条件，然而，他们的活动不但超越了工资关系和盈利目的，而且他们之间的关系，也超越了雇佣劳动关系而体现出了"自由生产者联盟"中的平等与协作关系。

五、未曾完结的探索

然而，历史总是以其非线性和多样性的特征挑战我们对现代性的单一想象，而城乡关系视野的植入和从未中断的中国农村社会主义文化建设努力，也需要我们把目光投向广大的乡村和这里正在转型的文化实践。毋庸置疑，从农民"去集体化"地坐在家里看电视开始，乡村就逐步被卷入资本主义的文化工业生产和消费主义生活模式，人逐渐呈现原子化、个体化、陌生化，也就失去了抵御资本剥削与现代社会风险的能力。不过，在缙云，"集体性"与"业余性"互构的动态文化生产关系在今天的群众文化活动中依然以某种方式延续着。通过近年在缙云县的连续观察，我们寻找到了蕴藏在历史实践中的群众文化力量。在我们看来，这一力量包含以下的动能：告别个体化的文化娱乐，重返集体性的文化活动，以集体的方式，调动种种威廉斯所谓"残存"（residual）的文化形式，并在此基础上培育以乡村春晚"浮现"（emergent）的新文化形式与建设社会主义文化的"希望的资源"。② 我们的发现，对重建农民的文化自信和主体性，在当代断裂的社会结构中获得更好的生存与发展，有重要的意义。

---

① 丹·席勒. 传播理论史：回归劳动［M］. 冯建三，罗世宏，译. 北京：北京大学出版社，2012：229.

② 雷蒙·威廉斯. 马克思主义与文学［M］. 王尔勃，周莉，译. 郑州：河南大学出版社，2008：129-136.

张炼红在研究"戏改"时提出，对今天的"新意识形态"来说，人民公社时期的"人民性"，难道不是已经成为一种新的"民间性"吗？① 曾经是威廉斯意义上的"主流"（dominant）的群众文化/文艺，经过 30 多年的市场化改革，在一定程度上变成了"残存"的文化。然而，这既不意味着断然的断裂，也不意味着某种基于西方资本主义现代性的线性历史逻辑的必然中国演绎；相反，即使在商业化大众媒介成为"新主流"的时代，群众文化/文艺在理论和实践上并没有完全被抛弃；更何况，中国共产党也从来没有放弃过文化艺术为人民服务、为社会主义服务的方向。在动态的、曲折的、充满国家与社会互动和社会主体的能动性的文化实践甚至斗争中，昨天的"主流"、今天的"残存"，在新的历史条件下，构成当下新的"浮现"。

"2015 年共有 16 个婺剧剧团，其中 3 个为专业剧团。"② 换言之，在当下的缙云农村，依然还有 13 个业余剧团存在。如 2006 年，上坪村重新成立"缙云县上坪村婺剧团"，这依然是一个村集体剧团，原因在于：第一，村集体曾出资 1000 元用于剧团成立，赞助了 3 件戏服；第二，团长和演员不存在雇佣劳动的关系，而是集体协作，分配方式沿用集体化时期的分账方式；第三，从人员、组织方式等方面，这一剧团与 20 世纪 50 年代的业余剧团之间都存在某种传承关系；第四，老艺人唱戏主要是为了自己开心，不以挣钱为目的，团长是集体讨论推选出来的有威望、有资质的人。虽然，这两年，随着老人的离去——或者死亡，或者跟随儿女搬到城里居住——剧团从 30 多人减少到 20 多人，演出已经很少了。但是，剧团的活动从来没有断过，至今依然还在坚持演出。

除了婺剧，缙云还有着其他丰富多彩的群众文化活动，如 2015 年，全县共有 880 位村民受到业余婺剧培训，17000 多人在参与广场舞活动，共有 107台村民自己策划、组织、表演的"乡村春晚"。③ 这些都是在从事农业生产，或外出打工之余进行的，体现了"集体性"与"业余性"，以及文化的组织力与生产力。④ 试举一例：朱盈钟是缙云县新建镇的一位农村机械修理工，但由于热爱婺剧，2017 年在镇上成立了"新建镇民间戏剧联谊会"，全会现有

---

① 张炼红. 历练精魂：新中国戏曲改革考论 [M]. 上海：上海人民出版社，2013：11.

② 缙云县婺剧促进会编《缙云县婺剧促进会近年来的工作情况汇报材料》，内部材料，2015 年。

③ 访谈，缙云县文化馆馆长楼焕亮，2016 年 6 月 27 日。

④ 赵月枝，龚伟亮. 乡土文化复兴与中国软实力建设——以浙江丽水乡村春晚为例 [J].当代传播，2016（3）：51-55.

141 个会员，他们通过拉赞助、交会费（100 元每人）的方式筹集了 10 万余元，"2018 年，一是到别的村子去唱，在舞台上、祠堂里，文化交流；二是文化局安排的，他们安排了 6 场，我们演了 9 场节目，有小品、婺剧、三句半，舞蹈都有"①。在围绕乡村春晚何以可能的其他田野调研中，我们也看到，这种以村集体为基础和业余性为特点的民间文化活动，是今天乡村春晚能以燎原之势得到发展的基石，而中国社会主义革命和建设在社会文化层面的另一个重要成果——妇女解放，则意味着，女性在乡土文化复兴中，起着关键的作用。②

实际上，在农村文艺实践中，"集体性"与"业余性"的回归，或者说其本身便是未曾完结的实践，有着深刻的时代与历史根源。首先，当代社会急剧变迁，在日益全球化的城乡结构中，农村处于弱势地位，通过重新召唤"集体性"可以达成一种新的团结，以应对时代的种种风险。不仅是婺剧，与之相对应的还有诸如广场舞、乡村春晚、庙会社火等，都是将文化实践重新拉回到集体和乡村共同体的维度，从而告别作为"沙发里的土豆"的原子化的电视观看行为。其次，20 世纪的历史实践留下了丰厚的组织遗产，如官店村每年乡村春晚的大背板上都写着"1950—2018"或者"1950—2019"等，这说明村民们并没有把当代的春晚当作是一个新发明的文艺实践，相反，在村民眼中这是 1950 年以来的春节文化活动、农村业余剧团的延续；同时，21世纪以来不断深化文化体制改革，缙云县国营婺剧团裁撤，很多专业演员分流到民间，对农村群众文化的繁荣和发展起到了重要作用，他们经历了一个从专业到业余的过程，最终将婺剧化为农民的一种生活方式。

总之，本文讲述缙云县农村业余剧团的故事，无意为从威廉斯到席勒的西方马克思主义文化理论做注脚，而是在接续这些西方批判学者对资本主义文化关系进行理论批判，在超越资本主义文化关系想象的基础上，讲述中国一个有机的中国乡土文化变迁的故事。我们的目的，是从这个中国故事中延展或概括出新的理论、概念，从而参与关系到人类未来文化发展方向的探索中去。这种讨论包括如脑力与体力劳动分野的可能，超越工资关系的可能，以及对资本主义条件下文化和人的异化的"超克"的可能。在中国的村庄也已经被全球化和整合到全球化的数字资本主义劳动分工的时代，在国家希望

---

① 访谈，缙云县新建镇民间戏剧联谊会会长朱盈钟，2019 年 2 月 9 日。

② 辛逸，赵月枝．乡村春晚、女性主体性与社会主义乡村文化——以浙江省缙云县壶镇为例［J］．妇女研究论丛，2019（2）：17-29．

通过乡村振兴战略，重新平衡城乡关系和克服出口导向的全球化生产所带来的地缘政治经济危机的时代，这种讨论就更有意义和价值了。

　　作者简介：沙垚，中国社会科学院新闻与传播研究所副研究员；赵月枝，清华大学人文讲席教授。

【三】乡土文化复兴与中国软实力建设

——以浙江丽水乡村春晚为例①

赵月枝　龚伟亮

浙江丽水的乡村春晚久负盛名。按丽水网"丽水乡村春晚引起全国瞩目"新闻专题的介绍：丽水是中国民间艺术之乡，广大群众春节期间自导自演办春晚习俗由来已久。闻名全国的"月山春晚"起源于1946年，1981年开始盛行并连续举办36年，被誉为"中国式乡村过年之文化样本"。2016年春节，丽水全市自办乡村春晚多达772台，出现百万群众上"村晚"、20多万外地游客走进秀山丽水乡村过大年的文化盛景……②

除夕的猴年央视春晚还余音未绝，正月十四，我应邀观看了浙江丽水缙云县官店村乡土戏剧春晚。置身乡土"村晚"这一生机勃勃的乡村文化实践当中，不知不觉间，便对农村新文化的生成、文化的有机性、文艺的引领价值等问题有了更深切的体认。浙江丽水的乡村春晚的确为我们思考乡土文化复兴与中国软实力建设提供了贴基层、接地气的思考，以及剖析知识症候、镜鉴自身的机会。

一、春晚与村晚

从直观上，整台晚会看起来是传统戏曲，但吸收了很多现代元素：如在文化礼堂外面的大屏幕直播的现代技术手段，在内容上有不少现代戏曲和反映现代生活的曲目，很多现代词汇和现代乐器的加入，以及非常现代的舞美、灯光等；还有就是从整台晚会的价值观上，是反映现代情感和具有引领性的，没有什么封建落后的东西，看完感觉非常提气、喜乐。

---

① 原载《当代传播》2016年第3期。
② 周晓寅. 近千场"村晚"上演，快来乡村过大年［EB/OL］. 浙江党建网，2017-02-10.

从女性角度这个"衡量普遍解放的天然尺度"① 来看：乡村历来在传统上都是非常以男权为中心的，但整台晚会的内容，实际上凸显更多的是女性，是女性的智慧、美丽和勇敢。可以看到，无论从手段、内容、精神到性别观念，这台乡村春晚都是现代的。

这台乡村春晚的群众性和有机性也令人印象深刻。官店村乡土戏剧春晚的有机性首先在于，官店村有远近闻名的戏班和源远流长的戏剧传统，村里的婺剧戏班平常都有训练和演出，所以把这台乡村春晚定位于乡土戏剧春晚，是有机于缙云县官店村的，不是强加的，它有戏剧的优势和传统。在演出的形式和内容上，这种有机性表现为与本地的乡土生活紧密结合，如末尾压轴的节目《杨门女将》，不仅是本村编排和本村人主打演出，而且非常凑巧的是这个村本身就以杨姓为主。总体上是传统婺剧的唱法，但其中也结合了京剧和越剧选段《送凤冠》，在婺剧小戏《老鼠娶亲》里甚至有段踩着锣鼓点的街舞，结尾还以通俗歌曲《我想有个家》点题。所以，虽然是乡土戏曲，但是它从内容到形式都是多样的。

由乡土春晚的喜闻乐见，笔者联想到对 2016 年央视春晚从权力和资本角度提出的各种批评。这里问题的实质在于群众文艺与社会之间是"有机"还是"无机"的，同时，用权力和资本来批判，可能很痛快，却也可能不知不觉落入左翼的教条主义和右翼的反政府主义的俗套，关键在于，不能把权力变成一个天生的贬义词。实际上，一个国家，一个政权，当然要弘扬某种价值，问题在于怎么样去弘扬，以什么样的机制去弘扬。

总而言之，从笔者的观感而言，丽水的乡村春晚之所以能成为一个特色文化现象引来众多关注和点赞，就在于我们能从这里看到一个居于主体地位的社会的存在。

但同时，当我们讲这里的乡村春晚有机于村庄共同体，也不能走向另一个极端，认为它完全是靠一村之力，在没有任何外部力量支持，尤其是各级政府支持和引导下完成的，而实际上政府是有角色的，这个角色包括提供基础设施、资金上的扶持、节目内容上的引导等。国家权力在其中的角色还体现在官店村作为浙江省的文化示范村，是得到省级的重点扶持的，这台晚会也是通过国家文化部（现文化和旅游部）下属的中国文化网络电视台联合丽水市文广新局进行全球直播的，是 2016 年丽水市直播的四台乡村春晚之一。

---

① 中共中央马克思恩格斯列宁斯大林著作编译局. 马克思恩格斯选集：第 3 卷 [M]. 北京：人民出版社，1972：784.

二、危言与症候

在官店村春晚上，推陈出新的婺剧小戏《老鼠娶亲》① 给笔者留下了深刻印象。它借用"老鼠娶亲"这样一个在缙云当地家喻户晓的民间传说和文艺题材，② 以老鼠的视角对城市中心主义做了批评，演出了乡村新一代在城市生活经验基础上对乡土生活的新认知和自豪感。这种情感与认知，既不同于官方话语的歌舞升平，也不同于中产阶级思乡病式的浪漫想象，更迥异于乡村衰败的知识分子话语和大众媒体叙事。当它以诙谐的形式，做出如此自信的乡土文化表达，恐怕是超出大部分知识分子想象的。

《老鼠娶亲》借用老鼠的口吻对什么是好生活的反思和选择。在"如再留恋城市不搬家，吾等鼠辈迟早要灭亡"的痛彻领悟基础上，他们转而向往乡村的"桃花源"的生活。这当中还表达了一个很重要的价值：它歌颂劳动，它说我们留在乡村，不仅是因为这里有青山绿水、蓝天白云，还因为我们要"自力更生，艰苦奋斗"。

与此同时，就像它台词里说的，待在城市里则是"有了条件没了尊严"——它强调的是要活得有尊严，而不只是简单的物质生活。所以节目从引领的角度，既有现实主义精神，又有非常明晰的引导意义和未来指向。它是出于现实的，虽然是一种理想化表达，但本身具有一定社会基础和现实基础；作为一种文艺和文化，它又是高于现实的，起到了引领作用。

这出妙趣横生的婺剧小戏，让我们看到乡土文化的传承不是固化的简单的传承，而是有主体经验的翻新、有新文化形式的借用，这是一个现代化的流动的农村文化在交流中生成的过程，是新文化创新融合的过程，在这个角度上、在许多角度上，这都是一个"有希望"的过程。

许多社会科学研究者总是在讲一个严重问题，是农二代"回不去"的问题，认为阻梗在城乡之间"上不去，下不来"的1.5亿新生代农民工是未来中国的真正危机。这个节目也启发我们看到基层现实的另一面，就是农民工二代的自我觉醒和对乡土价值的重新认知。

---

① 故事梗概：城里老鼠托媒人做媒，迎娶乡下老鼠。城里老鼠接新娘的时候，跟新娘反映城里种种不"宜居"的生活状况：雾霾、交通、环境污染、没有尊严等等，两只老鼠决定留在乡下自力更生、艰苦奋斗，过上幸福的生活。

② 缙云版本的"老鼠娶亲"传说由来已久。后来缙云还出现了"老鼠娶亲"队的街头节庆巡演，据说所到之处常常"万人空巷"；在缙云各地文艺演出的场合，对"老鼠娶亲"题材的再创作再改编也屡见不鲜。参见百度百科"老鼠娶亲"词条。

　　说农二代回不去，实际上很多时候是知识分子替他们代言了，所以官店村春晚上这个婺剧小戏的价值在于它有现实基础，而且真的起到了文艺的引领作用。这也启发我们：知识分子、媒体从业者和文艺工作者不必非得摆出一副消极主义的姿态，在大唱哀歌中体现忧时济民的情怀。

　　这在如何看待 2016 年春节期间铺天盖地的反映农村溃败和城乡鸿沟的"回乡笔记"式新闻报道和媒体事件上同样关键。与对猴年春晚的极端评价相映成趣，2016 年春节期间有关乡村衰败的媒体叙事似乎也达到近年来的顶点，而且出现了明显的"左右合流"，以及知识界与媒体猎奇的合谋。这种合流是如此强烈，以至于面对农村凋零的感伤和痛心，已经不仅成为评判知识分子的"政治正确"，也几乎成为关乎知识分子良心的整个知识界的"规定姿态"。

　　那种乡村凋敝的叙事，当然也有其根据，有些农村里土地荒芜、文化空心化、赌博盛行、村民自私自利等，这些都不是空穴来风，但那样的农村也是一个极端，只能代表一部分乡村，笔者认为，应避免对乡村的一概而论和以偏概全。在中国社会严重分化的大背景下，城乡分化、乡村内部分化也同样剧烈，"乡村""村庄""农村"这些词本身已经没有太多的描述意义了（当然，相对于城市还有其描述意义）。正如贺雪峰曾提醒我们没有一个统一的"农民"一样，[①] 恐怕也没有一个统一的"农村"了。真正科学的态度是对农村分化保持高度敏感，对任何关于农村的即使是在真实叙述基础上的全称联想都应小心谨慎。

　　必须警惕的是，某些媒体对农村死亡的"奇观"故事总是特别敏感，愿意乐此不疲地炮制加速逃离农村的文化想象和刻板成见。尽管相对于某些媒体的哗众取宠，知识分子有关乡村衰败的写作，在态度上大多是严肃和真诚的，但在传播上，却往往表现为以"真实农村""真实中国"为名义的猎奇展现，作为一个传播现象，还带有城市中心主义的猎奇和居高临下的视角，并且愈益凸显城乡对立的意味。

　　知识分子回乡见闻的题材和"故乡沦陷"的主题，大概从十几年前随着"三农"问题凸显就开启了，并形成阴郁风格和延续脉络。与其中从悲观、失望、迷茫到绝望的知识分子"心态史"相呼应的，是在这种知识分子与媒体合谋的衰败叙事中的"真实农村"一路走向经济、政治、社会、文化、伦理

---

　　① 　贺雪峰. 地权的逻辑：中国农村土地制度向何处去［M］. 北京：中国政法大学出版社，2010：29.

的全面崩溃，仿佛变成人间地狱。知识分子在这当中的确看到了乡村的各种问题，但是却没有看到出路，而且也不愿意承认国家——包括村庄本身及省、市、县及乡镇各级政府——他们创造种种条件的努力。

不能只看到负面的东西，不能仅满足于良知的表达，要看到政府的可能、民间的可能、政府和社会互动的正面的可能、看到农民自己的创造性。而实际上很多左翼学者不愿意而且不可能想象这样的未来，很多人囿于传统士大夫情怀和学院高墙之内，并不进入乡村，不与工农结合，而只以一种"摇椅马克思主义"的方式来想象问题；从右翼的角度，又往往不切实际地抱定以美国式"大农业"来消灭农民的成见。所以，在这个时刻，媒体、知识分子（左翼也好右翼也好），怎么样来看农村，以什么样的学术和什么样的舆论来引导，是尤其重要的。

三、春节舆论场上的"三台戏"

如前所述，2016 年春节期间的一个重要文化—媒体现象，是唱衰农村的网文以前所罕见的规模和影响力引爆社交媒体，除了《走向死亡的农村》，还有诸如"上海姑娘因一顿饭逃离江西农村""霸气媳妇回农村掀翻桌子""东北农村礼崩乐坏"等热传朋友圈的事件。尽管上述三起事件没过多久就纷纷被网信办证实系假消息，但其中的舆论狂欢还是将城乡撕裂的社会痛点真实暴露了出来。

有意思的是，围绕央视春晚，笔者在浙江缙云官店村所看的乡村春晚及某些市场化媒体（包括社交媒体）的唱衰乡村，实际形成三种高度相关的表达和构成三个微妙的舆论场，组成"村晚""春晚"与"网民狂欢"之间犬牙交错的三台舆情戏。或者，站在笔者亲临其境的官店村春晚的角度，这台乡村春晚实际上同时对官方和非官方的，但都是城市中心主义的舆论场提出了挑战。

首先，就"村晚"与"春晚"的关系而言，在文化与社会有机联系的意义上，也许乡村春晚比央视春晚要更能代表文化的本义和春晚本应扮演的角色。站在舆论场角度，对春晚的批评也存在学者批评脱嵌社会、小资以微信和微博吐槽为主要方式的批评政治逆反的问题。但尽管存在鲜明对比，也不能因此把乡村春晚与央视春晚对立，以及潜在地把乡村与国家对立。

一方面，很多乡村春晚实际上是受了央视春晚影响（笔者所看的缙云官店"村晚"延续了 60 多年，算是特例），加上政府文化部门的有意扶持，才遍地开花，央视春晚作为一个被模仿的对象，在综艺晚会的形式上起到了示范作用；另一方面，笔者看的这台官店村乡土戏曲春晚，它不仅是"乡村的春晚"，也是"国家的春晚"。从其使用的视觉符号看，开场视频中出现的是辉煌气派、让人马上联想到北京故宫的大红门，而不是农家的木门荆扉。如果说央视春晚是从北京通过电视网络往乡村和世界发出，官店村的乡村春晚就是从乡村往整个国家和世界发出的，虽然与央视春晚不在一个平台，却是一种基本平等和互动的关系，且同样代表国家形象。这是乡村在通过现代转播技术手段向国家喊话（the village talks back to the nation），尽管双方有强势有弱势，但却不再是一种居高临下的单向传输，而是一个双向的回望和回话的关系。因而，这是一台乡村的春晚，但这里的"乡村"已经不再是原本意义上的或本质化的"乡村"——那样的乡村反而不存在，存在的是已经全球化的、有国家重新介入的乡村。这是一种有意思的新型的乡村与国家的关系、城市和农村的关系。

这里也需指出，讲到各个层面的国家在场、讲到网络全球直播对其形态的影响，这些变化还并不至于使它脱离乡土，对乡村春晚自身，笔者希望它不要因为变得"高大上"就脱离乡土文化的历史脉络；对政府文化部门来说，希望它们能小心善待，不要使政治任务压倒乡村春晚的群众性和有机性，不要把它变成脱离群众的意识形态宣传。

而就央视春晚自身的脉络看，它也曾有朴素的形式和共享的价值，我们今天对乡村春晚的欣赏目光，多少有"礼失求诸野"的意味。2016年央视春晚在政治正确上的变化未必不能凝聚共识，这就有文化精英因自己的立场和身份造成的创造力贫困的问题，有作为媒体体制一部分的春晚生产体制的问题，也有观众分化的问题。

例如，为了迎合这种猎奇，那篇骇人听闻的"东北农村礼崩乐坏：村妇谋划组团'约炮'"①的虚构之作，熟稔利用春节返乡日记的体裁和故乡衰败的题材，将一个局部的低俗化情节放大为标题，实际上与之前某些市场化媒体对"农村色情化""色情消费包围农村"之类泛滥成灾的传媒渲染——这种渲染手段无疑体现了中国媒体的城市精英主义、中产阶级道德洁癖和对农民居高临下的议题设定方式——一脉相承并登峰造极，在传播上已属不堪、令人不屑；而这位《财经》记者带着"良心写作"的冠冕，却不顾专业主义

① 2016年2月14日，《财经》记者高胜文在《财经》杂志微信公众号发表一篇名为《春节纪事：一个病情加重的东北村庄｜返乡日记》，后经微信、微博转发，在社会上引起了广泛关注。

宣称，赤膊上阵、杜撰虚构、污蔑家乡，更是树立了恶劣典型。这种对农村贫困溃败和道德沦丧的猎奇，到了令人发指的地步。

而作为城乡对立的戏剧化呈现，同样被认定为假新闻以及同样突出女性身份来吸引眼球的《霸气媳妇回农村：光干活不让上桌掀翻了自己做的一桌子菜!》关联着作为"知识分子回乡笔记"分支的城市媳妇回乡记的叙事类型。在这一类型里，城里儿媳作为城乡差距的既能"入乎其内"又能"出乎其外"的人格化承载，被假定具有更客观的视角、更敏锐的感受、更细腻的笔触和制造更具戏剧张力情节的能力。媒体和网民对这类文章的热传热议，并不像名义上宣称的那样，是出于对"质朴表达"和"真实情感"的推崇，而显然是因为这符合了农村作为不毛之地、溃败之所和封建堡垒的猎奇想象。

与前两者相比甚至闹得更加沸沸扬扬的"上海姑娘逃离江西农村"事件事后也被证明是阴差阳错、子虚乌有。① 这一系列推动舆情升温的假消息，标志着城乡分裂对于社会心理影响的广度和深度达到前所未有的程度。而无论是莫名其妙的乌龙，还是耸人听闻的造假背后都揭示了一种深刻的真实：一方面，"上海姑娘逃离江西农村"之类的假新闻显然真实地戳到了城乡撕裂、城乡鸿沟的痛处，触及雷蒙·威廉斯所说的带有普遍性的情感结构，这是国民心理上的真实；另一方面，知识分子和微信网友对此的悲叹和唱衰，表现出一种手足无措的道德恐慌，背后又是一种以道德关怀为姿态的居高临下的道德优越感，这是小资心态上的真实。

由此我们看到，作为两个彼此拧巴但又分享着共同的城市中心主义价值偏见的文化心理和文化政治倾向，央视春晚缺少真正触及城乡关系以及对此进行正面引导的内容，在城乡关系、城乡鸿沟这一国民心理痛处上多少表现出一种漠视态度；以城市中产和小资人群为主的微信朋友圈的民间舆论，在一片道德恐慌和哀叹悲鸣中，又看不到或不愿看到任何有正面意义的农村生动现实和具体实践。恰恰是官店村春晚上《老鼠娶亲》的节目在这两者之间，以一种农村女把到了城市的打工仔"倒插门""娶"回农村的情节设置，同时反转了城乡关系和传统婚姻关系，给我们带来既直面现实又富于建设性和进步意义的文艺启迪。带入了乡村社会视角的官店村春晚因而对相反相成的两个舆论场——不管是官方的、城市中心主义的春晚，还是非官方的以城市知识分子和小资为主的逃亡农村的舆论狂欢——都提出了挑战。也只有从春

---

① 网信办. 网信办回应"上海姑娘逃离江西农村"等虚假信息［EB/OL］. 中国新闻网，2016-02-26.

节期间这三台引人侧目的"好戏"之间的对比中，我们才能看到国家与社会的张力，看到城市社会与乡村社会之间哪个更有希望，看到所谓悲天悯人的人道主义情怀在今天的局限性，而且正是在这个意义上我们可以重新提炼软实力在乡土中国和在更广义的民间的意义。

四、软实力在民间

我们通常将"软实力"和"国家形象塑造"置于战略传播范畴，好像一提到向世界讲中国故事，就得搬出章子怡、姚明，就要把广告打到纽约时代广场。其中基本没有乡村的位置，民间的、非商业性的文化也大都被边缘化，① 那么，站在"山沟沟"里，我们该如何重新提炼"软实力在乡土中国"或"软实力在民间"？

首先，尽管我们往往从国家实力和国家力量的层面定义文化软实力，但从文化是有机的、是日常生活的一部分的角度，真正的文化软实力恰恰在乡土中国！如习近平总书记所讲："耕读文明是我们的软实力。"这里的"耕读文明"既不是一幅陶渊明式的文人隐居图景，也不是一个高高在上的抽象理念，它在全部意义上就是追求一种物质与精神生活相平衡、脑力与体力劳动相结合的理想生活方式。这个意义上的"文化"，已经"化"为不足为奇的理所应当，这也就是雷蒙·威廉斯所定义的：文化是日常生活。②

把文化和生活分开，把文化与大众和平民分开，这是带有精英主义做派的对文化的误解，也是商业媒体和商业逻辑劫持文化的结果。实际上，只要我们回到乡村、置身乡土文化实践，就容易意识到，我们平常在学术界所讲的"文化研究"是多么肤浅、多么脱离社会，尤其是脱离乡土社会，充其量就是流行文化研究或者说是对商业媒体产生的文化的研究。文化研究应该另有一个天地，这个天地就是乡土文化的研究，而这个乡土文化正是中国软实力的根基。

其次，我们说软实力在民间，这与我们讲"民族的""民俗的"就是"世界的"视角互补、相辅相成。但在这里不能把民俗固定化为传统的、本质主义的东西，像《老鼠娶亲》这样推陈出新的内容更是软实力的鲜活体现。

---

① 赵月枝. 什么是中国故事的力量之源——全球传播格局与文化领导权之争［J］. 人民论坛·学术前沿，2014（24）：34-43，45.

② 雷蒙·威廉斯的文化观侧重"日常生活性"具有鲜明的"文化唯物主义"特征。威廉斯对文化概念的阐释，可参见其《文化与社会》《文化是平常的》和《漫长的革命》等著作。

更重要的是，正如社科院美国研究所所长黄平先生所指出，追求文化软实力关键不是如何走出去影响别人，而是我们有一个自己视为天经地义的、理所当然的文化伦理格局，广大人民身在其中，自得其乐。①② 文化软实力的首要目的不是以霸权方式走出去追求自身"硬利益"——这种东施效颦的软实力观念只能显出我们自身社会科学想象力的匮乏，而是我们自己有一种怡然自得的生活。正是在这个层面上我们来提炼软实力的意义，也正是在这个层面上，在怡然自得的生活和格局会自然而然对其他文化产生感召力和吸引力的角度上，这种对文化软实力的追求才能与中国传统意义上的"王者之道"和"修文德以服远人"衔接起来。

从软实力在乡土中国可以进一步引申出软实力在民间，这个民间就是城乡人民对怡然自得的生活的向往和创造这种生活的信心和理念。

最后，从中外媒体互动的视角，站在将国内舆论场和海外舆论场统合考虑的高度，我们还可以发现：正如对某些中国电影导演的批评是把中国的落后拍给外国人看一样，这种堂而皇之地对中国农村社会的丑陋化和污名化，是把乡村的落后写给城里人看。这种"定质""定向"的文化传媒运作的背后是两种可称强势的集体唱衰：国外左右翼合流唱衰中国，国内左右翼合流唱衰农村。

而且更重要的是，这两种唱衰不仅联系在一起，而且分享同一个逻辑。这个逻辑就是维护现有的西方资本主义体系以及中国在这个体系中的地位的逻辑，西方主流舆论唱衰中国和国内某股舆论潮流唱衰农村是这个逻辑的一体两面。对西方主导精英来说，他们不希望看到中国的崛起，不希望中国找到新的道路，因而唱衰中国是很自然的；但对中国许多城市知识分子和城市小资来说，他们倒不是不希望中国崛起，不是不希望消除城乡鸿沟，而是因为其在意识形态上受到西方资本主义逻辑的宰制，看不到另类的选择，也看不到农村的希望，同时也因为他们自身有脱离实际的问题，看不到农村复杂多面的现实。唱衰农村、放大城乡撕裂的结果有可能是预言成真，因而我们讲软实力在民间，一个重要的方面是向世界展示我们的农村是有希望的，中国在促进经济转型的过程中走城乡协调发展的道路是有可能的——或者说这应该是向世界讲中国故事的重要部分。

---

① 玛雅．黄平访谈：中国在 21 世纪上半期的国际环境与战略选择［EB/OL］．爱思想网，2008-08-04.

② 汪晖．两种新穷人及其未来——阶级政治的衰落、再形成与新穷人的尊严政治［J］．开放时代，2014（6）：49-70，6.

　　当然，指出两者在逻辑上的一贯性并不是要将两者的态度和动机混为一谈，事实上，两者的主观出发点未必一致。对许多中国知识分子来说，无论左翼右翼，在主观上都不是要唱衰农村，而是震惊于城乡的分裂、愠怒于政策的缺陷，而对政策中的新自由主义成分或国家权力运作做有时是矫枉过正的批判，但逻辑结果和实际后果上却同样是唱衰；此外，也必须看到这两种唱衰之间有一种主导和从属的关系，也就是说由于西方的主导，国内唱衰农村从属于国外唱衰中国的逻辑，有被动的层面，有知识分子自身意识形态被西方所左右的因素，"一体两面"并非处于"同一平面"。

　　中国的文化自主性建设任重道远，面对强势的媒体商业化逻辑和同样受商业逻辑驱使的新媒体语境，面对经济不景气条件下更加浮躁和不安的城市小资群体，尤其是汪晖所论及的"新穷人"群体①，要实现这一目标更是难上加难。然而，这也正是中国文化领导权建设的重要性和当务之急所在。

　　作者简介：赵月枝，清华大学人文讲席教授；龚伟亮，中国传媒大学传播研究院副教授。

---

① 汪晖. 两种新穷人及其未来——阶级政治的衰落、再形成与新穷人的尊严政治 [J]. 开放时代，2014（6）：6，49-70.

【四】 乡村主体性与农民文化自信：
乡村春晚的启示①

赵月枝　龚伟亮

摘　要： 乡村春晚近年已成为引人瞩目的全国性公共文化现象。围绕乡村主体性与文化自信问题，连续三年的浙江丽水乡村春晚田野研究表明，乡村以"春晚"的形式登上"互联网+"时代的中国文化舞台，具有深刻的社会历史和文化意义。乡村春晚在展现新时代乡村文化有着强大内生动力的同时，也昭示了农民在乡土文化创造性转型方面的自觉性和主体性，而舞台上下妇女和儿童的突出角色，则体现了社会发展和性别解放的成果。乡村春晚这一遵循"从群众中来，到群众中去"的方法发展起来的文化现象，诠释了国家与乡村之间精神纽带的重新连接、村庄主体性的回归、农民的文化自信和对全面小康生活的追求以及党和政府在重建乡村文化领导权和引领精神文明建设方面的重要作用。这一以农民自娱自乐为主的文化形式，也彰显了文艺的业余性、大众性和非商业性特质。

关键词： 乡村春晚；乡村主体性；乡村文化；乡土文化复兴；文化自信

1983 年春节，中央电视台首次办起了春节联欢晚会，把春节这个中国农耕社会的传统节庆与电视这一现代大众传播媒体结合在一起。然而，近年来，一方面，持续了 40 多年的"央视春晚"，早已感受到作为整个中华民族的"年夜"精神大餐的不可承受之重；另一方面，城乡分裂的社会现实和商业化与网络化新旧媒体的猎奇逻辑交互作用，又一再把有关乡村衰败和礼崩乐坏的舆论推向顶峰。

正是在这样的背景下，笔者在浙江省丽水市缙云县，一个有着深厚农耕文明底蕴的浙江山区小县，惊喜"发现"的乡村春晚，就颇有"柳暗花明"

---

① 原载《新闻与传播评论》2018 年第 2 期。

之意味。

2016 年 2 月 21 日（农历正月十四）晚，一个偶然的机会，笔者观看了缙云县官店村乡土戏曲春晚，得知，乡村春晚不仅是近年丽水农村出现的新文化现象之一，而且该台乡村春晚还作为丽水市的四台标杆性乡村春晚之一，通过文化部（现文化和旅游部）所属的中国网络文化电视台，同步直播到 "一带一路" 沿线二十几个国家。同年，浙江、安徽、河南、福建等地的一些市县文化工作者发起成立 "全国乡村春晚百县联盟"，乡村春晚形成全国性联动之势。2017 年 1 月 12 日，"2017 年全国乡村春晚百县万村联动开幕式" 在缙云仙都举行，全国有 9 个省区参与大联动。这一年，在乡村春晚的发源地浙江丽水市，共有 882 个行政村自办春晚，800 多名农民导演、30 多万名农民演员、80 多万名观众参与其中。11000 多个农民自创的节目，展现了以农民为主体的乡村文化的生机与活力。①

何为乡村春晚？乡村春晚有何意义？乡村春晚何以可能？乡村春晚为何能星火燎原？如何理解乡村春晚爆发式发展背后的村庄社会与文化能量积蓄？浙江丽水市是乡村春晚的重要发源地，从 2014 年开始，丽水市文广新局就以该市庆元县月山村农民自编、自导、自演坚持了 30 多年的 "月山春晚" 为范本，在全市推广乡村春晚活动。从 2016 年到 2018 年，连续三年春节期间，笔者在丽水的缙云和庆元等地观摩乡村春晚，并对乡村春晚的一些组织者、参与者和基层宣传与文化干部进行了采访。在此基础上，结合相关政府文件、媒体报道和在 "中国春晚百县联盟组委会" 微信群的参与式观察，笔者试图对乡村春晚现象进行更为全面和深入的分析。

置身乡村春晚这一乡村文化实践中，笔者不仅对农村新文化的生成、文化的有机性、文艺的引领价值等问题有了更深切的体认，而且对现有媒体和文化研究在乡村问题上的盲点以及如何创新中国传播研究有了新的领悟。早在 20 多年前，甘阳在论及 "文化中国与乡土中国——后冷战时代的中国前景及其文化" 时即已深刻指出："中国社会科学的真正发展唯有建立在对'乡土中国'的大量经验研究之上才有可能。"② 今天，在经历了 30 多年的快速城市化、工业化和现代化发展之后，中国在国家和社会层面对乡土中国重要地位的认识都在深化。在党的十九大提出实施乡村振兴战略之后，2018 年中央

---

① 中国日报浙江记者站. 丽水行：村晚好戏连台　共唱盛世新农村 [EB/OL]. 中国日报网，2018-02-04.

② 甘阳. 文化中国与乡土中国——后冷战时代的中国前景及其文化 [EB/OL]. 爱思想网，2007-01-25.

一号文件对实施乡村振兴战略，统筹推进农村经济建设、政治建设、文化建设、社会建设、生态文明建设和党的建设做了全面部署。①

笔者对于乡村春晚这一文化现象进行经验研究的主旨，既立意于一般意义上的"文化中国与乡土中国"，又立足于在实施乡村振兴战略背景下，考察农民在乡村春晚舞台上所体现的主体性、文化自觉、自信和能动性力量，乡村春晚在农村文化振兴中所具有的由点拓面的意义和在更广泛的层面上所彰显的文艺的业余性和非商业性特质。

一、从"央视春晚"到"乡村春晚"：乡村春晚登上中国文化舞台的意涵

乡村是传统中国的安身立命所在，春节是传统中国最重要的集体节庆文化仪式。这是一个天人合一、神人共通、融物质滋养和精神涵化为一体的节日，其中，人伦关系、社区凝聚和个体文化主体性构建这些精神文化层面的内涵与物质文化的内涵一样重要——甚至更为重要，因此，过年期间的文化活动和有关过年的文化表征，在中国文化中有着非凡的地位和意义。这一点，即使在被认为与"传统文化"有"决裂"意味的"革命文艺"里，在杨白劳大年三十为喜儿买回的二尺红头绳和那曲催人泪下的《扎红头绳》中，都有清晰和动人的表现。那是贫困交加中的一位中国农民对美的追求的象征，红头绳是父亲对女儿主体性培育的最贵重礼物，是父女间最真诚的人间大爱的礼赞。在更深的现实层面，尽管在激进的年代，农村宗法制度被摧毁，庙宇被破坏，许多有宗教内涵的民俗活动以"封建迷信"为名被压制，而村庄作为中国农耕文明的载体，不但没有被破坏，反而得到了空前的巩固和发展。从机耕路到水库、从村校到大会堂、从入村入户的有线广播到农村科技员，从公社电影放映队到村庄业余宣传队，中国农村在为国家工业化做出了巨大的贡献和牺牲的同时，在物质文化和精神文化层面也得到了显著发展。

1978 年冬，安徽凤阳小岗村 18 位农民按下的红手印，揭开了中国农村改革的序幕。与家庭联产承包责任制的推行和人民公社的解体同步，中国农民在 20 世纪 80 年代基本解决了温饱问题。然而，除了继续坚持集体经济形式的华西、南街等少数村庄，中国的村庄逐渐"转轨"到以劳动力、资源、土地向城市输出为主要路径的变迁进程。改革开放的成就举世瞩目，但中国农村的困局也逐渐形成：集体经济的衰退、村庄的空心化，甚至村庄本身的消

---

① 新华社. 中共中央、国务院关于实施乡村振兴战略的意见［EB/OL］.中国农村网，2018-02-04.

失——毕竟，在主导的现代性模式中，现代化意味着城市化和农村人口的大量减少。几乎与农村改革同步，电视作为最有效的现代化、城市化和全球化意识形态机器，在中国城乡普及。然而，电视进入农村千家万户的过程，也是村庄和农民失去自己的文化主体性的过程——因为，电视带来的是农村文化生活从集体性和社区性到个人化和娱乐化的转型。

在这样的语境下，1983年央视第一次举办的春节联欢晚会，就城乡关系和中国的文化表征来说，就有了非凡的历史意义。一方面，正当中国社会现代化和城市化进程加快，城市改革马上启动的时候，央视把春节这个传统农耕社会的节日以一场晚会的形式媒介化、国家化和重新"民俗化"，看央视春晚变成了全国人民新的"年夜民俗"。此后，作为一个快速城市化和现代化的民族对逐渐逝去的农耕传统在意义层面的致敬和征用，春晚成了央视最重要的仪式性节目，央视也利用一时无二的核心媒体地位似乎垄断了春晚，春晚几乎等同于央视春晚。另一方面，除了《超生游击队》和《昨天今天明天》等少数几个让人印象深刻的节目以外，40多年的央视春晚舞台上，作为中国农耕文明承载者和中国人口大多数的农民形象寥寥、面目模糊。他们往往是被污名化和作为城市中产阶层的"他者"呈现的。同时，与电视作为以个体、最多以家庭为单位的娱乐相关，当央视春晚把"家"和"国"直接联系在一起，以特定的"家国"情怀，"召唤"海内外中华儿女的时候，这里很难找到村庄这一传统中国社会的基础单位的角色与地位。

更有象征意义的是，到了2015年春晚，作为那首回肠荡气的《乡愁》歌曲的背景，乡村已成为饱受"无根"的现代性和包括雾霾等"城市病"煎熬的城市中产阶层和小资寄托"乡愁"的符号。虽然春节是中华民族"自己的节日"，央视春晚已然无法满足中国社会共同的年夜文化仪式的需要。

正是在这样的语境下，笔者在2016年浙江缙云县官店村乡土戏曲春晚现场见到的那个被现场直播的"春节：我们的节日"的宣传，就具有了深刻的含义。它代表了中国的农民，作为在中国革命的血与火洗礼中如凤凰涅槃般的中华人民共和国的主人，在中华人民共和国的历史中，一边为国家的现代化做出了巨大奉献和牺牲，一边经历了自身的锻造和提升因而具有了文化自信和主体性后，重新在表征层面登上了中华民族的历史舞台。在这里，村民不再没有文化，不再是被呈现者和城市的"他者"，而是作为主体登台，创造属于自己的文化。在更为实质的文化层面上，它代表了以村庄为单位的集体文化活动的回归。

今天中国乡村的主人，包括以农业为生的农民和更广泛意义上的村民①，他们经历了社会主义建设时代和改革开放时代的现代化、工业化和全球化洗礼，具有很强的现代意识；今天留存下来的中国村庄，也不是东方主义话语中封闭和千年不变的"自在"村庄，而是一个个在被卷入资本主义全球化和市场化过程并经受其强大的离心力冲击后，以自己的应变力、坚韧性和文化凝聚力，不但加入了全球化和工业化的过程，而且开始向外部展示自己文化自信的村庄。在缙云县，得益于国家现代化建设，尤其是 20 世纪 90 年代以来在交通和电信两个领域的"村村通"工程，任何一个村庄，都成了麦克卢汉意义上的"全球村"中的一个节点。由于缙云靠近世界闻名的小商品城浙江义乌这个"一带一路"的中国东南新起点，即使在偏远的"底长坑"和"岩下"这样凭名字就能知道其所处地理位置的自然村里，都有在城里工作的大学毕业生，在外经商或打工的村民，更有那些留守的、在主流媒体里被当作同情对象的"386199"部队——那些一边维系着村庄的农耕文明传统，一边在农暇时间通过从事"来料加工"，把村庄中的集体和个人生活空间，变成中国这个"世界工厂"的最末梢的延伸的妇女、小孩和老人。是他们，尤其是老人们，以他们的微颤之力，守卫着乡村文化，也正是在这个意义上，2016 年官店村乡土戏曲春晚等四台浙江丽水乡村春晚，通过中国网络文化电视台，同步直播到"一带一路"沿线二十几个国家，以及"2017 全国乡村春晚百县万村联动开幕式"有 16 万线上观众这些事实，具有里程碑的意义。正如当年的"丝绸之路"已经演化为今天的"一带一路"，作为中国传统文化根脉所在的、被全球化了的中国乡村和其中的村民们，也以自己的春晚，走向了全球。

实际上，如同在丽水市的庆元县月山村连续举办春晚始于 1981 年——比央视春晚还早两年，在缙云官店村，从 20 世纪 50 年代开始，春节戏曲晚会就从来没有停止过。官店村的乡土戏剧春晚有很强的群众性，它是有机于这个村庄的，这个村"有远近闻名的戏班和源远流长的戏剧传统，村里的婺剧戏班平常都有训练和演出，村民'卸了戏妆能下田，上了舞台能唱戏'"②。

---

① 村民是一个比农民更包容的概念，因为并不是所有生活在乡村的人口从职业定义上是农民和持有农村户籍。除了从事商业和就地打工的工人，还有返乡商人、农民工。在缙云，村庄里还往往有退休后在老家定居的教师等其他城市户籍人口。

② 赵月枝，龚伟亮. 乡土文化复兴与中国软实力建设——以浙江丽水乡村春晚为例［J］. 当代传播，2016（3）：51-55.

这是中国乡村传统文化和集体化时代的农村社会主义群众文化结合的成果。①在这个意义上，乡村春晚登上中国的文化舞台，是乡村在春节文化上的一种"回归"。

二、跨文化传播政治经济学框架下的传统、创新与乡村文化的内生活力

中国的乡村在文化地理层面千差万别，其文化活动也千差万别。经历了快速现代化转型的当下中国农村更是如此：它既非美得如田园牧歌，也非丑得像人间炼狱。笔者试图从跨文化传播政治经济学的视角，深化对乡村春晚的认识。

2015 年春节过后不久，作为农村"礼崩乐坏"媒体叙事的典型案例，一则农村葬礼上跳"脱衣舞"的新闻，成为热门媒体和网络话题。不可否认，强势的现代城市文化和西方文化对农村文化活动的冲击是巨大的，在这种不平等的"碰撞"所产生的混杂新文化形式中，没有比传统文化中最严肃的葬礼与现代文化中最低俗的"脱衣舞"的结合，更让城里的知识分子和媒体人沮丧并为乡村文化现状捶胸顿足了。

然而，沸沸扬扬的舆论后面，是媒体和城市中产阶层对什么应该是乡村文化的本质主义认识偏颇和对乡村文化在变迁过程中出现的新形式的道德恐慌。与此同时，对农村为何在葬礼上出现"脱衣舞"的更深层次问题的分析，实属凤毛麟角。

根据沙垚的研究，如果不是从城市精英主义文化的道德制高点和从农村文化活动的外部逻辑出发，而是将"脱衣舞"——也就是农村农民口中的"大棚歌舞"——放置于农村文化传统流变的脉络中，冷静地看待关中地区农民文化"从皮影戏到秦腔到大棚歌舞的演变过程"，我们就会发现，"它们都是集体性的农村群众文化活动"，而"大棚歌舞是在旧的集体性群众文化活动已经没落，新的群众文化亟待形成这样一个真空期形成的一种文化现象"②。

总之，"脱衣舞"并不等同于"大棚歌舞"的全部。更重要的是，我们需要从农村文化活动的过去、现在和未来可能性这一动态历史逻辑中分析其内容和形式的变迁。

一个地方的文化，一个民族的文化，总是在与别的地方、别的民族文化

① 赵月枝和沙垚在 2017 年 4 月举办的第三届河阳论坛专场二中演讲：《集体性与业余性：集体化时代中国乡村传播实践的理论启示》。
② 沙垚. 大棚歌咋就成了农村脱衣舞？[EB/OL]. 360 图书馆，2015-06-19.

相互交融的过程中发展和演变的。当然，这种"交融"往往不是在平等条件下进行的，而是在不平等条件下的"摩擦"和"碰撞"。① 这正是本文第一作者赵月枝近年一直致力于发展的跨文化传播政治经济分析框架的核心内涵。虽然这个框架聚焦全球层面，尤其是东西方文化在世界体系中的碰撞和不同国家的文化在此过程中的创造性转化，它在城乡关系层面同样适用。如果葬礼上的"脱衣舞"是城乡文化"碰撞"在某些地区的乡村所产生的恶果，那么，在经济发达的浙江和该省有深厚农耕文化底蕴的"中国民间艺术之乡"丽水，乡村春晚就是这种"碰撞"所产生的奇葩。

缙云乡村春晚无论在形式还是内容上都深受央视春晚的影响。央视春晚作为一个被模仿的对象，在"综艺晚会"的形式上起到了示范作用：俊男美女的主持人穿着华丽的晚礼服，操着字正腔圆的普通话，朗诵着文采飞扬的主持词；乡土化了的央视春晚里的基本节目形态——舞蹈、传统戏曲、红歌、流行歌曲、语言类节目（小品和"三句半"）、魔术、武术——包括缙云的非遗武术表演等——在乡村春晚节目上一应俱全。

对于央视春晚的各种节目形式，台下的观众也是熟稔于胸的。比如，源于演艺界考试学员时即兴表演项目的小品被央视春晚改造成语言类节目最有表现力的形式后，在缙云春晚的舞台上以颇有地方特色的内容和以缙云方言的形式演出，并得到观众的普遍喜爱。这一方面显示了央视作为国家电视台的强大示范作用，另一方面也证明了乡村在学习和消化现代文化表现形式方面的能力。

在内容上，央视春晚作为国家春晚的"高度"也深深影响了乡村春晚。如 2016 年官店村的乡土戏曲春晚，就不仅是"乡村的春晚"，也是"国家的春晚"。从其使用符号看，开场视频中出现的是辉煌气派的、能让人马上联想到北京故宫的大红门，而不是农家的木门荆扉。在并没有向国外直播的 2017年的缙云县笕川村春晚上，也是既有群众喜闻乐见的乡土文化形式以及基于这些形式的创新，也有本村妇女时髦的歌舞、热辣的健身操；既有反映笕川人通过建设花海，探索农旅结合的乡村发展道路的、可以被称为"笕川梦"的宣教节目，也有反映国家建设成就的背景影像展示和气势磅礴的"中国梦"歌舞。进入乡村春晚现场，笔者第一感觉就是：这哪是村庄的春晚？然而，离开现场的"冲击"后冷静思考，笔者才意识到，如果不是从既定的国家与

---

① 赵月枝. 中国的挑战：跨文化传播政治经济学刍议［J］. 传播与社会学刊，2014（28）：151-179.

乡村、传统与现代的二分法去理解，要被质问的倒是作为知识分子的自己：村民、乡村春晚为什么不可以表演"中国梦"？乡村春晚舞台上为什么不能出现类似北京大红门的背景？央视可以到缙云河阳古民居等乡村取景①，用乡土建筑和民间过年场面作为《乡愁》一曲的影像背景，乡村春晚为什么不可以把北京的大红门拿来当文化符号？针对乡村对现代城市文化的"挪用"和"拿来主义"，以及由此形成的"混杂"文化的内容和形式，时任缙云胡源乡文化员的应梅芬认为，这正体现了村民"文化的能动性和创造性"，是"对流行文化的本土化再生产"，而如果觉得村民的文化就是应该"土"，那是因为"知识分子对乡村文化有一种与生俱来的刻板印象"，而"这正是我们需要自己反思的地方"。②

除了乡土话语和国家话语、传统文化与现代文化混合形成的颇有"央视范儿"的"后现代"文化状况，乡村春晚的最大亮点无疑是它以村庄和农民为主体的文化自信和对不平等城乡关系的批判，而这正是被央视春晚所边缘化的主题。在 2016 年缙云官店村的晚上，推陈出新的婺剧小戏《老鼠娶亲》③给笔者留下了深刻印象。它借用"老鼠娶亲"这样一个在缙云家喻户晓的民间传说和文艺题材，以老鼠的视角对城市中心主义做了批评，演出了乡村新一代在城市生活经验基础上对乡土生活的新认知和自豪感。这种情感与认知，既不同于主流话语的歌舞升平，也不同于中产阶级思乡病式的浪漫想象，更迥异于乡村衰败的知识分子话语和大众媒体叙事。

作为对央视春晚把农民"他者化"的反转，它强调的是要活得有尊严，而不只是简单的物质生活。这个节目既有现实主义精神，又有非常明晰的引导意义和未来指向。它出于现实，具有一定社会基础；作为一种文化表达，它又是高于现实的。由于在艺术形式上的活泼谐趣，这种"正面引导"并不唐突和生硬，不是呼口号和脸谱化的表达，不是空洞地对乡村与劳动的歌颂和美化，这出妙趣横生的婺剧小戏，让我们看到乡土文化在传承过程中的创造性转型。这里有主体经验的翻新，有新文化形式的借用，这是一个现代化的流动的农村文化在交流中生成的过程，是新文化创新融合的过程。在许多

---

① 2015 年 1 月，央视春晚摄制组专程到缙云县河阳古村为春晚节目《乡愁》取景拍摄。

② 应梅芬. 农民，只有农民，才是乡村文化舞台上最好的主人［N］. 中国文化报，2017-03-17.

③ 故事梗概：城里老鼠托媒人做媒，迎娶乡下老鼠。城里老鼠接新娘的时候，同新娘反映城里种种不"宜居"的生活状况：雾霾、交通、环境污染、没有尊严等，两只老鼠决定留在乡下自力更生、艰苦奋斗，过上幸福的生活。

层面上，这都是一个"有希望"的过程。

2017年缙云榧树根村那台用一个星期"拼凑"起来的春晚让笔者惊艳和津津乐道的是，有好几个节目都有很强的城乡关系视角。比如，小品《烛光里的妈妈》，"孝"的主题是通过城乡关系的视野表达的，小品讲的是一个"凤凰男"娶了媳妇忘了娘的家庭故事，小品中的"凤凰男"在被农村弟弟痛斥后不仅幡然醒悟，还要动手打自己的城里媳妇。在农村观演的具体语境中，这一情节不是颂扬男权和家庭暴力，而是鞭笞不平等的城乡社会权力关系——女主角因自己是城里人的地位而产生的优越感是问题的关键。这是淤积在农民胸中的情感结构的一种宣泄。与这个并非原创的小品相关，这台晚会上另一个村民原创的有城乡关系视野的小品是《出门趣事》。它讲一个农民过完春节，用一根木棍，挑着行李去广州打工，但一到广州车站，就因说不好普通话而被误解的故事。这个小品的灵感来自缙云人经常讲的有关缙云方言的笑话，非常有生活气息，表达的就是一种自己去陌生城市而不知所措的感觉，对自编自演这个小品的中年村民来说，这就是他自己真实经历的一种表达。

三、妇女与儿童的主体性：社会发展与性别解放

在榧树根村看《烛光里的妈妈》时，笔者注意到，剧中的弟弟，是由一位女演员反串的。在幕后的采访中，笔者才得知，这是由于男演员缺乏不得已而为之的，该演员是村里多才多艺的年轻女村委和文艺活跃分子。为了办这台晚会，她以大局为重，先让别人挑角色，自己"拾遗补缺"，在这个小品中女扮男装出场，这一现象在其他地方的许多乡村春晚中也经常出现。实际上，无论哪个村的晚会舞台上，妇女、儿童表演者是主体；在台下和幕后，女"双委"成员，包括书记、村主任、会计、妇女代表、文化委员等（后两者往往由一人担任），也是春晚的核心人物。所以，从乡村在传统上是男权中心这一背景和女性解放角度来看，乡村春晚都凸显了妇女的主体性和她们的解放，它是女性展示美丽、智慧和坚强的舞台。

在缙云七里乡的天寿村和黄村畈村的2017年春晚节目单中，笔者同样看到了中老年妇女的核心角色，可以说，是村里的妇女们，撑起了乡村春晚的整片天空。在黄村畈村的18个节目中，不仅上场的大部分是女性，而且"村舞蹈队"的集体节目就有6个之多，包括开场和压轴的节目；天寿村的节目单中，由中年妇女组成的"村舞蹈队"和老年妇女组成的"村老年舞蹈队"也总共有5个节目，在这两个村的小品等节目中，女性也是主要表演者。所

以，在这两个村分别给七里乡文化站递交的本村春晚的总结报告中，"她们"成了乡村春晚的主体。

2018年春节间，缙云县总共有163场乡村春晚，在整个丽水市举办数量第一，163场这个数字背后则是成千上万缙云乡村妇女的热情和投入。

除了妇女，儿童——无论是幼儿园和小学生群体的歌舞表演，还是有歌唱和各种乐器表演能力的个体表演，包括2017年槲树根村春晚舞台上那位形象极其可爱的小魔术师，都是乡村春晚的另一主力群体。在他们身后，则主要是那些把孩子们带去排练，在演出时在台前台后奔忙的母亲甚至外婆和奶奶们。基于城乡一体化的发展、大众媒体所引领的"明星文化"效应以及让自己的孩子得到全面发展、"不输在起跑线上"的心理，许多有条件的缙云农村家庭都以极大的热情让孩子登上乡村春晚舞台。

正如应梅芬谈到，因为她是文化员，许多家长会向她打听哪里有晚会演出，以便争取自己孩子上台的机会。① 这种机会的文化赋权和主体性培养意义，也大大超出了演出现场的单一时空。七里乡文化站站长陈慧芬讲到这样的状况：办2015年春晚时，天寿村还没有文化礼堂，大年初二，全村人就在寒风中，在村庄的广场上，进行了一场马拉松式的3个多小时的春晚。她站在一辆货车上录节目，冻得发抖，后来，因为没有准备足够的录像内存，有些小孩的演出，就没有录，结果妈妈们非常失望——因为这录像对家长非常重要，是可以反复观看的东西。② 更值得称道的是，在一些村庄，由于长期的文化氛围的熏陶，有些孩子是积极主动要求参加业余文艺活动学习的，由于乡村春晚给这些孩子们提供了演出的舞台和展示自己才艺的机会，他们平时学习起来就更有动力。

是否有妇女文化积极分子，是乡村春晚能否办起来的关键。在槲树根村，50岁出头的村支书虞冬菊年轻时在戏班里演过戏，还当过幼儿园的老师，她不仅是村子里的主心骨，还是2017年该村第一台春晚的总指挥和总编导。正是在虞冬菊的带领下，村里不但千方百计筹款翻修了旧祠堂，还建起了别致的现代化文化礼堂。2018年乡村春晚季，缙云好溪村两个自然村的妇女文艺积极分子你追我赶，成功办起了各村第一台春晚。

以妇女为主力，各个村庄举"全村之力"办乡村春晚自不必说，许多"村外"的力量也是使"村晚"成为可能的重要因素，而女性在这些"村外"

---

① 应梅芬与赵月枝等调研团队的分享，浙江省缙云县槲树根村，2017年2月3日。
② 赵月枝和应梅芬与陈慧芬的访谈，2017年2月20日。

的乡村文化建设力量中，也非常突出。除了下节讨论到的以女性为主体的乡镇文化员的关键作用外，活跃在缙云乡村春晚台前幕后的还有以女性为主的幼儿园与小学、中学老师，包括笔者在2016年靖岳村春晚舞台上看到的县里几位有专业唱歌训练的女性音乐老师。作为国家事业单位的工作人员，这些女性不是村民，然而，作为乡村教育领域的基层工作者，她们通过自己分外的工作，成了通过文化反哺乡村的积极社会力量。其中，缙云实验中学的朱晔、缙云工艺美术学校的陈水华、县城水南小学的吴芙蓉、仙都中学的李昭卫这四位专业音乐老师，这几年一直活跃在缙云乡村春晚的舞台上，而且全部都是义务演出，没要一分酬劳。当被问道"这么冷还下雨，而且开车还得费油，参加这样的春晚值得吗？"时，她们认为，身为缙云人，也是从农村出来的，现在能为农村做点事，心里高兴，也是应该的。①

在离开村庄但依然以自己强大的主体性和对村庄的深厚感情参与乡村文化建设的女性中，还有"河阳女儿"朱俐这样的例子。杰出缙商代表朱俐不仅资助了中国西南地区许多贫困学生，而且怀着对家乡和故土深深的眷恋，请外地朋友创作了《河阳儿女》和《千年河阳》这两首歌，以此寄托自己对家乡的思念，助推家乡的文化建设。

在当代有关性别问题的中外文献中，学者在肯定中国革命和毛泽东时代给女性带来解放的同时，也对那个时代的妇女解放实践否定女性的生理特征及承受"双重负担"的现象进行了批判。在分田到户后的浙江农村，由于女性在农业生产中的工作比以前减少，虞冬菊和比她大的农村中老年妇女们，比她们的母辈有了更优越的生活条件和更平等的家庭地位。她们当中，虽然有不少还被留守与替在外打工和经商的儿女看孩子所拖累，但也有不少人有了相对富裕的生活条件和相对空闲的时间，她们是村庄文化建设的主力军。从历史动态的视角来看，就像推倒节烈牌坊对乡村妇女的解放有历史性的意义一样，毛泽东时代让农村妇女进入公共领域，甚至下田与男人一样劳动，也有历史性的意义，而这也是今天那些敢于和善于在春晚舞台上表演自己的女性登上乡村文化舞台的必要条件。相比之下，倒是农村的男性，在性别自我解放方面的道路更漫长一些。正如我们在好溪村的调研所发现的那样，除了在外打工和缺少业余时间等因素外，"不好意思""怕演不好，别人笑话"

---

① 比如，槁树根村2017年的晚会，上台演员化妆的工作，就是时任乡里文化员的应梅芬担任的。笔者去观摩那天，一个下午，她都在化妆，当下午4点多钟赶到村里时，她说腰都快断了。

是青壮年男性走上乡村春晚舞台的重要心理和文化障碍。总之,乡村春晚的舞台上中青年男性表演者短缺的现象,有待农村空心化问题的缓解,更有待"大老爷"们在母亲、妻子、女儿们的带动下,慢慢克服自己的心理和文化障碍,而广场舞也可能是一个突破口。

当然,就像前文论及的"脱衣舞"现象一样,农村妇女表达主体性的形式是复杂和多样的,其中也不乏依然被城市中心主义和男权中心主义的审美观所影响的痕迹。比如,一种对村庄里旗袍秀的批判性解读认为这是城市中心主义,更确切地说,20 世纪 30—40 年代城市资产阶级女性的审美标准在当下农村女性审美观上的折射。① 然而,面对农村的旗袍秀,我们在冷静下来后的反思与对"脱衣舞"现象的分析同样适用:不应用本质化和"固化"的眼光来看,更不能从城市批判知识分子的眼光来看。在一个"民国范儿"在城市知识分子和主流电视文化中都颇有市场的年代,我们不必对农村中年妇女的旗袍秀太过批判,一切看主流文化如何引导和城乡文化的动态互动过程。其中党和政府意识形态和文化部门的认识高度、政策导向和具体引领工作尤为重要,这正是下节讨论的议题。

四、国家在乡村文化领导权重建中的地位与作用:重塑国家与乡村、干部与群众间的有机联系

2017 年 2 月 17 日下午,笔者去缙云七里乡采访文化站站长陈慧芬时,她正在制作和汇总乡里本年的乡村春晚演出报告——包括演出活动时间、活动年数、活动简介、节目单、主持词和演出现场的照片等。她说,做这个报告,是为了向县文广新局申请政府对乡村春晚的补助——以前每台 2000—3000元,2017 年可能有 4000 元。但是,陈慧芬马上补充道,这点钱办一台乡村春晚是根本不够的,从服装、道具再到音响等各种费用,办一台春晚,无论如何要万元以上。这些经费有的村集体出,更多情况下,是参加演出的村庄文化积极分子自筹的。而事后政府才发一定的补贴这一事实,也说明乡村春晚的群众性和基于乡村集体文化传统的有机性。然而,2013 年以来在丽水出现的乡村春晚,无疑又是一个"新生事物",而且是党和政府加强农村文化阵地建设和公共文化体系建设的一个示范性项目。

央视的春晚有气派的一号演播厅,浙江的乡村春晚则依托乡村文化礼堂。

---

① ZHANG X X. A Dreamland or the Land of Broken Dreams: Juxtaposed Conceptions of the Good Life in Heyang [J]. International Journal of Communication, 2017 (11): 4462-4480.

浙江省从 2013 年开始的农村文化礼堂建设工作，提供了春晚为何能有星火之势的国家动机和"春晚何以可能"最重要的物质条件。浙江不是引领农村分田到户的省份，但浙江以"温州模式"引领了中国市场经济的发展。中国共产党的十八大以来，作为经济和社会发展走在全国前沿的省份，浙江提出了建设"物质富裕，精神富有"的现代化浙江的"两富"战略目标，并希望为中国发展道路提供浙江实践和浙江样板。在浙江省委看来，"两富建设"是"一个共建共享和全民普惠的过程"，而以"文化礼堂、精神家园"为主题的乡村文化基础设施建设工作，就是为了占全省总人口 38% 的 2088 万农村人口的"精神富裕"而展开的。从 2013 年开始，浙江省把建设农村文化礼堂列为政府工作的十件实事之一，把文化礼堂建设定位为"实现精神富有，打造精神家园"的重要载体、"建设文化强省的重要基石""巩固农村思想文化阵地的重要保障"以及"提升农村文化建设水平的重要举措"。① 正如《浙江日报》上一篇题为《礼堂文化，我们的文化》的文章所言，"没有农民的现代化，就不可能有真正意义上完整的现代化；没有农民群众的精神富有，也不可能实现全体人民的精神富有"②。针对基层文化建设长期得不到重视，全省85% 以上的文化设施和资源都集中在县级以上城市的现状，浙江希望通过农村文化礼堂建设，打通把资源配置倾斜到农村，把活动载体落实到基层的渠道，进而以点带面，以点扩面，夯实文化强省建设的根基。更重要的是，浙江省宣传部门从"思想文化阵地是党执政的重要政治基础"的高度，认识到：农村的思想文化阵地，正确的思想不去占领，错误的思想必然去占领；真善美不去占领，假恶丑必然去占领；马克思主义不去占领，非马克思主义必然去占领。在这个问题上，我们不能有一丁点幼稚的想法。

因此，从党和政府的角度，文化礼堂建设工作体现了经济发达的浙江在精神文化和意识形态问题上的农村视角、基层意识和阵地意识。2013 年 5 月10 日，浙江省发布了《关于推进农村文化礼堂建设的意见》，规定文化礼堂建设以"有场所、有展示、有活动、有队伍、有机制"为标准，集"学教型、礼仪型、娱乐型"为一体。在连续多年被列为政府十大实事之后，通过改建、扩建和新建等多种形式有组织、有计划地推进，全省已主要在原有农村大会堂和祠堂等村庄公共空间的基础上建成农村文化礼堂 7600 多个。③ 根据计划，

---

① 葛慧君在全省农村文化礼堂建设工作现场会上的讲话，2014 年 3 月 21 日。
② 之江平.礼堂文化，我们的文化［N］.浙江日报，2015-04-20（1）.
③ 江南."村晚"唱响乡村振兴之歌［N］.人民日报，2018-02-09.

到 2020 年，浙江将建成 1 万个农村文化礼堂，覆盖 80% 以上农村人口。

作为月山春晚的发源地和浙江的民间艺术之乡，乡村春晚是丽水市农村文化礼堂里最重要的年度文化活动，成为浙江省第二批公共文化示范创建项目。从 2014 年开始，丽水市委和市政府把 500 个行政村自办乡村春晚列为当年十件大实事之一，全面铺开了打造乡村春晚文化品牌的工作；2014 年春节，全市有 427 个行政村举办了乡村春晚，百万群众走上了乡村春晚舞台；为了加强政府的引导，2015 年 1 月，丽水市文化广电新闻出版局启动了"百台特色乡村春晚"联建培育工作；2015 年 7 月 22 日，国家公共文化服务体系示范区（项目）创建工作领导小组公布了《关于公布第三批创建国家公共文化服务体系示范区（项目）名单的通知》，丽水乡村春晚入选第三批创建国家公共文化服务体系示范项目；同年 11 月 26 日，丽水市人民政府办公室印发了《丽水市创建国家公共文化服务体系示范项目实施计划》，该计划以全面贯彻落实"绿水青山就是金山银山"理念为指针，提出"以满足群众基本文化需求为出发点，以基层特别是农村为重点，以创新群众自办文化的体制机制为突破口，努力培育具有丽水特色的公共文化服务示范项目，为推进公共文化服务体系建设探索经验，提供示范"的指导思想，并确立了通过为期两年的创建，形成"事业牵引、产业推动、特色提升"齐驱并驾，"千台目标、百台特色、十台样本、一台引领"四位一体的工作格局。该文件进一步要求：

> 推动乡村春晚成为群众自办文化的创新模式，成为提升群众在公共文化服务体系建设中主体地位的突破口，成为农村文化产业的培育基地，成为促进农村民间文化保护和传承的重要载体，成为推进农村文化大发展大繁荣的有力抓手，逐步形成"浙江一流、东部领先、全国知名"的中国乡村春晚"丽水模式"，打造"中国乡村春晚总部"。①

就这样，以省里的乡村文化礼堂建设为基础设施条件，以深厚的民间文化底蕴和广泛的群众文化活动为基础，丽水市走上了把乡村春晚打造成"村民自办、城乡联动、推动旅游、形成产业的乡村精神文化地标和生态文化名片"的基层文化建设创新之路。本文前面讨论的 2016 年缙云官店春晚，就是 2015 年"百台特色乡村春晚"联建培育工作中从"十台最美乡村春晚"中选出的四台有特色的乡村春晚之一。在政府的布局中，缙云这台乡土戏剧春晚

---

① 丽水市人民政府. 丽水市人民政府办公室关于印发创建国家公共文化服务体系示范项目实施计划的通知［EB/OL］. 丽水市人民政府网，2015-12-14.

是"以春晚为载体，推动百年文化传承"的示范——其他三台乡村春晚分别是"建设乡村精神家园"（庆元月山村）、"激发乡村活力"（莲都沙溪村）和"打造乡村文产品牌"（遂昌大田村）的载体。

党和政府的布局固然重要，如何落实才是关键，而在党和政府意识形态和文化建设目标与乡村文化主体之间承担重要连接工作的是市县文化管理部门、县文化馆和乡镇文化站——更具体地说，是这些单位里的国家文化事业工作者。丽水市文化广电新闻出版局要求这些机构通过乡村春晚载体，加快公共文化服务从"办"到"管"的理念转变，集中组织力量深入自办乡村春晚村进行业务指导。

除了组织和指导外，文化馆和乡镇文化站在乡村春晚中还承担着一些标杆性语言类节目的创作任务。上面讨论到的 2016 年官店乡土戏剧春晚上的《老鼠娶亲》小戏，就是缙云县文化馆馆长楼焕亮创作的，在此过程中，他还得到省文化部门相关人员的指导，除了创作节目，楼馆长还上台演出小品等节目。许多乡镇文化员不但自创节目为各村春节晚会提供内容选项，而且到村庄指导节目的编排和彩排，在演出过程中，这些文化员们是活跃在台上台下的关键人物，他们通过自己的工作，不但激发了村民的主体性和村庄的活力，而且改善了干群关系。

2017 年 2 月 23 日，在丽水乡村春晚发展过程中起到核心作用的市文广新局文艺处处长林岳豹在"中国春晚百姓联盟组委会"微信群转发了他和村民的交流：

> 豹处，您是我文艺舞台上的救星，我永远铭记在心。永远感激不尽，以后我有一分热会发一分光，把全部心思用在村春晚上，我说到做到……村民感谢我，我要感谢您才对啊！您有空的话来我村看看村民对您有多么得热情，有多么得谢您……那次（您）来她们不知道，如果您来提前告诉我们，我们会排成长队欢迎您，她们听说您来肯定高兴得跳起来。她们天天在（说）您多么好，一个从没办过春晚的小村您也亲自来指导，把从没上台表演过的人也放在眼里，她们个个感动流泪了……①

这位被称为"豹处"的国家文化工作者，显然是理解群众的溢美之词背后的意义的。他说："如果我们真心实意地为人民群众做事，人民是理解我们的"；对于村民，他是这样理解的，"上过春晚的村民，思想得到了净化，他

们会自我教育，自我提升，自我净化，可见一个乡村，办好一台乡村春晚是多么重要"。对此，群里的"福建武平民协梁玉清"回应道："说得很对！群众心里有杆秤""自信，自悟"。对于乡村春晚在乡村文化生活中的意义，群里云和县文广新局的一位干部甚至认为，"乡村春晚管乡村村民一年的文化，策划三个月，排练三个月，演出三个月，回味三个月"①。

在一定的意义上，此话并不夸张——如果从林岳豹所理解的乡村春晚代表了一种以人为本的发展道路和生活方式的高度来看。② 林岳豹是一位关心农民、懂得农民的精神文化需要的地方文化干部。他第一个在现有文化体制内因对月山春晚有独到的理解而"遇上了乡村春晚"，然后通过自己的努力，把乡村春晚纳入国家的公共文化建设轨道中，并把它当作建设小康社会的重要内容。作为一位国家文化工作者，林岳豹是在庆元县月山春晚所代表的那种怡然自得的生活对全面建设小康社会的意义的高度来理解和推广乡村春晚的。在他看来，要全面建设小康社会，最难在农村。他把他自己看成是一个认准了目标后，虽然碰到重重挫折，依然"像水一样绕来绕去"地去实现自己理想的人。他说，"月山春晚静静地躺在那里等了32年，没有人理它，后来我一看它是个宝贝，我就去推它"。他认为，在解决了基本的温饱问题后，一个人的小康生活标准，并不是由外在因素来决定的，精神层面的小康是由内在因素决定的，一个人只要快乐，精神满足，就达到小康了。月山春晚所表达的那种守望乡土的自信和自得其乐，有可能成为中国乡村小康的一个样板。总之，月山春晚不仅是一台晚会，还代表一种怡然自得的乡村生活。这位地方文化官员对小康生活的理解，与中国社会科学院学者黄平对"软实力"的理解有异曲同工之妙：追求"软实力"最重要的"不是如何走出去影响别人，而是我们自己得有一个大家都视之为天经地义、理所当然的文化—伦理格局，然后广大人民身在其中能自得其乐"③。林岳豹坚持，要回到以人为本的发展道路，而"文化更要往里走，不要过分强调向外张扬，要回到群众的心里去"。所以，尽管"乡村春晚"成功成为省里和国家的公共文化建设示范项目，而丽水也已把它当作一个公共文化品牌和一个产业来打造，但他始终强调，让村民在舞台上发现自我价值才是最重要的出发点。

林岳豹的观点在乡村春晚的组织者和参与者中有普遍的共鸣，而这也是

---

① 基于赵月枝在"中国春晚百县联盟组委会"微信群信息观察记录。
② 赵月枝在丽水与林岳豹的访谈，2017年2月24日。
③ 玛雅. 黄平访谈：中国在21世纪上半期的国际环境与战略选择［EB/OL］. 爱思想网，2008-08-04.

任何希望把乡村春晚推向商业化和专业化道路的急功近利思想所要面对的现实。的确，乡村春晚能吸引到一些城市游客，从专业化的化妆服务到演出所需的服装、道具、灯光、音响，再到晚会现场的夜宵摊，乡村春晚还能带动相关产业的发展和商业活动，因此，政府部门对"乡村春晚"在带动乡村文旅产业的发展方面寄予厚望。但是，乡村春晚的意义在于它是村庄的集体文化仪式和精神文明的符号，是村民的自我文化表达和他们追求美好生活的载体，是村民，尤其是乡村里的青少年实现自身全面发展的舞台。在更广泛的意义上，在一个文艺越来越被专业人士尤其"明星"所把持和被过度商业化所劫持的语境下，乡村春晚使我们重新认识文艺之于普通人和日常生活的意义。作为丽水市乡村春晚的源头，庆元县月山村因一台春晚而闻名中国，因为这台春晚和廊桥（该村是著名的廊桥之乡），这个偏远的空心化十分严重的村庄近年在文化旅游方面有了新的发展，常住人口也有所增加。在乡村振兴已然成为国家战略的今天，乡村春晚成了乡村振兴的先声，它唱出了中国农民对乡土文化的坚守，唱出了"三农"中国的主体地位，彰显了中国农民的文化自觉和文化自信，最为重要的是，在中国村庄的数量经历了急剧减少的30多年后，它凝聚起了作为农耕文明的传承和创新载体的村庄共同体的力量。然而，正如笔者在月山村调研所发现的那样，即使在这里，这台晚会的商业化和专业化，既非组织者的兴趣和动力所在，也是月山人所不能承受之重。

五、结语

2018 年中央一号文件高屋建瓴地指出，"实施乡村振兴战略，是解决人民日益增长的美好生活需要和不平衡不充分的发展之间的矛盾的必然要求"。面对这一论断，面对"新返乡"的春风，乡村春晚的确是体现农民在乡村振兴中的主体作用，表现农民对美好生活的向往和文化自信，能够凝聚村民情感、繁荣农村文化、促进乡风文明、推动和谐新农村建设的文化创新载体。乡村春晚这一"农民朋友自我创造、自我表现、自我服务的草根文化"，有力拨奏着"三农"新乐章。在这一意义上，乡村春晚"既让我们回拾了过去，又看到了现在，更重要的是还让我们看到了将来"①。

值得关注的是，乡村春晚现象的发展是一个典型的"从群众中来，到群众中去"的过程，它强化了国家与乡村间的精神纽带，它昭示了乡土文化的复兴，农民的文化自觉、村庄的主体性，它因女性在台上台下的主角地位而

---

① 张李杨．乡村春晚亮相全国文化馆年会［EB/OL］．丽水日报，2018-01-03.

成为社会进步的标杆,它是草根的,也是国家的,是国家巩固在乡村的文化领导权的重要实践。它之所以如此重要和具有象征意义,也因为它所代表的东西——对作为一个共同体的村庄来说,人们"聚在一起的乐与闹"① ——是当下中国农村最稀缺、最珍贵的东西。

乡村春晚能否真正在"互联网+"时代形成星火燎原之势并如林岳豹所希望的那样,引领乡村小康生活,有许多不确定的因素,而其中,作为乡村文化复兴基础的乡村集体经济能否在新的条件下振兴是一个重要的因素。政府部门在扶持、引导和试图将它商业化和产业化的过程中,能否不急功近利,真正尊重农民的主体性和创造性,正确理解乡村文艺和文化生活之于农民的非功利性和非商业性意义;村内外赞助资金和商业资本以什么样的形式介入,能否把自己嵌入村庄共同体,而不是凌驾于村庄之上,功利地把乡村春晚当作摇钱树和广告牌,是另外的两个重要因素。而乡村春晚中所体现出的妇女解放的成果能否在改革开放后出生的新一代女性身上得到延续,能否有更多的男性青壮年回归乡村,并克服基于传统男权中心的"面子"观,通过积极踊跃上春晚舞台得到自我解放,从而实现真正的性别平等,这是社会和文化心理层面的因素。

作者简介:赵月枝,清华大学人文讲席教授;龚伟亮,中国传媒大学传播研究院副教授。

---

① "中国春晚百县联盟组委会"微信"云和官局"之语。

【五】乡村春晚、女性主体性与社会主义乡村文化①

辛　逸　赵月枝

摘　要： 乡村春晚源于浙江丽水，近年被迅速推广至全国，成为中国乡村文化建设中一股强大的力量，而妇女是乡村春晚台上台下的主体。本文从动态的城乡文化关系角度切入，聚焦妇女在乡村春晚中的主体作用，分析农村妇女是如何以主体的身份反转作为城市中心主义媒介景观的央视春晚，使其与在地的、传统的乡村文化结合，进而在社会关系的建构中和新文化的创造中争取权力的。乡村女性在乡村春晚的文化实践中展现出了既维持中国本土文化主体性又借鉴其他文化形式和风格，实现文化的"创造性转型"的能力，这种经过转型的融合文化是中国特色社会主义乃至世界可持续发展的文化基础。

关键词： 妇女研究；乡村春晚；女性主体性；乡村文化

2018 年 12 月 2 日，中央电视台综合频道在晚上 8 点黄金时间播出了《我们一起走过——致敬改革开放 40 周年》节目，在其聚焦文化主题的第 11 集《百花齐放春满园》中，浙江丽水农民自编自导自演的乡村春晚成为社会主义先进文化百花园中基层文化实践的一个典范。众所周知，始于 1983 年的央视春晚可谓改革开放时代中华民族"年夜"的文化大餐，② 而在大众媒体有关改革开放的叙事里，最有影响的农民与改革开放的故事恐怕依然是 1978 年安徽的 18 个农民如何为了吃饱饭而秘密分田到户。从为解决吃饭问题而走单干道路的"18 个红手印"到重新凝聚起村庄共同体意识和展现村民精神生活的一台台乡村春晚，乡土中国 40 年间的经历，不亚于凤凰涅槃。

---

① 原载《妇女研究论丛》2019 年第 2 期。

② 赵月枝，龚伟亮. 乡村主体性与农民文化自信：乡村春晚的启示［J］. 新闻与传播评论，2018，71（2）：5-16.

尽管在《百花齐放春满园》中打擂台的缙云县官店村从 20 世纪 50 年代起就保持举办春节戏曲晚会的传统,庆元县月山村也从 1981 年就开始连续举办春节晚会,然而,乡村春晚成为现象级的文化活动遍及全国则是近几年的事。2014 年,浙江省丽水市以月山春晚为样本,开始把乡村春晚作为乡村公共文化建设的重要内容。2016 年,在文化部(现文化和旅游部)的推动下,丽水市与浙江温州、安徽池州、河南郑州、福建武平共同建立"全国乡村春晚百县联盟",全国目前已有 252 个县加入该组织,超过 27000 个乡村于 2018 年举办了乡村春晚。在"村晚之乡"丽水,2017 年有 882 个行政村举办春晚,① 2018 年春节期间举办了 1000 场晚会②。2019 年,仅缙云县就举办了 220 多台乡村春晚及其他民俗活动,③ 当地宣传中有"中国春晚看丽水,丽水春晚看缙云"之说。而乡村妇女正是扛起乡村春晚的组织、编排和表演工作的主力军。

与城市相比,男权中心主义传统的影响在农村更为根深蒂固。中国在现代化过程中形成了城乡二元的社会结构,而"分田到户"后,遵从传统的性别化劳动分工,大量农村妇女从集体化的生产活动中退回到"私化的"家庭生产和生活领域④,导致当代中国农村女性面临"双重"的结构性不平等。在意识形态领域,大众媒体的城市中心主义和乡村衰落话语因媒体市场化改革,从"文化方式"和"政治经济的方式"上得到巩固。⑤ 那么,乡村春晚何以能够在这样的"逆境"中以燎原之势得到发展?妇女如何成为乡村春晚的主体?她们又是如何在春晚的集体文艺活动中构建主体性并重建乡村文化的?这些问题都落入了性别与传播研究领域,亟须得到回答。

1995 年,联合国第四次世界妇女大会在北京召开,极大地促进了中国妇女研究的发展,⑥ 会议将"妇女与媒体"作为《行动纲领》的关切领域之一,

---

① 袁莉,林岳豹. 乡村春晚:来自农民的文化创造 [N]. 中国文化报,2018-02-09 (3).
② 林岳豹. 乡村春晚:一场民众迎新的文化盛典 [N]. 中国文化报,2018-02-26 (6).
③ 缙云县府办. 缙云春晚推动乡村文化复兴 [EB/OL]. 丽水市人民政府网,2019-02-11.
④ 宋少鹏. "回家"还是"被回家"?——市场化过程中"妇女回家"讨论与中国社会意识形态转型 [J]. 妇女研究论丛,2011 (4):5-12,26.
⑤ 王维佳. 现代中国空间政治变迁中的知识分子与文化传播 [J]. 天涯,2011 (5):178-190.
⑥ 丁娟. 六十年回眸:中国妇女理论研究的创新与发展 [J]. 中华女子学院学报,2009,21 (5):5-11.

使性别与传播研究成为传播学的一个子领域①。近年来，性别与传播研究围绕女性形象与媒体呈现、女性与媒体话语权以及女性与媒体价值观等议题展开了丰富的讨论。但是，大多数研究或是内在化了城市中心主义的思想，或是求助于媒体赋权这个带有技术中心主义色彩的框架，很少把妇女研究置于乡土中国独特的历史、文化以及政治经济权力和社会结构的现实语境之中，而"留守妇女"在媒体和学术话语中作为弱势群体的"问题化"甚至悲情化，更在使不同区域的乡村妇女群像简单化的同时，遮蔽了乡村女性的主体性。

　　针对浙江丽水的乡村春晚现象，赵月枝、龚伟亮的《乡村主体性与农民文化自信：乡村春晚的启示》一文率先从乡土中国的文化如何在与城市文化的碰撞中创造性转型、中国国家在农村的文化领导权重建、农民尤其是妇女儿童在乡村文化活动中的主体性等角度，分析了春晚在增强农民文化自信和建设乡村共同体中的作用。② 在此基础上，本文围绕乡村春晚的生产过程和内容，进一步研究妇女在乡村春晚中的主体作用及其意义。秉承批判文化与传播研究的视角，本文力图克服城市中心主义偏颇，将研究置于中国被卷入资本主义全球秩序和权力结构的视野中，并以城乡关系和性别为主要的分析维度，对源于中国传统农耕文化的春节文化和妇女的文化权力展开讨论，分析中国农村妇女在政治经济文化权力及性别权力不平等的现实语境下，是如何以主体的身份将作为现代媒介景观的央视春晚与本地的、传统的乡村文化以现实主义的方式结合，以此在社会关系的建构中和新文化的创造中争取权力的。

　　本文的主体包括五部分。第一部分讨论乡村春晚在全球化世界格局中对中国特色社会主义文化建设的作用，第二部分论述女性在乡村春晚的文化实践中自我认同和社会地位的提高，第三部分和第四部分讨论国家文化建设和农村基层组织对乡村春晚的积极作用，第五部分论述在乡村春晚中妇女通过组织动员和文化创造的自我赋权以及新媒体作为文化创造的资源和手段在乡村春晚中的作用。本文采用政治经济分析和田野实证研究相结合的方法，其中，田野调研部分采用访谈和参与观察的方法，所收集资料基于 2018 年 2月③、7月、10月、12月及 2019 年 1月在浙江缙云壶镇湖川村、好溪村（包

----

① 卜卫.中国大陆媒介与性别/妇女研究回顾与分析（1995—2005）［J］.新闻与传播研究，2006（4）：78-89，96.

② 赵月枝，龚伟亮.乡村主体性与农民文化自信：乡村春晚的启示［J］.新闻与传播评论，2018，71（2）：5-16.

③ 感谢张志华副教授为本文提供 2018 年 2 月的访谈录音文字稿。

括好溪自然村和李庄自然村，以下简称"好溪村和李庄村"）的实地观察和对 20 余位妇女及文化干部的访谈。壶镇是浙江缙云这个经济发达省份的后发县中工商业和社会经济相对发达的千年古镇，曾获得"全国村镇建设先进镇"的称号，也是丽水市第一个"小城市培育试点镇"。据 2011 年数据，壶镇拥有 1400 多家工业企业，是一个富庶兴旺的工业镇。① 壶镇文化底蕴深厚，传统戏剧、现代舞蹈、洋鼓、歌咏等都是广受当地人喜爱的文艺活动。湖川村1997 年起开始举办集体文艺晚会，自 2010 年至今连续举办乡村春晚，而好溪村和李庄村则于 2018 年第一次举办乡村春晚。

一、"春晚"：古老的农耕文明与中国特色社会主义现代化

中国的农业经历了几千年甚至上万年的发展，在农业实践中产生的农耕文化是中华传统文化的主体。农耕文化所体现的正是中国古代劳动者及其所掌握的农业知识技术与自然之间的和谐关系，其中的农耕礼仪是中国人的祖先在从事农业生产过程中通过认识自然而形成的文化精粹，通过仪式化的节日，人们制定、记录农事活动的时间，并表达对农业生产和生活的愿望。春节，正是因为中国人了解他们从事农事的地理环境，认为"春耕秋收"是最佳的农业活动方式，因而举行"春祈秋报"祭祀活动。② 可以说，春节是深伏于中国这个世界上唯一持续的农耕文明古国的文化之根。在全球化和现代性的语境中，寓意一年农事活动起始的春节仍被中国人认为是新一年的开始，通过电视这个大众媒介得以广为传播的庆新年文艺演出活动——春晚——也成为中国人迎接农历新年的重要文化符号。

面对亟须发展经济和资本主义世界秩序的内外双重压力，中国通过"内向型的制度成本转嫁"③ 的方法将城市发展的成本和由此引发的危机引向农村，实现了工业化和城市化，这使承载着农耕文明的乡村在城市辉煌的现代化建设中黯然失色，农耕文明随着乡村的日益边缘化而被认为业已衰落，由此带来的结果是城乡二元对立的社会结构与政治、经济和文化上的城市中心主义。大众传播领域的城市中心主义在央视春晚的节目中也有所体现：一方面，以农村和农民为题材的节目在数量上越来越少；另一方面，那些深入人

---

① 佚名. 浙江省中心镇建设辉煌成就展示工业生态立镇构建现代工贸小城市——浙西南千年古镇壶镇镇 [J]. 浙江经济，2011（12）：45.

② 陶立璠. 农耕仪礼、春节文化与传承保护 [J]. 艺术评论，2013（3）：2-4.

③ 温铁军. 八次危机：中国的真实经验 1949—2009 [M]. 北京：东方出版社，2013.

心的乡村题材节目在内容和舞美设计上都或多或少表达出农村的落后、愚昧与贫穷。① 2018 年央视春晚在强调全球化、城市化和商业化的同时，几乎没有一个以乡村为主体的节目，完全隔断了春节与农耕文明之间的历史联系，在这个炫目、盛大的媒介景观中，乡村"被缺席"了。其中，小品《回家》虽然以山东农村为背景，但实为表达海峡两岸血脉相连的关系，小品的编剧正确地意识到，这种血脉关系也只能在中国农村寻找到根了。所以，还存在着另外一种情况：当人们面对无根的现代城市生活、劳动异化、资本主义消费主义文化和人与人之间的冷漠关系时，乡村又一次被"理想化和景观化"②地构建为摆脱现代城市生活压力和环境污染的空间。近年来，这种商业化的"乡愁"与"新乡村乌托邦"标语一起重新回到了城市"主流"视野，然而，这片世外桃源却是"没有农民的乡土"，它是脱离了农民实际日常生活的浪漫主义乡土。

与央视春晚和乡土社会愈加明显的疏离感和形式化不同，乡村春晚既是央视春晚的乡村版，也是内生于农耕文化和农村社会的。村民是舞台的主体，对他们（主要是妇女）来说，乡村春晚首先是一次集体行为，其次才是文艺表演。李庄村和好溪村都是 2018 年第一次办春晚，村书记原本有顾虑，认为硬件设施条件还不成熟，再加上村民提出办春晚时已是农历十二月，时间和资源方面都会受到限制，不能保证春晚的质量，"怕弄不好没人看""办得不好村集体面子过不去"。但妇女们坚持举办春晚，对她们来说，"晚会很有意义，丰富农村人的业余生活，不管好坏没关系"（好溪村妇女 K），"完全凭着对生活的热爱，对家乡的眷恋来办晚会"（好溪村妇女 T），"我不会跳舞，但上了舞台，就觉得舞台是每个人都适合的。发挥自己兴趣，或是搞到大家能笑就好"（李庄村妇女 E），"办了春晚之后才觉得我们村更加团结"（好溪村妇女 F）。从 2010 年开始连续举办春晚的湖川村几位妇女也表示，"参加了春晚就觉得过年更充实……题材当然是接近我们生活的，太虚也没人看……不是说要别人在乎，是自己高兴就行"（湖川村妇女 A），"村里面的春晚都是我熟悉的面孔，看起来就很亲切"（湖川村妇女 G）。

乡村春晚表达出妇女们对美好生活的追求，通过"聚在一起的乐与闹"，使遭到市场化和城市化冲击后变得松散的乡村社会关系再次凝结，实现村庄

① 赵月枝，龚伟亮. 乡村主体性与农民文化自信：乡村春晚的启示 [J]. 新闻与传播评论，2018，71（2）：5-16.
② 赵月枝. 生态社会主义：乡村视野的历史文化和生态意义 [J]. 天府新论，2015（6）：66-72.

共同体的重建。① 而且，这种集体的重建不仅仅局限在中老年妇女群体中——湖川村妇女 R 几乎全家上阵参与春晚，R 是 1997 年最早参与湖川村集体文艺演出的那批妇女之一，后来村里开始举办春晚，她的儿媳妇也参与进来，而且 R 和她的儿媳妇成功地动员了她的儿子上台，在她的影响下，当时只有 10 岁的孙女在 2017 年春晚开场节目中也表演了翻跟头。而在节目内容方面，乡村春晚秉持着现实主义风格，如下文提到的《二清二拆二化》《农活秀》等节目正是以艺术对真实生活的再现。

中共中央、国务院发布的《乡村振兴战略规划（2018—2022 年）》指出："中华文明根植于农耕文化，乡村是中华文明的基本载体……深入挖掘农耕文化蕴含的优秀思想观念、人文精神、道德规范，结合时代要求在保护传承的基础上创造性转化、创新性发展……进一步丰富和传承中华优秀传统文化。"② 借用甘阳"通三统"的说法，新时代的社会主义新文化需要继承五四新文化运动以来的革命文化传统，需要批判地化用全球化和商业化文化，也需要在新的历史条件下重新审视传统文化，汲取其精华，而农耕文化又是传统文化的主体。③ 乡村振兴作为国家战略的提出，意味着中国特色社会主义不能走也不可能走资本主义城市消灭农村的道路已成为新时代的共识，而走城乡融合发展的道路，不仅要求经济层面的城乡互哺，而且要求必须发展与其国家性质相一致的具有社会主义主体性的新文化。

源于浙江丽水，近年在全国乡村有燎原之势的乡村春晚，俨然已成为新时代乡村振兴的文化先声。正如《乡村主体性与农民文化自信：乡村春晚的启示》中所述，农村改革和电视的普及加快了中国农村的全球化与现代化进程，也冲击了乡土中国的文化主体性。1983 年以来，央视春晚将农耕文明以媒介景观的形式重新"民俗化"，使之成为高度媒介化的现代中国最受瞩目的春节仪式，然而，这个垄断性的"新民俗"媒介文化在内容上却无法完全满足中国乡村和农民的精神需要。在这样的语境下，村民自编自导自演的乡村春晚以"我们的节日"为口号蔚然成风，就"具有了深刻的含义……在这里，村民不再没有文化，不再是被呈现者和城市的'他者'，而是作为主体登台，

---

① 赵月枝，龚伟亮. 乡村主体性与农民文化自信：乡村春晚的启示 [J]. 新闻与传播评论，2018，71（2）：5-16.

② 中共中央国务院印发《乡村振兴战略规划（2018—2022 年）》）[EB/OL]. 中国政府网，2018-09-26.

③ 甘阳. 新时代的"通三统"——三种传统的融会与中华文明的复兴 [J]. 书城，2005（7）：33-39.

创造属于自己的文化。在更为实质的文化层面上，它代表了以村庄为单位的集体文化活动的回归"①。通过乡村春晚率先登上乡村集体文化舞台的，正是广大妇女。

二、文化实践中的女性：自我认同及家庭、社会地位提高

在乡村春晚中，数量最为庞大的参与者是主要承担家务劳动的退休妇女。以李庄村为例，登记在册的女性人口为 310 人，其中参与过春晚演出的人数约为 78 人。此 78 人中，达退休年龄（50 岁）者为 30 人，其中 50—59 岁的19 人、60 岁以上的 11 人、40—49 岁的 11 人、30—39 岁的 2 人、30 岁以下的 5 人。另外，负责核心工作的往往是家庭经济情况较为优越的中老年妇女，领头的文艺积极分子多为"老板娘"或个体户②。

城乡二元对立和性别化劳动分工的双重结构压力，压抑着农村妇女从私人领域进入公共领域参与公共事务的欲望和诉求，也束缚着她们潜能的全面发展。而通过春晚进入文化公共领域，既不直接导致由于性别化劳动分工所形成的家庭结构发生巨变，又能够利用集体文艺活动的公共性质反过来使妇女获得自我赋权、能力提升，也调整了家庭关系和社区关系。主要从事家务劳动而具有较少社会经验的妇女不约而同地说出了"以前不敢去""怕做不好别人笑话""现在脸皮变厚了"这样的话。在参与集体文艺活动之前，她们因不确定自己是否具有从事文艺表演或参与更广泛社会活动的能力，对在公共生活空间中展示自己感到羞怯和担忧，但通过参与文艺实践，她们获得了自我认同和来自他人的肯定："原来我也能做到""我甚至做得比别人还好""她们还让我教"——这是她们自我赋权和获得自信的表达。

李庄村妇女 D 在访谈中表达出想要尽可能表演好春晚和其他文艺活动的意愿："但家里又忙，又要带小孩，又要帮老公的公司做账，所以，我老公的朋友就对我老公说我'不务正业'，我觉得我现在做的就是我的一个无偿的事业，付出很多，也没有收入，但就是喜欢。"显然，对于男性来说，"正业"是为男性减少或消除家庭内部劳动的负担，并在条件允许的情况下尽可能地承担其他劳动，虽然"帮老公的公司做账"不属于家务劳动，但它却极有可

---

① 赵月枝，龚伟亮. 乡村主体性与农民文化自信：乡村春晚的启示［J］. 新闻与传播评论，2018，71（2）：5-16.

② 李庄村建有微信"春晚统筹群"，负责晚会节目的策划、组织排练、集体舞蹈教学、服装道具购买等重要事务，总人数为 10 人，其中女性 8 人，3 人为"老板娘"，1 人为园林企业经营者，1 人为民营幼儿园园长。

能发生在家庭空间内部,对妇女来说,这并不意味着走入公共领域,而文艺演出活动是具有真正驱动力的、具有社会公共性质的"事业",它不是男性生产劳动中的附带劳动,而是通过文化的主体性实践来获得政治经济层面上的主体的再次解放,即使这项事业并不能带来经济收益。

湖川村妇女 A 和丈夫一起接受了采访。当时,妇女 A 因经营小生意未能参加集体文艺活动,在采访中,A 的丈夫略微表达出对 A 参与乡村春晚的否定态度。对此,A 说:"不是说要别人在乎,是自己高兴就行⋯⋯由不得老公支持不支持。"另外,由于麻将是壶镇农村普遍的娱乐方式,A 表示自己愿意参加春晚而不是打麻将:"我如果去打牌了,那我很快就会入迷了,所以我不去;如果我去了,我老公喜欢打牌,我就牵制不住了。"这说明,除了参与公共事务的诉求之外,春晚还是 A 为与丈夫在家庭内部权力的相互制衡所采取的策略。在明知丈夫对参加春晚活动不甚满意的情况下,A 首先选择的是自我满足和自我愉悦,"特别是演小品的时候⋯⋯一边排一边笑,笑点都是自己想出来,自己放进去,题材当然是接近我们生活的"。而且,A 对集体文艺活动与丈夫对集体文艺活动持有相反的价值判断,她认为春晚表演的社会价值要高于打牌(即打麻将),因为"参加了春晚就觉得过年更充实",这种对丈夫价值观的反驳也是对男权的挑战。

当然,在乡村春晚活动中,女性并不总是面临需要挑战男权的局面。实际上,以妇女为主体的乡村春晚也为主导性的性别关系的"反转"提供了机遇。2019 年 2 月 1 日李庄村春晚开演之前,当妇女们忙着化妆、服装准备时,七八位男性主动拿来锅灶等炊具,为这群舞台上的主角准备晚饭并摆菜上桌。这样的"角色互换"正是男性对女性在文化建设中的重要地位和能力的赞同与认可的表现。

今天,在乡村传统文化复兴和新文化建设中,弘扬中国以农民为主体的社会革命中性别平等理念和实践在农村的丰富历史资源,防止在重新"发明"和"再造"的"乡土传统"中,无意识地在性别解放层面陷入"历史虚无主义",甚至宣扬和美化传统父权意识,是实现乡村振兴中"乡风文明"的题中应有之义,也是新时代社会主义文化建设的重要内涵。以妇女为主体的乡村春晚,展现了妇女在引领农村社会生活和文化生活中的积极性、主动性和主体地位,激发了农民的文化自信,恢复了村庄的凝聚力,从而使文化建设成为新时代农民主体性锻造和农村自我组织能力提升的切入点。

三、女性背后的国家文化建设：文化馆、文化礼堂和文化员

妇女解放离不开国家建设和乡村治理水平的提高。乡村春晚舞台上女性的背后，是国家的公共文化建设体系尤其是这一体系中的基层部分以及乡村治理中妇女的重要作用。正如温铁军等在《中国农村社会结构变化背景下的乡村治理与农村发展》一文中所指出的，建设文化合作的制度"投入小、见效快"，这是因为乡村中历史积淀的文化本来就嵌入在村民的日常生活和节日礼仪之中，所以不需费力就能够令乡村文化重获新生，且农村"老妇幼"群体渴求丰富的精神生活，所以一旦有组织力量介入，这些群体便很容易被动员起来发挥文化作用。① 据 2012 年的数据统计，浙江省有县级以上文化馆 97个，乡镇综合文化站 1349 个，村级文化活动设施 30756 个；乡镇文化员在编人员 2996 人，编外人员 1274 人，其中大专以上学历 3338 人，村文化管理员30746 人；有文化活动团队 47895 支，文化馆直接辅导 30829 支；2012 年开展活动 1806748 场次，文化馆直接辅导文化活动团队 1182523 场次。②

而在壶镇，镇文化站现有专职办公人员 2 人，在编文化员 7 人，聘用文化员 2 人。据文化站资料显示，壶镇现拥有 14 支镇级文艺团队和 110 支村级文艺团队，总人数达 2500 多人。文化站近年开办过戏剧、乐器、歌咏、广场舞、健身操以及太极等多项免费活动培训班，其中一些与壶镇老年大学共同开办。由于"壶镇的民间艺术氛围浓，大家参与的积极性很高，不管什么培训都有人参与"，有一些培训班人数高达 200 多人，而绝大多数参与者为女性。另外，文化站还承担着乡村文艺创作的指导任务——原创剧本可以拿到文化站进行修改，或让文化员到村里进行指导。总而言之，大批在基层工作的文化员起到了乡村春晚的动员者、引导者和鼓舞者的关键作用。③

2019 年，湖川村在县文化馆文化员的帮助下创作了小品《二清二拆二化》，它和 2019 年央视春晚小品《演戏给你看》都涉及农村干部作风问题，二者所持视角却大相径庭。在湖川村小品中，村干部是一对夫妇的侄女，她自带两瓶酒到叔婶家来说服二人拆除违规搭建的粪池和猪圈，叔婶二人不应，要求侄女或免拆或给予超出规定的赔款，侄女晓之以理，最终叔婶被侄女和

———————

① 温铁军，杨帅. 中国农村社会结构变化背景下的乡村治理与农村发展［J］. 理论探讨，2012（6）：76-80.

② 张卫中. 浙江省基层文化队伍建设研究［J］. 文化艺术研究，2014，7（1）：15-23.

③ 赵月枝，龚伟亮. 乡村主体性与农民文化自信：乡村春晚的启示［J］. 新闻与传播评论，2018，71（2）：5-16.

邻居说服，为了壶镇建设和群体利益答应拆除粪池和猪圈。在这个小品中，村干部是廉洁奉公、办实事的好干部，此外，该小品体现出现实主义的以农村视角审视城乡关系的内涵：叔唱着"我们都有一个家，名字叫中国，兄弟姐妹都很多，景色也不错"走上舞台，当看到"二清二拆二化"的宣传板后，即抱怨"城市化，城市化，真是啰嗦"；婶上台后随即说："……我们这里是农村，又不是城市，搞那么多东西干什么。"小品展现了现代城市建设和文化与传统农村生活之间的巨大差异，而叔婶二人的态度也包含着对用城市化的思路搞乡村现代化的批判。相较而言，央视《演戏给你看》并没有真正切入农村主题，而是把一种普遍存在的官僚主义放置在农村场景之中，最终从城市精英的道德制高点对作为"农民的儿子"的"苦出身"但已变质的干部进行批判，这一被《人民的名义》推到极致的影视化人物形象已成为贪腐和官僚主义的刻板印象之一。

在文化设施方面，浙江省于 2013 年发布了《中共浙江省委办公厅浙江省人民政府办公厅关于推进农村文化礼堂建设的意见》，提出加快村级文化设施建设，致力于"把文化礼堂打造成一个以礼堂、讲堂、文体活动场所于一体的村级文化阵地综合体"，并规定，文化礼堂必须具一定规模，要"配有舞台，能够满足农民群众举办文化节庆、文化仪式、文体活动以及村民议事集会等功能需求"。① 至 2018 年 9 月，浙江省已建成 1 万家农村文化礼堂。② 在县、镇政府的资金支持下，壶镇已有 15 个村建立文化礼堂，③ 湖川村文化湖川村文化礼堂更被评选为"丽水市二星级农村文化礼堂"④。

浙江省还十分重视基层群众的文化素养和思想培育。缙云县委宣传部、县文广新局或文化馆每年定期举办春晚导演培训会。2017 年农历十二月，缙云文化馆组织举行"缙云县 2018 乡镇文化干部及乡村春晚导演培训班"，为与会人员在文艺节目思想内容和组织晚会的具体方法等方面提供建议。参加此次培训的李庄村妇女 D 说："壶镇文化站负责安排接送，我们一车有二三十个总导演和策划，相互交流经验，在回来的路上我们一路高歌。"这是国家对

---

① 浙委办. 中共浙江省委办公厅浙江省人民政府办公厅关于推进农村文化礼堂建设的意见 [EB/OL]. 浙江在线，2013-05-10.

② 陆遥，王婷，黄慧仙. 我省建成 1 万家农村文化礼堂 [N]. 浙江日报，2018-09-22 (1).

③ 数据来源于 2019 年 1 月壶镇镇文化站访谈。

④ 陈可英. 农村文化礼堂建设——浙江省缙云县壶镇镇文化站 [J]. 环球市场信息导报，2016 (3)：97-98.

乡村妇女进行文化赋权的最佳例证。

妇联在乡村春晚建设中的作用也不可小觑。缙云县群团改革后，村妇委会改为村妇联，除了把原来的"妇女主任"改为"妇联主席"之外，还增设了妇联副主席 384 人、执委 1736 人，使妇联在基层的组织动员能力更加强大。而且，村妇联干部行事灵活，在工作中常根据乡村风俗人情使用感性动员策略。缙云县妇联主席曹雄英说，有些村的男性村领导对春晚不积极，妇联干部就把村书记和主任的妻子发展成文艺骨干，通过她们对书记、主任做工作。另外，许多村妇联干部积极联系村外妇女力量，获得文艺专业人力支持，如缙云县城水南小学的音乐教师吴芙蓉等，近年来一直在乡村春晚的舞台上义务演出；村妇联干部还通过动员村中"新乡贤"来获得春晚的资金支持，如新建村乡村企业家为春晚捐助 20 多万元，最终吸引 2 万多人观看，形成了一台春晚万人瞩目的盛况。①

在乡村春晚的建设中，国家文化干部的引领作用十分关键。被群众亲切地称呼为"豹处"的丽水市文化广电新闻出版局文化艺术处处长林岳豹是"全国乡村春晚品牌和全国乡村春晚百县联盟"的发起人。2013 年，源于庆元县月山村农民坚持自办春晚的灵感，林岳豹处长开始思考并着手开展丽水市乡村春晚建设。在访谈中，林岳豹以透视全局的视野提及他的"文化建设理论"：

> 政府的乡村文化建设是一个从送文化，到办文化，再到管文化，最后达到治文化的过程。具体来说，过去资源匮乏，政府向乡村送戏、送电影，内容是新鲜的，但农民没有选择……后来是政府办起来（文化节目），农民群众来看……再后来是管文化，由于社会文化已经多元化，也成立了许多文化机构，政府这个时候不应该再办（文化）了，应该管文化……最后到治文化……现代农村文化教育水平提高了，小孩子都受过艺术普及教育……而农村的文化建设也应该转型升级……以前是群众需要文化，现在是文化需要群众……政府应该起文化引导作用……应该做的是提供舞台、提供平台实现文化的共建共享。②

在他的带领下，一些学术机构也参与到研究和引领工作中。例如，一个

---

① 曹雄英在 2018 年"乡村振兴与妇女发展"学术研讨会上，发表题为《农村文化礼堂建设——浙江省文化建设创新中的妇女和妇女工作》的演讲。
② 内容来源于 2018 年 10 月林岳豹于丽水的访谈录音。

"春晚研究院"已在丽水职业技术学院成立,该机构计划一年之内完成 100 位春晚相关人员的访谈研究工作。

四、延续文化的"人民性"传统:妇女的文化建设作用和农村基层组织的助推

在革命战争年代,戏剧、歌谣和曲艺等多种文艺形式是中国共产党宣传和动员群众的重要媒介。中国社会主义文化建设是一个将现代先进思想与传统文化进行融合的创造性过程,而社会主义文化的本质在于其党性和人民性的高度统一,它既体现了共产党的意识形态内涵,又是人民群众活生生的文化。正如李彬教授所论述的,只有先进的、民主的、以人民利益为根本的政党才能够保证"人民性"的存在和实现,反过来,人民和"人民性"也是中国共产党之所以能够不断进步、发展的源泉。[①]

缙云县是浙西南革命老区的重要组成部分,民间至今流传着早期共产党人如何利用传统文化中的花灯表演做掩护进行革命工作,甚至用当地流行的地方戏婺剧表演所得的戏金(谷物)支持革命事业的红色故事。[②] 中华人民共和国成立初期,婺剧从民间文化成为国家支持的艺术形式。20 世纪 60—70年代,婺剧剧团变更为"宣传队"或"文工团",以表演样板戏为主。[③] 20世纪 80 年代初期是缙云农村婺剧最为兴旺发达的时期,许多村庄都有自己的业余婺剧团。好溪村老人班中几位七八十岁的老人年轻时曾在大队剧团里唱过戏,2018 年好溪村正式开始举办乡村春晚之前,老人班就已经有在春节、中秋等节日举办"戏曲联欢会"的传统。

生于 20 世纪 60 年代的湖川村妇女 B 也是受到样板戏影响的人之一,在访谈中她数次说到村里文艺活动的历史:"样板戏那个时候搞得也很好,按年龄分大班、中班和小班,我堂哥还演过《红灯记》里的李玉和。"1976 年,湖川村一位青年团团员领头组织了一台名为《星星之火可以燎原》的戏剧表演,给当时 10 来岁的她留下了深刻的印象,在她的记忆中,当时参与文艺演出的那些年轻人"思想比较活跃,大家凝聚在一起,找有意义的题材演出,村里有一口田专门给青年团种,赚的钱当经费",但是,"从《星星之火可以燎原》之后,村里就没有文艺演出了,所以(我)想继承这个传统"。

---

① 李彬.再塑新闻魂——浅谈马克思主义新闻观及其科学与价值 [J].新闻记者,2016(6).4-16.

② 资料来源于 2018 年 7 月缙云县大源乡小章村访谈笔记。

③ 章军杰.多元文化格局下婺剧传承与发展研究 [D].济南:山东大学,2014.

1997 年香港回归为妇女 B 提供了一个表达这种主体意识和继承文化的群众性传统的契机。作为 1997 年湖川村庆香港回归文艺演出的中心人物，妇女 B 说："1997 年香港回归，我心里也感到高兴。我说要搞一点活动庆祝一下，讲了那么多年，1997 年终于实现了。我跟村里几个要好的朋友说，我要搞一台晚会，她们也比较爱搞文艺……"就这样，组织文艺晚会成为她的国家认同感的艺术化表达。显然，她所想继承的"传统"并不是样板戏本身，而是比之更富普遍意义的通过集体文艺活动来表达自己同时作为中华人民共和国一分子和作为村庄共同体一员的主体性文化实践。正如沙垚观察到的，社会主义文艺是"经过社会主义革命、农村的文化传统与农民的日常文化实践再生产过的一种'新传统'"①。在中国现代历史的发展和变革中在中国革命和乡村传统文化的碰撞中，在人民群众的主体性实践中，已经形成经过"创造性转型"的新文化，这个新文化的民主和革命精神也指导着乡村妇女在新的社会语境中的文化实践。

乡村春晚的发展在许多层面上都是一个"从群众中来，到群众中去"的过程。② 其中，农村基层组织的引导和统领十分关键。湖川村目前有业余婺剧演员 20 多人，大家坚持每周两天聚在一起练习，从 2017 年起，该村每年春晚都有一个婺剧节目，前台演员身着戏服登台表演，后台演员使用鼓板、笛子、二胡等乐器进行现场伴奏。婺剧在湖川村之所以能够传承，是源于 2016 年 9 月村干部决定从缙云文化馆请老师面向所有村民组织的一次免费培训。湖川村妇女 L 即从此时开始学习鼓板，现在，除了镇文化站每年的免费培训外，他们还会让负责文化建设的女村委从缙云文化馆邀请老师自费学习，L 说，附近的村子基本情况都是如此。婺剧学习使妇女们建立了更加广泛的社会关系，在 2019 年春晚的开场节目"打八仙"中，湖川村的后台演员们想要体验前台演出，便从其他村邀请戏友作为后台伴奏，增加了村落之间的友好联系，这样你来我往的文艺互动被形象地称为"文化走亲"。

2019 年，好溪村和李庄村的春晚都增添了"太极功夫扇"节目。这个节目的出现得益于同在壶镇的北山村群众与基层组织的有机互动，它最终丰富了整个区域文化活动的内容。北山村妇女 S 坚持自学太极，后在北山村干部的建议下，S 开始无报酬地带领北山村村民每天早晚练太极，从初始的 20 几

① 沙垚. 人民性：让社会主义文艺真正嵌入农村社会结构［N］. 社会科学报，2018-10-18.
② 赵月枝，龚伟亮. 乡村主体性与农民文化自信：乡村春晚的启示［J］. 新闻与传播评论，2018，71（2）：5-16.

人发展到 100 多人。镇文化站因此决定在全镇进行推广，因场地限制，每村可以报 1—2 名文艺骨干进行培训，培训完成后再在本村推广。文化站的工作人员说，北山村在整个壶镇掀起了"一个太极的热潮"。2011 年，S 组建的壶镇队参加"第八届浙江国际传统武术大赛"，并取得团体冠军。

五、春晚的主体：女性的组织能力与文艺创作能力

上文已经论述，妇女有强烈的进入公共领域的主体意识，而集体文艺实践是她们参与公共生活的重要途径。缙云县每台春晚参与演出人员 95% 以上是女性①，她们的主体身份主要表现在社会组织能力和文艺创作能力方面。进行组织动员和文艺创作使妇女与更广泛的社会产生联系，这些联系既可以是社会关系的（组织动员），也可以是文化和意识形态的（文艺创作）。每个人卷入的方式不同，产生的联系也不同，但对大多数人来说是二者兼而有之。

在组织能力方面，妇女通过社会关系联结以获取在公共事务中的权力，使妇女群体的社会公共参与具有合法性和影响力。比如，在湖川村，1997 年"庆祝香港回归文艺晚会"是该村以妇女为主体的群众文艺实践的开端。然而，当时妇女 B、C 及其他几位同伴刚开始排练节目时，并没有得到村集体的支持。有村民提出负面意见，认为村里几十年没有办过文艺演出，仅凭村里的几个妇女不可能办起一台晚会。但是，这些领头的妇女不但通过有组织的排练提高了表演水平，而且积极动员其他妇女加入："很多人都表示想来参加，但又很腼腆，所以我就主动动员，所有想参加的人都让参加，让她们组织自己的节目。"后来，排练形成一定规模后，这几位妇女又"跟村里打招呼"，最后村里对这台晚会表示支持，并支付了 5400 元音响费。从这里可以看出，这群妇女在与外界意见发生冲突时不但具有"小集体"的组织能力和决断能力，并且通过自我肯定和自我表现使他人的态度发生转变。当面对发展成为更大群体的可能性时，她们有策略地对潜在成员进行动员和领导，将这个壮大的群体组织化，掌握一定的话语权后，妇女们以集体身份与村领导进行交涉，获取文化实践的合法性。最后，这台晚会演出了约 23 个节目，不仅取得了村里干部、群众的认可，而且吸引了镇文化馆在 1999 年与湖川村联合举办文艺演出。这场晚会开启了湖川村办文艺晚会的传统，其中核心人物妇女 B 于 2010 年担任该村女村委后，乡村春晚便成为村里固定的集体活动。

---

① 曹雄英在 2018 年"乡村振兴与妇女发展"学术研讨会上，发表题为《农村文化礼堂建设——浙江省文化建设创新中的妇女和妇女工作》的演讲。

在壶镇，一些表演水平较高的团队在文化领域已相当具有影响力，妇女的文艺活动组织也不再局限于春晚，而是贯穿各个节日文化活动（如妇女节、重阳节）。此外，这些团队还与社会机构建立联系，市级、县级机构组织的文艺活动也时常邀请团队演出。我们观察到，壶镇几乎每村都有一支业余舞蹈队，舞蹈队成员和人数往往并不固定，不设入队条件，以开放包容的态度进行集体文化实践。

与此同时，这些联系也创造着妇女们共同的社会生活经验，使整个村庄乃至更大范围的社区关系更加友好、紧密。对乡村春晚进行了三年调研的丽水职业技术学院音乐系副教授谭啸认为，由于举办春晚，村民在"家里面吵架少了……村风村貌整体好了，因为办春晚大家在一起会商量，以前可能有些矛盾……比如，有两家因为（建）排水沟起矛盾，但因为春晚排练，一起商量，一来二往，就和好了"①。好溪村妇女 F 认为："春晚之后才觉得我们村更加团结。以前见了就是打个招呼或一起打麻将，时间长了就觉得无聊，现在有了共同的话题和经历，见面就会一起分析上次的晚会办的效果，一起商量哪里需要改进，更有意思。"乡村春晚使妇女结成共同体，她们通过共同的生活经验相互理解、沟通，达成共识。

这个共同体不仅局限于春晚的组员排练，还真正嵌入了妇女们的日常生活。湖川村妇女 A 和 C 均表示，"有的人礼拜六、礼拜天都要到农庄或是农家乐聚会一下""没有晚会我们平常也组织出去游玩、表演"。从湖川村嫁到李庄村的妇女 H 虽在李庄生活十几年，但仍感到与李庄格格不入；近年学习广场舞后，又在李庄村春晚的集体舞蹈节目中担任"领队"，负责将舞蹈动作教给其他妇女并排练成完整节目。在这一过程中，H 不但变得自信、健康，还与许多本村妇女建立了亲密的关系，她说："之前感觉嫁到这里这么多年了，总觉得不是（在）我自己的村里一样，现在就觉得我就是这里面的一员。"另外，一些跟随丈夫到外地做生意的妇女积极回村参与春晚排练和演出，还有一些长期在外地子女家中帮持家务的妇女也都于本村演出当天回村观看演出。无论是否参与表演，乡村春晚已然是她们作为乡村共同体的一员所希望参与的春节集体文化体验。

在文艺创作能力方面，妇女主体性在文化和意识形态上呈现出复杂性。面对日益多元的乡村文化环境，妇女们显示出对日常生活进行文化再生产的能力，同时也面临着如何克服城市中心主义文化和商业主义逻辑的挑战。尽

---

① 资料来源于 2018 年 10 月谭啸于丽水的访谈。

管受到文化和知识水平限制，但她们群策群力，通过协作和创造性改造等方式来完成集体文化生产。例如，由四个人敲锣打鼓演出的语言类节目"三句半"与央视春晚中相声类节目的地位类似，是缙云乡村春晚中必不可少的原创内容。妇女们在这一节目的创作上非常用心，好溪村妇女说："'三句半'是大家根据村里的实际情况一起创作的，内容都是关于村里的变化、养老中心等，边排边改。即使书记都说怕时间紧弄不好，大家仍坚持一起编'三句半'。"在李庄村，"三句半"则是由作为春晚"总导演"的妇女 D 主动要求村书记协助写台词，她再从中挑选。为了保证质量，她特地请在缙云县里从事文化工作的朋友参与进来，帮助优化完善台词。

另一个例子是李庄村妇女对当地传统舞蹈"铜钱鞭"的现代化改编。这是一种被列为缙云县县级非物质文化遗产的传统乡村舞蹈，在历史上是由老年人在"迎案"（缙云地区传统群体民俗活动）时以缓慢的节奏和动作完成的。在 2018 年重阳节"迎案"活动中，李庄村妇女将节奏感强的流行音乐与"铜钱鞭"舞蹈动作相结合，身着改版大红色西南少数民族服饰（大约是仡佬族服饰的简化版）演出。这一改编赋予了传统舞蹈以充满现代感的轻快喜悦，使重阳节这个"老人节"充满活力。这种创造在文化上不仅超越了城乡二元对立，而且对少数民族服饰也体现了"拿来主义"精神。改编后的舞蹈显示出的不是一种文化对另一种文化的霸权，而是几种文化的创造性糅合，让人感到乡村不再是垂垂老矣而是焕发勃勃生机。

在 2018 年湖川村乡村春晚的舞台上，妇女 B 和 G 策划了一场《农活秀》表演，成为乡村妇女对商业文化形式进行扬弃、赋予其乡土文化内涵的一个例子。这一脱胎于现代商业文化时装秀的《农活秀》有着闪耀的舞台灯光和快速的舞曲节奏，而电子屏背景却出现大片绿油油的农田，老人们身着日常生活服装，手拿最朴实的农活工具（如犁耙、担子）上台走秀。他们两人一组出场，在"定点"处互相打招呼或表演一些农活动作（如采茶、播种），最后集体出场谢幕发表新年贺词。在这场"走秀"中，商业主义意识形态痕迹荡然无存。时装秀中内在的商业性和消费主义，包括人体（尤其是女性）审美标准的制定及女性身体的商品化，都表达为对时尚和资本的追逐，而这二者是把中国的农民排斥在外的。《农活秀》传递出的信息是中国农耕文化的历史和价值以及农民在其中的主体性和农村生活的集体性。

《农活秀》代表着妇女对农耕文明和以此建立的农村生活的艺术再现，而2019 年湖川村老人班在妇女 R 的组织下演出的《工农兵秀》则更加体现出农民对国家政治主体的认知以及对工农兵阶级身份的认同：《工农兵秀》的演员分为三组，他们身穿秧歌服、工装和军装，分别代表农民、工人和军人，伴随着歌曲《在希望的田野上》《咱们工人有力量》《三大纪律八项注意》登场，最后在《大海航行靠舵手》中，三组演员在舞台汇合。

　　然而，在批判性地面对商业化大众媒体产品及其意识形态方面，农村妇女依然任重道远。一方面，乡村春晚舞台上出现了不少批判城市中心主义和强化农民主体意识的内容，这是它在重构更为平等的城乡文化关系上的积极表现①；另一方面，建构超越城市中心主义的文化是一个长期过程。此外，还需要警惕新媒体语境下商业文化的猎奇逻辑。2018 年，湖川村民兵连演出了一个《男士旗袍秀》节目，据说，这个节目被上传到网络，并获得 20 多万次的点击量。② 但是，高点击量很有可能是近些年网络盛行的猎奇文化所致，即因受众无法处理大量信息，在信息洪流中迷失而产生的麻木感对强烈刺激的需求。这种纯粹的娱乐性对乡村女性的文化权利争取并没有现实意义，它是乡村受到有猎奇倾向的新媒体文化影响而创作的文艺节目又在新媒体上得到肯定的一个反馈过程。

　　乡村春晚作为新时代农村新文化发展中的机遇与挑战还体现在它与新媒体的复杂关系上。新媒体在妇女乡村春晚的文化实践中涉及四个方面的作用：第一，作为演员的组织工具及其他人际沟通工具；第二，信息资源的获取，如舞蹈、小品等节目素材；第三，文化传播工具，如春晚的网络直播；第四，服装道具等物质资源的购买。这是一个乡村妇女利用互联网将信息与物质生产资料重新整合进行文化创造的过程，在此过程中，她们不断积累经验，为更加复杂的文化创造打下基础。如湖川村妇女 G 所说："网络发达了，这里积累一点，那里积累一点，就可以排一个节目了。"

　　国家的信息网络基础设施建设为农村地区的互联网使用提供了保障，壶镇辖区内均可接入互联网，村民的使用以移动互联网为主，妇女对春晚的组织基本是通过微信实现的。以湖川村为例，大部分村民都拥有微信账号，并建有一个涵盖全村微信用户的"村微信群"，日常村务信息在村微信群中进行通知，其中也包括乡村春晚。通知发布后，村民自行决定是否参与春晚并确定节目，演出同一节目的村民再另建一个"节目群"，用来互相联络及安排日常排练等。此外，村中建有一个 20 多人的"女代表群"，负责与文艺活动相

---

① 赵月枝，龚伟亮. 乡村主体性与农民文化自信：乡村春晚的启示［J］. 新闻与传播评论，2018，71（2）：5-16.

② 数据来源于 2018 年 7 月湖川村访谈。

关的日常事务。在湖川村，公共事务的讨论多采用面对面方式，地点通常设在文化礼堂或村委会办公室。换句话说，虽然社交网络为人员组织带来方便，但群体意识和共同体的建构是通过面对面的日常文化实践实现的。另外，微信也使短时间内从村外获得人力资源成为可能，如上文所述，李庄村妇女 D 请缙云文艺专业知识分子参与修改"三句半"台词。

中华人民共和国成立至今，在国家农村教育政策的推动下，乡村妇女的文化知识水平已经显著提高。在乡村春晚中，妇女以文艺创作者和文化主体的身份出现，她们通常首先从互联网获得文化生产资料，对舞蹈、小品和相声等节目进行搜索，获得创作灵感或现成的脚本大纲，再进行本土化改编。具体来说，语言类节目通常是从网络中寻找与农村日常生活相关的节目脚本，再编入本村生活特色并以本土语言演出；舞蹈类节目则是将各种肢体动作进行重组，整编成符合乡村妇女审美且业余能力可完成的动作。从某种程度上说，互联网承担了一部分传统文化人在乡村文化生产中的资源提供者角色，互联网的成本低、时效快和随时可获得性使妇女们掌握更多主动性和选择权。但是，海量和庞杂的网络信息和主导性的商业主义网络文化环境，对乡村妇女的"文化甄别"能力提出了更高的要求，而以上《男士旗袍秀》可能因其猎奇内容而在网上广泛传播的故事提醒我们，互联网时代媒介化的乡村春晚需要谨慎对待网络传播的利弊。

网购是目前乡村妇女购买演出服装及其他道具的主要途径。一方面，根据湖川村妇女 B 所说，过去参加演出的妇女需要一二十人一起坐车前往永康前仓镇购买演出服装，这趟行程并不轻松。电子商务则在很大程度上简化了这个过程，节约了交通和人力成本，而且，电商平台中的丰富资源是单个生产厂商或地区无法比拟的，资源的多样性为乡村妇女们提供了更多的选择。另一方面，电商平台中的消费主义已经透过智能手机和互联网波及中国乡村。由于公共资金没有能力承担服装道具的支出，这部分费用由参与表演者自行承担。虽然几乎所有妇女都自愿支付费用，然而，实际上存在着许多每年参加多个文艺演出节目的妇女，且每个节目都需要购买服装道具，由于演出服装在日常生活中无法使用，这些服装经常只能在舞台上穿一次，不仅造成资源浪费，而且对生态环境产生负面影响。

六、结论

乡村春晚是现代中国的革命、建设和改革过程在乡村文化层面上的表征，它的出现饱含历史文化和社会结构的意义。中国革命让农村妇女在政治上从封建宗法制度中解放出来，国家建设使广大妇女进入社会生产领域，这使中国妇女尤其是农村妇女获得了前所未有的自由和主体性，而革命和建设过程中围绕人民性和集体性的社会主义文化建设也成为一代农村妇女的集体记忆和文化资源。

在改革开放时代的工业化和市场化过程中，农村妇女受到性别化社会分工的巨大影响，大量妇女从社会生产领域回到家庭内部的再生产领域。面对城乡二元对立的社会结构和家庭内部不均衡权力结构的双重压力，以及大众媒体文化生产中的城市中心主义和女性商品化的倾向，甚至传统文化复兴中的历史虚无主义和男权中心主义沉渣泛起，这些有着社会主义文化的人民性和集体性记忆的一代农村妇女，以她们的创造能力、动员能力和组织能力为手段，以传统文化、革命文化和现代文化为资源，以乡村生活为素材，主动进行新时代中国特色社会主义乡村文化的创造性实践。在这一过程中，国家公共文化体系建设和基层妇女组织乃至"村两委"的引领至关重要，而乡村妇女内生的文化动力是乡村春晚得以星火燎原的根本原因。她们以集体的组织形式参与社会公共事务，以质朴的艺术实践参与乡村社会文化生活，重构乡村共同体，通过她们以主体身份的公共参与和社会实践，实现"百姓由文化享受者到文化参与者、创造者的转变，从优秀传统文化、革命文化、社会主义先进文化到社会主义核心价值观的树立"[1]。在乡村春晚的文化实践中，妇女们展示了既传承中国乡土文化又借鉴其他文化形式和风格，实现文化"创造性转型"的能力。乡村春晚不仅为妇女发挥其主体性和进入公共领域提供了舞台，而且使共享这一文化仪式的乡村共同体更具凝聚力，其作用在于根据乡村的需要有效地团结最广大的基层群众，调动其内部积极性，并与乡村独特的历史和自然环境有机结合，以在地的内生动力保证文化创造的可持续性，将文化建设的积极性延伸至更广泛的政治建设、经济建设、社会建设和生态建设层面。总之，通过文化振兴的拳头带动产业振兴、人才振兴、生态振兴和组织振兴以实现全面的乡村振兴，从而实践"产业兴旺、生态宜居、乡风文明、治理有效、生活富裕"的乡村振兴总目标，这也许是乡村春晚作为乡村振兴之文化先声的非凡意义所在。

实际上，在这方面，丽水市已经进行了一些探索。在把乡村春晚当作推进移风易俗、促进精神文明建设、实现"乡风文明"目标的主要抓手的同时，

---

[1]　中共中央宣传部，中央广播电视总台．我们一起走过：第十一集《百花齐放春满园》聚焦文化领域尬歌［EB/OL］．搜狐网，2018-12-21.

该市还充分认识到乡村春晚在践行"绿水青山就是金山银山"这一"两山"发展理念和促进"产业兴旺"中的引领作用。比如,自 2015 年起,该市就将乡村春晚的推广整合在其文化产业发展战略之中,并制定了打造"千台阵容、百台特色、十台样本、一台引领"的规划。其中,"百台特色"乡村春晚要求建立"文旅农"三位一体的产业模式,以春晚为中心发展文化产业并带动农业形成综合性协调发展,从而让"乡村春晚红利"在带动"产业兴旺"和经济发展方面最大化。据官方数据,此战略规划在 2018 年已显示出不错的成果,丽水市创收 14.13 亿元的"乡村春晚红利"。

当然,我们不应过于夸大乡村春晚的意义,让这一"新生事物"过早承担起"不可承受之重",甚至在探索中国乡村振兴的道路上从庸俗的"经济决定论"走到"文化决定论"。但是,无论是从近年丽水的发展实践,还是从山西省永济市蒲韩社区基于广场舞爱好者这一群体发展出以妇女合作组织为主体的整体性社区建设模式①这一案例,我们都不能低估丽水的乡村春晚发展战略在更广阔的范围内激活村庄的内生动力,以社会文化建设带动经济崛起甚至促进乡村治理的可能性。比如,对已经登上舞台的许多缙云妇女来说,如何让更多的男性、"村两委"成员以及更多年轻人登上舞台,就成了她们努力的方向。基于我们对缙云乡村春晚几年的连续观察,她们在这方面的努力也是卓有成效的,比如,在 2019 年缙云五云周村的乡村春晚上,第一次出现了"村两委"成员上台演"三句半"的场面,这对加强村庄凝聚力、改善干群关系有积极推动作用。

回到乡村春晚本身,如何在不断提高节目质量和维持新鲜感的同时,保持文艺活动的有机性和嵌入性,是以乡村春晚为主要内容之一的农村文化建设面临的一个挑战。由于节目的推陈出新对妇女的要求不断提高,这一方面能够激发她们的创造力,另一方面,我们所调研的妇女都表达了其中的压力,那些承担节目编排和组织责任的妇女更是如此。"各村都在办,压力大,不想比别人差"(李庄村妇女 D),"以前是我们自己学学就行了,现在都要请老师,费用我们自己出,舞馆请老师,一支舞下来要 3000 块钱。现在质量要求高,不比当初。观众的眼光高了,每个村的晚会都搞起来了,如果我们表演的质量低,是没人看的"(湖川村妇女 G)。乡村春晚是对商业主义和专业主义文化的否定之否定,代表社会主义新农村"先进文化的前进方向",不能用

---

① 吕新雨. 农村集体经济的道路与制度——从新时期集体经济的三个案例谈起 [J]. 经济导刊,2017 (6):48-54.

源于西方资本主义的商业文化"成功"逻辑来评判。商业主义"成功"逻辑的压力是否会使"爱好"转化为一种"不断自我超越的任务"，从而使乡村妇女的文化生产与日常生活实践相互分离，甚至走向商业逻辑驱使的庸俗化，最终弱化妇女在乡村文化创造中的主体性，导致文化生产的异化，是一个需要警惕的问题。最后，从一个"生态宜居"的环境最终需要建立在对由于网购而得到普及的消费主义意识形态的扬弃的角度，一个值得妇女组织或政府文化部门引领的社会建设或合作机制，也许可从如何更经济和更有效地整合演出服装资源这一非常具体的问题中产生。

虽然有些媒体标题把乡村春晚描绘成"土得掉渣"，从而强化现代与传统、城市与乡村以及"洋"与"土"的分野，但是，乡村春晚是业已现代化的乡土中国在与城市文化碰撞中所产生的新型文化形式，它是社会主义国家的公共文化体系中最基层也是最生动的组成部分，更是在传统农耕社会和商业社会中被压制和被物化的女性展现其社会主义现代主体性和引领乡村振兴的舞台。在这个意义上，乡村春晚是社会主义中国妇女解放在新时代的最新文化成果。从恩格斯所说的"妇女解放的程度是衡量普遍解放的天然尺度"这一角度，乡村春晚中的妇女在社会主义新农村文化建设中的主体性作用和力量是对男权中心的农耕文明的扬弃，更是彰显中国特色社会主义新文化建设成就的一道亮丽风景。无论从其发展的广度还是深度而言，乡村春晚都还是社会主义文化百花园中的一株幼苗，需要在国家、市场和社会的有机联动中成长壮大。对这一现象的研究，包括一个村庄的一台春晚何以可能的研究，还有待深入，但是，就"妇女发展"与乡村振兴的关系而言，我们希望本文能从文化层面提供一个"乡村故事，中国道路"的独特案例。

作者简介：辛逸，中国传媒大学传播研究院博士研究生；赵月枝，清华大学人文讲席教授。

【六】乡村春晚与农民文化主体性初探①

陶　稳

摘　要： 乡村春晚的主要服务和参与群体是农民，具有鲜明的乡土性、自发性和公共性，是一种典型的社会主义集体文化活动，也是展现中国农民文化主体性的重要舞台。本文以安徽省 Z 行政村首届乡村春晚为例，在对 Z 村首届乡村春晚参与观察和深度访谈的基础上，对具体筹办过程、活动内容以及农民文化主体性在乡村春晚中的展现进行分析，并在对比其他成功的乡村春晚代表性案例的基础上探索乡村春晚经验，为进一步推广、丰富乡村春晚公共文化活动提供地方智慧。

关键词： 乡村春晚；农民文化主体性；公共文化活动

乡村春晚起源于浙西南丽水，经推广在全国农村遍地开花。乡村春晚发于农民，并由农民参与和主导，在丰富农民公共文化生活、促进农村文化发展方面具有积极作用，其繁盛之势也是农民文化主体性的直接表现。

费孝通在谈到中华民族的文化自觉时指出："'文化自觉'是生活在一定文化中的人对其文化有'自知之明'，明白它的来历、形成过程、所具有的特色和它的发展趋向。不带任何'文化回归'的意思，不是要'复旧'，同时也不主张'全盘西化'或'全盘他化'。"② 乡村春晚是农村和农民文化自觉的表现，是农民在对自身文化自知、自信以及自主基础上形成的一种集体性文化活动，对有效抵御城市文化对农村文化空间的侵占、传承和弘扬农村本土文化、激发农村文化创造活力，对扭转乡村文化在与城市文化交锋中的失势地位具有积极作用。

---

① 原载《新闻研究导刊》2020 年第 11 期。
② 费孝通. 对文化的历史性和社会性的思考［J］. 思想战线，2004（02）：1-6.

安徽省 L 县 H 镇 Z 行政村位于安徽省西北部，属皖北平原地区。该行政村的主要管理结构分为三层——"乡镇—行政村—自然村"。H 镇有 10 个行政村，Z 是其中之一，Z 下辖 19 个自然村。与其他多数村庄相似，Z 村也具有较高的人口输出程度，留守儿童和老人占常住人口的绝大部分。近年来，Z 村农业经济日渐萎缩，在地企业开始出现和发展，还形成了一个小型专业合作社。L 县是国家级贫困县，H 镇的每个行政村都有相应的帮扶单位，某直属某单位是从 2017 年开始对 Z 村进行定点帮扶的。

在 Z 村首届乡村春晚中，2017 年修建完成的"乡村大舞台"是主要场地，活动资金主要来源于帮扶单位以及村集体收入。活动的主要参与者包括省帮扶单位、村两委、Z 村公立小学、村民以及返乡大学生。

一、党政的在场：乡村春晚成功的首要保障

2013 年，浙江省丽水市文广新局将"月山春晚"模型在全市逐步推广，到 2016 年，全市已有 40% 的行政村自办乡村春晚。[①] 2016 年，丽水的乡村春晚引起国家文化部（现文化和旅游部）重点关注，中国文化馆年会期间丽水市倡议成立全国乡村春晚百县联盟，文化部全国公共文化中心将其作为全民艺术普及的重要品牌在全国复制推广。在乡村春晚的具体操办中，地方政府和基层干部发挥着重要作用，Z 村村委会工作人员对乡村春晚的支持不仅体现在提供活动场地、资金支持，还体现在村民动员、宣传和组织等方面。

村中国共产党支部委员会和村民自治委员会（简称"村两委"），前者负责宣传党的政策、帮助党的路线方针政策在基层落实。在 Z 村首届乡村春晚中，村书记表示很愿意支持举办这次春节活动，还一再强调"乡村春晚是一件好事，咱们行政村这两年也确实有实力办这种活动了"。在村书记的鼓励和带动下，村支书、村委员等相继参与到春晚的筹办中。村两委对公共文化活动的热情体现出当地开放、积极的文化态度，体现了党政力量对基层文化领导权的重视，同时表明以村两委为代表的农村村民在文化参与和文化创造方面的能动性。

乡村春晚这一遵循"从群众中来，到群众中去"的方法发展起来的文化现象，诠释了国家与乡村之间精神纽带的重新连接、村庄主体性的回归、农民的文化自信和对全面小康生活的追求以及党和政府在重建乡村文化领导权

---

① 陈建生. 丽水乡村春晚走向全国之后［N］. 丽水日报，2017-04-10（3）.

和引领精神文明建设方面的重要作用。① Z 村首届乡村春晚在村两委的指导下，广泛发动群众参与，意在重新建立农村社区凝聚力和激发村民文化创造力。在此过程中，镇政府、村两委以及驻村扶贫工作队扮演国家角色，为活动提供场地、资金和安全防护，保证活动在顺利进行的同时传递党和国家对农村发展的思想指导，展示社会主义农村文化发展的显著成就。

二、乡村春晚中的农民文化主体性展示

2018 年 1 月 2 日，中共中央、国务院颁布《关于实施乡村振兴战略的意见》指出："传承发展提升农村优秀传统文化……在保护传承的基础上，创造性转化、创新性发展，不断赋予时代内涵、丰富表现形式，深入挖掘农耕文化蕴含的优秀思想观念、人文精神、道德规范，充分发挥其在凝聚人心、教化群众、淳化民风中的重要作用。"乡村春晚正是立足于农村现实生活，伴随传统民俗活动的继承与发展，结合农村地方文化特色与传统，由农民根据现实生活题材，自编、自导、自演，不仅丰富了乡村文化表现形式，也对凝聚乡村文化力量，重建乡村共同体具有重要作用。

农民自发举办文艺活动庆祝节日的习俗由来已久，不管是全国闻名的月山春晚还是缙云官店村的戏曲春晚，都早于 1983 年出现的央视春晚。当前的乡村春晚，在活动形式和节目内容上既借鉴央视春节联欢晚会，也在"百花齐放、百村争鸣"的氛围中融入创新元素，如在乡村春晚中"融入年货节、非遗展览、改革开放 40 周年图片展、送春联进基层暨书画展览"等活动，在一些农村，乡村春晚不再只是一场简单的节日庆典，而是承载了更丰富、更具现实意义的主题——"记录乡村的大事小情，歌颂乡村改革的成果，见证乡村的发展变迁，总结乡村红红火火的生活，畅想乡村的美好未来"等。"乡村春晚"在某种意义上就是乡村发展的"年志""大事记"或"历史"。②

乡村春晚中诞生了很多农民导演，也汇集了很多农民的文化创作智慧。"这些乡村能人的想象力和创造力也是惊人的，他们极其敏感，总能紧扣时代发展的主题，对传统的农村群众文化加以创新与改进，甚至是直接创作出题

①　赵月枝，龚伟亮. 乡村主体性与农民文化自信：乡村春晚的启示 [J]. 新闻与传播评论，2018，71（2）：5-16.
②　陈学明. 2019 马鞍山市乡村春晚活动综述 [EB/OL]. 中国乡村春晚研究院微信公众号，2019-06-11.

材新颖、内容丰富的新作品，把人物塑造得活灵活现，把文化艺术的元素展现得淋漓尽致。"① 早期的春晚诞生于"田间地头""灶台农具旁"，"平日不离手的笤帚、铁锹顺手拈来就能当道具"，② 当前的乡村春晚有专门的文化舞台或文化礼堂，随着农村经济的发展，乡村春晚舞台上演员的服装、道具也更为精美。如果说早期的春晚表演局限于村民在农闲时期的自娱自乐，那么当前的春晚更是在娱乐的基础上挖掘村庄传统文化，并在继承优良文化基础上进行变化、创新，因此，乡村春晚的产生、发展本身体现了农民文化的主体性和内生动力。

三、Z 村首届乡村春晚经验反思

乡村春晚是农民精神文化生活的缩影，也是展示和激发农民文化自觉意识的重要舞台。党的十九大提出当前我国社会的主要矛盾已经转化为人民日益增长的美好生活需要和不平衡不充分的发展之间的矛盾，开展公共文化活动、满足农民精神文化需求是建设乡村美好生活的应有之义。因此，笔者基于对 Z 村日常公共文化活动状况及其首届乡村春晚举办过程的参与式观察和思考，总结出以下经验：

（一）基层政府的支持是举办乡村春晚的首要条件

农村公共文化基础设施的建设依靠基层政府，群众动员、资源整合以及春晚现场的秩序维护、安全保障等离不开基层干部的支持。在 Z 村 2019 年乡村春晚筹备过程中，村书记、村支书、村委员等齐上阵，对接镇文化站、村小学文艺组织、村民文艺爱好者，并筹备舞台、音响、服装等。正是村两委的全力支持和全员参与，Z 村乡村春晚才能实现从无到有的突破，在较短时间内给民众奉上一场文化盛宴。基层政府对公共文化的鼓励和支持还体现在公共基础设施的修建和完善上，Z 村于 2017 年建成"乡村大舞台"、2019 年完成建成村里的第一个公园，并组建广场舞团队，基础设施的逐步完善为农村文化生活提供公共场所，也是孕育乡村春晚等文化活动的关键。

（二）发挥农村青年人的带头作用

青年是国家的希望，也是村庄的希望。不管是大学生还是第二代农民工，

---

① 李红. 振兴乡村春晚，激发文化自信 ［EB/OL］. 中国乡村春晚研究院微信公众号，2019-04-18.

② 袁莉. 乡村春晚：来自农民的文化创造 ［N］. 中国文化报，2018-02-09（3）.

他们在城市"见过世面",思想开放独立,文艺水平和审美能力也相对较高,由于不满足于城市文化对农村文化空间的挤压,以及媒介春晚对农村、农民的忽视,因此他们成为乡村春晚舞台上的主力军,有些甚至还担任指导者、培训者的角色。此外,青年还是家庭代际连接纽带,他们一般也被寄予较高的社会期待,因此在动员村里的老人、孩子参与方面具有优势。Z村乡村春晚正是以青年为发力点,在正式筹办之前,引导青年参与讨论,并鼓励有文艺爱好的青年担任主要发起人角色。他们一方面通过乡村春晚舞台展示自我,同时也在参与的过程中加强与村庄的联系,增强对村庄共同体的认同感。

（三）女性是乡村春晚的主角

乡村女性在乡村春晚的文化事件中展现出了既维持中国本土文化主体性又借鉴其他文化形式和风格,实现文化的"创造性转型"的能力,这种经过转型的融合文化是中国特色社会主义乃至世界可持续发展的文化基础。农村妇女组建的广场舞团队、妇女文艺队等丰富了日常文化生活,同时也成为新时代发展农村公共文化的先行者。Z村乡村春晚舞台上,女性文化权利得到充分展示,女性演员占总体演员人数的80%以上,此外,她们通过新媒体平台进行的自我学习、文化创造以及在乡村春晚中的动员宣传中发挥不可替代的作用。

（四）乡村春晚要体现村味儿

乡村春晚不是一次性的文艺活动,它是一个村庄的集体精神记忆,同时也具有传承性。因此,乡村春晚只有立足于地方特色,挖掘地方传统文化,着重体现村味儿,才能吸引民众参与,并在此过程中增强他们对本地文化的认同感和归属感。目前,乡村春晚做得好的村庄也大多因为具有地方特色,鼓励村民将传统文化形式搬上春晚舞台,同时根据地方精神面貌和现实生活进行创作。相比之下,Z村春晚在特色方面需要加大力度,争取把乡村春晚打造成地方文化品牌,增强村庄发展的内生动力。

四、结语

乡村春晚的遍地开花,体现出农村和农民对公共文化活动的欢迎,以及乡村春晚这种文化活动形式来源于乡村、扎根乡村以及回馈乡村的必然性。Z村乡村春晚经验是全国乡村春晚的一个剪影,从其自然环境、人员组成、物质基础、经验教训方面可以看出,乡村春晚在一个欠发达农村地区是如何成形的,以及存在的问题和不足。可以预想,作为农村的公共文化活动,乡村春晚在农村的普及程度更高。随着国家鼓励政策的出台，各级乡村春晚评奖评优体系的确立，乡村春晚也会在农村确立为一种常规化的文化活动，滋补百姓生活，推动农村社会主义文化繁荣发展。

作者简介：陶稳，中国传媒大学硕士研究生。

【七】"媒介化"、政府角色与文旅产业：
关于乡村春晚前途的讨论①

龚伟亮

摘　要：起源于浙江丽水的乡村春晚发展到今天，其前途仍充满不确定性。其中，乡村春晚的"媒介化"、政府角色和文旅产业驱动是尤为值得关注的三个方面。乡村春晚不应成为央视春晚的翻版，不能追求大而全，追求媒介化和明星化，也不能走央视春晚"礼失求诸野"的路子。政府文化部门应实现从"送""办"到"管"再到"治"的阶段转变，以尊重农民主体性、创造性为先导，支持、引导乡村春晚这一群众自办文化形式与社会形成良性互动关系。在乡村春晚发展过程中，把文化、产业和旅游相结合无可厚非，但关键在于建构一个多元并存的乡村春晚生态，不能使产业维度成为一元独大的压倒性维度。

关键词：乡村春晚；媒介化；央视春晚；政府角色；文旅产业；农民主体性

作为一个勃兴的乡村公共文化现象，乡村春晚走进公共文化政策视野萌发于 2013 年月山春晚的"被发现"（此前都市报等城市媒体的关注为此积蓄了传播能量），随后丽水在全市范围内全面推广了"月山春晚"的做法，"乡村春晚"也被列为浙江省第二批公共文化服务示范创建项目；2014 年，丽水全市 427 个行政村先后自办春晚 700 多台，500 多名农民导演、10 万余农村"民星"、90 万余村民观众参与春晚活动，"乡村春晚"呈快速扩大和喷发态势；2015 年，乡村春晚实现与文旅产业跨界融合；2016 年，在文化部全国公共文化发展中心助推下，乡村春晚走出国门，面向"一带一路"国家直播；同年，在文化部（现文化和旅游部）、中国文化馆协会大力推动下"全国乡村

---

① 原载《丽水学院学报》2021 年第 43 卷第 1 期。

春晚百县联盟"成立；2017 年全国"乡村春晚"百县万村网络联动启动；2018 年，乡村春晚为丽水赢得首个"浙江省宣传思想文化工作创新奖"，受到浙江省委书记点名表扬，并作为中国乡村文化发展 40 年重点成果案例，列入中宣部改革开放 40 周年专题纪录片，成为全国乡村振兴战略的"浙江样本"；2019 年，全国共有 37000 多个村参与乡村春晚联动，丽水市乡村春晚成功入选国家公共文化服务体系示范项目。

可以看到，乡村春晚几乎以一年一个台阶的速度，以地域联动和网络联动的方式，迅速在大江南北如火如荼展开，并赢得了从市到省到国家层面的积极肯定和推广扶助。

但是，在势如破竹的态势背后，起源于浙江丽水的乡村春晚发展到今天，其前途仍充满不确定性。在这其中，乡村春晚的"媒介化"、政府角色和文旅产业驱动是尤为值得关注的三个方面。

一、"媒介化"或"媒介事件化"：翻版央视春晚？

乡村春晚和央视春晚之间，存在一种或隐或显的对话关系。这明显体现在当追溯乡村春晚起源时，追溯者不约而同做出的如下宣称："最早的乡村春晚'月山春晚'起源于 1981 年，是由浙江丽水庆元县举水乡月山村农民自编、自导、自演的'草根春晚'，比央视春晚还早两年……"① "1981 年由村民自编、自导、自演并有摄影记录的'月山春晚'，……比 1983 年央视春晚直播还早两年。"② "1981 年，腊月二十三，小年夜，在这一天，月山村民们载歌载舞，欢庆新春，办起了中国历史上第一台春节联欢晚会，比中央电视台春晚还早了两年。"③

实际上，不管是 1981 年的月山春晚，还是 1983 年的央视春晚，都以一种政治化、革命化的文化刻板模式的终结为前提，对应的都是改革开放所开启的人们对世俗生活的美好想象及活动空间，在这个意义上，两者遵循的是同一种文化变迁逻辑。几乎在同一时段（20 世纪 80 年代初），上至"复兴路"上的荧屏庙堂④，下至"月山村"里的吹拉弹唱，在"文革"消逝后，

① 袁莉. 乡村春晚：来自农民的文化创造［N］. 中国文化报, 2018-02-09 (3).
② 鲁可荣, 曹施龙, 金菁. 文字留村与村落重振：乡村学校嬗变与村落发展探析［J］. 广西民族大学学报（哲学社会科学版）, 2014, 36 (5)：9-17.
③ 吴梦飞, 陈惠珍. 月山春晚 40 周年：一个村庄的集体记忆［EB/OL］. 庆元网新闻中心, 2020-01-18.
④ 这里指"中央电视台"，因为中央电视台老台址位于北京海淀区复兴路。

新的以追求世俗化娱乐为中心的文化形式,开始在城乡群众文化中抬头。

在这样的回溯考察中,央视春晚和乡村春晚不仅建立了"同源"关系,而且从对1983年那台逐渐被经典化的第一次央视春晚的追忆中,也能看到两者在"初心"上是"同心"的:

> 被称作春晚开山之作并曾在创办20余年后仍以40万票雄踞"我最喜爱的历届春晚"评选榜首的1983年春晚,如今看来更像是一台公司的年终联欢会。紧凑热闹的茶座式演播室,演员和观众相互交融的小空间,歌唱、相声占据了大半内容的节目形式,亦庄亦谐的业余主持人,简陋却火爆的点播电话,似乎都在昭示这是一场纯粹的联欢。而无论是顶着出错风险、克服多重技术压力而坚决采用的现场直播,还是导演组千思万虑找来的跨界主持人、举央视全台之力凑出的四部热线电话,都仅仅是为了"让老百姓高兴一下",这也正是创办春晚的初衷。①

从一台为了"让老百姓高兴一下"的朴素的"借助现代传媒为人们呈现的别样联欢",到随着政治和商业力量介入,逐渐发展成为"难以回头"的"超级表演与媒介事件"② 和"国家主义的文艺象征"③,以及"日渐陷入众口难调,费力不讨好的尴尬境地"④,央视春晚走过的道路恰恰——在"礼失求诸野"的意义上——彰显了今天乡村春晚在简陋粗糙的形式下蕴含的草根性、参与性和本土性等金光闪闪的动人之处。乡村春晚虽其貌不扬,但的的确确是村庄共同体的节日、"老百姓自己的春晚"。

正是基于这样的"对话"和对比,在当今乡村文化实践中,把乡村春晚变成央视春晚翻版的种种有意或无意(出发点往往是好的)的努力,才是让人忧思的。

模仿央视春晚,对于很多乡村春晚的关注者和推动者来说,是一种很自然的提升冲动。对此,笔者认为:一方面,乡村春晚在艺术性上向央视春晚学习,这种提升是有意义的和必要的,这是全民艺术普及的应有之义;但另一方面,这种提升又要始终以坚持乡村春晚的草根性和参与性为前提。

---

① 宫承波,田园. 在回归民俗内核中展现时代精神:对春晚三十一年的审视与思考 [J]. 新闻研究导刊,2014(1):9-13.
② 郭镇之. 从服务人民到召唤大众:透视春晚30年 [J]. 现代传播(中国传媒大学学报),2012,34(10):7-12.
③ 扒情局. 三十六年来,春晚对国人到底意味着什么?[EB/OL]. 搜狐网,2019-02-05.
④ 专题讨论 [J]. 新闻研究导刊,2014(1):8.

把乡村春晚"央视春晚化"，实际上是把老百姓家门口的春晚过度"媒介化"或"媒介事件化"，从水乳交融的社区团结到流光溢彩的媒介表演，一台翻版央视春晚的"乡村春晚"可能由此丧失最为根本的"地气"和"土味"。

2017 年在延安大剧院隆重举行的"春暖大地——农林卫视丁酉鸡年全国乡村春节文艺晚会"，在笔者看来就是乡村春晚"央视春晚化"的尝试。"来自全国的演员、歌手、草根艺人汇聚一堂，为观众带来了一场视觉盛宴"①，然而这种异彩纷呈的节目荟萃，却与乡村春晚"聚在一起的乐与闹"的本意，与乡村春晚"使遭到市场化和城市化冲击后变得松散的乡村社会关系再次凝结，实现村庄共同体的重建"② 的文化意义有所区隔了。如同片头冗长的拜年广告很可能是这种媒介化春晚生产机制（大众媒体商业逻辑）的重要组成部分，但却与乡村春晚由村民自发组织、自编自导自演的"本色"格格不入一样，对于今天的资讯和新媒体娱乐同样发达的农村来讲，这种翻版央视春晚、媒介化的乡村春晚，只是一台可有可无的以乡村春晚为名的荧屏综艺演出而已。

乡村春晚"媒介化"带来另一种形式的影响是"上电视"的演出动机对原生态草根舞台的冲击。这在久负盛名的月山春晚为迎合媒体报道需要，分化出小年"媒体场"和正月初一"村内场"这两场春晚后出现的连锁反应中，有着直观呈现。

"媒体场"带有乡村春晚"媒介化"或"媒介事件化"的色彩，其直接影响是"记者的到来使村民上电视成为可能，于是很多的村民开始纷纷报名参加媒体场，争相上电视"③，这在一定程度上改变了月山乡村春晚"自娱自乐"的演出动机和"大家随便演，演坏了也没有关系"的自然演出状态，事实上使得能满足村民对"上电视"之热衷的"媒体场"，变成了凌驾于仍保留传统简朴本色的"村内场"的高人一等的存在。对有限的媒体场演出资格的竞争，"村内场"被动地"劣等化"（"很多人都想上春晚，可是有些节目不行，我们就让他村内场的时候演，他们却不愿意，说什么让我村内场演，我才不演"），这"带来了村内场的萧条并加剧了村民间的矛盾"。

笔者并非一般性地否定乡村春晚升级换代、进行持续艺术提升的需要，

①　谢伟，王彩玲. 乡村春晚：乡土文化融出新意文化自信惊艳荧屏 [J]. 当代电视，2017（5）：87-88.

②　赵月枝，龚伟亮. 乡村主体性与农民文化自信：乡村春晚的启示 [J]. 新闻与传播评论，2018，71（2）：5-16.

③　刘红凯. 国家与社会视角下村落文化的变迁与传承 [D]. 金华：浙江师范大学，2014.

不是否定媒介介入作为一种社会资源的注入有助于推动乡村春晚的发展，更不否定在传播资源分配上对农民群体予以应有的倾斜，但吕新雨教授在《解读二○○二年"春节联欢晚会"》中论及的央视春晚变成"噤若寒蝉""变化莫测"的"名利场"的后果①，对于作为乡村春晚翘楚、俨然有资格成为"小号春晚"或"翻版春晚"的月山春晚来说，却仍然可谓殷鉴不远。

二、政府角色：越俎代庖还是因势利导？

乡村春晚的蓬勃发展，可贵之处是从中可见一个"居于主体地位的、活跃和能动的社会的存在"②，但另一方面，在此过程中国家和政府所起的作用也是不可或缺的。

乡村春晚迅猛发展的背后，离不开其发源地丽水市"专门安排了专家力量和专项资金，制定了《'乡村春晚'五年建设规划》，开展创建省级和国家级公共文化示范创建项目，使'乡村春晚'项目建设进一步制度化、规范化，并得到了上级的政策资金扶持"③ 的规划举措和努力。

"从 2013 年开始，丽水以农村文化礼堂为平台，全面推广'月山春晚'的经验和做法。丽水启动乡村文化艺术骨干'四个 100'人才培养工程，连续 3 年每年培训帮扶骨干、'村晚民星'、'村晚'导演、'村晚'主持各 100名"，正是在这样的制度化扶持和系统推进下，"丽水市九县（市、区）乡村春晚呈现出各具特色的发展态势"，"形成了一县一特色的'乡村春晚'品牌"。④ 赵月枝教授在 2016 年正月十四观看完丽水市缙云县官店村"乡土戏曲春晚"之后接受笔者访谈时，从浙江省农村文化礼堂建设、缙云县财政对婺剧的扶持、政府文化馆系统对晚会的形式和内容的指导等方面，强调国家和政府的"层层在场"，她还讲道：

> 不是说这里的"村晚"就是完全内生的、纯粹属于村庄共同体的、政府是没有角色的，实际上政府是有角色的，这个角色包括提供基础设施、包括资金上的扶持、包括节目内容上的引导等，甚至包括由县文化

① 吕新雨. 解读二○○二年"春节联欢晚会"[J]. 读书, 2003（1）: 90-96.

② 赵月枝, 龚伟亮. 从"春晚"到"村晚": 兼谈农村的衰败叙事 [EB/OL]. 批判传播学公众号, 2016-02-28.

③ 帅丽芳, 蒋回峰. 从丽水"乡村春晚"看旅游业的融合发展 [J]. 政策瞭望, 2017（10）: 49-51.

④ 丽水乡村春晚走过 40 年带来 10 多亿元"春晚红利" [EB/OL]. 浙江日报, 2019-12-27.

馆直接提供像《老鼠娶亲》这样的节目。国家权力在其中的角色还体现在官店村作为浙江省的文化示范村，是得到省级的重点扶持的。还有，这台晚会是通过国家文化部下属的中国文化网络电视台联合丽水市文广局进行全球直播的，是今年在丽水市直播的四台"村晚"之一，而且当时你也看到了，直播时文化礼堂后面停着一台巨大的、国家电网的黄色应急车。①

　　一方面，我们对政府角色不能视而不见，不能走向僵硬刻板的权力批判；另一方面，在乡村春晚发展过程中，政府如何理解和处理自身角色，尤其是如何处理"乡村春晚是春节期间广大乡村群众自办文化的草根舞台"② 这一定位与政府有关部门行使积极文化职能之间的关系，也始终是一个关系到乡村春晚未来的重要因素。

　　源远流长延续 40 载的月山春晚历史上的一段小波折，为我们提供了见微知著的镜鉴。

　　在得到都市报的关注后，月山春晚声名日隆，"它成了各利益主体争名逐利的'金名片'"③。2013—2014 年，月山村春晚导演权曾两度被村庄所在的举水乡政府掌握，结果"导致月山春晚的舞台越发偏离乡土性和草根性，出现大量与月山及其文化毫无关联的节目，如现代化流行歌舞节目等"④，引发不满，导致村民罢演。此后，为了解决这一困境，2014 年乡政府将春晚导演权交给村内文艺骨干 WMG。乡政府按照春晚组织的实际需求安排专业指导老师、提供资金和基础设备等辅助工作。村两委负责将乡政府提供的资源落实到位，同时处理好电力、交通等后勤工作，同时，月山积极吸收热爱月山文化的高校大学生等群体参与春晚组织。在月山村民主导、乡政府和社会辅导的新型组织模式下，2015 年的月山春晚不仅相应地恢复了原本的草根性质和乡土性特色，舞台效果和节目质量也得到大大提升。

　　可见，乡村春晚即使由当地乡政府来主导，都容易出现因偏离"群众自办文化"的宗旨，而导致与村庄共同体的间离甚至冲突。如果是这样，那么

---

① 赵月枝，龚伟亮. 从"春晚"到"村晚"：兼谈农村的衰败叙事［EB/OL］. 批判传播学公众号，2016-02-28.

② 林岳豹，龚伟亮. 林岳豹：乡村春晚与当代中国乡村治理［EB/OL］. 腾讯·大浙网，2020-07-30.

③ 刘红凯. 国家与社会视角下村落文化的变迁与传承［D］. 金华：浙江师范大学，2014.

④ 金菁. 文化自觉视域下传统村落的文化传承历程及路径探析［D］. 金华：浙江师范大学，2016：26.

政府在这种"群众参与、群众创造"的公共文化发展中的适宜角色和行动策略究竟应该是怎样的？在接受笔者访谈时，丽水市文化广电新闻出版局文化艺术处处长、"乡村春晚品牌和全国乡村春晚百县联盟"主要发起人林岳豹从"文化治理"的高度谈到这样的思路：

> 　　回顾这些年政府职能部门所做的文化工作，我用"送、办、管、治"四个字来概括：从原先的"送文化"——如送戏下乡，到"办文化"——就是我办你看，再到"管文化"——就是政府通过诸如对协会采取指导与合作的方式等，来实现有效的文化管理，最后再到"治文化"——就是从文化管理升级到文化治理，尤其凸显国家意识形态治理。
>
> 　　目前来看，我们是处于"管"的阶段。这对我们提出的阶段性的要求就在于，在社会多元的背景下做细致的梳理，通过设计和搭建文化平台，进一步激发群众的智慧和活力，繁荣社会文化。①

按林岳豹的这个划分，基层文化部门确实应该尽快实现从"送""办"到"管"再到"治"的阶段转变。他还指出，即使"站在'管'的阶段看，我们对农村的公共文化供给方式也不能再刻舟求剑"，因为"我们面对的农村是现代的农村，农民是现代的农民"。② 与举水乡政府从"靠前"争夺春晚导演权到"靠后"提供支持从而收到更好成效的案例一样，对丽水市这个全国乡村春晚的"发源地"和"大本营"来说，政府角色逐渐靠后，变成因势利导者和"煽风点火者"，在林岳豹口中同样是有指导意义的经验之谈：

> 　　这几年政府在引导过程中始终强调以群众为主体，以乡村为单元，政府变成服务者和支持者。你缺资金，我就帮你解决资金；你缺设施，我就帮你解决设施；你缺导演，我就去给你培训人才。老百姓作为主体，全民参与，星火燎原之势就起来了。③

在这样的农村公共文化发展图景中，我们看到以尊重农民主体性、创造性为先导的政府与社会良性互动关系的形成。在支持、引导乡村春晚这种群

---

① 林岳豹，龚伟亮. 乡村春晚的"道"与"路"：专访乡村春晚推动者林岳豹［J］. 现代视听，2019（12）：41-45.

② 资料来源于2018年10月笔者对林岳豹于丽水的访谈，此部分内容未刊出。

③ 林岳豹，龚伟亮. 乡村春晚的"道"与"路"：专访乡村春晚推动者林岳豹［J］. 现代视听，2019（12）：41-45.

众自办文化的过程中，政府对自身角色定位有清醒的认知——不越俎代庖、不急功近利，避免"好心办坏事"——是重要的；而对研究者和学者而言，重要的则是"不能只看到负面的东西，不能仅满足于良知的表达，要看到政府的可能、民间的可能、政府和社会互动的正面的可能、看到农民自己的创造性"①。

三、文旅产业：一元独大还是多元纷呈？

近年来媒体在对乡村春晚进行年度盘点时，往往都会讲到春晚的经济带动效益。如何理解乡村春晚这种彰显了农民文艺的"业余性、大众性和非商业性特质"②的"以农民自娱自乐为主的文化形式"对于"村晚红利"（即乡村春晚对当地文旅产业贡献）的追求，同样是一个事关乡村春晚前途的重要不确定性因素。

在 2015 年公布的《丽水市创建国家公共文化服务体系示范项目实施计划（2015—2017）》③ 中，无论是在开篇对丽水乡村春晚现象的基本评价和界定中，还是在对于该计划的"工作目标"的核心表述中，"产业""产业推动""文化产业"都成为政府政策制定的重要考量。再考虑到乡村振兴战略总要求20 字方针"产业兴旺、生态宜居、乡风文明、治理有效、生活富裕"，其中产业兴旺作为乡村振兴的基石被摆在第一位，在制定推动乡村春晚发展规划时，"文旅结合""形成产业"是很正常的愿景和举措。站在乡村文旅消费者的角度，对于现今年味寡淡的城市人来说，春节期间去农村看看"乡村春晚"、品品年味，也完全可以成为一个休闲消费选项。

把文化、产业和旅游相结合，结合乡村春晚"打造能够满足游客食、住、行、游、购、娱等需求的复合型旅游产品来吸引游客"④，这是无可厚非的。林岳豹在谈及作为一个"产业"的乡村春晚时，提出了如下观点：

乡村春晚有做成"产业"的商业潜能，这里面，政府必须跟社会、

---

① 赵月枝，龚伟亮. 从"春晚"到"村晚"：兼谈农村的衰败叙事［EB/OL］. 批判传播学公众号，2016-02-28.

② 赵月枝，龚伟亮. 乡村主体性与农民文化自信：乡村春晚的启示［J］. 新闻与传播评论，2018，71（2）：5-16.

③ 丽水市政府. 丽水市创建国家公共文化服务体系示范项目实施计划（2015—2017）［EB/OL］. 丽水市人民政府网，2015-12-14.

④ 帅丽芳，蒋回峰. 从丽水"乡村春晚"看旅游业的融合发展［J］. 政策瞭望，2017（10）：49-51.

跟乡村一起来设计出通过发展乡村春晚来富民的模式。①

以发展经济的思路来发掘乡村春晚红利，是没有错误的。但不能把乡村春晚都变成追求经济利益的产业，不能单一地追求乡村春晚的商业化，而是要建构一个多元并存的乡村春晚生态。

林岳豹在访谈中表达的观点，其内在逻辑是统一的：靠乡村春晚来赚钱增收，这没错，但追求"村晚红利"应以乡村社会为优先，不能变成"一切向钱看"。事实上，作为"产业"发挥"富民"功能，只是乡村春晚生态的一个组成部分，它可以有很多种模式，观众也有多元化的需求。除了被当作"产业"，乡村春晚还应被当作"民俗"和"文化艺术"；除了可以"富民"，乡村春晚还可以"乐民""育民"和"强民"。当我们在乡村春晚的多维生态里谈"红利"和"产业"的时候，是没问题的，可一旦唯金钱是举、追求"村晚红利"成了压倒性的维度，多元纷呈变成一元独大，那就会出问题。

赵月枝教授在谈及政府部门对"乡村春晚"在带动乡村文旅产业的发展方面寄予厚望并可能产生将乡村春晚迅速推向商业化和专业化的急功近利思想时，曾深刻指出：

> 乡村春晚的意义在于它是村庄的集体文化仪式和精神文明的符号，是村民的自我文化表达和他们追求美好生活的载体，是村民，尤其是乡村里的青少年实现自身全面发展的舞台。在更广泛的意义上，在一个文艺越来越被专业人士尤其"明星"所把持和被过度商业化所劫持的语境下，乡村春晚使我们重新认识文艺之于普通人和日常生活的意义。②

乡村春晚的首要价值永远是属于村庄共同体的、内在的而非外在的。曾任月山村主任、做了十几年"月山春晚"志愿者、为"月山春晚"的推广做出重要贡献的吴艳霞，在"第三届中国乡村文明发展论坛"（北京，国家行政学院，2015 年 11 月）发表演讲时，曾讲到乡村春晚的影响："农民就会在这个过程当中被尊重，树立他们的自信，最后他们农民会爱上他们自己，于是他们就会在农村过上非常幸福美好的生活。"③ 同样作为月山春晚志愿者团队

① 林岳豹，龚伟亮. 乡村春晚的"道"与"路"：专访乡村春晚推动者林岳豹 [J]. 现代视听，2019（12）：41-45.

② 赵月枝，龚伟亮. 乡村主体性与农民文化自信：乡村春晚的启示 [J]. 新闻与传播评论，2018，71（2）：5-16.

③ 吴艳霞. 农村复兴在于给予农民更好的形式 [EB/OL]. 吾谷，2015-11-02.

中坚分子的范永青，在早些年接受采访时曾指出："村民骨子里对文艺的热爱和对集体欢庆的向往，是'农家春晚'能连办 30 年的原因。"① 这都呼应着林岳豹作为一名国家基层文化干部所强调的理念："让村民在舞台上发现自我价值才是最重要的出发点。"②

如同前文以"月山春晚"为例来阐述"媒介化"的做法将有可能对乡村春晚所凝聚的文化共同体带来不利影响一样，我们在此同样以呵护和预见性的态度把关注目光投向月山。

《文汇报》在《"春晚""村晚"看丽水如何解读乡村振兴"文化密码"》的报道中，把时年 67 岁的 2020 年月山春晚总导演吴美妩写入了如下的段落：

> 如今，每到村里举办晚会时，月山村全民动员，人人粉墨登场，春晚场场爆满。慕名而来的游客一年比一年多，他们住着月山民宿，喝着月山老酒，听着月山老人讲过去的故事。"随着月山春晚的名气越传越远，晚会也从一场增加到了两场、三场……甚至是跨越全年。游客的到来带动了当地农民增收，壮大了村集体经济。"吴奶奶说，1981 年，月山村的人均收入只有 240 元，到了 2018 年，月山农民的人均纯收入为 17 万元，在近 40 年时间里，增加了 7083 倍。③

增收的数据当然令人欣喜，但这里让人略感困惑的是，为游客演出的"跨越全年"的月山春晚，还是不是乡村春晚？还能不能像林岳豹所说的"它是当代中国农民的一种生活，而不是一种作秀的文化"④，抑或如赵月枝教授所说的，在其中，农民的"文化生产与日常生活实践"⑤ 不相分离。这种走向商演和专业化演出的月山春晚，是否能代表农民渴盼的"幸福美好的生活"，是否还能够表达村民"对文艺的热爱和对集体欢庆的向往"，以及最为

① 新华网. 浙江省庆元县月山村"农家春晚"连办 30 年 [EB/OL]. 腾讯，https：//news. qq. com/a/20100210/002311. htm，2010-02-10.

② 赵月枝，龚伟亮. 乡村主体性与农民文化自信：乡村春晚的启示 [J]. 新闻与传播评论，2018，71（2）：5-16.

③ 刘海波. "春晚""村晚"看丽水如何解读乡村振兴"文化密码" [EB/OL]. 文汇客户端，2020-01-08.

④ 林岳豹，龚伟亮. 乡村春晚的"道"与"路"：专访乡村春晚推动者林岳豹 [J]. 现代视听，2019（12）：41-45.

⑤ 辛逸，赵月枝. 乡村春晚、女性主体性与社会主义乡村文化：以浙江省缙云县壶镇为例 [J]. 妇女研究论丛，2019（2）：17-29.

重要的——乡村春晚"多元并存""多位一体"的生态模型如何避免"富民"功能和"产业"维度的肆意扩张？

在《乡村主体性与农民文化自信：乡村春晚的启示》临近结尾的部分，赵月枝教授不无忧虑地写道："正如笔者在月山村调研所发现的那样，即使在这里，这台晚会的商业化和专业化，既非组织者的兴趣和动力所在，也是月山人所不能承受之重。"① 尽管语气内敛、不动声色，但此句恐非闲笔。

四、结语

乡村春晚这一"农民自办、农村演出、农村观看、老百姓自我评价"的公共文化活动，其发展和提升的方向，应当是始终借由全员参与和全员艺术普及，引导广大农民走向文化的小康和文化的解放。②

本文讨论了影响乡村春晚前途的三个因素。首先，乡村春晚不应成为央视春晚的翻版，不能追求大而全，追求媒介化和明星化，也不能走央视春晚走过的"礼失求诸野"的路子。重点是在推动乡村春晚发展过程中，"真正尊重农民的主体性和创造性，正确理解乡村文艺和文化生活之于农民的非功利性和非商业性"。

其次，关于"政府角色"与"产业冲动"的思考。如同上文赵月枝教授的"春秋之笔"一样，在2015年"第三届中国乡村文明发展论坛"上点评吴艳霞的发言时，长期关注月山春晚的时任浙江师范大学教授的鲁可荣也是"点到为止"：

> 我们国家大环境无论从国家还是社会都重视乡村文化的发展，但是在月山春晚发展过程当中面临着非常多的问题，我认为首先一个，它出名了之后政府很多项目进去，政府项目进去对村落文化的发展会带来一个非常大的影响，一不小心可能是毁灭性的，这个我不用多阐述，在座的各位专家和各位乡村文化实践者都是非常清楚的。我们乡村文化发展之后如何跟农民的生活，跟一个村落的产业发展联系起来，我们现在搞得最多的是村里有名之后，大家开始搞乡村旅游，这个乡村旅游我们可

---

① 赵月枝，龚伟亮. 乡村主体性与农民文化自信：乡村春晚的启示 [J]. 新闻与传播评论，2018，71（2）：5-16.
② 林岳豹，龚伟亮. 乡村春晚的"道"与"路"：专访乡村春晚推动者林岳豹 [J]. 现代视听，2019（12）：41-45.

能是成也萧何，败也萧何。①

对于政府的介入，我们在前文已经从正反方面进行了辩证分析，认为不能先入为主地从负面假设政府的角色和作用。但现实中，的确需要警惕政府部门变成单维度动物，把政绩冲动凌驾于乡村春晚对于村庄共同体的意义之上。

产业是乡村春晚发展的维度之一，但不是唯一，不是指向乡村春晚前途的单一路标。现实中，需要警惕政府、社会资本和文化产业学者把乡村春晚产业之维推到独大的地步，形成对乡村春晚的意义垄断。

毕竟——用最早报道月山春晚的《钱江晚报》记者裴建林的诗歌《一个村的集体记忆》里的诗句描述——乡村春晚是一个属于村庄共同体的、"矜持、虚伪、算计被抛弃/留下的是善良、团结、热情"的"神圣的仪式"和"特殊的舞台"，"这是一个村子的集体记忆/这是一个村子的精神家园"。②

作者简介：龚伟亮，中国传媒大学传播研究院副教授。

---

① 鲁可荣. 理性对待乡村文化发展后续问题 ［J］. 学术评论，2016（3）：48.
② 裴建林. 一个村的集体记忆 ［EB/OL］. 新浪博客，2015-03-04.

【八】乡村传播生态中的村民与村庄主体性①
——以浙江省缙云县历史脉络与当下动态为例
梁　媛　邹月华　赵月枝

摘　要： 乡村是中国社会的根基，乡村的文化生活和传播实践蕴含着鲜明的农民主体性和活跃的乡土文化创造力。本文基于缙云县周村春晚的田野调研，以浙江省缙云县乡村社会为对象，通过乡村春晚活动及其传播实践的呈现，聚焦城乡关系视野下乡土文化、传播技术与村民主体性之间的互构关系，描述乡村传播生态的历史变迁与当下图景。首先分析"城乡中国"社会形态如何重构乡村文化传播实践，呈现乡村春晚等文化实践背后依赖的社会经济结构图景；其次围绕乡村春晚内容叙事与传播实践，论述村民如何将不同的传统文化实践和传播形式有机结合，创造性重塑乡村文化传播生态；最后从传播技术内嵌转化、多元主体参与和政府组织引导等层面探讨乡村春晚何以成功的动力机制，进而诠释村民与村庄的主体性意识回归途径和他们对乡村振兴美好生活的追求。

关键词： 乡村传播生态；乡村文化；乡村春晚；新媒介技术；村民主体性

一、历史脉络中的中国乡村与媒介叙事

中国有着几千年农耕文明，孕育华夏，乡土文化源远流长。在从"传统社会"向"现代国家"的转型过程中，中国也依然保持了世界唯一持续的农耕文明和历史连续性。② 费孝通认为传统的中国社会从基层上看是"乡土性的"，并将传统中国概念化为"乡土中国"，熟人社会、差序格局、无讼政治

---

①　本文为 2019 年第五届"河阳论坛"论文。
②　赵月枝. 中国与全球传播：新地球村的想象［J］. 国际传播，2017（3）：28-37.

是他对这一社会形态的概念化认知。① 新中国成立之后，我国开启了国家工业化的进程②，在改革开放 40 年的进程中，我国的城市化伴随工业现代化迅猛发展，农村连同中国大多数地区又一次被卷入了西方主导的世界资本主义经济体系之中。此时，农民不再被束缚在土地上"以农为生"，而是能选择到取得更高收入的城市就业。随着全中国每年以 1500 多万人的数量流入城市，农村走向了空心化，乡村文化走向衰落，农村和城市的差距逐渐拉大。虽然国家与政府始终通过诸如社会主义新农村建设、美丽乡村建设以及提出乡村振兴战略等方式，自上而下地弥补中国城乡不断拓宽的鸿沟，但在意识形态领域，大众媒体的城市中心主义和因媒体市场化改革而导致的乡村衰落话语，从"文化方式"和"政治经济的方式"上得到巩固，"唱衰乡村"还是成为新闻叙事的单一论调和设置议程的"习惯"，也成为知识分子、媒体从业者和文化工作者忧时济民的"猎奇"与"情怀"。③ 那么真实的乡村和生活在乡村里的农民、村民是什么样的呢？传统的"乡土中国"是否仍然能概况当下中国的城乡关系状态？当下的乡村是经济凋敝后的礼崩乐坏，还是充满城市人乡愁病式的田园牧歌？

带着这样的疑问，笔者团队从 2018 年 6 月参加浙江省缙云暑期班开始，在调研活动中通过接触缙云县内不同村庄，重新发现了新时代下具有"城乡中国"新社会经济形态的村庄发展生态，并在 2018 年 8 月、10 月和 2019 年 2 月、4 月，以及 2020 年河阳论坛期间多次往返缙云县，通过聚焦问题意识与深入田野现实进而将调研对象确定为了缙云县周村村，以此为据点展开累计长达两个多月的田野调研和为期四年之久的线上联络调研。

周村位于缙云县行政中心所在地五云街道区，处在国家 5A 级仙都风景区西入口，距离县城 4 千米左右，交通十分便利，村口便有通往县城的公交站。全村现有人口 3100 人，双合自然村 347 人，是全县第八大行政村，村民主要由郑、李、刘、陈、曹、徐等多姓氏组成，因始由周姓人建村而得名，这些先天条件使得周村人口构成情况呈现出复杂性和异质性。改革开放伴随着市场经济浪潮推进，周村作为仙都景区重要组成部分，村庄经济发展都被纳入了整体旅游产业规划中，村口有能承载 50 人旅行团的六层农家乐，农民传统

---

① 费孝通. 乡土中国：生育制度 [M]. 北京：北京大学出版社，1998.
② 刘守英. 从"乡土中国"到"城乡中国"[EB/OL]. 爱思想网，2017-06-29.
③ 赵月枝，龚伟亮. 乡土文化复兴与中国软实力——以浙江丽水乡村春晚为例 [J]. 当代传播，2016（3）：51-55.

生计模式发生转变的同时，周村社会结构也产生了变化。

在多次调研中，笔者聚焦周村传统诗词协会成员、婺剧剧团成员、老年班老人、文化礼堂前休闲人群以及其他偶遇村民，对他们的传统媒介、大众媒介、新媒介技术的使用情况进行撒网式信息收集。2019 年正月初五，笔者在微信上收到周村乡村春晚直播推送，其丰富多彩的节目内容和热腾欢闹的观众，让笔者意识到，作为媒介事件的乡村春晚让散落在地的乡村传播生态调研的连珠成串成为可能。

二、"村晚燎原"——从乡村春晚看到乡村文化复兴的可能

乡村春晚顾名思义指的是广大村民以村为单位，在春节期间自发组织，自编自导自演的文艺联欢晚会。丽水市作为中国民间艺术之乡，办春晚的习俗由来已久，闻名全国的"月山春晚"起源于 1946 年，自 1981 年开始盛行并连续举办 37 年，被誉为"中国式乡村过年之文化样本"①。然而，乡村春晚成为现象级的文化活动遍及全国是近几年的事。

浙江省丽水市以月山春晚为样本，从 2014 年开始把乡村春晚作为乡村公共文化建设的重要内容。2016 年，在文化部（现文化和旅游部）的推动下乡村春晚走向全国，建立"全国乡村春晚百县联盟"，全国超过 27000 个乡村于 2018 年举办了乡村春晚，以"星火燎原"之势发展成为全国性公共文化现象。作为"村晚之乡"的丽水在 2018 年春节期间举办了 1000 场晚会，涌现了近 2 万个草根节目，30 多万乡村"民星"，形成百万群众上春晚的狂欢盛典。② 2019 年春节期间，仅缙云县就举办了 180 多台乡村春晚，累计参与人数 60 多万次，全县 80%以上的村都举办乡村春晚，呈现人人享受文化、人人创造文化的生动局面。③ 基于此，丽水"村晚"先后被评为国家公共文化服务体系示范项目，荣获国家文化最高荣誉——"群星奖"，成为全国乡村振兴战略中文化发展的"浙江样本"。④

值得注意的是，这并不仅是丽水村民的自娱自乐和孤芳自赏，2018 年 12 月，浙江丽水农民自编自导自演的乡村春晚，甚至登上了央视节目《我们一

① 赵月枝，龚伟亮.乡村主体性与农民文化自信：乡村春晚的启示 [J].新闻与传播评论，2018，71 (2)：5-16.
② 林岳豹.乡村春晚：一场民众迎新的文化盛典 [N].中国文化报，2018-02-26 (6).
③ 丽水日报.乡村春晚已成为丽水乡村过年标配 [EB/OL].网易新闻，2019-02-11.
④ 丽水市政府新闻办.在全国村晚发源地丽水，一台"清廉"主题新戏精彩上演 [EB/OL].澎湃新闻，2020-07-01.

起走过——致敬改革开放 40 周年》，成为"社会主义先进文化百花园中基层文化实践的一个典范"①。至此，村民与村庄从"被缺席"变成媒介景观的文化主体登上了城市中心主义的主流媒体平台，展现着乡村文化的张力与生机。

乡村文化作为乡土社会得以赓续绵延的精神内核，其发展的意义不仅促进精神文明建设，实现"乡风文明"的目标，更是乡村得以振兴的灵魂所在，为产业兴旺、生态宜居、乡村治理提供精神动力和智力支持，从而实现以文化振兴为龙头带动乡村全面振兴的新局面。在不过于夸大乡村春晚意义的前提下，丽水的"以春晚为中心发展文化产业并带动农业形成综合性协调发展"的战略布局，确实在 2018 年显示出不错成果，为丽水市创收 14.13 亿元的"村晚红利"②。由此，作为乡村文化重要组成形式的乡村春晚"在更广阔范围内激活村庄内生动力，进而以文化建设带动经济崛起甚至促进乡村治理的可能性"③，应该受到我们更多的重视。

在十九大报告提出的农业农村优先发展思路中，允许乡村的自主发展采取多元的方式，发展模式的多元化本身也是发展自主性的体现。作为"乡村大事件"的乡村春晚只是多元乡村文化网络中比较显现的重大节点之一，而遍布村民与村庄生活的细密的文化之网——也就是下文笔者探讨的乡村传播生态才是乡村文化的真实与日常。

三、"村晚一隅"——缺位的乡村传播生态

在发展传播学和乡村传播学理论脉络里，乡村一直被当作问题，是落后的和被拯救的对象，一些学者致力于探讨现代媒介与乡村社会发展变迁之间的关系逻辑，以达到把农民"从传统的束缚中解放出来，让他们获得以进取为特性的现代主体性"④。而这种发展主义话语往往看不到农民作为农村文化主体的主体性，导致农民表达的失声，或被斥为落后，或被建构成一种想象，或被定义为被改造、被施舍的对象，进而陷入"以西方的'他者'框架来分

---

① 辛逸，赵月枝. 乡村春晚、女性主体性与社会主义乡村文化——以浙江省缙云县壶镇为例［J］. 妇女研究论丛，2019（2）：17-29.

② 盛伟. 嗨爆！全国村晚最高级别的大戏在丽水山乡上演［EB/OL］. 钱江晚报，2018-01-20.

③ 辛逸，赵月枝. 乡村春晚、女性主体性与社会主义乡村文化——以浙江省缙云县壶镇为例［J］. 妇女研究论丛，2019（2）：17-29.

④ 沙垚. 重构中国传播学——传播政治经济学者赵月枝教授专访［J］. 新闻记者，2015（1）：5-14.

析距离自己很近的乡村世界"①，导致传播研究主体主观能动性的缺失。对此，有诸如赵月枝、吕新雨、卜卫、沙垚等学者试图从发展话语体系内外两条路径展开了批判发展、超越发展的尝试与探索，提出需要发现乡村文化主体性和村庄基层能动性，真正看到乡村社会真实现状和内生关系，探讨乡村社会结构与乡村文化的关系和可能。结合之前相关研究结果，《乡土文化复兴与中国软实力建设——以浙江丽水乡村春晚为例》一文率先在中国"城乡分化"和"乡村内部分化"十分剧烈的背景下，呼吁研究者跳出唱衰农村的"规定姿态"，理性对待农村分化，并透过丽水市官店村的乡村春晚看到了政府、民间以及两者有机互动，看到了农民无限的创造力，以此看到乡土文化复兴的希望和中国文化自主性建设的任重道远。② 经过赵月枝教授三年的丽水乡村春晚田野研究，《乡村主体性与农民文化自信：乡村春晚的启示》一文则将丽水市缙云县的乡村春晚立足于乡村振兴战略背景下，立意于"文化中国与乡土中国"，考察中国乡村文化的内生性动力和农民的文化自觉、自信和能动性力量。③ 在《在乡村春晚、女性主体性与社会主义乡村文化——以浙江省缙云县壶镇镇为例》一文中，作者从城乡文化关系视角切入，聚焦妇女在乡村春晚文化实践中的主体作用，探索中国本土文化"创造性转型"的能力和可能。④

以上这些研究围绕乡村春晚探讨了文化意涵和历史外延、农民的文化自信和妇女主体性，但仍然缺乏对村庄村民结构和整体传播生态的相关研究。本文将在以上研究的基础上，延续批判文化与传播研究的价值取向，围绕乡村传播生态变迁与村民主体性之间互构关系，以文化传承实践为纵坐标，村民以主体身份的媒介使用为横截面，乡村春晚为切入点，探索新时代城乡关系视角下村民与村庄是如何以主体性身份在传统文化实践、现当代大众媒体与新媒介技术共时性关系中，实现乡村文化的创造性发展和村庄共同体的建构。

周村文化底蕴深厚，传统诗歌、地方戏剧、书法皆有历史传承，深受村

① 沙垚. 乡村文化传播 [J]. 新闻与传播研究，2015，22（12）：101-108.
② 赵月枝，龚伟亮. 乡土文化复兴与中国软实力——以浙江丽水乡村春晚为例 [J]. 当代传播，2016（3）：51-55.
③ 赵月枝，龚伟亮. 乡村主体性与农民文化自信：乡村春晚的启示 [J]. 新闻与传播评论，2018，71（2）：5-16.
④ 辛逸，赵月枝. 乡村春晚、女性主体性与社会主义乡村文化——以浙江省缙云县壶镇为例 [J]. 妇女研究论丛，2019（2）：17-29.

民喜爱，全年举办有乡村春晚、缙云县慈孝文化节、六一节文艺会演、周村婺剧文化节、重阳节文艺会演等丰富的集体文化生活。笔者在走访了缙云县十余个村庄之后，以周村为主，对包括村民、村委干部及相关参与文化活动的村外居民数十人进行访谈，以观察周村村日常传播生态、村庄集体文化活动及乡村春晚实践的状态，进而描述缙云县乡村春晚、民俗活动和媒介使用日常。通过全文梳理，笔者试图对"到底是什么样的传播生态、文化底蕴和多方力量托起了乡村春晚"这一问题做以解答，并尝试对"乡村如何通过乡村文化得以振兴"这一问题给出思考。

四、"村晚窥豹"——"乡土中国"还是"城乡中国"？

2018年9月初的一个傍晚，周村文艺骨干同时也是周村业余婺剧剧团七弟二团成员的郑红梅曾告诉笔者，"我们这里的乡村春晚每年都会有，现在大礼堂（文化礼堂）正在装修，等装修好了，差不多10月份的时候就会有人通知，今年什么时候演，我们就开始排练准备节目了"①。自1983年央视第一次举办春节联欢晚会之后，央视便"把春节这个传统农耕社会的节日以一场晚会的形式媒介化、国家化和重新'民俗化'"，看央视春晚也变成了全国人民的"年夜民俗"。②但随着央视春晚节目内容与农耕文明的脱节，它已经无法作为中国社会年夜习俗的代表，在这样的语境下，缙云县内遍地开花的乡村春晚便成了具有文化实践补位意义之外的更深刻内涵。对于乡村来说，乡村春晚是村民自发的自导自演、自娱自乐的春节联欢活动，其对乡村文化生活的重要性，可以用县文广新局的一位干部的话来体现，"乡村春晚管乡村村民一年的文化，策划三个月，排练三个月，演出三个月，回味三个月"③。

2019年的周村"村晚"是在2018年10月底的时候接到县里的通知，村委便立即成立春晚策划筹备小组，由村党支部副书记、负责文化宣传工作的李伟良牵头组建，村七弟二团团长李红秋全力执行。整个晚会筹备过程中，村委书记李力君负责对接县里行政事务，李伟良负责筹备大礼堂修建、设备购置、内容定性和相关统筹工作，李红秋则负责整台"村晚"的节目内容。对照央视春晚人员配置，村委书记就是总制片人，副书记是总策划，团长则

① 2018年9月初周村调研笔记。

② 张闳．央视春晚已成中国人过年新民俗［EB/OL］．中国文艺网，2013-02-05.

③ 赵月枝，龚伟亮．乡村主体性与农民文化自信：乡村春晚的启示［J］．新闻与传播评论，2018，71（2）：5-16.

是总导演。在第一次筹备会之后,村委便通过村里的广播开始向村民征集节目。11月开始,团长就开始带着文艺骨干们四处搜罗节目灵感,偶有感兴趣的村民会在这一时间段或是面对面或是微信向团长详细咨询节目要求。

周村七弟二团有四十几个成员,他们平日里是婺剧兴趣小组,等到了重大节日的文艺会演,他们中十几个能歌善舞、有表演经验的妇女就成了村里的文艺骨干,像乡村春晚这种一晚上20多个节目的大型晚会,虽然总出演人员超过100人,但她们平均每个人仍要出2—4个节目。这些文艺骨干,基本上都是初中和高中文化:团长李红秋年轻的时候做过幼师,也跟着丈夫在他上海的公司处理过三年财务工作,现在她和年轻人节目组负责人郑旭雪分别在自己的家中开了小型的美容院;负责唱老生、此次"村晚"负责男性演员的郑红梅则在村里的幼儿园当老师;晚会的语言类节目撰写人郑佩军是村里公认的才子,58岁的年纪,一直在县里工作,曾经自己开公司,现在是县里一个建筑公司的总经理,他的父亲是周村诗集宣传册《周村风光》的总编,那届"村晚",他不光为村双委表演的"三句半"节目写稿,还在自编自导的双人小品《相亲》中扮演主角;除了住在村里的周村村民,还有两位成员,一位在县里的工厂生活,一位嫁到外村,她们会在团长需要排练的时候回来练习节目,之后回到自己住的地方;李伟良在村里和县里都有自己的土索面粮食合作社和加工厂,虽然住在村里,但除了村里有事务需要处理,平日里基本在外地忙碌联络生意……

通过上述职业身份描述和相关乡村资料收集,笔者发现周村作为地理位置毗邻县城又背靠风景区的一个"小城镇化村庄",村里真正"以农为生"的农民占比不到1/10,而且还以老年人居多,其村民阶层十分复杂多元。村里的年轻人有6成都在外务工或在外地求学,即便是留在村中的中年人,也基本在年轻的时候外出务工过。这也使得整个村民人口结构也呈现强流动性,这种流动并非整体上的"从农村到城市"的单向输出,是存在双向流动的过程。

由此观之,周村作为历经百年变革的中国广大乡村地区之一,其历史演进具有代表性也更有普遍意义。中共七届二中全会上,毛泽东宣布我国要由农业国转变为工业国,新中国成立后,我国便开启了国家工业化的进程。1952—1978年间,我国的GDP增长了两倍,人均实际产出增长82%,但农业部的劳动生产率每年以0.2%的速度负增长。[1] 这也就是说,这一时期,被排

---

[1]　刘守英.从"乡土中国"到"城乡中国"[EB/OL].爱思想,2017-06-29.

除在工业化进程之外的我国农业生产非但没有转型，反而出现衰退的趋势。1978 年之后，改革对乡村经济权利逐渐开放，安徽凤阳小岗村的 18 个红手印开启了"家庭联产承包责任制"的农村土地经营制度，与此同时，乡镇企业遍地开花，"中国进入乡村工业化阶段"①。直至 20 世纪 90 年代中期，"乡村工业化"后的农民与村庄并未真正意义上的实现费孝通所说的"离土不离乡"②，很多年轻时跨区域流动的农民，并未有融入城市的意愿，就像周村村口小卖部的男老板，今年 56 岁，他五年前回到周村，认为进城务工是年轻人的必经之路，需要见见世面、赚赚钱，但在经历之后仍会选择回到村里过更舒适安逸、亲朋围绕的田园生活，在他们身上体现了一种"安土重迁"的眷恋。

此时的村庄在制度层面除了党支部和村委会的行政制度占据主导地位之外，传统的"宗族组织"或者说民间组织也转向复兴，并与农村基层组织形成有机互动。村里的书法协会、诗词协会、婺剧团、老年班等传统文化民间兴趣组织开始形成松散的组织。这一方面得益于逐渐宽松的基层行政架构，另一方面得益于"返乡"的或者说"流动"的乡村精英牵头带动作用。今年 82 岁的退休教师李献丁，在退休回到村里生活之后，跟当年的同事郑岩星（也是周村人）一同发起了缙云县的诗词协会，创办非营利性的诗词年刊《独峰诗声》，还编辑出版了以介绍周村历史、文化、风光的民间"官方"宣传册——《周村风光》。除此之外，周村老年班的创办还要归功于李献丁和村双委的积极倡议和沟通协商，在他看来，"老年人一定要有自己的活动场地，这样才舒服"③。

20 世纪 90 年代中后期，随着外资企业在中国的迅速扩张，我国的工业化和城镇化开始被卷进世界资本主义经济体系之中，民营企业迅速发展，以东部沿海地区尤甚，长三角、珠三角等经济工业区迅猛发展，需要更多的劳动力来支持城市建设。而 1998 年出台的《中华人民共和国土地管理法》允许土地有偿使用和依法转让，也使农业用地迅速转向非农业建设用地。由此，农村劳动力迁移模式发生重大改变，"内地农民开始大规模跨省份、跨地区流

---

① 刘守英，王一鸽. 从乡土中国到城乡中国——中国转型的乡村变迁视角 [J]. 管理世界，2018，34（10）：128-146，232.

② 费孝通. 小城镇大问题 [M] //费孝通. 费孝通文集：第九卷. 北京：群言出版社，1999.

③ 2019 年 2 月周村调研笔记。

动，进入沿海地区打工"①。结合我国土改历史和调研情况，笔者发现这一时期的农民与土地的黏性进一步减弱，于是，在经过几十年的结构变迁之后，中国的城乡关系开始离开"乡土中国"，进入了刘守英教授所说的"城乡中国"阶段。在城乡中国新形态下的中国村庄，"是一个个在被卷入资本主义全球化和市场化过程并经受其强大的离心力冲击后，以自己的应变力、坚韧性和文化凝聚力，不但加入了全球化和工业化的过程，而且开始向外部展示自己的文化自信的村庄"②。乡村春晚也昭示了中国乡村社会的强大活力和文化内生性。

五、"村晚撼树"——"村晚"传播实践中的主体与主体性

2019 年 2 月 9 日（大年初五）傍晚，周村文化礼堂上演了一场持续三个小时，以"慈孝文化"为主题的乡村春节联欢晚会，由周村男女老少 140 多名参与者共同呈现了 27 个自创节目，我们随机走访的村民普遍认为这是周村举办"村晚"11 年来最好的一次。此次"村晚"直播间的网友评论如是写道："慈孝周村闹腾腾，乡村春晚真火爆；郑洪叶李台上演，田陶陈孙台下看；小品朗诵三句半，唱歌跳舞快板书；精彩不断连轴转，乐煞观众拍头赞；干部带头来参演，创意节目很新鲜；锣鼓喧天响云霄，惊动上仙下凡尘。"③在此语境之下，村民和村庄抛开主流媒体话语中的"他者"形象，成为拥有属于自己文化内涵和历史意义的社会主体，这同时也是以农民为主体的文化自信的有力佐证！

在城乡中国形态下，村庄作为处在城乡互动和文化互动双重关系下的现代主体，构成了乡村春晚的社会基础和文化空间，这才使得乡村春晚成为展现村庄与村民美好生活的集体文化活动。正如 2019 年"村晚"晚会节目三句半《忆苦思甜》所言"新农村新气象，周村村大变样，宜居宜游村庄美"，让村民发自内心乐开怀。如上文所述，周村作为地理位置毗邻县城又临靠风景区的一个"小城镇化村庄"，在历史上就属于缙云农村经济和社会发展比较好的一个村庄。在过去，周村以传统农业外以"土索面""条石""独轮

---

① 刘守英，王一鸽. 从乡土中国到城乡中国——中国转型的乡村变迁视角 [J]. 管理世界，2018，34 (10)：128-146，232.

② 赵月枝，龚伟亮. 乡村主体性与农民文化自信：乡村春晚的启示 [J]. 新闻与传播评论，2018，71 (2)：5-16.

③ 陈育斌. 慈孝周村闹腾腾——村晚现场火爆吸引观众数千人 [EB/OL]. 搜狐网，2019-02-09.

（彩）车"以及种桑养蚕等产业知名，近年来，周村借助区位优势发展起来的
旅游餐饮服务产业也是风光又红火，每逢节假，来自上海、杭州、嘉兴等地
的游客纷至沓来。此外，在周村"以农为生"的村民占比不到 1/10，而且基
本是 60 岁以上的老人，村中青壮年有六成都在外务工，他们在中年后带着所
学技艺和知识才能返乡创业谋生，在这过程中也为村庄发展带来新动力。而
当下的美好生活更得益于国家现代化建设，比如 20 世纪 90 年代以来在交通
和电信两个领域的"村村通"工程，还有 2013 年前后浙江省委、省政府办公
厅关于农村文化礼堂建设项目的推进与实施，都使得缙云县在公共文化设施
方面实现了整体提升。

　　周村党支部副书记，负责文化宣传活动的李伟良告诉笔者，2018 年 10 月
周村完成了慈孝文化礼堂重新修缮，为了支持举办 2019 年春晚，花费 20 多
万元购置全套的音响设备、大银幕和舞台设备。"现在村民日子过得好了，村
双委也支持文化活动，村民演出也就有了真挚的欢笑。"① 孟德拉斯（Henri
Mendras）认为："如果人们改变了一个地区的经济结构，只需要几年的时间，
那儿的精神状态就会随之发生变化。人们会吃惊地看到，一些在传统的经济
社会体系中成长起来的农民可以自如地在现代体系中驰骋，只要是具有某些
先决条件：特别是要迅速地确立新的体系的协调，使这种协调成为可见的和
可以理解的。"②

　　村民在乡村春晚上作为一次集中的整体呈现，其成功一方面取决于抽象
的历史共同体，另一方面也得益于村民出生之后所处的特定共同体：缙云本
地源远流长的戏剧传统和文化底蕴使得周村的各种文化形式通过人们的代代
相传不断得到传承和发扬，这种传统造就了活跃的群众文化自组织，其中，
七弟二团婺剧团、老年文艺队、婺剧乐队班子、缙云诗词协会等群众组织众
多。而城乡中国形态下乡村经济发展也同时孕育了村民阶层多元与现代意识，
这些变化又构成乡村春晚的群众参与性和文化有机性。

　　2019 年的周村乡村春晚节目内容可以大致划分为三种类型：其一，节目
内容的政治意涵；其二，慈孝文化贯穿始终；其三，新媒介形式内容的渗透。
在周村春晚全部 27 个节目中，三句半《忆苦思甜》、歌伴舞《丽水之赞》、快
板《仙都风光·周村美》、扇子舞《爱我中华》呈现出乡村振兴的丰硕成果

---

①　2018 年 9 月初周村调研笔记。
② 　李文钢，张引. 当乡村振兴遭遇发展主义——后发展时代的人类学审思 [J]. 西北民族
　　大学学报（哲学社会科学版），2018（6）：76-83.

以及对祖国的热爱之情,三句半就完全是由村委干部参与完成,这也是周村村委第一次登上"村晚"舞台。村民表示,"村委亲自登台上演,能看出村委对'村晚'的重视",参演人员也说,"村委上台起到模范带头作用,我们心情十分激动"①,这也是这届周村"村晚"火爆程度十一年之最的一个重要因素。《丽水之赞》则是所有"村晚"负责人公认的难度最大的一个节目。据团长介绍,《丽水之赞》是农历二十五号左右接到县委宣传部的通知,而这时距离"村晚"上演只剩十天不到,并且这个节目只有歌曲的音乐素材是确定的,其余的演唱人员、演唱形式、是否歌伴舞、舞蹈形式、舞台背景、服装道具等具体环节都没有明确规定,时间紧任务重,而且在他们负责人眼中,县委宣传部这样的安排其实是对全县各村文艺团综合能力的一次考验。李红秋坚定地说:"别人能完成的任务,我们一定也能完成,而且完成得更好!"最终,节目形式定为男声独唱加文艺团伴舞,舞台大屏幕呈现的视频画面也是演唱者郑辉根据平时收集的缙云风景素材完全依照歌曲节奏剪辑出来的,最终的效果超出他们预期,让所有参演人员感到十足的成就感和自豪感。这类"政治+文化"的节目形式一来可以实现为党政思想宣传的目的,符合政治要求,使社会主义话语在文化娱乐活动的过程中实现群众传播;二来完全由村民原创的语言类主旋律节目,不但表达了他们对美好生活的心声,更体现了赵月枝教授所说的社会主义话语为社会基层力量的"挪用"——社会主义话语为中国底层社会挑战"新自由主义"过程中提供了强大的话语资源与意识形态合法性,村民在挪用的过程中也在不断推进"使国家和市场从属于劳动人民社会需要的社会运动",由此,乡村"村晚"的"政治+文化"类节目也是官方主流社会主义意识形态与民间话语互动的有机平台。语言类节目的总撰稿人郑佩军在采访中还表示,"《丽水之赞》这首歌有一个缺点就是调太高了,对于我们没有美声训练过的人来说,太难唱了,这首歌如果调低一点,那么传唱度一定更广"②。这样的见解体现了郑佩军这一类村民对社会主义主流意识形态的认同和社会主人翁意识的主体性认知。

"村晚"中有一个名叫《非诚不扰》的小品十分吸引笔者的注意。这个节目是根据浙江卫视《欢乐喜剧人》一期节目中的小品作品改编,而浙江卫视的这个小品形式则是借鉴了江苏卫视一档婚恋节目《非诚勿扰》。在手机媒介的辅助下,文艺团成员结合周村当地文化进行了在地化改编,用缙云方言

---

① 2019 年 2 月周村调研笔记。
② 2019 年 2 月周村调研笔记。

土语编纂更为接地气的语言段子，在让观众眼前一亮的同时，发现了近在身边的幽默。

六、全球资本主义经济体系下的手机上的中国农村

当下，周村60%的年轻人都在外面打工，春晚男主持人陈远达说春节时候是人最全的时候，过年了，大家五湖四海的都回来了。春晚真正集中彩排的时间是12月，团长说，平时大家都忙，年底的时候大家都忙里偷闲地排练一下队形和动作，"我们基本一个节目一个微信群，每一个节目的群里都有我，50多个群，手机都卡死了"；名誉副团长郑佩军说自己的所有台词都是在上下班的路上想到一句写一句的，但是自己的电脑技术不好，需要公司同事帮忙整理成为电子版本，他再把这些资料通过微信传给春晚负责人。这些每天往返于城乡两地或者时段性"候鸟式迁徙"的村民是周村的现实，即便是居住和生活都在村里的村民也会通过大众媒介——电视、广播，现如今更多的是通过手机智能媒介终端，与村外的世界取得连通，他们的文化精神材料来自各大门户网站的手机应用软件，物质生产资料也受到了网络技术的重新整合。春晚老年节目组协助负责人洪杏玲说，"曾经购买演出服装，有的时候买不到，我们就找裁缝自己做"[1]，现在则会在年轻一代人的技术帮助下从网上购买。她们节目内容的学习资料，则是年轻人通过手机寻找视频，然后，她们会到县里将视频刻录成光盘，在家里用DVD机反复学习观看。

2019年周村春晚于大年初五晚上举行，台上140多人的春晚参演人员，台下2000多个观众把文化礼堂的过道都挤得满满当当。面对礼堂的正后方，是一个四五平方米的直播小工作间，缙云县公众号"缙云星期八"的老板兼工作人员与一个同事带着两台机器对周村春晚进行了全程近3小时的直播。今年36岁的虞总说起直播当晚，有一个十分有趣的插曲：由于直播间的出口已经被人群堵住，他便在直播端的聊天室中发出"求救"信息："谁给我送进来两瓶红牛？渴死了"，没过几分钟，就有村民把红牛"击鼓传花"式地送了进来。截至2019年3月底，这场网络直播的观看频次已超过7.34万，很多没有抵达现场的周村村民，通过手机直播看完了全程，笔者也正是通过直播再次回到春节中的周村，完整地感受了一遍乡村春晚的魅力。村文艺骨干郑旭雪说，她的爸爸在春晚结束之后，每天都会看五六遍当晚春晚直播的视频，回味无穷。

---

[1]　2018年9月初周村调研笔记。

在春晚结束后的第五天，团长李红秋又开启了节目彩排模式。缙云县每个村几乎都有自己的乡村春晚，团长李红秋也会到其他的节目出名的村去学习和"取经"，有些村对自己的排演节目寻求内容更多元和丰富的时候，就会邀请别的村的优秀演出团队来自己的舞台上助演。相隔不远的镇东村就在看了周村的节目之后，微信联络了团长，邀请她们将快板节目《仙都风光·周村美》稍做改编搬上镇东村的元宵晚会。镇东村租用了县广电大楼的演出厅，这意味着，周村的节目会受到全县人民的关注，而周村的文化礼堂也将于正月十八迎来外来村的晚会联演。乡村春晚作为村庄公共文化活动，成为连接村庄、联系社区的重要交往方式；而当下的村庄也是城乡中国中流动的主体，这种流动性是构成村庄主体性的重要组成部分。

小结

萨米尔·阿明说，"现代化是一个资本主义全球化的过程"，当下中国乡村文化处在城市与乡村、全球化与本土化的诸多张力中，在农业文明、工业文明甚至后工业文明空间杂糅中，一切都在变迁与形塑，流动的周村亦流淌在中国东部沿海工业带的浪潮中，接受着冲刷。村庄不完全是媒介想象中闭塞的、封闭的、落后的，它们是受过革命洗礼的、接受过社会主义锻造过的、城乡流动的村庄，他们承载着中国工业化的缓冲重担，为我国的经济建设做出过重大牺牲。它们不应该是被遗忘的、被怜悯的对象。

相应地，职业多元化、阶层模糊化的流动的周村村民在这个深受传统文化影响和革命文化锻造的乡村，其乡土化杂糅了全球化、现代化，呈现出一种开放性、包容性与世界性。他们有历史悠久的戏剧传统，可以在自家客厅中的 KTV 里唱革命歌曲、流行歌曲，在手机优酷平台上看着婺剧，在淘宝上购买服装道具，也可以活跃在手机微信的几十个春晚讨论群中，琢磨着如何让自己村的文化活动更受群众欢迎。

周村是世界的周村，但更是村民自己的周村。虽然村民们在对商业文化内容的判断和批判性上存在能力不足的问题，但要看到他们更多践行的是一种文化活动的"群众性"和"公共服务性"路线。要知道，所有的春晚道具和演出活动，除了微薄的村委劳务补助（演出当天，每人 50 块钱红包），全部是自掏腰包。他们身上散发的文化主体性和村庄主体性让我们看到了乡村文化内生性的强大生命力。并且，村民形成的文化形式与电视内容呈现的精英视角完全不同，这种杂糅的、充满活力的乡土文化除了为媒介提供"猎奇"和"悲情"之外的叙事框架，应该被更多的民众认识真实的乡村、村民，以及他们未来的可能。

除此之外，笔者在调研过程中也发现了"焦虑的城乡中国人"。村里的文化精英郑佩军曾表示，"不知道自己现在是什么人？在村里居住，却不种地，在城里生活，却没有房和户口"。面对这样的焦虑，笔者看到了一种身份认知的模糊心理。随着资本、技术和劳动力也开始由单向的城市化转向城乡互动，也形塑了当下乡村社会的"半工半耕"结构和"半城市化"状态。每个乡村社会和中国社会的阶级结构一样，他们的困惑其实是中国当下城镇化发展的结果，人们逐渐成为"城乡中国"的缩影。但学者和媒体应该有足够敏锐的嗅觉率先认识到这一点，为其定义，再告以人民，尽可能地减少村民的这种身份认知的困惑。

本篇文章作为缙云乡村媒介生态调研的先导，首先聚焦了"什么是村庄？什么是村民？"的背景性问题，叙事性地描述了"城乡中国"视角下乡村传播生态的基本样貌，对于媒介内容和村民有机互动形式的论述还没有详细开展。在梳理我国农村土地变迁和乡村文化流变的过程中，笔者弄清楚了一个问题，便是"当下和以为当下"，从这个问题切入，笔者看到了乡村振兴中文化振兴的能动性作用。面对生动、具体却又十分宏大的调研对象，应该带有抛开媒介化呈现和描述性习得的惰性，切实地深入农村、发现农村，看到农村的承袭脉络和发展可能，也是探究中国道路、中国媒介道路的一种价值选择。

作者简介：梁媛，中国传媒大学传播研究院博士生；邹月华，赣南师范大学新闻传播学院讲师；赵月枝，清华大学人文讲席教授。

【九】农民的广播？关于中国农村广播电视发展史的思考

——基于一项在浙江省缙云县葛竹村的调查①

姬德强　杜学志

　　摘　要：乡村广电在中国基层社会的政治、经济以及农民日常生活当中扮演着重要的角色，然而，在城市消费主义的主导下，乡村广电发展却面临着诸如资金短缺、人才匮乏、设备落后，以及随之而来的影响力下滑等问题。本文基于对浙江省缙云县葛竹村广播电视发展与使用情况的调研，结合当地史料对农村广播电视发展的历史进行了简要的梳理，并在此基础上反思隐藏在乡村广电未来发展策略背后的发展主义神话和技术神话，以此叩问乡村广电发展的底层逻辑与意义指向。研究发现，乡村广播事业日渐衰微，电视的发展则受制于农民的生活习惯和经济能力，而且乡村广电的设置和内容与农民的日常生活存在一定程度的脱节，未能很好地满足农民的媒介需求。研究认为，当前乡村广电发展的困境是新中国七十年来社会变迁的一个缩影，同时也是媒介技术与媒介生态极速变革的必然结果。农村广电作为县域国家、市场与社会等多元主体的跑马场，无论是行政命令的上传下达，还是资本主义消费主义的暗度陈仓，离开农民的日常媒介实践、无视农民的需求与生活习惯，一味地信仰和依赖技术路径只会阻碍媒介与村庄、村民间的良性互动，日益成为国家治理现代化的"累赘"。

　　关键词：乡村广电；发展传播；城乡关系；国家治理；以农为本

　　广播和电视诞生至今已有近百年的历史。作为一项技术，它曾服务于政

---

　　① 本文基于 2016 年第八届四校联合国际暑期班"传播、文化与全球南方"，"乡村广电的技术社会史"小组的调研成果撰写而成。潘佼佼、樊攀、叶红梅、方诚、梁欢池在调研过程中付出了许多努力，特此致谢。

治、经济和军事等多重目的，而作为一项服务，如今的广播和电视已经走进千家万户。然而，随着国家综合实力的提升，人民的生活水平日益提高，日常生活中媒介的更新换代速度也不断加快。改革开放 40 多年来，在老百姓的日常生活中，广播与电视在维持其政治属性与社会服务属性的同时也逐渐发展出较强的商业与娱乐属性，并出现后者反噬前者的倾向。如今，面对移动互联网和手机短视频平台等对于广告份额和观众流量的疯狂争夺，广播与电视日渐失去其主流舆论场的地位，舆论领导力也受到冲击。

在我国广大农村地区，广播和电视业的发展现状也是上述困境的一个缩影。此外，在影响因素方面，农村地区的广播电视业还受到城乡差距、不平衡的城乡关系与媒介生产的城市中心主义影响。比如，由于农民无法承担经济成本，广播电视在一些地方入户率低，有些地区甚至出现了"返盲"现象。虽然信号接收技术一再升级，但一些地区农民依然偏爱用"锅"来接收信号，这样不仅收看到的电视频道有限，信号质量也会大打折扣。此外，随着时代发展，当初广电发展策略所形成的现如今的乡村广电格局也暴露出许多新的问题。由于农村地区购买力弱，难以获得广告商的青睐，一旦国家扶持力度不够，乡村广电便会面临收入减少和资金短缺的问题，随之而来的问题还包括难以更新技术设备，制作有质量的节目内容和吸引优秀的广电人才。20 世纪 80 年代的"四级办台"，特别是在县级推广电台建设，没有考虑到一些地区的实际情况，匆忙上马项目，造成乡村广电的重复建设和资源浪费。

面对上述情况，党中央提出"媒体融合"的战略构想，以实现包括基层媒体在内的主流媒体体系的能力再造。2014 年被称为中国的"媒体融合元年"，媒体融合从一个学术理念与业界探索上升为国家战略，广播与电视的媒体融合转型也成为一项政治任务。2018 年，国家进一步推行县级融媒体中心建设，试图打通媒体融合的"最后一公里"。从学界角度来看，我们今天讨论广播与电视、关注媒体融合，其实更多是在讨论国家治理，是国家战略主导下的学术探索。广播与电视的存亡、媒体融合的成败一方面与老百姓的日常使用和社会需求有关，另一方面更关乎的是国家治理能力现代化能否成功。

与关注如何实现国家治理现代化不同，本文基于对浙江省缙云县葛竹村广播电视发展与使用情况的调研，试图思考的是国家治理现代化的服务目标，即为了谁，这一具有政治立场与价值指向的问题。当然，这是一个非常宏大的问题，特别是在当前学界对于我国国家治理面临的真正挑战是什么，以及过往社会转型中哪些因素造成当前国家治理困境等这些基本问题尚没有形成共识的情况下，本文难以面面俱到和下定论，因而主要是从传播学的角度探讨。一方面，通过对于主导中国乡村广电研究的理论范式及其历史的梳理管窥 40 多年来中国社会变迁之于国家治理现代化的挑战；另一方面，通过对于葛竹村农民的广播电视使用情况与习惯的调研为破解当前国家治理能力现代化困境提供一条思考线索。

一、还是发展传播学？广电技术与中国乡村现代化道路之问

作为一个学科，传播学诞生于 20 世纪 40—50 年代的美国，而对中国传播学发展影响最大的也是美国的传播学。传播学诞生的特定时代背景与地理位置设定了传播学研究的具体议程与未来发展方向。例如，第一次世界大战到第二次世界大战中的宣传研究、跨文化传播研究以及二战后由美国内部需求生发出来的并应用到其他发展中国家的发展传播学。其中，发展传播学成为中国传播学人进行乡村传播研究的重要抓手。美国经验学派主导的发展传播学主张新独立的民族国家和欠发达地区应该学习西方经验，特别是重视传播技术的应用，从而实现自身的现代化。在《传统社会的消逝：处于现代化进程中的中东》一书中，发展传播学的代表人物丹尼尔·勒纳详尽地阐述了他的发展传播观。他将传统社会与现代社会对立起来，通过论证社会发展指数（城市化程度、投票率和识字率）和媒介发展指数之间存在正相关关系，从而认定大众传播在社会发展中能够发挥重要角色，可以帮助传统社会实现现代化转型。他还用"移情"的概念，从微观层面来论证大众传播媒介能够促使人们的情感更加倾向于现代社会，从而实现社会变革。① 简言之，如果发展传播学是国际层面发达国家向发展中国家的"传道"，那么发展传播学视域下的乡村传播就是一国之内发达地区向欠发达地区、城市向农村的"授业与解惑"。

然而，这一理论范式及其倡导的发展策略到了 20 世纪 70 年代后在很多发展中国家被证明是无效的②，抑或太过理想化。例如，在拉美一些国家，它们本身的社会结构过于强大，这是美国发展传播者所倡导的社会变革路径难以挑战的。在许多发展中国家中，那些愿意采用西方现代化理论的本土精英在实施现代化建设的时候是根据自己的阶级利益与偏好进行的，而并未考虑

---

① LERNER D. The Passing of Traditional Society：Modernizing the Middle East ［M］. London：Macmillan Pub Co，1958.

② SPARKS C. Globalization，Development and Mass media ［M］. London：Sage，2007：38-39.

到广大穷人的利益。根据柯林·斯帕克斯（Colin Sparks）的梳理，现代化范式之后，一方面，学界出现了突出自下而上、注重赋权底层民众的参与式传播范式；另一方面，受到二战后民族独立解放运动的影响，传播学批判学派中的文化帝国主义批判对现代化范式发起了猛烈的抨击。例如，一些理论家认为，该范式将传统社会与现代社会进行二元对立，假定了前者是落后的象征，必须学习和追溯后者才能够摆脱自身落后愚昧的状态。这就否认了社会发展多元路径的可能性，束缚了人类寻求另类发展道路的想象力。所谓现代社会其实就是以美国为代表的西方发达资本主义社会，这就将西方社会作为社会发展的最高标准，忽视了不同社会结构与社会文化之于现代化发展的影响。

到了 20 世纪 90 年代，苏联解体、冷战结束，新自由主义全球化席卷全球，全球化范式成为新的主流范式。配合着后现代主义思潮，全球化范式将文化帝国主义批判等进步声音给压制下去了。可是这种坚信市场自由化策略的发展哲学，便利的不过是跨国资本，并没有改善普通民众的生活状况。发达国家底层老百姓失业和生活压力陡增，而发展中国家的底层民众遭受着本国资本家与跨国资本家的"双重剥削"。"反全球化运动"在全球范围内此起彼伏，民族主义与民粹主义也显著抬头。于是，今天有关传播与发展的学术讨论真正进入了"后现代状况"，任何非后现代的学术主张，无论批判与否，都可能会被扣上本质主义的"帽子"而失去号召力。这种后现代状况所留下的理论真空确有与当前世界结构的受益人——跨国资产阶级有共谋之嫌。

回到中国自身，中国应该寻求何种现代化道路呢？还是发展传播学？20世纪 70—80 年代，北美传播政治经济学学者达拉斯·斯迈思（Dallas Smythe）曾先后两次造访中国，并留下著名文章《自行车之后是什么？》。在这篇文章中，斯迈思就当时的中国应该发展什么样的电视系统，以及更宽泛的关于选择何种技术发展路线发表了自己的看法。斯迈思认为，技术并非中立，而是包含着政治和意识形态属性，而这一观点并未被当时中国的一些哲学、经济和社会科学领域的专家所认可。在他看来，盲目地追赶资本主义技术发展道路是危险的，因为这意味着"可以用资本主义技术所取得的成就来衡量社会主义的技术发展"，但"在资本主义的技术发展中是没有社会主义道路的……试图以那样的方式发展将预示着资本主义道路的复辟"①。因此，他认为必须

---

① 达拉斯·斯迈思，王洪喆. 自行车之后是什么？——技术的政治与意识形态属性［J］. 开放时代，2014（4）：95-107，94.

进行文化甄别（cultural screening），找寻一条属于社会主义的自主的技术发展道路。

那么，过去 40 多年来，中国是否走向了如斯迈思所说的另类的，或者本质上说是社会主义的发展道路？答案既是肯定的，也是复杂的。过去 40 多年，"中国通过获取西方发达科技和将之本土化，以及进一步与全球市场体系融合，来追求现代化，并将'信息化'提升到现代化之母的高度"①。于是，一方面，我们见证了中国经济的飞速发展和人民生活水平的提高；另一方面，我们也经历了贫富分化、环境恶化、社会矛盾冲突不断增多等问题，但也正是因为这些问题才将已被"忘却的社会层面"② 重新拉回我们的视野，让我们不得不去思考和反思中国的现代化道路是什么？应该是什么？如何可持续地走下去？

将视野拉回中国的农村。40 多年来，广大的中国乡村也经历了现代化改造，但却出现了城乡差距逐渐拉大，大量年轻劳动力进城务工，产生大量空巢老人和留守儿童的问题。一方面，许多乡村由于人口外流，逐渐萎缩，为乡村振兴埋下了诸多隐患；另一方面，大量年轻人进入城市，但由于缺乏教育和资本，难以在城市找到理想的工作和负担不断上涨的房价，而被迫忍受糟糕的生活条件，在一些进城务工者当中甚至还出现了"双边排斥"的现象，即他们既"不能融入城市"，也"不能融入农村"。③

面对当前中国乡村的"现代性危机"，中国学者也做了批判性思考。渠敬东认为，现代化过程将中国传统的城市与乡村之间的"反哺机制"给打破了，过去"官员退休归乡、丁忧返乡的情况很多"，而现在很多人却是有乡难回，有乡不愿回。但对个人或社会来说，无论精神还是物质上与乡村保持一种可持续性的联系至关重要，因为"只有乡村，才能平衡城市中过快流动的生活状态和精神状态"，乡村能够疏散和化解整个现代带来的很多精神危机。④ 吕新雨认为，中国城市与乡村发展，"不是像西方一样处在对立的、控制与反控制的过程中"，而是"一个相互哺育的过程"。"现代化意味着西方的工业模

---

① ZHAO Y, SCHILLER D. Dances with Wolves? China's Integration with Digital Capitalism [J]. Info3, 2001, 3 (2): 137-151.

② 赵月枝. 手机之后是什么？中国"数字革命"的社会层面再认识 [M] //赵月枝. 传播与社会：政治经济与文化分析. 北京：中国传媒大学出版社，2011：252.

③ 邢海燕，黄爱玲. 上海外卖"骑手"个体化进程的民族志研究 [J]. 中国青年研究，2017（12）：73-79.

④ 渠敬东. 乡村是一个社会文化生态系统 [EB/OL]. 乡村建设研究微信公众号，2018-09-13.

式在中国城市中的确立，它导致中国乡村破产，也意味着整个社会的分裂，意味着城乡互相哺育的关系没办法继续下去，这使得中国开始出现西方意义上的'贫民窟'。"① 赵月枝教授认为，"要开启新生活，超越欧洲中心主义和19 世纪的发展观，思想资源在中国，在全球的南方，在欧美反帝、反资和同时反种族主义的学者以及原住民那里，在我们展开对资本主义和殖民主义的双重批判这里"②。

　　另外，从历史和文化的角度来看，中国乡村也有着自己的发展逻辑和运作机制，与西方国家有着很大的差别。正如费孝通在《乡村中国》所阐释的那样，西方社会像是"一捆一捆扎清楚的柴"，而"我们的格局却好像把一块石头丢在水面上所发生的一圈圈推出去的波纹"③，正是这"差序格局"形塑和左右着中国社会的运转，而且中国的现代化过程也是立基在乡村社会之上的。乔万尼·阿里吉（Giovanni Arrighi）在《亚当·斯密在北京：21 世纪的谱系》一书中指出，中国乡村的工业化是"无剥夺性的积累"（accumulation without dispossession）的工业化，农民可以"离土不离乡"，从而保证乡镇企业能够以极低的劳动力成本获得较高的利润。这是一种"劳动密集型工业"，也即杉原薫所说的融合了"工业革命"和"勤劳革命"两方面优点的东亚道路。如果说西方的工业革命是一个"生产奇迹"的话，那么东亚的"勤劳革命"则是一个"分配奇迹"，"它通过劳动密集、能源节约型工业化，使生产奇迹带来的好处有可能扩散到世界绝大多数人口中去"，相比于西方工业化道路可能带来的环境破坏，只有"西方道路向东亚道路趋同而不是相反，分配奇迹才能继续下去"④。

　　在这些学者看来，中国乡村拥有着强大的生命力和能量源，并不是落后愚昧的代表。中国的城乡关系与西方社会差异巨大，简单套用西方的现代化理论不仅无益，反而有害。他们重新将视野聚焦到乡村，希望在那里发现中国现代化道路的希望之源。但是，这些观点也同样面临着后现代主义与全球化理论的纠缠，后者全力将上述反思拉入无休止理论争论的"泥潭"，为上述社会主义、本土主义与文明主义等层面的思考扣上民族主义或本质主义的

①　吕新雨. 新乡土主义，还是城市贫民窟？[J]. 开放时代，2010（4）：115–135.

②　赵月枝. 生态社会主义：乡村视野的历史文化和生态意义 [J]. 天府新论，2015（6）：66–72.

③　费孝通. 乡土中国 [M]. 北京：北京大学出版社，2012：37.

④　乔万尼·阿里吉. 亚当·斯密在北京：21 世纪的谱系 [M]. 北京：社会科学文献出版社，2009：29.

"罪名"。

本文无法在两者中分出个高下，两方都有其局限。对于任何结构性分析的拒斥往往导致这些理论避重就轻，为了学术正确牺牲了任何实践的可能；对于结构性分析的坚持也需要面临着自我"否定之否定"的重担。更重要的是，理论是灰色的而生命之树常青，最好的答案就在现实生活中。因此，本文希望通过对于一个中国小山村的考察，为上述争论，进而为破解当前国家治理能力现代化困境提供一条思考线索。

二、缙云葛竹村：一个中国山村样本

（一）基本情况

我们调研的地点是浙江省丽水市缙云县葛竹村。这个村庄坐落在山坳之中，远离山下的人口聚集区——新建镇。村子面积为 1.8 平方千米，有耕地 271 亩，主种水稻、黄豆、四季豆、黄瓜。林地 1694 亩，有林间作业道，产毛竹、蚕桑、茶叶等，海拔 480 米，属块状复合型聚落。4 个村民小组，208 户，601 人，多朱姓。

村子最中心的位置是居民聚居区，外环与青山相接的是一片片梯田。从山村去往外地只能通过一条蜿蜒曲折的盘山公路。在我们调研的 2016 年，葛竹村已与其他两个村庄撤村合并成一个大的行政村，但地理上三个自然村庄依然互相阻隔。

尽管地处偏僻，但村子里的基础设施齐全，已经通水、电、电视、电话、网络等。与中国绝大多数乡村一样，葛竹村中 600 多位村民仅有 100 余位在家，多为老人、孩子，多数青壮劳动力都选择在外打工。由于村中老年人众多，村里开办了老人活动中心，这成为村民们经常聚集的公共场所。

因此，葛竹村可被视为中国山村的一个代表样本。一方面，它远离平原的人口聚居区，像"孤岛"一样被大山包围。和大多数中国村庄一样，葛竹村也面临年轻劳动力外流，空巢老人和留守儿童不断增加的问题。除此之外，葛竹村也呈现出"被城市化"的发展趋势，一些私人资本开始在此投资建设一些旅游设施。另一方面，葛竹村的地缘位置具有一定的特殊性。浙江省的县域经济规模在全国排名第一，尽管缙云县在浙江省的排名并不高，但是其经济规模也是中西部地区城镇所无法比较的。① 这一发展水平在我们的调研过

---

① 梁媛，邹月华，赵月枝，等. 县级融媒体改革的现状、原因与进路——基于对浙江、山西两县媒体调研的比较 [J]. 海河传媒，2020（2）：1-7.

程中也能看到，如村子里的基础设施基本齐备。这从另一个角度说明，缙云地区与资本互动的程度也更为活跃①，为我们观察和思考乡村广电发展的道路提供了一个很好的田野。

（二）缙云县广电发展史②

1955 年 10 月，缙云县广播站成立，当时利用邮电线路安装喇叭 320 只，创办了《千家万户》《农村大市场》《农村科技园》等节目。后来，入户喇叭的数量不断增加，到 1992 年撤区扩镇并乡后，入户喇叭数达到 64700 万只。1998 年，缙云人民广播电台正式成立。历史来看，缙云县的广播发展史主要分为四个阶段。第一个阶段是 20 世纪 50—60 年代，广播作为"新鲜事物"进入山村。至于葛竹村，最早接触广播则要到 20 世纪 50 年代末期了③，据时任村大队长的朱德云回忆，当时县里给村里拉了广播线，并在村子的祠堂里装了一个喇叭，自此之后村民们就可以在晚上听到广播了。第二个阶段是 20 世纪 70—80 年代，广播作为辅助农业生产的传播工具在当地发挥作用。然而，从 20 世纪 90 年代开始，随着当地人口外流，电视和手机的引进，广播在这个过程中逐渐被淘汰。最后，到了 2014 年，应建设农村应急广播体系的要求，葛竹村又重新装上了喇叭。

缙云县电视的历史则相对晚近，直到 1976 年，缙云县才购置了自己的第一台电视机。当时县里还购买了一台投影电视机，放置在县广播站室外场地上。据村民回忆，每天晚上附近的村民都会挤在这片场地上观看电视，人数超过 300 人。1989 年 10 月，丽水台 36 频道开通，随后，壶镇、前村等 5 地群众集资安装卫星小地面站 5 座，接受中央 1 台和中央 2 台节目。1998 年，缙云电视台成立。

进入 21 世纪以来，广播电视的市场化改革催使全国的广播电视格局发生了变化，整个丽水市和缙云县的广播电视普及率也在这个历史进程中得到进一步提升。2000 年，缙云县的电视人口覆盖率为 88.64%，此后这一数字不断

---

① 我们调研发现，葛竹村与其他地方的乡村一样，也有逐渐"被城市化"的发展趋势，那就是成为城市中产阶级消费农村的一方净土。私人资本投资建设的旅游设施（如占据上好地理位置的宾馆）正在建设，水、电、电视、网络等基础设施配备一应俱全。

② 县级广播电视台是我国最基层的宣传机构。因此，对于葛竹村的广播电视发展历史的梳理，我们将在缙云县广电发展史的背景下展开，同时，结合葛竹村自新中国成立以来的社会变迁过程进行叙述。因为只有将媒介放置到具体的政治经济环境和人们的日常生活语境中考虑，才能厘清广播与当地社会发展之间的关系。

③ 20 世纪 50 年代末至 60 年代的农村广播网通过电话专线传播，葛竹村在 1958 年通电话，因此，可以判断村子里通广播的时间是在 1958 年之后。

增加。截至 2015 年年底，根据《2015 年缙云县国民经济和社会发展统计公报》公布的数据显示，缙云全县有线电视用户覆盖率达到了 100%，有线电视用户数为 10.9 万户，其中在线用户 6.55 万户。

三、农村广电的在场与葛竹村村民的日常媒介生活实践

（一）广播在村民日常生活中的角色和功能

作为一项新技术，广播在 20 世纪 20 年代就已经问世，而且村里的一些"见过世面"的人也已经听过或用过广播，但对于葛竹村的大部分村民来说，广播还是一个非常新奇的物件，给村民带来了不小的震撼。一位热心的村民告诉我们，"广播开始在村中播音时，全村都赶过去听，而且一听就听一个晚上，广播的内容有唱戏的，有讲话的。全村人当时都像"傻子"一样，不知道为什么会响"。由此，可见广播作为一种新兴媒介，刚进大山时，对人们带来的新鲜感与冲击感。然而，随着时代变迁，广播逐渐在村民的日常生活中销声匿迹。直到 2014 年，应建设农村应急广播体系的要求，葛竹村又重新装上了喇叭。那么，重新进入村民视野的广播到底在村民的日常生活中扮演何种角色和功能呢？我们将从时间和空间两个角度进行考察。

从地点上来看，村里共装了 4 个喇叭，"文化礼堂外面有一个，观光区那边有一个，老人活动中心旁边有一个，活动中心对面有一个"。这 4 个喇叭全部位于公共活动区域，与农田相距较远。据村里一位干部介绍，这个广播是"县里管的，和村里没关系。不会关掉的，有电就响，没电就不响。声音挺大的"。但他认为广播安装的位置并不合适，"因为在外面干活，最好是装在田边比较适宜"。在广播安装的时候，广电系统的工作人员并没有询问当地村民的意见。"去年装广播的时候，村主任以为我在家，（结果）村主任不在家，我也不在家，他说这个广播你怎么装的，我说我人都不在我怎么知道它装在哪里啊。村主任知道的话，肯定要装在适宜的地方……听广播的人实在不算多，像我们有时候听听新闻。我那边装了个广播，刚好就在墙旁边，听听广播还是可以的。"

从时间上来看，广播播放的时间与农民的闲暇时间重合较小。

表 1　广播的播出时间与村民所描述的"葛竹村村民的一天"

广播播出时间	村民活动时间	村民活动事项
5：50~8：30	4：40~6：30	起床、下地干活

续表

广播播出时间	村民活动时间	村民活动事项
10：00~12：00	6：30~17：00	外出打工
18：00~20：00	17：00~19：00	下地干活
	19：00~22：00	回家休息
	22：00	睡觉

那位村民还向我们解释道，"像我们早晨，一般4点40分肯定起床了，到外面干活，7点钟回来吃早饭，全村基本上都是这样，有的4点30分就出去干活了。打工的就不同了，4点30分起床，6点多一点就回来，6点30分就出去打工了，晚上7点钟回来，他们下班5点钟，下班之后再干点活，一般夏天7点30分吃晚饭，10点钟睡觉。我们都习惯了，4点30分基本看到天了。我们这个村，不管年小年老，都是比较勤快的"。

当然，如今广播的"回归"是应农村应急广播体系建设的要求，因而我们不仅要考察广播在村民日常生活中的角色，还应进一步考察广播的新功能。应急广播体系的主要功能是"满足基层党政组织应急信息快速发布"，针对不同类型的突发事件，构建省市县三级联动的传播网络，从而"有效提升政府的应急管理能力，最大限度地减少社会公共资源和人民生命财产损失"①。我们从一位镇广播站工作人员的口中了解到，农村应急广播的这种"自上而下"的建设方式，主要对上负责，希望村广播室间能够形成局域网。我们"拿光缆把行政村和自然村连在一起"，这样"村里面有什么事情，行政村一通知，自然村里面就听到了"，这样做的好处在于不是同一个村的村民是听不到另一个村的广播内容的，信息只是在自己行政村范围之内。"不是自己村，其他村听到是不好的，他们不喜欢。"但在葛竹村，我们发现这种局域网的传播技术并没有得到应用，村中的人进行信息交往采取的要么是传统的"贴红纸（告示）"、口口相传方式，要么就是通过手机微信群进行交流。

（二）电视在村民中的使用与选择

20世纪80年代中期，缙云县新建乡（现在的新建镇）接通了电视，好奇的村民每天晚上跑到乡政府会议室去看这个"新鲜物"——新建乡的第一台电视。虽然改革开放后，国家物资已经慢慢丰富起来，但作为"新三件"

---

① 李仁德．农村应急广播系统建设方案探讨［J］．中国有线电视，2014（11）：1302-1305．

的电视机、收录机、洗衣机仍是非常紧缺的商品，需凭票购买，价格昂贵，电视对于此时的乡村家庭来说是奢侈品。随着经济的发展，一开始作为一种都市现象出现的电视，逐渐走进乡村，进入乡村家庭，成为乡村家庭中常见的必须添置的东西。从葛竹村家家户户或是放在柜子上的老式电视机或是挂在墙上的大屏幕平板数字电视机即可对电视在乡村的普及过程略窥一斑。

电视是乡村社会的主要媒介，但在我们走访和调研的过程中，村民对电视及其接受方式上有着不同的使用和选择。根据电视接收方式的不同，我们可以将葛竹村的家庭分成四类：

1. 装有 IPTV 的家庭
2. 装有数字有线电视的家庭
3. 装有卫星电视接收天线的家庭
4. 没有安装任何接收方式的家庭

电视接收技术选择不同，收视情况也不同。交互式数字电视（IPTV）具有十分灵活的交互性，可以提供多种形式的内容服务，收看不再受播出时间的限制，可以实现回看、点播等功能。数字有线电视信号好，频道多，可以收到卫星频道和浙江地面频道。使用卫星天线接收设施的家庭虽然节目种类比较多样，还能收到一些外国频道，但无法收看缙云县电视台、丽水电视台、浙江电视台"公共·新农村频道"等更贴近乡村生活的地面频道。

我们发现，村民选择何种电视接收技术往往是个人主观愿望与客观的经济、技术、政策等因素相互作用的结果。村民在选择电视接收技术时的个人主观愿望包括频道多、有自己喜欢看的频道和节目、信号好等。客观因素包括经济成本、技术的易得程度、政策对技术的支持程度等。

从经济成本角度来看，较好的电视接收方式意味着较高的经济支出，这对村民来说是一个不小的负担。2010 年，缙云县开始有线电视数字转换，收视费用从原来 18 元每月提高到 22 元每月，部分村民转向购买卫星电视接收天线俗称"卫星锅"来接收卫星电视，因为"卫星锅"费用一次性付清，成本低廉。"一个卫星锅 200 块钱左右，假如能用 6 年，就比装数字有线电视省1000 多块。"这是葛竹村村民算的一笔账。葛竹村人均年收入 8000 元，1000多元在生活成本逐年提升的缙云农村来说算是不小的一笔"收入"。

根据国家宽带中国战略中的要求，到 2015 年实现 95%以上行政村通光缆，农村宽带接入能力达到 4M。中国电信等电信运营商开始向农村推广 IPTV业务。中国电信集团公司套餐业务费用为 600 元/年，中国移动通信公司套餐费用为 300 元两年，但每月电话费用须达到 48 元。村主任家是葛竹村唯一安装使用 IPTV 业务的家庭，装在他家的商店里。

技术的易得程度也是村民选择电视接收技术的一个重要因素。葛竹村是一个典型的"老人村"。年轻人逢年过节才回来，暂留村里的都是刚生完孩子不久的年轻女性，等孩子稍大一点她们也会离开，孩子或带走或留给家里的老人照看。村里电视的主要使用群体为老人，文化水平和学习、接受新事物的能力有限，就必须要考虑电视收视技术是否容易学习、调试、操作。村民朱大叔家里的"农家乐"刚刚开业，正准备装数字有线电视，不过他担心数字有线电视操作起来比卫星电视复杂，家人尤其是自己年迈的父母难以掌握。村主任家上午还在看的宽带电视到了中午突然无法使用，尝试了多次也弄不清故障的原因。

（三）电视在村民日常生活中角色和功能

电视在乡村虽然已经普及，但看不看，看多长时间，什么时间看，在一定程度上取决于村民闲暇时间的多少、如何分配闲暇时间。在被问到平时看电视多少时，村民给出了较为一致的回答：看得少，因为忙。村民们一再强调他们非常勤劳，甚至有些自豪地说村里有一位老人 76 岁了还出去打零工。葛竹村平均每家有 4 亩地左右，年轻人外出打工、做生意，家里的地或留给老人耕种或承包出去。留在村里的村民们忙着耕地、做家务、打零工、看孩子，闲暇时间少，收看电视在村民那里成为一件无足轻重的事情。

闲暇时间，除了看电视，村民们还有其他休闲、娱乐活动。村主任家开的商店是村里人的聚集中心，闲暇时间村民们会聚集在这里聊天、打牌、打麻将。村里建有村文化活动中心，每年都有婺剧表演，也会放映电影。在政府的推动下村里建了"老人班"即老人活动中心，就在村主任家商店旁边。每天中午 12 点开门，下午 4 点关门，由老人们轮流值班，内设有牌桌、电视、"农家书屋"，老人们自愿来这里打牌、看电视。"农家书屋"的书架上有一些文学类、历史类、育儿等生活实用类图书，供村民借阅。

一位村里开"农家乐"的老板告诉我们，闲下来的时候，他会用手机看小说、微信，并且使用微信与家人、同群、同行交流。我们在村里碰到了一位年轻的妈妈，1987 年出生，孩子 6 个月大，丈夫在缙云县开出租车，自己回村带孩子，等孩子大一点就回缙云。她家里有数字有线电视，但看得少，平时主要用手机上微信，看育儿类微信公众号，并加了一个育儿微信群，与专家和妈妈们交流育儿知识。另外她还用微信做微商，卖床上用品"四件套"。过年，年轻人们回来也是玩手机，家里的电视一般都是祖孙隔辈人一起看。

对村里的老人来说，电视里在放什么并不重要，电视就像自己的一个伴儿。村民朱大妈习惯每天早晨打开电视，一边干活一边收看戏剧戏曲类节目，与其说是看，不如说是"听电视"。我们在村"老人班"看到一位老人坐在电视机前，边打盹儿边看电视。村民反映他们最关注的是天气，其次，《致富经》《海峡两岸》以及一些电视剧也受到了村民的喜爱。但村民能说出的喜欢看的电视节目并不多，具体看什么往往比较随机，通常是打开电视播什么看什么。

但有一类电视节目颇受村民的喜爱，那就是戏曲戏剧类节目。村里男女都爱看的节目类型，这与缙云当地特殊的历史文化有关。缙云县被称为婺剧之乡，婺剧在当地有着悠久的历史和广泛的群众基础。缙云民间婺剧表演者比比皆是，全县农村婺剧活动点有 130 多个，平安戏、还愿戏、庙戏等各种婺剧一年到头长演不衰，戏剧也是缙云乡村春晚中的主要节目。我们在调研时遇到两位老人，家里放了一台很小的老式电视机，没有安装任何电视接收方式，图像时有时无，但也没有妨碍老人用它来播放戏曲戏剧录像。

综上所述，我们可以总结一下电视在葛竹村村民生活中的角色和功能。对村民来说，电视早已没了初见时的新鲜感，而是日常生活中伴随性的存在。电视并不处于乡村生活的中心位置，除了观看电视，村民还有很多其他休闲娱乐活动可以做。就电视节目而言，受村民喜爱的电视节目较少，在城市中心主义的发展模式下，这些电视节目所传递的观念常常与乡村生活的现实截然相反。不过，值得一提的是，具有当地文化特色的戏曲戏剧类节目颇受村民喜爱。

四、以农为本：再问乡村广电发展之困

通过对乡村广电技术社会发展史的简单梳理，我们可以发现，乡村广电在农民日常生活中发挥过重要作用，比如 20 世纪 70—80 年代，作为辅助农业生产的传播工具的广播，曾经为农民的农业生产和日常生活提供重要信息。但在调研过程中，我们也看到，曾经兴盛一时的广播如今已风光不再，重新回归后，却与农民的日常生活不相匹配。电视也不处于农民生活的核心位置，且节目内容偏向城市观众，难以获得村民们的喜爱。

因此，我们迫切地想问乡村广电发展的困境到底是什么？是农民的需求难以得到满足，还是很多专家所分析的资金短缺、人才匮乏、设备落后以及影响力日渐下滑等问题？如果两者都是，那这两者谁是"表"，谁为"里"？本文认为，对于这个问题的思考，将开启乡村广电发展道路的新想象。就后

者而言，最直接的解决办法包括更新技术、增加投资，但联系乡村发展的现实，这一点很难做到。更重要的是，城市中心主义的技术发展道路和"自上而下"的政府硬性投资，很难切实地站在农民的立场上进行改进，因而也无法满足农民的生活需求。

这不得不联系当前城乡关系以及中国现代化道路的问题。改革开放 40 多年来，乡村为城市发展提供重要支撑，但同时也遭受到严重的破坏，乡村已经被撕扯成一个"不完整"的存在。这在我们的调研过程中体会得尤为明显，村里大量青壮年人的外流，使得广播电视的发展始终缺乏内生动力。因而，解决乡村广电发展的困境不仅是行业内部的问题，还必须放在更大的社会背景下进行考察。

我们也在调查过程中看到，乡村拥有自己的运转逻辑和文化资源。葛竹村的宗族和村社集体主义让我们感受到了乡村道德经济的生命力，包括老年中心和其他公共基础设施的建设，不仅有上级政府和村里的投资，更有村里的集资和劳动力投入。这与城市里不断私有化的传播设施和传播空间有着显著不同。此外，消费媒介并不是村民的主要娱乐活动，打麻将、看婺剧表演更得村民们的喜爱。同时，并不是所有节目都无法成功，贴近农民生活、反映当地文化特色的节目还是拥有很高的群众基础的。这一点，本应成为乡村广电发展困境的希望之源，但却往往被城市中心主义的发展道路所忽视。

乡村广电，如乡村发展一样，一直处在国家的宏观政策直接影响之下，如应急广播。国家力量的深入，往往带来一些简单化的问题，如不顾及地方的发展和文化差异，没有发挥地方主体性（包括地方政府、市场和乡土社会），甚至落入形式主义。本文认为，我们乡村广电的未来发展必须以农为本。从农民日常生活中的切实需要，我们或许能够找到破解当下乡村广电发展困境的出路。与此同时，对农民媒介需求的理解绝不能仅仅停留在传播层面，必须将之与农民的日常生活，与转型中国社会以及当前城乡关系联系起来，也只有在这些关系和结构中，乡村广电才能真正确立自己的位置和发展的方向。

乡村广电是国家官方宣传机构的最后一环，它不仅是国家大政方针的传播渠道，也是保障国家意识形态"在场"的重要工具。"国家"的概念具有双重性，它既可以具体指涉一个机构、一套政治体系，也可以抽象指代人们心中主观建构的想象。然而，中西方关于国家与社会、国家与个人的关系的界定却有着一定的差异。项飚认为，"中国的'国家'概念是高度总体性"，这与西方国家强调国度（country）、民族共同体（nation）、暴力统治机器

(state) 以及行政执行机构（government）的区分是完全不同的。他提出"普通人的国家理论"的概念，来解释在中国老百姓中所普遍存在的对国家总体正当性的肯定和对具体国家机构的行为质疑这一看似矛盾的现象。在他看来，理解这一点尤为重要，这关系到我们如何认识和处理国家与社会和个人的关系。他强调关注普通人的"政治白话"，从而"重新树立、分析普通人在实践中的完整的主体地位"，拒绝"政治文言"，因为"政治文言消解了政治白话的主体地位"，最终倡导一种"白话政治"。①

本文赞同这一观点，因为在中国近代历史上，正是以毛泽东为代表的中国共产党人对基层群众的成功动员，才有了新民主主义革命的胜利，最终建立了新中国。然而，在中国的现代化过程中，城乡之间的"互哺"关系、中央与基层的有机联系不断受到威胁和冲击。解决这一问题，不仅需要自上而下的政治设计，也需要自下而上的基层努力。从传播学角度看，我们需要具体到县域政治的层面去寻找乡村广电发展的行动力量。当地的广电人如何根据自身的情况，从农民的真实需求出发，在农民的生产、生活及其与城市和中央的互动中去定位自己的位置尤为重要。

最后，从理论层面来说，我们今天研究农村广电是为了什么？能得到什么？我们其实都知道，很多当前乡村的问题并不是发展传播学视域下乡村传播研究能够解决的。如果现代化是所有发展中国家面对的必答题，但西方现代化理论又解决不了发展中国家的发展困境，那么，另类道路在哪？新中国成立以来对于这一问题的思考和实践产生了足够多的经验与教训②，中国有底气给出自己的答案和规划自己的未来，但是囿于意识形态与阶级立场等的不同，知识界还是没有对中国的现代化道路形成共识。然而，联系我们在调研中的观察、联系我们所关注的中国乡村广电与中国乡村的发展困境，我们不仅要关注老百姓的日常生活实践与需求，还需要做的是对中国已走过的现代化道路进行反思，这要求学者们正视和理解不同阶段的历史，特别是正视和理解毛泽东时代的"反现代性的现代化理论"③。

作者简介：姬德强，中国传媒大学人类命运共同体研究院副院长、教授；杜学志，加拿大西蒙菲沙大学传播学院博士生。

---

① 项飙. 普通人的"国家"理论 [J]. 开放时代，2010（10）：117-132.

② 汪晖. 当代中国的思想状况与现代性问题 [J]. 天涯，1997（5）：133-150.

③ 赵月枝. 为了多数人的传播学术 [J]. 新闻记者，2019（10）：92-96.

【十】社会主义新农村的"美好生活"①

——以笕川花海为例探讨一条可持续的路径

张晓星　赵月枝　郜利静

摘　要： 在新千年的十字路口，关于"好生活"的讨论越发引人瞩目，一面是"走向未来"的现代都市文明，一面是"回到过去"的浪漫田园牧歌。当代的中国农村在这两种理念的撕扯下，或是在仔卖爷田、卯吃寅粮的发展模式中走向生态与社群环境的不断恶化，或是沦为景观化、乡愁化的浅薄意象，成为都市人以消遣减压、体验别样生活为目的而圈出的"保留地"。然而，面对丛生的问题和发展的困境，在中国革命与改革历史中始终扮演着关键角色的农民阶级，也有着自己的反思、设想与行动。以社会主义为生态文明理念为指导，以"什么是好生活"为核心问题，本研究选取浙江省缙云县笕川村，对当地的创意花海项目进行了探索性的田野调查，旨在"脚踏实地"地追问社会主义生态文明视野下的"美好生活"路在何方，探讨并反思乡村振兴与社会主义新农村建设的一种可持续的方案，进一步促进学界与社会大众对农村问题的关注与参与，同时将乡建的理论探讨与农民的自主实践结合起来，重新凸显中国农民在追寻"美好生活"过程中的创造力、行动力和凝聚力。

关键词： 社会主义生态文明；可持续发展；新农村建设；笕川花海；美好生活

---

① 本研究始于 2016 年 6 月 21 日至 7 月 3 日在浙江省丽水市缙云县举办的"传播、文化与全球南方"第八届四校联合国际暑期班。暑期班期间，我们对笕川花海的建设与发展情况进行了第一次实地调研，当时的调研小组成员还包括李倩、毕文静、包萨仁娜，十分感谢他们为最初的资料搜集与整理所做的贡献。暑期班的调研成果除去在结业汇报中展示之外，还在 2017 年 4 月于缙云举办的第三届河阳论坛上做了专题展示。在得到与会学者的反馈之后，我们又在接下来的几年内对笕川进行了多次回访，对花海发展的轨迹保持了持续的关注，不断充实研究报告的内容。

一、导言：乡村与"美好生活"

地中海城邦的形成，到中世纪"市侩"与"乡贤"的对立，再到工业资本主义崛起过程中失地农民涌入急剧"膨胀"的都市，城市与乡村的分化是西方文明演进的一条重要脉络。① 面对工业文明与现代都市生活诞生之初就已埋下的困境、危机与反乌托邦内核，怀念旧时田园生活的"乡愁"情结成为西方流行文化中一个不断自我生产的主题，乡村"田园诗"也近乎理所当然地成为资本主义社会景观中城市"恶之花"的对立面。18世纪的英国绅士们热衷于在乡村别墅的周边建造田园诗般的风景园林，并以此作为个人生活品质的象征；而19世纪主导着美国文学与历史书写的"新英格兰人"们笔下，浪漫化的乡村社会则成了这个新生国家宗教与道德的基石。② 二战后逐渐兴起的"乡土文化产业"正是将流行文化中的这些浪漫元素整合杂糅，在资本逻辑的裹挟和中产阶级旨趣的引导下，为迫切希望逃离"城市病"的人们提供如诗如画、返璞归真的田园生活体验。③

在近现代中国历史上，乡村与"美好生活"的联结却呈现出一条别样的轨迹。19世纪下半叶的中国被强行卷入资本主义世界体系，由不平等条约打开的通商口岸逐渐发展成为现代化的大都市；而在资本扩张的逻辑之下，这些现代都市失去了传统市镇所拥有的、与乡村之间互惠互利唇齿相依的联系，沦为了西方列强入侵与掠夺中国广大内陆乡村的门户。④ 在这样的时代背景下，乡村所承载的一份"向往的生活"，往往并不是面对充满喧嚣、怨艾与工业反乌托邦的都市生活时所做出的一种"梦碎"后的出逃，而是源自半殖民

① MARX K. Pre-capitalist economic formations [EB/OL]. (2021-01-22) [2017-04-14]. https://www.marxists.org/archive/marx/works/1857/precapitalist/ch01.htm；吕新雨. 新乡土主义，还是城市贫民窟 [J]. 开放时代，2010 (4)：115-135；WILLIAMS R. The country and the city [M]. London：Chatto & Windus, 1973：48-49；POLANYI K. The great transformation [M]. Boston：Beacon Press, 1957.

② 关于英国田园牧歌的演变参见 SHORT B. Idyllic ruralities [M] //CLOKE P, MARSDEN T MOONEY P. Handbook of rural studies. London：SAGE, 2006：133-148. 关于美国浪漫化的乡村符号参见 MEINING D W. Symbolic landscapes：some idealizations of American communities [M] //MEINIG D W. The interpretation of ordinary landscapes：Geographical essays. New York：Oxford University Press, 1979.

③ 张晓星. 资本、乡村与"美好生活"愿景的变迁 [J]. 中国传媒报告，2017 (1)：9-16.

④ FEI X. China's gentry：Essays in rural-urban relations [M]. Chicago：University of Chicago Press, 1953.

地半封建中国的各个阶层寻求"自觉、自救、自强"的探索与实践。比如，20世纪初以晏阳初、梁漱溟为代表的民间乡村建设者通过兴办村学、乡校、合作社，力图重建被"破坏殆尽"的乡村"生活世界"，并将其视为中国"新社会、新生活、新礼俗、新组织"之基石的尝试，正是源于其寻求"民族自救、振兴中华"之法的根本初衷。① 而在土改运动的"暴风骤雨"中，"打土豪、分田地、过上好日子"的口号深入人心，也正是农民阶级在中国共产党的领导下摆脱延续千年的封建桎梏、翻身做主人、实现耕者有其田理想的迫切愿望和由衷感叹。

改革开放40年多后的今天，伴随着新自由主义全球化逻辑下的资本扩张与权力转移，城市化与商品化浪潮对乡土中国的侵蚀日益加剧；然而由此带来的政治、经济、文化与生态矛盾也使得传统文化与社会主义意识形态中关于乡村的认知与设想获得了被重新认识与发掘的必要性与吸引力，进而成了无论是政府主导的乡村建设与改革还是来自底层的对社会正义的呼声都无法回避的核心理念。② 正是在这样的背景下，前述的两条联结乡村与"美好生活"的轨迹才在当代中国"不期而遇"。一方面，乡土空间沦为都市"后花园"的进程在以"乡愁经济"为包装的资本对乡村的新一轮利益圈占与都市精英所主导的媒介话语对乡村符号景观化、浪漫化的挪用的"协奏曲"中不断加深③；另一方面，新千年以来新一波乡村建设的实践也在国家推动与民间力量整合城乡资源、超越单纯乡土复兴的"官民互动"中不断深化④。随着资本下乡和"消费主义文化形态不断侵蚀农村和传统的农村生活方式，如何重构农村社区，维护农民、农村、农业的尊严和主体性，如何定义什么是好的生活，成了至关重要的问题"⑤。而这也恰恰是批判传播研究所应当关注，

---

① 梁漱溟. 乡村建设理论［M］. 上海：人民出版社，2011；温铁军，潘佳恩. 三个"百年"：中国乡村建设的脉络与展开［J］. 开放时代，2016（4）：126-145.

② 赵月枝. 生态社会主义：乡村视野的历史文化和生态意义［J］. 天府新论，2015（6）：6-72；赵月枝. 国家、市场与社会：从全球视野和批判角度审视中国传播与权力的关系［J］. 传播与社会学刊，2007（2）：25.

③ QIAN L. Jizhu Xiangchou：Rural Nostalgia and Revitalization in Xi-Era China［D］. School of Global and Area Studies：Oxford University，2022.

④ 温铁军，潘佳恩. 三个"百年"：中国乡村建设的脉络与展开［J］. 开放时代，2016（4）：126-145.

⑤ 赵月枝. 生态社会主义：乡村视野的历史文化和生态意义［J］. 天府新论，2015（6）：68.

却至今仍曲高和寡的。① 带着这样的问题意识，本研究针对浙江省丽水市缙云县笕川村的创意花海项目，以社会主义生态文明理念为指导，通过 2016—2019 这四年期间多次的实地调研与走访，尝试将"实现美好生活"这一时代课题落地于鲜活的乡村建设实践之中，旨在探寻一条建设社会主义新农村的可持续路径，并为后续研究与实践提供有益的理论与经验框架。

二、社会主义生态文明视野下的"美好生活"：基于可持续性的一种理解

早在《1844 年经济学哲学手稿》中，马克思就已经将人与自然的关系形象地描绘成一种"社会性的新陈代谢"（social metabolism），并明确指出其与工业资本主义之间不可调和的矛盾。② 马克思指出，工业资本主义的发展并没有将土地当作一种人类永久拥有的财产来有意识地合理地利用，而是充斥着对地球能源的剥削与挥霍。③ 他更进一步控诉不断追求剩余价值积累的资本逻辑，将给"社会性的新陈代谢"中原本相互依存的人与自然的关系带来无法修补的裂痕。④ 而这一观点后来被约翰·福斯特凝练为"代谢裂痕"（metabolic rift）的概念。⑤ 同时，马克思还在《资本论》中提出了迄今为止可能最为激进的关于生态可持续性的观点：从一个较高级经济形态的角度来看，个别人对土地的私有权，和一个人对另一个人的私有权一样，是十分荒谬的。甚至整个社会，一个民族，以至一切同时存在的社会加在一起，都不是土地的所有者，他们只是土地的占有者，土地的利用者，并且他们必须像好家长那样，把土地改良后传给后代。⑥ 这种并不系统却立场鲜明的生态观散布于大量马克思与恩格斯的著作之中，包括《政治经济学批判大纲》《资本

---

① 赵月枝，沙垚. 重构中国传播学：城乡视野，历史实践与农民主体性［J］. 新闻记者，2015（1）：5-14；ZHAO Y. Global to Village：Grounding Communication Research in Rural China［J］. International Journal of Communication，2017（11）：4396-4422.

② FOSTER J B. Nature［M］//FRITSCH K，CONNOR C O，THOMPSON A K. Keywords for Radicals：The Contested Vocabulary of Late-Capitalist Struggle. Chicago：AK Press，2016：279-86.

③ MARX K. Capital［M］. London：Penguin，1981：949.

④ MARX K. Capital［M］. London：Penguin，1981：949-950.

⑤ FOSTER J B. Marx's theory of metabolic rift：Classical foundations for environmental sociology［J］. The American Journal of Sociology，1999，105（2）：366-405.

⑥ MARX K. Capital［M］. London：Penguin，1981：911.

论》《反杜林论》《自然辩证法》等。①

　　20 世纪末，伴随着全球范围内资本主义生态危机的不断加剧，马克思关于生态环境的观点被西方学者们再次发掘，一系列生态学马克思主义的理论著作也应运而生，如《马克思的生态学》《马克思与自然》与《马克思主义与生态经济学》② 等。而发端于七八十年代的北美地区、以低收入群体和少数族裔为诉求主体的环境正义运动，也在气候变化等因素的影响下，在亚洲、南美与太平洋岛屿等地区诞生了全新的组织与抗争形式。③ 中国亦不例外，重新被卷入全球经济所带来的水污染、空气污染、土地污染、能源衰竭等生态危机与其他社会危机，孕育了一系列自下而上的环境抗争。其中除了备受瞩目的城市中产阶级发动的邻避运动以外，农民为了保护自身的生活环境和生产资料而展开的抗争也日益显著。以农民为主体的环境正义抗争，在解决生计的"吃饱"问题和维护生态的"环保"问题上达到了辩证统一，不仅体现了中国——世界上唯一持续的农耕文明——历史悠久的"天人合一"的朴素生态理念，也印证了约翰·福斯特等西方生态学马克思主义学者所提到的"环境工人阶级（生态农民阶级）"的崛起。④ 正是在这样一种全球到乡村的视域转换中，在借鉴西方马克思主义生态学的环境正义观、反思西方环境治理中的公众参与机制及其变相推动的"欠发达"国家的环境非正义，以及重新审视以农民和少数民族群众为代表的具有本土生态智慧的环保实践的基础上⑤，一群有着鲜明中国立场的学者于 2015 年相聚在有丰厚天人合一理念遗存的缙云县古村落河阳，在第一届河阳论坛上共同起草了《河阳共识》，尝试

①　赵月枝，范松楠. 环境传播：历史、现实与生态社会主义道路——与传播学者赵月枝教授的对话［J］. 新闻大学，2015（1）：1-7；PARSONS H L. Marx and Engels on Ecology［M］. Westport，Conn.：Greenwood Press，1977.

②　依次为 FOSTER J B. Marx's ecology：Materialism and nature［M］. New York：Monthly Review Press，2000；BURKETT P，FOSTER J B. Marx and nature：A red and green perspective［M］. Chicago：Haymarket Books，2014；BURKETT P. Marxism and ecological economics：Toward a red and green political economy［M］. Boston：Brill，2006.

③　赵月枝，范松楠. 环境传播：历史、现实与生态社会主义道路——与传播学者赵月枝教授的对话［J］. 新闻大学，2015（1）：1-7.

④　赵月枝，范松楠. 环境传播：历史、现实与生态社会主义道路——与传播学者赵月枝教授的对话［J］. 新闻大学，2015（1）：1-7；赵月枝. 生态社会主义：乡村视野的历史文化和生态意义［J］. 天府新论，2015（6）：72；FOSTER J B. The Epochal Crisis［J］. Monthly Review，2013，65（5）：1-12.

⑤　赵月枝，范松楠. 环境传播理论、实践与反思——全球视角下的环境正义、公众参与和生态文明理念［J］. 厦门大学学报（哲学社会科学版），2020（2）：28-40.

把社会主义生态观的基本内涵归纳为"根植于人与自然和谐共生理念","坚持平等正义的价值取向","要求重新界定生产目的,重新建构生产关系和社会关系,寻求永续发展",以及"反对资本主义、发展主义、城市中心主义和消费主义"。①

在民间频发环境抗争与学界酝酿环境倡议的同时,中国国内的环境问题也早已被中央政府所重视。几乎与马克思主义生态观在西方的复苏同步,2003年10月,党的十六届三中全会提出的"科学发展观"与2004年9月党的十六届四中全会上正式提出的"构建社会主义和谐社会"的概念,既是对西方现代性中的唯理性主义和只问"进步"不计代价的发展理念的一种"东方反思",又是对我国多年来以牺牲环境为代价的经济发展模式的"扪心自问"。党的十七大更是第一次把"生态文明"概念写进了党代会报告。② 将生态保护提升到"文明建设"的层面,既体现了社会主义语境下对国际流行的可持续发展理论从文明再造层面进行的深化与拓展,又体现了中华五千年农耕文明所蕴含的生态友好、社群协作与永续发展内核的当代回响。③ 到了2017年,党的十九大报告将生态文明建设提升到"中华民族永续发展的千年大计"的高度,并进一步提出了加快生态文明体制改革的具体方针。不难看出,无论是西方生态学马克思主义的理论探讨,或是中国知识分子与乡土文化建设实践者提出的《河阳共识》,还是党和国家提出的社会主义生态文明建设的战略目标,可持续发展都是构想和建设"美好生活"的一条主线。

可持续发展也常被称为永续发展,其最广为流传的定义为"既能满足我们现今的需求,又不损害子孙跟后代满足他们的需求的发展模式"。这一说法由挪威首相布伦特兰夫人在1987年的联合国世界环境与发展委员会报告《我们共同的未来》④ 中提出,后于1992年在联合国环境与发展大会上取得共识,

① 批判传播学·宣言 | 生态社会主义共识 [EB/OL]. 批判传播学微信公众号, 2015-11-11.

② CHEN S, ZHAO Y. Ecological Civilization: A Blindspot in Global Media Coverage of China's Environmental Governance [J]. Environmental Communication, 2021, 16 (2): 195-208; MARINELLI M. How to Build a "Beautiful China" in the Anthropocene: The Political Discourse and the Intellectual Debate on Ecological Civilization [J]. Chinese Journal of Political Science, 2018, 23 (3): 365-386.

③ CHEN S, ZHAO Y. Ecological Civilization: A Blindspot in Global Media Coverage of China's Environmental Governance [J]. Environmental Communication, 2021, 16 (2): 195-208; 小约翰·柯布, 李义天. 文明与生态文明 [J]. 马克思主义与现实, 2007 (6): 18-22.

④ BRUNDTLAND G H. World Commission on Environment and Development. Our Common Future [M]. Oxford: Oxford University Press, 1987.

并很快应用于农业领域。1994 年 7 月 4 日，国务院批准了中国第一个国家级可持续发展战略——《中国 21 世纪人口、环境与发展白皮书》，其中就沿用了布伦特兰委员会对"可持续发展"的定义。然而，印度经济学家阿马蒂亚·森（Amartya Sen）则基于其"能力方法"（capability approach）的理论框架，指出应当用"能力指标"（capability metrics）来替换布伦特兰定义中的"需求"这一概念。① 森的这一框架是用"个人在生活中实现各种有价值的功能的实际能力"来评判生活质量，在这一框架下思考"好生活"的命题，既不是新古典经济学家眼中化约为数据指标的人均国民生产总值（GNP per capita）的"增长"，也不是功利主义（utilitarianism）框架下通过考察个人"偏好""需求"或者"满意度"所得出的答案，而是"某个人实际能做什么和处于什么状态"。② 玛莎·纳思邦（Martha Nussbaum）则援引马克思在《1844 年经济学哲学手稿》中关于一个挨饿的人和一个美食家对于食物的不同认知来进一步阐述功利主义框架的缺陷：当一个人被剥夺了必要的物质社会资源，其作为"人"的全面发展的可能性就受到了限制。在这个例子里，挨饿的人"品味"食物的能力就无法得到实现，这也是仅仅考察其"偏好"或"需求"所无法意识到的。③ 从女性主义的角度出发，森与纳思邦也都指出女性常常表现出习惯于其"二等公民"地位的"自适应的偏好"（adaptive preference），而其关于"好生活"的定义也往往会烙上男权社会规劝与驯化的深深印记。④ 因此，通过指出"需求"说的诸多问题，同时在亚里士多德（Aristotle）"人的和谐发展"与马克思"人的全面发展"的理论基础上来定义"好生活"，森与纳思邦的"能力方法"框架将可持续发展理解为，在不影响后代享有同样甚至更大能力的前提下保护乃至扩展当今人们所具备的实

---

① SEN A. The Idea of Justice [M]. New York：Allen Lane/Penguin Books，2009.

② SEN A. Capability and Well – Being [A]. NUSSBAUM M，SEN A eds. The Quality of Life. Oxford：Clarendon Press，1993：30-53；SEN A. Development as Freedom [M]. New York：Knopf，1999.

③ NUSSBUAM M C. Nature，Function，and Capability：Aristotle on Political Distribution [M] // MCCARTHY G E. Marx and Aristotle：Nineteenth-Century German Social Theory and Classical Antiquity. Savage，Maryland：Rowman and Littlefield，1992：204-205.

④ SEN A. Gender Inequality and Theories of Justice [M] // NUSSBAUM M，GLOVER J. Women，Culture and Development. Oxford：Clarendon Press，1995：259-273；NUSSBAUM M. Capabilities as Fundamental Entitlements：Sen and Social Justice [J]. Feminist Economics，2003，9（2/3）：33-59.

质性能力①。

　　尽管森与纳思邦通过引入马克思主义关于"人的全面发展"的理论视角，揭示了对于"好生活"的理解中"需求满足"之上更为重要的"能力实现"层面，以及可持续发展的概念中"环保节能"之外同样重要的"社会公平"，然而，其人文主义的切入点却使得他们对马克思主义关于"异化"的讨论视而不见，并且在很大程度上避而不谈制约"能力实现"的结构性因素——如资本主义的生产关系如何从根本上限制了人的全面发展②。同时，尽管这两位学者都援引马克思关于"人的丰富的社会性"的论断来驳斥建立在"利益交换"原则上的社会契约论的狭隘，然而，其围绕"个体繁荣"所建立起来的框架却忽视了关于社会关系（尤其是剥削性质的社会关系）的讨论。正如德玛蒂诺（DeMartino）所指出的，森与纳思邦对马克思主义理论的借鉴缺失了马克思政治经济批判中最为核心的阶级分析，而不在消灭剥削的前提下探讨的"个体繁荣"都只会是掩盖阶级压迫的美丽谎言。③ 因此，任何不对资本主义生产关系进行批判的可持续发展理念，都无法摆脱阶级与国家不平等发展的桎梏，而其实现过程——正如"绿色资本主义"所呈现的那样——也将建立在剥削与压迫之上。有了这样的批判意识，我们才能够反思以限制发展中国家温室气体排放量为方案的西方中心主义的可持续发展路径，以牺牲边缘群体的利益为代价而实现生态"修复"的深层生态学（deep ecology）主张④，以及以富裕农户和商业农粮集团为代表、不断挤压第三世界小农生产生存空间的全球资本主义逻辑下的"可持续"农业⑤。

　　与之相对，秉持社会主义生态观的马克思主义者们——正如《河阳共识》所体现的那样——始终将对资本主义的批判与否定放在可持续发展理念的核心位置，并尖锐地指出，在实现人类可持续发展的道路上，任何"绿化"资

---

① SEN A. The Idea of Justice [M]. New York：Allen Lane/Penguin Books，2009：251-252；HOLLAND B. Justice and the Environment in Nussbaum's "Capabilities APProach"：Why Sustainable Ecological Capacity is a meta-capability [J]. Political Research Quarterly，2008，61（2）：319-332.
② WILDE L. Marx，Morality，and the Global Justice Debate [J]. Global Discourse，2011，2（1）：24-38.
③ DEMARTINO G. Capabilities，Equality，and Class Justice：A Response to Wilde [J]. Global Discourse，2011，2（1）：39-47.
④ KOVEL J. The Enemy of Nature：The end of Capitalism or the end of the World? [M]. Halifax，N. S：Fernwood，2002.
⑤ 萨米尔·阿明. 当代资本主义体系的内爆 [EB/OL]. 人民网，2013-07-30.

本主义的尝试都不具备替代社会主义路径的可能。在这样的框架下，可持续发展不仅是经济的增长，更是人的全面发展；不仅是个体的繁荣，更是社会关系的进步。① 综合以上理论层面的探讨，并结合国内外乡村建设实践的既有经验与反思②，本研究组试图从经济、社群与生态三个层面来考察社会主义生态文明视野下的可持续发展，探索一条有利可图的、于环境无害的、有利于家庭和社区互动的社会主义新农村建设路径。具体而言，就是在城乡良性互动、以城带乡、促进乡村经济发展的同时，尽可能减少对自然环境的危害、保持自然资源的循环利用，并支持农村社区建设、形成良好的社群氛围、为农民家庭提供一个和谐、公平的生活环境。

三、研究设计

基于上述的核心观点与理论框架，本研究聚焦浙江省丽水市缙云县笕川村发展"花海经济"、走农旅结合生态道路的创新实践，进行了探索性的个案研究，旨在"脚踏实地"地追问社会主义生态文明视野下的"美好生活"路在何方，探讨并反思社会主义新农村建设的一种可持续性方案，进一步促进学界与社会大众对农村问题的关注与参与，同时将乡建的理论探讨与农民的自主实践结合起来，回归到"欲化农民必先农民化"的路径上来。2016 年 6月底，"笕川花海"对公众开放刚满一个月，我们对其进行了首次实地调研，深入了解了其规划、运营与社区反响。为了进一步考察"花海"项目在经济、社群与生态层面的可持续性，之后四年内我们进行了多次回访性调查，时间跨度从几天到几个月不等，期间不断搜集新的实证资料，比对"花海"发展各个阶段之间的差异，并持续关注该项目与村庄治理、村民生活之间的互动

① BURKETT P. Marx's vision of sustainable human development [J]. Monthly Review, 2005, 57 (5): 34-62; FOSTERJ B. Ecology and the transition from capitalism to socialism [J]. Monthly Review, 2008, 60 (6): 1-12; VLACHOU A. Debating sustainable development [J]. Rethinking Marxism, 2005, 17 (4): 627-645.

② 潘佳恩，温铁军. 三个"百年"：中国乡村建设的脉络与展开 [J]. 开放时代, 2016 (4): 126-145; 郭琰. 环境正义与中国农村环境保护研究 [D]. 武汉：武汉大学, 2014; HARWOODR R. A history of sustainable agriculture [M] //EDWARDS C A, MADDEN P, MILLER R H, et al. Sustainable agricultural systems. Ankeny, IA: Soil and Water Conservation Society, 1990: 3-19; NELSON R, DUXBURY N, MURRAY C. Cultural and creative economy, strategies for community transformation: four approaches [M] // REED M R, PARKINS J. Social transformation in rural Canada: community, cultures, and collective action. Vancouver: UBC Press, 2014: 368-386.

关系。

（一）研究方法

考虑到"美好生活"这一命题不仅体现在自上而下的规划、设计与宣传之中，更包含了自下而上的基于日常生活的想象、体验与反思，调研小组决定采用半结构式深度访谈作为主要研究方法，以期掌握花海筹备之前、建设之中以及运营之后来自方方面面的直观体验，围绕可持续性这一核心概念呈现不同群体对花海发展各个阶段的现状与前景所持的（潜在）态度与观点，同时通过与受访者的深入互动引发其对"美好生活"这一命题的自主思考，实现学术与实践、知识分子与农民群众间的良性互动。访谈地点既有相对严肃正式的政府办公场所（如村双委办公室、会议室、便民中心等），也有氛围相对轻松、人流量更大的社区活动场所（如棋牌麻将室、村文化礼堂、村民广场、小吃街等），还有环境更为私密、受访者状态更为自然放松的受访者家宅，从而达到听取并对比"官方"与"非官方"叙述的目的，同时也尽可能将受访者置于各种不同的社会关系中以观察其反应的微妙变化。

鉴于"花海"营运以来已有为数众多的政府部门、学术机构、新闻媒体前来调查与访问，村民很有可能不胜其扰甚至形成了模式型的访谈答案，调研小组还采用了参与式观察的方法，以期搜集访谈中可能遗漏的信息。一方面，我们以普通游客的身份参观游览花海（以及之后几年内相继推出的"灯海""水上乐园"、摄影基地等园区内容），审视花海项目的运营机制、组织管理、日常维护，观察来自不同地区、不同年龄层次游客们的反应，同时记录下自身游览花海的直观感受；另一方面，我们还尝试走进笕川村民的日常生活之中，例如，在村内的公共空间与村民闲谈，观看村戏曲晚会的排练，观察花海周边商贩的日常经营活动，走访花海附近古民居内的住户，参与村民的日常休闲活动（麻将、广场舞）等。在调研过程中，我们也在不断反思自身应当以怎样的角色走进农村，怎样看待知识分子与受访农民的关系，自身作为调研人的鲜明形象会对研究结果产生怎样的影响，调研过程又会对村民关于花海的认识产生怎样的影响等一系列问题。

此外，连续多年的调研期间，我们还大量搜集并整理了花海相关的媒体报道、学术研究，以及地方官员与村干部的述职报告（尤其是笕川村书记、浙江新农村建设带头人"金牛奖"获得者施颂勤的诸多会议发言），从而获得了笕川生态旅游发展各个阶段更为翔实而全面的背景资料。

（二）访谈对象

四年间我们数次到访笕川，共完成深度个人访谈 43 份，受访者包括 24

位女性和 19 位男性，其中 4 位年龄在 30 岁以下，7 位在 30—40 岁之间，其他都在 50—70 岁之间；大部分受访者的文化水平都是初中学历，7 位具有大专以上学历，还有 4 位是小学学历。受访对象可以粗略分为村干部、村民与外来游客三个大类；村民群体中又可以进一步细分为入股花海的"股东"，花海的工作人员，花海内部及周边的小商贩，以及目前未直接从花海获得收益的村民等。

在选择村干部访谈对象时，考虑到村党支部书记施颂勤已多次被省内外媒体与科研机构采访，其观点与感想多见诸报端，我们转而选取其他几位直接负责花海项目、亲历花海建设各个环节的村干部，包括分管经济发展与民政工作的村支部委员丁绍民，分管组织文化工作的支部委员丁志强，以及分管农业、城建与土地工作的支部委员、"筧川花海产业有限公司"法人代表朱月光，旨在倾听来自村领导班子更为全面、深入、多元的声音。村民访谈对象的选择则采取村干部推荐与随机走访相结合的方法：一方面，在村双委的协助下我们访谈了部分村民代表，获取了村民关于花海的一些基本认知，为进一步组织和改进访谈提纲提供了基础；另一方面，我们也以游客或研究人员的身份，在不同场合与村民攀谈，足迹遍布村文化中心、村老年活动中心、村便民中心、村信息公告栏、筧川古民居、茭白集散中心、花海周边商铺等，或是通过村民亲友的介绍而得以进入社区、家庭内部，接触到更多"内部"视角、"内部知识"，力求全景式呈现花海项目给村民生活带来的多种多样的影响，以及形形色色的以"好生活"想象为主线的关于花海的评论与反思。而针对花海游客，我们则采用随机采访的形式，同时尽量努力平衡性别、年龄、地域以及旅行目的（如婚纱摄影）等变量。

（三）个案概况

筧川村位于浙江省丽水市缙云县西北，新建镇东。截至 2018 年年底，全村共有人口 5235 人，2091 余户，党员 194 名。1994 年之前，村内劳动力流失严重，18 周岁以上的村民中有超过 1500 人常年在广东与广西从事禽类与水产养殖，村双委为了解决留守中老年妇女的就业问题，从 1994 年开始动员村民种植香菇，并于 1996 年投资 30 万元建立香菇市场。① 截至 2016 年，筧川已成为浙中南地区最大的香菇交易中心，村集体年经济收入达 100 万元，其中香菇产业的贡献超过 40 万元。② 然而大棚香菇种植与鸡鸭等禽类的规模养殖

---

① 施颂勤. 因地制宜发展三产，加强村集体经济实力 [J]. 经济导刊，2019（3）：83-85.
② 赵月枝，龚伟亮. "筧川花海"背后的集体经济创新 [N]. 丽水日报，2016-06-04.

也导致笕川在相当长的一段时间内污水横流、脏乱差现象严重。①

面对香菇产业近些年的萎缩及其对村庄生态环境的极大破坏，村双委在 2014 年村庄环境整治的基础上，通过多方咨询考察，决定利用本村地势平坦、地处金丽温高速、高铁沿线的地域优势，尽快转型成为旅游特色村，实现美丽经济与美丽乡村的有效对接。② 2015 年冬，笕川拆掉破旧香菇棚 60 多个，从 300 多农户手中流转土地 500 多亩，投入资金 1300 万元（其中包括小火车 300 万元），开始创意花海的建设，并于 2016 年 5 月 28 日正式对公众开放。花海运营初期，园区内除了由波斯菊、马鞭草、百日菊等 10 多种花草所组成的红、白、黄、紫、粉五色花田之外，还搭配了众多的娱乐项目与地方民俗体验，包括游园小火车、花田抓鱼、婺剧展演、缙云传统美食等。花海二期工程于 2016 年 7 月 26 日启动众筹，三天内共 1173 户村民家庭入股 1400 万元，村集体占股 53%，村民入股 47%，整体市值达到 3000 万元。③ 2018 年 10 月，花海经营权承包给私人管理，村集体则将工作重心转向笕川花海与笕川古村落的融合发展。④

四、探寻社会主义新农村建设的可持续路径："笕川花海"的经验与反思

过去的 20 多年内，全球资本主义生成了一套新的、依然带有鲜明"南北"分野的国际农产品贸易体系：一方面，"全球北方"通过巨额的农业补贴政策，不断加强其农产品的出口优势，向"全球南方"倾销粮食产品，使得南方世界的小农经济无一例外的经历着破产地危机，农民无法维持其生计，只得迁移到城市寻求就业机会，从而加剧了村庄空心化的过程；另一方面，南方国家中由于村庄空心化而产生的大量无人耕种的土地，则被跨国资本"圈占"用以种植对接北方"高端"市场的经济作物，粮油产品就这样绕过本地市场对食品的需求——尤其是在世界原油价格不断攀升的今天——成了

---

① 朱永，张子亚，洪波. 走在乡村振兴的路上"花花世界"的美丽经济 [EB/OL]. 央广网，2018-05-24.

② 赵月枝.《"花花世界美丽笕川"——笕川村书记施颂勤访谈》（未发表访谈稿），2016 年 4 月 10 日.

③ 施颂勤. 因地制宜发展三产，加强村集体经济实力 [J]. 经济导刊，2019（3）：83-85；王巷扉，张李杨. 抛荒地种出风景"泥腿子"变成股东：笕川村一片花海三天众筹三千万元 [N]. 丽水日报，2016-08-22.

④ 施颂勤. 因地制宜发展三产，加强村集体经济实力 [J]. 经济导刊，2019（3）：83-85.

北方世界的中产阶级开车出行所消耗的生物燃料。① 这样一种恶性循环引发了南方国家一系列的食品危机，也进一步推动了其由传统的农业国向农产品输入国的转变，成为资本主义农业全球体系的附庸。

在中国，改革开放后去集体化的乡村社会不再是农民利益的保护伞，而一度解决了农民非农就业问题的乡镇企业也因为诸多因素逐渐衰败，分散孤立的小农无法抵御资本扩张的侵蚀，只能被迫离土离乡，导致乡村不仅在经济层面，而且在文化与社会生活层面严重的"空心化"，并且在公共舆论与公众认知中被矮化、丑化、边缘化。② 面对20世纪90年代以来"激进"的市场化与城市化改革下日益凋敝的乡土社会，越来越多的学者、基层工作者与社会各界人士开始自下而上地呼吁、投身乡村建设。2000年，湖北省棋盘乡党委书记李昌平给总理朱镕基的一封信成了其中的代表性事件，也将"三农"问题带入了大众视野。③ 2005年，中共十六届五中全会提出了"建设社会主义新农村"的重大历史任务，以及"生产发展、生活宽裕、乡风文明、村容整洁、管理民主"的二十字总体方针。④ 接下来的十年中，在一系列强农、富农、惠农政策的加持下，新农村建设在提升现代农业、发展公共事业、改善人居环境与深化民主管理等方面取得了显著成果。⑤ 2015年，中共十八届五中全会讨论通过的"十三五"规划将"加快城乡协调发展"提到显著位置，并重新明确了农村的战略地位；习近平总书记也在多个重要场合反复强调，"中国要强，农业必须强；中国要美，农村必须美；中国要富，农民必须富"⑥。在这样的社会与政策背景下，笕川发展"花海经济"的尝试是一次富有创造性、探索性的乡村建设实践，为农村产业结构调整、推进农旅融合的

---

① MCMICHAEL P. A Food Regime Analysis of the "World Food Crisis"［J］. Agriculture and Human, 2009（26）: 281-295；吕新雨. 新乡土主义，还是城市贫民窟［J］. 开放时代, 2010（4）: 115-135.

② 严海蓉. 虚空的农村和空虚的主体［J］. 读书, 2005（7）: 74-83；DAY A F. The Peasant in Postsocialist China: History, Politics, and Capitalism［M］. Cambridge: Cambridge University Press, 2013.

③ ZHAO Y. Global to Village: Grounding Communication Research in Rural China［J］. International Journal of Communication, 2017（11）: 4396-4422；温铁军，潘佳恩. 三个"百年"：中国乡村建设的脉络与展开［J］. 开放时代, 2016（4）: 126-145；李昌平. 我向总理说实话［M］. 北京: 光明日报出版社, 2002.

④ 中共中央 国务院关于推进社会主义新农村建设的若干意见［EB/OL］. 新华社, 2005-12-31.

⑤ 李小健. 新农村十年换新装［J］. 中国人大, 2015（1）: 15-16.

⑥ 习近平眼中的"强富美"［EB/OL］. 新华网, 2020-12-20.

发展模式、振兴乡村集体经济、提升乡村基层治理能力等时代课题提供了有益的样本。而"花海"多年来所遭遇的问题、瓶颈与困境，也折射出当前乡村振兴的地方实践所面临的诸多挑战和陷入的种种"误区"①。

（一）寻致富之策：从城里人的"花园"到村里人的"乐园"

将旅游业视为社会发展驱动力和重要手段的论调，脱胎于冷战时期西方国家主导的"第三世界"援助与发展政策中，对国际旅游所具备的减贫能力的着力描述。② 尽管政策制定者与学者围绕"发展""后发展"与"可持续发展"等概念，针对"旅游促进发展"理念的意识形态基础与现实困境，以及旅游业与消除贫困、减少失业以及增加文化自信与自觉之间的相关性进行了长期的辩论，这些争议似乎并未削减这一路径的吸引力，相关口号、实践与风潮至今依然在欠发达国家与地区前赴后继、如火如荼。③ 在中国，乡村旅游在 2000 年后迎来了快速的发展，以农家乐为特色的休闲产业与旅游线路大量涌现，国家旅游局也先后在 2006 年和 2007 年将当年的旅游主题分别定位"中国乡村游"和"和谐城乡游"。④ 截至 2009 年年底，全国范围内参与乡村旅游的农村家庭已达 130 万户，乡村旅游示范村近 600 个，形成了拥有超过 5 亿消费者、3000 亿营业额的庞大市场。⑤ 由此，乡村旅游被愈来愈多的区域与地方政府纳入发展规划，作为解决农村贫困与人口减少问题的行之有效的手段。2015 年，国务院在《关于进一步促进旅游投资和消费的若干意见》中明确将乡村旅游视为精准扶贫的重要抓手，并提出了"到 2020 年，全国每年通过乡村旅游带动 200 万农村贫困人口脱贫致富"的目标。⑥ "笕川花海"逐

① 贺雪峰. 地方政府应在乡村振兴实践的狂热中消停下来 [EB/OL]. 中国乡村发现，2022-01-18.

② HARRISON D. Pro-Poor Tourism：A Critique [J]. Third World Quarterly，2008，29 (5)：851-868.

③ CHOK S，MACBETH J，WARREN C. Tourism as a Tool for Poverty Alleviation：A Critical Analysis of "Pro-Poor Tourism" and Implications for Sustainability [J]. Current Issues in Tourism，2007，10 (2-3)：144-165；GASCON J. Pro-Poor Tourism as a Strategy to Fight Rural Poverty：A Critique [J]. Journal of Agrarian Change，2015，15 (4)：499-518.

④ SU B. Developing Rural Tourism：the PAT Program and "Nong jia le" Tourism in China [J]. International Journal of Tourism Research，2013，15 (6)：611-619；CHIO J. A Landscape of Travel：The Work of Tourism in Rural Ethnic China [M]. Seattle：University of Washington Press，2014.

⑤ GAO S，HUANG S，HUANG Y. Rural Tourism Development in China [J]. International Journal of Tourism Research，2009，11 (5)：439-450.

⑥ 陈晓平. 让旅游成为脱贫攻坚的一大法宝 [N]. 光明日报，2016-03-12.

年增长的营业额无疑再次印证了旅游业对乡村经济复苏所起到的推动作用，然而"花海"所带来的旅游收入是否带动了村民的增收——具体而言带动了哪些村民的增收——又是否形成了"造血式"而非"输血式"的扶贫效果？要回答这些问题，就需要重新审视"旅游扶贫"概念诞生之初就已存在的，关于其公共性、公平性与可持续性的争论。

　　"笕川花海"项目在增加村集体收入、促进旅游相关的私营业态发展以及提供在地的就业机会（吸引劳动力、人才回流）等方面成效显著。笕川村长期遵循单一的农耕经济发展模式，因此，即使穷尽全村的山林土地资源，2015 年村集体收入才刚刚突破 80 万元，而个体户餐饮业收入也仅有几十万元。花海所在地，原本是村民的自留地或菜地（平均每人 4 分地，约 267 平方米），用来种植稻米供家庭食用，或租给他人种植香菇或茭白，过去这片区域中共有 60 多个香菇棚，每年产值达 100 多万元。在村集体从农民手中租用这些土地建成花海景观后，开园 1 个月内仅门票收入就接近 400 万元，之后为了应对花海换季翻种而推出的"灯海"，门票收入也在 20 天内破百万；花海 2017 年门票收入达到 750 万元，纯收入 200 万元；2018 年盈利超过 500 万元。① 同时，花海也有效带动了村内餐饮、民宿、旅游购物等私营业态的发展，景区开放仅 2 个月，周边餐宿业收入就已达 200 多万元。景区内商铺租金 3 万/年，景区外围大排档租金 1 万/年，景区附近的摊位视人流量缴纳每天 20—50 元不等的租金。在上述的租金标准下，承包商户有着很大的盈利空间。我们在 2016 年的随机走访中了解到，部分业主在租下花海内商铺的 1 个月内已经基本收回成本。此外，花海也为村民提供了"既不离土亦不离乡"的工作机会。由于青壮年大多外出务工、经商，村中剩下的劳动力平均年龄在 50 岁以上，属于外出务工有困难的人群。而花海的日常运营与维护则直接创造了新的在地就业机会（如花海翻种时，一天最多需要 300 多人工，女性 80 元一天，男性 100 元一天），让村民可以足不出村，拿着日薪，实现从种养本业到"花匠"的"华丽转身"。眼见花海带来的丰厚收益，越来越多的青年人开始选择留在村里，依托相关的旅游业态寻找致富的途径，也因此笕川村的空心化程度与邻近村庄相比才不那么严重。② 截至 2017 年年底，在花海

---

① 丁南森. 笕川"小火车+花海"成了全国美丽田园中的样本［EB/OL］. 中国缙云新闻网，2016-09-01；施颂勤. 因地制宜发展三产，加强村集体经济实力［J］. 经济导刊，2019（3）：83-85.

② 王巷扉，张李杨. 抛荒地种出风景"泥腿子"变成股东：笕川村一片花海三天众筹三千万元［N］. 丽水日报，2016-08-22.

经济的辐射下，笕川村已有农家乐经营户 23 户、家庭农场 3 家，带动 500 多人就业。①

然而，我们在 2016 年初次实地调研花海的过程中，发现花海项目在客源方面的关注与认知远远不够，并缺乏有针对性的后续方案，并因此在客流稳定性与盈利前景上存在相当大的隐患。花海的工作人员在深度访谈中提到，他们通过车牌号判断外地游客主要来自永康、台州等临近市县，少数来自浙江省内相对较远的地区（如温州），且随机性很大。村内主管花海项目的负责人对客源问题认识颇为有限（仅限于淡/旺季、人多/人少的笼统模糊的划分），对花海初期取得的巨大经济收益与周边地区居民的新鲜感之间的联系缺乏足够的反思，并且对花海景观在日益同质化的乡村旅游市场中所具有的独特性有着过度的解读与信心。与之相反，我们在深度访谈或参与式观察中短暂接触的村民对客源问题则较为敏感，他们普遍认为花海几乎不可能吸引到来自外地的"回头客"，多数游客只是希望（并且也能够）用自己的相机"一次性"地拍摄下花海的景观。因此，村民格外担忧，当最初的"热潮"逐渐散去、周边地区的客源"耗尽"之后，花海能否找到新的客源、维持旅游收入的增长，而这些担忧很快在花海第二年的运营中得到了印证。

相比 2016 年开园 2 个月内门票收入就已破 500 万元，花海 2017 年全年的门票收入才 750 万元；到了 2018 年，村党支部书记施颂勤在接受采访时也明确提到了客流量下降在村民中引发的担忧与不满。② 面对营收增长乏力的现实，景区给出的应对方案是客源的"本地化"与游览活动的"家庭化"。受访的景区工作人员反映，随着 2017 年外地自驾游客、旅行团数量骤降，景区开始推出各类针对本地游客的优惠（尤其是推出了月票、年票的选项），并尝试在营销策略上将花海定位为地方性的、合家欢的假日休闲娱乐综合体；此外，景区还与缙云本地的多所小学达成了长期的合作，将花海作为学生农业研学、春秋游、夏令营、社会实践等课外活动的场所，刺激本地家庭亲子消费的同时稳定客源与营收。花海经营方向的转变也体现在景区的后续建设与景点改造上。景区建设初期着重于"花海"的打造，500 亩的土地上 10 多种花卉组成五颜六色、形状繁复的图案，成了笕川无可争议的新"地标"与新"名片"，在一旁穿行而过的高铁上，乘客能清楚地领略这一片令人赞叹的人造生态景观。然而，在景区二期工程的建设过程中，不仅花海的面积没有得

---

① 破解农旅融合发展难题的缙云之策［EB/OL］. 中国农业信息网，2017-10-16.
② 科技特派员——福建南平的乡村振兴人才样本［N］. 中国日报，2018-08-04.

到扩张、花草构成没有得到优化，就连原本 500 亩花田的日常维护也出现了明显的懈怠。面对花卉换季带来的景观"真空期"，景区缺乏长效的应对机制；即使在换季期间推出了灯海项目来弥补花海景观的缺失，但是灯海相对较高的建设与维护费用导致其无法成为常态景观（往往仅在中秋、元宵等节日推出），而且夜间灯海的绚烂也无法掩盖日间花海的萧条景象。相对于花海建设的停滞甚至倒退，游乐设施的多样化成了景区发展新的重心。如果说景区建成之初就投入使用的小火车和摩天轮，还算是与"花海"为核心的造景、观光活动有着某种程度的联系，后续引入的旋转木马、电玩城、水上乐园就几乎与"花海"这一景区主题没什么关系了。为了更好地营造游乐的氛围，景区内还添加了数量众多的景观雕塑，批量复制着都市中心的流行文化符号（如变形金刚、侏罗纪公园、漫威电影中的角色形象）。原本具有区域乃至全国辐射能力的、极富景观特色的花海景区，就此逐渐蜕变成娱乐项目多样、内容杂糅的乡村"游乐场"，在全国范围内花海建设"井喷"、同质化严重的现实面前①，开始尝试深耕本地休闲消费市场。

针对上述景区建设与经营方向的转变，部分受访村民表示了强烈的不满，甚至将其解读为"骗不了外地人了开始骗本地人"，指责花海的发展并不能帮助全村共同致富，而是帮助某些村民致富。许多村民都以元宵节前后推出的"灯海"为例，指出花海景区在春节期间获得的可观营收，绝大部分来自本村村民自己的贡献。据其回忆，灯海的火爆得益于大量外出务工、经商的村民在春节期间返乡探亲，以及走亲访友所带动的消费。正如一位生产队长描述的："亲戚朋友春节里过来，你肯定要带他们去灯海看看，小吃吃一吃，摩天轮坐一坐，这些钱肯定不能让他们掏吧？几天下来，光门票你可能就要出几百块钱，结果就是村里人靠花海赚的钱，又全花在了花海里面，还得再倒贴一些。"在受访的村民之中，参与了花海二期众筹的"股东"表现得尤为沮丧与担忧，花海初期的巨大成功让他们对入股分红产生了过高的预估，部分借钱、凑钱入股的村民则急切地希望村里将所有的门票收入立即转换为"真金白银"的分红。几次回访的过程中，我们不止一次听到诸如"就当 7000 块钱扔水里了""就当打牌输掉了""再也不上当了"一类的抱怨。一位村民"股东"半戏谑半无奈地表示："现在我就想着天天去田里（花田）干活，一天100 块，干够 70 天 7000 块钱就回本了，不指望分红了。"而且，这还仅仅是从 1173 户"股东"之中发出的不满的声音；笕川 2200 多户家庭中，还有逾

---

① 李显成. 浅谈国内花海项目热背后的隐忧［J］. 现代园艺，2017（14）：228-229.

1000户没有参与花海二期的众筹,无法从中得到任何分红,其中不乏真正需要经济扶助的弱势群体(如没有经济能力参股的家庭)。如何真正帮助这些弱势群体过上"美好生活",正是"花海"作为一个农村集体经济项目所需要面对的公平性的问题。

(二)以集体之名:从投身"共富"事业到面对公平考验

农村集体经济是将农民组织起来、实现乡村振兴的基础与关键。① 进入21世纪以来,农村集体经济面临的外部环境发生了深刻的变化:一方面,农村集体经济经受着全球化带来的更大的市场竞争压力以及城镇化、工业化提速带来的村庄空心化问题;另一方面,为了扭转日益加深的城乡发展差距,国家出台了一系列助农惠农政策,并做出了"工业反哺农业,城市支持农村"的总体部署。② 党的十八大以来,习近平总书记持续关注农村集体经济领域的深化改革,在继承与发展马克思和恩格斯的农业合作论、毛泽东的"组织起来"论与邓小平的"第二个飞跃"论的基础上,提出了"鼓励发展农民合作社、推动农业适度经营""深化农村集体产权制度改革、发展壮大新型集体经济""整村推进精准扶贫、实现共同富裕""加快构建党组织领导的乡村治理体系、提高乡村善治水平"等一系列指示。③ 2016年12月,中共中央、国务院出台了《关于稳步推进农村集体产权制度改革的意见》,明确要求因地制宜探索农村集体所有制有效实现形式,创新农村集体经济运行机制,保护农民集体资产权益。发展壮大农村集体经济所追求的社会公平性、群体凝聚力与文化自信心都在花海初期的建设与经营中展露无遗。④

花海的设想最初由时任一位缙云县领导提出,但村干部们并没有盲目响应、匆忙上马,而是由村支书施颂勤牵头多方考察之后,将经验带回村里,在村民代表大会上公开讨论,最后村民代表集体投票通过才得以付诸实施。花海项目第一期的土地流转也秉承着村民自愿参与的原则,甚至景区对外开放2个月后,花海中依然可以看到几块或种着粮食,或处于荒废状态的自留地。此外,花海的财务收支也力求公开透明,通过定期在村口便民中心旁的

① 贺雪峰. 乡村振兴与农村集体经济 [J]. 武汉大学学报(哲学社会科学版),2019(4):185-192.
② 高鸣,芦千文. 中国农村集体经济:70年发展历程与启示 [J]. 中国农村经济,2019(10):19-39.
③ 耿羽. 壮大集体经济助推乡村振兴——习近平关于农村集体经济重要论述研究 [J]. 毛泽东邓小平理论研究,2019(2):14-19,107.
④ 赵月枝,龚伟亮. 笕川花海背后的集体经济创新 [N]. 丽水日报,2016-06-04.

公示栏中更新收支情况，供村民监督。用村干部丁志强的话说，"花海怎么搞，钱都花到哪里去了，有那么多双眼睛看着呢"。我们在2016年的实地考察中，选择在村便民中心采访负责花海建设与营运的村干部。访谈过程中不时有三五村民走进大厅，或是在旁聆听访谈内容，或是直接针对花海潜在的问题发表自己的见解，充分体现了花海建设初期民主自觉的决策过程。访谈中，几位村干部清楚意识到当时笕川面临最大的问题是劳动力外流与农民的在地就业问题，因此，花海初期的发展并没有一味追求经济效益的提高，而是尽可能为村民提供更多的工作机会。当时负责花海运营的朱月光表示，虽然在外出考察的过程中他们发现各地类似的花海景区普遍采用了高度机械化的模式，村双委依然决定笕川花海的建设与维护——包括翻种、除草、喷洒农药等——主要采用人工，以更好地带动本村劳动力的在地就业。同时，鉴于这些工作大多具有"季节性"和"临时性"的特点，其分配也秉持着村民自愿、兼顾公平的原则。在花海翻种等需求大量人工的时节，就由村双委将村内富余劳动力统一排班，轮班工作，让村民平等享有花海带来的工作机会。温铁军、董筱丹认为，在乡村治理中，因为血缘、地缘关系而存在着重复博弈、充分信息、有效监督等机制，使得村社组织可以通过内部化作用，在生产要素配置领域拥有弱化风险、维护稳定的能力，形成自发、有序的乡村治理氛围。① 花海建设这种长时间、大规模、趋向制度性的村民与村集体的良性互动有助于提高农户的福祉水平，并且有利于农业可持续发展和农村社区可持续发展。

花海初期的迅速成功让村民的思想意识发生了急剧转变。村民麻小平在花海对外开放前一直持怀疑态度，在花海二期众筹时则一下子认购了20股（14万元）；而家里并不宽裕的村民丁汝钦则借钱认购1股（7000元）。用麻小平的话说："美景就是生产力，这个弯，全村人都转过来了。"② 3天内动员1173户居民、众筹3000万元的"壮举"，标志着笕川村社群凝聚力的空前高涨，村民对于壮大集体经济的发展道路充满了信心、对于"共同富裕"的发展目标充满了憧憬。我们在2016年走访的村民之中，许多人每天都要在花海景区内工作10多个小时，但他们却不约而同地表示丝毫不觉得辛苦，因为在他们眼里，花海是全村的一份共同事业，也最终会惠及全村的每一个人，看

---

① 温铁军，董筱丹. 村社理性：破解"三农"与"三治"困境的一个新视角 [J]. 中共中央党校学报，2010（4）：20-23.

② 王巷扉，张李杨. 抛荒地种出风景 "泥腿子" 变成股东：笕川村一片花海三天众筹三千万元 [N]. 丽水日报，2016-08-22.

到花海越来越美、家乡越来越好，作为笕川的一分子，他们从心底里感到值得、开心。在客流高峰期，很多村民甚至会义务去花海帮忙，协助维持景区的卫生清洁和公共秩序，偶尔还会充当免费导游，一整天下来皮肤晒得黝黑，只为把笕川最美丽的一面呈现给游客。这种强烈的集体认同感来源于花海所带来的文化自信。从原先的"泥腿子"村变成屡屡见诸报端的"美丽乡村"，村民内心的喜悦是溢于言表的。络绎不绝的游客让村民对于自己身为"笕川人"的自豪与自信不断增强。许多受访村民告诉我们，现在他们走出去被问到来自哪里时，都会"直起腰板"告诉对方自己来自笕川，并邀请对方来村里看看花海。

然而，花海所带来的巨额利润面前，以集体利益为优先、追寻全村共同富裕的理念再一次经受着考验。随着个人欲望的膨胀，加之村庄治理机制中的既存漏洞，助长了乱象的蔓延滋生。在 2017 年 4 月与 7 月的两次回访中，受访村民已经不再展露在花海工作的兴奋与自豪，更不用说对义务去景区服务的期待；相反，他们开始控诉花海发展中滋生的不公平问题，尤其是工作人员的投机倒把。多位受访村民提到了屡禁不止的门票倒卖现象：每逢节庆客流高峰期（如中秋、春节），总有个别检票人员将已经检过的门票进行二次出售，以此牟利。据村民回忆，2017 年元宵灯海期间，甚至当场抓到一位倒卖门票的检票员，搜出已检门票 33 张，事后该检票员虽被罚款 1000 元，却依然继续担任检票工作。这样的处理办法引起了村民们对花海管理的强烈质疑，关于花海售检票人员如何谋取私利的流言也就不胫而走。而根据村民反映，谋取私利的行为不止于现金的形式，更代表着某种特权：某些售检票人员的亲朋好友来花海游览，就能享受免票、免费乘坐景区内游乐设施的特殊待遇。这种区别对待引起了广泛的不满，甚至在灯海期间引发了打架斗殴的事件。由此，花海门票以及景区内各项游乐设施的票券的售检工作成了村民口中的"肥缺"，意味着利润丰厚的谋取私利的机会，而这些机会的分配则折射出村庄固有的宗亲社群政治与利益纠葛。根据受访村民的描述，从工程建设、商铺分配到购花种花、售票检票，花海管理的各个方面都存在着严重的任人唯亲现象。以花海的翻种为例，景区建设之初全村 70 岁以下的劳动力齐上阵、热火朝天除草种花的场景再难看见，即使工期再紧，也依然是由花海管理层选定的固定数量的"熟练工"来完成。这种安排当然有着节省成本、保证质量的考虑，然而工期拖长的同时花海翻种的效果却并没有比之前有明显提高，如此一来，村民难免会认为相关负责人利用其职权限制招工数量、任人唯亲并延长工期，从而变相对其亲眷进行利益输送。凡此种种对于任人唯亲的控诉，其背后反映出的是花海众筹之后管理结构与决策流程的深层变革。2016 年 8 月，在众筹 3000 万元完成之后，景区的管理从村双委移交至"缙云笕川花海产业有限公司"，并由大股东组成的董事会进行日常经营事务的管理与决策。入股的金额成了股东之间区分话语权、决策权的基准：如在外面做生意的一位村民，一口气投下 70 万元认购 100 股，其后也短暂担任了花海产业有限公司的重要职位，主理景区的日常运营与发展规划；而相对的，大部分仅入一两股的村民则逐渐被排除在花海发展重大决策的过程之外。

　　尽管反对私有化的声音从花海运营之初起就一直不绝于耳，景区最终还是于 2018 年 10 月承包给私人管理。对许多受访村民而言，这意味着花海作为他们的"共同事业"的结束，也意味着何人从花海收益、如何收益与收益多少等问题不再是他们日常关心的问题。目前花海的获益人群则清晰地分化为直接受益者（花海租用其土地、为其提供新的就业机会等）、间接受益者（花海周边餐饮商贸业主）和受益不明者，而受益不明群体中有一大部分居住在与花海仅仅一街之隔的古民居中。即使在花海最为火爆的 2016 年，原本乡村旅游的"招牌"古民居仍显得冷冷清清，古民居内的家庭也并未感受到其生活有任何正面的改变，其居住条件依然十分困苦。一位为旧房修缮发愁的住户对花海相关的事宜毫不关心："从来没去那边看过，和我没关系，他们赚他们的钱，我们反正没钱。"花海的收益如何逐渐惠及这部分村民，将成为村集体需要重点关注的问题。①

　　（三）走生态之路："花海经济"的底色与农旅融合的"盲点"

　　2005 年 8 月，时任浙江省委书记的习近平在安吉县余村调研时，首次提出了"绿水青山就是金山银山"的重要论述。2008 年，安吉在"两山理论"的引导下，立足县情提出"中国美丽乡村"计划，编制《安吉县建设"中国美丽乡村"行动纲要》，推进包括乡村生态旅游在内的各种"美丽经济"，旨在为社会主义新农村建设探索出一条创新的发展道路。2010 年，浙江省全面推广安吉经验，制定了《浙江省美丽乡村建设行动计划》，为乡村生态旅游业的发展提供了良好的契机。目前，乡村生态旅游业主要依托农村景观（如梯田、花卉、草原、水利工程等）与家庭农场/农庄（农家乐、渔家乐、茶家乐等），走农旅融合的发展道路。② 然而，无论是学术研究还是地方政策的制定

---

① 2019 年 3 月，笕川村党委书记施颂勤在其刊载于《经济导刊》上的题为《因地制宜发展三产加强村集体经济实力》的报告中提到了花海私营化后，村集体将集中精力促进笕川花海和笕川古村落开发利用融合发展。

② 曹雯. 乡村旅游与农业现代化融合发展的路径 [J]. 农村经济，2015（5）：61-65.

与执行,大多都聚焦如何激发农旅融合对农村经济发展的促进作用,而忽略了其对农业生态可持续性的影响(或是默认其之于农业生态的积极影响)。[①]笕川村发展"花海经济"的举措体现了农旅融合的发展模式对农村生态环境保护与农业可持续性的积极影响,却也暴露出乡村基层组织在推进农旅融合发展时常常忽视的生态问题。

一方面,笕川花海主要种植各种草本观赏植物,对土壤、大气、水没有直接的污染或危害。花海的用水量大大小于稻谷的用水量,主要水源为穿村而过的新建溪;而笕川当地日常降雨并不匮乏,也可以提供大量植物所需的补给,这些都节约了水资源。花海日常维护基本不使用化肥农药,除草之类主要依靠人工,减少了在农业生产过程中对土壤和大气的污染。花海到旺季时,虽然每天大约会有2000辆车次进入笕川村,大量车辆产生的汽车尾气排放可能对环境造成一定的负面影响,但本地四面环山,树木及河流对此类环境污染可在一定程度上降低其影响。而花海换季时所喷洒的除草剂也是当地农耕中所经常用到的,并不会影响土地日后再次种植农作物的能力。另一方面,花海在设计阶段就对花草本身的再利用进行了考量。每季的过季花草都会免费提供给村民,如当季的马鞭草枯萎后就会提供给村里的精油小工厂作为加工原材料,而菊花等则提供给附近养牛、养羊的农户作为饲料。花种的选择也充分体现了循环利用、生态可持续的理念,如马鞭草可用于制作精油、肥皂、洗手液,硫华菊可用于制作蚊香、杀虫复合肥,二月兰可用于制作鲜菜、花饼,矮秆向日葵可用于制作葵花籽、葵花油。这种模式下花海的枯死花种能够得到充分利用,一定程度上也减少了花海所产生的污染物对当地环境所可能造成的负面影响。

然而,"花海经济"在形成规模效应的同时,在兼顾资源环境的生物多样性与农田水土保持上存在着一定的隐忧。尽管花海建成之初,曾引入10多种花卉以组成色彩、图案繁杂的景观,然而由于花期各异所带来的管理与维护成本,之后很长一段时间内花海的组成仅以马鞭草、波斯菊与硫华菊等两到三种花卉为主;相对单一的花卉的大面积、高密度种植,很有可能伤及生物多样性,减弱当地环境的生态功能。[②] 此外,浙江省属于南方红壤丘陵区,水

① 胡平波,钟漪萍. 政府支持下的农旅融合促进农业生态效率提升机理与实证分析——以全国休闲农业与乡村旅游示范县为例 [J]. 中国农村经济, 2019(12):85-104;张灿强. 农旅融合的典型模式、发展困境与对策建议 [N]. 农民日报, 2018-02-11.

② 浙江省环境保护厅. 浙江省生物多样性保护战略与行动计划(2011—2030年)[EB/OL]. 浙江省生态环境厅, 2013-01-11.

土流失的类型主要是水力侵蚀；2014 年丽水市水土流失面积位全省第二，水土流失比例位全省第五，其中园林经济林地因人为的耕作、除草等农业生产活动频繁，导致该类型土地水土流失比例与强度高于其他类型土地，成为水土流失治理的重点与难点。① 以笕川花海为代表的花海景观，其频繁翻种是否加剧了当地的水土流失、影响农业生产的可持续性，需要农学、土壤科学与生态学家的跨学科研究与持续关注。

（四）展自信之姿：作为"美好生活"创造主体的中国农民

在当代依然甚嚣尘上的现代化理论与发展主义话语中，农村往往被当作亟待"拯救"的"传统社会"的范例来对待。在城市化、现代化和工业化的"不可或缺性"上，西方的批判学者与所谓"主流范式"在目的论判断上达成了惊人的一致，都有意无意地边缘化农村问题，忽视甚至贬低农民的可能性。② 改革开放后相当长的一段时期内，在知识界的引导下，大众文化中的农民形象发生了急剧的转变。在单向度的话语构建下，社会主义建设时代关于农民阶级二重性的历史分析逐渐为人们所淡忘，农民不再以中国革命的主体与中坚力量的形象出现在公众的视野中，而是被刻画成"封建守旧思想的余党"或是中国缓慢发展与动荡历史的"根源"。③ 在这样的社会文化背景下，乡村旅游发展中的农村与农民，往往被理解为国家政策扶助的"最后一公

---

① 浙江省水利厅，浙江省发展和改革委员会. 浙江省水土保持规划说明书，2014 年 12 月；CHENGJ L, ZHOU S H I, ZHU Y W. Assessment and Mapping of Environmental Quality in Agricultural Soils of Zhejiang Province [J]. China. Journal of Environmental Sciences, 2007, 19（1）：50-54；LI Z W, NING K, CHEN J, et al. Soil and Water Conservation Effects Driven by the Implementation of Ecological Restoration Projects：Evidence From the Red Soil Hilly Region of China in the Last Three Decades [J]. Journal of Cleaner Production, 2020, 260（1/3）.

② 浙江省水利厅，浙江省发展和改革委员会. 浙江省水土保持规划说明书，2014 年 12 月；CHENGJ L, ZHOU S H I, ZHU Y W. Assessment and Mapping of Environmental Quality in Agricultural Soils of Zhejiang Province [J]. China. Journal of Environmental Sciences, 2007, 19（1）：50-54；LI Z W, NING K, CHEN J, et al. Soil and Water Conservation Effects Driven by the Implementation of Ecological Restoration Projects：Evidence From the Red Soil Hilly Region of China in the Last Three Decades [J]. Journal of Cleaner Production, 2020, 260（1/3）.

③ ZHAO Y. Global to Village：Grounding Communication Research in Rural China [J]. International Journal of Communication 2017（11）：4396-4422；DAY A F. The Peasant in Postsocialist China：History, Politics, and Capitalism [M]. Cambridge：Cambridge University Press, 2013. 毛泽东关于农民阶级二重性的分析参见毛泽东. 湖南农民运动考察报告 [M]//毛泽东选集：第一卷. 北京：人民出版社，1951；毛泽东. 中国农民中各阶级的分析及其对于革命的态度 [J]. 中国农民，1926（1）.

里"，被动卷入市场化浪潮、亟待"开窍"的"泥腿子"，或是需要通过与城里来的游客交流提升个人素质的"落后"群体。然而实际上，尝试通过发展旅游来改变村庄面貌、改善村民生活的村集体，由始至终都在积极地解读国家政策、捕捉市场动向，有着清晰自主的行动纲领与方案，从而最大限度地实现群体诉求。① 笕川花海的实践无疑是这种主体性的最好体现，农民的创造力、行动力和凝聚力在这一项目的发展过程中展露无遗。

首先，花海建设的整个过程，从花种播撒、草皮铺植，到道路的修整、装饰物的点缀，全部由村民完成。项目负责人朱月光说："我们是农民，从没种过花，也不懂什么园林设计，可我们就是干了！"这种迎难而上的胆气和行动力令人叹为观止。当然，花海的筹建也并非盲目、仓促上马。因为没有这方面的经验，村里还专门请来了浙江大学生态规划与景观设计研究所的何思源教授为花海设计布局、选取花种。尽管"教授让我们种什么我们就种什么"成了花海建设初期的主导思想，但村民们很快在实际操作中发现了规划中的漏洞与问题：因为最初选取的花种多为草本，花期较短且不一致，每到花期结束需要翻种的时候，园内就会出现大面积残枝败叶覆盖的"荒地"，严重影响花海的整体美感。针对这一问题，村民自主提出草本与木本植物混合种植的方式，以达到四时有景、三季有花的目标。其次，村里计划建设塑料大棚，进行育苗，以期实现苗木的四季供应。而要将村民所彰显的这种"天地万物为我所用"的想象力、创造力与能动性，成功转化为"花海经济"的巨大实绩，就离不开农村基层党组织建设与优秀村干部的"带头"作用。

贺雪峰认为，已经致富的"能人"当选为村干部，他们有办法也有足够的资源来抑制少数违规的村民，从而有能力达成村庄内部的合作和抵御外来干扰。② 参照这一观点，笕川村书记施颂勤就是这样一个"能人"。1992 年，施颂勤被任命为缙云县新建镇笕川村党支部书记，之后一干便是 20 年。在村民和其他村干部的眼中，施颂勤是一个非常善为的省人大代表；在大量国家

① OAKES T. Resourcing Culture：Is a Prosaic "Third Space" Possible in Rural China？［J］. Environment and Planning D：Society and Space，2009，27（6）：1074-1090；OAKES T, SUTTON D. Faiths on Display：Religion，Tourism，and the Chinese State［M］. In Faiths on Display. Lanham，MD：Rowman & Littlefield Publishers，2010；SVENSSON M. Evolving and Contested Cultural Heritage in China：The Rural Heritagescape［M］//MATSUDA A, MENGONI L E. Reconsidering Cultural Heritage in East Asia. London：Ubiquity Press，2016：31-46.

② 贺雪峰，仝志辉. 论村庄社会关联——兼论村庄秩序的社会基础［J］. 中国社会科学，2002（3）：124-134.

资源下乡的时代背景下，施颂勤能够为笕川争取到更多的发展机会与政策优惠。"能人"当村干部，有着强烈的声望取向，期望将经济现实转化为社会声誉，也因此能人治村，会倾向于在不减少一个村民的个体收益的情况下，为村集体的公共利益创造额外的增收空间。① 身为砖厂老板，尽管他为村里做的贡献无法得到可观的经济回报，却依然以自身实力将村内经济盘活。在开园前对施颂勤的采访中，他说道："我宁愿这个香菇市场不赚钱，我也要老百姓赚钱，现在搞这个花海，我也一直在思考，接下去怎么走……接下来就是要让专业公司来运营，到时候村里分股份……"② 由于村党组织领导班子勤于管理村内事务，村民对于"强政府""强集体"的认同感较强，尤其是对村支书管理能力的认同感较强，这也许正是村民代表大会上关于花海项目的表决能够全票通过、花海二期筹款能够在 3 天内完成的主要原因之一。在村干部的"能人"治理之下，花海在建设过程中能够集中运作土地增值资本，从而得以在新的社区治理结构中维持村社原有的收益格局，使得制度变迁的交易相对平滑。③ 也因此，笕川村内的社群关系能够保持相对平衡。然而，"能人"如果过于强势或是大包大揽，反而会降低村民参与村庄治理事务的积极性，影响更为长效的、良性的治理机制的形成，而这也在花海二期众筹、管理结构变更后的具体实践中有所体现。此外，"能人"的能力再强，也势必无法兼顾村庄发展的方方面面，如果没有坚强的农村基层党组织作为支撑与后盾，不公平现象的出现只会是时间的问题。在我们实地走访的过程中，即使是在村民抱怨花海发展过程中种种不公平现象的时候，他们也会首先承认村书记施颂勤的"能力""初衷"与"作为"，再将批评的矛头指向某些村干部的不端行为，就像一位借钱参股的花海"股东"所说：

"书记的能耐是很大，什么项目都是他拉过来的，开始的时候他想得很好，想帮老百姓富起来，但是不是他一个人想就可以，下面还有九个人……现在花海大了，要分工了，问题就多了。很多事情书记都不知道，等事情出了，再通知他，来不及了……说实话，我们这个村没有这个书记，肯定不行。"

因此，尽管短期内能够依靠"能人"治村，带回必要的技术与资金，整

① 贺雪峰. 新乡土中国［M］. 北京：北京大学出版社，2019.

② 赵月枝.《"花花世界美丽笕川"——笕川村书记施颂勤访谈》（未发表访谈稿），2016年4月10日。

③ 董筱丹，杨帅，李行，等. 村社理性：基于苏南工业化经验的比较制度经济学分析［J］. 制度经济学研究，2012（1）：1-15.

合村庄内资源,实现村庄经济发展并做好利益分配,但是长期的乡村建设实践中,还是要将农村基层党组织建设摆在更为突出的位置,完善乡村治理的体制与机制,为农村改革发展稳定提供坚强政治和组织保证。

五、结语:"笕川经验"的内核是什么?

2016 年春节期间,从《走向死亡的农村》到"上海姑娘因一顿饭逃离江西农村",唱衰农村的网文以前所未见的规模引爆了社交媒体,也将中国媒体的城市精英主义的、中产阶级道德洁癖的、对农民居高临下的议题设定方式表露无遗。① 这种论调在国家全面实施乡村振兴战略后得到了扭转,近些年,在精准扶贫、农村土地改革、壮大农村集体经济等系列政策的推动下,乡村面貌大为改观,"返乡潮"成为新的舆论热点,唱衰乡村的声音日渐喑哑。然而与此同时,某些地方性的乡建经验抒写中又存在着过于"乐观"的论调,忽视了村庄治理的多样性与复杂性、乡村振兴的长期性与阶段性、乡建示范案例的区域性以及国家财政投入与政策支持的偏向性,不免会有"矫枉过正"之嫌。②

回到笕川发展"花海经济"的具体实例上,我们是应当在震惊花海带来的巨大经济效益之余,高效并简单化地总结、复制、推广笕川的经验,而忽视浙江乃至全国范围内已然市场饱和、同质化严重的人工花海项目,以及回避诸如大量资源投入此类农旅融合的乡村发展项目究竟为了谁、又真正惠及了谁的问题? 还是应当在看到花海发展过程中的某些乱象,听到部分笕川村民以集体之名发出的控诉后,就将这一具有鲜明的地方政治与文化意义的项目定义为一次失败的尝试,并将其发展过程中出现问题的原因归咎于村庄治理乃至乡村社会文化中难以剥除的"落后思想",而忽视其所唤醒的作为经过中国革命与改革锻造的、具有社会主义主体性的农民的集体意识与共富理想?

答案也许并不在这两者之中。回溯和考察"笕川经验"的内核,在于要超越"追捧"与"唱衰"的二元框架,辩证地看待乡村振兴的具体实践所取得的成绩、所走过的弯路与所面对的瓶颈,明确以社会主义生态文明观指导社会主义新农村建设时所要达到的经济、社群与生态三者相互促进、共同发

---

① 赵月枝,龚伟亮.国家、乡村与"唱衰农村"知识症候的背后[EB/OL].批判传播学,2016-04-01.

② 贺雪峰.地方政府应在乡村振兴实践的狂热中消停下来[EB/OL].中国乡村发现,2022-01-18.

展的目标，将农村基层党组织建设摆在更为重要的位置，在为了农民的同时，更要相信农民、依靠农民、发动农民。只有这样，才能在深刻认识到乡村振兴将是一个漫长过程的前提下，在政策实施的各个阶段、在不同区域的具体语境下，持续不断地推进有前瞻性、有创造力、农民群众广泛参与的、可持续的乡村建设实践。

　　作者简介：张晓星，加拿大西蒙菲莎大学传播学院博士生；赵月枝，清华大学人文讲席教授；郜利静，爱荷华州立大学社会学与可持续农业博士生。

【十一】"胡公信仰"仪式音乐传播之演变及动因考察①

——以浙江"白竹案"为例

林莉君

　　摘　要："胡公信仰"是浙江地区历史悠久、影响深远的区域性神祇信仰，"'五云三都'白竹胡公案"是其代表性的仪式活动。通过此个案，以传播学的视角考察"胡公信仰"仪式及其音乐的演变轨迹和内外动因。研究发现，政府意志、市场力量、人口流动以及传媒的影响，传播内容发生了诸多变化，但因其信仰核心、闹热兴旺的祈福目的，传播的核心要素保持不变。传播方式从比较单一的民间社会传播转变为以民间社会传播为主，融合了政府组织传播和新媒体传播，构成了多元的传播样式。

　　关键词：胡公信仰；"五云三都"白竹胡公案；仪式音乐；传播；浙江地区

引言

　　浙江是我国历史上民间信仰活动颇为兴盛的地区。当地民间崇奉诸多神祇，为其立庙、树碑、塑像，虔诚供奉。其中尚供"人物神"，为传说或历史中的人物，因其于世为民做过好事，故民感其德而神化之、祀之。"胡公"②即为其中之一，是浙江地区历史悠久、影响深远的区域性神祇信仰，其影响

---

①　本文原载《天津音乐学院学报》2015 年第 3 期。

②　下文有详细介绍，此处不赘。

覆盖了浙江省中部、西部、南部、东部，遍及浙江的大部分地区①，形成了特定的信仰文化圈。时至今日，这一带不仅"胡公庙"（村里的"本保殿"②）众多，而且相关祭祀活动十分盛行，以每年农历八月、九月胡公香火为最盛，四方信众争相上永康方岩山"胡公祠"（为"胡公"主祠）朝拜，届时各地胡公庙都要举行仪式活动，"'五云三都'白竹胡公案"③（局内自称"白竹案"，下文即采用此称呼）的信仰活动即为其中典型代表之一，是浙江省缙云、磐安 2 县 5 个乡镇 58 个村落围绕胡公信仰展开，关及祈福答谢的民间集体祭礼活动。

　　从笔者目前收集到的文献来看，最早研究胡公信仰的学者为陆克昌，其后是胡国钧，两人均撰文介绍了胡公的生平和传说④。胡国钧以永康方岩山的胡公庙为中心，对胡公信仰的起源、胡公庙会、胡公信仰圈等做了较为详细

---

① 根据笔者目前的实地考察，胡公信仰覆盖了金华、丽水、衢州、温州、杭州、台州等地。历史上，胡公信仰的辐射范围可能更广，目前主要有三位学者提供了相关研究数据。据胡国钧对浙江各地方志的查考，清朝时期的胡公庙分布在浙江省绝大部分郡县，共计 10 府 62 县。另据作者对 20 世纪 90 年代几年间方岩胡公庙随缘乐助登记册的查阅，尚有来自江苏、安徽、江西、福建、上海、广西、广东等省市的信众。作者还认为，胡公信仰圈已延伸至移居各地的信众，如日本、新加坡、美国、意大利、印尼、缅甸、泰国、菲律宾、马来西亚。（胡国钧.辐射性的同心圆：胡公大帝信仰圈概述 [M] //胡国钧.方岩签诗解说.香港：天马图书有限公司，1993：217-221.）但作者在文中并未明确说明根据之所在。陆敏珍据永康旅游局提供的调查资料，称"除浙江外，福建、江苏、安徽、台湾等地均有胡公信徒"陆敏珍.从宋人胡则的神化看民间地方神祇的确立 [J].浙江社会科学，2003（6）：143-144.但作者亦未呈示来源的具体数据。朱海滨通过相关史料的梳理，认为元末之前，胡公庙在浙江省已经非常普及。浙江省内尤其是浙东地区胡公庙非常多一事基本属实。（朱海滨.祭祀政策与民间信仰变迁：近世浙江民间信仰研究 [M].上海：复旦大学出版社，2008：115.）

② 即村庙，供奉佑护本村本保的神祇，其中胡公为"殿主"。至于不是以胡公为主神，而供奉有胡公神像的祠庙则更多。

③ 此称呼源于该仪式由原属丽水地区缙云县（县治"五云镇"）的第 27、28、29 共三个"都"（宋、元间始有"都""图"的建置，为"乡"管辖，至 1928 年止，推行村里制）9 个"案堂"共同举行。现由磐安县的 7 个案堂（庄头、杨宅、大皿、潘潭、冷水、西英、泊公/大溪）与归属缙云县的 2 个案堂（白竹、潜明）共同传承传播。

④ 陆克昌.浙中之"神"——关于永康方岩胡公的生平和传说 [J].杭州师院学报（社会科学版），1984（4）：108-110；胡国钧.为官一任，造福一方——北宋名臣胡则小传 [M] //胡国钧.方岩签诗解说.香港：天马图书有限公司，1993：157.

地梳理和介绍。① 此外，主要还有以下学者对胡公信仰展开了研究：陆敏珍从历史的角度对胡公信仰的产生过程、传承及其对地方的影响等问题进行了较为深入的研究，并通过对胡则由人而神转化的分析，探讨信仰活动中民间社会的运作以及国家与民众相互影响、相互利用的关系。② 朱海滨从社会学、历史文化地理等角度，对胡公信仰的产生背景及其传播过程中的不同表现形式，以及僧侣与士人阶层在胡公信仰产生与传播中所起的作用进行了历史文献的考证，较为深入地分析了胡公信仰的发生及其演变过程。③ 杨和平、陈秀首次从音乐学角度介绍了永康胡公信仰活动中民间舞蹈"十八蝴蝶"④ 的缘起、流变、特征及其生存现状。⑤ 近年来尚有两篇硕士学位论文涉及胡公信仰研究，李琦峰以永康方岩的胡公庙会为研究对象，对胡公信仰与官民之间的互动关系进行了探讨⑥。张瑞迪以永康方岩镇独松村的胡公庙会为个案，从公共文化的理论视角探讨了胡公庙会文化传承与展演的演变模式⑦。

　　综上可见，自1984年至今涉及胡公信仰的研究成果在逐年增多，这些成果累积了丰富的文献素材和思想资料，为进一步研究奠定了基础。从研究现状来看，基于实地考察的个案研究并不多见，且研究对象大都针对永康方岩的胡公庙会，其他区域的胡公信仰活动涉及甚少。相关胡公信仰的音乐学研究相对滞后，研究的广度和深度有待进一步拓宽与深入。

---

① 胡国钧. 胡公大帝信仰与方岩庙会——浙江省永康县方岩胡公庙会调查 [M] //姜彬. 中国民间文化：第四集. 上海：学林出版社，1991：194-221；胡国钧. 辐射性的同心圆：胡公大帝信仰圈概述 [M] //胡国钧. 方岩签诗解说. 香港：天马图书有限公司，1993：214-222.

② 陆敏珍. 从宋人胡则的神化看民间地方神祇的确立 [J]. 浙江社会科学，2003（6）：139-143，131；陆敏珍. 区域性神祇信仰的传承及其对地方的影响——以浙江"胡公大帝"信仰为例 [J]. 北京理工大学学报（社会科学版），2005（6）：6-9.

③ 朱海滨. 僧侣、士人与胡则信仰 [J]. 复旦学报（社会科学版），2007（6）：44-52；朱海滨. 祭祀政策与民间信仰变迁——近世浙江民间信仰研究 [M]. 上海：复旦大学出版社，2008：100-139；朱海滨. 民间信仰的地域性——以浙江胡则神为例 [J]. 社会科学研究，2009（4）：140-146.

④ 由约20位青年女性表演，其中2人饰花神，18人扮演蝴蝶。

⑤ 杨和平，陈秀. 永康"十八蝴蝶"生态现状调查报告 [J]. 艺术百家，2008，24（S2）：20-23.

⑥ 李琦峰. 民间信仰的官民互动与仪式象征 [D]. 杭州：浙江大学，2010.

⑦ 张瑞迪. 庙会作为公共文化的传承与展演——以浙江省永康市方岩镇独松村胡公庙会为个案 [D]. 温州：温州大学，2011.

我们已知，"人"生存于意义的世界，传播是人类共同创造意义（meaning-creating）的过程。① 民间信仰仪式中，即通过人与神、人与人、人与物的"对话"传播，共同建构意义的世界。人作为社会的存在，仪式传播因素无不受制于其社会生态，有什么样的传播环境就有什么样的传播样式，可以说一切仪式都在不断传播中持续变化。那么，在社会变革以及高度媒介化的推动下，胡公信仰仪式及其音乐的状况如何？经过多年的传播、流变和发展，其传播内容、传播方式等方面传承和衍变了哪些？传播观念发生了怎样的变化？鉴于此，笔者于2012—2014年间数次赴丽水、金华、台州、温州等地进行实地考察，并以2012年10月17日（农历九月初三）至2013年9月16日（农历八月十二）期间由"潜明案堂"主持的"白竹案"为个案，考察胡公信仰仪式及其音乐传播的演变轨迹，并思考其内外动因。

一、"'五云三都'白竹胡公案"仪式及其音乐概述

根据文献记载以及局内的认知，"胡公"即北宋时人胡则（963—1039），字子正，婺州（今浙江金华市）永康人。北宋末年，胡则因奏免衢（今衢州地区）、婺两州身丁钱，民怀其德，立像祀之。② 此后胡则作为神祇受到朝廷的敕封，北宋宣和中被封为佑顺侯，后又被封以"赫灵""显应""正惠""忠佑"等号。③ 当地俗称为"胡相公""胡公""胡公大帝"。

（一）仪式背景

白竹案于每年农历九月初四至翌年的八月十五前后举行，祭拜对象是以"胡公"为核心的信仰体系，参与民众主要由当地9个案堂58个村的村民组成，仪式主要目的为"祈福保平安"，融合了"接案"（接胡公）、"演胡公戏"（演平安戏）、"炼火"（炼平安火）、"迎案/游案"（胡公出游）④ 等仪

---

① STEWART J. Bridges，Not Walls：A Book about Interpersonal Communication［M］. 2nd ed. Boston：Addison Wesley Publishing Company，1977：16.

② 永康县志编纂委员会. 永康县志［M］. 杭州：浙江人民出版社，1991.

③ 永康市政协文史委员会. 永康揽胜［M］. 内部出版，1997：28，40，44.

④ 接案，即胡公即将入住的案堂，组织迎案队伍前往胡公原入住案堂接请胡公。炼火，是一种人们通过在烧红了的火炭上行走以达到祛邪除灾、祈福求平安之目的的仪式。［拙著《多元信仰之声音——以磐安县仰头村为个案的"炼火"仪式音乐研究》（中国社会科学出版社2013年版）详细描述并分析了炼火仪式］演胡公戏，名为"请胡公看戏"，意为"平安戏"。迎案/游案，又称"游三都"，即恭请胡公巡游9个案堂所属的58个村落，佑护百姓平安、村庄兴旺。按照局内的理解，送胡公出游的"案"为游案，迎胡公来本村的"案"为迎案，不过两者在局内环境中皆通用。

式，包括"打莲花""打罗汉""讨饭莲花""三十六行""大头班""吹打班""打铜钱鞭""洋鼓队""腰鼓队""秧歌队"① 等十数种传统及当今的民俗形式，声音极为丰富。

白竹案的 9 个案堂均设有"胡公堂"②，胡公在各案堂每九年轮流入住一次，为期一年。"白竹案堂"为传统上的总案堂，是仪式的发起者③。局内对接案、迎案的每项民俗表演形式都称为"案"，对所举行的白竹胡公信仰活动大都称之"迎胡（相）公"④，亦有称为"兴胡公"，由白竹案举行的迎胡公活动则简称为"白竹案"。

民间对白竹案的起源时间众说不一，有说宋朝的，有说明朝的，也有说是清朝的，但目前都无据可证。据 9 个案堂多位 80 岁以上的老人说，"仪式是什么朝代出现的不太清楚了，听祖父辈说，清朝、民国时期就已经参加这

---

① 打莲花（亦称"十字莲花"），具护佑胡公之能事，紧随胡公身边。由十余位女性扮演，人数要凑双。其中"莲花头"（也称为"开路先锋"，戴墨镜、礼帽，挂绅士拐杖，扮成男性模样）领头开腔，其余身背大刀、宝剑排列两行接唱，唱时或敲响铃、莲花板（类似于响板）、大板、彩盘等。打罗汉，原为白竹案的主要表演形式，亦称为"迎罗汉"，内容有武术表演（包括舞刀、舞棍、打响铃叉、打拳、叠罗汉等形式）、参阵（队形布局）等。讨饭莲花，均由青年男子扮成乞丐模样，头缚草绳，手敲长条竹棒。一领头者手执乞棒演唱，其余接唱。三十六行，由数十人组成，男女皆有，领头的两位女性敲着大锣，其他人分别装扮成各行当人之模样，借以说明"三十六行，行行出状元"的道理。行进中表演些简单的动作。大头班，又称"大（头）姑娘""大面姑娘""十八狐狸"，由十来位中年女性组成。领头人头戴媒婆模样的面具、手拄拐杖，其余的则头戴姑娘面具，身穿花样大襟衣和绿色裙子，手拿绸扇。行走时随兴扭身、舞动扇子。打铜钱鞭，由十来位女性手拿镶嵌铜钱的竹棒，行进中即用此竹棒拍打肩、脚，做些简单的动作。
② 供有胡公神像、胡公龙庭、香炉、万岁牌、圣旨架、官印、香灯、掌扇、黄阳伞、观音竹、神幡、钟、鼓等。除了胡公龙庭、钟、鼓之外，其他各样组成了接案、迎案必需的"胡公仪仗队"。
③ 据局内的民间传说，白竹案的由来与台州地区的仙居县有关。仙居历来有胡公信仰活动，有一年，仙居胡公到永康方岩交接，因徒步行进、路途遥远，经过白竹村时已疲惫万分，故把胡公交给了白竹村。当时，白竹村所在的 27 都及邻近的 28、29 都尚无胡公信仰活动，自此，由白竹村牵头成立白竹案。
④ 笔者查看到的相关地方文史资料称之为"迎案"，其实，迎案仅仅是其中的一项活动。

项活动了"，这样算来至今少则也有 100 余年的历史了。①　就白竹案的传播历程来看，1949 年以前传播兴盛，1949 年之后因政府对民间信仰活动不提倡，活动衰退及至中断。1965 年开始的特殊历史时期，驻在白竹案堂西垟村的胡公神像被县政府搜走，胡公龙庭等被砸，传播活动完全禁止。20 世纪 70 年代后期，中国开始实行改革开放，虽然相关政策有所松动，民众的生活方式、行为方式、思想观念也发生了一定的变化，但由于历史原因，这类民间信仰活动的复兴显得相对缓慢。直至 1987 年左右②，西垟村的老书记卢仙芳③提出"胡公案是文化遗产，我们要重新搞回去"。西垟村的多数老人也认为，"胡公原本驻在西垟，因'文革'时期被搞掉了，为了兴头，要重新搞起来"。由此，老书记出面把 9 个案坛的"胡公头"④ 召集起来开会，确定开始恢复白竹案活动。其间因磐安县政府阻止（亦有安全考虑的因素），最初三年只在缙云县 2 个案堂内举行。后来，磐安县案堂的村民们数次联名上书到县里，县政府最终同意，所以自 1990 年始白竹案在 9 个案堂完整举行。1996 年至 1999 年又因磐安县政府原因中断活动，自 2000 年起延续至今。⑤

---

① 徐昌言《永康方岩指南》（1925）一书中记载了 12 支胡公队伍迎案上方岩的日期，其中列有"九月初四：白竹"（即九月初四这一天，白竹案上方岩接胡公）。如此看来，1925 年之前应该就有白竹案的活动了。（胡国钧. 胡公大帝信仰与方岩庙会［M］//胡国钧. 方岩签诗解说. 香港：天马图书有限公司，1993：191.）另据潜明案堂及各案堂老人们提到的民间传说，潜明案堂原本并不存在，1882 年（也有说 1930 年）因当地暴发特大水灾，"白岩案堂"的胡公万岁牌被大水冲到了潜明村，被村民们收起，自此，潜明替代白岩案堂成为九个案堂之一。从民间传说的时间来看，或许可提供一个可据考证的线索。又《方岩民风民俗集锦》一文载有"迎案风俗"缘起之记录：明朝抗倭名将戚继光举办民团，习练武艺，永康迎案风俗即应运而生。有云，罗汉班上岩是为了接受胡公检阅，遂相沿成俗。（永康市政协文史委员会. 永康揽胜［M］. 内部出版，1997：5.）白竹案与永康、仙居的胡公信仰活动密切关联，或许这一记录亦能提供相关线索，有待进一步考察。

② 关于白竹案恢复的时间，老人们已记忆不清，有说 1986，也有说 1989 的，多数认为是1987 年。

③ 令人感伤的是，20 世纪 90 年代初老书记为白竹案一事外出联络时因车祸不幸辞世。谨以此文表示怀念。

④ 各案堂的负责人，即负责胡公仪式活动的头领，多数为老人，均自愿承担职责。最近几年，各案堂所属的村书记均参与胡公头一职。

⑤ 2000 年轮到潘潭案堂接案，但是该年还是因为磐安政府关系，没有组织接案活动，仅把胡公接来本案堂而已。至 2001 年潘潭案堂组织胡公出游，自此，白竹案仪式才算是完全恢复了。

白竹案仪式隆重，戒规甚多，从仪式的准备阶段到礼成结束所需时间近一年之久。首先是接胡公的案堂与胡公原入坐案堂的胡公头协商时间，并于农历九月初四率迎案队伍接请胡公，搬离胡公堂供奉的所有物品返村，随后两个案堂各自举行炼火、演胡公戏。胡公入座期间要保证胡公堂香火不断，白天、晚上分别由两位妇女和两位男性照看。翌年农历八月初一零点，为胡公神像沐浴①。当天，9 个案坛的胡公头集中商议胡公出游时间、筹集资金、组织参与人员、落实迎案队伍并确定组织排练等。农历八月十五前后，由胡公入座案堂主持、各案堂参与的形式共同举行胡公出游（共六天五夜），随后举办炼火、演胡公戏等活动。至此，一年一度的白竹案仪式方告结束。

按照总案堂的例规习俗，参与接案、迎案者，各案堂所属村的男女均可。参与炼火者，本村 18 岁以上的男性尽可参加，人数不定，但不宜少于 10 人。炼火者在仪式前一周沐浴净身，不居内寝，不能做挑粪、抱小孩（易有尿屎）等不净之事，以示祭者庄诚。炼火当晚，炼火者亦不能触碰到他人，女性只能在炼火场外观看。平安戏则外请民间剧团参加，最少两天三夜，一般演出当地的婺剧。

（二）仪式相关要素

1. 传受者

白竹案的组织者由九个案堂的胡公头们构成，每个案堂的胡公头有三四人至十余人不等。负责掌管仪式的主要是胡公入座案堂的胡公头，确定仪式时间、仪式方式、参与人员、安全保卫等事务。仪式参加者由接案、炼火、演胡公戏、迎案等分仪式的参与者组成，至少五六百人，再加上各村的迎案人员，整场仪式参与者少说也有上千人，尚不包括各村观看仪式的村民。其余安全保卫、打杂的人员不限，加上各村来访的亲友，其他专程来看热闹的民众，整场仪式可达至数千人，所有的人都要听从组织者及执仪者的安排。

2. 音声构成②

接案仪式中，潜明案堂组织由潜明村与案堂属下的邻村助案队伍③（以

---

① 胡公神像周围尚有 42 位神佛，但局内均不知神佛的具体称呼。有待进一步考察。
② 仪式中"音声"一词为曹本冶先生提出的概念，用来涵括仪式当中所有的声音，包括一般意义上的"音乐"。曹本冶.思想~行为：仪式中音声的研究 [J].音乐艺术，2006（3）：86-91.笔者对此概念理解为，在仪式展示当中发生并赋予仪式意义的所有声响。
③ 包括潜陈村、松岩村、杨桥头村和李坑口村。

下简称"助村"）、外请婺剧团的吹打班组成的十余班人马前往泊公/大溪案堂（胡公原入坐案堂），泊公/大溪案堂以打莲花、民间锣鼓班、扫耗者接应。迎案仪式中，除了胡公仪仗队、扫耗者、旗队之外，尚有潜明村及助村的"案"，主要包括旗队（数十人，男女皆有）、打莲花 3 班（女性）、讨饭莲花 1 班（男性）、洋鼓队 4 班（女性为主）[1]、腰鼓队 2 班（女性）、三十六行 1 班（男女皆有）、民间吹打班 2 班（男性为主）[2]、民间锣鼓班 4 班（男性为主）。除此之外，其他村落的迎案队伍大多为打莲花、锣鼓班（一般为四五人），尚有三十六行、大面姑娘（女性）、打铜钱鞭（女性）、秧歌等。

炼火仪式中，参与炼火者由潜明村村民组成，近 20 人，由本村吹打班助兴，其中文坛 7 人（丝竹），武坛（锣鼓）5 人[3]，另有铜锣两面。接案后，潜明案堂请民间婺剧团演胡公戏两天三夜。

二、"'五云三都'白竹胡公案"仪式及其音乐的传播内容

白竹案的传播内容主要由接案、演胡公戏、炼火、迎案/游案四类仪式组成。以下选取 1949 年前与 1990 年至今两个时间段，尝试对两者的传播内容做一比较。图表程式如下

表 2　"白竹案"传播内容之比较：1949 年前与 1990 年至今

年代	1949 年前	1990 年至今
仪式时间	每年农历九月初四，上永康方岩山交接胡公，当晚炼火；农历九月初四始演平安戏（最少两天三夜）；翌年农历八月十五胡公出游，出游期间每晚炼火	每年农历九月初四接胡公，很少炼火，且炼火时间有所变化；由风水先生选定演戏的时间（一般是两天三夜）；翌年农历八月十五前后胡公出游，出游期间很少炼火，最多组织一次

---

① 洋鼓队，意指以西洋乐器为主的乐队，有大鼓、小军鼓、大钹、小钹、小号等乐器。
② 主要有笛子、唢呐（俗称"唢斗"，亦名"梨花"）、先锋（又名"招军""长尖"，为当地民间和婺剧中常用的吹奏乐器）、二胡、京胡、大锣、小锣、大钹、小钹、小鼓等。
③ 主要有笛子、唢呐、先锋、二胡、京胡、大锣、小锣、大钹、小钹、小鼓等乐器。

续表

年代	1949 年前	1990 年至今
仪式程序	1. 接案 接胡公和送胡公的案堂上永康方岩山胡公祠进行案事交接。迎案队伍"越闹越兴" 2. 演胡公戏 　　九月初四始，即由胡公入住案堂组织本村的小唱班（婺剧或越剧）或采茶班（演采茶戏）演平安戏，演出最少两天三夜 3. 炼火 　　胡公接回当晚，由胡公入住案堂组织的炼火班炼平安火一坛。降胴催降、胡公上身，多为"真降"（局内认为有真正的神佛附体）。炼火者扫耗。女性不宜参加 4. 迎案 出游六天五夜，步行游遍 9 个案堂所属的村落。中午胡公下马，晚上驻马，各案均在驻马的村子歇脚住宿，第二天起马。歇脚休息后，各案在胡公神案前表演。胡公每到一处，迎案的村落有拜佛队伍念唱经文 5. 炼火 　　出游期间，每晚驻马均由胡公入住案堂的炼火班炼火，降胴催降，扫耗。女性不能参加 6. 演胡公戏 出游归来后，本案堂的小唱班或采茶班演平安戏，最少两天三夜。演毕，扫台板（功能同于扫耗）	1. 接案 直接到胡公入住案堂进行交接①。迎案队伍"越闹越兴" 2. 演胡公戏 由接胡公的案堂外请婺剧团演平安戏。一般为两天三夜 3. 炼火 案堂组织本村的炼火人员炼平安火一坛（但该习俗因部分案堂的原因时有中断），时间由风水先生选定。降胴催降，大多为"假降"（无神佛附体）。炼火者扫耗。女性不宜参加 4. 迎案 出游六天五夜，坐车（至邻近村落为步行）前往 9 个案堂所属的村落，至村口始步行入村。胡公驻马时，出游队伍大都返回自家休息，第二天再到驻马的村子集合、重新起马。下马或是驻马歇脚休息后，各案在胡公神案前表演。拜佛者点香礼佛，有的念诵经文 5. 炼火 出游期间，最少炼火一次。降胴催降，扫耗。女性不能参加 6. 演胡公戏 归案后，由本案堂外请婺剧团演平安戏。一般两天三夜。演毕，扫台板

---

① 1985 年永康方岩风景区被批准为"浙江省首批重点风景名胜区"，此后进景区需要收取门票。农历八月、九月胡公信仰仪式活动期间，永康之外的案班进入景区亦需收费。

续表

年代	1949 年前	1990 年至今
音声运用	1. 接案、迎案 胡公起身或进村，"打土铳"（三管铳），以示信号。胡公仪仗为核心，鸣锣开道。以打莲花、打罗汉为主，三十六行、大头班、采茶戏或婺剧或越剧、杂技（翻尖刀等）、锣鼓、哑巴背疯、魔术等助兴，各案队伍的前后中间均有锣鼓班。各案人员均为男性。吹打乐《十锦敲》《行路敲》等；锣鼓经《走马锣》《滚球》《一字锣》《火炮锣》《满江红》《打架锣》《火炮锣》《紧锣》《走金锣》等。众多信众拜佛，念诵《茶经》《点香经》《做斋经》《心经》等，唱诵《坐谈莲花》 2. 演胡公戏 演"彩戏"（喜庆吉利的内容），剧目不定，有《请八仙》《百寿图》《龙虎斗》《太师回朝》《庆天官》《小尼姑下乡》《姜太公钓鱼》等 3. 炼火 火坛内，铜锣敲击相助降胴催降，降胴念咒，高喝彩话。扫耗	1. 接案、迎案 胡公起身或进村，"头锣""头旗"以示信号。胡公仪仗为核心，鸣锣开道。以打莲花为主，三十六行、讨饭莲花、十八蝴蝶和打铜钱鞭（此三种均始于解放初期），以及秧歌队、腰鼓队、舞狮队等助兴。近年来，打罗汉已甚为少见，大头班、打铜钱鞭亦逐年减少。增加了洋鼓队、洋伞/洋扇舞等案，各案队伍的后面大都有锣鼓伴随，男性为主。各案人员则多为女性。吹打乐《花头台》①《行路敲》；一般敲打锣鼓经《满江红》，个别村亦有《走马锣》。信众前来烧香拜佛，亦有念唱《胡公经》等，诵者较少 2. 演胡公戏 演出剧目：第 1 天演吉庆戏，有《天官赐福》《庆八仙》《魁星点状元》等，最后一天演《还愿戏》，中间几天的剧目由婺剧团自定，大多演出传统婺剧，如《百寿图》《君子亭》《太师回朝》《杨门女将》等 3. 炼火 火坛内，铜锣敲击相助降胴催降，降胴高喝彩话。吹打班在火坛外助兴。扫耗
仪式功用	通神驱邪、娱神娱人、召集兴众	通神驱邪、娱神娱人、召集兴众
仪式目的	祈福，求平安兴旺	祈福，求平安兴旺

　　"传播是人性的外化，也是环境的折射。"② 人生活在一定的社会环境中，其传播活动必定受到特定环境的影响和制约。通过以上对比可以看出，白竹案在这一长段历史发展过程中，传播内容亦发生了诸多变化，这其中有环境

① 也称《花头场》《闹头场》或《闹头台》。婺剧开演之前乐队均要表演《花头台》，为第一场开演前的闹台。

② 邵培仁，杨丽萍. 媒介地理学：媒介作为文化图景的研究［M］. 北京：中国传媒大学出版社，2010：161.

的迫使也有局内自愿的选择。上文已提到，20 世纪 80 年代的中国，观念与制度的改变带来了民间信仰活动的复兴，但是中国大地上的传播环境并非全然"冰解冻释"，地方政策的执行亦有所不一，而这种政府意志的影响一直到 20 世纪 90 年代中后期才有所松动，其结果是，白竹案的活动不完整，并断续行进。

随着 20 世纪 80 年代的市场开放，景区开始收取门票，上方岩山交接胡公的习俗便就此停止，虽然局内人一直想恢复上方岩山的传统，但是不菲的门票价格让民众望而却步。收费，硬生生"挡住"了各案民众进香礼佛的脚步。

1950 年之前，村民们都喜欢唱戏、看戏，各案都有自己的戏班子。每年都到外村或是附近乡镇请师傅来教戏，一学就是大半年时间，至于学唱什么戏主要看师傅的特长和喜好，学成之后在接案或是迎案时表演展示。1950 年之后因为政府对民间信仰活动不支持，戏班子也就消失了，与戏班子相影相随的民间吹打班以及可演奏的乐曲、锣鼓经也就这样随着时间散去了。现如今，各村能吹拉敲打的能手已很少见，除了个别村还能组织起民乐班，大多是临时召集，因为"很多（人）都不会敲了，有的老人会敲，但是组织不了人"，能演奏的锣鼓经也基本上只有《满江红》了，局内说"《满江红》好敲，不用怎么学就会"。

据老人言，"新中国成立前，打罗汉是很兴的"。以前各案长老很重视武术训练，对于练武者有奖励措施，所以全村男性均崇尚练武。21 世纪以来，乡村外出打工的中青年男性越来越多，很少有时间或是有兴趣学习打罗汉了。而且，打罗汉亦需锣鼓伴随，"没有锣鼓打不成"，那么，罗汉班衰落的原因也就可想而知了。

按照传统，胡公出游，村村必须锣鼓、案来迎接，每家每户也都得到村口恭候。而现在大多数村落里留村的基本是老人、妇女和小孩，有的小村，原本人就少，外出打工的人一多，就几乎没什么人了。也正因为此，传统规定女性不宜参与的禁忌被悄然打破，如今看到的案班多数由女性组成。

20 世纪 90 年代之后，特别是 2000 年以来，随着广播、电视传播的普及以及乡村对外交流的开展，村民们的喜好发生了变化，大头班、打铜钱鞭等逐年减少，即便有也大都是老年妇女参加，而中青年女性更喜欢洋鼓队、洋伞舞、洋扇舞等案，"什么好看什么热闹，就学什么"，大多数是直接看电视或是跟录像带学的。但是，案班中唯有传统的打莲花不可少。笔者看到，迎案中各村组织最多的还是打莲花，其他案大都是"助助兴""闹热闹热"。老人们很肯定地说，白竹案最重要的案是打莲花，"那是保护胡公的，一定不能少"。

炼火可以说是白竹案延续至今、传播内容变化较少的仪式。① 按照传统习俗，接案以及迎案时的每晚驻案都需要炼火。虽然现在接案已甚少炼火②，迎案的每晚炼火也慢慢减少为六天五夜中"至少举行一次"，但是只要是举行，各案均严格按照传统的方式进行，不敢随意更改，因为炼火"能扫除妖魔鬼怪、一切不干净的东西""炼了火就平安了"的信仰始终印刻在局内心中。

综合来看，白竹案传播至今，"近"信仰③的仪式及其音声较为固定，"远"信仰的传播内容则变化最大，而且用什么热闹的声音，局内并不讲究，关键是仪式要有闹热之声相伴，而这音声又能够满足他们"欢娱神佛"以及"闹热"——"兴"的目的。

三、"'五云三都'白竹胡公案"仪式及其音乐的传播方式

白竹案历经 60 多年的传播历程，民间社会的传播仍居于首要地位，但现今对外的传播方式更为多元，政府组织传播、新媒体的关注也构成了一种新的传播模式。

（一）民间社会与传播

1. 人际传播

西方传播学界对于人际传播（interpersonal communication）的定义繁多，但认知的共同框架则均指向"人与人的直接交流"④。如美国传播学学者约翰·斯图尔特（John Stewart）所言："人际传播是桥，不是墙，它是两个或是更多的独一无二的人之真正相遇，他们之间的沟通具交互性（transactional）。"⑤正是通过人与人之间的交往、传播，以此获得人与人之间相互理解的观点。

---

① 由政府组织，表演性的炼火则变化较大。笔者将另文专论，此处不赘。

② 自 2012—2014 年，只有潜明案堂举办过炼火仪式。

③ "近—远"两极变量思维方法为曹本冶提出的仪式音声研究之思维方法之一。即将仪式中音声置于一个连续线上，以"近"和"远"为连续线上的假设两端，将其进行有机排列和组合。曹本冶. 思想~行为：仪式中音声的研究 [J]. 音乐艺术, 2006 (3)：93；曹本冶. 思想~行为：仪式中音声的研究 [M]. 上海：上海音乐学院出版社, 2008：86；曹本冶. "仪式音声"的研究：从中国视野重审民族音乐学 [J]. 中国音乐学, 2009 (2)：28.

④ 王怡红. 西方人际传播定义辨析 [J]. 新闻与传播研究, 1996 (4)：72-79.

⑤ STEWART J. Bridges, Not Walls：A Book about Interpersonal Communication [M]. 2nd ed. Boston：Addison Wesley Publishing Company, 1977：16-17.

而这种传播类型是民间社会最传统、最核心的传播方式,白竹案亦不例外。其人际传播场域是白竹案涉及的各村落内、村与村之间的交往,以及师承和家族传授当中,主要在仪式场域内和仪式场域外两个维度展开传播。

场域内传播是指白竹案涉及的所有仪式场景,其中最重要的人际交流是在胡公堂前进行的。传播者之间、受众之间以及传受者之间,借助于多种音声、肢体动作、眼神、表情等各种符号,互动、多向地传播信息和交流感情。比如,潜明吹打班在胡公堂前坐奏《花头台》,围观听者甚众。上文已提到,《花头台》为婺剧正本开演前的闹台,对当地民众们来说,这乐曲是再熟悉不过的了,所以村民们听之、赏之,或击节应和,或随之哼唱,唤起音乐的情感体验。与此同时,村民们听赏时的观感亦传递给传者,传者吸取受众的意见随后进行加工和改进。如此,音乐的传承传播得以循环不绝。再如降胴在胡公堂前催降这一仪程。与神沟通的特定场域为降胴与其他受众的交流提供了直接的知觉环境,降胴作为神之代言人,在神佛与人之间搭了一座沟通的桥:降胴的念咒、彩话声,铜锣的阵阵敲击声,执平头刀者的吆喝等声,这些信仰符号尽显其"通神"之功能,使沟通神界这一不可见的行为变得外现且真实。通过行为及其声音的传递,降胴与受众间得以直接交流、紧密关联,共同建构了一个意义的信仰世界。

师承或家族传授是局内在仪式场域外传播的重要手段。比如,炼火仪式的执仪者降胴,其传承是通过学习练习获得的。有的降胴是家族传承,有的是族外拜师,在学"上降"(神灵附体)时,大锣在其耳边快速敲击、催促上降。附体之后,要练习说一套彩话,这也是需要跟师傅面对面学的。还有少数则是通过现场观察模仿老降胴的行仪学会做降胴。此外,各案的表演也都是通过村内学习或村外拜师,或是班社内成员通过电视或是录像带自学及相互学习获得的。

2. 组织传播

从传播学角度来看,组织传播可以理解为组织结构的传播,是发生在组织内、组织与组织之间,以及组织与环境之间的传播活动。[①] 即通过协调的组织活动,达成个人与组织的目标。白竹案的组织传播即由 9 个案堂的胡公头们协同案堂的民众,基于共同信仰的符号体系建构起来的白竹案组织网络。该组织是胡公头与胡公头之间,各案堂胡公头之间的相互沟通,以及协调胡公会内外关系,组织每年一度的仪式传播,对本组织内信仰符号体系的认同

① 埃弗雷特·罗杰斯. 组织传播 [M]. 陈昭郎,译. 台北:台湾编译馆,1983:27.

与传承传播。

平日里，各案堂的胡公头通过不定期的会谈，以及胡公传统文化研究会①的部分活动相互连接信息渠道。每位胡公头都在本案堂内执行相关信息处理的职能，通过胡公头之间以及胡公头与村民之间的信息传达和反馈相互衔接，使得案堂之间各司其职、协同互作。准备迎案之前，胡公头需要协调内部的工作，如去各案堂所属村的村民处凑钱，作为仪式启动的资金，安排戏班，落实迎案队伍及其吃饭、住宿等事宜。同时还要与地方政府做好沟通工作，上报仪式举行的时间、地点、涉及村落和人数等，并要签订协议，保证保卫工作的实施。比如，曾有一次，缙云的壶镇镇政府也是出于安全顾虑，不同意举办炼火，胡公头们一致向上一级的县政府反映，仪式最终如愿举行。笔者前后三次实录白竹案活动，每次都为民间组织的井然有序而叹服，这可是数千人的活动啊。笔者以为，个中缘由除了民间共有的族群认同之外，或许就是信仰的力量。

（二）政府组织与传播

近年来，随着我国政府职能的转变以及行政管理体制的不断完善，以政府为主体的公共传播开始进入公众的视野并引起广泛关注。以白竹案来看，政府组织传播模式始于 2000 年之后，以炼火、打罗汉等为主的项目出现在由政府主持，民间配合政府举办的相关活动当中：如磐安县中药材交易博览会、县政府主办的省市级或是全国性会议的开幕式、磐安百丈潭景区开业，或是媒体采访拍摄的需求等。但此类活动因时间、地点、场合不定，往往传播范围小、传播点有限定，传播的受众群亦比较有限，多数情况下传者仅仅面对为数不多的观众进行表演，表演性质增强，信仰属性减弱。从目前来看，相比较磐安而言，这类传播模式在缙云并不多见。

随着数字化、信息化、网络化的推动，政府组织传播更多的是通过官方网络进行信息传递。以 2012 年 11 月 8 日缙云县政府门户网站的《缙云火上

---

① 为了弘扬胡公文化，经磐安县文化广电新闻出版局批准，2009 年年初由大皿案堂主持成立了磐安县"五云三都胡公传统文化研究会"（以下简称"胡公研究会"），会长及相关组织者均由大皿村村民组成，主要职责是对游案活动进行有效的组织和管理，以及对胡公文化的研究。同年 1 月 13 日举办"五云三都胡公出游"庆典活动，各案到会庆祝。从笔者的调查来看，其他案堂的胡公头大都认为胡公研究会与白竹案的组织活动无关，除了胡公研究会成立日的庆祝活动，没有参加过其组织的任何活动。大皿案堂的部分组织者也承认，胡公研究会组织的活动甚少。可见，胡公研究会仅限于大皿案堂内，其组织活力有限，而传播是组织的轴心，传播的缺失必将影响胡公研究会的延续和发展。

舞蹈揭秘——记潜明村大型民俗"炼火"活动》报道为例：

> 农历九月十三，缙云县壶镇镇潜明村举行大型民俗"炼火"活动。因每九年才举行一次，所以活动特别隆重。这天，原本寂静的山村，忽然间变得全村沸腾、车水马龙、鼓乐喧天、载歌载舞，在大举庆祝的同时，村里还请来戏班，唱三天三夜大戏。人们从四面八方，纷至沓来，男女老少，赶热闹的、摄影的、设摊做生意的……，把一个小小的山村挤得水泄不通。

> 晚上 7 点，"炼火"正式开始，24 位赤膊赤脚、围腰穿短裤的彪悍大汉，随着鼓乐节奏，手持钢刀、大声呐喊，接连冲进了一个直径约 6—7 米，高约 70 厘米，温度高达 600 多度熊熊燃烧的大火坛中踩踏跳舞，在场观众无不为之惊叹，不时发出阵阵掌声。惊险壮观的"炼火"表演，吸引着周边乡村及磐安、永康、杭州、上海等地群众、摄影爱好者 1 万余人前往观看。

> ……

在这篇报道中，通过文字表述和图片符号，政府向受众展示了当地的民俗风情，不但使网民可以快速了解炼火的基本情况，也在客观上有效传播了当地文化。

（三）新媒体与传播

根据笔者目前收集的资料，新媒体于 2009 年开始进入白竹案的传播当中。报纸网络版、网民博客以及社交网络的传送均呈现了不可忽视的力量，为白竹案的传播创造了一定的人文社会环境。

永康日报网络版于 2009 年 11 月 9 日刊登了《在磐安看炼火》一文，报道了磐安县双峰乡大皿村在 10 月 28 日（农历九月十一）举办的炼火消息，指出全国有 30 多家媒体前来观看采录，并对走火过程做了简要的介绍。对于这一场炼火活动，磐安县"胡公研究会"组织者之一的羊茂根于炼火前一天，在天涯社区上传了"双峰炼火的解说词"，其中对走火过程做了简要的讲解，多数为其本人主观的感受，访问量有 276 次。

又如爱好摄影的丽水网民"苦木不朽"，于 2013 年 10 月 4 日在杭州都市快报创办的当代图片社区网站"快拍快拍网"上传了 13 张图片，比较真实、快捷有效地再现了潜明村 10 月 3 日举行的炼火仪式部分场景。其中，有三位网友跟帖示开心。

另外，自称是缙云人士的"zjjycwq 博客"，上传了一篇题为《五云三都白竹胡公案》的文章：

> 在缙云县与磐安县交界一带，有一个庙会叫"三都案"。"三都"是民国以前对缙云县的 27、28、29 三个都的统称……三个都联合迎的案就叫"三都案"，此案是由永康方岩胡公案系统为基础发展起来的，起始于明初。因庙会总堂设在白竹，所以又称白竹案，白竹案按传统规定在每年的九月初四上方岩，并在胡公神像前进行案事交接……为期一年……
>
> 三都案最具特色的是炼火，此民俗最早可上溯至宋元时期，极有可能是摩尼教（明教）的遗存。胡公庙会每年在八、九月间交接，炼火也在这前后，没固定日期。每次炼火，先要请师公（火居的天师道士）拣吉日，还要请风水先生看好地点，算定风向水向，在晚上进行炼火。炼火有两次，胡公迎进村一次，送出村一次……炼火，既是一种民俗，一种对神灵的崇拜，更可以说是青年人赛智赛勇赛胆魄的大比拼。这炼火，在古代还是一种医疗方法，叫火疗。即生病人由两人扛着，跃过火堆，并且还要经过一个响铃叉铿锵的八卦门……

文章记录了博客主对"三都案"的历史认知和炼火仪式概况[1]，在这一图文符号传达过程中，白竹案的仪式信息得以一定的传播。文中有些历史事件的记录具有一定的真实性，但涉及白竹案的历史源流及炼火的本质属性等问题并无论证根据，有误传之处。其中，跟帖评论 13 人，三人分别来自南京、广州、武汉，其他大都是缙云、丽水人士。

此外，优酷网、中华舞蹈网、网易新闻中心、东方网、浙江在线、缙云农业信息网、村易通等网站均上传了潜明举行炼火仪式的信息。

结语

本文作为笔者田野考察的阶段性思考，以微观个案研究的文本形式，描述、分析了白竹案仪式及其音声在传播内容、传播方式和传播观念方面的衍变情况及其内外动因。它一方面体现了民间信仰仪式在社会发展过程中的某种趋同性现象，另一方面也显示了不同的变迁特性。正如我们所看到的，政府意志、市场力量、人口流动以及传媒的影响，使得传播内容发生了诸多变化，但因其信仰核心、闹热兴旺的祈福目的，传播的核心要素保持不变。白

---

[1] 该文同时链接了 2011 年胡公出游、2013 年接案和炼火等三个视频，此视听觉的动态传播，带来了强烈的现场冲击力，更为真实地呈现了仪式场景。

竹案的传播方式从比较单一的民间社会传播转变为民间社会传播、政府组织传播与新媒体传播共同构成的多元传播模式,它们作为白竹案仪式的场所和容器,传播活动既在里面"表演",也在其中发展和衍变,二者互相影响、相互作用。其中,民间社会传播仍处于主要地位,传播范围广、受众多、传播效果较为显著。政府组织传播和新媒体传播主要限于金华、丽水地区,网民跟帖评论较少,网络的传播范围和效果有限。

笔者所考察的缙云、磐安两县,因其地处中部山区,政府旅游开发的脚步还略显迟缓,所以此信仰活动或许会沿着当前发展和衍变的走向持续一段时间。但是,政策举措①、生态破坏、环境危机以及部分民众的信仰渐逝,都可能带来白竹案仪式及其音乐的生存困境,我们应该警醒人与传播生态环境之间的协同、矛盾和冲突,这也将是笔者接下来深入思考的论题。

作者简介:林莉君,浙江传媒学院戏剧影视研究院副教授。

---

① 比如,为了满足缙云县经济社会发展的用水需求,提高壶镇和县城的防洪能力,缙云县拟建设潜明水库和棠溪水库双水源体系。其中,潜明水库即涉及案堂所属的潜明、潜陈、心畈、松岩、李坑口、金村六个村,均因水库需要搬迁,到时潜明案堂即将不存。按照局内目前的说法是,九个案坛的头首们已经商量过了,即使潜明案堂不存在了,但是潜明村的胡公迎案活动还是会参加的。

【十二】公共文化传播与乡村文化生成的新路径^①

——以浙江省缙云县为例

刘　楠　周小普

　　摘　要：本文以1949年成立的浙江省缙云县文化馆为研究对象，结合历史发展变迁，研究其公共文化服务的传播机制和乡村公共文化传播的多重结构关系，提出应发挥农民的文化主体性，鼓励"内生性"文化，让乡村公共文化传播和群众共同参与创造文化有机结合，变成乡村文化日常生活的一部分。

　　关键词：文化馆；公共文化服务；乡村文化传播；自觉内生性

一、研究背景和概况

　　党的十九大报告提出坚持农业农村优先发展，实施乡村振兴战略。要加快补齐农村公共服务、基础设施和信息流通等方面短板，显著缩小城乡差距。^② 如今，从"新农村文化建设"到"美丽乡村""留住乡愁"，各种政府主导、社会参与的乡村文化建设与农民自主的群众文化活动有机结合，激活了乡村的文化活力，农村公共文化服务的重要作用更加凸显。

　　随着互联网技术的快速发展与广泛覆盖，乡村文化的传播格局发生变化。新媒体的崛起，让政策传达、乡村文化传播的效率大大增加。传统的乡村文化传播存在的问题是：过分依赖"会议—文件"这种组织传播机制，会造成传播网络的断裂、传播过程的断裂及传播语境的断裂。在组织传播的末端，未能很好地衔接大众传播与乡村人际传播。^③ 在这种背景下，县文化馆、乡文

---

① 原载《教育传媒研究》2019年第2期内容。

② 韩长赋. 大力实施乡村振兴战略［N］. 人民日报，2017-12-11.

③ 蒋旭峰，崔效辉. 乡村传播生态及其对乡村治理的影响——以J市的田野调查为例［J］. 中国地质大学学报（社会科学版），2013，13（4）：78-84，140.

化站的公共文化服务的文化下乡、组织动员村民文化创作等工作是缩小城乡文化发展差距、消除知识鸿沟的重要保障，增强了村庄内部的共同体意识，也成为乡村文化建设生态中乡村文化生成的新路径。

公共文化是指由政府主导、社会参与形成的普及文化知识、传播先进文化、提供精神食粮、满足人民群众文化需求，保障其基本文化权益的各种公益性文化服务的总和。乡村公共文化既是一种生活方式和生存模式，也是对社会现实认知的抽象性扩展。① 1949 年中华人民共和国成立后，国家十分重视文化馆的建设和发展，将接收的旧政府遗留下来的近千个民众教育馆以及解放区的民众教育馆，统一改建为人民文化馆，也有地方改为青少年宫等。② 1954 年《中华人民共和国宪法》颁布，规定文化馆、博物馆为国家发展的文化事业，文化馆作为文化事业机构的性质得以明确。③

本文选择浙江省缙云县文化馆作为案例研究对象基于以下原因：缙云县文化馆历史悠久，1949 年成立，近年来在婺剧培训、乡村春晚组织、当地非物质文化遗产宣传、文化下乡等领域成绩显著。缙云是婺剧传统大县，乡村文艺活动丰富，农民参与度高。此外，赵月枝教授领衔的河阳乡村研究院设在这里，采用"全球民族志"的方法探索乡村传播理论与实践相结合模式，每年召开有关乡村议题的"河阳论坛"，联合国内外高校举办国际暑期班，当地的乡镇干部、村民也参与进来，参与农民口述史、乡村春晚传播等研究，搭建乡村建设实践者的网络。本研究也是作为其中的一部分，在研究院思想、知识和实践平台支持下，有利于更立体全面发现问题，与研究对象间更深层互动。

笔者多次赴缙云调研，采用深度访谈与焦点小组方法，访谈了历任馆长、部分乡文化站站长、村文化干事，还采用了内容分析方法，纵向分析缙云县文化馆乡村文化传播事业变迁，横向比较公共文化与农民自发文化的关系。可以看到，农村文化馆的工作从原来的文艺培训、文化下乡，扩展到利用新技术的数据库建设、乡村文艺直播等。农村文化馆的传播性质也从"压力性"垂直传播转变为"共同参与式"传播、"自觉内生性"传播。乡村文化建设在多方力量博弈、整合的场域中，探索建立一种有机的乡村文化生态。

---

① 文化和旅游部.群众艺术馆、文化馆管理办法［EB/OL］.国家数字文化网，1992-05-27.

② 彭泽明.文化馆（站）的历程［N］.中国文化报，2012-11-14.

③ 戴言.制度建设与浙江公共文化服务［M］.浙江：浙江大学出版社，2013：152-153.

二、公共文化传播与文化馆传播机制变迁

缙云县文化馆成立于 1949 年，经历了从计划经济到市场经济的时代变迁。从机构设置、人员管理等的变化，可以看出上层建筑层面对乡村公共文化传播的态度嬗变。

文化传播是文化元素从一个社会传到另一个社会，从局部区域扩散到全局领域，是文化扩展效应的类推流动现象。① 文化馆参与乡村公共文化信息传播是建立在多种动力要素基础之上的，县级文化馆的归属机构变迁，也体现出农村公共文化更强调文化传播属性。县文化馆、乡文化站怎样针对农村文化活动的传播机制运作，如何真正和群众有机互动？缙云县文化馆的传播机制也经历了不同历史时期的变化。

（一）"压力性"垂直传播机制

"压力性"垂直管理是基层政府为了完成上级下达的任务指标而开展的数量化分解管理。中华人民共和国成立后，农村公共文化以服务国家为政治目标被嵌置于基层政权文化传播的多元架构中。大规模政治动员式的传播模式挤压了农村文化的存在空间。政治宣传为导向的文化传播有序地控制着整个乡村社会。②

访谈中，1976 年任缙云县文化馆馆长的吕德琪说，"文革"期间，文化产品单一，大都是样板戏，打击封资修，婺剧不让演出，文化馆的工作处于停滞状态。他上任后，在文化馆"一穷二白"的情况下成立图书室。1977年、1978 年，县文化馆逐渐开始登记乡村民间婺剧团，吕德琪记得当时登记了上百个团。

"文革"后，缙云县文化馆的公共文化服务体系开始重新启动，民间长期蕴含的文化能量开始复苏。但是也出现了抓生产与保演出之间的矛盾。文化馆经费紧张，原来过年期间集中的演出，因为生产通知不得不放弃。不仅是县文化馆，各单位都要轮流下乡生产，时任馆长吕德琪有时被派到村里插秧种稻，与农民同吃同住同劳动。文化馆的工作难以持续，有效的公共文化服务难以真正保障。

---

① 史蒂夫·莫藤森. 跨文化传播学：东方的视角 [M]. 关世杰，胡兴，译. 北京：中国社会科学出版社，1999：151.

② 陈浩天. 文化强农：公共文化服务的传播困局与治理路径 [J]. 昆明理工大学学报（社会科学版），2014，14（4）：88-93.

上级文化管理部门的政策推动,是促进公共文化体系完善的动力。时任馆长吕德琪记得在1986年左右,文化局发通知提倡加大文艺活动力度,乡镇有表演,村村有节目,当时缙云县文化馆下去检查和辅导表演。当时有相声小品、越剧、婺剧、"万人画""几千泥腿子上台",村民热情高涨,乡村的文化氛围也变得浓厚。

"压力性"垂直传播,是自上而下的文化任务传达及实践过程,效率高,但是传播的源头动力,是依据上级指令而不是农民需求。正像文化学者雷蒙·威廉斯在论及传播的代理者时所说:"如果传送的信息不被传播客体所接受,其仅仅是为了完成任务去源源不断地把信息下传给对方,从信源到信道都会是输家。"①

顶层设计的文化下乡政策既是政府公共服务的治理方式,也是文化传播的强制性推动力。这种动力可以促进基层公共文化服务供给方积极完成绩效工作,建构农村公共文化服务体系。缺点是受国家政治因素影响大,成了基层文化干部的"政治任务",偏离农民的主体性需求,脱离农村文化的延续性以及农民的日常生活。

(二)"共同参与式"传播机制

文化学者雷蒙·威廉斯认为,"任何真正的传播理论都是一种共同体的价值主旨"②。共同体在传统农村社区中具有永久和真正的共同生活,它是村民拥有共同文化背景和价值目标的社会群体。乡村文化传播关注的是农村社群中意义的共享和文化认同的培养。

压力体制下的乡村文化服务体系建构往往未能有效调动农民的积极性,"共同参与式"传播则是从乡村传统文化结构出发,注重传播与乡村文化认同的关系,让各方主体都能参与到乡村公共文化的塑造和传播中,在此基础上扩大至国家、民族的政治认同。

"共同参与式"传播充分结合乡村文化传播的"具象信任"和"差序信任"特点。"具象信任"指的是"农民的信任都是非常具体化的,往往是指具体的人和事的,抽象的理想、主义、组织、制度等很难被作为信任的对象"。"差序信任"基本概念源自费孝通的"差序格局"理论,它表示的是"乡村中个人与他人信任关系的强弱主要取决于个人与他人之间情感关系的亲

① 雷蒙·威廉斯.文化与社会 [M].高晓玲,译.长春:吉林出版集团有限责任公司,2011.

② 雷蒙·威廉斯.文化与社会 [M].高晓玲,译.长春:吉林出版集团有限责任公司,2011.

疏远近，当彼此之间较为亲近和了解时，信任关系较强"①。

县文化馆、乡文化站去乡村推广公共文化传播，不能机械通过文件规定和文化干部来介入式推行，而是可以通过具体的文化传统活动，以及具体的有威望和号召力的村民展开，充分发挥"具象信任"和"差序信任"的信任逻辑。缙云县文化馆的经验就是在文化任务与村民的共同诉求上，把文艺演出和挖掘村庄非物质文化遗产有机结合。

笔者访谈的董月光，1997 年开始任缙云县文化馆馆长，他记得 2000 年时，县文化局提倡精品和特色。文化馆组织全县广场大联欢，乡镇分头去村里挖掘有绝技的老艺人，动员他们带头。当时排练过灯笼舞、金竹村钢叉舞，到省里参加表演。很多村后来评选上非物质文化遗产，例如，长山寨庙会、叠罗汉、铜线边、竹马等。

老艺人在民间老手艺的推广中体现出价值，获得存在感，村庄收获比赛荣誉，进一步巩固村落共同体的情感维系。县文化馆工作人员通过挖掘乡村非物质文化遗产，不但获得了源源不断的节目创意，也为建构乡村公共文化体系，打通了文化干部与普通村民的心灵通道，寻找到"共同利益"的最大公约数。

县文化馆对非物质文化遗产的挖掘工作，一直持续开展。2017 年 2 月，笔者春节期间在缙云县金竹村调研时发现，村里的"钢叉舞"被列入非物质文化遗产名录，也为这个古村落获得政府投资开发旅游奠定了很好的基础。此外，缙云县文化馆的音乐干部经常参加全县婺剧活动点及戏迷演艺交流活动，各类乡村文化活动互动交流，获得文化共识。

按照"共同参与式"传播的思路，从微观着手，基层政权、村级组织在推动政府主导文化时需要调整传播的模式，增强农村文化建设的日常性，力求获得农民的主动接受和积极参与。从宏观处出发，则应当逐步消除乡村治理中压力型体制的负面影响，促进政府主导文化和乡土文化共生共荣，培养农民对农村文化的真正认同，也致力于消除对农村落后愚昧的文化偏见。②

（三）"自觉内生性"传播机制

沙垚曾经基于在关中地区长时段的民族志考察，提出乡村文化传播的内

---

① 黄家亮. 乡土场域的信任逻辑与合作困境：定县翟城村个案研究 ［J］. 中国农业大学学报（社会科学版），2012，29（1）：81-92.

② 陈楚洁，袁梦倩. 文化传播与农村文化治理：问题与路径——基于江苏省 J 市农村文化建设的实证分析 ［J］. 中国农村观察，2011（3）：87-96.

生性视角，即从文化主体的实践、文化与社会的互动以及文化传统内部生长出来的文化属性视角。从实践上讲，群众表达自己的生产、生活、历史、风俗、习惯、情感、价值等，然后演员、编剧们根据他们的表达，或加工，或创作，形成演出的文本。他们所表演的文本以及他们的传播实践所蕴含的内生功能、意义，是从每一位农民的日常实践中提取、加工和再生产，进而表达出来的。将这样的作品演给农民看，容易获得农民的认同和想象。①

乡村公共文化体系的构建可以充分地利用村民"内生性"文化力量。缙云县文化馆公共文化服务的发展变迁中，也有把文化下乡和乡村自觉内生的文化相结合的经验探索。1964 年调入缙云县文化馆的丁金焕（2014 年去世），被当地称作"故事大王"，在县文化馆工作期间，他通过广播等当时的传播手段讲故事，结合形势、寓教于乐，生动讲述敬老爱幼、邻里关系、科学种田、歌颂老一辈革命家等故事。他先后举办故事培训班 46 期，为了培训故事员，他亲自赴各乡镇寻找爱讲故事的人，然后一一上门动员。

像丁金焕这样的县文化馆工作人员，就充分调动了农民文化内生的动力，促使农民提供文化作品的材料并进行自觉创作。吕德琪老馆长回忆，20 世纪 80 年代，缙云县文化馆曾经鼓励和支持村民自发开展"盲人讲故事"巡游：附近乡镇里的十几位盲人有师傅传教带，一站站到村庄讲《西游记》等小说里的传奇故事片段，村里人象征性给钱，盲人们靠此谋生。利用传统文化习俗，促进村民自觉主动参与是缙云县文化馆的重要经验。板龙庙会、婺剧演出是缙云县的传统文化习俗，当地很多村新中国成立前就有演戏传统，春节期间两天三夜演出，很热闹。近些年来，丽水市开始提倡乡村春晚，这给乡村挖掘"内生性"文化提供了更多契机。

缙云县文化馆每年积极协助各乡镇举办"乡村春晚"，春晚数量也居全市前列，2017 年，全县共举办农民春晚 100 多台。缙云县文化馆工作人员扮演创作指导的角色，真正的演出创作主体是农民。例如，《火烧山》这样关于村民烧纸祭祖引发火灾的题材，改编自真实发生的事情，颇受群众欢迎。

乡村公共文化传播的"自觉内生性"传播机制的核心就是转变文化下乡的单向思维模式，把农村文化活动的主导权交给农民，县文化馆扮演引导和服务角色，和乡村的文化传统、文化能人有机结合，这是在实际探索中总结出的有效乡村公共文化传播新路径。

---

① 沙垚. 乡村文化传播的内生性视角："文化下乡"的困境与出路［J］. 现代传播（中国传媒大学学报），2016，38（6）：20-24，30.

三、乡村公共文化传播：乡村文化生成的新路径

（一）公共文化传播要理顺与市场化的关系

从乡村公共文化服务产品的供给角度来说，公共文化服务需要有可持续发展的动力，资金也是重要保障。如今，文化馆有政府资金扶持，也提倡多元化投入，公共性与市场化的关系边界是需要认真面对的问题，也关系到乡村公共文化服务能否真正有效开展，公共文化传播能否真正有效覆盖。

20 世纪 90 年代前后，在市场经济的社会氛围下，上级鼓励文化馆"以文补文""多业助文"，场地出租是当时一些地方文化馆获取收入的主要途径。以浙江杭州文化馆（该馆 1992 年获文化部授予的全国"以文补文"先进集体称号）为例，当时该馆有经营部、培训部两个部门开展收费服务，包括书画交易、广告装潢等。13 个缙云县文化馆老馆也尝试过实施"以文养文"措施。县文化馆出租场地放录像，一张票收 1 毛钱，用赚的钱补贴办培训班需要的费用，但是后来因为费用明细等问题取消。

如今，缙云县文化馆的公共文化服务正在寻求多元社会力量支持。楼焕亮馆长说，现在县里一年要求 12 台演出活动作为硬性考核。文化馆让挂靠的培训班协助解决四五台，例如，由文化馆提供场地，儿童民乐培训班办"春之韵"音乐会。缙云县文化馆也在探索社会人士承包的举措。例如，一场会演省里拨款 3000 元，但是成本可能在 5500 元，动员企业做承包，然后再拉赞助来补充成本费用等。

由于文化公共服务的社会属性，引进社会力量参与，文化馆有很多实际操作的困惑。哪些可以社会力量参与，市场化赞助的收入怎样分配，怎样监督其过程公开透明，这些需要构建公共文化服务社会力量参与的需求表达机制、投入机制、运行机制、约束机制等，提高公共文化服务的水平和质量。

（二）"巧传播"群众路线：从"送文化"到"种文化"

文化馆要运用各种文化艺术手段宣传国家方针、政策，也要追求传播效果，可以借鉴国际传播策略"巧传播"（smart communication）概念。"巧传播"是 2009 年国际公共关系组织在伦敦召开的年度全球峰会的议题。继约瑟夫·奈（Joseph Nye）提出"软实力"概念后，苏姗妮·诺赛尔（Suzanne Nossel）提出的"巧实力"概念强调的是"硬实力"和"软实力"的结合。[①]

乡村公共文化传播也需要硬实力和软实力内容的巧妙结合，要重视传播

---

① 刘朋. 中国形象传播［M］. 北京：经济科学出版社，2012.

者和受众的互动，认真调研受众，从而达到最低成本下的最佳效果。例如，缙云县文化馆把宣传政府方针有机地融入文化下乡的节目创作、排练指导中。2015 年，该馆为了更好地配合县委县政府"五水共治"中心工作，采用由文化馆提供优质节目和业务指导，以当地群众为演出主体的城乡联动文化下乡新模式，通过群众演自己身边事、身边人、身边行为，提高"五水共治"宣传的说服力和认同感，并通过村与村之间、乡镇与乡镇之间的巡演，形成"乡乡一台戏"的新型下乡模式。

以缙云县新建镇文化站创作的文艺作品为例，把宣传主题融入故事中，更有说服力。例如，2013 年的作品《算命》，反映乡村的好人好事，宣传精神文明；2015 年创作婺剧小戏《老鼠娶亲》，城乡对比反映城市环境污染问题；2016 年作品《生还是不生》是在国家开放二孩政策的背景下，反映村民生二胎的内心纠结等；2016 年缙云县文化馆婺剧小戏《唯有活水源头来》巧妙融合了环保主题，讲述一户村庄人家的猪的排泄物污染空气和水源导致家庭矛盾，最后改建猪场、环保养猪，家人过上幸福生活。

文化馆自上而下的文化下乡强调的是"送文化"，其单一传播模式往往存在节目不对路、受众反应冷淡的情况。而"种文化"是基于乡土乡情的土壤，广泛倾听农民心声，也体现了"从群众中来，到群众中去"的群众路线。所谓"从群众中来"就是党的路线、方针、政策以及文化活动，都要从作为主体的群众的日常或历史的生产、生活实践中产生，否则便是脱离群众，违背了人民性。文艺工作者从农民的生产、生活实践中提取元素，进行创作，再"到群众中去"，演给农民看，从而让文化产品与农民的生活水乳交融，让公共文化传播的正确价值观能真正深入人心。①

（三）鼓励"内生性"文化发挥农民主体性

乡村公共文化建设不能依靠自上而下的文化馆的硬性指标，各种文化培训、下乡服务需要和乡村"内生性"文化有机结合。雷蒙·威廉斯认为，文化这个词的意涵所指涉的是全面的生活方式，包括文学和艺术，也包括各种机制与日常行为等实践活动。文化不是抽象的概念，它由各个阶级共同参与创造与建构而成，绝非少数精英的专利。从长远考量，乡村公共文化要真正变成每一个群众共同参与创造的文化。②

---

① 刘朋. 中国形象传播 [M]. 北京：经济科学出版社，2012.
② 雷蒙·威廉斯. 关键词：文化与社会的词汇 [M]. 刘建基，译. 北京：生活·读书·新知三联书店，2005：2.

缙云县乡镇文化员应梅芬从 2011 年至今，做了七年多的农村公共文化服务，2017 年春节壶镇的许多台乡村春晚，她都在动员组织、节目筹备上做了很多工作。她认为："既然是公共文化服务，我们就要意识到自己是一个服务者，而乡村文化的主体是农民。动员好农民，调动他们的积极性，把农村的文化舞台交给农民，让他们表达自己的声音，或许会有意想不到的效果。"①

乡村文化的"内生"力量是公共文化生态建设的推动力量，缙云县笕川村妇女委员施海妃是缙云县文化馆的村庄文化联络人，她见证了村民文艺工作从被动到主动的过程。以前村干部不支持，如今村里集体经济出钱，积极举办文艺晚会。结合村里发达的香菇产业，她们创作了《香菇舞》，促进旅游业发展。笕川村现在的乡村春晚也成了一张旅游名片，2016 年，村干部也上台表演，展现亲民形象，这也进一步促进了乡村基层政权的巩固。

施海妃曾经在元宵节联合村里几十位妇女筹备了一台婺剧晚会，某种程度上也体现了农村女性地位的提高，有了"现代化"气息。施海妃说，她们创作小品婺剧小戏，常会请县文化馆工作人员来指导。有一个讲老父亲得阿尔茨海默病，儿女不孝的小品，演出时很多老年人都哭了，潜移默化中起到教化作用，提倡好的道德风气，让农民精神健康，做高尚的人。文艺多了，村里纠纷少了，赌博斗殴少了。

乡村文化是中国文化的根源，乡村的凋敝意味着民族的社会根基、文化根基的塌陷。传统文化的复兴应该把自己的根基放在乡土的层面上，让各种想象力、行为和实践来重构城乡互相哺育的政治、经济与文化的关系，对于当代中国非常重要。②

2015 年，缙云县共有 880 位村民受到婺剧培训，约 1.7 万多人在参与广场舞活动，共有 107 台村民自己策划、组织、表演的"乡村春晚"。这些都是在从事农业生产，或外出打工之余进行的，体现了"集体性"与"业余性"，以及文化的组织力与生产力。赵月枝教授曾以浙江丽水为例，考察乡村文化的生成，她认为我们往往从国家实力和国家力量的层面定义文化软实力，但从文化是有机的、是日常生活的一部分的角度，真正的文化软实力恰恰在群众之中。③

---

①　应梅芬. 农民，只有农民，才是乡村文化舞台上最好的主人 [N]. 中国文化报，2017-03-17.

②　吕新雨. 新乡土主义，还是城市贫民窟？[J]. 开放时代，2010（4）：115-135.

③　赵月枝，龚伟亮. 乡土文化复兴与中国软实力建设——以浙江丽水乡村春晚为例 [J]. 当代传播，2016（3）：51-55.

正如沙垚所说，如何从农民自己出发，如何从农村社会内部激活农村的文化资源和活力，并使之有益于社会主义核心价值观以及农民情感、价值、世道人心的传播与弘扬，理应给以高度关注和支持。① 缙云县文化馆关于乡村公共文化传播的历史脉络、实践探索给我们提供了一个考察乡村文化生成路径的生动案例，为我国基层的公共文化服务提供了个案思考，为中国县级文化馆的相关政策制定、新农村文化建设的发展路径提供了一定的理论参考依据。

如今，乡村振兴战略已经成为国家战略，应充分尊重农民的主体地位，充分尊重农民意愿，切实发挥农民在乡村振兴中的主体作用，充分调动亿万农民的积极性、主动性、创造性，不断提升农民的获得感、幸福感、安全感。互联网时代新媒介技术的发展，带来了传播格局的新变革，给"三农"信息传播、乡村公共文化传播带来了新机遇。而以快手、抖音等为代表的 APP 平台、直播软件被越来越多的农民使用，农民作为信息的传播者，更便捷地参与到信息的生产与传播中，拓展了乡村文化主体的话语表达，有助于更好地呈现农村文化传统中的生产生活方式、风俗习惯、情感价值等内容。

乡村公共文化传播与乡村文化生态的构建，一方面，要在国家核心价值框架下，结合乡村的历史文化、风俗习惯、价值观念，发挥农民的文化主体性，建构政府、媒体、机构、农村之间新的信息传播的有机联系，多元主体嵌入"三农"信息传播，发挥农民自媒体的力量，打破传统不对等的、单向的、局域式的媒介生态，让"三农"信息传播生态更平等多元，促进城乡互动，从心灵层面，让农民认可；另一方面，要从乡村内部生存逻辑出发，重新发现群众文化活动，鼓励"内生性"文化，以及与其社会结构的有机镶嵌，这也是新农村建设中，自觉探索解决基层文化问题的方式。

作者简介：刘楠，中国传媒大学传播研究院讲师；周小普，中国人民大学新闻学院教授。

---

① 沙垚. 乡村文化传播的内生性视角："文化下乡"的困境与出路 [J]. 现代传播（中国传媒大学学报），2016, 38（6）：20-24, 30.

【十三】 县级融媒体改革的现状、原因与进路初探①

——基于对浙江、山西两县媒体调研的比较

张媛媛　梁　媛　邹月华　赵月枝

摘　要：本文通过对浙江省缙云县、山西省广灵县两地主流媒体的发展状况、融媒体建设现状等进行为期两年左右的观察和分析，首先比较了两县在主流媒体和新兴媒体影响力、内容和传播渠道、人才发展、媒体融合发展、传统传播形式发展等方面的异同，进而分析了这些异同的原因，从而为县级融媒体改革提出重视地区间经济文化差异、人才队伍建设、制度更新等建议。

关键词：县级融媒体建设；比较；城乡关系

融媒体即融合媒体，指广播、电视、报刊等与基于互联网的新兴媒体有效结合，借助于多样化的传播渠道和形式，将新闻资讯等广泛传播给受众，实现资源通融、内容兼容、宣传互融的新型媒体。② 2019 年 1 月 15 日，《县级融媒体中心省级技术平台规范要求》《县级融媒体中心建设规范》两项发布实施，这标志着我国县级媒体的融合进程由之前的国家倡导，各地试点进入制定政策和全国推广的新阶段。那么，当前我国县级融媒体改革开展的实际情况如何？在现阶段的发展中有哪些需要关注的问题？其未来发展的进路在哪里？上述两项国家标准以及既有研究成果对此已有涉及，但通过梳理这些文献，笔者发现其中对具体实践进行深入调研的并不多见，而在为数不多的基于调研写就的文章中，运用比较研究方法对两个或多个县城进行分析，进而对经济情况、政治环境、文化氛围等之于媒体融合实践的作用加以考量的研究成果更属少见。因此，建立在实地考察基础上的研究对于这一课题是可

---

① 原载《海河传媒》2020 年第 2 期。
② 国家广播电视总局 . 县级融媒体中心升级技术平台规范要求［EB/OL］. 人民网，2019-02-15.

取的，而由于我国国土广袤，各地区之间经济文化水平差异明显，因而比较的研究方法或有一定意义。

为此，笔者团队自 2018 年夏季到 2020 年春季间分别对浙江省缙云县、山西省广灵县的融媒体改革情况予以考察，通过观察记录当地政治、经济、文化、媒体发展情况，与当地媒体工作者、公务员、普通民众进行面对面或线上访谈，以及查阅县志、广电志等文献材料等的方式，形成录音材料 2536 分钟，图片资料 515 张，档案与图书复印资料 1200 余页，在此基础上对县级融媒体改革的现状、原因与进路等问题进行了分析。

通过对比较新闻传播学研究史的梳理，我们可知其常被用于跨文化、跨制度、跨民族的新闻现象之间的比较，而对本文所关注的县级融媒体改革而言，因为其具有明显的实践性与地域性，与当地经济、文化等的发展紧密相关，而本文所关注的缙云县和广灵县分处浙南和晋北，其经济、文化、发展等均具有明显差异。因此，本文尝试借用比较新闻传播学的研究思路，比较两县融媒体发展的现状，进而对其政治、经济、文化等方面进行比较分析，从而探索两地融媒体发展的相似性与不同点形成的原因，进而为两县乃至其他县级媒体的融媒体改革提供参考意见。

一、两县融媒体发展的相似性

（一）传统主流媒体的影响力下降

互联网等新兴媒体崛起之后，各地传统媒体的发展普遍被认为不如过去。缙云电视台的内部文件对其自身的发展进行评估，认为其在近年来遭遇了发展瓶颈，一是广播电视机制活力缺乏，二是广播电视发展人才缺乏①；而据广灵电视台工作人员介绍，即使将其微信平台考虑在内，广灵电视台的影响力也较前些年大为降低，这在 2014 年左右广告收入的大幅下降问题上体现得尤为明显②。当时县电视台曾尝试成立公司运营其广告业务，但终因广告收入的大幅锐减而放弃。

（二）新兴媒体影响力日益增大，媒体融合进程逐步推进

通过在两县的观察，笔者团队发现缙云县和广灵县的新兴媒体近年来均有很大发展。目前，缙云县广播电视台已形成"两微一端一报"的传播矩阵，"缙云优生活"微信公众号等也是缙云县重要的传播媒体，在缙云县及周边已

---

① 内部资料，缙云县广播电视发展概况，获取于 2018 年 7 月 17 日。
② 据对广灵电视台记者王鑫的访谈，2018 年 10 月 8 日，广灵县电视台新闻编辑室。

有一定影响力。尤其中国缙云新闻网，自 2005 年 8 月开通以来，日平均点击量不断提升，访问者现已遍及美、英、日、韩等 70 多个国家和我国北京、上海、广东等 40 多个省市。① 广灵县电视台于 2016 年年底开通微信公众号"广灵县融媒体中心"②，定期上传其自制的《广灵新闻》，在传统的有线电视、街头大屏幕之外开创了新的节目传播渠道，由几位电视台工作人员自发创办的微信公众号"微赞台"每天发布新闻、公告、文学作品等，在广灵人民中也逐渐积累起不错的口碑。2019 年元旦前夕，广灵县融媒体中心揭牌，广灵县成为全山西省 39 个首批启动县级融媒体中心、全大同市首批县级融媒体中心建设的试点县之一，广灵融媒体建设的大幕正式拉开。③

（三）内容宣传色彩浓厚

两县广播电视等主流媒体与近年兴起的新兴媒体在题材选取方面均具有较为明显的宣传色彩，会议新闻、领导干部工作新闻等占有较大比重。以广灵电视台 2018 年 7—9 月 3 个月的新闻报道为例，在其播出的 460 条新闻中，共计有 278 条为县领导的工作新闻和会议新闻。④

（四）基础设施更趋完善

过去几年，随着国家政策的大力支持，缙云县和广灵县的制播设备等均有大幅度改善。截止到 2011 年年底，缙云县已全面完成缙云县城区有线电视网双线改造，18 个乡镇街道全部实现光缆联网。到 2013 年年底，缙云县电视综合覆盖人口达到全县人口 45.89 万人，农村电视综合覆盖人口达到农村地区总人口 41.43 万人，有线电视用户覆盖率达到 100%。广灵县在"户户通"政策支持下，于 2015 年开始向村民免费安装卫星地面接收设施，方便农村地区接收国家和地方新闻。

（五）媒体人才紧缺

近几年来，随着国家城镇化进程的深入开展，出生县城及农村的青年学子在毕业后选择留在城市工作的倾向性明显。在这种背景下，两县电视台均面临一定的人才缺乏情况。为了吸引人才，缙云县广播电视台在员工工资、福利待遇等方面进行了很多探索，但仍难以弥补人才缺乏的情况。⑤ 广灵电视

---

① 内部资料，缙云县广播电视发展概况，获取于 2018 年 7 月 17 日。
② 初创时名为"广灵广播电视台微信工作平台"，2019 年改为现用名。
③ 广灵县电视台. 广灵县融媒体中心揭牌［EB/OL］. 广灵县政府网，2019-01-02.
④ 内部资料，《广灵新闻》2018 年 7—9 月节目编播表，获取于 2018 年 11 月 9 日。
⑤ 据对缙云广播电视台原工作人员陈萌的访谈，2018 年 7 月 17 日，缙云县大源镇江西山后。

台最近的一次员工招聘发生在 2007 年，当时引进了一批高校毕业生，为电视台的发展注入了年轻的力量。尽管如此，经历了几年的发展，当下广灵台内部的人员分工也存在较为明显的问题，这主要表现在工作大量积压于个别骨干员工和不具事业编制的员工身上，而为数更多的其他员工的工作积极性则相对较低。另外，伴随县级融媒体中心硬件设施的逐步到位，熟悉融媒体发展逻辑的人才相对短缺的问题更加明显。①

二、两县融媒体发展的差异性

（一）主流媒体的媒体融合程度差异明显

通过在两县的观察和访谈，笔者团队发现两县主流媒体在融合改革的程度方面存在较大差异。2002 年 10 月，文化体制改革期间，缙云县广播电视局合并原文化局、体育局及县婺剧团等单位，成立缙云县广电新闻出版局，现运行电视台、广播电台、新闻网站和《今日缙云》报纸四家媒体平台，在组织机构方面进行了融合改革，为后续的各层面融合提供了前提条件。当前，缙云县已有缙云县广播电视台官方微博、智能移动客户端 APP 掌上缙云、缙云县广播电视台微信公众号、缙云播报公众号、《缙云报》电子版等，形成了"两微一端一报"的传播矩阵。

广灵县现有的主流媒体主要为广灵电视台、《广灵报》（只在各单位内部发行）、政府新闻网站等。当前，几家媒体分属不同的职能部门，各有一个工作团队，其合作方式主要体现为政府新闻网站对广灵电视台文字稿件的网络发布，缺少更深层次的合作。在媒体融合的背景下，广灵电视台于 2016 年年底开通微信公众号，较之前开创了新的传播渠道。但发展至今，这一公众号内容的发布时间并不固定，同时，该公众号页面显著位置注明"未经授权，严禁转载"字样，且并不开放留言功能。整体来看，其呈现形式尚属初期，传播力较弱。

值得一提的是，广播媒体在两县农村的应用差异明显。在缙云，广播在许多村庄仍有大量忠实听众，如周村现有近 30 个大小喇叭。这些喇叭除了少量安装于文化礼堂、村口等公共场所外，多数均为村民自行安装的私人广播。广播在这些村民的日常生活中扮演着重要角色。② 而在广灵，之前用以播发新

① 据对广灵县电视台工作人员张成君的线上访谈，2020 年 4 月 23 日。
② 梁媛，邹月华，赵月枝. 乡村传播生态中的农民与村庄主体性［N］. 社会科学报，2019-05-29（6）.

闻的有线广播已难觅踪迹，广播在广灵经历了从 1958 年到 1990 年的成长、发展和衰落之后，在 20 世纪 90 年代后逐渐退出了广灵的历史舞台。① 近年来，虽然伴随"村村响"等政策的实施，县里逐渐为各村安装上了喇叭，但这主要用于应急广播或政策的宣讲，并未发挥其新闻信息的传播功能。

（二）农村传统传播形式的繁荣程度区别明显

据笔者团队观察，两县传统传播形式的传承在当前差异明显。在缙云，迎案、婺剧、书法、诗歌等均具有相当的发展活力。迎案是缙云当地一种民间自发组织，集民间信仰和传统武术、杂役、舞蹈于一身的大型娱神乐众民俗活动。赵月枝教授在一次和当地妇女的访谈中了解到，在外务工的年轻人会因为迎案活动返回家乡，积极地筹备并参与其中。② 婺剧是一种具有悠久历史的戏剧形式，缙云民众对之喜闻乐见。以周村一个业余婺剧团七弟二团为例，虽然由爱好者自行组建，但仍具备专业团队的演员阵容，他们每年十月就开始为春节期间的"村晚"做准备，基本每天都要排练两个小时左右。另外，书法也在缙云乡间具有强大的号召力，在溶江乡文化站，每月逢一日就会迎来几十个来自周边村镇的村民书法爱好者，他们聚在一起或切磋技艺，或活动交流，其中还有一位 93 岁的老人刘献崇每月必到，风雨无阻。③ 这些传统的传播方式在缙云起到了很好的文化传承和信息传递作用。

相比之下，广灵县乡间旧有的一些传播形式在当下的活力则相对较弱。虽然剪纸、晋剧、秧歌等在民间仍有一些爱好者，但其参与者为数并不多，有被边缘化的趋势。以广灵剪纸为例，广灵剪纸被誉为中国民间剪纸三大流派之一，流传 3000 多年，曾先后被列为《国家级非物质文化遗产名录》和联合国教科文组织的《人类非物质文化遗产代表作名录》，但其现在只在广灵个别村落流传稍广，而更多时候是在县剪纸艺术博物馆集中制作和展览，而不再是民间常见的传统文化符号。

（三）新兴媒体的内容传播区别明显

当前，缙云和广灵两县的新兴媒体主要包括新闻网站、微信平台、微博平台和 APP 客户端、电子报等。其中，缙云县兼有上述多种传播渠道，而广灵县目前只有新闻网站和微信平台两种传播渠道。为了防止不同传播平台的

---

① 王亚红，广灵县广播电视志草稿（内部资料），获取于 2018 年 11 月 9 日。
② 梁媛，邹月华，赵月枝．乡村传播生态中的农民与村庄主体性［N］. 社会科学报，2019-05-29（6）.
③ 梁媛，邹月华，赵月枝．乡村传播生态中的农民与村庄主体性［N］. 社会科学报，2019-05-29（6）.

特性造成干扰，本文仅以两县新闻网站为例讨论其内容差异。

缙云新闻网是缙云县唯一的以新闻宣传为主的综合性新闻门户网站。目前已推出频道 30 多个，每周五更新本地新闻和视听缙云，地方频道及时更新，本地互动频道有网民热线，网络问政直通车，好溪论坛等，这些互动频道每天回复，在媒体与用户间搭建了沟通的平台。① 广灵新闻目前主要通过政府官网进行传播，目前，广灵县人民政府官方网站的新闻发布版块主要设置政务要闻、广灵信息、视频新闻、部门动态等栏目，其稿件和视频主要来源于广灵县电视台。总体而言，两县新兴媒体的专业化运营程度、信息更新的即时性和多样性、互动性等均有显著差异。

三、两县融媒体发展异同的原因初探

（一）宏观的传播生态、国家的媒体政策是两县融媒体发展具有相似性的首要原因

通过比较缙云和广灵两县的媒体融合发展情况，可发现两县在传统主流媒体的影响力下降、新兴媒体影响力日益增大、内容宣传色彩浓厚、基础设施更趋完善、媒体人才紧缺等方面具有一定的相似性。首先，这是因为基于互联网技术的新兴媒体的崛起，全球的传播生态均在发生明显转变，互联网普及程度逐日上升，相比于传统主流媒体，新生代受众对新兴媒体的使用兴趣更高。其次，我国媒体是政府信息得以传播、共同体意识得以塑造、社会主义核心价值观得以传播的重要媒介，因此，党管媒体政策下主流媒体的宣传意识较浓是新中国成立以来我国媒体的重要特色。再次，伴随近几年我国国力的上升、财政收入的增长，以及乡村振兴战略的逐渐实施，政府在媒体基础设施的完善，"村村响""户户通"等惠民政策上均加大了投入。最后，城镇化的深入开展成为县级媒体人才外流的一个重要原因。

（二）经济水平的差异性是两县融媒体发展差异的根本原因

在阐述经济基础决定上层建筑这一著名观点时，马克思说："人们在自己生活的社会生产中发生一定的、必然的、不以他们的意志为转移的关系，及同他们的物质生产力的一定发展阶段相适合的生产关系。这些生产关系的总和构成社会的经济结构，即有法律的和政治的上层建筑竖立其上，并有一定的社会意识形式与之相适应的现实基础。物质生活的生产方式制约着整个社

---

① 内部资料，缙云县广播电视发展概况，获取于 2018 年 7 月 17 日。

会生活、政治生活和精神生活的过程。"① 由此可见，融媒体制度的建立和发展是建立在当前我国经济发展的基础之上的，而经济繁荣程度的差异性也有理由被认为是两县融媒体发展差异的根本原因。

在笔者对广灵县电视台的工作人员进行访谈时，有记者表示广灵经济较为贫穷是本县新闻类公众号难以获得广告收入进而长久运营的根本原因。② 以2016 年的数据为例，广灵县当年社会生产总值（GDP）为 22.4 亿元③，相比之下，当年缙云县的 GDP 为 206.1 亿元④，即使考虑到缙云县人口总数（2016 年统计数据为 36.51 万人）约为广灵县人口总数（2011 年统计数据为18.8 万人）的近两倍这一因素，缙云县的经济水平仍然远超广灵县。同时，因为本县经济环境、社会公共设施、气候环境等方面的差异，缙云县城、乡村的人口外流情况总体弱于广灵县，这使得缙云民众的购买能力、媒体广告收入等均高于广灵县。

（三）文化的差异性

缙云地处浙西南，其文化是较为典型的吴越文化。晋室南渡后，吴越士族的文化特质和审美取向逐渐转变，由尚武逞勇逐渐转变为"士族精神、书生气质"，唐后，吴越经济开始超过北方，影响力进一步扩大，吴越地区文人墨客和科学家辈出。这种文化特性某种意义上导向了缙云传统文化的繁荣和缙云民众普遍较高的阅读兴趣。同时，缙云一带祠堂文化繁荣，其所辖乡村均有家族祠堂，这成为浙江农村文化礼堂繁荣的原因之一，并进一步导向缙云民众较高的广播等媒体使用频率。

广灵地处晋北地区，其文化较吴越文化更为粗放，在"戏曲下乡"政策的倡导下，县戏班虽常在县城、村庄等巡回表演，但其观看者少，20 世纪搭建的戏台等基本没落，同时，乡村中也鲜见家族祠堂、礼堂等供民众交流活动的公共场所。在笔者团队的调研中，我们了解到有的农户甚至一年到头不接触广播电视、报纸读物等媒介，日常的信息获取途径仅为偶尔外出购物时与邻居的闲聊。这虽是个别现象，但据笔者在广灵农村的观察，当下广灵农村的年轻人农闲时大多外出务工，乡村空心化特征明显，村民对外界新闻的关注度较低。

---

① 中共中央马克思恩格斯列宁斯大林著作编译局.马克思恩格斯选集：第 2 卷［M］.北京：人民出版社，2012.

② 据对广灵电视台工作人员张成君的线上访谈，2020 年 4 月 15 日。

③ 2016 大同社会总产值 GDP 今日公布［N］.大同日报，2017-02-13（2）.

④ 缙云县统计局.2016 年度缙云县 GDP 增长 7.1%［EB/OL］.缙云新闻网，2017-01-22.

四、对县级融媒体改革进路的建言

（一）地区间发展的不平衡、文化的差异性等在县级融媒体改革中应得到重视

承前所述，地区间发展的不平衡、文化的差异性等在县级融媒体改革中的作用是基础性的，媒体的改革既无法脱离这一基础独立进行，也不能忽视这一基础的重要作用。为此，在为自身选择和制定融媒体改革方案时，应充分考虑到自身的经济发展水平、当地文化的特点等，因地制宜地开展融媒体改革。在之前传统媒体掌握绝对传播优势的时代，我国各地媒体实行较为统一的发展模式，尤其县一级媒体在日常工作中是省市级媒体宣传策略的执行者，机动性和创新性较差，而在融媒体改革的大潮中，可行的道路不止一条，各县媒体应主动创新，探索更适合自身的发展路径。

（二）人才队伍建设应是县级融媒体改革的重要着力之处

传统的主流媒体通常具有组织机构分工明确的特点，因此，部门间合作较少、难以整合各个部门人才资源进行融合转型，这常常成为大型中央媒体融合发展的重要限制因素。但本文认为，在媒体融合由中央一级媒体扩展到县级媒体的过程中，两种层级媒体之间的显著差异应该受到重视。即因为人才补充较为充足迅速，中央级媒体通常更受限于人力充足但部门间合作较少，而县一级媒体因为人才补充不及时等原因，常常表现为"人手不够""了解新媒体的人员少"等特点①，而工作人员间的分隔并不是突出矛盾，这使得其在融媒体改革中缺少原动力。

（三）既往的一些制度应更新或扬弃

融媒体的改革是新旧技术的融合、传播渠道的融合，也是人才的融合、制度的融合。有很多在传统媒体时代发生过很好作用的制度不再适宜新的传播环境，应该对其进行综合的考量，从而进行更新或扬弃。以广灵电视台和其上级台大同市电视台的评分制度为例，广灵电视台制播的新闻如能在大同市电视台获得播出，则广灵台的记者、领导等均会获得一定加分，在这一制度下，广灵台的记者会优先采访和制播大同台最近关注的新闻，这一定程度上导致县级电视台对本地发展的忽视，而加强了新闻信息的向上流动。在传统媒体时代，这种制度对于加强中央对地方的领导以及各地新闻在更大范围内的传播是有益的，而在新媒体勃兴的当下，因为互联网传播的即时性特征，

---

① 据对广灵电视台台长张晋高的访谈，2018 年 11 月 7 日，广灵电视台台长办公室。

这一制度的优越性不再明显，且因之与互联网媒体去中心化的特征、国家乡村振兴战略的实施等均不甚相容，可考虑更新或扬弃。

　　综上所述，在新兴媒体崛起、传统媒体影响力逐渐下降的当下，县级媒体进行融媒体改革是提高其传播力、引导力、影响力、公信力的重要举措。因为县一级媒体与乡村最接近的关系，在乡村振兴战略下，县级融媒体改革不仅可以提高地方凝聚力，而且也将成为乡村得以发声，农民的主体性得以凸显的一大契机。但也应注意到，县级融媒体改革工作与当地经济发展情况、群众受教育情况和媒介素养等紧密相关，制度层面、新闻媒体自身的改革虽然拉开了县级融媒体建设的大幕，但后续的改革和实践仍需较长的时间，媒体改革者和从业者应在对此形成深刻认识的前提下开展各个角度的改革与创新。

　　作者简介：张媛媛，中国传媒大学传播研究院博士；梁媛，中国传媒大学传播研究院博士生；邹月华，赣南师范大学新闻传播学院讲师；赵月枝，清华大学人文讲席教授。

【十四】单位里的城乡关系：身份、利益与社会流动①
——基于对胜利油田退休职工的访谈
姬德强　应志慧

导论：国企与作为历史过程的城乡关系

作为经典现代化理论中的一对二元矛盾——"城市与乡村"往往以一种对立或者说隔离的阐释体系存在于主流的学术讨论中。换句话说，非城市即乡村，抑或相反。然而，从历史和空间的角度而言，尽管存在着事实上的制度性隔离，如户籍制度和基于其上的一系列的行政体系以及社会分配政策，城市与乡村却是一个社会过程的两极，通过经济、政治和文化关系紧密相连。在这个意义上，与其从非此即彼的"变形计"想象中找寻城乡之间的区别或者"互哺"关系，不如将视野具体到城市化或者说城镇化的历史过程，跟踪和扫描这一过程中的人和群体，如何在身份、利益乃至阶级形成方面所经历的变化。众所周知，"农民工"是研究这一复杂城市化过程的典型切入点。

与关注具有高度空间流动性的农民工不同，本文选择了国有企业（以下简称"国企"）作为研究对象，希冀通过访谈和文献分析等路径，从微观层面描画在国有企业建设、发展和改制过程中，从农民到工人的复杂而多元的身份转型逻辑。这涉及国企产业工人群体和以家属为代表的附属群体，他们是新中国产业工人或者说工人阶级的重要组成部分。本文也希望在将城乡关系看作一个过程的同时，将关注点转移到从农民到工人的阶层流动的内部复杂性。

可以说，国有企业是新中国工业化和城市化的重要推动力量，尤其以能

---

① 本文缘起于 2015 年 7-8 月间由河阳乡村研究院组织的"从全球到村庄：传播研究如何根植于乡土中国"国际暑期调研。此次第一次发表。

源企业为主产业的国有企业，如煤炭和石油。同时，国有企业也是工人阶级形成的重要组织机制（当然也包括后来的集体企业），还是城市"单位社会"组织单元的重要经济和政治基础。国企改革之前，针对国企的研究往往从"工人"这一阶级身份出发去开展研究。而始自 20 世纪 90 年代中期的国企改革，不仅涉及社会主义市场经济制度下的政府与市场关系之调整，而且对传统产业工人的阶级结构的变迁产生了重要影响。有关前者的研究多关注于新自由主义意识形态主导下，"市场社会"如何形成的政策制定、制度变革和转型策略等议题，后者则多关注产业工人阶级的解体、再形成以及劳动力市场化等过程。综合而言，也许我们可以这样假设，有关国企改革研究的基本起点是政府、市场（企业）与传统产业工人，而较少关注农民在这一结构性变迁过程中的角色。

然而，不管是各行业国企与所在地方政府与社会的"企地关系"（如本文所涉及的"油地关系"），还是传统产业工人的原初构成，都和广大的农民群体有着天然的、紧密的关系。"企地关系"往往在资源（如土地）利用、税收分配、环境保护以及基础设施建设等方面与所在地农民存在利益纷争，传统产业工人则部分来自转业军人，或者附近的农村，通过"会战"政策的指派，或者招工、轮换工以及近来的合同工等方式获得国企职工身份，当然还有着至今数量仍然相当庞大的"家属"群体。后者所提到的这一从农民到工人或家属身份的转变，是研究国企工人阶级构成变迁和内部多样性的重要切入点。

在上述意义上，研究国企改革需要从外部环境和工人阶级内部结构两个方面进一步深入，从而尝试回答"谁的国企"这一关及改革未来和社会主义国家全民福祉的根本性问题。

时任中共江西新余市委副书记的钟宜彩曾撰文批评 20 世纪 90 年代中期进行的国企改革，认为改革的主体应该是"企业"，而不是饱受计划经济和体系之累的政府。① 从"利益关系调整"的角度出发，政府之手应该退出。虽然该文的主要观点渗透着国企改革时期主流的新自由主义话语，但该文提出的核心问题却延续至今，成为解释任何一个国企改革案例都无法绕过的根本性问题，那就是，"谁要改革、谁去改革和谁在改革的问题"。可以说，这一提问具体化了上述"谁的国企"的疑问。

本文将带着这些具体的问题，考察"农民"在国企建设和改革的历史进

---

① 钟宜彩 . 谁是国企改革的主体？［J］. 内部文稿，1999（4）：14-15.

程中，所经历的身份变迁和利益关系调整，并进一步追问，对曾经的农民现在的产业工人，或者家属，或者与国企有着利益瓜葛的地方农民群体来说，国企的建设和改革在不同的历史阶段都意味着什么？这一改革或者说变迁中的国企，到底被谁所拥有，服务于谁？因为对"单位制"下的国企职工乃至家属，以及企地关系中的农民来说，这一认知在很大程度上成为其在国企改革进程中认知、参与，乃至抗争性行动的动力来源，进而影响国企改革的方向。仅就前者来说，吴清军在分析中国的单位制与身份制的独特性时就提出，"我们关注传统产业工人在劳动力市场中分裂的因素并非二元的劳动力市场、种族、公民政治等，而是关注计划经济时期所遗留下来的单位与身份。之所以关注这两个导致传统产业工人内部分裂的要素，主要原因是这两个要素直接影响到他们的抗争行动"[①]。

本文作者之一为"石油子弟"，而且是"石油子弟"中最接近传统工人阶级的群体成员，来自相应的家庭和邻里/社区环境。个人的成长经历让作者对任何本质化的"工人阶级"概念或者简单化的以地方政府和国企为分析对象的"油地关系"存疑。而解决这一疑惑的重要切入点，本文认为是分析围绕国企的农民群体是如何在改革进程中进行社会流动，以及在·"企地关系"（本文具体化为"油地关系"）中诉求自身利益，从而影响着国企改革的性质和方向。

考虑到研究的可操作性和文化的接近性，本文以创建于 1961 年的胜利油田（主要指胜利石油管理局和胜利油田公司）的变迁史，以及胜利油田与主要所在地山东省东营市的复杂历史关系为背景，通过对三类人群的深度访谈，梳理和分析在国企建设、发展和改革过程中，依托国企建设地方经济和地方社会的过程中，发生在农民身上的各种政治经济和文化变迁。这三类人群分别是：（1）从农民转变为油田职工（如正式职工、集体职工、内聘工、子女合同工以及临时工等）；（2）从农民转变为家属；（3）油田之外的农民群体。

本文认为，在国企建设和改革的过程中，部分农民因为油田建设成为国企工人并经历了国企改革的经济学"阵痛"，部分农民因为油田建设成为石油产业链低端环节的劳工（如曾经的"农民轮换工"），部分农民则因为油田建设被剥夺了生存空间，并在和油田职工的收入差距、社会保障以及阶级身份认同等方面不断拉大距离。"家属"这一介于农民和职工之间的群体，深刻体现了这一历史关系的复杂性，乃至剥夺性。另一方面，地方政府与国企组

---

① 吴清军 . 国企改制与传统产业工人转型［M］. 北京：社会科学文献出版社，2010：232.

成"增长联盟"，在依附国企发展的历史过程中扮演了多重角色，不仅要支持和保障国企发展，也需要借助国企发展地方经济和保护地方社会，尤其是由于自然条件限制和央企建设而不断被挤压的农业空间。

在这个意义上，对"油地关系"中农民历史角色的分析，就需要综合考虑结构性的社会主义国家制度、中央和地方政府关系以及国企的发展历史，同时关注农民在这一过程中的经济利益、身份认同和传播实践的变迁，以及相应的抗争性运动在影响国企性质和"油地关系"变化中的重要作用。由于调研时间所限，本文仅访谈了胜利油田胜建集团建工新村的 6 位退休职工，含 3 位家属。

一、传统产业工人阶级变迁的背景：国有企业的建立和改制

新中国成立初期，为了实现生产资料的社会主义改造并实现社会主义工业化的目标，将中国从落后的社会经济状况迅速带入工业化的进程中，国家通过组织高度集中的计划管理体制开始大规模的经济建设。当时，社会主义的本质普遍被认为是生产资料的公有制，具体表现为集体所有和全民所有。"单位制"的建立恰恰是为实现摆脱落后、赶超发展的目标进行资源动员方式和社会整合的一种制度，集中资源优先发展重工业缔造了建设现代化工业国家的物质基础。可以说，在相当长的时期内，单位制下的城乡社会显现出了巨大的社会动员力，为新中国的工业化提供了财力、物力和人力支持，也形塑了几代产业工人的社会身份和关系网络。然而，事情的另一面是，社会主义单位制在新中国成立初期的经济建设和工业化国家对日常生活的全面控制也造成了工人对工厂的全面依附。原本用来组织和动员工人群众能动性和积极性的就业、福利和工作保障反转成为抑制和消解工人阶级的主体性的"平均主义"和"吃大锅饭"，传统工人在僵化的制度框架下的单位制中世俗化为士气低落、纪律涣散的做工的人，平均主义成了国有企业的组织文化，在这种分配原则下国有企业持续在向福利共同体发展。[①] 20 世纪 70 年代末，为改变传统社会主义工人阶级"吃国家大锅饭"的现状，提高国有企业经济效益，放活国有企业市场活力，国家开始经济体制改革中就将"放权让利"作为国企改革的着眼点。在加入 WTO 的背景下，20 世纪 90 年代激进的市场化进一步将"减员增效"作为国企市场化改革的唯一也是铁腕政策选择。"下岗""再就业"一度成为传统产业工人生存和转型的根本问题。进入 21 世纪以来，

---

① 路风 . 国有企业转变的三个命题 [J]. 中国社会科学，2000（5）：4-27，204.

"下岗潮"不再，但汹涌的市场化浪潮不可阻止。国企、国企工人、传统产业工人等随着"工人阶级"概念的边缘化逐渐淡出人们的视野。

国企的市场化转型在一定程度上转变了工人的身份认同和集体记忆。单位内的工人在进入单位就业时就享受工资、福利和保险等全部的社会保障，这一社会时期中，传统产业工人命运与国家利益联系在一起，单位中工人阶级主体性构筑了强烈的集体主义倾向，他们的生活和工作相互融合渗透，两者之间没有区隔，这导致了国企工人对于单位有着深刻的集体记忆。而国企改革后，产业工人集体主义的单位身份向个人主义公民身份乃至新自由主义的劳动力的转变，社会主义单位体制的分崩离析使得工人失去了主体位置，科层制的现代工厂体制取代了传统的工人共同体，工人连同其与单位联结的切身利益都从单位中被剥离出来。伴随改革的深入，社会主义工厂作为建构国家主权的政治主体的场所、发挥文化整合功能的意义也被遮蔽和遗弃了，"放权让利"的国企改革转向由资本市场主导的管理体制，建立了现代化工业的激励机制。传统社会主义工人对单位制的瓦解产生的迷茫或愤怒表现出失去家园般的创痛，他们指责企业管理者的腐败无能，但又对改革前的单位制共同体抱有怀念，这种对单位的集体记忆与长期的制度惯性影响了他们后来的抗争行为方式。

二、来自城市与乡村的国企工人：单位社会与阶层

张云武研究了大庆工人阶级的形成及其社会关系网络。首先，伴随着大庆油田的发现和创建，各种劳动力分别从不同行业和地方流动到这个逐渐成形的单位社会。"在社会结构封闭型社会，按照劳动人事部门指示进行的强制性、集团性、计划性的地区流动；流动到大庆后，城市生活的最大特点是单位依赖型的封闭型的城市生活。"① 其次，不同出身者流入大庆形成了单位内部的阶层分化。张云武在大庆的调查表明，农村和城市出身者，流入大庆后，其社会关系网络"不仅与流入前的经济、职业地位相关，而且还与流动距离、流动后所到达的职业阶层密切相关"②。这具体表现在城市出身者多为干部，农村出身者多为工人，而两者之间受人事制度强烈限制而无法流动的特性，

---

① 张云武. 中国的城市化与社会关系网络：以大庆市和上海浦东新区为例 [M]. 北京：社会科学文献出版社，2008：130.

② 张云武. 中国的城市化与社会关系网络：以大庆市和上海浦东新区为例 [M]. 北京：社会科学文献出版社，2008：114.

也决定了单位社会内部的阶层分野。另外，金字塔结构内对于社会关系的调动往往和向上流动乃至经济利益等密切相关，城市出身者所拥有的更广的社会关系①，则使其与农村出身者之间的各种阶层差距在干部和工人的界限之外广泛存在着，从而增加了事实上的单位内部的不平等和社会流动的可能性。更值得注意的是这一不平等结构的持续固化。如他所分析的：随着单位社区的扩大以致更大范围的城市化进程，社会关系网络的扩容并未导致社会异质性的增加，与此相伴随的是单位社会内部等级制的传承和固化，具体表现在以行政权力为主导的"权力支配型"结构，和基于出身、学历、职业、亲戚、同学和朋友关系的分层化业缘关系网络。②

可以说，张云武的研究提供了一个石油城市内部社会结构和流动的样本，具有非常重要的参考价值，但遗憾的是，由于采用的主要是基于问卷的量化的统计数据，以及客观、中立、具有最大公约数意义的描述性指标和相应分析，因此，无法解剖单位社会内部存在的复杂的"权力关系"，如对"农民出身者"或者"家属"为代表的，位于单位社会金字塔底端的特定职业或身份群体的关照。就这一点来说，安德鲁·华尔德（Andrew Walder）对中国单位制的"新传统主义"③（communist neo-traditionalism）特征的分析，以及布洛维对"工厂政体"④（factory regime）的分析更具有洞察力。

根据布洛维的定义，"'工厂政体'包括了对工厂和劳工进行研究的四个基本维度：第一，劳动过程；第二，劳动力再生产模式；第三，市场竞争；第四，国家干预"⑤。前两者是微观内部层面，后两者是宏观外部层面。在布洛维对工厂政体类型的划分上，中国的单位制这样依附于国家分配的劳动力市场往往会形成以专制主义为主导的工厂体制。

华尔德在反思集权主义和集团利益理论的基础上提出了"新传统主义"的分析框架，认为共产党单位社会存在着与西方、苏联的社会组织不同的关

①　张云武. 中国的城市化与社会关系网络：以大庆市和上海浦东新区为例［M］. 北京：社会科学文献出版社，2008：114.
②　张云武. 中国的城市化与社会关系网络：以大庆市和上海浦东新区为例［M］. 北京：社会科学文献出版社，2008：91-234.
③　WALDER A G. Communist Neo-Tranditionalism：Work and Authority in Chinese Industry［M］. California：University of California Press，1986.
④　沈原. 市场、阶级与社会：转型社会学的关键议题［M］. 北京：社会科学文献出版社，2007：190.
⑤　沈原. 市场、阶级与社会：转型社会学的关键议题［M］. 北京：社会科学文献出版社，2007：190.

系特征，如依附、垂直性关系、紧密的个人联系网络等。他的思路实际上是对经典分析范畴如阶级的解构，更关注其内部的复杂性和权力结构形成的内部多样性。

沈原也提出，起点不平等——尤其是城乡二元关系——所导致的在工人阶级再形成过程划分为"新""老"工人两个片段，从而沿着不同的路径展开。[①] 但在强调"新"工人亦即改革开放后的农民工的同时，他并未关注"老"工人的复杂产生过程。

三、在胜利油田建工新村的访谈

这次组织于 2017 年的短暂的访谈至少发现了如下五种国企建设和改革过程中，农民进入国企成为工人或干部或家属，以及经历改制的个人经历。

1. "按照劳动人事部门指示进行的强制性、集团性、计划性的地区流动。"在本案例中，主要表现为来自莱芜钢铁公司的转业军人群体。他们的主要流动轨迹是：农民—（学徒）—当兵—转业—胜利油田油建指挥部—其他三级单位（如农工商公司）。

被访者张××："老工人相当多数是当兵转业而来，一是由于小伙子，干劲足；二是因为素质较高，纪律性好。但是转业来的基本是农村出来的，城里的自然就都回去了，可以转成城市户口，当然成分也得好，还得经过体检。"

可以说，对这部分农民来说，除了响应国家号召，"扔掉贫油的帽子"，加入油田建设这一社会主义工业化进程之外，进入胜利油田的最重要变化在于户籍，这是农民经历当兵和转业两层制度性和权力性筛选后，最理想的工作选择和身份归属。当然，这一过程还有着其他的骨干力量（如以专业和技术力量），但由于访谈并未涉及，在此不加讨论。

2. 地方招工与"身份天堑"。在本案例中，部分油田职工来自附近的地区和县，以补充强制和集团性派遣之外的劳动力空缺，也是缓解"油地关系"的一个重要手段（处理和地方政府关系，以及解决地方劳动力问题）。但是，这一招工的过程由于名额的有限性和分配过程受到人为的直接影响，从而使得地方农民从农民身份向工人身份的转变成为一种难以逾越的"身份天堑"，仅是那些拥有和接近分配权力的人可以从中为自己的利益相关者谋取稀缺的机会。

---

① 沈原. 市场、阶级与社会：转型社会学的关键议题［M］. 北京：社会科学文献出版社，2007：190.

路风认为，单位是传统家庭组织的扮演者和遭受破坏的原家族功能的承担者，是传统社会家国体制的延续和延伸。① 这种建立在乡土关系网络上的认同方式将地方性权威带入单位内部，通过下级对上级的权力依附、裙带关系等形式扩大了单位体制内的权力支配和阶层分化。

访谈对象狄××回忆，"我父亲当时接到分配名额的通知后，一个亲戚找到他，问是否有可能帮忙。我父亲说，我可以给你钱，给你任何东西，但绝不把这个招工的机会给你"。

换句话说，从"招工"的角度来说，在国家人事制度安排的有限名额内，仅有那些拥有传统优势权力地位和社会关系的群体，才有可能进入国企职工的队伍。

3. 一直存在的边缘工人群体——农民工。胜利油田曾经使用过"农民轮换工"，其中的建筑行业多年使用包工头及其组织的农民建筑工。作为劳动用工制度的重要组成部分，弥补一线劳动者的稀缺和职工的相对"贵族化"。然而，这些短期的雇佣关系都以不可能成为正式职工为代价，却常常被描述为劳动用工制度的创新加以宣扬。多种劳动用工制度的存在，围绕着难以改变的身份区隔和利益分配，促使国企内部的阶层分化。工人阶级承担了向市场转型的风险和成本的同时，也再现出工人阶级分化的现实。农民工作为从计划经济转向市场经济的过渡性群体，在资源分配和利益争取上与城市员工的差异化形成组织内的阶层不平等，导致了他们对自身身份认同的流变。既受到畸形劳动市场的挤压，又缺乏有效合法的抗争渠道，只能接受资本的盘剥。

4. 家属。新中国成立以来，家属群体，作为"新型家庭妇女"，在"家庭劳动"与"社会劳动"（或者用被访者之一的表述来说，是"参与劳动"）之间摇摆，其间面临着重要的社会主义身份政治诉求与现实物质空间的限制：首先是妇女解放需要从家庭劳动走向社会劳动，以宣示社会主义制度下劳动力性别差异的消除；但是，另一方面，"高积累、低工资"的策略，以及由此导致的公粮供应的有限与劳动力人口扩张的矛盾，却使得家属在进入产业工人的身份群体时面临重要的粮食供应缺口，于是不得不重新将操持家务也作为一种社会主义制度下的劳动形式，所谓"为生产服务"，与社会劳动加以等同，以弥补劳动形式差异所带来的不一致感。

"以职工家属为代表的家庭妇女之所以能在新中国成立初期获得肯定和褒扬是因为她们能'一切为了生产'，家务劳动也通过家属与工业化殊途同归，

---

① 路风. 单位：一种特殊的社会组织形式 [J]. 中国社会科学, 1989 (1)：71-88.

都是为了社会主义建设，只是分工不同罢了。"① 换句话说，这一表现在家庭中的性别、职业和身份差异被社会主义单位制度的劳动分工政治所取代。

不可否认，家属群体对于工业化的支持是巨大的。然而，从身份和利益分配的角度来说，家属一直处于半边缘的地位。被访的三位家属都谈到了自身从农村跟随丈夫进入胜利油田，不管之前是农民还是民办教师，一直都是从"参与劳动"开始，进入单位生活和工作，除了改变了户籍（农业转城镇）之外，一直和在职职工存在待遇和保障上的差异，直到退休，还要自己购买养老保险。

家属参加劳动，种粮自己吃，职工有公粮，这也是为了安定职工的心态；农业户口，后来慢慢转成城市户口，但待遇和身份一直没有和职工平等。而对于家属户口的管理技巧的追求，其目的也是更好地维持劳动生产和劳动/家庭再生产过程中的和谐与稳定关系，最终目的还是管理的效率和企业效益。②

可以说，家属群体在身份和利益上的牺牲，其最终目的还是为了工业化的国家大计，因此，至少在改革开放以前甚至劳动力快速市场化之前的 20 世纪 80 年代，并未表现出巨大的抗争性力量，并经常被组织化和模范化，成为国企工人的重要组成部分，如胜利油田胜建集团的"三产"农工商公司以及作为家属管理机构的工会之下。然而，20 世纪 90 年代中期的国企改制，使得为"增效"而发起的制度性、系统性"减员"首先从家属群体开刀。通过贴补工龄（一般是两年）提前退休等方式，让家属群体脱离单位制的依附或者说供给体系，尽管本来就存在不平等的关系。

当然，后来对于家属群体的甩出，也是因为农副业市场的逐渐开放，使得购买产品的成本低于家属自身的生产，所以家属被挤出这一生产体系。

"家属"是一个在国企建设和改革进程中，一直处于边缘位置的劳动者群体。但历史需要分开来看，之前的"大会战"时期，家属是作为劳动者（农副业）和男性职工的家庭支持者角色出现的，虽然不是职工，但在物质分配、身份认同和制度包容性方面，这一群体拥有一定的平等权利。但国企改制的过程中，以"减员增效"为标准的一系列政策不仅将大多数在职职工以内退、买断和下岗的方式抛离出正在瘦身的单位之外，更是将家属群体作为更加边缘的群体加以对待——效益好的时候，多发一些福利；效益不好的时候，则

① 张弛．塑造新型的家庭妇女——以新中国初期的职工家属为例［J］．首都师范大学学报（社会科学版），2010（S1）：111-116.
② 李根叶．企业职工家属的户籍管理工作［J］．神州，2013（30）：268.

分文没有。而制度化的涨工资历来都与这一群体无关，因为她们的收入本就不在职工工资这一体系之内。

传统的工人阶级共同体在经历了新自由主义改制的国企单位后走向崩溃，原本处于共同体中的工人及其家属被吐出来，失去了单位制的社会保障的同时，彰显工人阶级尊严感的社会地位也在消逝，家属已经不再是那个被等同于工人阶级的"新型家庭妇女"，而成为劳动力市场中的"弱势群体"（年龄、性别和知识结构等）。

5. 油地关系。在我们的访谈中，某男性退休职工曾经是农工商公司领导，他们谈到了自己如何处理与周边村庄的关系。首先，由于胜利油田是国企，地方周边的农村会自然觉得油田建设应该是大家共同受益，所谓"靠山吃山"：一方面，表现为地方政府诉求胜利油田相关部门为其提供基础建设等方面的服务；另一方面，对具体的农村和农民而言，朴素的国有即人人可以有的所有权观念，使得所谓"偷石油"（或者石油相关设备如变压器和电缆）成为常见现象。有顺口溜说道，"923、329，出来进去不空手"①。其次，为了安全生产，上述领导不得不与周边村庄为代表的地方基层政府保持好关系。然而，背后所渗透的经济逻辑是，国企富，地方穷。

四、讨论

第一，国企的建设和改革，从由外而内的劳动力流动而言，一直伴随着由于城乡发展不平等和制度区隔所带来的身份政治和利益分配的巨大差异。首先，能够进入国企，从农村到城市，从农民到工人，就受到国家计划和体系的制约；其次，进入国企成为单位社会的成员后，并非意味着平等，而是工人和干部、工人和家属、正式职工与多种灵活雇佣制度的差异，并由此导致身份和利益的持续不平等。也许我们可以称为：单位内的城乡关系。

第二，这是国家角色的问题。不管是对"老"工人还是"拆分型"生产模式下的"新"工人（所指的主要是改革开放以来如候鸟般在城市与农村之间迁徙的农民工）来说，沈原提出，"最重要的问题在于国家权力的有意识的运作和安排，此种安排加固了这种不合理的劳动力再生产模式，而不是削弱或者改变它。国家利用此种模式，可以有效降低工业生产成本、减少城市化

① 胜利油田原称"923厂"，是20世纪60年代石油大会战时期所用名称。

的压力，基于廉价劳动力而顺畅地推行工业化战略"①。

改革是这一不平等关系的加剧或者延续。国家在单位制改革中逐渐退出了对劳动过程的干预，尤其对于企业或工厂内部的劳动分工和资源分配由市场主导的情况下，国家的无力干预助长了资本市场的生产政治构建。

第三，曾经以工人阶级为主体的单位制在新中国成立后的很长一段时期重构了中国的社会经济结构，却在市场经济的改革中变成了"废墟"，在这场震荡中工人如何重新界定"我是谁？我属于哪个群体？"。改制中的工人对于单位身份和市场身份都有认同，但是对于如何重新定义并争取自己的权利仍然处于混乱的认知状态。在利益的获取和抗争问题上，国企改革唤醒了下岗工人以及农民工的主体性意识，工人不是没有能力认识到自身受到的压迫和剥削，也会利用罢工来反抗资本的宰制，但是为什么这种抗争没有转变为阶级意识？组织化的抗争运动一直存在，但其目标并非指向国企本身，而更多是国企改革的方向和激烈程度。这个值得进一步研究，尤其是家属群体。

第四，回到建工新村，为什么在一个典型的工人阶级住宅区，仍然能够发现农民的身影？对土地和耕种的眷恋，使得工业化和单位制并未改变那些来自农村的工人的农民自我认知。于是，借用费孝通的《乡土中国》英文版翻译，这些工人"from the soil"，最后"back to the soil"，成为"扛着锄头的职工"。

作者简介：姬德强，中国传媒大学人类命运共同体研究院副院长、教授；应志慧，中国传媒大学传播研究院硕士生。

---

① 沈原. 市场、阶级与社会：转型社会学的关键议题［M］. 北京：社会科学文献出版社，2007：187-188.

【十五】城乡接合部的摇摆："土味视频"的意义指向①

顾明敏

摘　要： "土味视频"是文化意义上城乡接合地带的社会交往和文化联系工具。它的流行反映出视听传播媒介从功能型消费到心理型消费的大致转型，以及大众流行文化的重心下移。在乡村重建的当下，"土味视频"传达的是阶层的区隔与相遇；同时，在城乡之间的关系性视野下，"土味视频"也成为检视新媒体技术介入中国当下城乡社会关系的文化与社会意义。

关键词： 城乡关系；土味视频；视听传播；俗文化

"土味视频"是近年随着各类短视频平台的兴起而蹿红的一种媒介文化现象，从阐释学的角度看，它是一个现象大于定义的名词。"土味"原初的意义是泥土味或是指土特产，进而引申为非城市的、乡村的、不潮流、不高级的，是"洋"和"雅"的对立面。故不难归纳出，"土味视频"这一偏正结构的词组，是指以农村或城乡接合部作为空间领域，内容粗俗、手法老套、桥段无聊的类型短视频。

关于这一文化现象的学术研究目前尚处于探索阶段，仅有的一些文献②也

---

① 原载《文化艺术研究》2019 年第 12 期。文章被中国人民大学报刊复印资料《文化研究》2019 年第 11 期全文转载。

② 近三年来，专门分析"土味视频/土味文化"的文章主要有：陈志翔的《抵抗与收编："土味视频"的亚文化解读》（2018）；王纪春、贺赵松的《浅析网络亚文化的新形式——以"土味视频"为例》（2018）；刘诗捷的《从快手到微博："土味文化"的发展历程》（2018）；郭哲一的《"土味"亚文化场域建构下的价值排斥与认同——基于 AcFun 弹幕视频网站"土味社区"的观察分析》（2018）；鲍素娥的《土味情话：小镇青年的积极生存与自我表达》（2018）；杨萍的《赋权、审丑与后现代：互联网土味文化之解读与反思》（2019）；周敏的《"快手"：新生代农民工亚文化资本的生产场域》（2019）。

主要集中于短视频的发展、青年亚文化与身份认同或"土味文化"的特征描述等。"土味视频"看似是一种粗俗的展示和猎奇的围观,然究其内核则蕴含着大量的文化与传播层面的阐释空间。有人说日新月异的新媒体技术消弭了城乡之别,提出这一看法的人似乎忽略了新媒体技术其实是城市的产物,表面上是消除差别,深层意义上其实是对中国城乡社会关系的介入。本文的研究重点是探讨"土味视频"与视听媒介转型的相互关系,以及"土味"背后的阶层表述和消费心理,在国内同类型研究当中具有独特的拓荒意义。

一、狂欢:反弹琵琶式的阶层书写

(一)"土味"的产生及其特点

根据中国互联网络信息中心 2018 年发布的第 42 次《中国互联网络发展状况统计报告》显示,我国网民以中等教育水平群体为主,初中、高中/中专/技校学历的网民占比分别为 37.7% 和 25.1%,而大专及大学本科及以上学历分别为 10.0% 和 10.6%。① 由是可知,没有受过高等教育的人恰恰是使用新媒体的人,这批人刚好对照的是小镇青年,留守青年——"土味视频"的主人公。"土味视频"的制作主体和参与主体并非大都会里的摩登青年,相反,他们大多生活在小城镇以及农村,多数人没有受过高等教育。在近三年的中国互联网络发展状况统计调查结果中,网民使用电脑接入互联网的场所,"网吧"从 2016 年的 16.3% 上升至 2018 年的 21.2%②,这与"土味视频"的产生轨迹一致,城乡接合部青年的成长环境和"网吧文化"共同成了他们的创作源泉。

此前,小镇青年鲜有机会在主流传播平台展示和言说自己,这些人在很长一段时间内处于失语状态。从乡土文学一直到乡镇题材的影视作品,底层人民都是被观看和想象的对象;而在文化娱乐层面,他们则一直处于被支配的地位,被迫地接受一些不符合自身成长环境的文化潮流。互联网短视频平台发展起来后,打破了这道闸门,将他们释放出来,宽松的新媒体文化环境让他们能够尽情地向他人分享自己的生活,展示自己的经历,甚至可以亲自打造群体专属的平台,在地缘和文化心理上不断向城市范儿靠近。

---

① 中国互联网络中心. 第 42 次中国互联网络发展状况统计报告 [R]. 北京:中国互联网络中心,2018.

② 中国互联网络中心. 第 42 次中国互联网络发展状况统计报告 [R]. 北京:中国互联网络中心,2018.

"社会摇"是"土味视频"之滥觞，以"牌牌琦""吉吉国王""面粉哥"为主要代表人物。"社会摇"的舞步并不固定，通常身体是随着节奏摇摆即可，形式上吸收了早期迪厅霹雳舞的风格，服装配置则多为紧身衣裤加豆豆鞋。相比于其他的"土味"视频内容，"土味社会摇"最癫狂、最光怪陆离，它是一种完全与城市中产审美范式背道而驰的路径与结构化表演，用身体狂欢稀释了以"雅"自居的城市罗曼司。关于身体狂欢的分析，最典型的是巴赫金（Bakhtin）提出的狂欢化理论，在巴赫金看来，"在狂欢化的世界上，一切等级都被废除了，一切阶级和年龄都是平等的"①，从这个意义上，便可理解为什么"社会摇"没有固定的动作，只需要身体跟着强劲的节奏摇摆，并配合过时的鬼步舞即可，它所照应的就是一种来自阶层的"狂欢"。质言之，就是将低俗文化以对抗的方式质疑"高雅文化"的准则。因此，所谓"摇"一来反映城乡一体化进程中，社会流动带来的阶层之间价值观和审美行为的差异和冲突；二来狂欢化的身体语言既体现了反抗的态度，也体现了融入的心愿（对抗城市审美，体现主体意识）。身体语言的艺术境界有二，分别是舞蹈表演和时装表演。从文化学意义上，身体谈论的不是身体本身，而是其文化意义，"社会摇"当中的身体符号融合了舞蹈表演和时装表演两个部分，同时，它并不会因为你洞悉了它的"坏品位"而变得乏味。相反，锅盖头、紧身短袖、皮质小脚裤、带亮片的豆豆鞋激发出了专属于城乡接合部的时尚嗅觉，进而建构出一种独特的穿着美学，这是"身体意识"的一种，这个身体是文化结构下的身体，这些身体被狂热地贡献给衣服，衣服转而又对身体极度夸耀，将许多坏品位堆砌起来便构成了正当性的"夺人眼球"。

从现代性的角度剖析，"土味视频"中的低俗和坏品位元素某种程度上是现代社会城乡人口流动的驱动力，也是底层群众嵌入新型城镇化这一过程在文化上的反映。但"土味"作为大众文化的一种表现，深度消解的大前提是对大众文化中通俗、流行与低俗三者程度的拿捏，社会主义文化建设有其教育功能，承担着文化喜闻乐见的趣味性和雅俗共赏的阶层走向，因此，"土味视频"须符应大众，与社会主义文化发展相悖的内容必须加以整改。

（二）以"味"取人的阶层社交

"土味视频"的出现顺应了情绪化、戏谑化的自媒体背景。正如微电影的出现使得普通大众参与电影事业的制作不再是一件遥不可及的高成本之事，

---

① 巴赫金. 拉伯雷研究［M］. 李兆林，夏忠宪，等译. 石家庄：河北教育出版社，1998：290.

"土味视频"也拉近了孤芳自赏与集体狂欢之间的距离。镜头前的表演不再只是受过专业教育的演员的权利,通过录制短视频,每一个人都有可能成为"表演艺术家"。虽然表演的水准参差不齐,但"土味视频"在一定程度上实现了三四线小城市、城乡接合部以及农村青年群体意愿的满足。

尽管大量"土味视频"让底层青年在媒介环境中开始主动言说,但这并不代表社会整体对权威身份和城市中产文化的尊崇渐渐转向对草根话语的认同,其中的原因就在"土味"二字上。人们之所以将这一类型的短视频冠以"土味"二字,"是因为它具有明显的乡土特点:从硬件上看,拍摄地点为三、四线小城市,乡镇,农村,且画面模糊不加过多修饰,'原汁原味'地将农田、网吧等场景展现于受众眼前;从软件上看,'土味视频'中的故事和段子老套,演员演技浮夸,无法给人带来审美享受"①。在这一段对"土味"的描述性话语中,隐含了如下几组二项对立:城市/乡镇;精致/粗糙;时髦/老套;内敛/浮夸。这一系列的对立项,从静态层面上,反映的是高雅/低俗的对立,是格调的区隔和品位的差异;在动态层面上,表现的就是两个不同阶层间价值取向与审美导向的冲突/维护。这种对立有时候是出于人们无意识的阶层文化属性,有时候也会成为一种刻意的营造,但不论怎么说,对立项的前者——城市、精致、时髦、内敛等总是处在支配性的一极。例如,参加《中国新说唱》的快手 APP 网红"giao 哥",在海选的节目放送中,选手休息区内衣着朴素的"giao 哥"与其他潮范十足的 rapper 相形见绌,很显然,这是节目制作方为了吸引观众注意力而有意识的手段,"giao 哥"作为"他者"而存在,是被拿出来制造噱头和话题的阶层符号,如同戴维·哈维所认为的"城市人一直是一种阶级现象"②,这一现象背后盘根错节的是一条"你我有别"的文化与社会鄙视链。

换言之,土味和洋气实质上是由阶层属性的文化标准确立的,并且这种标准本身存在主仆关系。在《俗文化透视》一书中,作者指出"粗俗文艺与主流文化一直是一种寄生关系。粗俗文艺不是处于一种对立的先锋位置,而是代表着亚文化进入主流文化已协商好的方式"③。借用布尔迪厄(Bourdieu)的观点,在土与不土的认知上,不仅取决于一个人在其成人生活里所拥有的

---

① 陈志翔. 抵抗与收编:"土味视频"的亚文化解读 [J]. 新闻研究导刊,2018,9(7):74,76.

② 戴维·哈维. 叛逆的城市:从城市权利到城市革命 [M]. 叶齐茂,倪晓辉,译. 北京:商务印书馆,2014:5.

③ 王逢振. 俗文化透视 [M]. 天津:天津社会科学院出版社,2002:11.

"文化资本量"，也取决于童年时代社会化过程里所拥有的"文化资本量"。"土味视频"中的主人公们，驻扎于城乡接合地带，这里同时拥有乡村的朴实气氛和"次现代"的城市景观，但他们仍对真正繁华的大都会充满想象和期待，因而"土味视频"便成了填补二者距离的造梦容器。"土味视频"看似粗俗、廉价，看似与高雅文艺对着干，但却是城乡接合部青年身份认同与文化想象的隐喻，他们用反弹琵琶的手法，努力向城市的审美旨趣靠近，在靠近的过程中，市场又将"土味"从单纯的审美和阶层角度的文化现象转变为噱头、卖点，服务于流量经济，被城市的审美范式收编，这亦是"土味"逐步从次文化汇入城市大众文化的过程。

二、透视：从"土味视频"反观视听媒介的转型

2014年11月在新浪微博上，美拍APP发起的"全民社会摇"活动相关话题微博阅读量逾2.2亿，用户在美拍社区和其他社交媒体平台构建起视听结合的视频社交圈。多渠道、多平台、多媒介化的参与式传播方式助推了"土味视频"在不同社交媒体平台的多元传播。自此以后，"土味视频"渐渐从小众走向大众，"土味视频"从原来"土味社会摇""土味歌曲"和"土味吃播"向更广泛的边界延伸，于是乎，又诞生了"土味户外"和"土味剧场"，前者主要记录乡镇日常，表现质朴的乡村生活；后者带有强烈的戏仿色彩，并逐渐成为和"社会摇"并驾齐驱的两座"土味"界的大山。如果说锅盖头、紧身衣紧身裤、亮片豆豆鞋是社会摇的视觉符号体系，那么"狗血虐恋""兄弟（姐妹）情深"、小品式的"社会语录"等极具戏剧张力的戏码则是"土味剧场"的经典叙事模式和演绎方式。

前文所述，城乡社会流动是"土味视频"产生的驱动力，文化"多元"（包含文化重心下移）是"土味视频"雅俗共赏的前提。然而，作为一种现象级的媒介文化，"土味视频"蹿红的背后还体现着视听传播技术的转型。媒介是我们感官的延伸，"我们的任何一种延伸，都要在我们的事物中引进一种新的尺度"①。技术的转型与文化的变化同时发生，"土味视频"的流行背后离不开媒介技术的发展，其中值得关注的话题则是视听媒介的转型，视听媒介变化最直观的体现是新媒体技术带来的屏幕变革。首先，近年来手机拍摄和移动互联网的蓬勃发展不但改变了移动终端的影像画幅比例，而且形塑了

---

① 马歇尔·麦克卢汉．理解媒介：论人的延伸［M］．何道宽，译．北京：商务印书馆，2000：33.

崭新的"读屏"习惯。过去的大众传媒属于告知型媒体,其传播基本上是单向的,而现在的新媒体平台更偏向于一种文化参与。其次,新的视听形式变他传播为自传播,抖音、快手、火山小视频等短视频平台上的"土味"内容鼓励人们进行各种形式的交流,交流的过程即用户参与式文化(UGC),因为"多屏",所以用户导向的群体传播成为资源配置的新路径,短视频社交平台这一载体承担了感官的容器,而"土味"内容不断发酵代表着新的视听传播形态将注意力的资源配置手段延伸到了草根阶层和小镇青年手里。再次,是"土味视频"中娱乐化的审美态度,尼尔·波兹曼(Neil Postman)指出:"一切公众话语都日渐以娱乐的方式出现,并成为一种文化精神。"① 媒介化社会中传媒所居的重要地位促成了"娱乐至上"这一审美风尚的形成,而"土味视频"既深受其影响,又是其有力的催化剂。

另一个不容忽视的方面,是大众传播技术的革新、视听传播媒介的变化打破了人们对空间的固有认知。视听媒介的转型让我们存在于由各种"影像"构筑的世界里,提供了新型的"物理空间",即空间的虚拟化与更加社会化。视听媒介转型作为透视日常生活和媒介文化的重要视角,原因在于它造就了一个"共同在场"的世界,这一空间概念因互联网的存在而变得无处不在。对鲍曼(Bauman)而言,空间之于时间是笨拙、僵化的一方,视听媒介在现代性范畴中自然是更倾向于功能主义的,然而社交媒体上异军突起的各类短视频平台,则体现出"技术不仅是一种手段,技术乃是一种解蔽的方式"②。从这个角度理解,视听传播媒介作为一种空间维度的"在世存有"却十分积极主动,且包含着一个人对待自我的方式,更大范围地讲,乃至一群人对待自我的方式。过去的大众传媒电视营构的是重视氛围与亲情的家庭文化,而时下的社交媒体创建的是强调兴趣与自我的社群文化,这种物理场景的扩张,实际上是社会纽带关系的重构。短视频中的大量"土味"内容,背后是一个庞大群体对于身份认同的追求和文化权力的争夺,它所呈现的既是群体的共同在场,某种程度上又是一种共同缺席——拟真环境里虚幻的现实感对真实的遮蔽,使人们在主体意识的追求和社会关系的重构上显得隔靴搔痒,如同深陷"楚门的世界",在虚假的真实里自我陶醉。值得注意的是,视听媒介转型带来的模糊的"在场感"容易触发网络越轨行为,由此产生的问题意识,

---

① 尼尔·波兹曼. 娱乐至死 [M]. 章艳,译. 桂林:广西师范大学出版社,2004:110.

② 马丁·海德格尔. 技术的追问 [M] //吴国盛. 技术哲学经典读本. 孙周兴,译. 上海:上海交通大学出版社,2008:305.

一是网络环境里的内容的审查与监管，二是媒介的公共性如何迎接新的挑战。

三、围观："土味视频"与大众消费心理

"土味视频"本身是浅俗、无聊的内容，无论是何种形式的演绎，几乎没有任何公共意义，但就是此类看似荒诞无聊的视频内容，却能吸引成千上万网民的眼球。以新浪微博上"土味老爹""土味挖掘机"两位博主所搬运的"土味视频"为例，每一个短视频的观看量都在十几万至几十万次，从微博评论中可以发现其中不乏许多受过高等教育或正在接受高等教育的知识分子。他们一面斥责着"土味视频"的低俗和无聊，一面又有意识地成为"围观者"中的一分子，并将其置入"生产—消费"的互动关系中。而正是这种矛盾的视觉消费选择，让"土味视频"的蹿红兼具了偶然和蓄谋的特征。

那么，无论出于主动"欣赏"还是被动地"观看"，究竟为什么有如此多的网民成为"土味视频"的消费受众呢？很明显，碎片化信息环境与颗粒化的主体意识是对移动终端时代这一语境最形象的描述，随着时下生活节奏的加快，保持长时间的专注变得越发困难，而碎片化的信息获取方式十分适合现代人分散注意力的生活习惯。碎片化信息的形成依赖于各类新兴媒体的出现，其内容通常以许多小片段的形式呈现，具有"拿得起放得下"的优势，使观看成为一桩随时随地可进行的便利之事，而不会对人们造成负担。碎片化的媒介环境使人之于其中变成了颗粒，颗粒化的主体存在愈来愈多地关注个体欲望的直接折现，而互联网的无中介感则直接让欲望变现，促使大叙事向小叙事的转变。另外，也有观点认为"我们的时代具有阶段性的无聊特征，随着物质的丰富、传播方式的变化，社会的宽容度增加，我们正在经历一个从'去个性化'向'个性化'时代转变的茫然时期。'无聊'作为一种阶段性的特征一直被我们所忽视"①。"无聊"当然是助推消费的一个因子，但物质的丰富和传播方式的变化并不能同无聊的产生构成合理的因果关系，问题的关键还是与上一章节论述的空间概念的变化有关，消费心理变化的表层是视听媒介在空间概念的转变。在鲍德里亚（Baudrillard）看来，现代社会中影像生产能力的逐步加强、影像密度加大，它所涉及的无所不在的广泛领域，把我们推向了一个全新的社会。在这个社会中，实在与影像之间的差别消失了，日常生活以审美的方式呈现了出来。与此同时也带来人与人之间崭新的"共在"感，然这种"共在"感充盈着媒介营造的虚无和符号的满溢，因此，

---

① 尤红梅. 触摸"芙蓉姐姐"背后的大众心理 [N]. 中国经营报，2005-07-09.

这一庸俗性就使得它没有办法真正做到歇斯底里。人们在"土味视频"上的象征性消费其实是媒介对群体和个人身份侵蚀的结果，使我们不得不将自己指派为新的反身符号，既腹诽"土味"的粗俗，又敦促着自己养成"审土"的能力，并为这个过程买单。

我们所生活的世界从工业革命时期的产能过剩，演变至如今消费推动社会发展。"消费语境不断扩大，已经远远超出零售的限制范围"①，"土味视频"的出现顺应了视听媒介转型的背景，媒介的微化造就了视觉偏执的时代，视觉消费是对传统消费关系和消费心理的解构，它包含购买活动，但又不仅限于购买活动。"土味视频"的内容往往是一段生活场景或是单个故事片段，而非一个完整的剧情故事，这和新媒体环境下人们阅后即焚的触媒习惯和消费需求不谋而合，是一个巨大的消费市场。自 2017 年以来，阿里、腾讯、新浪、今日头条接连以上亿的资产投资运营短视频，让越来越多的互联网用户加入"土味文化"的消费群体中，捕捉更多的注意力资源，完成流量的变现，使"土味文化"发展为"土味经济"。

总而言之，移动互联网时代的"土味"内容，通过微博、快手、抖音等 APP，实现了生产者和消费者、解构者的第一次对话。哪怕是隔空对话，生产者终于知道自己的"土味"具有怎样的价值，并且根据消费者的需求不断摸索新的内容和商业模式。尽管"土味视频"刺激或者说迎合了正在转型的消费者市场和消费心理的变化，但"土味"内容的生产者却常常处于缺席状态，反倒是城市群体单方面的猎奇和围观成了这一文化现象的另类代言，因此，"土味"虽然爆红一时，但是否能够形成真正的文化群落和商业价值则有待进一步研究。

结语

"土味视频"不光是带有阶层属性的文化表达和大众视觉消费的心理满足，它还是城乡接合部这一物理空间变动过程中，文化空间的重组与表达。重组的背后是对"土味视频"中低俗元素和扭曲价值观的整改，是去粗存精的过程。所谓"城乡接合部"，其现实的状态是文化趣味上依旧明确的趣味区隔和乡镇青年对城市时尚的模仿；其理想的状态则是城乡文化的融合或城乡文化的"结合"，让"土味"成为一种新的富有生命力的表达方式与美学趣

---

① 马克·D. 雅各布斯，南希·韦斯·汉拉恩. 文化社会学指南［M］. 刘佳林，译. 南京：南京大学出版社，2012：140.

味，呈现出人民喜闻乐见的文化内容。值得注意的是，"土味视频"作为一种文化上的"进击"，虽然介入了经典马克思主义以阶级为主导的社会结构与社会关系，但作为城乡融合的表征，"土味"的流行是否能够嵌入劳动关系和社会生活变迁之中，是否能在乡村振兴的语境下，与诸如"缙云烧饼"为代表的乡土产业有机融合，书写新的城乡关系图鉴，仍然是一条未完成但值得探索的道路。

作者简介：顾明敏，加拿大西蒙菲莎大学传播学院博士研究生。

【十六】中国共产党早期乡村革命传播：完善中国新闻传播研究的地方逻辑起点①

赵月枝

新闻学是习近平总书记在《哲学社会科学工作座谈会上的讲话》中所列的"对哲学社会科学具有支撑作用"②的 11 个学科之一。作为一个有很强政治性和意识形态属性的学科，中国新闻传播学一方面有丰富的 20 世纪中国革命理论和实践根底，另一方面又深受西方自由主义新闻观的影响和美国冷战传播学的冲击。进入新时代以来，新闻传播学如何自我完善和自主创新，在打造具有中国特色和普遍意义的学科体系的重任中做出贡献，就成了当务之急。本文站在理论、历史和实践逻辑相统一的高度，从大处着眼，小处着手，提出新闻传播学自我完善和自主创新的三条相互联系的路径：学科建设上走新闻学与其姊妹学科传播学的整合融通之路，理论构建上走从全球视野中 20 世纪中国革命内在视野出发的守正创新之路，历史范式上走根植中国革命在地实践的学术主体重构之路。

具体而言，就是通过对"否定之否定"这一事物发展辩证逻辑的主动把握和能动运用，在学科建设层面"反转"40 多年来新闻学事实上被传播学边缘化的倾向，建设理论、历史与实践逻辑相融合的新闻传播学科，从而完成"构建融通中外的中国新闻传播学知识体系"③的使命；要实现这一融合，就

---

① 原载《西南政法大学学报》2023 年第 1 期。

② 习近平．在哲学社会科学工作座谈会上的讲话（全文）[EB/OL]．新华网，2016-05-17．

③ 高晓虹，涂凌波．当代中国新闻传播学研究的范式创新与理论追求 [J]．新闻记者，2022（5）：7．关于中新闻学和传播学融合发展中的"否定之否定"逻辑，笔者已有讨论，此文是以往讨论在地方新闻传播历史研究层面的落实与深化。相关文章见：赵月枝．否定之否定？从中外传播学术交流史上的 3S 说起 [J]．国际新闻界，2019（8）：6-37；赵月枝．新时代呼唤中国传播学范式转型——兼谈斯迈思的开创新贡献 [J]．新闻记者，2022（5）：18-23．

需要超越西方中心主义历史观，从 20 世纪中国革命的内在视野出发，把中国新闻学所秉持的马克思主义中国化理论框架延伸到更广泛的、20 世纪 80 年代从西方引入后一直面临"本土化"挑战的传播学领域。而这一融合的历史根据，即中国共产党在领导 20 世纪革命过程中的在地新闻传播与文化领导权建设实践，尤其是中国共产党在最广大的农村地区的宣传动员与新闻传播实践。对于本文来说，就是在刚刚过去的 2022 年纪念延安《解放日报》改版和《在延安文艺座谈会上的讲话》发表 80 周年，重温作为 20 世纪中国革命事业一部分的新闻事业和文艺事业发展历史之后，以案例研究的形式，挖掘中国共产党在浙江缙云这样一个浙西南山区小县的新闻宣传、革命传播与文化领导权建设历史，阐发其对新闻传播学科融合发展的意义。回到学科发展的历史辩证法角度，这是一个以在 20 世纪中国革命中成功把西方资产阶级新闻学"本土化"了的中国特色马克思主义新闻学在理论立场上的"正"，校正包括美国主流传播学在内的 20 世纪美国冷战社会科学以及各种西方理论在中国所产生的"反"，以实现中国新闻传播学在 21 世纪马克思主义理论立场上的"合"的过程。这也必然是中国新闻传播学在彻底克服西方中心主义、媒介中心主义和城市中心主义基础上，建立自己的历史主体性的过程。

一、扩展学科研究范围：从印刷资本主义到中国乡村革命传播实践

完善新闻传播学一个不言自明的起点，是拓展其研究的时空范围和覆盖领域，即把研究对象扩展到传统新闻业之外的更广阔的人类社会传播现象。毕竟，作为一个从西方舶来的学科，新闻学最初的研究对象是源于西方都市的现代新闻业，更具体地说，是现代西方资产阶级报业。然而，作为有组织、有规模、有目的的传播活动，以西方现代资产阶级报业为起点的新闻事业至今不过 500 余年的历史，而新闻事业作为一种特定形式的社会传播行为，却同整部人类历史一样悠远而古老，[①] 是人类社会更基础、更广泛的社会交往与意义生产实践。

正因为当代中国新闻传播学是在马克思主义中国化的过程中在对西方资产阶级新闻学的批判基础上发展起来的，它在学科发展过程中就不可避免地有路径依赖的问题。然而，正如人类的传播活动远远比新闻业更加广阔一样，中国共产党领导中国人民进行社会革命和现代化国家建设中的组织、宣传与

---

① 李彬. 现代传播探源 [J]. 现代传播–北京广播学院学报, 1995 (2)：1-8；李希光. 有关新闻学学科建设的五点思考 [J]. 开放时代, 2022 (1).

社会传播实践，无论在内容和形式上，还是在时空领域与覆盖范围上，都远远超出了资本主义新闻实践和新闻业的发展。这一点，在中国共产党把革命重心转移到广大的农村，开始面对广大文盲和半文盲的农民群体之后，尤为显著。正如徐勇观察到的那样：以马克思列宁主义武装起来的党都具有组织和宣传的两大功能。特别是中国是一个农民占大多数人口的国家，对广大农民的宣传是中国共产党的重要使命。中国共产党将革命重心由城市转移到农村之后，更加重视对广大农村人口的组织和宣传，"宣传下乡"也由此启动。①

通过"宣传下乡"，中国共产党将宣传延伸到广泛而分散的乡土社会，完成了辛亥革命和国民革命没有能完成的、把农民组织起来和实现对农民思想意识进行改造的使命。这种"开天辟地将阶级意识带入乡土社会"的努力，让农民由一个自在的阶级上升为一个自为的阶级，成为"具有阶级意识和阶级觉悟的革命阶级"。② 这是中国共产党在马克思主义中国化过程中的一个创造，也是20世纪世界革命实践中，中国共产党不同于苏联和东欧共产主义运动的一个创造。③ 更重要的是，源于革命过程的"宣传下乡"实践，在革命后的社会主义改造和社会主义建设过程中延续了下来，只是其内容主要在于强化农民的集体主义和社会主义国家意识。从20世纪50年代初的农民读报组、农村俱乐部到后来的流动电影放映队和农村有线广播，新闻活动和更广泛的人际传播、组织传播、文化宣传与思想教育活动，一直是融合在一起的，而诸如戏曲这样的传统乡土文化形式也在创新性发展和创造性转型过程中服务于国家的组织动员和宣教目标。也正是通过这样的融合性与创新性乡村传播和宣教实践，国家、集体先于个体的意识，"开始进入农民的日常生活和心理活动之中"，④ 新中国农民的"集体主体意识"得以生成。⑤

当然，这种集体意识不是独立的存在，而是通过中国共产党领导农民在

---

① 徐勇."宣传下乡"：中国共产党对乡土社会的动员与整合［J］. 中共党史研究，2010（10）：17.

② 徐勇."宣传下乡"：中国共产党对乡土社会的动员与整合［J］. 中共党史研究，2010（10）：17.

③ PERRY E J，LU H. Narrating the Past to Interpret the Present：A Conversation with Elizabeth J. Perry［J］. The Chinese Historical Review，2015，22（2）：160-173.

④ 徐勇."宣传下乡"：中国共产党对乡土社会的动员与整合［J］. 中共党史研究，2010（10）：18.

⑤ 沙垚. 新中国农民文化主体性的生成——基于20世纪50年代关中农村皮影戏的实证研究［J］. 开放时代，2016（5）：181-191.

革命和建设的具体实践中淬炼出来的。从历史唯物主义的立场出发，如果革命是以土地改革为核心的变革"生产关系"的实践，那么，建设就是以"改天换地"为核心的提高"整体生产力"的实践。只有在这个过程中，组织起来的农民的主体意识和主观能动性才能得到发挥。也只有在这个过程中，农民才能从分散的、单打独斗的、"靠天吃饭"的脆弱个体，甚至灾荒之中的"流民"变成有历史主体性的进而有"敢教日月换新天"豪迈气概的人民。这个组织者和动员者，就是以马克思列宁主义原则组织起来的中国共产党。正是在这个过程中，"党性"和"人民性"才达到高度的统一。这一点，在20世纪60年代新闻媒体围绕焦裕禄的典型报道中得到了充分的体现。作为一个"县委书记的好榜样"，焦裕禄是共产党人党性的化身，是共产党干部通过走群众路线，激发群众的主体意识，依靠动员起来的集体力量，实现战胜灾难目标的典范。焦裕禄提出的"没有抗灾的干部，就没有抗灾的群众""干部不领，水牛掉井"这样既深入浅出又富含理论内涵的表述，诠释了共产党干部与群众，党性与人民性之间的关系——人民性是党性的基础，党性高于人民性，两者在焦裕禄领导兰考人民抗灾自救，通过治理风沙、盐碱、内涝"三害"提高"整体生产力"的斗争中体现出了一致性。焦裕禄刚到兰考时带领班子成员在火车站看到的无助灾民和流民，变成抗灾劳动场面中组织起来的人民。他的灵柩运回兰考时，十万群众自发相送的令人震撼的场面，是他和人民的血肉联系在情感层面的升华。在更广阔的媒体与文化生产领域，曾经成为一代人集体记忆的《龙江颂》，更是在福建漳州龙海干部群众"让水，不争水"真实故事的基础上，提炼出了团结协作、无私奉献、顾全大局、舍己为人的"龙江精神"。围绕"龙江精神"的宣传，涵盖了从口头文学到地方戏、话剧、电影、连环画、歌曲以及新闻报道等各种形式，构成了一个时代的真正融合式的全媒体传播现象。①

　　总之，部分由于作为一个以欧美"印刷资本主义"中的新闻业为研究对象的西方现代学科本身的局限性，中国新闻学的主流依然很难克服其研究对象被局限于新闻事业本身的问题。其结果是，新闻业之外的中国共产党更丰富的宣传动员与社会文化传播实践，尤其是针对大量的文盲和半文盲农民的组织传播活动和各种基于标语口号、人际传播、开会、"诉苦"、"工作队"以及其他文化形式的传播实践和思想建设机制，如果不是"自然而然"地被

---

① 赵月枝，白洪谭. 文艺"剧中人"与历史"剧作者"——《龙江颂》剧组在葛隆大队的经历 [J]. 重庆大学学报（社会科学版），2022，28（4）：162-171.

排斥在了中国新闻学主导历史范式的叙述之外，也是一直处于边缘地位。单单用传统新闻事业史的考察方式去研究中国共产党如何在乡村实现革命动员的传播活动是无法想象的。考虑到中国革命走的是农村包围城市的道路，其所依靠的主要力量是几乎被基于都市的现代新闻业排斥在外的广大农民，这不能不说是中国新闻学研究的一个偏颇。从论从史出的角度，新闻史范式的偏颇，也不可避免地影响新闻理论。也正是这个偏颇，遮蔽了对中国道路和中国社会转型动力机制更加全面的认识。

二、重构中国新闻传播学的理论框架：从中国革命的内在视野再出发

20世纪80年代初传播学的引入，原本是可以扩展中国新闻学的研究视野的。然而，以美国实证传统为"主流"的传播学之所以在中国登堂入室，边缘化了秉持马克思主义政党的宣传与组织动员传统，当时甚至被认为走进了"死胡同"的本土新闻学，[①] 除了美国实证传播学"去政治化"和"去宣传化"[②] 的"科学性"之外，无疑也有其更广泛的研究对象和更宏大的研究视野的吸引力。事实上，恰恰因为美国主流传播学的冷战社会科学背景及其在中国被引进时弥漫于思想界的"告别革命"和"解构革命"意识形态氛围，中国传播学研究者很少从马克思主义中国化视野下的20世纪中国革命内部视角出发来研究中国共产党的宣传动员与社会传播历史，而这个学科的媒介中心主义和城市中心主义倾向，则更进一步遮蔽了中国共产党在农村的组织传播与宣传动员历史。

需要指出的是，正如美国主流传播学中的现代化理论和"传播与发展"范式从一开始就从如何防止类似中国革命这样的共产主义革命蔓延到其他亚非拉国家的角度来聚焦乡村发展问题[③]，有关中国共产党宣传和群众动员历史与现状的研究，包括聚焦乡村的研究并不缺乏。毕竟，这是包括美国实证传

---

① 李彬. 反思：传播研究本土化的困惑 [J]. 现代传播，1995（6）：7-9. 关于中国历史传统中的新闻学学科与话语体系重构，参见：李希光. 有关新闻学学科建设的五点思考 [J]. 开放时代，2022（1）：93-97.

② 有关二战以后发展起来的美国主流传播学是如何把"宣传"一词污名化的分析，中国新闻传播学界已有广泛的讨论，参见刘海龙. 宣传：观念、话语及其正当化 [M]. 北京：中国大百科全书出版社，2013；吴畅畅. 施拉姆的学术遗产与传播学四大奠基人的神话 [J]. 国际新闻界，2019（8）：52-80. 此处所引用的"去宣传化"一词，参见李希光. 有关新闻学学科建设的五点思考 [J]. 开放时代，2022（1）：93-97.

③ 赵月枝. 否定之否定？从中外传播学术交流史上的3S说起 [J]. 国际新闻界，2019（8）：6-37.

播学在内的国外冷战社会科学的重要组成部分。这些研究不但一直是美国学者主导的国外中国政治学、历史学和新闻传播学研究的主流，而且延续至今。新西兰坎特伯雷大学政治与传播学者玛丽·布雷迪（Ann Marie Brady）的相关著作就是这一传统在新冷战语境下出现的进一步政治化甚至"武器化"发展的代表性案例。① 在布雷迪的研究中，中国共产党的新闻宣传动员系统和思想工作不仅因吸纳了现代公关和市场营销术而成了更加无所不在的宣传机器，而且已经渗透到国外，"威胁"到了西方国家的新闻与学术自由，甚至其国家安全。②

　　不可否认的是，美国的冷战社会科学框架和更广泛的西方社会科学理论，尤其是以福柯（M. Foucault）为代表的各种后现代主义、后马克思主义和后结构主义理论，也影响了中国新闻传播学者对中国共产党新闻宣传历史研究的立场、观点与方法。这些研究在超越传统新闻学研究视野方面无疑颇有开拓性。然而，无论是源于这些研究所依靠的西方批判社会理论中假定的（资产阶级）国家与社会的对立框架，还是源于这些研究者本身对中国语境下的国家与社会、集体与个人对立框架的假定，抑或是两者的结合——毕竟，对理论框架的选择，隐含着研究者学术立场的选择，这些俨然以"客观中立"和追求"学理性"的社会科学面貌出现的传播学研究，无不以被抽空阶级实质的、"外在的"国家权力对个体的宰制与规训为归宿。中国革命过程中的人民主体、中国共产党与人民的关系、群众路线，以及中国革命给民众带来的"翻身"体验、阶级解放与个体赋能意义，已经被消解，甚至被颠覆了。虽然这些研究无一不以理论创新为己任，但它们在实质上并没有超越"西方理论、中国经验"的套路。这样的研究，除了强化中国新闻传播学界对西方理论的依附，进而成为西方理论殖民的内在化表达之外，很难承担起发展基于中国经验的、有普遍意义的中国新闻传播学重任。

　　总之，作为在近现代革命和改革的复杂变奏中先后从西方引入的学科，新闻学和传播学两者之间在中国的独特关系意味着：经历了中国革命改造、

---

① BRADY A M, Magic Weapons：China's Political Influence Activities Under Xi Jinping［M］. Washington, DC.：Wilson Center, 2017.

② 除了出版学术著作，布雷迪还作为专家向美国国会提供有关中国宣传活动及其对美国国家安全影响的证词。见 Anne Marie Brady, Testimony of Associate Professor Anne-Marie Brady, School of Political and Social Sciences, University of Canterbury, Christchurch, New Zealand：US-China Economic & Security Review Commission：China's Propaganda and Perception Management Efforts, Its Intelligence Activities that Target the United States, and the Resulting Impacts on US National Security, April 30, 2009.

有马克思主义立场的新闻学由于研究对象的局限和研究范式的僵化与教条化
而对中国共产党主流新闻事业之外更广泛的宣传动员和社会传播现象关注不
够。而一些有更广泛的传播学视野的研究，则往往因为历史虚无主义的"政
治无意识"或其他原因被这一学科主流的非马克思主义甚至反马克思主义立
场所左右。毕竟，传播学在 20 世纪 80 年代初成为挑战意识形态鲜明的中国
共产党新闻学传统的"利器"的一个重要原因，恰恰是因为其以"普世"面
貌出现的非马克思主义，甚至反马克思主义学术取向。而以福柯为代表的后
结构主义理论、勒庞的"乌合之众"理论等形形色色的西方批判理论直接应
用于 20 世纪中国的结果是：不但这些产生于特定西方语境的理论被赋予了
"普世"的解释力，而且中国社会也无形之中被等同于这些理论所根植的资本
主义社会了。这样一来，中国与产生这些理论的"西方"的结构性关系以及
20 世纪中国革命与建设实践于世界的意义——包括中国革命本身对 20 世纪世
界秩序的改变和对包括福柯在内的西方学者的显性或隐性、正面或负面理论
影响，① 更遑论当下中国在世界中的结构性位置及其能动性，也就自然被排斥
在这些研究的问题意识之外了。也恰恰因为如此，这些研究无法从中国共产
党的二十大报告所总结的"中国共产党为什么能，中国特色社会主义为什么
好，归根到底是马克思主义行，是中国化时代化马克思主义行"② 的高度来
阐释中国所走过的道路。

　　更值得关注的是，在这些研究中，中国共产党所主导的 20 世纪社会革命
和建设实践本身，是被视为没有"理论性"的——毕竟，上文所讨论的研究
案例和其他各种把当代西方理论当作解释中国实践的研究的一个不言而喻的
前提是，中国是一个"未经理论化"的对象，因而，中国的实践——不管是
革命年代大生产运动中的话语实践以及由此开创的中国新闻传播学中的典型
报道模式，还是建设年代的流动电影放映实践，是需要用西方社会科学理论
来阐释的。然而，正如汪晖所讨论的那样，"20 世纪中国的理论形态主要是
战略、策略探索和围绕战略、策略探索而展开的历史分析——即实践方略的

---

① 正如笔者在别处已经论及的那样，"正如东西方文明一直是在交融中互鉴与发展的，作
　为 20 世纪国际共产主义运动产物的中国革命和社会主义实践，从来没有外在于源于二
　战期间的战争宣传研究并在冷战初期得到建制化发展的传播学，不管是施拉姆所代表的
　美国'主流'传统，还是斯迈思所代表的北美'批判'传统，不同的是其中对社会主
　义道路的政治立场"。更多讨论，参见赵月枝. 新时代呼唤中国传播学范式转型——兼
　谈斯迈思的开创性贡献 [J]. 新闻记者，2022（5）：21.

② 习近平. 高举中国特色社会主义伟大旗帜，为全面建设社会主义现代化国家而团结奋
　斗——在中国共产党第二十次全国代表大会上的报告 [EB/OL]. 人民网，2022-10-16.

形式——呈现自身的"①，离开中国革命内在的视野，也就难以把握失败与胜利之间的辩证关系，而毛泽东从胜利走向胜利的"胜利哲学""是一种将自身全盘地融入集体斗争而产生的历史思考，亦即革命主体的战略思考"。② 中国革命是 20 世纪国际共产主义运动的一部分，是建立在马克思列宁主义对帝国主义世界体系分析基础上的。从中国革命战略的内在视角出发，不仅"牺牲和悲剧被置于制胜的行动纲领中加以考量"，而且失败是这一哲学的"逻辑起点"意味着"在困境中重新识别'薄弱环节'，寻求克敌制胜的战略和策略，进而在创造新的形式的过程中重建敌我关系的进程"。最为关键的是，"这一进程实际上正是重建自我或主体的过程"。③ 由此引申开来，无论焦裕禄这样的革命与建设主体的言行被构建成宣传话语的实践，还是读报组、流动电影放映队、有线广播、农村文艺宣传队等各种基层传播与群众文化形式，其本身是具有 20 世纪中国革命的理论性的。

　　总之，从汪晖建立的对 20 世纪的历史主体意识和中国革命与政治的逻辑出发，我们可以得出如下的结论：作为 20 世纪中国革命事业一部分的"无产阶级新闻学"先被反共冷战传播学冲击，后被更广泛影响也更深远的西方后现代主义、后马克思主义和后结构主义理论解构的结果，必然是中国新闻传播学术主体性的扭曲与置换。那么，如何去寻找真正"内生"于中国实践的、"与中国社会大转型、新传播革命相匹配的大理论"④？ 实际上，如果我们能真正做到"思想解放无禁区"和克服历史虚无主义与改革开放以来西方知识体系的殖民化影响，那么，甚至可以说从一定角度，我们已经陷入一个"抱着金娃娃要饭"或者"骑驴找驴"的悖论中了。也就是说，如果我们不是把理论与实践割裂开来，如果我们接受汪晖关于 20 世纪中国革命本身就具有理论性的分析，如果我们意识到韩国作为二战以后美国在东亚的依附国及其在 20 世纪冷战的"那一边"的地缘政治地位，如果我们相信 21 世纪中国的理论与实践不可能与 20 世纪中国革命的理论与实践相割裂，那么，我们除了续接 20 世纪中国革命所开创的马克思主义中国化理论与实践，在马克思、恩格斯创建的历史唯物主义传统中守正创新与融通中外，还有什么别的选择吗？如果说，过去 40 多年来，我们从眼花缭乱的西方学术场中只抓回了一手"副

---

① 汪晖. 世纪的诞生［M］. 北京：生活·读书·新知三联书店，2020：42.

② 汪晖. 世纪的诞生［M］. 北京：生活·读书·新知三联书店，2020：75.

③ 汪晖. 世纪的诞生［M］. 北京：生活·读书·新知三联书店，2020：75-76.

④ 张涛甫. 立足中国现场，回应时代之问——兼论中国新闻传播学的主体性问题［J］. 新闻记者，2022（5）：16.

牌",而没有"王炸",那是因为我们自废武功,在游戏开始之前,就把原来已经在手中的历史唯物主义这个"王炸"当"底牌"压掉了。正如胡靖所言,"理论与方法的选择直接决定着基本的判断与结论",而历史唯物主义"是一个最经得起历史检验的社会科学理论、方法与进路"。①

三、地方宣传史在重建中国新闻传播学中的基础作用:以浙江省缙云县为例

今天,面对"无社交,不新闻"的"后真相"时代和世界百年未有之大变局与新传播革命的交集,中国新闻学要提升与完善,中国传播学要"转型升级""再出发"②,就迫切需要结束彼此在中国改革开放过程中因特定学科发展历史和学术政治原因的割裂状态,在切实解决"新闻学研究与传播学研究的融合问题"的基础上,构建融通中外的中国新闻传播学"三大体系"③,即国务院学位委员会1997年颁布的《授予博士、硕士学位和培养研究生的学科、专业目录》中作为这两个"二级学科"之上的"一级学科"存在的"新闻传播学"的学科体系、学术体系和话语体系。毕竟,"新闻传播学作为哲学社会科学体系中的一部分,也作为一个统一的学科面貌出现"。更何况,从认识论的角度,把"中国新闻学"当作"特殊性知识体系"来对待,而将"传播学当作一般性、普遍性的知识体系,似乎传播学的知识层级更高",是对西方形而上学在普遍性与特殊性关系问题上的一个误区的反应④,更遑论这种认识背后的西方知识体系霸权。这种霸权导致的结果是,虽然"中国共产党通过宣传舆论的手段,把一盘散沙的中国人民组织起来,成功地领导中国革命和中国建设一百年","但是我们的新闻学界却无法用中国精深而丰富的语言文字从理论上总结,而是越来越多地使用西方语言和概念描述中国经验和走过的道路",从而形成一种"思想文化的逆差"。⑤ 实际上,正如前文论述中揭示的,用西方各种非马克思主义、后马克思主义和反马克思学术框架解释中国走过的道路的结果,不是贸易量意义上的"逆差",而是这一道路在道统

---

① 胡靖. 整体性、组织化于集体经济原理 [M]. 北京:中国经济出版社,2020:1.
② 胡正荣. 面向未来,转型升级——中国传播学再出发 [J]. 新闻记者,2022 (5).
③ 高晓虹,涂凌波. 当代中国新闻传播学研究的范式创新与理论追求 [J]. 新闻记者,2022 (5):8-9.
④ 高晓虹,涂凌波. 当代中国新闻传播学研究的范式创新与理论追求 [J]. 新闻记者,2022 (5):8-9.
⑤ 李希光. 有关新闻学学科建设的五点思考 [J]. 开放时代,2022 (1):94-95.

层面的解构和中国新闻传播学术主体性的扭曲。

要真正让新闻学与传播学有机融合起来，需要在克服历史虚无主义的基础上做学科"再政治化"努力。这意味着将直面汪晖所讨论的作为"20世纪的衰落"的体现的"总体性理论与具体实践之间的有机联系的逐渐瓦解"这一挑战，在一个危机叠加的时代，寻找解放性理论与实践相结合的"新的契机"。① 对于新闻传播学来说，在危机中求"转机"②，需要理论反思与基于历史逻辑和实践逻辑的田野研究的有机结合。也正是基于这样的考量，本文从"不忘本来"和"根植实践"出发，以笔者生长的浙江省缙云县——这个在中国新闻事业史叙事中不可能有任何地位的小小山区偏僻县域为案例，丰富对中国新闻传播史中中国共产党在乡村革命的组织传播与宣传动员史的认识。本文希望这种从中国革命内部逻辑对地方革命组织和宣传动员历史的挖掘与打捞，能让中国新闻传播学科在"落地"乡土中国的过程中，让中国共产党的新闻事业史与革命传播史在具体实践中融为一体，从而为统筹20世纪中国革命和建设过程中的新闻传播史研究提供路径支持，为奠定新闻传播学范式创新的历史与实践基础提供一块可供参考和可以复制的基石。

从一定意义上，浙江缙云是一个从地方层面融通中国共产党新闻传播历史研究的"理想类型"。一方面，作为一个在国民党统治的江浙核心地带的一个山区县域，缙云并没有"显赫"的革命组织、武装斗争和宣传动员历史。另一方面，作为以浙江省丽水市为核心的浙西南革命老区的一部分，缙云在土地革命战争时期是中央军委序列的全国14支红军之一的红十三军的策源地和游击中心区域之一、红军挺进师活动的重点地区之一，以及浙东游击根据地的中心驻地。抗日战争后期至解放战争时期，缙云是中共处属特委（今丽水市委前身）领导机关所在地和"浙江壮丁抗暴自救军第三总队"的成立地和主要活动区域。无论从解放前夕缙云县党员总数，还是从"革命斗争的连贯性、党组织发展的普遍性、群众发动的深入性"等方面，缙云的革命发展在浙江省全省"都属于比较突出的县"。③ 缙云的山沟沟和村野农舍里，留下了宝贵的革命记忆，包括革命宣传动员和中国共产党地方新闻传播史的遗产。本部分的历史资料来源包括地方党史和民间地方革命历史研究者的文章，访

---

① 汪晖：世纪的诞生［M］．北京：生活·读书·新知三联书店，2020：42.

② 在这方面一个较早的理论努力，可参见赵月枝，吕新雨．传播研究新视野：危机与转机［M］．上海：华东师范大学出版社，2019.

③ 李一波．序［M］//中共缙云县委党史研究室．中国共产党浙江缙云历史：第一卷（1927—1949）．北京：中央党校出版社，2021：1-2.

问革命后代和地方文史专家，参观村史陈列和地方革命遗址与革命历史纪念馆。[①]

本文力图从 20 世纪中国革命的内在逻辑出发，在县域革命史的框架中，打捞任何与新闻、传播与文化宣传相关的内容。本部分涉及的新闻传播活动包括新闻报道、书报流通、报刊出版、传单与标语口号、信息情报、人际传播、组织传播、文化活动等各个方面。以史论结合的方式，围绕以下几个方面讨论：知识分子的理论武装与组织传播在整个革命事业中的先导地位，不同类型的新闻传播活动在地方革命传播活动中的地位，革命宣传与整个革命斗争策略的关系，革命传播与乡村民众组织、日常流动、传统文化实践的有机融合。

（一）理论武装与组织传播在革命事业中的先导地位

1919 年五四运动爆发时，缙云许多学校都收到上海、杭州寄送来的传单和宣言，并组织起"缙云学生联合会"开展抵制日货行动。共产党成立后，《新青年》《向导》等刊物通过邮路寄到缙云，在缙云进步青年中传阅。县城的"王富春"书店则有《资本论》等共产主义相关书刊出售。得益于浙江共产党组织的重视，浙江 54 个县有 581 名黄埔军校前五期学员，其中包括蔡鸿猷等 21 名来自缙云。作为缙云最著名的共产主义革命先驱，蔡鸿猷经常将书信和进步书籍通过县城春雨堂药店转寄给亲人、同学和朋友阅读，"对缙云进步青年接受革命思想启蒙和教育起到了重要作用"[②]。

中国共产党地方组织在缙云的建立本身，就是出于浙江的共产党组织内部传播的需要。1927 年，蒋介石发动"四一二"反革命政变后，江浙沪地区氛围紧张，许多共产党组织都遭到破坏被迫转为地下。这一年 8 月，位于缙云北面的中共永康临时县委的邮路被国民党查封，不能寄信到杭州的中共浙江省委机关。永康临时县委特派徐宝莹以缙云县立女子小学教员身份到缙云建立秘密交通站，开辟了一条从永康到缙云再到杭州的秘密交通邮路。此后徐宝莹与另一位从永康派过来的女党员陈珠玑在缙云结识了一批参加过响应五四运动的进步青年，以爬山游玩为掩护，组织他们学习共产主义思想，发

① 中共缙云县委党史研究室. 中国共产党浙江缙云历史：第一卷（1927—1949）[M]. 北京：中央党校出版社，2021. 清华大学马克思主义学院博士生曾泽宇曾在笔者的指导下，以缙云的革命宣传历史和红色文化为题，完成了其在清华大学新闻传播学院的硕士论文。本文在准备的过程中，也得到了曾泽宇的部分资料整理支持。特此感谢。

② 中共缙云县委党史研究室. 中国共产党浙江缙云历史：第一卷（1927—1949）[M]. 北京：中央党校出版社，2021：22.

展党员，建立组织。1927年11月，缙云地面上的第一个党组织——中共五云镇支部在缙云县五云镇成立，归属永康县委领导，负责永康县委与中共浙江省委之间的通信联系。同月，中共浙江省委在缙云县建立了中共缙云县特别支部。1928年7月，根据上级指示和缙云党组织发展情况，缙云县特支改建为中共缙云区委；同月，中共浙西临时特委委员兼永康县委书记邵溥慈视察缙云县党的工作开展情况。邵溥慈到来后，十分重视党员发展和宣传工作，他教唱《国际歌》，在调查了解缙云"农村土地、农民经济、地主恶势力以及城镇店员数量等情况"[①] 的基础上，编写了《工作方略》和《宣传方略》来指导各支部党员学习。共产党骨干以教师职业为掩护，他们白天教书，晚上走村串户，在贫苦农民中秘密传阅从广州带回的《向导》《红叶》等共产党刊物及内部文件，宣传党的主张。到1929年年底，缙云就有31个党支部，300余名党员，建立起了联系浙西、浙南的秘密交通线，并建立了红军游击队，开展游击斗争。1930年5月，中国工农红军第十三军及第一团在永嘉县成立，缙云的红军游击队被编入该团。在中共中央"赤化浙江"思想和攻占中心城市道路指导下，红十三军于1930年8月30日占领缙云县城，烧毁国民党县政府内的公文契据和土地陈报册籍，在县政府门口等处张贴告示，宣传共产党和红军实行土地革命和建立苏维埃政府的主张。虽然红军在两天后就主动撤离缙云县城，但刚组建的一支以农民为主体的革命武装，就能占领一个县城，在当时还是产生了重大的政治和军事影响。红军占领缙云县城的消息，不但很快传到了上海，而且以《浙南红军占领了缙云》为题，通过中共中央机关报《红旗日报》传到莫斯科。[②] 尽管如此，攻占中心城市的道路早已被证明走不通。不过，对于缙云地方来说，红军驻扎缙云县城两天两夜期间纪律严明、爱护百姓的作风，却也成了红军形象的最好宣传。

（二）新闻传播活动在地方革命传播活动中发挥重要作用

如果秘密情报和交通线是革命事业中最为重要的传播生命线，那么，报刊出版事业次之——这也是传统革命新闻事业史叙事的主体。不过，在缙云，革命年代由党组织主办的（党内）报纸刊物非常有限，只有1928年中共缙云县委油印刊物《新缙云》、1940年中共缙云县工作委员会半月刊《普化》，以及1949年3月由雪峰山路南党组织创办的日报《新路南报》。其中，《新缙

---

① 中共缙云县委党史研究室. 中国共产党浙江缙云历史：第一卷（1927—1949）[M]. 北京：中央党校出版社，2021：33.

② 中共缙云县委党史研究室. 中国共产党浙江缙云历史：第一卷（1927—1949）[M]. 北京：中央党校出版社，2021：70.

云》由公开身份是白竹小学教员的壶镇镇雅施村党支部书记应一心不定期秘密出版了 10 期，内容包括转载从外地寄来的《向导》《资本论》《共产党宣言》《社会发展简史》"二五减租条例"《农民协会章程》以及党内通讯等内容，以及"就地取材编写既通俗易懂，又能反映农民疾苦的歌谣、散文，摘录古典诗词"等。① 《普化》是 1940 年由中共缙云县工作委员会创办的党内宣传刊物，由被党组织派到缙云以教师身份开展工作的上海党员陈瑞绍在仙都中学带领两名党员教师编辑，大概半个月出一期，出版了 10 余期，宣传有关抗日和抗日民族统一政策的内容，登载有关抗日的重要时事、消息、评论、教育界活动情况、小品文等。刊物在仙都中学油印后，分寄给县内各学校。② 从其内容可以看出，这两份刊物的主要作用是革命理论武装和进步知识界内部的传播。

日报的出版是新闻传播事业中的皇冠，需要以比较巩固的革命游击根据地为基础。新中国成立以前在缙云创办的唯一日报，是《新路南报》（原名《路南报》，后又改名《路南日报》）。该报创办于有"鸡鸣闻三县"的新建镇雪峰村。这个山村早在 1930 年就建立过"永康工农红军雪峰山游击队"，在 1948—1949 年的解放战争期间，是路南军分区司令部、浙东人民解放军第六支队队部所在地。《新路南报》与干部学校、电台、被服厂、医院等一起，构成这一革命根据地"基本建设"的一部分。该报以转载新华社播发的新闻为主，及时转发了毛泽东、朱德签署的《向全国进军的命令》、百万雄师强渡长江解放南京的捷报，也刊载浙西南、浙东地区的军事要闻，发行量达 1800份。1949 年 5 月 8 日，随着二野十一军解放隔壁的永康县，位于缙云县的雪峰根据地的游击队转移到永康县，路南日报社也于 1949 年 5 月 23 日奉命迁往金华市，并入二野十一军的金华新闻社。③ 这就是今天的中国共产党浙江省金华市委党报《金华日报》的前身。

在缙云这样的边缘山区革命地带，出版定期刊物所需要的组织机构和物质条件，如上所述，只有在解放战争的最后阶段，才有可能。因此，对缙云这样一个县域来说，如果只从本地报刊出版的角度来理解地方革命宣传历史，那就舍本逐末了。更多的宣传活动，尤其是面对民众的宣传活动，是地方党

---

① 中共缙云县委党史研究室. 中国共产党浙江缙云历史：第一卷（1927—1949）［M］. 北京：中央党校出版社，2021：34.

② 中共缙云县委党史研究室. 中国共产党浙江缙云历史：第一卷（1927—1949）［M］. 北京：中央党校出版社，2021：122.

③ 李根溪. 仙霞岭中话雪峰［N］. 缙云报·仙都特刊，2003-09-12（3）.

组织以传单和标语的方式，不定期展开的。比如，1928年，在中共缙云县委成立一年后，就以《告全县农民书》《告全县工人书》《告全县青年书》《告全县妇女书》以及《告全县商人书》的方式，组织党员分四路在不同方向散发与张贴传单，甚至张贴到国民党县政府门口。1934年第五次反"围剿"活动开始后，中共缙云县工委接收到上级寄送来的《中华苏维埃第二次代表大会宣言》《列宁论罢工策略》《奥国工人暴动》《斗争》《开滦宣言》《福建事变第三次宣言》《红军捷报》① 等传单刊物80份，这些资料刊物成为当地党组织向群众做时政形势宣传的内容与指导，对于鼓舞稳定民心，激励群众继续坚定革命信心起到了关键作用，也为粟裕、刘英带领的红军挺进师进入缙云开辟浙西南革命根据地做了铺垫。1939年冬至1940年春，国民党顽固派掀起了第一次反共高潮。1940年2月1日，毛泽东为延安民众讨汪大会起草通电《向国民党的十点要求》（即《救国大计十端》）。驻地在缙云的中共处属特委将《救国大计十端》翻印成传单，分发给所属10个县的党组织"统一时间同时张贴"，缙云县党组织则不但在县内复制和张贴传单，而且将一部分传单投寄给缙云国民党县党部、县政府和各机关、学校，"以及在社会各界有名望的人士家中"。② 这说明，到了1940年春，来自延安的重要宣传材料，已经不但能以传单的形式及时在缙云这一国统区的山区县域得到传播，而且能被寄送到事关国共合作"关键少数"的家中了。这也从一个侧面说明，共产党真正把宣传"做到家"了。

（三）革命宣传作为整个革命事业的战略部分

列宁在《党的组织和党的出版物》一文中指出，写作事业是"有组织的、有计划的、统一的党的工作的一个组成部分"。在国统区开展革命斗争，是否进行公开宣传、如何宣传的首要考量，是革命总体战略的一部分。这是一种"将自身全盘地融入集体斗争"的革命传播实践，体现了公开与秘密、"有闻"与"无闻"在千变万化的具体斗争情景中的动态调整。在一定程度上，在缙云这样的国统区中心地带的边缘开展武装斗争，其革命传播的意义在中国革命的总体战略中比单纯的军事考量有更重要的意义。缙云东方镇汤畈自然村李武传家天井保留着的一面红军标语墙，是这种总体战略的最好例证。1934年10月，中央革命根据地第五次反"围剿"失败后，中央红军被迫实

① 中共缙云县委党史研究室. 中国共产党浙江缙云历史：第一卷（1927—1949）［M］. 北京：中央党校出版社，2021：81.
② 中共缙云县委党史研究室. 中国共产党浙江缙云历史：第一卷（1927—1949）［M］. 北京：中央党校出版社，2021：118.

行战略转移。作为牵制和掩护红军主力突围的一项战略，中革军委组建了以方志敏为军政委员会主席、刘畴西为军团长的北上抗日先遣队。可惜的是，这支共一万余人的"相当可观的力量，从 11 月中旬编成到 1935 年 1 月底覆灭，仅仅存在了两个月"。① 然而，这不是中国革命"失败与胜利"辩证法的全部。在狱中的方志敏，以《可爱的中国》留下了永垂千古的中国共产党人的伟大爱国主义篇章。如果对于整个中国革命进程来说，"长征是宣言书，长征是宣传队，长征是播种机"，那么，粟裕率领的红军挺进师艰苦卓绝的游击斗争，在浙西南也起到了革命的宣言书、宣传队和播种机的作用。

挺进师 1935 年 7 月在缙云东方镇汤畈村李武传家天井内墙留下的一组标语，是这支队伍在双重意义上的宣传队作用的最生动例证。墙上经过复原能看清 24 条标语，内容包括："红军是工农自己的军队""红军（是）帮助贫苦工农的军队""红军为工农谋利益"；"共产党是抗日反帝的唯一先锋队""维护中国共产党""接受共产党的唯一领导""坚决执行共产党领导积极进攻……"；"苏维埃政府是工农自己的政府""建立工农自己的苏维埃，只有苏维埃才是唯一出路"；"要打倒帝国主义""反对国民党抽丁拉夫"；"实行减租减息""要有饭吃"等。这些标语，比较全面地反映了共产党"团结工农""建立政权""武装反抗（帝国主义和国民党）"以及"土地革命"的政治主张。《中国共产党浙江缙云党史》的如下叙述，彰显了这支作为火种的队伍，在浙江这一国民党统治腹地顽强存在的英勇队伍一手拿枪，一手拿笔的光辉形象："挺进师第一纵队转战缙云期间，一路反击国民党军'追剿'，一路刷写革命标语、召开群众大会，向广大群众宣传共产党的政治主张。"② 从革命战略的高度，与红军主力长征的秘密性相反，红军挺进师以自己从赣东经闽北进入浙西南的行动，在战略上通过暴露自己来调动敌人和鼓舞群众，在战术上通过隐蔽自己以求生存。在这个意义上，红军标语墙有双重的传播含义——首先是在"媒介即信息"意义上昭示红军在浙江腹地的活动；其次才是这些标语内容本身对红军的性质与主要主张的宣传。

革命传播中的战略性还隐含在地方党组织在话语策略选择中的能动性与针对性，或者说，革命传播中的明确敌我意识和传播对象意识。这从新中国成立前夕一支成立于缙云的共产党地方武装的名字选择中可以看出。1947 年

① 金一南. 苦难辉煌：大字版［M］. 北京：作家出版社，2020：351.
② 中共缙云县委党史研究室. 中国共产党浙江缙云历史：第一卷（1927—1949）［M］. 北京：中央党校出版社，2021：89.

2月，随着解放战争战局朝着有利于共产党的方向发展，中共中央发出开展蒋管区农村游击战争的指示，提出要趁国民党统治后方兵力空虚，征兵征粮造成民不聊生，群众斗争热情高涨之机，组织、发动农民开展游击战争，建立游击根据地。同年8月，在没有浙江省委统一领导的情况下，中共浙东、处属两地党组织在缙云秘密召开联席会议，决定联合所属地方武装，成立"浙江壮丁抗暴自救军第三总队"，以实际行动配合解放战争形势，扩大游击战争规模，发展壮大游击区范围。这支部队的命名，颇具传播学意义上策略意识。之所以如此命名，一方面是"考虑到国民党在浙江的统治力量比较强大，公开打出共产党旗号不利于部队的活动和发展"；另一方面，"由于老百姓最痛恨的是国民党打内战抽壮丁"，因此，"竖起壮丁抗暴自救的旗帜，有利于广泛地号召农民投入到抗丁、抗粮、抗税的'三抗'斗争中，也有利于部队公开活动，扩大影响"。① 与红军挺进师一样，这支武装队伍把宣传群众当作重要任务。成立后，很快油印和散发了《告同胞书》，揭露国民党打内战导致百姓走投无路的罪行，号召浙江人民团结起来进行武装反抗，直至推翻其反动统治。从话语策略的角度，把共产党的武装命名为"壮丁抗暴自救军"，其正义性、自愿性和自主性不言自明。

（四）革命传播与日常乡村流动、传统组织与传统文化的融合

传统文化、乡村习俗与日常生活为革命传播创造了丰富与多样的载体和实践形式。从集市日在集市上向民众发布演讲，到乡村社戏场"趁戏场人员密集之际宣传'二五减租'政策"，达到"把经济斗争与政治斗争结合起来，从舆论上打击封建地主势力"② 的目标，这是群众在哪里，就把宣传做到哪里的公开革命传播。在"兄弟会""关公会"等民间结义组织中部署共产党员，一方面通过现有民间团体团结和组织群众开展斗争，另一方面在这些组织中发现和培养共产党员，体现了共产党斗争策略的灵活性与在地性。而将上百个秘密交通站隐蔽于人民群众的家中，通过正月十五闹花灯队伍传递情报、用走村串户的匠人做交通员等，则是把日常的乡村流动转化为革命传播最隐蔽也是最有效的"生活化媒介"实践。1943年夏天，为了领导缙云农民有效进行抗捐抗粮斗争，共产党员还把民间传统"仪式传播"转化为革命传播，即利用缙云农民在大旱之年进城"取城隍"求雨的仪式，发动各地农民

---

① 中共缙云县委党史研究室.中国共产党浙江缙云历史：第一卷（1927—1949）[M].北京：中央党校出版社，2021：177-179.

② 中共缙云县委党史研究室.中国共产党浙江缙云历史：第一卷（1927—1949）[M].北京：中央党校出版社，2021：46.

轮番进城"取城隍",发"贴"要求国民党县长走出政府大门,陪同群众跪地"哭雨",逼得县长"仓皇出城逃避",最终不得不减少农民的军需和钱粮捐税。①

缙云南乡小章村的"农暇戏班",更是在乡村传统文化和革命实践结合方面别出心裁。正如村中由蔡氏祠堂改建的文化礼堂中一个叫《小章村的红色婺剧》宣传栏写道:尽管这个村庄"偏僻、荒凉、闭塞",但是,"村民却自有一套应对贫寒寂苦的方法"。这就是缙云的地方戏婺剧。早在1936年,村里就成立了剧团,名叫"灯戏"。村民们"白天在田头,晚上在台头",通过传统戏剧演出寓教于乐。1940年以后,村中的戏班名称改为"农暇戏班",戏班成员24人中最少有6位是共产党员。戏班成员在农闲时演戏,并以演戏为掩护,从事革命活动,而每晚三担大米的戏金,也"基本上都送给游击队解决吃饭问题"。除此之外,戏班还承担了发展游击队力量,用戏箱藏枪支,送游击队人员等任务。② 在小章村"红色婺剧"的故事中,我们看到了乡土文化传播活动与革命事业的有机结合——在这里,乡土文化传播活动不仅为革命事业提供了组织支撑,而且直接提供了物质保障。

总之,在缙云乡村,从青年知识分子的理论武装和革命宣传开始,到开展武装斗争与游击根据地建设,共产党通过漫长的斗争和广泛的群众动员,赢得了一个农民自下而上"赋权"的政权。到了1948年,共产党虽然在军事上尚未解放全国,政治上也还没建立起从基层到中央的政权时,缙云人民就已经认同共产党,把共产党组织当作唯一的有效治理权威,要求党组织负责管理乡村事务。村民们关于山地、山林归属权问题、夫妻争执、家庭财产纠纷,以及社会风气整治、禁止赌博、禁止破坏山林等问题都上门找游击队和地方党组织做仲裁调解,将共产党军政机关作为社会公正标准和裁决机构。③ 三溪乡的"义金台温边境革命纪念馆"中有这样的叙述:面对国民党治下赌博成风所造成的社会问题,村民要求共产党游击队出面制止此风。作为回应,1948年冬,共产党在仁厚村召开大会,宣布禁止赌博,废除已经写下的赌契,处罚不听劝告的继续赌博者。三溪民兵在日夜站岗放哨监视国民党军队进攻

① 中共缙云县委党史研究室. 中国共产党浙江缙云历史:第一卷(1927—1949)[M]. 北京:中央党校出版社,2021:141.
② 小章村红色婺剧的真实故事,近年先后被缙云本地文化工作者编成《三担米》婺剧小戏和浙江婺剧艺术研究院的大型现代婺剧《括苍山下》。
③ 中共缙云县委党史研究室. 中国共产党浙江缙云历史:第一卷(1927—1949)[M]. 北京:中央党校出版社,2021:208.

的同时，也巡逻稽查赌博行为。禁赌成功后，偷窃风、打架风也随之停止，三溪乡成为无赌博、无盗窃、无打架的"三无"模范游击区。①

　　共产党在夺取政权前就成了乡村民事调解权威的事实，也与一些学者以"客观中立"立场出现的对共产党如何建立"威权统治"的叙述形成了主体性立场上的对照。东金乡岱石村，有一桩围绕两亩农地的纠纷，在国民党政府历时 10 年未能予以解决，在缙云县、金华府、浙江省司法机关的判决无效的情况下，"应群众要求下，仙都城区共产党武工队队长田德相率部前往调解，终于调解成功，纠纷得以解除"，还有其他一些村庄村民涉及山界、宅基地等民事纠纷，"也都是因为找共产党游击队才得以妥善解决"。② 那些村民主动要求共产党禁赌或找共产党解决民事纠纷的叙事，既是共产党在没有取得政权之前就已经在价值规范与社会治理层面赢得民众主动认同的印证，也是民众主体性的体现。从社会理论角度，共产党在正式执政前，就已经赢得文化领导权并把自己嵌入乡土社会及其道德规范秩序了。正是这样的国家政权形成历史，使任何基于自由主义国家与社会对立框架的批判、福柯意义上的权力对民众规训过程的解构、勒庞的乌合之众概念的运用，不是有隔岸观火、似是而非之嫌，就是有南辕北辙之谬。也正是在这个意义上，"革命老区是中国人民选择中国共产党的历史见证"是一个尊重了中国人民历史主体性的表达。这种主体性是通过融合性的新闻传播与文化实践建立的。

结论：从乡村视角完善中国新闻传播研究的意义

　　正如 20 世纪的列宁主义革命政党不同于 19 世纪的西方资产阶级政党，中国共产党领导人民建立新中国的历史与西方资产阶级宪政国家形成历史的最大不同在于：这一政权是全民性参与的长时间战争与革命动员过程的产物。在这个过程中，共产党不但最终选择了农村包围城市、武装夺取政权的道路，而且以"革命的队伍和动员的工具"③ 的角色，把一盘散沙的中国民众，尤其是中国农民，打造成作为革命主体的人民。在马克思主义理论的指导下，在列宁主义政党的领导下，千百万分散无组织、没有国家、阶级概念的农民，

---

① 浙江省缙云县三溪乡三溪村，义金台温边境革命纪念馆展示。

② 参见中共缙云县委党史研究室 . 中国共产党浙江缙云历史：第一卷（1927—1949）[M]. 北京：中央党校出版社，2021：208. 类似叙述，也出现在浙江省缙云县三溪乡三溪村的义金台温边境革命纪念馆展示中。

③ SCHUDSON M. Political Communication—1. History ［J］. International Encyclopedia of Communication，1989（3）：204-313.

被整合成具有共同意志的革命群众，以"自为阶级"的姿态，参与到革命中去。

如果"枪杆子里面出政权"，那么，中国共产党领导革命，用先进的思想武装人民、锻造人民主体的过程，可以被看成是"笔杆子底下出人民"的过程。这里的关键点在于对"人民"这一概念的理解。正如中山大学马克思主义哲学教授徐俊忠所指出的那样，"人民并非天然的存在物"，"从历史的视角看，在中国，人民是中国共产党在领导革命、建设和改革过程中，不断生产、塑造出来的崭新的社会政治主体"①。本文所提到的焦裕禄言行和他把兰考灾民转化为战胜自然灾害的兰考人民的具体故事所展示的，正是这样一个马克思主义中国化过程中产生的大道理。需要指出的是，从缙云这样的边缘革命地带的角度，延安清凉山上的"中国新闻出版革命纪念馆"中的那支如椽巨笔，不应该仅仅被理解为中国共产党新闻事业的象征，而应该被理解为中国共产党在锻造人民主体、赢得世道人心过程中的所有革命传播活动与文化动员工作的象征。在这个新闻传播体系的中心，是从《新青年》《向导》到《解放日报》和延安新华广播电台的革命新闻事业，在它的边缘和基层，是被共产党人秘密带回缙云传阅的《向导》和出售《资本论》以及其他共产主义书刊的"王富春"书店，以及在接受了革命思想后把自己组织起来的共产党人和他们用各种传播方式动员起来的农民。颇有象征意义的是，正是 1942 年《解放日报》从"不完全党报"成为"完全的党报"之后所塑造的农民主体典型人物吴满有。1944 年 2 月 29 日，在延安的一个座谈会上，第一次提出"人民政府"这个词。②

---

① 本刊编辑部. 徐俊忠：何谓"人民"——历史的角色 [J]. 经济导刊，2022（7）：38. 转引该文原注："此文系《经济导刊》编辑部在徐俊忠教授在 2022 年 7 月 25—31 日由中信改革发展研究基金会、清华大学新闻与传播学院共同主办的"立足中国土、回顾马克思——中国特色新闻学再出发"第五届中国特色新闻学高级研讨班上的讲话稿摘要编辑，作者审读增订。"

② 周海燕. 记忆的政治 [M]. 北京：中国发展出版社，2013：213. 在此书中，周海燕对吴满有作为中国共产党新闻史上第一个典型的兴衰案例进行了非常细致地分析。她认为，这位后来成为国民党俘虏和被中共视为"叛徒"的大生产运动中最为著名的政治符号的出现，"是权力阶层引应自身宣传需要而刻意挖掘的结果"（第 207 页），而有关他的记忆政治，则"清晰显示出权力对社会记忆进行严密控制和严格改写的过程"（第 218 页）。这里不是展开讨论周海燕的这项研究的地方，但是，从以上引文可以看出，福柯的"权力"概念被"冷战化"、抽象化和物化了。这里特别需要指出的是，如果从历史唯物主义的角度看问题，那么，吴满有后来在被国民党俘虏后叛变这一事实，也不应该用来虚无和解构他在延安大生产时期的贡献和正面符号意义。

　　本文对缙云地方革命宣传历史的挖掘充分显示，在 1927 年到 1949 年间，尽管中国共产党缙云地方组织也分别在 1928 年和 1940 年油印过《新缙云》和《普化》两份刊物，但它们都无法长期存在，而缙云境内革命根据地的第一份共产党地方性日报，到 1948 年初才出现，大量的革命宣传和群众动员工作，靠的是从标语口号、开会、发传单和与地方传统文化相结合的各种"基层传播"形式，而共产党队伍的行动，是最有说服力的"具身传播"媒介。这说明，一旦我们超越基于"印刷资本主义"路径依赖所产生的新闻传播史叙事模式，把目光投向革命中心之外的广大农村地区，构建地方宣传和革命传播的历史，我们就可以清楚地看到，如果机械地把研究对象局限于新闻出版，那么，革命过程中的地方宣传动员和基层传播史就被抽空了大部分内容，这是西方中心主义、城市中心主义历史观无法关照的，更遑论针对中国这个有着基于农民革命的社会主义传统国家的基本国情。总之，从 20 世纪中国革命的内部视角出发，共产党的新闻宣传与更广泛的革命传播活动，是锻造人民主体的事业。从乡村革命史的视角，新闻传播从一开始就是一个整体性和融合性事业。这为我们超越学科藩篱和各种西方中心主义理论的局限，在今天的全媒体时代打造有机融合的、有中国式现代化主体性的中国新闻传播学提供了坚实的历史基础，也为我们在新时代建设社会主义现代化强国的过程中全面推进乡村振兴战略，通过县级融媒体建设和开展新时代文明实践活动等各项措施，巩固农村社会主义意识形态阵地和建设社会主义先进文化提供了有益的历史参考。有了马克思主义的历史唯物主义，我们才有可能透过现象看本质，才有可能驾驭将来的变局。融通中外的马克思主义新闻传播观，是马克思主义历史唯物主义在新闻传播领域的体现，也是新闻传播理论对世界之问、中国之问、人民之问的马克思主义回应。

03

【下编】

作为过程与乡村
振兴行动的学术传播

【第一部分】学术综述选编①

【一】曼殊纳特·蓬达库：我的印度村庄全球化了

2017 年 7 月 1 日，美国佛罗里达大西洋大学传播学院教授——曼殊纳特·蓬达库来到浙江缙云，给参加"从全球到村庄：以乡村作为方法"国际暑期班的学员们带来了一场题为《我的村庄全球化了：政治经济学与民族志 2.0》(My Village Got Globalized：Political Economy and Ethnography 2.0) 的讲座。

蓬达库教授从传播政治经济学的历史和重要性出发，谈及他做过的一些研究、自己的求学和工作经历，特别是他与他的导师达拉斯·斯迈思的交往。之后，蓬达库教授提到他与"民族志"方法的相遇，强调了政治经济学与民族志方法结合的价值和意义。最后，教授介绍了在自己出生的印度村庄里所做的一些民族志研究，并在问答环节与学员进行了精彩的互动。

一、传播政治经济学

政治经济学是一种话语形式，它借用经济学和政治学的知识基础，特别是马克思主义，来提供对某一特定时刻的批评，并为分析问题提供了一些解决方案。它是批判性的、理论的，而且与实践有着内在的联系。

换言之，我们周围世界的理论和实际观察之间存在联系。政治经济学的核心是研究其历史背景下的当前时刻，包括政治和经济体制、政策及其对社会的影响。政治经济学提出的一些关键问题是：谁有权力，为什么？权力如何获得利益（私人或公共利益）？谁受益于这些政策？换言之，被问到的中心问题是"谁的利益？""这些机构及其政策是否存在？"。

---

① 本部分所有综述均原载于"从全球到村庄"微信公众号。

　　在对传播政治经济学的研究中，我们很难忽视美国和加拿大的三代学者所研究的本国传媒产业的结构、权力和公共政策。一些学者也致力于分析美国媒体对其他国家的影响。在欧洲有格雷厄姆·默多克等人，在拉美有阿芒·马特拉（Armand Mattelart）等学者，他们在很大程度上遵循了马克思主义对资本的分析，并将阶级分析应用于研究媒体机构、劳工组织、资本、劳动和国家之间的关系。

　　不过，教授认为政治经济学的研究在很大程度上仍停留在宏观层面，但生活却是以微观方式进行的。我们如何应对现代生活中不断变化的变化，教授认为最好是从微观层面的自下而上的观察，而不是从远处观察。

二、与"民族志"相遇

　　因此，蓬达库教授一直在寻找一种方法把政治经济学与现实生活中真实的人联系起来，而不仅仅是做调查。与西北大学教授 Dwight Conquergood 接触后，蓬达库教授得到了很大的启发和帮助。前者对政治经济学很好奇，而蓬达库教授则很想学习文化人类学。

　　蓬达库教授与 Conquergood 教授的对话为他打开了另一个世界。他决心研读文化人类学，并学习民族志方法在自己的村庄里做研究。最终 Conquergood 教授从他那里学习政治经济学研究，而蓬达库教授则从他朋友那里学到了民族志。

三、我的村庄

　　蓬达库教授出生的村庄叫 Hagaribommanahalli，位于印度中南部的班加罗尔以北大约 308 千米。蓬达库教授以图片的形式介绍和讲述了他出生的村庄的故事与情况，以及该村与全球之间存在着的联系。

　　（一）阶级

　　马克思概念框架中的阶级主要是指生产资料的所有制。换言之，谁生产什么、如何生产、用什么劳动、什么样的技术，成为任何社会阶层构成的中心方面。

　　图 1 显示的是当地的一户有钱人家，房屋非常的豪华，房屋平均每天打扫两次，极其干净。但在豪华私宅之外，有一个很大的臭水池塘，那个地方没人管，夏天的时候，池塘里面会滋生很多蚊子，给村民的健康带来很多危害。

图2是一个中产阶级的家庭，可以看到这家屋顶上竖起的高高的天线，这根天线可以用来接收电视信号。

图1　豪华私宅

图2　中产阶级家庭

图3是当地的穷人家庭，这家有非常多的孩子，居住在简陋的茅草屋里，一场大风或者大雨就可能摧毁了这间房屋。

（二）种姓

种姓制度要复杂得多，它是一个几千年来一直存在的生活、文化机制。人们可以通过

图3　穷人家庭

废除种姓制度的法律，但它似乎永远不会死去。种姓制度是印度教徒建立的一种制度，将彼此分为不同集团，它以包容和排斥为基础。种姓是分层和内婚制。每个种姓都有自己的文化习俗和规范。一个人出生于一个种姓，你不能因为他世代相传而把它抛弃。尽管年轻人在他们的种姓之外进行了重大的尝试，并无视习俗和传统的权威，然而现实似乎并没有发生多少改变。

更进一步地说，印度教也创造了可触摸的种姓和贱民种姓。贱民种姓位于种姓制度最低端，最受歧视。许多世纪以来，他们甚至都不允许在街上行走。

（三）性别

性别平等和正义仍然是当代印度的关键问题。性别是一个重要的概念，也是一个政治概念，独立后印度领导人试图通过保证妇女的投票权，以及在20世纪70年代后期，建立起男女之间的平等权利，确实有了一定的改善。

尽管宪法和法律赋予了妇女一定的权利，但诸如对妇女的性虐待、攻击和野蛮行为却没有改变多少。父权在印度家庭制度中依旧牢固。男人和家庭对自己的女儿所犯下的这种可怕的事实表明，尽管资本主义文化渗透，封建价值观仍然存在。

蓬达库教授提到该村面临的严重的水危机。这个危机会影响不同阶层的人。富人在家里有机器净化水，他们也可以买水。但对穷人，特别是穷人妇女来说则不是这样了，因为她们必须走很远的路才能到达水源地。

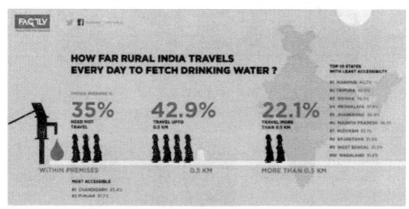

图4　水源地距离统计

（四）村庄的国际化

即使是一个较为偏远的小村庄，却也与城市和全球有着联系，蓬达库教授通过自己的民族志研究，看到了村庄的全球化变化。

图5 当地放映电影的场所

这是当地一个放映电影的场所，房子的左手边是一个农产品加工厂，这里加工出来的农产品被销售到城市和国际市场。

图6 村民发明的天线

413

这是当地村民自己发明的天线，他们将这个天线高高地竖起，能够接收CNN、BBC 的信号，而印度没有自己的全国电视网。

后来这个村接通了电缆，一般的村民都接上了电缆。自由化后，合理化的有线电视业也助益当地电视业的发展，不同语言的卫星频道进入。这个村庄现在可接收多个国际频道，就像在大城市里一样。

图 7　当地村民接通电缆

讲座的最后，蓬达库教授进行了总结。他认为将政治经济学和人种学的民族志方法结合起来是一项艰巨的任务，但又是十分必要的。一直以来，印度的信息来源，特别是那些属于私人利益的公司的数据都很难获得。研究者可以从世界银行等国际组织收集经济和社会指标数据。因此，结合民族志研究，就可以将宏观层面的数据与实地研究相结合，揭示一个特定时期的社会状况。

教授表示希望自己快照式的讲座能够让学员对印度农村及其人民的复杂性有一个很好的了解。

（整理：河阳乡村研究院）

【二】艾伦·塞特：家庭、工作和数字的民族志

2017 年 7 月 1 日，美国南加州大学电影艺术学院的艾伦·塞特教授以《家庭、工作和数字的民族志：实施具适恰性、想象力和女性主义的田野调查》（*Ethnographies of Home*，*Work and the Digital*：*Doing Adaptive*，*Imaginative*，*Feminist Fieldwork*）为题，为暑期班的同学们上了精彩的一课。塞特教授的讲座主要就如何在传播学研究中运用民族志方法而展开。通过演讲，不仅可以了解到一个学者的学术风范，也会被她社会行动者的人格魅力所感染。

塞特教授首先从方法论上对民族志方法进行了梳理，并与同学们分享了她在受众研究中使用此方法的亲身经验，其间还特意设计了互动环节以便让同学们更好地理解民族志。

塞特教授认为民族志方法是从人类学和社会学领域中发展出来的一种需要长期参与式观察、强调描述性写作的特殊研究方法，它包括田野调查即时的观察记录和研究的最终民族志报告。同时，塞特教授也对民族志提出了批评。例如，从起源上来说，民族志是源于殖民主义的研究方法；从时限上来说，与其他社会学研究方法相比，它有非常漫长的研究过程（通常是 5 年或更长）。此外，它一方面要求研究者掌握研究对象的语言，不厌其烦地与他们接触、建立关系并获取信任，另一方面也要求研究者不能"太入戏"而将自己转变成为研究对象，因此，民族志对研究者对方法的掌握十分严格，要求研究者与研究对象之间保持一种"完美的"距离。另外，正因民族志的殖民主义渊源，研究者们有时会对研究对象抱一种前现代浪漫主义的幻想，有时也会持有高人一等的特权姿态。这些都使民族志方法更加难以掌握，增加了研究者运用的难度，而民族志对政治问题的沉默也使这个方法遭受了不少批评。因此，塞特指出，研究者的自反性在民族志研究中尤为关键。

而具体到受众研究，研究者和研究对象往往来自不同的社会环境、阶级以及文化背景，研究者需要通过观察和研究这些与自身迥异的研究对象的媒介使用情况，以及他们对媒介内容的理解，以此来理解对象群体以及他们所

处的社会和文化环境。尤其是将民族志方法用于受众使用 ICTs（信息与传播技术）的研究时，研究者更面临一些阻碍和困扰。这是因为研究对象在使用手机和电脑等新媒介时，往往处于更加私人的环境中，他们通过这些媒介生产或消费的内容往往也更为私密，这会使得研究者与研究对象接触的时间缩短，难以全面了解研究对象日常生活的各个方面。而且研究者的在场及其与研究对象的接触方式，可能使后者为讨好研究者而将自己有关媒体和 ICTs 的真实看法和使用方式隐藏起来，这些都为研究者观察、记录和研究带来了障碍。针对这些问题，塞特教授介绍了她最喜爱的一个经典项目，即 the CRICT 项目（Roger Silverstone，David Morley，Eric Hirsch，1990）。其中，她强调了研究者在访问对象群体时的提问技巧，她认为研究者不要问设限的封闭性问题，而是能够激发受访者讲述故事的问题，哪怕理想的答案需要研究者的鼓励和（可能的）漫长的等待。此外，图绘也是一种非常好的方法，塞特教授展示了她在美国贫困区小学的项目中获得的民族志资料——学生们以伊拉克战争为主题的画，她认为画中的内容揭示出儿童对战争的想象，这些想象可能"不会在新闻中出现，但是却可能是真实的情况"的描述。

塞特教授认为对目前的民族志方法来说，有四点值得注意：

第一是非语言数据的收集，如上文中提到的图绘方法，通过研究理想中的手机或是通过 ICTs 进行联络的朋友网络的图绘，可以获取绘图者关于媒介和媒介技术的看法的大量有用信息。

第二是 BlueSky 研究，这种方法起源于市场营销和政治竞选活动，后来被运用于民族志中。这个方法促使研究对象对他们希望拥有和使用的设备和技术进行描述，并引发研究对象对受资本主义市场限制的可行选择进行批判性思考。

第三是对性别的挑战。塞特教授强调，没有任何一个研究者可以在完全自由的言论环境中进行研究，尤其是女性，家庭环境往往使其言论受到限制，研究者需要有足够的耐心来捕捉可以进行对话的机会。

第四是对政治经济学的重视。受访对象可能会认为自身与研究者的权力地位悬殊等，不愿意交流或提供虚假信息。

为了鼓励学员们通过采访进一步理解民族志方法，塞特教授建议学员们两两一组，一问一答，提问者通过一组问题来获取回答者 10 岁时电视收看的情况和环境信息，如：你最爱看的电视节目是什么？跟谁一起看的？在什么时间？你对看电视的房间有什么印象，有什么家具、灯光、毯子、食物之类的？你父母对你爱看的节目有什么看法？你有没有在其他地点讨论过这些节

目，如在操场上或是拼车的时候？塞特教授要求大家留意受访者在哪个问题
上回答的内容最充分、时间最长，并注意受访者的回答可能揭示的家庭、住
房、政治信仰和教育等信息。此后，三位同学踊跃发言，描述了自己从采访
中获得的信息，对塞特教授的言传身教进行了积极回应。

最后，塞特教授还向同学们传授了几个非常有用的小技巧，比如，她建
议民族志必须重复做深访和焦点小组，而且研究者在与研究对象分开之前要
时刻保持警觉，因为往往是在分别的时候，人们才愿意吐露真言，此时可能
正是获取资料的最佳时机。

（整理：辛逸）

【三】阿尼斯·拉赫曼：乡土孟加拉国的
政治经济、传播与文化

　　尽管乡土孟加拉国与乡土中国在历史、文化和地理空间等方面存在着巨大差异，但是在 20 世纪新自由主义时期，它们共同卷入了全球资本主义的结构之中。正是在这个"同步的世界史"的普遍性意义上，南亚学者阿尼斯·拉赫曼（Anis Rahman）于 2017 年做客缙云暑期班，以孟加拉国的乡土文化为案例，详细分析了文化、传播、乡村与国家等命题之间复杂宏大的互动关系问题。

　　拉赫曼出生并成长于孟加拉国农村，后负笈加拿大西蒙菲沙大学，获传播学博士学位。他既掌握了西方批判传播学的理论功底，又能够结合自身的文化经验，对这一理论范式做出反思。

　　在 2017 年 7 月 10 日的讲座上，拉赫曼以《乡土孟加拉国：政治经济、传播与文化》为题，分别从对西方批判传播理论的反思性介绍，以及对孟加拉国乡土文化现实的引介等两方面切入，系统回应了上述问题。

　　拉赫曼首先梳理了西方学者对传播政治经济学的四种经典定义：

　　1. 从所有制和社会关系的角度看，传播政治经济学关注在媒介内容的生产、分配和消费过程中的权力关系（Mosco）；

　　2. 从社会化生活的角度看，它关注社会化生活内部的控制和生存议题（Dallas Smythe）；

　　3. 从理论特征看，它是整体性的、历史化的、关注社会正义以及社会实践（Wasko，Murdock，Sousa）；

　　4. 从分析框架看，它关注媒体工业发展、商业化过程以及国家角色问题（Murdock，Golding）。

　　拉赫曼借助赵月枝教授"跨文化传播政治经济学"的理论框架，指出西方传播政治经济学的盲点在于，缺乏对国家性质的讨论、城乡关系视野的分析，以及对殖民主义及其过程的语境化分析。

以从殖民主义时期直接被卷入新自由主义阶段的孟加拉国为例，如果对这一剧变过程的分析缺少对国家性质的界定、对政治经济权力转移的分析，以及对于工人农民等文化主体性的承认，就只能将他们误认为是呆板、无望的落后群体，从而无法展示出历史主体本身的丰富性。

拉赫曼引述了《印度殖民时期农民叛乱的基本问题》（*Elementary Aspects of Peasant Insurgency in Colonial India*）一书，进一步介绍了被传统马克思主义者忽略的印度殖民地时期的农民抗争运动：无论是历史视野中 1856 年桑塔尔起义（Santal rebellion）、1820 年代蒂图米尔（Titu Mir）农民起义，还是 1960 年代持续至今的印度毛主义纳萨尔巴里运动（Naxalite movement），农民群众都充满了斗争的智慧，以及为命运不断抗争的勇气，远非西方中心主义者眼中的愚昧无知。

拉赫曼特别指出，在新自由主义时期，孟加拉国经历了政府大规模削减公共开支、劳动力从农村向城市大规模流动，并被组织到世界经济体系终端等现代化转型，而这些过程也进一步深化了殖民时代遗留的不平等问题。这些结构性问题以城市中心主义发展观、资本的跨国转移、都市商业媒体兴起、无产阶级化加剧、种姓制度歧视和城乡差距拉大等不同方式呈现。

这些结构性差异也体现在传播技术发展方面。拉赫曼介绍，作为乡土文化的组织方式和呈现机制，电视对孟加拉国一些农村地区来说仍然是一种新媒体。电视节目仍然承担着社会价值倡导、城乡信息发布等基本的信息传播任务。

正是在这个意义上，对乡村传播问题的分析，需要摒弃城市中心主义、西方中心主义等立场偏见，以农民、农村为认识论基础和分析主体，从而才能更全面地理解并解决城乡分化问题，种族、性别等社会政治分化与斗争问题，以及更广泛的传播与文化等议题。

（整理：盛阳）

【四】郑保卫：做"接地气、连民心"的学术

昨天两点匆匆赶来，不到 24 小时，认识了缙云，感受了河阳文化，非常高兴认识了这么多从事乡村文化研究与实践的老师。这次会议（2016 年第二届河阳论坛）给我留下深刻印象，我总结了这么四点：

第一，这次会议规模较大，内容丰富，形式多样，研讨深入，参加人员广泛，办得非常成功，我要再次感谢赵月枝教授、吕新雨教授以及各位参会的老师，并向你们表示祝贺。研究乡土文化面临的机遇与挑战，探索其复兴之路，是学术的义务。回归传统、回归本体，回到民间，回到人间，这是中国问题之根、之本、之源，中国所有问题都与农村与农民相关。中国还是一个农业大国，因此，乡土文化建设、乡村建设、新农村建设还是一项重大的基本国策。没有农业的发展，就没有农村的进步和农民的富裕，中国的一切目标都不可能实现。我这些年做的西部地区发展研究、民族地区发展研究、区域发展研究，也都是离不开农村和农民的。回到文化传播，这里的乡村春晚也让我有很多启发，牵动了很多人的乡愁乡情，这是人人都有的情感，以此为起点，才能做大文章。

第二，是学者们应该关注什么、研究什么的问题。中国近代以来，一直存在着问题与主义之争，这些年来，学者们依然更关注主义，不接地气，我认为理想的主义要和微观的现实相结合，要接地气、连民心。这次会议体现了学者们对乡土文化的把握，有方向、有自信、有定力，这里的自信是道路自信、理论自信、制度自信和文化自信，正如习近平总书记所说的，只有这样，才能增强政治自觉，提高政治定力。

第三，是要解决怎么做学问和为谁做学问的问题。怎么做学问，要树立以人民为中心的工作导向和研究导向。我们一定要为人民做学问，解决人民关注和迫切需要解决的问题，要服务国家发展需要，服务人民发展需要。比如，这次就有一篇文章讨论农民返乡之后做什么、怎么做的问题，我们要关心他们，要关心这个里面可能出现的问题。怎么做学问？我的回答是，立足

中国土，请教马克思。这是甘惜分老师在前年元旦我去看他时，送我的一幅字，当时他已经99岁了，还送我这幅字，可见他的用意深远。他要我们脚踏中国的土地，解决中国问题、传承中国文化，找到中国基因，发展中国特色社会主义。

第四，这些年来，马克思主义、社会主义，尤其是网络上各种各样的思潮泛滥，我们要做真正的马克思主义者、社会主义者，不做伪社会主义者、不做反社会主义者。粉碎江青反革命集团之后，我们与马克思的关系经历了这样一个历程，回到马克思、走近马克思、走进马克思，以及我提出来的"与马克思同行"，所以，我们研究马克思主义一定要明确方向，发挥好媒体传播的作用，也就是习近平总书记所说的澄清谬误、辨明是非、凝心聚力传递正能量。该回击和亮剑的时候，毫不犹豫。我会上会下听赵教授讲，听发言的人讲，正是在践行这一点，体现学者的担当、学者的德行、学者的风险、学者的品性，为人民立言，解决百姓关注的问题，增强百姓获得感、幸福感。四个字，勿忘人民。

总之，通过这个会，我感到赵老师确实是领军人物，我们共同为做好学术研究而奋斗，也非常感谢丽水、缙云的各位领导、朋友，对我们学者的关注，为我们提供了这么好的平台，我们这个事业一定会做得更好。谢谢大家！

（整理：沙垚）

【五】卜卫：民族志研究的研究政治与伦理

2017 年 7 月 2 日，中国社会科学院新闻与传播研究所卜卫教授在缙云"从全球到村庄：以乡村作为方法"国际暑期班上做了题为《民族志研究的研究政治与伦理》的主题演讲。

卜卫从这次国际暑期班招募公告中的一句话展开讨论："'作为方法'意味着对一种凝固的现成知识的跳脱和打破，意味着通过一种自反性的审视形成新的主体。在最彻底的意义上，'方法'就是主体形成的过程。"卜卫回应道："以乡村为方法"不仅是一种方法，也是在对以往研究批判的基础上形成的一种新的研究思路，挑战自西而中、自上而下的研究，触及中国发展的实质现实并帮助改变现实。"以乡村为方法"恰恰是强调去西方中心、城市中心的过程，在此基础上走向乡村，不仅是研究这一个乡村，而是要认识中国，进而认识世界与这一个乡村的关系。

一、"作为方法"研究的文献回顾

卜卫回顾了传播学领域最早的"作为方法"：台湾学者陈世敏在《华夏传播学方法论初探》中提出方志作为方法（方法论），试图对抗"西方引进"，解决"中国化/本土化"的问题；台湾交通大学社会与文化研究所陈光兴（Kuan Hsing Chen）的代表作《去帝国——亚洲作为方法》（2006）对去帝国、去殖民、去冷战的问题研究，以及关于非洲作为方法的第三世界思想路线问题的研究；此外，还有非洲当代最具影响力的思想家、"世界上唯一的全球性知识分子"曼达尼（Mahmood Mamdani）（陈光兴在访谈中曾言："曼达尼几乎是世界上唯一的全球性知识分子，原因在于他的经历、知识、实践横跨三大洲。"——编者注）、西欧晚期资本主义的主要研究者意大利博洛尼亚大学的 Dr. Mezzadra "边境作为方法"问题的研究都是非常宝贵的思想资源。

二、研究政治的提出和思考

卜卫以一个儿童和青少年与互联网跨国合作研究为例，分享了自己对研究政治的一些思考：

1. 为谁做研究以及谁有设计研究议程的权力？我们为什么要做这个研究？为谁在做跨国比较研究？谁能参与研究？研究结果如何利用？

2. 在儿童青少年和互联网研究领域，谁的经验被充分照顾到？或者谁的经验被合法化为一个标准？

3. 儿童在研究中的角色的问题，不仅是政治问题，也是伦理问题。

4. 关于政策框架来自哪个国家、哪个阶级的情境的问题。

5. 跨国比较的研究内容。研究内容或测量标准来自哪个国家，哪个阶层？谁的使用经验能够被看见并被赋予较高价值？如何从儿童视角来理解和定义适宜技术（feasible technology）？如何处理社会结构不平等与填平数字鸿沟的关系？等等。

6. 如何认识商业调查背后的集团利益关系的问题等。

三、关于研究技术的思考

卜卫认为，没有理论的数据仅仅是一堆数据。但要提到理论，就又有了研究政治的考虑，这种理论来自何种社会情境，是谁的理论，理论解释更适合哪种社会和人群，并赋予哪些社会和人群较高的价值。讨论研究政治的前提是认识研究客观性，即研究不是客观中立的。卜卫同意知识论上的半根基主义的观点，她指出非根基主义指不存在理论或价值中立的观察和知识，半根基主义则在本体论假设上相信存在独立于人们声称之外的实体，因而半根基主义要求社会研究要有科学的态度和方法，指出"知识声称应具似真性（plausibility）或得到具有可信度的证据的支持"。在这个基础上，卜卫说明，研究具有研究者对事实的建构性，研究不可避免地受到利益集团、现存秩序、意识形态、社会关系、权力关系、阶级等因素的影响。追求研究的客观性是要不断反省自己的价值观对研究的影响。

四、研究政治要问的六个问题

在讲座中，卜卫提到研究政治要问的六个问题：

1. 利益群体对研究目的的影响。谁为此项研究提供了资助？其目的是什么？研究者如何处理资助方的研究目的与自己独立于资助方的目的的冲突？研究者为什么要做这个研究？如何理解这项研究的社会意义？

2. 学术资源来自哪里？每个特定研究领域大都有相对稳定的研究范式。所谓范式就是这一特定研究领域的研究"范例"或"模型"。它大致由中心问题、概念术语、命题、理论假设、研究方法，甚至研究盲点等要素组成，这些要素成为研究这一领域社会现象的参考准则。每个研究者都会从某个范式出发展开研究，但要明白每个范式背后的意识形态和价值观。

3. 研究问题来自哪里？是谁的研究问题（哪个阶层的问题）？研究要为谁解决问题？

4. 收集数据的过程：研究者找谁收集数据，以及在观察或调查时关注或陈述哪些事实或数据等。

5. 如何解释事实和数据，即研究者采用何种理论框架或假说或理论视角来解释事实或数据。

6. 如何使用和推广研究结果？在批判的社会科学研究架构下，研究结果的使用与推广具有政治性。我们可以尝试通过论文工作坊、政策倡导以及公众传播将研究参与者与政策制定者以及公众联结起来，不仅创造了聆听的公众，也锻造了研究者与社会的联结，从而参与维系或改变现存社会，使研究成为改变社会的催化剂。

五、批判的社会科学研究架构

卜卫指出，批判的社会科学取向最鲜明的三个特征是：

1. 区别于实证主义的发现规律和诠释主义的理解现实，其研究目的是揭示隐藏的真相以赋权和解放人民，即批判的社会科学的目的是要通过认识社会来改造社会；

2. 为了改造社会，批判的社会科学要向人们提供能够帮助他们了解并改变他们的世界的知识资源、工具、理论和行动建议。当这些探索出来的知识能够帮助人们真正了解世界并且采取行动改变它时才有价值；

3. 批判的社会科学会采用一种鲜明的立场来展开研究。否定研究者有他自己的观点这个说法本身也是一个观点，研究者的正当角色是做个"有变革能力的知识分子"。

卜卫还提到批判的社会科学研究架构中图构和参与行动研究与能力建设之间的关系。以工人文化研究为例，她说明"图绘"研究的目的是为了了解和分析流动工人的媒介使用、信息交流和文化实践，以及影响他们媒介实践的相关政治、经济和社会影响因素。在研究过程中，要不断地发现"局内人"自己的问题。在这个过程中，研究资料和知识生产不是来自学者角度的访谈提纲，不是为了学术发展"我要了解什么"的问题，而是为了推动社区改变"我们需要了解哪些问题或知识"，即来自工人的文化实践。

六、研究政治、权力关系与伦理

研究的政治（the politics of research）指的是，研究工作不可避免地受到资助方（经济）、专业领域发展、政治集团及其意识形态和行业内竞争等方面的影响。卜卫指出，作为结果，研究有可能成为一种对大企业/公司、对政治集团、对专业发展或对研究者本人发展更有用的职业。这里面渗透着各种权力关系，直接或间接地影响着我们的研究设计、研究进程和研究结果。在讲座中，卜卫主要讨论了三种权力关系：研究者与资助方的权力关系、研究者与调查对象的权力关系，以及研究小组内部的权力关系。这三种权力关系均与研究伦理密切相关。

七、民族志研究的挑战

卜卫在谈民族志研究面临的挑战时引用了郑庆杰的观点："所有的质性研究的研究者都面临着主体间性、表述政治和参与行动三种困境"，其中主体间性关涉到研究者如何认识、理解研究对象的行动意义；表述政治关涉到研究者自身的研究叙事和研究成果能否真实有效地表述研究对象的意义；参与行动则与能否通过一种联动与研究对象一起建构共同的行动场域的实践去改变现实有关。而作为研究者，对反身性问题的处理是从研究准备阶段开始的。

卜卫引用张祺的研究指出，在研究准备阶段，需要考虑以下三点问题：第一，作为两个不同文化群体的成员，如何能够达成某种程度的理解？第二，研究者看到的、听到的、感受到的跟他们是一样的吗？研究者表达出来的意义与所知所见有多大的区别？第三，研究者所做的事情对研究对象而言是有意义和有价值的吗？对研究者意味着什么？研究者应该怎么做才能建立一种"互惠"的关系？

面对民族志研究的困境，卜卫指出要从批判社会科学研究的角度，思考批判民族志对我们研究的意义。她引用夏林清的观点说道：批判民族志中汇聚了新马克思主义的批判民族志、弗莱雷（Freire）的参与赋权研究、女权主义研究三股相互影响的学术传统。而在方法论意义上，卜卫认为，批判的社会科学承认并公开表明研究者的价值取向，着眼于社会权力关系的现实存在，否认存在"价值无涉"的绝对"客观"研究，力求通过知识的生产改善现有社会结构——这些共同的价值观成为批判民族志工作者的伦理基点。

作为一名行动主义者，卜卫在讲座最后还向学员介绍了"同心桃：桃园结益"项目在探索生态发展道路和社区支持农业（CSA）上的实践。

（整理：白洪谭）

【六】金兼斌：社会化媒体时代的数字
鸿沟及其测量

　　2018 年 7 月 11 日，"从全球到村庄：理解乡土文化"国际暑期班第二天，清华大学新闻与传播学院金兼斌教授为学员做了题为《社会化媒体时代的数字鸿沟及其测量》的演讲。

　　讲座伊始，金老师首先和大家分享了他和赵月枝教授、洪宇教授同游缙云的观感，他不无动情地感慨，"从喧嚣的城市出来的人，来到田野，有一种心理抚慰的作用"。也是出于这种对田野的亲切感，金老师和大家分享了他去年所作的小诗："清华园里霜叶红，江南江北稻花香。纵使皇城三十载，归来仍是田舍郎"。

　　此次讲座包括"问题背景""概念辨析与测量""研究问题与研究设计""研究结果""结论与讨论"五个部分。

　　问题背景方面，金老师讲到，研究选题的选择总是与研究者的个人经历息息相关。他刚参加工作时，适逢美国总统克林顿（Clinton）、副总统戈尔（Gore）等在美国部署"信息高速公路"战略；与此同时，《数字化生存》引起轰动，而普惠服务（universal service）理念在互联网革命肇始之时便为政治家和社会所关切。美国国家通信和信息管理局（NTIA）接连发布《在网络时代落伍》（*Falling Through the Net*）报告，直接提出了"数字鸿沟"的概念及现状实证分析，使得数字鸿沟成为一个融合了政治、社会、技术和伦理关切的重要议题，贯穿在过去近三十载互联网发展的探讨中。

　　社会化媒体时代，数字鸿沟呈现出新的特点。在这样的背景之下，金老师选取了一个比较具体的研究切入点，通过对"数字鸿沟"这一概念本身进行辨析和测量，来观照中国社会过去十几年在互联网发展不平衡问题方面的演变轨迹。

　　概念辨析与测量部分，首先，金老师基于文献梳理，将数字鸿沟区分为接入沟（access divide）、使用沟（use divide）和效果沟（outcome divide）三个层级，并引用 Van Deursen 和 Helsper（2015）对第三层数字鸿沟的具体内涵做了介绍，并梳理了包括祝建华老师等提出的 DDI（digital divide index）在内的多种量化"鸿沟"程度的方法。而金老师在他们的研究中，则采用基于基尼系数的社会差距计量策略，作为社会群体/成员间数字鸿沟的算法基础。

研究问题和研究设计方面，金老师介绍了他们团队聚焦"我国数字鸿沟的演变与走势"的研究，具体包括"地区间数字鸿沟的演变与走势"与"社会群体间数字鸿沟的演变与走势"两个方面。而每一方面的鸿沟类型（inequality types）主要讨论接入沟和使用沟，由于数据限制，该研究并未涉及第三层数字鸿沟即效果沟的实证探讨。

随后，金老师对该研究的数据来源和测量设计进行了介绍。数据来源于 CNNIC 历年的全国互联网调查的数据。互联网接入通过各省或社会群体的互联网扩散率来进行测量；互联网使用则区分为四类：信息获取、娱乐、社会交往、商业交易。社会群体的划分则是依据性别、年龄、教育和工作状况等进行分组，理论上区分为72组，实际上具有有效数据的是51组。

研究结果和结论部分，金老师通过多张图表向大家展示了该研究的研究结果：（1）随着互联网的扩散，不同类型的数字鸿沟的演变和走向呈现不同的特点。第一类数字鸿沟即接入沟，无论是地区间还是社会人群间，总体趋势都是稳步下降，但相对而言，地区间接入沟已经几近消失，但社会群体间接入沟仍比较大（基尼系数0.3左右）；在使用沟方面，总体上其鸿沟程度要比接入沟大很多（一直保持0.45左右），且从变化趋势看，使用沟顽固（resilient/persistent）得多，随着互联网扩散率的持续提高，使用沟始终处于高位。（2）具体到不同的使用沟，信息获取方面的鸿沟最小，商业交易方面的鸿沟最大；随着每一类使用中新的应用的推出，不同类型的使用沟的大小会有一定的起伏、反复，并呈现不稳定的下降，体现了数字鸿沟背后丰富的内涵和动态性。（3）移动互联网使用方面的鸿沟比固网更大。

讨论部分，金老师与大家分享了在该研究写作过程中的一些感悟和一些未尽的思考，并特别强调了在"采纳—使用—效果"研究中测量指标和量化策略选择的重要性。

讲座最后，几位暑期班学员结合自身兴趣和经历提出了几个问题，金老师一一予以了详细解答。

（整理：河阳乡村研究院）

【七】罗岗：小农户·小农经济·现代农业：在新语境下重新理解"小农"

 2019 年 3 月 23 日上午，华东师范大学中文系教授罗岗在第五届河阳论坛上做了题为《小农户·小农经济·现代农业：在新语境下重新理解"小农"》的专题报告，与参会嘉宾分享了他关于不同语境下对于小农户、小农经济和现代农业等问题的研究和思考。

 罗岗教授首先介绍了问题讨论的时代背景及其变化。他认为，包产到户或者叫"重回土改"，很重要的是它激发了广大农民的小农想象，但是，在 20 世纪 80 年代所形成的现代化的框架里，小农是被建构成传统、落后的代表，而且小农的命运总有一天要被现代化所吸纳甚至消灭。到了今天，这个问题正在出现一些变化，这个变化包括政府部门对这个问题的重新认识。

 他特别提到 2019 年的 2 月份，中共中央办公厅和国务院办公厅专门印发了一个通知——《关于促进小农户和现代农业发展有机衔接的意见》。这个意见出来之后产生了很多争论。他认为这个意见的总体思路是将来要用现代农业把小农户全部给吸纳进去，这是一个对未来的预测，同时也客观地阐明了这样一个事实：对中国来说，小农户的存在是一个长期的过程。不过，这个意见其实忽略了一个更重要的制度条件，除了那些自然条件和自然因素，关键是到今天为止，中国农村的土地制度还是所谓包产到户，农业生产的主体，还是以一家一户为主体，这就使得小农户的存在和这一土地制度相互依存，不可能在短期发生改变。既然政府已经承认小农经济或者小农户是一个长期存在的过程，那么我们就需要重新理解小农户或小农经济。罗岗教授提供了两个思路：

一、小农或小农经济的再认识

 罗岗教授认为，小农或者小农经济，并不等同于通常意义上的"一头牛几亩田，老婆孩子热炕头"，而是一个具有更广泛意义的社会经济概念。他列举了明清两代江南地区的小农经济形态，以及汪曾祺的小说《受戒》所描述的江南地区农民理想生活形态。他还提到社会经济史领域的研究，譬如，美国的加州学派以及受加州学派影响的社会经济史研究，都强调中国明清两代小农经济的发达形态，可以把它称为市镇经济或者城乡结合经济，甚至是城乡连续体的经济等。

罗岗教授认为，小农经济有一个最重要的特征，就是它既是一种前资本主义经济的存在，也是非资本主义经济的另类存在。他以英国牛津大学芭芭拉·哈里斯-怀特（Barbara Harriss-White）教授对于印度小农经济的研究为例，论证了上述的观点，怀特教授不认为小生产是"残留物"或"后备军"，也不是欠发达的生产形式，相反，它是印度经济的脊梁，是现代的生产形式。小生产虽然在家庭层面上没有实现资本的积累，但从社会层面上来看，它通过繁衍实现了积累。罗岗教授指出："无论是从国际性视野，还是从历史性的视野，都意味着我们必须对小农和小农经济有一个更加开放和丰富的理解。"他也强调，小农经济同时又非常脆弱，相关研究已有很多，其中面对的最大对手就是新自由主义的挑战。所以在这样的一个情况下，我们怎么来重新面对小农经济和小农户，可能这是一个值得大家重视的问题。

二、生态文明或生态社会主义

罗岗教授分享了他对温铁军老师在上海复旦大学的演讲《亿万农民救中国》的感受。温老师认为，新中国成立后农民的三次"救中国"，第一次是20世纪50年代的土改，第二次是20世纪80年代的家庭联产承包责任制，以及今天的第三次。但罗岗教授指出，所谓第三次救中国，也许是"正在救"或"将要救"，但能不能"救"还未可知。前面两次成功了，第三次能成功吗？第三次涉及生态文明的问题，生态文明就不限于如何理解小农经济了，而是小农经济在中国未来的发展中扮演什么样角色的问题。

罗岗教授提到了马克思对小农经济思考和认识的一些变化，例如，在《资本论》的手稿里说到的作为前资本主义生产方式的几种经济形态，特别提到亚细亚生产方式，亚细亚生产方式的一个主要特征，就是小农的共同体。早年马克思对于小农经济以及亚细亚生产方式、小农共同体这样一种社会结构的判断是否定性的，认为资本主义是大势所趋，所有的经济形态都被席卷进去了。但马克思同时受到中国的太平天国运动和印度的反殖民主义大起义的震荡，他发现为什么这些小农可以团结起来，面对帝国主义的入侵，面对殖民主义的压迫会有这么强烈的反弹，这在某种程度上改变了他对小农的看法。

　　马克思对于这一问题的认知产生了一定的变化，罗岗教授认为这一变化体现在《资本论》第 3 卷的手稿中，马克思在写作《资本论》第 3 卷手稿的过程中发现，资本主义生产会给人和自然之间的物质代谢带来断裂的可能性。因此，马克思进行资本主义批判时，不仅考虑了劳动主体和劳动客观条件重新统一的问题，他还设定了一个生态学问题，即如何来恢复人和自然之间的物质代谢。而这是所有生态社会主义和生态马克思主义讨论问题的一个基本起点。罗岗教授说，马克思自己没有创立生态社会主义，他只是留下了这么一个问题，而他对这个问题的讨论，则是指出小规模的土地所有制与近代的合理化农业是相矛盾的。马克思越来越多地关心由大工业化经营的资本主义农业所带来的扰乱人和自然之间物质代谢的问题。与此相比，小经营生产方式的重要性又显示出来。因为小经营生产方式是劳动者把土地和其他的生产资料当作自己的东西，是由几个世纪以来劳动者的自由个性和人格自立性培养出的一种生产方式。在这个意义上，农村是每个共同体积蓄和储存历史文明力量的"蓄水池"。

　　罗岗教授认为，从这个角度说，小农经济不仅是一种经济方式，更重要的还是一种生活方式和文化方式。历史地看，小农或小农户的经济，某种意义上包含了文化多样性和生态多样性，对生态和文化的多样性起到重要的保护作用。所以，从"亿万农民救中国"的前景上，也即中国道路在生态文明的意义上，我们需要重新思考小农经济的作用，小农经济在现代化的过程中如何发挥它更正面的价值，而不是仅仅沦为被保护和被救济的对象。

　　　　　　　　　　　　　　　　　　　（整理：杜学志）

【八】孙信茹："好想说的田野"：
媒介人类学的方法与实践

　　2019 年 7 月 10 日下午，云南大学新闻学院孙信茹教授在"从全球到村庄：西部传播与乡村振兴"国际暑期班做了题为《"好想说的田野"：媒介人类学的方法与实践》的演讲。演讲中，孙老师首先给学员们分享了自己的三个田野案例：其一是云南白族村民如何使用"微信"来唱山歌，其二是云南碧色寨旅游景区游客拍照故事，其三是云南大羊普米族村民葬礼仪式。由案例引出人类学特有的认识这个世界的模式：在特定的时间和特定的地点与一群特定的人形成特定的关系。孙老师认为，人类学是"动情"的时刻，是"矛盾"的时刻，也是穿着"他人的鞋子"散步的时刻。

　　随后，孙老师从人类学特殊的研究视野和方式、媒介人类学的理解与田野方法、观察、访谈、田野笔记、叙事六个方面围绕媒介人类学的方法与实践展开讲述。孙老师谈到人类学特殊的研究视野和方式时，她认为，"田野"是人类学家以及人类学知识体系的基本构成部分，人类学中经典的"田野"有不熟悉的、不同的、地方性的特点。人类学研究者可分为业余的观察者、书斋的人类学家、职业的人类学家、变成"土著"四大类。孙老师结合沙伦·特拉维（Sharon Traweek）的《物理与人理：对高能物理学家社区的人类学考察》、丁未的《流动的家园："攸县的哥村"社区传播与身份共同体研究》、加里·克罗斯（Gary Cross）的《小玩意：玩具与美国人童年世界的变迁》、威廉·富特·怀特（William Foote Whyte）的《街角社会》、保罗·威利斯（Paul Willis）的《学做工：工人阶级子弟为何继承父业》等著作对田野的拓展和田野的向度（空间、历史、时间、关系）进行了解读。她提醒大家，当今社会，互联网已经成为一个田野当中重要的工作场所。做田野调查，不同空间运行的特点和逻辑可以概括为乡村、城市、互联网，三个维度必须把握。

　　谈到媒介人类学的理解与田野方法时，孙老师认为，媒介人类学是研究人们对媒介技术的使用和理解，围绕媒体社会实践做出文化阐释。"在那里"的田野、在"哪里"从事研究构成人类学研究基本的词汇或者语法，民族志是一种具有"方位感"的研究。那么，技术的存在更是"社会和文化实践的一个结构性条件，同时存在于特定的文化领域以及作为整体的社会中"。从这个意义上来分析，媒介人类学的研究是一个由若干环节共同构成的整体。

孙老师结合自己多年的田野实践，总结出媒介人类学的基本环节可以分为进入田野的观察、访谈、笔记以及文本的叙事和写作四个过程。讲到观察时，孙老师认为田野观察是整体主义和情境主义的观察。围绕田野观察，她提出 W-H-W（what-how-why）模式。WHAT：我们看到什么和听到什么？包括：田野点的主要特征是什么？田野点的社会关系和组织结构是什么？当地的文化法则及交往规则和民风民俗是什么？当地的社会记忆及个人生活史是什么？HOW：听到和看到的事是如何发生的？WHY：听到和看到的事为什么发生？为了更好地让学员理解田野观察，孙老师结合"博厄斯对印第安人手鼓的研究""白族村落微信使用研究"等案例对田野观察进行详细解释。也正如罗杰·西尔弗斯通（Roger Silverstone）在《电视与日常生活》一书中提到的"识别这些要素，不是要把它们作为孤立的现象分别研究，而是应该找到一个框架，对这些因素进行综合研究"。

谈及"访谈"环节，孙老师认为，访谈应该是浸入和参与式的访谈，或是研究性访谈，或是"会话"。她以《学做工：工人阶级子弟为何继承父业》为案例，结合自己的田野实践提出对访谈理解的三个层面，访谈应该是"共情"的访谈、观察式的访谈、过程性的访谈。所以，只有通过访谈等途径深入到行动者的意义世界，才能理解他为什么要如此行动。

讲到"田野笔记"环节，孙老师认为"田野笔记"是一个意义的创造过程。描述是质性研究方法的一个基本特征。深描解释是格尔茨（Geertz）倡导的一种解释方向，深描是一种解释性描述，属于"解释之解释"。她以人类学家格尔茨对巴厘岛的研究为例，对书中涉及宗教、政治、历史、文化等主题进行解释。同时结合自己的田野实践案例"给羊子"仪式，对"田野笔记"所产生的意义过程进行分析。

说到"叙事"环节时，孙老师结合项飙对北京"浙江村"的研究、布莱恩·拉金（Brian Larkin）对尼日利亚北部豪萨城市卡诺影院的研究等案例，从叙事的理论渊源，对"叙事"进行分析。她认为田野研究过程中，研究性文本的书写成为至关重要的一个环节，民族志的书写是对田野现场工作进行的文化解释，这种文本写作带有了"高度情境性"。叙事既是一种"技术"，也是一种研究过程的分析方法。所以，媒介人类学的叙事应该是文本绵密编织的过程，这种编织，可以通过故事性、过程性的叙述完成。这种叙事范式，既构成媒介人类学独特的田野观察和工作方式，同时更意味着研究者将通过大量的细节、场景与人们实践活动展现出来的叙事过程，从而使媒介人类学的叙事，不仅是一种表述上的策略，更成为这个领域独特的一种"理论实现"的方法。

　　最后，孙老师总结到，发掘人们经验和社会实践，回到具体的文化情境中，做媒介人类学整体性的观察和书写，不失为一种有效的方法。当我们在做田野观察的时候，重要的方法是走向田野，以及如何把田野性的资料转换成文本，让大家来理解这个过程。讲座最后，孙老师围绕暑期班学员提出的短视频的特征，民族志研究的媒介在场、媒介逻辑、媒介意义，田野调查对于历史研究的意义等问题，现场进行了互动交流，西北大学的王晓梅老师、中国社会科学院的沙垚老师也参与了讨论。

（整理：张瑞坤）

【九】吴飞：关于民族志的几点思考

2019 年 7 月 10 日上午，浙江大学求是特聘教授、全球传播与公共外交研究会会长吴飞为"从全球到村庄：西部传播与乡村振兴"国际暑期班做了题为《关于民族志的几点思考》的专题讲座。吴飞教授从自己的专著《火塘·教堂·电视：一个少数民族社区的社会传播网络研究》的创作过程以及"社会传播网络"这一概念讲起，介绍了自己对传播民族志研究的亲身经验。随后，吴飞教授从民族志发展的三个阶段对民族志研究的发展脉络进行了梳理和反思，并对民族志研究中的"深描与浅描""局内—局外""主观—客观""线上—线下"等问题进行了深度讲解。

吴飞教授将民族志发展分为三个阶段：作为"猎奇"的民族志、作为"科学"的民族志、作为"修辞"的民族志。他介绍，民族志最初的研究动机是欧洲人对自己祖先的追溯，他们认为文化相对落后的地方存在着他们祖先的文化生活样本，并从猎奇的角度对这个文化展开研究，但是最初的民族志研究资料并非研究者亲临现场所得，而是大多依赖二手资料；作为"科学"的民族志发展阶段，以马林诺夫斯基的《西太平洋的航海者》为标志性作品，强调研究者要受过民族志的相关学术训练，强调科学、条理化的调查，追求高质量的丰富成果；作为"修辞"的民族志阶段，强调超越文化的想象去做民族志，研究者要将自己代入自己想要了解的田野，去思考自己想要解决的问题。

在讲解"深描—浅描"问题时，吴飞教授讲到，"深描"是指研究者观察、移情、认知、自觉地解释由众多的、具有意义的符号编织的文化之网，要在一定的文化环境的基础上阐释符号活动背后的观念世界，揭示文化的差异性与多样性；"浅描"是将观察者见到的现象进行记录和描述。通过对克利福德·格尔茨、杨国斌、布鲁诺·拉图尔（Bruno Latour）、约翰·杰克逊（John Jackson）等学者相关学术观点的介绍和分析，吴飞教授指出我们要承认科学的局限性，避免对理论的盲目崇拜，对自认为"全知全能"的研究方法保持警惕。

在谈到人类学研究的"内部视角"和"外部视角"时，吴飞教授认为内部视角不仅是逻辑的思考方式和结构的社会组织模式，更是情感和生命的体验和认同，是生命本身；外部视角则不再观察局部的、微观的社区，而是隔着一定的时空距离，从高处对整体结构进行抽象和分析。他强调人类学的基本方法论是内外视角的交织，外部视角，从大环境看事物，决定事物的方向；内部视角，看事物内部的构成，决定其可能性。吴飞教授认为，要培养自己内外交织的视角关键是培养自己的共情能力，田野时不要把自己当成电脑，只访谈和记录，要带着身体进去，开放五感。

吴飞教授接着讨论了民族志研究中的"主观—客观"问题，指出书写者始终占据着一个"在场"的相对权威性，研究者的生活背景、个人性格、政治立场、理论取向，都塑造着他们看见的世界与写作的文本，因此，研究者必须反思自身在知识生产的过程中起到的作用。

随后，吴飞教授结合当前的社会环境讨论了民族志研究的"线上—线下"问题，他对网络民族志的内涵和具体做法进行了讲解，并指出"线上社区"应该是一个社会集合体，这个群体要有足够多的人，研究者要在一个较长的时间内对群体进行观察，参与群体的公共活动和讨论，关注群体中个人的关系网络。同时，研究者还要遵守匿名保护、数据保密及取得知情同意等原则。

最后，吴飞教授总结到，民族志的终极目标是要"掌握本地人的角度、他与生活的关系，要实现他对于他的世界的视角"，感受并理解人们在生活中经历的不同苦难。

（整理：李丹阳）

【十】温铁军：生态资源价值实现与
重构新型集体经济

2020 年 10 月 26 日上午，著名学者、"三农"问题专家温铁军在丽水市社会科学界联合会第一届学术年会暨"两山发展"第六届河阳论坛上做了题为《生态资源价值实现与重构新型集体经济》的主旨发言。

温铁军教授是中国人民大学农业与农村发展学院院长，乡村建设中心、可持续发展高等研究院、农村金融研究所等校属科研机构负责人，中国人民大学国家发展与战略研究院研究员、福建农林大学新农村发展研究院执行院长，著有《中国农村基本经济制度研究》《三农问题与世纪反思》《八次危机》《去依附》等书。

以下为温铁军教授此次主旨发言的文字稿整理，全文以第三人称进行整理，河阳乡村研究院公众号首发温教授的这一最新思想，与读者共享精神盛宴：

发言伊始，温铁军教授首先对河阳论坛发起人赵月枝教授的邀请表示感谢，同时也向丽水市和缙云县的各级干部同志和人民群众致以敬意。他认为，没有这些人的坚持不懈和艰苦奋斗，推动"红绿"融合的发展，就没有缙云这么好的学习经验基地。

之后，温教授对前几位主旨发言人的内容做出回应。他认为乡村振兴说一千道一万，坚持正确的政治方向才是第一位的。我们国家 50% 以上的农村人口在缺医少药的条件下，实现近乎零成本的防疫措施，疫情没有在农村暴发，得益于我国从民主革命时期实行的耕者有其田的制度。

展开来说，虽然我国仍有 3 亿外流人口，但他们在农村都还拥有资源性资产。这意味着，外流人口回乡的时候，家乡还具备让他们继续生存的条件。以此次疫情为例，疫情暴发于春节前夕，而春节之前正是外出打工、经商的人集中返乡的时候。依照历年返乡情况来看，3 亿打工者至少一半以上已经回乡。在疫情暴发的时候，农村只需拦路、设卡，而并不需要组建多么大的防疫队伍，就实现了几乎零成本的防疫举措。这个前提就是我们当年的红色革命——土地革命时期形成的人人都有资源性资产，但这很少被我们认识到。所以，温教授认为，今天中国防疫的成功，最大的勋章应该奖给农村，奖给大自然。这是"红绿融合"的"红"。

"绿"则是我们人类最为宝贵的生态资源，也就是习近平总书记所说的"绿水青山就是金山银山"对应的"山、水、田、林、湖、草"。温教授认为，工业化时代，我们很多地方的生态资源开发是亲资本的，做得不是很好。比如：很多自然景区的开发，通过圈占的方式把人赶走，在外面另做安置；某些景区还短视地为了在景区门口卖一张大巴票，而把世界范围内最有旅游消费能力的"驾车一族"——中产阶级——阻断在旅游区之外，不让他们把车开进，然后让游客们在人挤人的山上走 S 形的商业街。这样的体验奇差无比，毫无生态化资源的体验感，一些知名景点去一次也就够了。对比之下，体验更为丰富的乡村旅游反而有了振兴的空间。但当下，旅游市场极度混乱：大旅行社把"肉"吃了，给地接的旅行社一点"汤"，小旅行社只能通过搞低价团的方式来宰客，如定点旅游商店、定点的旅游酒店等。这样一来，我国整体的旅游市场便自乱了阵脚。

在这种背景下，旅游资本下乡使得乡村旅游也走上了圈地、赶人，进而包村的方式，成了与上述工业化旅游区类似的旅游景点。即便这样的旅游景点几乎全都搞黄了，却仍有很多地方竞相效仿。温教授强调，大批崛起的中产阶级在拥有足够消费能力的情况下，渴望体验更好的生态资源景观，旅游产业是万不可按照以往传统的方式去发展了。总体来看，依照城市旅游产业打造的农家乐、民宿现在开始进入下行期，有些地方民宿已经过剩，究其原因是因为它们没有真实的文化内涵。回到"红绿融合"的主题，乡村如何找准融合的点位成了问题关键。

温教授结合论坛前一天的三溪村调研说道，乡村里的红色文化除了建造博物馆，还可以在形式上拓展探索空间，如在农村周围的运动步道上建起游击小径、游击队迷宫、口袋阵等；在内容上探索当下乡村与整个革命历程之间的直接关系，比如，如何充分发挥红色文化的作用，让私营企业家身份的乡贤为公共利益的最大化而努力，进而创造出一套不同于西方的治理有效的激励机制，是"红绿"融合的重要着眼点。总之，我们如何把历时几千年的讲求传统文化、孝道和仁义礼智信的乡贤文化与当下的以法治为本、以德治为引领的乡贤治理结合起来，最终实现乡村治理上的"三治"融合，值得深入探讨；民营企业家不再以个人利益最大化为目标，而是能够与习近平新时代中国特色社会主义思想相结合，以构建社会利益最大化为目标，这些案例也值得我们继续深挖。

回到论坛主题，温教授认为，"两山"主导思想的提出意味着我们已经把工业化时代的生产力要素做出了一个极大的结构性扩张。工业化时代，生产力要素主要是指土地、劳动力、资本，到了信息化时代，数字、管理等被纳入其中。而到了生态化发展阶段，生产力要素进一步扩张了，阳光、空气都进入了新生产力要素的范畴。习近平总书记提出了"山、水、田、林、湖、草"，后来又加上了"沙"，很多地方也把"石头"也加上了。比如，高寒地区的冷凉作物让沙地变成收益高于田地的生产力要素，福建霞浦一个赶海的滩涂将"阳光"也变成了生产力要素——就因为那里的一缕斜阳，使当地成了全国著名的摄影打卡地，民宿一晚收费一千多块钱。其中蕴含一个重要信息便是什么人来消费这种要素的？那绝对是能负担得起"长枪短炮"摄影器材的中等收入以上的群体，这个群体也会带来其他相关生产要素的消费。这就是消费一个地区生态化要素的"目标客户群"。

所以，温教授强调，当我们今天推进"两山"思想的时候，我们理所应当地要介绍当地的各种生物物种及丰富的生态环境资源。虽然我们不能简单地说萤火虫就是新生产力要素，但是多种生物资源，特别是物种资源丰富的地方，表明了该地具备良好的生态环境条件。人回迁到生态环境条件良好的地方，生命会得到修复。所以良好的生态环境可以被称为生命产业的要素。温教授举例而言，海拔就是一种生命产业要素，海拔600米以上，昼夜温差较大，农产品的养分沉积充分，品质大大好于平原地带。他自己在屏南县给出的建议是充分利用海拔800米以上的冷凉气候带，那里农产品生长期长，营养丰富，绿色无污染，非常受欢迎。而在以前生产方式的衡量下，这个海拔意味着贫穷，无法发展产业。

之后，温老师分享了浙江省湖州市安吉县有趣的农村产业经验——"养鸡养猪不如养上海人"。安吉人为什么不说不如"养"浙江人、杭州人、湖州人，而一定要"养"上海人？他认为这叫作找到目标客户，安吉人的发展经验值得注意。当年努力对上海人做营销的安吉领导班子知道安吉最好的生态资源对湖州人和杭州人来说并没有陌生感和吸引力，但对上海人却是新鲜的。所以针对目标客户上海人，安吉把自身的品牌打造成黄浦江源头第一县，"我在江之头，君在江之尾，每日思君不见君，同饮一江水"；同时，安吉还打了一手"苦情牌"：该县为了保护黄浦江水源，防止污染处于下游的上海段黄浦江叫停了本县的水泥产业，使得整个县的产值和财政跌了40%，在浙江省排位列末，这些都直戳上海目标客户的"心窝"。安吉县的案例值得借鉴——不同的地理资源环境要明确自身的目标客户，如海南作为国际旅游岛要面向全世界进行定位，福建要打造最好的生命复苏带则要面向全中国，丽水山耕公共品牌也要找到我们的目标客户，"对哪"是我们要解决的重要问题。

之后，温教授聚焦于对浙江在地文化的深挖。他认为，中华民族文化上下五千年甚至更久远的历史文明在浙江都有囊括，出土的九千年前的陶俑罐子，抱着罐子的人就是浙江人。如何将这些在地文化发掘，并将之变成在地化教育，为生活在钢筋水泥狭窄空间里看不见天际线的人们提供源源不竭的自然教育、文明教育，与此同时，让他们在这里呼吸新鲜空气"洗肺"，吃有机食品"洗胃"，享受山居文化"洗心"等，这些都是我们作为这块资源地的主人，也是富足的生态化开发的主体理应担起的责任。

综合而言，对资源环境进行生态化开发，高度非标准化的空间生态资源无法用一套数值进行标准化计算和衡量。所以，曾经的把资源切碎进行产权买卖的理论和方法已经不适用了，需要理论创新，生态空间资源是整体的、动态的，如我们很多村落布局是在两个山系之下的两个水系中间的丘陵地带的缓坡上，非常科学，这正好可以综合利用山、水、田、林、湖、草、空气、阳光、蓝天、白云，以及晚上的萤火虫和星空。具体生产力要素恰恰是生态空间资源在一个时空条件之下形成的，我们暂时无法标准化计算这个分水岭留下来的水系的数值，它如果不是和周围的整个生态资源体系紧密结合为一体，与周围要素高度黏滞，它怎么可能被开发出来？但凡其中一个要素破坏了，如树林被砍了，那么整个生态空间资源便被破坏了。所以，一旦进入生态化空间的资源开发，只能通过重构新型集体经济来实现，首先要做的则是以村社为单位完成内部定价。

当下，温教授团队正在致力于把现代市场引入农村产权改革，用股票一级市场的定价方式将生态空间资源进行定价。温教授强调，一级市场定价收益要留在村内，使得每个村民都能够得到长期的财产性收益。用这种方式让村集体完成内部定价，形成空间资源的可交易。

另外，还需思考如何将政府长期在农村投资建设的基础设施资产盘活。温教授以缙云县仁岸村的桥洞咖啡厅为例，政府投入修建的大桥可以走车，桥墩、桥洞，可以利用开发变成咖啡厅，与周围环境构成协调的景观，这意味着设施性资产已经变成经营性资产了。所以，如果我们把集体经济作为一个单位，进行公司化改制，把政府投资的设施性资产激活，那么资产所在村居点改革试点便已经成功了。温教授总结道，城市工业去杠杆，农村的生态产业加杠杆，合理加杠杆，优化持股方式，农村的资源性资产便会被撬动翻倍。通过这样的方式重构新型集体经济，让新型集体经济进行公司化运作，与县级平台公司相结合，变成一个县域生态化资源体系的全面计划，变成县域经济的生态化，那么创新了的新时代便迎面走来了。

（整理：梁媛）

【十一】陈学明：期待丽水为中国的生态文明建设、为人类创建新的文明做出突出贡献

2020年10月31日上午，复旦大学哲学学院、马克思主义学院"双聘"教授、博士生导师陈学明在参加由中国传媒大学传播研究院与河阳乡村研究院共同举办的"'红绿'融合发展与新闻传播角色转变"线上论坛发表主旨演讲时，数次提及丽水地区的"'红绿'融合"实践，并期待丽水能为中国的生态文明建设、为人类创建新的文明做出突出贡献。

陈学明教授的主旨演讲主题为《在疫情之下对生态文明建设的新认识》，演讲包括"一、进一步认识人类面临生态问题的严重性和进行生态文明建设的重要性""二、进行生态文明建设必须充分发挥社会主义制度的优越性""三、必须切实面对和破解'经济增长与环境保护'这一两难境地""四、必须紧紧抓住改变人的存在方式这一关键""五、必须把生态文明建设与进行社会治理、维护社会秩序结合在一起""六、必须全面认识'以经济建设为中心''以人为本'等观念"六个部分，其要义正如陈教授开门见山所说：是疫情背景下，结合切肤之痛来重新思考生态文明建设，重新思考"红绿"融合问题。

在讲到破解"经济增长与环境保护"两难境地的时候，陈学明教授指出：现在是到了认真探索和破解这一两难问题的时候了，空泛地谈论生态文明建设是没有用的，我们需要的是能够走出"两难"的实实在在的政策和措施。如果真的走出一条这样的道路，那就可能成就一种新的人类文明。丽水地区探索"红绿"交融、以"红"促"绿"，正逢其时。期待丽水地区在探索破解两难境地问题上闯出一片新天地，为中国的生态文明建设、为人类创建新的文明做出突出的贡献。

在论证生态文明建设应与社会治理有机结合时，陈学明教授指出，环境治理不能是单纯的环境治理，而必须跟社会治理结合在一起，环境治理必须以社会治理为前提，进行生态文明建设的过程，也是重塑社会秩序的过程。

现在丽水地区"红绿"融合发展的实践,在重建人的生活方式和用社会治理来带动环境治理方面,为我们树立了榜样,做出了有益的尝试。

在本次论坛上,与陈学明教授的演讲相呼应但又落脚于新闻舆论与传播领域,河阳乡村研究院执行院长、加拿大皇家学会院士赵月枝教授与华东师范大学传播学院院长吕新雨教授分别做了题为《"红绿"融合发展与新闻传播的角色》和《疫情之下生态文明的问题意识与媒介表达》的主旨演讲。此次线上论坛为期一天,来自复旦大学、华东师范大学、北京大学、南京大学、新疆大学、中国人民大学、上海交通大学、西华师范大学、石河子大学、北京林业大学、清华大学、温州大学、浙江工业大学、浙江大学、山东师范大学等众多高校的师生参与了云端研讨。此次活动是以城乡互补的姿态对业已于 10 月 26 日在浙江缙云闭幕的,以"'红绿'融合的全面小康样本:历史、理论与实践"为主题的丽水社科联第一届学术年会暨"两山发展"第六届河阳论坛的呼应。

(整理:河阳乡村研究院)

【十二】洪宇：解读"十四五"

——赛博域的未来政治

2021年7月8日下午，在"从全球到村庄：文化传播赋能乡村振兴"国际暑假班的系列讲座中，浙江大学传媒与国际文化学院副院长、传播研究所所长洪宇老师做了题为《解读"十四五"——赛博域的未来政治》的专题报告。

报告伊始，洪宇老师向我们介绍了自己从美国到中国关注的互联网基础设施与媒介物质性研究，并指出，如果我们狭隘地把传播作为符号层面的建构、意义层面的建构，具有一定的局限性。强调物质性与基础设施，在某种程度上是想超越反唯物论。另一方面，如果仅仅立足于基础设施，立足于经济层面，立足于所有权，也不全面，如果我们想了解霸权转移，了解霸权的全球变迁，对于文化的领导权和文化意义的建构还需要深刻理解，如何把文化和物质的层次联动起来非常重要。

洪宇老师此次与大家分享的是当前自己的研究，主要以国家"十四五"规划作为切入口，以时代趋势、认知前提、理论概念作为分享的基本框架，剖析其中与互联网空间政治有联系的内容。洪宇老师认为，"十四五"是一个将发展理念和主要矛盾可视化的文本；政策文本是把问题意识转换成可研究的对象十分关键的载体，因为政策是一个不同梯度的社会主体进行博弈的场合。同时，研究"十四五"并不仅是对文本的一种简单复述，更多是要透过文本去发现文本背后的政治意图，以及它所指向的政治经济动力和趋势。

首先是时代趋势。洪宇指出，全球化的一个主要特征是互联网的兴起，新自由主义的全球蔓延伴随着互联网的全球蔓延。在很长一段时间内，互联网是美国政府和跨国企业主导的一项霸权工程。但随着2008年金融危机，各种极端思潮回归，这套互联网模式陷入了结构性危机。曾经被资本主义报以期望的互联网并没能从根本上解决资本主义内在的核心矛盾；不仅于此，它更引向了一种观念的紊乱——华盛顿共识面临巨大冲击，非西方国家，包括美国前总统特朗普在内，所做的系列实践就是对华盛顿共识的反思。而从全球格局出发，特朗普时期美国把中国推向了数字冷战的一端，也必然是中国未来的长期挑战。洪宇老师认为，数字冷战需要放在一个历史长周期中考察，因为它体现了历史发展的规律。世界体系论提示我们：空间是一种权力表征，随着资本主义金融危机进入特定周期，旧空间贬值与新空间生成，会诱发大量政治争夺。数字技术政治化在洪宇看来必须得到重视：由于资本主义调试期之后的下一个增长点即是数字技术，网络既是经济技术资源也是基础设施，同时也是一种权力制度，也是世界传播的文化领导权，所以世界各国在技术主导权上会展开博弈。

在此基础上，洪宇老师分析了中国引领空间重构的可能性，并提出了"赛博域"（cybersphere）的概念。在她看来，它与传统的"赛博空间"（cyberspace）不同。后者遮蔽了互联网的一些特定面向和历史主体性问题，导致大家忽略了互联网内置的权力格局。洪宇老师列举了互联网管理从基础设施到网络运营到自由主义媒介学者麦克卢汉的系列论述，并指出：我们现在需要对数字技术是什么这一本体论问题进行追问。她引出了法国技术哲学家埃吕尔（Ellul）的思想。埃吕尔认为技术理性是对人主体性的剥夺，但这是基于技术逻辑的前提，并没有把技术嵌入资本主义社会关系中理解。总体来看，洪宇老师认为主流的媒介与技术学者站在了技术悲观与乐观的二分立场，没有从马克思主义传统中强调技术与社会关系的相互重构。"赛博域"旨在破除互联网的外在性，关注不同语境中的社会—技术体系的在地特征（数据中心选址、网络铺设架构、社会关系属性等），让大家意识到全球普适性技术话语的局限性，以此揭示地缘政治。洪宇老师列举了健康码、海尔智能家居等案例，进一步阐释了技术的社会政治属性，并通过自己的逻辑导图说明了技术政治化的可能性。比如，健康码的使用，体现的不仅是社会诉求，还体现了抗疫过程中跟踪人流动数据的政治经济理念。

接下来，洪宇老师把这些议题回到中国的视角中来看。中国已经深度介入了全球化进程，中国在数字技术领域的突破已经具备了对全球格局造成重大影响的能力。洪宇老师认为，随着中国互联网企业壮大，它会加速改造中国与世界的关系。"数字中国"是一个传播问题，关系到物质、财富、观念等的流动，对数字中国的理解，一种是自由主义式地认为中国应当"追随、融入"西方现代性的过程，另一种是从国际关系现实主义视角强调中国实力崛起所带来的"修昔底德陷阱"。但是，中国恰恰需要超越这种主观意识预设。洪宇老师谈到，中国早期互联网初创企业依靠美国投资崛起，是一个外部输入的过程，某种程度上说也是一个依附过程，权益外挂海外。中国数字经济的壮大需要扭转这种局势。一方面，中国有完整的工业体系和庞大的国内市场，它可以自主设计自己的道路；另一方面，数字经济又是全球性地与国际企业链接，中国外挂的经济模式使得它很大一部分又嵌入制造业的下游。洪宇老师通过分析数字产业链、政府部门、企业平台、技术社群、基层组织的角色，指出目前中国处在一个关键的十字路口。她分析了葛兰西经典意义上的霸权、美式霸权、英式霸权等，剖析了这种霸权经济现象背后的观念现象。这种霸权不仅包含物质能力，也包含了一种社会想象、机构制度安排。互联网的物质空间可以被当下的中国当作对过去霸权的反思，是未来霸权争夺的重要领域，也是大国之间战略较量的核心焦点。随着美国全球号召力的下降，互联网进入了相对自由发展的时代。此外，洪宇老师认为，全球化时代民族国家依然重要。尽管国家在发展过程中聆听资本诉求，满足资本发展，但其仍然有其自己的独立性，可以扮演积极推动社会进步的力量。相对自主理论给予了我们理解国家新的视角，对于理解当下的中国有启发意义。把国家放在特定的历史语境里，中国政府合法性来源于人民诉求，有充足的主体性，而不是简单的、二分的"市场绊脚石"式的分析可以解释得清楚。近几年世界开始提"中国经验"，因为西方现代性经验已经无法再帮助这些后发国家实现发展，怎么把社会主义建设的经验挖掘出来，需要从中国内部和外部的整体结构、制度安排、历史文化记忆等角度出发，将中国坐落回创新时代的坐标，将西方经验遮蔽掉的面向予以全盘呈现。

洪宇老师通过对"十四五"文本的分析，发现了其中所建构的意义与对未来的一种可视化安排。第一，中国政府在提高它的网络能力，这种能力是超越国界的。中国目前有落地权的海底光缆大概有18条，绝大多数为国内三大电信运营商所有。这个海底光缆布局不是全球网，而是区域网。它将中国作为亚洲的一部分与北美欧洲相连，同时把亚洲内部进行一个连接，它反映了中国区域导向的经济布局。第二，网络的重构。中国网络的开放性要服务于国内市场循环，政府开通了许多国际直连线路，但选择新疆、郑州、贵州这些传统认知中并不开放但具有大数据产业园的地区，这体现了跨国网络与国内网络重构的辩证关系。第三，中国手机的流行，它跨越社会等级关系，创造新的世界主义。中国手机作为一种基础设施，促进了多元的文化交流，这与电商下乡、数字乡村建设也是一个弥合过程。第四，中国除却对世界空间影响之外的地理梯度影响，它在于打破底层社会的渗透。中国希望改造数字经济组织样态，挑战新帝国主义数字产业链，扶持民族企业。比如，华为的发展曾经依靠高通、台积电芯片技术而被打压，目前依靠国内市场发展。今天的华为开发了鸿蒙这一具有反脱钩潜质的系统，并将专利权让渡工信部，也让我们看到了国家与企业之间的合作，这很有可能带来新的组织形态。第五，是关于"十四五"中对未来的想象。中国希望在一些未来产业实现突围。在"十四五"中，会发现非西方国家的制度也被重新调用起来，新型举国体制是对计划经济的制度性创新，它今日的应用场景在市场环境中，昭示了社会主义可以改变未来。洪宇老师引用阿瑞吉关于国家的属性判断，认为国家属性更重要的是探讨国家与资本的关系，如果国家可以规训资本，它就仍然可以是一个社会主义的市场，国家的公共利益和可持续发展的承诺是讨论国家属性十分关键的指标。"十四五"不仅包括五年计划，还把十年、十五年的规划同时纳入，更加体现了社会主义未来主义的社会想象。

讲座的最后，洪宇老师提出了"以数字中国为方法"的理念。她指出，研究数字中国不是单一的民族主义学术，也是借助中国探讨世界走向更美好未来的构想。中国的国家和社会都已经拥有了一种全球主体性的视野，中国社会对于过去批判性的认知以及对未来的愿景不仅应体现在政治传播中，也应体现于对互联网域实施的重构行动，传播不仅是话语，更应该是行动。未来的中国，必然会面临更加激烈的较量，中国必须在过去内化西方现代性经验的追逐道路上用非西方的多样性经验与愿景打开一个交流与创新空间。

（整理：陈昱坤）

【十三】梁君健：用影像探究民间信仰的生生不息
——关于西北道教民俗的视觉民族志

　　2021 年 7 月 9 日下午，清华大学新闻与传播学院党委副书记梁君健副教授为本次"从全球到村庄"国际暑期班做了题为《用影像探究民间信仰的生生不息——关于西北道教民俗的视觉民族志》的讲座。梁君健老师不仅是一名学者，更是一名知名导演。其代表作有《喜马拉雅天梯》《我在故宫修文物》《大河唱》等，讲座当天更恰逢最近很火的电影《大学》首映。

　　首先，梁君健老师围绕目前所做的工作与大家进行了简单介绍。梁老师依托清华大学新闻与传播学院影视传播研究中心，从事影视人类学、影视传播、媒介与社会等方面的研究。在对学生的纪录片教育培养实践中，梁老师十分强调人类学的田野工作方法。学院成立了清影工作坊，每年大二学年结束后的暑假，几位任课教师会带 20 多个学生在一个陌生的环境进行历时 5 周的纪录片创作，以此激发学生走入田野。与此同时，纪录片方向的研究生需要跨专业选修人类学和社会学课程，以便用跨学科的视角更好地以作品代论文的方式毕业。

　　梁老师谈到，人类学电影最早从人类学家开始拿起照相机，以及西方传教士探险家、旅行者等对异文化的视觉记录开始。其目的最早服务于资料保存和研究使用，提供比文字更加精确的现场资料。20 世纪 50 年代以后，伴随着学界对于科学主义反思，视觉人类学家开始把纪录片视作和文字民族志一样的完整作品去进行文化呈现。人类学电影和文字形态的民族志一样，经历了包括"写文化"转向在内的一系列的反思。而在影像人类学领域，对于媒介如何表征文化，对于文化叙述的权力关系的反思要来得更早、更猛烈。今天，人们普遍认为，人类学电影作为可靠的文化资料，能够促进不同群体的跨文化理解，汇聚和而不同、美美与共的人类精神家园。

　　接下来，梁老师给大家放映了半个小时的纪录片，展示自己研究的田野和主题。该纪录片目前仍在制作中，围绕西北道教民间习俗进行持续跟踪拍摄。其田野地点白云观位于陕西省榆林市佳县城南 5 千米黄河西岸的白云山上，该观有明代皇家背景，是西北民间最大的信仰，信众来自西北五省。

梁老师从人类学视角剖析了有关陕西白云观道教仪式活动中信众、艺人、社会等概念的本土化阐释，为大家提供了重新理解"什么是道教"和"什么是民间信仰"等问题的新维度。

在信众部分，梁老师通过讲述当地信众因在祖师爷面前祈福身体获得痊愈的个人经历，分析信仰的根源。梁老师认为当地人形成了一套特有的文化解释系统。从人类学视角来看，这是他们的宇宙观和世界观的体现，基于自身的经验和文化所得出来的最合理解释。

当地的艺人主要指道士、画师等，这些人服务于民间信仰、承担着重要角色。道士要具备"一写二念三吹打"的本事，方能获得信众的认可。他们往往是民间传统知识分子，社会关系特别复杂。梁老师着重围绕画师的故事进行分析。画像创作的过程，也是画师与信众共同生产、共同创作的过程。他们彼此共享了一套民间信仰的话语与视觉系统。

个体的故事组成了西北民间的社会。白云山上分布着很多寺庙，其空间分布对应周围很多地方。每年秋冬的时候，山下的村会请民间的道士举办打清教仪式。村落之间形成循环圈，最大的是 42 个村，轮 30 年。从上述的案例反映出地方社会一些特征，诸如当地历史上明末瘟疫的集体记忆、村落组合结构和祖师爷信仰等话题。梁老师认为民间社会里，宗教是开放的，被调试的、流动的世界。它在个体和社会之间流动，有一些关键的社会角色，承担着社会重要的功能。

民间信仰在不同层面发挥不同作用。社会层面上，民间宗教如何将分散开来的个人联结在一起，并以此理解中国社会的组织形式；个体层面上，艺术、宗教是对自然的重新观照，把自然的人变成审美的人。民间信仰，也给了当地人的视角，去看待他们的生活和世界、看待自然。这些东西用现代科学逻辑无法解释，但是这在他们心中能一直坚持是一个美好的事情，它为我们提供了另外的一种可能性。

在一个陌生的环境如何进入值得我们每个研究者去思考，梁老师在讲座的过程中分享了自己做田野的方法。在田野中，梁老师每天的常规任务是在村里转，主动打招呼、微笑、介绍自己，不断融入。久而久之，当地村民会逐渐接纳自己，人们从不愿意讲到愿意讲、反复聊。

在质化研究中，梁老师倡导三轮访谈，如此方能从完全开放到有针对性地解决实质性问题。第一次主要是聊受访者过去的经历，绝对开放。第二次就研究的问题进行询问，着重了解有关细节。第三次对自己行为的意义进行反省和解释，重点在认知和情感层面对受访者的反应进行探索，在受访者的行为、思想和情绪之间建立一定的联系。一开始的聊天可能获取一部分真相，通过第二次、第三次不断询问，与访谈对象的信任感慢慢建立。随着信任感建立，话题可以深入，甚至可以争辩。

讲座最后，赵月枝老师对梁君健老师长期深入的影像人类学研究表达了钦佩之情。赵老师勉励大家做科研不要太急功近利，要相信自己的兴趣和直觉，去认真关注日常生活让我们念念不忘的事情，持续做下去，而非人云亦云。

（整理：许向阳）

【十四】项一中：乡村与乡愁

2017 年 7 月 3 日，河阳乡村研究院特约研究员项一中先生为暑期班学员带来一场题为《乡村与乡愁》的讲座，以缙云天堂村为引子，以缙云本地的历史为切入点，讲述乡村文明的起源、发展和兴衰流变。同时与学员就撤点并校政策、乡村经济发展模式等相关问题进行讨论。

在演讲中，项一中从"种子何来""种子落地""取名规律""建设与繁荣""天灾人祸""繁盛时代""黄昏现象""全面溃败""回光返照""乡愁兴起"十个层面，娓娓道来，以一种具有地方感的含蓄抒情和柔软观照，妙趣横生地谈了他对乡村与乡愁的理解，相对于人类学家对村庄的视而不见，这显然是一种带有诗意和温情的反驳。对演讲内容，本文择要介绍如下：

一、村庄的起源

在讲座中，项一中分析缙云各个村落姓氏的宗谱，将村落的来源分为几类，分别为灾荒流落、战争流徙、豪强侵占、灾祸迁徙等。人口聚集一地之后，村庄扎根则与地理密切相关。首先要选择朝向风水，以流长清澈的水源、肥沃向阳的土壤为佳。

项一中认为乡村研究，或可将地名作为突破口，走访各个乡村，采访村中老人，查看宗谱，询问村庄名称的来源，可以由此发现村怎么来，人怎么来。项一中以缙云各村庄为例，将村名分类，向学员介绍缙云村庄的命名规律以及风俗传说。

二、传统乡村的盛衰

项一中指出，农耕社会的最高理想即人口的繁衍。在传统社会中，因无法延续香火，凡和尚、尼姑、道士、戏子，不得载入宗谱。而耕读遗风也是缙云村庄的习俗，在乡村节庆等重大活动中，礼尊各学子，乡村宴席时请学子上座，祭祖时给学子发余荫也给多倍铜板。这些传统习俗均有益于缙云乡村的繁荣兴盛。乡村的建设还包括建庙修祠，以求神佛祖宗保佑，乡绅返乡，促进乡村精神文化发展以及环境保护。

在传统乡村，天灾人祸往往会导致一座村庄的覆灭。以缙云为例，1952年山洪暴发，上麻村被毁，迁至金梅亭。除水火之灾外，瘟疫也是一大隐患。在过去，缙云几乎村村都修建有宝童塔，就是用来埋葬在瘟疫中夭折的孩童；而人祸主要以祸及域内的战乱为主，从方腊起义到太平天国，一遇战乱，人口骤减。

项一中总结，正如万物有生有死，有盛有衰，村庄的盛衰也同样如此。

三、乡村的发展变迁

项一中追溯乡村发展过程，指出中国乡村的繁盛时代在新中国成立之后。首先是土改运动，人民翻身做主人，农民分田分地，在新土地的吸附之下，人们足不出村，辛勤耕耘。加之 20 世纪 50 年代，三反五反加镇反，人员外出必须持有单位证明。农村人口被牢牢捆绑在土地上，人口流动困难。20 世纪 60—70 年代人民公社时期，开始农业学大寨，形成近代以来乡村人口集聚最繁盛的时代。

乡村的衰落随着体制的变迁开始。改革开放之后，分田到户，人口开始自由流动。在这科技发展迅速，经济全球化的社会背景下，空心村形成。山村仅剩老人和学龄前儿童，学校开始撤并。

在有识之士的不断呼吁下，有关部门开始制定传统村落保护计划和发展规划。国家财政每年也拨出部分资金，用于古村落保护。政府部门的扶持，让少数古村落回光返照。但项一中认为归根结底，古村的保护需要其自身有造血功能，如发展乡村全域旅游，重新回到繁盛。

四、乡愁的兴起

项一中认为随着经济的飞速发展，社会的巨大变化，传统习俗面临着被西风东渐的新时尚全面取代的危险。由此引发人们对传统乡村的乡愁。习近平总书记提出要"记得住乡愁"，从政策呼应社情民意的层面，正表明它是一种具有深层次历史内涵和传统文化意识的民族性群体性感受。如今的山水已不再是过去的山水，而乡愁应连接祖辈和子孙，过去与现在，保护传统村落文化和环境。

　　最后，项一中认为，中国乡村是一本读不完的书，为了使这本书免于毁灭殆尽的命运，他希望有更多的专家和学者，来关注、研究甚至可以说是抢救这些即将消失的中国传统村落文化。

（整理：张欢）

【十五】麻松亘：缙云百姓的狂欢节

——迎案

　　"迎案"，它是缙云县民间自发组织、自发参与的，集民间信仰和传统武术、杂技、舞蹈、造型、戏剧、美术、器乐为一体的大型娱神乐众民俗活动。其实质就是《辞海》里说的"旧俗用仪仗、鼓乐、杂戏，迎神出庙，周游街巷"的"赛会"。

　　2018 年 7 月 11 日下午，浙江省缙云县民俗与乡土文化专家麻松亘来到缙云暑期班，为学员们剥茧抽丝地从起源、习俗与程式、保护与传承三个方面讲解了缙云"迎案"的前世今生。

　　"迎案"的"迎"字作恭迎、奉迎、迎侍解。"案"是小桌子，借指神灵面前的供桌。而所迎的神灵与供桌之间的关系，就好比皇帝与皇宫台阶——"陛"之间的关系。所以，"案"字的含义，狭义是指香案队中的神灵及其香亭；广义指的则是整个案会活动。迎案作为一项民俗活动，长久以来没有官方的文字记载，甚至"案"字都是麻老师在查阅诸多史料和实地调研之后，让这一流传 1250 多年的口语词汇有了如今的文字样态。

　　根据麻老师介绍，缙云县的迎案活动遍及全县，贯穿一年四季，一年达 20 场次，主要有"包公案""关公案""陈十四娘娘案""城隍老爷案"等，而且每一个"案"所迎的神灵各不相同，有道教神系的城隍老爷、陈十四娘娘、关公大帝；有佛教神系的观音菩萨；也有地方神明，甚至是本地的古人，都是本村或本地域各自最为崇敬的神灵。但有一个共同点，那就是他们所迎的神灵，都是各自地域最为崇敬的神灵。

　　麻老师分享的第二个部分——"习俗与程式"是他要讲解的重点，分为"认真缜密的筹备"和"隆重有序的案会"。

　　迎案的筹备工作大致有三类：第一类是各案队的技艺训练，这项环节尤为重要，展示武术技能的罗汉班、表演民间艺术的三十六行等表演形式，都要在一个月，甚至半年前就开始集中演练，以求节目熟练精彩。第二类则是轮值主事村的礼俗筹办，比如说金竹关公案要在一个多月前家家户户糊制纸马，以备谢案时焚烧。第三类是案队经过的道路和会案表演场地的清理、清扫保洁和案坛炼火等。

在筹备工作结束之后，就是隆重、有序的案会。迎案的时间多为三天，不过像张山寨七七会、赤岩山三将军案有五天或更长一些。迎案的主要程式有祭旗起案、演戏酬神、请神出案、代天巡狩、会案祈福、谢案赐福六项内容。麻老师也在会场做了详细介绍。

祭旗起案：缙云迎案的祭旗，是仿照古代军队出师前，宰杀一种动物（多为公鹅、公鸡），以其献血祭祀神灵，以求庇佑而举行的一种祭祀仪式，目的在于驱除邪气，祈求整个案会活动的顺利和平安。

演戏酬神：缙云是中国的民间戏曲文化之乡，案会戏班由迎案主事村邀请到自己的村子来演出，时间一般从祭旗起案当夜起，连演几天。开演前，将神灵请到戏场，在戏台正对面摆香案，以酬谢神灵的庇佑。

请神出案：迎案首先是敬神、娱神和祈福的活动，故将神灵请入香亭，是出案之前必有的神圣仪式。各个案会的请神出案仪式都非常隆重和庄严，而其具体做法又各有特色。一般情况下，首事们上贡品，头首点烛燃香，行请神大礼，然后将神像请入香亭抬到案坛，以待案队聚集，吉时出案。

代天巡狩：请神出案后，接着就是恭请神灵代天巡狩各方，以驱邪消灾，施福人间。代天巡狩的案队可分为香案队、罗汉队、民艺表演队三大部分。代天巡狩的香案队由大锣、先锋（长号）开道，以神幡、虎头牌前导，居中是内供神灵、左右均有乡官护卫、后罩罗伞的香亭。随后是锣鼓班、花炮手。整个香案队伍纯朴、神圣，充满着人们对神灵的敬畏和尊崇。罗汉班由先锋开路，随后为阵头旗、长旗、大刀、钢叉、四门钺、盾牌、棍棒、拳师、罗汉孙（化妆成戏剧人物的孩子）等班队。整个罗汉班队彩旗飞舞，刀枪林立，锣鼓喧天，威风凛凛。民艺表演队中，传统的班队有长脚鹿（高跷）、三十六行、舞狮、舞龙等。与时俱进的，现代的民艺表演队现在也有了旗袍秀队、八仙游江南队等。整个队伍数百至数千人不等，边行进边表演，前往各村代天巡狩。迎到各户门前，户主人都要放鞭炮烟火结案，以示恭敬，并祈求吉祥如意。

会案祈福：代天巡狩的迎案队伍每到达一个村庄，该村的主事就要焚香放炮接案，并在村中大簟基（晒场）进行会案表演及祈福活动。会案表演是娱神乐众、祈求福佑的重头戏，可分为罗汉献艺、民艺表演两大块。一是罗汉献艺，有摆阵、耍武、叠罗汉三种表演节目，二是民艺表演，主要表演班队有三十六行、高跷等。

谢案赐福：整个案队按照既定路线代天巡狩和会案祈福后，案队簇拥着香亭回到庙宇，把神灵小塑像或牌位恭恭敬敬地请回殿中，首事再奉牲礼，跪拜谢案。广大善男信女燃香跪拜后，从案桌上的大红烛点亮自家灯笼，意为接受案神赐福，然后领香灯回家。香灯将到门口，家人燃放烟花爆竹，以示接福。

谢案当晚或次日中午，案队将礼神三牲和村民所赠送的财物置办酒宴，集中聚餐，酒醇饭饱，尽欢而散，整个迎案活动结束。

麻老师分享的第三部分是保护和传承。缙云民间的"迎案"民俗，既包含着大量的崇拜信仰、民风民俗等历史文化信息，又汇集着丰富多彩的民间绝活绝技和民间工艺、美术、音乐、舞蹈、戏曲、造型等艺术形式，是一项非常珍贵的大型非物质文化遗产项目，也是缙云民俗文化的精华和缩影。保护、传承这一非遗项目，是中国乃至世界历史文化遗产传承和发展的必然要求。但如今，随着大量年轻人外出务工经商，迎案活动的组织、技艺方面的传承，都面临着较为严重的人才短缺和资金不足的问题。因此，保护制度的建立、组织机构的完善，以及人才传承的培养等方面都面临着巨大的需求和挑战。

即便面临种种困境，我们也看到了这种根植于民间的艺术形式其强大的号召力和顽强的生命力。在问答环节，赵月枝老师分享说，相当比例在外务工的年轻人仍然会因为迎案活动而返回家乡，积极地筹备并参与其中，"因为我是金竹人，所以我就是要回去"。这也体现了迎案活动赋予人们强烈的身份认同感，以及独属缙云的集体记忆。

（整理：梁媛）

【十六】基地小虎：乡土与流行的二重奏

"去过缙云你就知道，缙云有烧饼，香喷喷的吊你胃口，菜干肉包包。"伴随着活泼欢快的缙云方言小调，2018 年 7 月 14 日上午，80 后缙云本土流行歌手"基地小虎"为暑期班学员做了《我的家乡是首歌》的主题报告。

作为一名流行音乐歌手，基地小虎与乡土文化的碰撞契机来源于他创作的第一首缙云方言歌《缙云这样的男人更好》，歌曲一发表就有很多热情的老乡为他建立 QQ 群，使他意识到可以将本土与流行结合的路子延续下去。谈起另一首流行于大街小巷烧饼摊上的方言歌曲《缙云烧饼》，其动机和起因现在想起来也极其简单。2005 年，他偶尔在杭州街头吃到一家店铺做的掉渣馅饼，却觉得远远比不上自己家乡烧饼的味道，食物勾起的绵延思乡之情使这首歌一气呵成。他说，"这首歌旋律欢快、节奏很快，就像烧饼刚出炉的时候、拿在手上有热气腾腾的感觉"。

由于一系列以缙云特产为主题的歌曲创作，他越来越意识到自己作为缙云歌手的特殊责任，又陆续创作了普通话和方言结合的《缙云爽面》《缙云番薯》等歌曲，并逐渐形成了用歌曲帮助家乡特产做品牌推广的想法。在《缙云番薯》这首歌中，他挪用了缙云人常用以自嘲的"番薯"，用音乐把"土味"时尚化。"地瓜你尊贵的名字，你就像翻身的种子，有太多神奇的往事。总能在大街上见到你，坚强在风雨中的影子……"歌词用番薯艰苦的生存条件，类比缙云人推着番薯叫卖、为生计奔波的坚韧精神。赵月枝老师补充说，这正体现了乡土文化中对意义的"接合"（articulation）。

如今，他已经用自己的艺名"基地小虎"注册了商标，未来打算在缙云特产的伴手礼中都放进自己的专辑，打造"青山绿水的问候，养生福地的特产，有故事的特产，会唱歌的特产"。谈及未来的歌曲创作构想，他打算把缙云地方戏"婺剧"的元素结合到自己的流行音乐中，并向缙云古方言机构的专家们学习和收集素材，让自己的歌曲成为传承缙云方言的载体。此外，还可以与地方政府合作，结合乡村春晚等形式，集结一批有热情的地方歌手持续创作，让蕴含缙云文化的歌曲成为有源之水、汩汩流动。

最后，华东师范大学传播学院院长吕新雨教授启发大家，可以将基地小虎等方言/地方歌手放置在两岸流行音乐史的脉络中进行考察，思考流行文化和地方文化是否在这样的案例中有很好的结合。同时，她建议基地小虎可以增加自己音乐的层次感，不仅从乡愁这个主题上创作歌曲，还可以用多样的内容和情感增加歌曲的丰富性。

（整理：白晨雨）

【十七】从革命、建设到改革：探寻 "缙云精神" 与乡村振兴的力量源泉

——第五届河阳论坛主题圆桌（一）

　　2019 年 3 月 23 日下午，第五届河阳论坛暨 "乡村、文化与发展" 学术周主题圆桌论坛 "从革命、建设到改革：探寻'缙云精神'与乡村振兴的力量源泉" 在缙云县宋代理学家朱熹讲学纪念地的独峰书院讲堂举办。独峰书院是缙云的文脉高地、浙江省重点文物保护单位。在藏精聚气的书院讲堂中，来自缙云各界的代表发表观点，思想争鸣。参会人员有缙云河阳乡村研究院执行院长赵月枝，中共丽水市委党史研究室原主任诸葛蓉，丽水电大女子学院院长施蕾芬，缙云县委党校原党委书记、常务副校长马凤兴，纪录片《迷窟探秘》编导与摄影项一中，缙云县壶镇镇陇东村支部书记卢桂平，原缙云县人大教科文卫工委主任麻松亘，缙云独峰书院副院长刘芳庆等。论坛由缙云县委宣传部副部长潘金喜主持，华东师范大学中文系教授罗岗和丽水学院校长办公室副主任姚建伟做最后总结发言。

　　论坛伊始，主持人潘金喜从《流浪地球》电影的一句台词切入主题，"我原来以为家在身后，现在才知道家在前方"。潘金喜认为，"家在身后" 就是说我们一路走来凝结而成的精神内核，"家在前方" 指的是我们一路向前上下求索的理想世界。始于辛亥革命的现代中国为了 "在前方的家" 奋斗了一百多年，完成了革命、建设和改革三大历史阶段，实现了民族富强。在这个过程中，自立、富足和强大的精神是我们民族站起来、富起来和强起来的保障，所以，借此次论坛之机，和文化专家、基层代表一同分析缙云当地事件背后的精神内涵，探讨缙云 "前方的家" 的精神力量。

　　缙云河阳乡村研究院执行院长赵月枝首先发言。在讲话中她提到，策划这次论坛这个主题圆桌的初衷，就是这几年回到缙云调研和采访时遇到的人的精气神，包括这次她所邀请的缙云各界代表身上的精神气质。她说，缙云是 "浙西南革命精神" 的重要基地，缙云的革命精神有什么具体表现？这种

革命精神与建设年代缙云各地涌现出来的"盘电精神""大洋水库精神"和"雪峰精神"有什么样的传承关系？前天，丽水市委副书记李锋在与参加市两会的缙云代表团一起审议《政府工作报告》时，也曾说道，缙云的干部群众有"吃苦、耐劳、实干、担当的良好品质"。这些品质，在不同群体中，又有不同的体现。比如，在缙云民间，描述缙云人苦读的"菜干精神"也是众所周知的。通过提炼，这种精神是否可以用"艰苦朴素、勤奋进取、求知求真、齐家报国"等词汇来表述？同时，通过采访石匠、鸭农等群体，她也深深被他们的故事、他们身上的精神感动。从这些普通人的日常生活和生产中，是否可以提炼出以"吃苦耐劳、不畏艰险、坚持不懈、精益求精"等为特征的"石匠精神"和以"敢闯敢拼、开拓创新、筚路蓝缕、四海为家"为特征的"鸭农精神"和"跑锯条"等精神？

赵教授认为，尽管抽象谈精神，要防止犯唯心主义的错误，但是，人们在做事过程中，最重要的是一种引领精神，这种精神可以很具体，也可以很抽象，可以是革命语境中产生的，也可以是日常生活语境里出现的。由此，她萌生了提炼一个缙云精神的想法，并希望自己的初步思考起到抛砖引玉的作用。同时，她也抛出一个问题，那就是，缙云精神和其他地区的各种精神有什么区别呢？如何让这个讨论产生引领缙云振兴的积极力量源泉，并在这个过程中，一方面避免产生负面的刻板印象，另一方面避免地方本位主义甚至地方本质主义？

原中共丽水市委党史研究室主任诸葛蓉接下来发言。他认为，缙云人的秉性值得总结并得到合理的继承和发扬。浙西南地区的革命精神在缙云有生根发展的土壤，而这种革命精神便是为人民服务。在国民革命时代，我们缙云地区的地下革命党人就练就了不怕苦、不怕难、不怕死的"三不怕"精神。虽然现在时代环境不一样了，但"三不怕"的精神依然需要我们坚持，实质的内容没有变化，对应现代的语境则是不要萎缩、不畏艰险、吃苦耐劳、有奉献精神。精神是铸魂的东西，有了精神，当我们面对问题的时候我们便会有解决的信心和勇气。即便是人倒下了，旗帜也不能倒下。

丽水电大女子学院院长施蕾芬教授的发言，用她自己的话说便是整场论坛精神大餐的辣椒味，为缙云精神的探讨提供了反向思维。施教授认为，任何事物都有两面性，人的品质和性情亦如此。如缙云人的吃苦耐劳，艰苦奋斗的良好品质，往往会给人一种小气、不大度等负面印象。她认为大家应该用科学的精神正视缙云人既有秉性，进行查缺补漏，然后科学扬弃。因此，弘扬缙云精神，我们要更多吸取大气、包容的元素。丽山丽水更需要丽人，丽水电大正在推进"优礼丽人"社区行计划，目的就是通过这样的行动计划，倡导文明礼仪之风，引领良好社会风尚。诚然，在实施乡村振兴战略的当下，弘扬缙云精神，要充分发挥乡村振兴讲习所的功能，强化社区教育的作用，为乡风文明、治理有效的新时代中国特色社会主义新农村建设赋能。

原缙云县委党校党委书记、常务副校长马凤兴则用三句话概括了自己对这一主题的认识。首先，乡村振兴战略在国家七大战略中占有重要位置。习近平总书记说，"小康不小康，关键看老乡"。这届河阳论坛，就是在这样一个大背景下，以"乡村故事，中国道路"为主题，足见主办者深远的战略考量，具有重大的现实意义。其次，他认为精神的作用是巨大的，乡风文明是乡村振兴的灵魂。从 2005 年社会主义新农村建设的五句话二十个字到现在乡村振兴的五句话二十个字，其他四句话十六个字都有了变化和发展，唯一没变的四个字便是"乡风文明"，足以见得精神力量在国家战略中的重要作用。最后，他提到，缙云精神凝聚着无数先贤的智慧，也必将随着时代的脉搏走向未来。他认为影响人生最大的主要有三种精神："纸煤精神""菜干精神"和"灯盏精神"。这三种精神对应的是：坚定信念、百折不挠，不畏艰难、刻苦努力，奋发向上、开拓进取。先贤智慧伴着时代脉搏，缙云精神赋予时代特征，新时代缙云人民拥有的吃苦、耐劳、实干、担当、创新的优秀品质，将熠熠生辉。

纪录片《迷窟探秘》是二十年前项一中撰稿、编导与摄影的作品。该片全面反映了缙云丰富的凝灰岩矿藏以及悠久的采石历史，以及缙云采石工匠繁重的体力劳作与生活日常。纪录片的想法始于 1998 年一次缙云岩宕严重的崩塌事故。在这次事故中，两位年轻的采石匠被压在一座石山底下无法施救。在新闻采访中项一中预感到在新的世纪手工采石这一技艺将很快被淘汰，就借此机会对采石工人进行了全面深入的采访和记录。该片以生动的画面语言以及简洁而又充满激情的文字描述了作为劳动丰碑的缙云迷窟创造者——石匠的勤劳勇敢和智慧坚强，展示了缙云人民对创造美好生活的热切向往。该片不仅是中国道路中生动的乡村故事，更展示了"勤劳革命"时代劳动人民的光辉形象！

缙云县壶镇镇陇东村支部书记卢桂平则从具体的工作实践出发和大家分享了"陇东是如何讲好党的故事"的。他认为作为基层党员干部，两种语言是工作实践中最不可或缺的，一种是思想语言，也就是积极贯彻党的宗旨、路线、方针和政策，做好村民全面落实的理解工作；另一种也是最重要的，就是行动语言。在 2014 年到 2018 年间，5 年多的时间里，陇东村干部解决了三个思想问题：为什么干？让谁来干？具体怎么干？中央有要求，百姓也有需求，在现有的体制和结构下，要让党员、干部和村民三个群体充分调动，需要涉及具体的方式方法，陇东村的基层干部则通过行动语言解决了这三个重要思想问题。卢桂平认为，行动语言高于思想语言，在强调精神力量的同时，我们仍要铭记将理念转化为实际行动，用社会主义核心价值观推动乡村"五位一体"全面发展才是最难能可贵的。

原缙云县人大教科文卫工委主任麻松亘为此次发言做了充分的准备，他认为发掘缙云精神，先要梳理其生成条件。首先，缙云是万山之中文化交汇地，是南北文化、内地与沿海文化、丘陵盆地与山区文化的交汇之地。其次，从缙云的地理条件看，最主要的特点是"山多田少，地瘠人贫"。再次，从缙云的民风民俗看，最明显的特色就是朴实无华。麻松亘引经据典，从史料记载中总结出缙云人务俭崇朴、重耕崇读、刚勇尚气的性格特质。由此，缙云精神的地理条件和民风民俗都与"山"休戚相关。缙云的山更静谧、通灵、醇厚、包容、刚毅、仁慈，于是，他认为，缙云的人有四个区别于其他地方的精神便是忠实刚毅、重耕崇读、俭朴廉洁、和合奋进。

最后一位发言人是缙云独峰书院的副院长刘芳庆，他先跟大家分享了丽水人对缙云人有一种看法就是"喜欢打小报告"和"不懂变通"。在他看来，缙云是一个道家文化发祥地，讲究个性，崇尚自然，儒家思想不那么浓厚，所以缙云人不太讲究那么多，在工作岗位上容易直言不讳，揭发检举不端行为。其次是因为缙云外出工作的人大部分来自农村，他们纯朴正直，规规矩矩地按照学校的教育教导，诚实做事，正直做人，不太会察言观色、见风使舵、懂得变通。刘院长以自己为例，年轻时的自己便是这种眼里不容沙子，为了正义、为了人民的利益不惜得罪领导的"不懂变通"的人。他认为缙云人都应该保留淳朴、老实、仁厚的个性，不被社会磨平棱角，继续做一个有血性、有担当、有正义感，而且具有鲜明辨识度的缙云人。

所有代表发言结束后，丽水学院校长办公室副主任姚建伟做总结发言，他从自己祖辈的艰苦故事出发，讲述了缙云精神背后普遍的苦难环境，他认为缙云精神有一种共性，不管是鸭农、石匠还是"梅干菜"精神背后的学子，中国苦难的百姓都有一种试图改变命运的意愿，缙云的劳动人民是中国苦难人民的共性的表现。在新中国成立七十周年的今天讲革命、讲革命精神，这说明我们今天的乡村革命还是未完成的，所以在这个阶段，我们要明确革命的主体和对象是什么。农民是毫无疑问的革命主体，因此乡村振兴革命中的问题需要我们发挥主体性，也调动农民的主体性，实现改革主体性的创新，进一步解决如何干、怎么干的问题。在这个过程中精神的引领作用十分重要，我们要弘扬浙西南革命精神，以"丽水之干"担纲"丽水之赞"。

除了政府干部要发挥带头人作用，充分了解乡村，切实解决每个乡村遇到的个性化问题之外，还要面对乡村公序良俗的失败，像解剖一只麻雀一样，深入村庄，努力重塑城乡关系和工农关系，实现缙云或者说丽水农村的现代化，最终推动整个浙江的现代化。如果这样的改革思路对缙云是有意义的，对中国中西部的农村也是有借鉴意义的，那么对整个第三世界的农村也是有积极意义的。从这个意义上讲，马克思理论是永远适用的。

整场圆桌讨论最后的点评嘉宾是华东师范大学中文系教授罗岗，他说乡村振兴不只是把农村农业搞得好，更和今天社会重建共同体紧密联系在一起。前面几位老师都讲到缙云人的"独立性"不足，其中强调独立的个人就体现着现代化的过程与价值。无论是经济现代化还是政治、文化现代化，都会把重点放在个人的独立性以及尊重个人财产上。但在整个乡村共同体的建设过程中，必须指出的是现代化释放出来的"个人性"也有弊端，人要有公心，不能仅仅只讲个人，要强调具有历史连续性、具有普遍性的缙云精神。所以，在乡村振兴中，一个至关重要的抓手或者说着力点，就是建立乡村共同体，基层干部要在这个过程中起到至关重要的作用，用中国特有的田地复合产权制度来解决我们自己的乡村共同体遇到的问题。因此，我们说共产主义的道德或者叫共同体精神需要相应的组织和制度的全方位支撑。

缙云的历史，实际上就是中国的历史。从传统中国到现代中国，进而到崛起时代的中国，从缙云精神中找寻乡村振兴的支援，恐怕要从上述这些具体的方面入手。今天所讲的"红色精神引领绿色发展"就是这样一个贯穿发展始终的最重要的亮点，摒弃"唯发展论"的观点，最终实现又好又快的发展，用"好"来制约"快"，而不是用"快"来解决"好"的问题，这些思考需要大家共同来思考和领悟。

（整理：梁媛）

【十八】绿色发展、全域旅游与乡村产业振兴：政府、企业与村庄的有机联动

——第五届河阳论坛主题圆桌（二）

2019 年 3 月 24 日上午，第五届河阳论坛暨"乡村、文化与发展"学术周主题圆桌论坛"绿色发展、全域旅游与乡村产业振兴：政府、企业与村庄的有机联动"在缙云县独峰书院讲堂举行。来自香港科技大学社会学系的严海蓉老师，缙云县农业农村局党组书记、局长胡涌杰，缙云县河阳古民居管委会主任李德扬，缙云县双溪口乡党委书记王华云，丽水学院教师、话剧《牡丹亭》导演哈利，浙江一石公司总经理沈立松，缙云县壶镇镇好溪村党支部书记郑理坚，北京宇宙尘埃文化传播有限公司联合创始人王德龙参与讨论，浙江工商大学教授吕福新做总结发言，缙云县文化旅游局局长施德金主持论坛。

施德金首先从"绿色发展"破题，认为绿色发展是习近平总书记倡导的在传统发展基础上的一种发展模式创新。习近平总书记在深入推动长江经济带发展座谈会上的"丽水之赞"，激发全市干部群众加快绿色发展的信心和决心，凝聚起争先进位大赶超的强大力量——聚力绿色大发展，开辟"两山"新境界！今年上班以后的第一个大会——全市两山发展大会上，丽水市委书记全面奏响"丽水之干"最强音，在新时代丽水所处的历史方位中，要全市人民共同奋力书写践行"绿水青山就是金山银山"理念的时代答卷。他认为，在这样的背景下讨论乡村振兴、绿色发展等议题，以及政府、企业与村庄之间的关系问题更有意义。

香港科技大学社会学系严海蓉老师首先发言，她认为我们现在出现了一个新的"三农"问题：乡村分化的问题，生态环境的问题，以及农业方面全球化和资本化的问题。现在中央提出乡村振兴，这个提法从反面告诉我们改革开放以来经历了一段乡村不是很振兴的阶段，乡村有问题、乡村凋敝所以才需要振兴。于是一个问题接踵而来，乡村振兴如何增进？2008 年全球金融

危机，让我们看到了美国模式不适合国情、日韩模式同样使乡村不得振兴的现状，于是，我们要借鉴自己的历史资源，找到乡村振兴的主体，努力解决乡村共同体中的分化问题。国家曾出台了合作社政策，但事实上，大部分合作社跟我们国家政策法规上规定的合作社是不匹配的，大多数合作社根本合作不起来，主要原因就在于乡村分化，失去了乡村共同体。所以，在乡村振兴过程中，谁来振兴乡村、乡村共同体怎么界定、如何处理分化问题、如何摆好这些主体位置的问题，十分值得探讨。在公司和村庄的关系中，我们可以借鉴塘约道路，把村庄的主体位置摆在公司和村庄关系利益之前，这才有乡村振兴；在村庄和政府的关系摆放问题上，严海蓉老师坚持集体培育共同体的立场，需要政府给予空间，让村庄牢牢掌握自己的主动权，慢一点走得稳一点，稳步的过程也是自力更生的能力建设的过程，主体性也就自然而然地形成了。

缙云县农业农村局党组书记、局长胡涌杰认为在乡村振兴中，产业振兴是前提和基础，实践两条路：一条路是农业、农产品如何走绿色化、优质化、特色化和品牌化；另一条路则是乡村旅游，是全要素的、全产业的、全区域的，全域旅游是推动乡村振兴的一条很好的道路。他还说道，我们要处理好乡村产业发展过程中政府、市场和农民的关系问题，产业要发展、乡村要振兴、农民要富裕，三者不可或缺，不可偏废，要实现共赢发展。

缙云县河阳古民居管委会主任李德扬认为，在社会主义初级阶段，城乡发展不平衡的问题依然存在，发展有先有后。现如今乡村面临几个困境，一个是农村人才流失的问题，二是设施的问题，农村的基础设施建设和城市还存在很大差距，三是农村环境在发展过程中遭到破坏的问题，四是在招商引资过程中不具有竞争优势的问题。这些问题都需要国家的政策性倾斜，需要基层干部更多的落实，为农村发展提供更多保障和机遇。

缙云县双溪口乡党委书记王华云认为，绿色发展、全域旅游、乡村振兴这三个方面这几年进步非常大。对乡村来说，小城镇环境综合整治和美丽乡村建设使农村面貌发生翻天覆地改变，使农村大有可为、前途无量。他从双溪口乡承办杏花节的案例出发，看到了把承办权交给村里，把策划权交给第三方企业，将其他村加入进来，形成竞争态势之后，村民的积极性被激活，大家的积极性都特别高涨，吸引的游客也呈现前所未有的扩大趋势。这是政府、村庄和企业良好互动的一个生态。在这个过程中，政府要有所为，有所不为，最关键的是要创造环境，激活主体。如在互动伊始要做好三者的联动协调，形成政府和村庄的有机互动，政府可能要参与更多一点，扶上马送一程。待相对成熟和理顺之后，则将事情交给村庄主体和市场主体，盘活农村各种资源，整合企业专业性优势，形成良性互动，协调发展。

丽水学院教师哈利认为，丽水有得天独厚的文化优势，有很多"丽水之最"，如乡村春晚就是一个。虽然说乡村振兴基础设施很重要，但他更关心软环境，认为乡风文明是乡村振兴的保障，而其中文化自信是关键。即便是物质富强了，但若失去了文化的集体记忆，人们也难以找到回家的路。栽下梧桐树，引得凤凰来，他倡导人们要在喧嚣的时代静下心来，把节奏慢下来，乡村振兴才会真的指日可待。

浙江一石公司总经理沈立松则从自己公司与乡村的共同发展历程，从企业代表的立场分享了自己的观点。沈立松分享了 2008 年经济危机之后，在榧树根村倾其所有投资 6000 多万元开发矿山，经过 10 年的绿色开发和安全开发，他为村民每年增加 300 万~500 万收入，也让自己融进了这片外乡，爱上了战天斗地、顽强拼搏的村民。在资源开发的过程中，他们广泛征求意见，思索"给矿区人民留下什么"的问题，他们拟雕刻括苍大叔浮雕石像，将缙云人民英雄事迹和这里的精神灵魂融合起来，彰显他们身上的"缙云精神"，同时也表达自己作为 30 年老企业主对这里人民的深厚感情。

缙云县壶镇镇好溪村党支部书记郑理坚以自己所在的好溪村为例与大家分享看法。2011 年，好溪村集体收入只有 7 万元，经过村双委三年土地流转的攻坚克难，把全村 99% 的土地经营权重新流转到村集体所有，并开始盘活集体资产，到 2018 年年底，村集体累计增加集体资产约 3000 万元，村集体经济收入约 70 万元，2019 年年底预计收入超过 100 万元。经过 8 年的基层乡村经验，郑理坚的乡村振兴实践发生了一个从以前"我想怎么做"到现在"农民想要什么"的转变，也坚定了"身在乡村就要服务村民"的理念。他现在十分关注乡村生态，努力实现生态和旅游的有机结合，而所有的结合都会以村民吃得健康为前提，之后再考虑市场需求的问题，真正实现村民共同富裕。有情怀的开发者想和好溪村共同合作，让村里占股 20%，只享受分红权，但他坚持村集体控股要占 80% 或更多，因为在他看来，资本就是逐利的。乡村的活动绝不能经济利益放在首位，有很多类似妇女节、重阳节等的文化活动，要调动村里妇女等主体的积极性，让村民有存在感，这就要不断稳定增加村集体收入。与此同时，希望政府政策上可以更多倾斜于乡村，是政府的责任就应该由政府来承担。

全会场唯一的 90 后，来自宇宙尘埃（北京）文化传播有限公司的联合创始人王德龙，从文创开发角度分享了年轻人对乡村和乡村生活的看法。他认为作为互联网原住民的年轻一代是理想主义者，奋斗不是为了更好的物质生活，而是为了梦想选择自己的道路。一个非常值得关注的点是这一代人对传统文化的喜爱有一个明显的提升，如喜欢故宫文创、汉服唐装文化等，他们把生活融进传统文化的开发和投入中。而年轻一代人流向二线城市则是一个互惠互利的过程，所以只要有足够的吸引力，有完整的配套产业，有施展的空间，年轻人也会愿意尝试流向农村，所以农村的配套设施十分重要。从另外一个层面来说，年轻群体倾向自媒体的商业宣传方式，喜欢平级宣传和好玩的体验，如果农村尝试将社交平台变成零售平台，用社交平台作为文化宣传的平台将会非常有特色。

在八位代表发言完毕之后，主持人施德金针对一些具体问题——乡愁经济、产品品牌化、产业化发展向嘉宾发问。胡涌杰通过生动的缙云烧饼和爽面案例，回答了在产品品牌化过程中，如何既发挥政府作用，又让乡愁富民产业充分发挥市场主体作用的问题。他认为，在这个过程中，政府要有所为又有所不为，积极发挥引领作用，如规划产品品牌发展等，只有这样才能实打实地让农民得到真正的实惠。哈利认为，缙云是中国民间戏曲之乡，是否可以探索以戏剧搭台，河阳论坛唱戏。缙云有得天独厚的文化资源，不能让这些故事锁在深闺，除了婺剧还有缙云的木偶戏都需要我们把故事讲出去。缙云良性的文化生态需要引进知名作家、艺术家，和旅游产业联动在一起，把故事讲给全省乃至全国人民听，也要做到让孩子们喜欢，他们喜欢了，文化就有救了，因此，缙云戏曲进校园进课堂的做法应该一直延续下去。之后，王德龙进一步分享了乡村如何植入年轻人元素的具体案例，他认为年轻人不喜欢硬广，喜欢有趣的内容，如一些看似搞笑的酒店测评视频，其实是酒店的新型营销推广方式。

在广泛讨论之后，浙江工商大学吕福新教授做最后点评发言。第一，他认为破今天这个主题，首要是规划！做规划，既要反映全国一般情况和规律，又要针对缙云的具体情况和特点。缙云有两个突出的特点，一是黄帝和道家文化，二是石头和乡土文化。要吸收广泛的社会贤达人士参与规划，使规划具有充分的科学性、人文性和权威性，可以长期化或长期有效！这样，就可以站稳自己的脚跟，把握好自己的节奏，从容应对，看着慢，其实是最有质量和效益的速度。同时，规划中包含政府与企业和村庄的职能划分及其调整。第二，说到绿色发展、全域旅游和乡村产业振兴，吕教授认为，这三者之间的一个共同性内容与连接是文化，即不同层次文化的体现或展示与联系和转换。第三，说到政府、企业和村庄三者之间的关系，社会是基点和共通点。

他认为，这三者都属于社会，都是社会的一部分，想处理好这三者关系，需要坚持和强调社会本位。从大社会的概念来考虑和处理问题，才是中国真正走向未来的出路与前途。第四，绿色发展最关键的是尊重差异性和多样化，看到与肯定每个个体的内生性和在地性，并形成充分互动与广泛协调，以实现长期持续和高效。第五，是资源开发和利用问题。在节约资源的基础上，让资源得到再生和永续利用，是绿色发展的核心理念。第六，是让在场乡贤和不在场乡贤结合在一起，建立乡贤文明会并发挥作用，以形成和发展乡村社会共同体，促使和推动乡村"五位一体"文明进步与振兴。

（整理：梁媛）

【十九】返乡、新乡贤与乡村振兴的多元主体
——第五届河阳论坛主题圆桌（三）

2019 年 3 月 24 日下午，河阳论坛主题圆桌三"返乡、新乡贤与乡村振兴的多元主体"在缙云独峰书院讲堂分会场举行。作为整个河阳论坛闭幕式前的分论坛"压轴会议"，本场讨论由论坛主要组织者、河阳乡村研究院执行院长赵月枝教授亲自主持，缙云县葛竹村德菲利生态农业开发有限公司董事长章丽英，缙云县三溪乡三溪村党支部书记吴明军，缙云县双溪口村党支部书记潘小宏，缙云县小章村乡贤联谊会秘书长蔡碧正，缙云县画居艺创写生实习基地创办人叶龙，五位来自缙云本地的返乡企业家、村庄带头人以及乡贤代表围绕着论坛主题进行热烈讨论，中国社会科学院新闻与传播研究所副研究员沙垚做论坛总结发言。

赵月枝教授作为本场圆桌主持，对参加本场论坛的各位乡贤做了简单介绍，并对本届河阳论坛举办的三场圆桌会议的承接关系予以阐释。她指出，河阳论坛除了聚集学术界不同领域的专家学者，还邀请各界人士来担任主持、点评、发言者等各种角色。其中，政府界、企业界和村庄带头人等群体一直是各届河阳论坛的常客。作为本届"乡村故事，中国道路"主题在缙云的地方表达，本届论坛组织了三场前后呼应的与缙云有关的主题圆桌会议。第一个主题圆桌从政治思想高度，基于人的精神、思想的力量来展开，围绕革命、建设和改革时代的"缙云精神"提炼和乡村振兴的力量源泉问题组织讨论；第二个主题圆桌从绿色发展、全域旅游与乡村产业发展切入乡村振兴路径问题来思考，请来县文化旅游局、农业农村局等部门主管、乡镇书记、企业家、文化人以及文创产业创新者等人员，从体制机制角度对国家、企业和村庄的有机联动关系进行分享讨论。然而，精神也好，体制机制也罢，乡村振兴最后靠的是一个个有主体性和主观能动性的人。其中，返乡企业家、乡贤志愿者与村书记是重要的人物，而村书记是最重要的人物，因为其他力量和多元主体要更有效地发挥作用，更好地嵌入村庄共同体，都离不开与以村书记为

核心的村庄在地力量的良性互动。总之，从论坛组织者的设计来讲，最后一场圆桌围绕的正是人的主观能动性和多元主体如何形成乡村振兴的合力的问题。

章丽英首先介绍了返乡创业的缘由。作为早年留学德国的缙云"女儿"，她凭借"故土所在为国，故乡所居为家"的信念，于2016年响应"缙商回归"的号召和鼓励，返乡创办了德菲利庄园。在投身家乡建设和振兴乡村过程中，她分享了以下感受：一是政府的关心和支持，缙云县委、政府为乡贤们营造了充分自主创新的创业氛围和带来了发展机遇；二是家乡的生态和文化的优势——各类物质与非物质资源富集，非常适合发展乡村旅游；三是群众的支持和热情，看到了父老乡亲对更加幸福美好新生活的向往和期待，还有在外的乡贤渴望回乡发展的期盼。结合近年来乡村创业发展经验，章丽英也分享了五点体会：一是土地问题，要与农民、政府签订好三方合同协议；二是要把握好乡村创业过程中建设用地指标的政策合规问题；三是希望当地政府加大对交通基础设施的投入以更好地促进乡村旅游规模发展；四是提升旅游氛围以形成旅游、生态产业聚集和辐射带的概念，对于乡村旅游的可持续发展具有重要的意义；五是村委领导班子的带动作用非常重要，引导村民树立主动参与、观念开放的发展思想。对此，章丽英就乡村旅游发展也分享了五点诚恳的建议：（1）注重客户定位；（2）创新旅游产品；（3）要突破淡旺季发展不平衡难题；（4）注重劳动力的结构调整；（5）要团结各方力量共谋发展。她最后表示，会始终如一地让德菲利庄园融入乡村振兴、绿色发展的洪流中去，与美丽乡村共同发展，用乡村生态旅游的德式庄园梦助力家乡的发展，竭尽自己的所能。

蔡碧正也讲述了小章村乡贤组织成立及助力村庄发展的过程。他表示，这缘起于小章村蔡氏2011年前去台州祭祖，大家被当地村庄发展和生活水平都远超本村的情形所刺激，于是在祭祖结束后，村民当即决定发起成立蔡氏经济发展联谊会，宗旨就是让自己村庄要发展起来，联谊会成员只做奉献，不求回报。此后，联谊会通过集中乡贤力量重建了业余戏剧班、农家书屋和老年文化活动中心，办起了乡村春晚，一步步把村庄文化活动氛围搞起来了。2016年，蔡氏经济发展联谊会正式通过政府审批更名为缙云小章村文化志愿者协会，协会把以人为本特别是提高老年人生活质量与精神文化作为了重要目标，每年都给老人做很多好事。蔡碧正还补充道，小章村文化志愿者协会形成了一些组织和工作的原则精神：首先，注重人人参与的精神，协会制定了每人每年最多捐助100元的筹资标准，这样子村民人人都能参与、人人真诚参与，并能不断吸引更多人加入从而保障了协会延续性；其次，强调团队的重要性，因为村庄发展靠个人力量很难成功，需要组织起来靠团队共同为村庄谋发展；最后，培养下一代年轻人加入协会，通过年轻人吸收外面好的经验、好的作风、好的思想与好的品德来促进村庄发展。

吴明军首先介绍了近年来三溪乡三溪村的村庄发展状况、乡贤工作模式及其为村庄发展带来的影响，并围绕自身作为乡贤工作的参与者、引领者、组织者的视角，对如何引导乡贤为三溪振兴发挥积极作用的过程进行了分享。他谈到，三溪乡先后在2010年年初成立"三溪人创业联谊会"、2014年10月成立"三溪文明促进会"、2017年12月成立"三溪乡贤联谊会"，通过把分散在各地的三溪人联络起来，激发大家共同为家乡发展的热情。吴明军认为，历次乡贤组织为三溪乡的发展发挥了积极作用，主要体现在四个方面：第一，当好乡党委政府的参谋；第二，致力发展乡村文化；第三，出钱出力办实事；第四，身体力行做示范；第五，促进社会和谐。

潘小宏介绍了双溪口村近年来的发展思路和工作成效。他表示，近年来双溪口村借助被列入"省小城镇环境综合整治"项目的机遇优势，通过找准定位，彰显特色，扎实推进了小城镇环境综合整治。首先他指出，双溪口村通过结合双溪地域特色、历史文脉、因地制宜，坚持"果蔬小镇、博士之乡"定位，梳理确定29个重点建设项目，以生态民生为理念精心打造了乡愁12景，促进了双溪口村的乡村旅游发展。其次，双溪口村在深入了解与多方收集基础上，不断挖掘出双溪口红色文化、碳客文化、山歌文化、博士文化以及乡贤文化等多元文化，并加以保护和展现，助力乡村振兴发展。如双溪口村刚成立乡贤联谊会，短短一个月便有百位乡贤捐款40多万，助力村庄公益建设，使乡风文明建设得到了大的提升。最后，潘小宏也提出未来乡村振兴还面临很多艰巨的任务，如一方面要巩固好现有的成果不断提升，另一方面要解决如何做大集体经济，走出乡村发展资金短缺困境等难题。他表示会继续以乡村振兴为己任，全力投入小城镇的提升项目建设过程，把它推向一个新的台阶。

叶龙以一位90后年轻创客的身份，站在返乡青年创业群体的立场和视角分享了一些思考。首先他提出，希望地方能为回乡创业群体提供一些青创空间，为青创群体提供诸如对接政府政策解析、对接企业资源、创业者之间交流的平台机制，这对刚开始创业的返乡创客来说，能节省很多人力、物力和财力方面的成本；其次，他认为年轻返乡创客群体相对来说，更多是基于电商、新媒体或社交媒体平台而创业。不论是基于互联网产业还是乡村旅游产业都需要强调体验的、创新的创业过程，希望能营造一个青年创业的氛围，吸引更多的人共同加入创业群体，相互交流学习共享资源，服务乡村发展振兴。乡村追溯传统文化、非遗文化的同时也不能忽略文化的创新产业创造力。2017年回乡创办的高校写生实习基地，目前已与数十所高校达成合作，打造集高校写生、摄影拍摄、休闲旅游、特色农业为一体的乡村生态文化旅游产业综合体，助力乡村振兴。

　　沙垚对本场圆桌讨论做了总结发言并分享了三点思考：首先，从圆桌主题谈起返乡、新乡贤和多元主体的问题。本场嘉宾当中有创业者、有联谊会成员、有村书记，还有如赵月枝老师这样的著名学者，大家投身在乡村振兴场域当中也算是多元主体。我们应该向他们表达敬意，实践者是用来致敬和用来学习的。其次，他认为这场圆桌讨论还存在一些缺席的主体，一个主体是乡村振兴中常见的设计师，他们不是真正地生活在乡村，但他们在乡村所做的内容是一种抽离生活的设计。怎么跟这些设计师去交流，让他们去了解乡村的内生性的规则文化很重要。另外一个主要的主体是农民。还有一个主体是类似于联谊会的志愿者组织，这个可能是学者讨论得比较少的，在这里面能够看到农民的一种组织能力以及自组织能力，而这是最近三四十年中被遗忘的事实。最后，是关于资本与资本家的问题。在这个场合他觉得可以用这样的表达，他认为对于资本家人民应该欢迎。

　　沙垚认为，在座的乡贤是有情怀的、有能力的，这也是为什么乡贤到农村来做事情的原因。所以要正视这个问题，而且这个事情可以勾连历史，我们讲落叶归根，各种乡土情怀都可以在这里面看到。在乡村振兴中，这一类群体有可能融入乡村，嵌入乡村结构。沙垚最后还提到，革命精神固然重要，但最重要的还是现在活跃着的党支部和党委，正如在座的村书记，他们真正体现了最根本也是最重要的红色。

（整理：邹月华）

【二十】"乡村故事，中国道路：台湾经验分享"特别沙龙

    2019 年 3 月 23 日晚 8 点，"乡村故事，中国道路：台湾经验分享"特别沙龙在缙云县独峰书院分会场举行，为本届河阳论坛的学术争鸣荟萃带来了台湾元素。台湾成功大学台湾文学系钟秀梅教授、上山采集工作室负责人柳琬玲女士、主厨苏嘉玲女士与台湾世新大学传播学院退休教师蔡建仁先生这四位嘉宾，围绕台湾农业政策变迁、台湾农人生存状况及农业粮食安全等议题做了主题分享。华东师范大学中文系罗岗教授、香港城市大学严海蓉教授进行了总结与讨论。缙云河阳乡村研究院执行院长赵月枝教授主持本场沙龙。

    台湾成功大学台湾文学系钟秀梅教授以"台湾农业结构的演进"为主题，详细分享了台湾历年农业政策与农业结构的变迁过程，并为后续台湾嘉宾的发言提供了宏观政策的背景介绍。她指出，台湾农业结构演变可以分为五个阶段：20 世纪 50—60 年代以农业为主、20 世纪 60—70 年代是农业扶持工业、20 世纪 70—80 年代全力发展工业、20 世纪 80—90 年代以工业协助科技产业、20 世纪 90 年代以后全力发展科技产业。钟秀梅教授认为，具体而言，1949 年之后台湾农业基本上受美国"绿色革命"影响严重，并成为所谓"城市化与工业化"进行原始积累的对象。到了 20 世纪 70 年代以后，台湾先后推行和实施了一系列农地改革方案，以促进粮食自足、农业生产以及加速农村建设等多重目标。但是，这些农地改革也产生了农民为此失去部分土地以及被少数政治派系利用，成为政治斗争工具的后果。在 2006 年之后，随着 21 世纪农业新方案的推行，有机农业、能源作物、饮食危机等议题成为台湾需要面对和回应的问题，也包括从 20 世纪 90 年代到新世纪头 10 年长达 20 多年推行的农村再生计划——从政策制度和实践探索等层面作为一个方法推进的各种各样的农村建设。

    蔡建仁老师从当前台湾农村农业现状困境、台湾青年返村潮流以及台湾农民组织创新实践等方面，为大家介绍当下台湾农业发展新动向。他谈到，

台湾农村也面临农村空心化的状况，但随着台湾去工业化的发展，台湾农村出现了"年轻人回流农业"的新浪潮。这群年轻人尽管"两条腿踩到农地上耕种"的已经并不多，但很多人通过采取电子商务来创新农业产销形式，为台湾农村带来了新生的活力；与此同时，面对现代植物都绝育的状况，很多年轻人会去高山地区寻找还保留的原生物种，不断发掘新品种移植以突破固有困境。此外，蔡老师还指出，当前台湾农人会通过地缘关系或亲缘关系形成"产销班"这种类似合作社的组织，其目的是形成一定规模，用以抗衡市场风险。

随后，柳琬玲女士补充分享了当前台湾农业生产特征、粮食主权安全与新农人所面临的困境。她指出，台湾农业走向了小生产者即土地分割化与碎片化的发展趋势。这种小户生产模式尽管使台湾农人在品种改良与耕种技术方面不断进步，但仍然无法形成市场竞争力。在她看来，在台湾整个工农业被商业垄断情境下，台湾农业也依旧发挥着社会稳定的功能，而在劳动力市场受伤以及老弱病残化的人们可以返回农业农村的机会与空间，则需要依靠有土地。她还指出，为了社会稳定，台湾在农业方面实行了长期的低粮价政策和农业补贴（补助）政策，但相比之下，现代工业的发展并没有给予农业足够的回馈效应，这也造成了台湾农业整体的衰落。柳琬玲还强调，要意识到粮食安全的问题，一旦台湾自身的粮食体系被破坏，一旦既有水利系统设施功能遭到毁坏，该如何恢复将成为巨大挑战。她认为，21世纪以来，台湾农业发挥的社会稳定功能，正在失去。

苏嘉玲女士是最后发言的台湾嘉宾。她通过分享自身作为厨师帮助中国台湾少数民族农人创新与改善食材制作工艺、提高食品加工的市场竞争力的行动实践，讨论了台湾粮食安全与农产品市场状况等问题。她还特地将以台湾红藜为原料制作的"红藜面包"带给在场人员品尝。

她表示，主流食品工业制作的所谓"工艺食品"，存在许多有害健康的食品添加剂，如何通过创造性利用台湾原生部落中的生态农作物，利用技术加工来增加农产品的营养健康价值与商品价值以提高市场竞争力，具有非常重要的意义。苏嘉玲还指出，食物是有灵魂的，厨师要把食物的美好展现出来。少数民族食品并非都很精细，关键是要发现少数民族自己的民族文化、自己的文明。

严海蓉教授与罗岗教授作为总结嘉宾，分别围绕着文化多样性与饮食革命、香港农业发展现状等议题进行了讨论与交流。严海蓉教授通过把香港的经验带进讨论，使本届河阳论坛的"乡村故事，中国道路"有了海峡两岸和香港特别行政区的全方位经验分享。她认为，目前香港95%的粮食依赖于进口。过去香港有6万多亩田地，如今接近3/4处在抛荒状态。造成这种抛荒结果的原因可能有这两个：一是改革开放以来中国内地农场价格相比香港土地价格更为便宜，所以香港资本就蜂拥而上进入内地承包土地种植粮食与蔬菜返销香港市场，进而压垮了香港本地农户；二是针对农业生产高强度工作压力和市场利润低下的状况，近年来许多香港农人对此产生了厌恶心态，加之土地租金不断上涨，导致了香港农业不断衰弱。此外，她还指出，香港目前面临的农业问题在于以下两个方面：第一，缺乏食品安全政策，由于香港进口食物来自全球市场，针对诸如转基因食物等问题，香港采取的是"自愿标注"原则——生产厂家可以标注，也可以不标注；第二，就目前而言，由于水污染、空气污染作为全球性问题存在，对农业生产来说，真有所谓的安全孤岛吗？因此，我们需要继续再找寻各种各样的创新方法，保护粮食安全。最后，严海蓉教授提到，台湾的经验很重要，但也存在需要检讨的地方，更为关键的是，我们要看到，大家共同面临问题的背后，是结构性的问题。

罗岗教授认为，当前海峡两岸都面临着所谓"勤劳革命"的历史变革，即在过去，农村许多老人或出于生计或是习惯，会把每一寸土地都利用起来。但是这样一个传统，从童兵老师所提及的"传播对于三农影响太大"的这个层面上来看，已经面临挑战，正是手机普遍使用使得年轻人完全认同城市的生活方式。他还以亲身经历的故事来说明，年轻一代的这种生活方式不同，从经济的角度来说是"养活不养活自身"的问题；从文化角度上，是会不会认同过一种"消费主义或勤劳节俭式"的生活方式的问题。他认为，当前农业生产包括果业生产业面临巨大的市场压力。巨大的市场压力之下，就是"勤奋学习"，勤奋学习到什么地步呢？大陆的许多西北的果农甚至跑去欧洲考察学习水果品种与种植技术。他还认为，推动中国这30年来农业变革的原因，还体现为中国人饮食结构由原来主食与肉类、果蔬"8：1：1"的比例结构，转变为当下主食、肉类与果蔬"4：4：2"的结构。这个变化导致的结果是推动经济作物发展，在中国农业发展过程中称之为"饮食革命"。而这些转变都是推动大陆农业变化的因素，但这样的情况实际上带来的一个问题，就是所有经济作物也好、肉类也好，实际上都是市场导向，而这将引发对粮食安全的担忧问题。

他还指出，实际上大陆也实行粮食国家保护政策，但是总体来说，还是存在着粮食的危机性。正如严海蓉老师所说，中国面临特别特殊的情况。欧洲在发展过程中，已经不要农业（社会），即农业都不要了而实现全部工业化、城市化和现代化，基于农业所带来的特定的文化和生活方式也都抛弃了。但中国有着几千年的成熟农业文明，当这套生活方式以及工作方式丢失之后，其文明传承也将丢失，因为中国作为以农业为主的大国，在步入现代化的过程中，它自身面临的就是一个文明续存的使命。从经济的角度看，中国的农业在经济中占的比例越来越少，即使从粮食安全的角度来看，用中国集中力量办大事的方法，也是可以解决的。但是，最主要的是，特定的饮食是跟这里的文化和生活习惯紧密连在一起的。中国广袤地区诸如东西南北地区各地风味饮食具有极其独特性和多样化。从整体上来讲，饮食的多样性、文化的多样性和生态的多样性，三者是紧密连在一起的。

赵月枝教授在感谢各位专家学者的精彩分享和讨论之余，也对上述发言从健康的角度做了补充回应。她指出，在国际学术界，有关于中国传统饮食结构与健康关系的研究，传统的中国饮食结构被认为是健康的。近年来，中国人呈现出各种健康问题，一方面是"饮食革命"带来的环境问题，另一方面也源于新饮食结构所带来的健康问题。从真正的追求美好生活的角度来看，大陆把牛奶、牛肉及羊肉等饮食当作饮食现代化去追求，一方面是受资本主义市场逻辑影响，另一方面其实是受到西方中心主义逻辑的驱使。也就是说，西方文化帝国主义的影响不仅体现在文化和精神产品领域，还体现在饮食领域，即饮食文化的西方中心主义。换言之，不仅农业要按西方模式"现代化"，饮食也要按西方模式"现代化"。她希望，基于台湾和香港地区的经验分享，能为大陆提供有益的参考。

（整理：邹月华）

【二十一】重新认识乡土中国:
台湾学者眼中的大陆脱贫攻坚

党的十八大以来,"打赢脱贫攻坚战"被摆在治国理政的突出位置。自2015年11月,中共中央政治局审议通过《关于打赢脱贫攻坚战的决定》,至2021年2月,全国脱贫攻坚总结表彰大会的召开标志着脱贫任务的完成,中国共产党带领全国人民消除了绝对贫困,为全面推进乡村振兴奠定了坚实的基础。回看"脱贫攻坚"的筚路蓝缕,中国走出了一条有别于西方现代化的发展道路,通过找准问题、统筹分析、精准施策、注重实效等方法,让扶贫工作切实落实到群众的生产生活中和心坎上。

中国共产党发动农民、组织农民为中国社会历史发展做出巨大贡献;新中国成立以来"三农"问题一直被视为重中之重;新时代的"脱贫攻坚"与历史经验血脉相通,既是对作为革命主体和建设中坚的农民的反哺,也彰显着社会主义共同富裕的优越性。

海峡两岸同宗同源,有着共同的乡土情怀,"三农"问题在台湾地区社会结构中同样举足轻重。如何看待大陆的脱贫攻坚战及其对共同富裕的追求,并汲养于此历史与现实逻辑,构建中国哲学社会科学研究视野,构建超越西方中心主义、城市中心主义、技术中心主义的中国新闻传播学?2021年清明时节,赵月枝、钟秀梅、黄德北、邱士杰、黄樱棻、林哲元等海峡两岸学者在线上与线下相聚缙云独峰书院,围绕"脱贫攻坚"的意义、历史、群众性、历史逻辑与理论逻辑相统一等问题进行了探讨。

与会学者多次论及以扶贫为主题的电视剧《山海情》,中国社会科学院新闻与传播研究所副研究员、中国社会科学院大学新闻传播学院副教授沙垚对《山海情》叙事的分析一文,有助于深化相关话题。本文选取顾明敏同学撰写的会议综述和沙垚副研究员的专栏文章,以期引发读者对于"脱贫攻坚"和"乡村振兴"问题更宏阔的思考。

2021 年新春伊始，习近平总书记在全国脱贫攻坚总结表彰大会上指出，经过全党全国各族人民共同努力，在迎来中国共产党成立一百周年的重要时刻，我国脱贫攻坚战取得全面胜利。值得注意的是，作为乡村振兴的基础和前提，脱贫攻坚的完美收官昭示着全面推进乡村振兴的开始。因此，在巩固拓展脱贫攻坚成果的基础上，推动脱贫攻坚与乡村振兴有效衔接，在物质主义盛行的今天，让乡村真正成为中国人向往的精神家园，势必成为从物质脱贫到精神脱贫的过程中不可或缺且浓墨重彩的一步。

海峡两岸一衣带水，同宗同源，有着根植于"邮票""船票"之外的乡愁和乡土情怀，"三农"问题亦同样在台湾地区整个社会结构中扮演着举足轻重的角色。正是在这个意义上，2021 年的清明时节，借着在华夏儿女祭祀先祖，共同追忆中华根系的情谊，"仙都院士之家·独峰论坛"首场学术活动聚焦"如何理解乡土中国"，以线上线下相结合的方式，邀请台湾学者一同回望大陆脱贫攻坚的历程，重新认识乡土中国。

一、"新地球村"里两岸的三维互动

此次独峰论坛由加拿大皇家学会院士、缙云河阳乡村研究院执行院长、仙都国际人文交流中心首席专家赵月枝教授发起并主持，由华东师范大学马克思主义传播研究所参与协办。邀请厦门大学历史系助理教授、台湾大学历史学系博士邱士杰，加拿大菲沙国际学院西蒙菲莎大学分校资深讲师、加拿大西蒙菲莎大学传播学博士黄樱棻，华东师范大学传播学院新闻系副教授、南京大学哲学博士林哲元三位台湾学者做相关学术报告，台湾成功大学台湾文学系教授钟秀梅，台湾世新大学社会发展研究所黄德北两位学者做点评。

事实上，这并不是第一次海峡两岸学者在独峰书院的互动，更确切地说，此次会议是两岸学者对中国乡村发展议题的持续关注和对话。2019 年春，台湾成功大学钟秀梅教授、台湾世新大学蔡建仁教授、上山采集工作室负责人柳琬玲女士、主厨苏嘉玲女士在赵月枝教授的邀请下参加第五届河阳论坛，受台风影响，钟教授一行辗转 10 多个小时，直至午夜方才抵达缙云仙都。那一年，四位从台湾远道而来的嘉宾，在独峰书院围绕台湾农业政策变迁、台湾农人生存状况及农业粮食安全等议题做了主题分享，并结合具身体验，从制度、文化、实践等维度与大陆学者共话"乡村故事，中国道路"。两年后，同样是在杏雨梨云的时节，在赵月枝教授的邀请下，身处温哥华、厦门、台北、台南、缙云等地的台湾学者通过线上线下相结合的方式做客独峰书院，以超越城市中心主义和消灭乡村的资本主义逻辑，言说祖国大陆的脱贫攻坚

的经验。值得一提的是，一方面，与会的学者嘉宾从代际、教育背景、生活经验以及所处位置，无不体现了全球化的特征；另一方面，学者们在全球化语境下对中国乡村问题的关注和学术实践，恰恰契合了赵月枝教授所提出的"新地球村"想象，即"从全球层面出发，纵贯到乡村层面和不平等全球社会的底层，并在此基础上想象新地球村的未来"。

由此我们不难发现，此次学术交流蕴含了三个维度的互动：首先，是海峡两岸学界之间的互动与联系，互相交流和借鉴各自的研究成果，在新的历史语境下深化对脱贫攻坚与乡村振兴衔接的思考；其次，与会的台湾学者都有着或深或浅的乡土背景，他们既作为大陆脱贫攻坚战实践的研究者，又作为"两岸一家亲，乡村共振兴"以及华夏儿女共同体的主体进行自我互动，结合两岸的差异体认脱贫攻坚与乡村振兴的独特意义；最后，这是一次在全球视野和乡土中国立场上的、带着乡土中国何去何从的问题意识的互动，两岸的学者打破全球资本主义现代化的主流叙事框架，不断在理论、方法与实践层面尝试创新，思考乡土性超越历史、地缘和阶层的能动作用。三个维度的互动"你中有我，我中有你"，共同呈现了一次"新地球村"想象的实践。

二、感知脱贫攻坚的意义指向

厦门大学的邱士杰教授毕业于台湾大学历史系，一直聚焦于马克思社会主义理论和近现代史研究的他虽并未专门从事脱贫攻坚和中国乡村研究，但是在大陆工作的这些年，扎扎实实地让他感受到了大陆扶贫工作的科学化、体系化和常态化。

邱教授回忆起年初看的热播剧《山海情》，剧中有人物原型便出自厦门大学，这对他而言感触颇深，同时也让他联想到那些嵌入在厦大校园里的扶贫工作。邱教授分享了厦大食堂专设的"扶贫窗口"，学校食堂把宁夏隆德县的厨师请来做特色小吃，他认为，这种方式不仅可以鼓励师生以消费扶贫的方式提升脱贫攻坚战的实效，也是扶贫工作在不同区域和环境下的在地化实践，让贫困地区的人们能够凭借手艺致富。邱教授还观察到，除了消费层面，扶贫工作同样深入生产环节，例如，学校通过互联网提供技术支援，远程给予种植技术、产品规划、市场营销、品牌建设等内容的一条龙服务；此外，厦门当地的医院还利用 5G 网络远端的方式对接宁夏的医院，展开智慧医疗工程，利用数字技术共享医疗资源。这些萦绕在他周围的生活截面，让从小生活在台湾的他体会到大陆的脱贫攻坚不仅蕴含着"真情"，还处处体现着"实感"。易言之，扶贫是具体的，而非抽象的，扶贫是聚焦日常生活世界，一个个项目对接，一个个环节去落实，一个个难关去攻克，邱教授不禁感叹："如果这不是社会主义，什么是社会主义？"他进一步指出，"先富带动后富"是一个鲜见且前卫的看法，其内在的意涵指向的是共同富裕，是富起来以后还得阻止返贫，是召唤一代又一代年轻人懂得候鸟反哺，回馈家乡和祖国，让脱贫基础更加稳固、成效更可持续。紧接着，邱教授援引大陆暂停采购台湾凤梨的新闻，并表示数年来大陆大量采购台湾农产品从另一个侧面理解其实是扶贫的逻辑和理路，从某种意义上说，脱贫攻坚这样一个由中央规划统筹的工作，适用于包括港澳台在内的整个中国范围，但就台湾而言，在当前语境下，来自大陆的善意容易被遮蔽，亦容易沦为政治斗争的牺牲品。因此，邱教授强调知识分子如何以自身为媒，配合全国继续推进脱贫攻坚的成果是不容忽视的议题。

顺承邱教授的分享，加拿大菲沙国际学院西蒙菲莎大学分校的黄樱棻老师从传播研究的角度出发，以自己与"脱贫攻坚"这个概念的两次相遇为豁口，将脱贫攻坚战分为两个面向理解，并且以群众路线为主轴重访基层治理和乡村发展问题。

黄老师与脱贫攻坚的初次相遇发生在 2019 年的西安，当时的她借着参加河阳国际暑期班的契机，来到了位于西安近郊的袁家村。在调研过程中，黄老师发现，为了打造关中民俗品牌，袁家村的村支书以合作社的方式鼓励村民合作入股、交叉持股，实现收益共享，进而实现共同富裕，并通过一村带十村的方式，让超过 200 户贫困户脱贫。她认为袁家村的模式不但提升了村民收入，且有效避免了村民间的恶性竞争，规避了市场的零和游戏，充分体现出集体经济的优势。那一次的田野经验让长期在海外求学、生活的黄老师看到了基层组织在脱贫事业中所承担的重要作用，也让她感受到了乡村发展的内生性动力。与脱贫攻坚的第二次相遇是因为电视剧《山海情》以及许多由中央电视台及中国环球电视网所制作播出的脱贫纪录片在海外的传播。黄老师指出，无论是电视剧《山海情》背后交织的宏大叙事与平民视角，还是纪录片中呈现的中国共产党在脱贫攻坚道路上所倾注的努力，都是她在其他政治体制下所未能得见，也是非社会主义知识体系所无法想象的图景。

通过与脱贫攻坚的这两次相遇，黄老师进一步探讨脱贫攻坚的两个面向：群众路线与宣传。黄老师认为脱贫攻坚的胜利离不开群众路线的实践，群众路线是中国共产党从革命实践中淬炼而得的行动准则与方法论，实践的内容包括"一切为了群众，一切依靠群众，从群众中来，到群众中去"，用群众路线来理解脱贫攻坚，既是方法论也是面向群众的动态传播理论。群众路线的动态传播模式，包含了国家与市场经济量大互相交织的范畴，由中央到村镇各级政府为主轴，统筹各项资源调度、再分配，并由各事业单位派遣扶贫工作队下乡与基层民众的民主协商机制。黄老师认为，这套脱贫攻坚的传播实践模式最为独特的是它内在与外在的检验机制：政府部门内部的民主生活会，与外在的由各高校师生所组成的国家精准扶贫工作成效的第三方评估。对于宣传这一面向，黄老师认为须将宣传的概念回归马克思主义新闻观和毛泽东的文艺观，影视作品理应反映人民群众的真实情感和生活，避免落入好莱坞、日韩娱乐产业的商业模式与内容类型，《山海情》与央视纪录片的例子证明了动人的中国故事俯拾即是，换句话说，影视作品应当在内容与空间的维度上更加开阔地去展现一个写实、饱满而有沟壑的中国大地，让作为软实力输出的影视作品能够有温度地书写中国故事。

第三位分享者是来自华东师范大学传播学院新闻系的副教授林哲元，学习哲学出身的林教授一上来便抛出了三个终极命题"你是谁？你从哪里来？你要去往何处？"。类比今天所讨论的脱贫攻坚问题，林教授谈到在当前这个充满怀疑和误解的"巴别塔"世界，我们应当重新思考"什么是脱贫攻坚？为什么它能在大陆这样的社会存在，而在台湾或其他的资本主义地区很难存在？以及脱贫攻坚战要走向何方？"。关于脱贫攻坚的本质，林教授分别从狭义和广义两个维度理解。从狭义的角度界定，该术语的起点是 2015 年 11 月 23 日，中共中央政治局审议通过《关于打赢脱贫攻坚战的决定》，终点是 2021 年 2 月 25 日，全国脱贫攻坚总结表彰大会的召开；但若从广义层面理解，中国共产党自成立以来便一直领导群众反抗压迫，所谓压迫既包括帝国主义和封建主义的压迫，也包括由贫困带来的压迫与戕害，在这个意义上，林教授认为脱贫的内核不囿于经济问题，而在于脱离一种由贫困导致的精神状态。

此外，台湾地区曾在很长一段时间里受到贫困问题滋扰，西方社会即便到了今天，贫困问题依旧层出不穷，但为什么"脱贫攻坚"只在大陆出现？林教授以为，对这个问题的审视必须溯源到西方社会深入人心的"私有财产神圣不可侵犯"的社会观念，质言之，在资本主义社会，贫穷或富贵都只不过是"自个儿的事"，扶贫并不是政府工作的选项，政府自然也没有义务帮老百姓脱贫。林教授更进一步点出，大陆的脱贫攻坚战之所以能够取得全面胜利，与其内在运行机制密切相关：一来西方的民主选举制度极易造成不同党派之间的轮番博弈，很难使某个政策一以贯之落实，而中国基本政治制度是中国共产党领导的多党合作和政治协商，"三农"问题一直是全党的工作重心，其减贫实践不仅使数亿中国人过上美好生活，亦扩展了人类战胜贫困的能力疆界；二来资本主义社会农业发展模式往往通过全社会经济的发展缓解其中的贫困问题，但以"整个社会富起来"为方法的减贫思路和发展思路往往加剧了贫困内部的分化，而中国采取精准扶贫的方式，介入并解决贫困内部的分化。最后，林教授还从发展社会学的依附理论出发，比较了中西方和两岸之间解决贫困问题的本质差异，并表示脱贫攻坚战的胜利不仅是中国特色社会主义实践过程中至关重要的一步，更为缩小了世界贫困人口的版图做出了重要贡献。

三、在历史的视域中检视脱贫攻坚战

听完三位学者的分享，来自台湾成功大学文学系的钟秀梅教授忍不住回忆起了她的学生时代。1997 年，还在香港求学的钟秀梅跟随其老师到访江西的客家农村，参与扶贫的调研工作，也是从那时起，钟教授开始将农村问题纳入研究范畴，不断思索两岸的"三农"问题，并重新爬梳中国百年被西方帝国主义侵略和剥削的屈辱史，从历史的视角溯源长期以来人们将农村与落后、贫困、愚昧等字眼等量齐观的深层缘由。

钟教授告诉我们，她自小生长在一个集体农业的环境里，那时候，9 户人家为一个小组共同经营着 30 公顷左右的土地，大家相互协作、相互扶持共同支撑着彼此的生活。因此，合作经济和群众路线之于她而言，远不是浮在云端的学术或者政治概念，而是实实在在供给她生活、镌刻在她生命体验中的重要部分，正因如此，在钟教授眼里，脱贫攻坚的胜利某种意义上映射了合作经济的成就。20 世纪 50 年代毛泽东提出个体的农民生产有限，必须发展互助合作，对于农村的阵地，社会主义如果不去占领，资本主义就必然去占领。到了 20 世纪 80 年代，随着新自由主义思潮的盛行，结构性的贫困大量涌现，因而 20 世纪 90 年代一些全球性的社会组织开始呼吁团结经济的方案，取代新自由主义最终实现社会平等。钟教授认为此时团结经济的概念与彼时毛主席的合作经济的思想是互文的，但是，团结经济从 20 世纪 90 年代开始到现在依旧不那么成功，相反，大陆的脱贫攻坚却可以充分调动社会资源，在短短几十年的时间里消灭绝对贫困。两相比较，从纵向的历史维度证明了如果没有社会主义作为万丈高楼的地基，那么精准扶贫、医疗对接、学生支教或是鼓励基层村民进行社会参与等，都不过空中楼阁尔尔，因此，她也十分赞同黄老师所提及的群众路线在脱贫攻坚过程中发挥的积极作用。

最后一位发言者是来自台湾世新大学社会发展研究所的黄德北教授，作

为一位政治学家，黄教授对大陆的政治经济体制改革和农村问题兴趣浓厚。黄教授认为，土地改革创造了新的增量市场，是脱贫工作得以顺利进行的前提，半个多世纪前，台湾土改的成功为其跻身亚洲四小龙奠定了基础。黄教授将视野置于二战结束后，当时全世界社会主义国家都陆续进行土地改革运动，而在非社会主义地区，即便在美国的要求下，部分国家和地区也进行了土改，但却只有日本、韩国和中国台湾成了土地改革相对深入和全面的案例。因此关于台湾的土改运动，黄教授主张通过两岸对比，在东亚发展史以及在全球冷战的脉络下重审其发生的动因：首先，1949 年年初，台湾的国民党官员与台湾本地阶级无利益交融，这便为土改的顺利推动提供了先决条件；其次，20 世纪 50 年代全球冷战局面形成后，台湾处于反共的前线，美国考虑到台湾的战略位置，提供大量的物质资源介入并推动台湾的土地改革，以避免台湾地区的农民支持共产党，走上社会主义革命的道路；最后，台湾农会作为综合性农民合作社，提供了完善的社会服务体系，实现了台湾小农从技术推广到市场营销一体的规模经济，钟教授谈及的 9 户合作模式便是台湾农会的产销方式的一种表征。凭借这三方的合力，台湾的土地改革得以顺利进行，为农村经济的发展提供了巨大的助力。黄教授表示，土地改革的成功让两岸都具备了稳定的小农基础，从根源上阻截了政府向下实施扶贫政策的结构性困难。

黄教授同意林教授所说的，若无社会主义核心价值观和体制作为强有力的支撑，第三世界国家的扶贫成效势必十分有限，但也仍然坚持大陆的脱贫攻坚经验值得其他国家和地区参考借鉴，尤其是以下三点：第一，选派第一书记和驻村工作队的方式让每个贫困户都有帮扶责任人，干部与农民群众一道，勠力同心开展脱贫攻坚工作，体现了服务大局、甘于奉献的政治担当，有助于提高基层治理的实效，解决基层长期以来形成的诟病；第二，近年来大陆扶贫工作中不断引入第三方评估考核，以规避脱贫攻坚过程中容易陷入的形式主义和形象工程的泥淖；第三，大陆的贫困户建档立卡工作的细致入微，全国扶贫信息网络系统十分强大。这里黄教授转述了他的学生去河北调研时的所见所闻，每一个扶贫的家庭都贴了基本资料，同时有一个二维码，通过扫码便可看到对应贫困户的基本信息，这些信息每三个月进行更新，以便深入分析致贫原因，逐村逐户制定帮扶措施。最后，黄教授总结道，从应然的角度，这些宝贵的扶贫经验值得其他第三世界国家学习和借鉴，但从实然的角度，第三世界国家究竟该何去何从，即林教授分享时抛出的哲学命题"从哪里来，到哪里去"，是通向一条自由主义的道路，还是从人类命运共同体的层面重新思考人类社会真正该前进的方向，则需要我们见微以知萌，见端以知末。

四、脱贫攻坚：既是顶层设计，也是群众路线

这是一场寓学术于生活，寓全球于乡村的两岸对话，整场会议从感性的体认开始，以理性的哲思结束，立足乡土中国的学术立场透视脱贫攻坚战的完成与乡村发展的未完成，不仅有对日常生活中扶贫实践的细致描摹，也有对扶贫中的群众路线进行传播学解读，更有对第三世界的国家如何借鉴脱贫攻坚的成功经验的回应和思考。赵月枝教授表示，如何解决贫困问题，体现的是不同的党派、不同的知识分子、不同的群体所选择的道路。中国共产党自成立以来，把农民问题视为重中之重，通过土地革命，让耕者有其田，使无数中国农民逐步摆脱贫困。此外，关于脱贫攻坚与乡村振兴的衔接，赵教授认为这个阶段的的确确如钟秀梅教授所言，关涉到如何在新时代和新形势下创新集体经济模式，其中，合作经济是一个值得深入探究的核心议题。

赵月枝教授总结道，新时代脱贫攻坚的成果和乡村振兴实践不仅为中国提供了一条不同于西方的城乡融合和可持续绿色发展之路，而且展现了中国社会主义实践的广度和深度，丰富了乡土中国的时代内涵，彰显了社会主义的优越性，也为世界其他国家和地区提供了可借鉴的经验。同时，赵教授也期待能与几位老师相约下一届河阳论坛，继续探索乡村发展问题的不同面向、管窥乡土社会在构建中华民族未来和应对全球危机时的核心地位与作用。

2021 年是中国共产党成立一百周年的重要时刻，多年来，在中央和各地部门的共同努力下，脱贫攻坚责任体系、制度体系、政策体系、工作体系、社会动员体系逐步建立并完善，创造了减贫治理的中国样本。诚然，扶贫事业离不开党中央的决策部署和顶层设计，脱贫不脱政策，脱贫攻坚战中的许多政策在乡村振兴的道路上仍然需要延续和深化。但是，脱贫攻坚的胜利绝不是顶层设计出来的，一如赵月枝教授所强调的，脱贫攻坚战是一场战役，在这场战役里有社会各界的付出，有无数有志之士远赴山区支援，也有许多干部在这场战役中牺牲。由此可见，一旦脱离了群众，再伟大的惠民政策也只是镜花水月，再艰深的学术讨论也不过隔岸观火。在推动脱贫攻坚的工作体系平稳转型，把脱贫人口统筹纳入乡村振兴战略的过程里，仍须依靠群众、相信群众、引领群众，齐心协力谱写中国乡村发展的新风象，就像电视剧《山海情》中白麦苗说的："其实人和溪水一样，只有汇成大河，奋力地把山劈开，把土划破，才有希望奔向大海。"

扶贫使命已经结束，但扶贫的精神还需薪火相传，中国乡村振兴的前路道阻且长，依旧需要一代代仁人志士披荆斩棘、移山竭海。期待未来的某一天，当后来者蓦然回首，寻找乡土中国的踪迹时，能够意识到，所行虽遇荆棘，但荆棘终能化作坦途，所愿虽隔山海，但山海俱可寻路穿行。

（整理：顾明敏）

【第二部分】媒体报道中的跨学科理论与实践相结合学术探索

【一】情系村野，理寓乡间："理解乡土文化" 缙云暑期班暨乡村振兴人才培训与学术 交流会圆满结束[①]

陈思博

2018 年 7 月 20 日，"理解乡土文化"缙云暑期班暨乡村振兴人才培训与学术交流会在浙江省缙云县仙都独峰书院举行了调研成果汇报与结业仪式，给为期十天的学术讲座与田野调查实践画上了圆满的句号。

此次暑期班由缙云县河阳乡村研究院主办，中国传媒大学新闻学院、清华大学新闻与传播学院、华东师范大学传播学院、浙江大学传媒与国际文化学院、加拿大西蒙菲莎大学传播学院提供学术支持。继 2015 年 "从全球到村庄：传播学如何落地"，2016 年 "传播、文化与全球南方" 和 2017 年 "从全球到村庄：乡村作为方法" 的暑期班之后，今年的暑期班以 "理解乡土文化" 为主题，让国内外 30 多所高校的 60 多名青年学子和媒体人再次聚焦全球视野下的乡土文化、传播、技术与社会变迁议题。经过了为期 5 天、总共 14 场密集的学术讲座，以及随后 5 天对缙云本地不同类型村庄的调研，学员们对当前传播学研究中的城市中心主义倾向与乡土文化在建设美丽中国中的重要意义有了全面与深刻的理解。

闭幕式由加拿大西蒙菲莎大学博士研究生张晓星主持。在闭幕式的第一部分，学员们汇报了他们在田野调查阶段的初步成果。在为期 5 天的田野调研中，学员们组成了以下 13 个主题研究小组：乡村春晚与妇女主体性，农家书屋与乡村公共文化服务，生态文明与乡村传播，乡村标语文化的时代变迁，

[①]　原载《缙云报》2018 年 7 月 28 日。

乡村戏曲的传承与发展，祠堂、礼堂、教堂，女神、女鬼、女侠，古村落与"乡愁"经济，自媒体与乡土文化表达，影像缙云，乡村日常生活中的移风易俗，作为乡土文化产业的"缙云烧饼"，缙云乡土文化中的红色记忆及主流媒体在乡村的影响力。围绕上述主题，各研究小组走访了浙江缙云县 10 多个村庄和相关部门，观察并记录了乡土文化的表现形态、生存状况以及发展趋势。相关乡镇干部和群众以及缙云社会各界热情接待了学员们。

5 天的调研仅仅是研究的开端，学员们夜以继日、通力合作，认真准备了调研报告。汇报从"乡村春晚与妇女主体性"小组开始。小组代表谭怡介绍了湖川村乡村春晚的举办情况，并据此探讨了乡村春晚如何承继了社会主义性质的集体文艺活动。农村妇女通过积极参与乡村春晚的筹办与演出，获得了主体性并建构了自己的日常生活。随后，"农家书屋与乡村公共文化服务"小组代表刘楠分享了走访"全国优秀农家书屋管理员"蔡锦华的故事。刘楠从农家书屋在乡村文化建设中的重要作用及其自上而下的管理模式中存在的问题讲起，论述了建立有机内生的乡村公共文化生态的重要性。"生态文明与乡村传播"小组由阿希塔主讲。他回顾了小组在参观三溪村、陇东村与河阳村后对三地"美丽乡村建设"成果的思考，进而指出理解"两美"浙江建设的实践不仅要重视资本在乡村建设中的多重角色，也应顾及农耕文明与传统知识的存续。"乡村标语文化的时代变迁"小组的研究重点是乡村标语如何体现了乡土中国社会主义道路的历史性、曲折性、丰富性、可能性以及必然性。小组代表盛阳指出，通过收集存在于缙云村庄公共空间中的各类标语，他们体认到了中国探索社会主义道路的辩证历史和丰富现实。"乡村戏曲的传承与发展"小组着眼于缙云特色地方戏婺剧在民间的旺盛生命力。通过分享小组在岩背村参观迎案以及随后观看婺剧演出的经历与感悟，小组代表阮馨仪与学员讨论了婺剧行当半个世纪来的变迁是如何与新中国成立以来各时期文化产业改革相呼应的。"祠堂、礼堂、教堂"小组由何元博同学主讲，他从农村公共空间的视角出发，阐释了在农村公共文化生活的勃兴与凋敝中，祠堂、礼堂、教堂各发挥了怎样的作用。上午发言的最后一组是"女神、女鬼、女侠"，小组代表董嘉诚分享了他们从追寻缙云女鬼李英华的传说无果，到最后致力于缙云民间信仰承传调研的经验。

回到所住农家乐匆匆吃完午餐之后，小组汇报于下午继续进行。"古村落与'乡愁'经济"组的研究重点是乡愁在河阳古民居保护和开发中扮演的角色。在回顾了乡愁在河阳村的一般呈现状态后，小组代表章晓莎以体现河阳"乡愁"的四个案例为核心，剖析了乡愁的经济和文化表达的多样性和复杂性。"自媒体与乡土文化表达"组的研究聚焦"缙云优生活"这个由缙云本地公司运营的微信公众号。通过对公众号编采活动的三天跟访，小组成员不仅感受到了优生活团队对家乡的热爱，也认识到新媒体在重构乡村文化共同体过程中的巨大潜力。"影像缙云"组以短视频的方式呈现调查成果。小组通过对资深缙云烧饼师傅苏鲁雄日常工作的记录，展现了缙云烧饼的文化内涵。"乡村日常生活中的移风易俗"组代表周武围绕红白喜事在乡村的变迁，展现了缙云农村移风易俗中国家与民间的动态关系。小组发现，基层党委政府以及"老人班"等村民自组织在缙云农村的婚丧嫁娶等习俗的变革中发挥了重要作用。"作为乡土文化产业的'缙云烧饼'"组由从 2015 年开始就参与缙云烧饼产业发展调研的白洪谭领衔。此次小组的田野调查关注了缙云烧饼产业近年来的发展及其进一步产业化中所可能面临的挑战。由赵月枝教授带队的"缙云乡土文化中的红色记忆及主流媒体在乡村的影响力"小组人数最多，调研成果分两个小分队汇报。第一小分队代表邹月华分享了在调研中挖掘到的当年共产党人在白色恐怖中用花灯这样的传统文化形式传递秘密信号的故事，当下乡村中由广播电视等传统媒体与微信和政务 APP 等新媒体组成的传播生态，以及书法这样的传统文化形式在当下传播主流价值中的作用。从花灯到书法，虽然这些传播形式有别于主流学术话语中的媒体传播，但其内在的民间智慧和农民主体性却值得青年传播学者思考。随后，第二小分队代表曾泽宇不但补充和丰富了有关缙云红色文化的传承与传播的调研主题，包括作为乡土文化形式的缙云婺剧与红色文化的关系，而且强调了缙云红色文化在相关村庄中的深厚根基和村民自发表达对革命先烈缅怀之情的强烈愿望。

五位缙云籍大学生与研究生江雅赛、章秦豪、江佳佳、黄钰纯与潘乐容放弃暑假休息，冒着酷暑为暑期班的田野调研提供了方言支持。在各小组汇报完毕后，他们中的四位分享了作为本地人参与田野调查的感受。他们感慨，作为常年在外上学的缙云人，没有想到缙云各乡镇竟蕴含着这么丰富的乡土文化，是暑期班让他们重新认识了自己的家乡。

在闭幕式的第二部分，缙云县河阳乡村研究院执行院长赵月枝教授、缙云县委组织部副部长周峰、缙云县委宣传部副部长潘金喜与缙云县文联副主席马利兴为学员们颁发了结业证书。赵月枝教授在简短的闭幕发言中衷心感谢缙云各界对暑期班的大力支持，充分肯定了学员们在短短 10 天的暑期班中取得的初步成果，并重申了克服城市中心主义、了解和切入乡土文化在各位学员未来学术发展道路上的重要性。

情系村野，理寓乡间。国家乡村振兴战略的实施离不开青年学子对乡土与基层的回归，中国人文与社会科学的繁荣与发展离不开"从全球到村庄"的整体性批判视野，离不开对乡土中国社会变迁的大量实证资料积累与理论提升，更将得益于"跨学科理论与实践相结合"的学术创新模式。2018 年"理解乡土文化"缙云暑期班是缙云县河阳乡村研究院引领传播学术前沿，超越现有传播教育和知识体系中根深蒂固的西方中心主义、城市中心主义与精英主义偏向的又一努力。

7 月 20 日当晚，月光皎洁，繁星灿烂，凉风习习。在风景如画、夏虫争鸣的缙云仙都绿道上，经历了学术头脑风暴和在酷暑中身心锻炼的学员们在赵月枝教授的带领下结伴而行，徒步一个半小时回到农家乐驻地。一路上，他们"闯入"夜间渔夫们正在垂钓的静谧的问渔亭，在那里放声歌唱；他们驻足在小赤壁前，在那里纵情齐诵苏东坡、辛弃疾和毛泽东的豪迈诗词；他们流连于田园和练溪之间的三角地，在那里共同品味《春江花月夜》的诗情画意与天人合一哲理。他们中不止一个人说，这是一个非常难忘的暑期班，这是一个超级浪漫的夜晚。

【二】在乡村认识中国：一群国际留学生的缙云之旅①

梁　媛

2018 年 10 月 15 日，应河阳乡村研究院执行院长、中加全球传播双硕士项目创办人赵月枝教授的邀请，一支国际学术调研团队从北京来到浙江缙云，进行为期三天的沉浸式乡村研习。这支队伍以加拿大西蒙菲莎大学和中国传媒大学联合培养的全球传播双硕士研究生为主体，包括来自加拿大、尼日利亚、加纳和埃及四国的六名国际留学生。他们不仅从世界走进中国，更走进中国的乡村，在缙云秀美的风景里，在缙云人的民俗活动中感受中华传统文化的丰富与厚重，体认中国社会主义新农村的生机与魅力。

此次缙云之旅是赵教授所主导的河阳乡村研究院乡土中国实习和培训活动的最新项目，目的就是让学生们走出教室，跳出静态的书籍和媒介文本，通过切身实地走访，获得第一手的感性经验，进而形成新的认知、思考和学术主体性，学员们通过此次调研也确实收获颇丰。在回到北京之后，他们每个人都书写了内容丰富、感情真挚的调研感想，表达对缙云和缙云人的友好情谊和美好眷恋，展示对个人、对社会，甚至对中国和中外关系的思考。

留学生由中国传媒大学传播研究院教师龚伟亮带队，除了有河阳乡村研究院行政助理应梅芬的周密行程和后勤安排以及缙云当地一位专业摄影师的影像记录之外，西蒙菲莎大学传播学院博士生 Byron Hauck 和张晓星在缙云负责团队的学术指导工作。这两位赵月枝教授的博士生自 2015 年以来已多次在缙云县做学术调研，此次更作为各自在河阳村做博士论文田野调研和教学实践的一部分，以缙云"地陪"的角色为调研团队全程翻译和做跨文化乡村研习的学术指导。梁媛作为赵月枝教授在中国传媒大学的博士生全程参与、记录了此次调研，并结合留学生们的书面报告形成此综合报道。

---

① 原载中国缙云新闻网 2018 年 11 月 19 日。

缙云初体验：河阳马头墙下的静谧与仁岸溪边的活力

在北京通往缙云 8 小时的高铁上，来中国求学一个月有余的留学生们各怀心事。尼日利亚的 Habiba 充满期待，视此次旅程为一场"逃离北上广的探险"，她在后来的调研报告中写道，"我真的厌倦了北京的干燥阴沉的天空，还有地铁里拥挤的人群"。然而，同样来自尼日利亚的 Olawale 却并没有做好心理准备，"像我这种还没有完全适应北京文化的人，缙云之行让我感到些许压力"。来自加纳的 Robert 更是耿直表示自己对这样一次中国乡村行并不期待，因为他更向往的是充满异国风情的中国都市风景点。不过，或许是因为车厢里平稳舒适、信号稳定的高铁环境，或许是由于窗外中国广袤东海岸的青翠农田，留学生们的心绪也悄然发生着变化。

16 日上午，团队成员满怀好奇地开启了此次乡村调研的第一站——河阳古民居之旅。丽水市优秀导游朱晓红为调研团队一路讲解河阳村的古建筑特色和渊源，讲解八士门、陪嫁井等遗迹的历史故事，以及耕读传家的河阳精神。这一天游人甚少，调研团队是河阳村里最热闹的存在。来自加拿大的 Beth 穿行在青砖黛瓦间的鹅卵石路上，仿佛回到了自己长大的加拿大小镇，Robert 则在历史悠久的古宅前感叹深厚的历史积淀赋予人们的强大精神力量，"这给我很大的启发，非洲在讲述自己的成功故事时，必须也要思考那些为我们带来成功的强大源泉。河阳让我们清楚地看到，祖宅的力量及耕读传家精神对人们的深远影响"。

河阳不仅有辉煌的过去，而且在吸引年轻人以村庄为基点，建立商业门店，以此创造乡村复兴的新传奇。调研报告中，Beth 特别提到古宅中有年轻的创业者在布置自己的工作空间，她认为正是中国发达的在线购物为城市之外的卖家创造了新契机。Aya 对此表示认同，她写道，"这是真正震撼到我的地方，中国的非城市地区也都已经进入了数字化时代"。

之后，调研团队来到河阳乡村研究院所在地，在作为该研究院象征的那张古朴阔大的书桌边坐下，进行剪纸民俗艺术的实地体验。在河阳剪纸工艺非遗传人朱润珊老师的指导之下，学员们纷纷拿起红纸和剪刀，跟着朱老师有模有样地操练了起来。朱润珊老师教给他们的第一个技巧便是剪纸文化中的静心和耐心，让学员们切忌心浮气躁，在剪纸过程中体会精雕细琢的匠人精神，并感受这份在河阳传承三百年有余的传统文化。

16 日下午，调研团队从缙云的西乡来到位于该县中部的风光秀丽的仁岸村，实地感受社会主义新农村的村容村貌和风土人情。依山傍水、风景如画、干净整洁的仁岸村着实令国际学生们惊喜惊叹，他们一扫昨日的车旅劳顿，兴奋地骑着观光自行车在溪岸上展开爬坡比赛，引得村民也跟着他们一同欢笑。无论是溪水边还是大桥上，美丽的仁岸村里处处留下学员们流连的身影。

　　实地走访之后，仁岸村党支部书记何伟峰与调研团队进行座谈。何书记向国际访问学生介绍了村庄的地理环境、人口情况和产业结构，厘清了村集体经济和农村合作社运作模式的区别，并让大家现场品尝仁岸特色产品黄茶。在得知农业是全村唯一的经济支柱，而国家在 2006 年取消农业税的时候，国际学生深感中国各级政府在基层经济建设中的主导角色和重要力量。尼日利亚的 Olawale 在反思报告中写道，"这是国家支持农民和农村发展的重要手段"。

　　除了对经济成就的了解，学员们对乡村治理也同样感兴趣。针对"谁来决定什么对乡村有益？"这一问题，何书记介绍了村民代表大会制度。村民代表三年选举一次，每 10 户家庭有一名代表，村中事务由 72 名村民代表协商决定，村委会来执行实施。中国农村的基层民主制度让外国留学生们惊诧不已，Habiba 记录了这个对她来说的新鲜认知，感觉到中国基层管理中有"自下而上"的一面。对民主问题非常有兴趣的 Aya 更是反思了外界有关中国是威权国家的印象和村庄中实际存在的代议民主现实之间的矛盾。在一个小时的座谈调研中，更多的关于农民政治主体性、农村消费文化的讨论将此次调研推上第一次认知交锋。

文化的震撼与碰撞：留学生眼中的黄帝文化与道家思想

　　行程的第二天是中国传统的重阳节。学员们一早来到位于缙云仙都国家地质公园内部的黄帝祠宇参加了"戊戌（2018）年中国·仙都祭祀轩辕黄帝大典"，与全球各地来此祭拜的华侨华人一同缅怀中华民族人文始祖轩辕黄帝。他们现场感受中华民族崇敬先祖的传统美德与隆重盛大的祭祀典礼，正如他们所说，这次盛典也将此次调研之旅推向高潮。

　　仙都鼎湖峰是传说中的轩辕黄帝飞升地，仙都祭祀轩辕黄帝大典是国务院批准的全国祭祀轩辕黄帝的三个场所之一，每年清明节和重阳节都举行祭祀典礼。祭祀大典庄重肃穆，所有参祭人员都正装出席并统一佩戴黄色围巾。击鼓撞钟之后，代表们在悠扬的古琴声中依次盥手并向黄帝敬上高香、敬献花篮、恭献三牲、五谷等祭品，并在恢宏的献舞中落幕。留学生们置身祭祀队伍中，同样佩戴黄色围巾，心怀敬畏。Olawale 表示，由此才知"仙都"为何被称为"Fairyland"，整场盛宴让他仿佛置身仙境。Robert 还发现出席人员全部身着商务西装，他认为这样的装扮体现了"现代与地方的交融"，而他们国际面孔的出现更让"地方文化与世界接轨"。

当天下午，学员们来到缙云的文脉高地、为纪念宋代理学家朱熹在缙云讲学而建的独峰书院。在这个坐落于仙都倪翁洞景区内的非常有历史内涵、现在是浙江省文保建筑的古色古香书院里，缙云本地的英语老师、倪翁道坛民间道学研究者陈育松为学员们开展以"道在仙都"（Tao in XianDu）为题的主题讲座。这是陈育松老师在赵月枝教授的安排下，专门为学员们精心准备的讲座。他首先交代仙都当地"佛道儒"三种文化交织交融的文化背景，解释"道理"的真实内涵。之后，他从西方文化名人对《道德经》的超高赞誉切入，向留学生展示了道教的国际影响力。接着，他选取了几个历史典故，呈现老子的哲学思想。比如，"无为而治""塞翁失马，焉知非福""祸兮福之所倚，福兮祸之所伏""乐极生悲、穷则思变、物极必反"。最后，陈育松着重介绍老子的徒子徒孙——计然、范蠡、猗顿，以及庄子的人物故事。学员们在这个藏精聚气、钟灵毓秀的古代教育文化中心里——领悟对计然七策、计然经济强国原理、范蠡人生三阶段的理解，以及了解朱熹和独峰书院的文化脉络和理论知识。

在讲座最后，学员们针对勾践的卧薪尝胆、计然的经济理论与陈老师展开热烈的讨论。Ingrid 向老师提出了自己的疑问，"无为而治是否意味着什么都不做？""勾践的故事是否可以理解为中国人民自古认同勾践有仇必报，并且为了复仇而可以做出任何牺牲的做法？"。陈老师在答疑解惑中强调，无为而治是战乱之后的与民休养生息，卧薪尝胆也并不是主要教化人们复仇，而是告诉大家危难之时要有忍辱负重的毅力。围绕 Ingrid 把卧薪尝胆的核心理解为复仇，进而把"中国崛起"理解为中国对西方的复仇，整个调研团队进行了深入的讨论和思考。

博大精深的道家文化让留学生们惊叹不已，而老师和同学们对于同一理念的不同理解，除了因为来自不同文化背景与知识结构的人们观念的差异，还与留学生们的认知长期受到西方主流媒体论调影响有关。这一点在学员们对中国农村实际情况的震惊感受中也可见一斑。在西方媒体"中国威胁论"和"中国国强必霸论"的论调导向下，来自非洲各国和加拿大的同学对中国国情和文化的了解片面又不真实，甚至充满了偏见和误读。这不仅是对中国国家形象的扭曲，也深刻影响中国对外交流，阻碍各国人民与中国建立长远而深厚的情谊。要扭转这种情况，必须从改变留学生对中国的感性认知开始，而让留学生走出课堂和媒体，走进中国社会，尤其是他们十分陌生的乡土中国，是改变留学生的感性认知的有效切入点。

这正是赵月枝教授海外教学三十年的亲身体悟，也是她在自己的家乡浙江缙云创建河阳乡村研究院，并倡导"以乡村为方法"，把基于乡村的乡土中国知识培训当作研究院重要工作之一的初衷。虽然三五天的调研并不能完全改变一个人的认知，不过丰富的感性体验正在润物细无声地冲击着留学生们的既有观念。与河阳乡村研究院组织的历次中外学生乡村研习活动一样，此次缙云调研之旅作为留学生们改变刻板印象的起点，同时也作为改变他们看待其他一切事实方法的起点，成效非常显著。

调研继续升华：乡贤与乡村一体，文化与政策相依

调研的第三天一早，学员们便来到了位于壶镇好溪村的赤岩山，与村民们一同欢度那里一年一度的规模盛大的赤岩山"会案"。以祈神求福为主题的缙云民间"迎案"活动是当地的民间文化，被河阳乡村研究院特约研究员、缙云民俗专家麻松亘称为缙云百姓的"狂欢节"。在全县各地一年20多场的"迎案"盛会中，农历九月初十的赤岩山"会案"以其盛大规模闻名遐迩，是缙云县级非物质文化遗产。这天一大早，来自周边许多村庄的30多支"迎案"队伍会聚于此，场面蔚为壮观。罗汉班、唱莲花、秧歌、铜管乐队等表演队节目种类繁多，精彩纷呈，数以万计的游客欢呼叫好。在欢腾的村民与游客队伍中，留学生们感受赤岩山"迎案"庙会的传统民俗魅力，同时，他们的出现也成了此次庙会一道亮丽的国际风景线。

在观看"迎案"现场，调研团队巧遇河阳乡村研究院特约研究员、缙云历史研究专家项一中一行，他们刚好要去考察当地一个地母庙的建设工作。学员们应邀来到位于项宅村的地母庙参观。上海龙聚翔锯切科技有限公司、浙江龙聚祥文化传媒有限公司董事长丁泽强参加过赵月枝教授组织的河阳论坛，今年夏天还特意从外地赶回来支持河阳乡村研究院"理解乡土文化"暑期班的调研工作，是一位能诗会文的企业家和乡土文化建设者。他为调研团队介绍了地母的传说与历史，缙云的地母情结、地母庙的建筑艺术以及地母文化与黄帝文化的源流关系。丁泽强的兄长、项宅村地母庙主要捐建人浙江晨龙锯床股份有限公司董事长丁泽林以及缙云历史研究专家项一中、缙云民俗研究专家麻松亘、缙云谱志研究专家陈渭清，以及河阳乡村研究院副院长周春光等人热情陪同学员们的参观。

据丁泽林与丁泽强介绍，地母文化源自上古时代的土地自然崇拜，迄今已有数千年的历史，是中华传统文化的一个重要组成部分，深深影响着我国

的政治、经济、历史、哲学、文学、建筑以及我们的价值观念和民族心理的构成，被称为"中华文化的根底"。即便在今天，地母文化依旧代表着博爱万物、慈孝感恩、敬畏自然的"大爱"。这种传统文化的回归，也体现着我国文化发展的强劲势头，以及人们心中对"文化自信"的豪迈情怀。

在参观之后临时组织的一场别开生面的现场座谈中，丁泽林介绍了自己在非洲游览的经历，表示十分羡慕非洲人与自然的和谐状态，同时也讲述了自己以文化振兴家乡的强烈意愿。他表示，党和国家的政策给予他强烈的信念感来建设属于人们自己的信仰文化，佛道儒的宗教信仰也是人们精神生活的重要组成部分。地母文化弘扬的"大爱"和"向善"理念十分符合现代人们的价值认同，也是建设和谐社会的重要思想内核，因此十分具有传承和发展价值。Aya 在调研报告中写道："此次参观地母庙最让人眼前一亮，丁氏兄弟极富魅力，他们商业成功并决定回报家乡让我们感受到了中国乡贤文化的深厚力量。更让人深受启发的是，地母对人类和环境的大爱，不仅让这种民间信仰服务于社会和文化的目的，还可以明确地与政府的生态政策紧密相连。"

在座谈中，学员们踊跃提问，丁泽林、项一中等耐心为大家答疑解惑。丁泽林介绍了地母庙进门口的功德墙，它记录了建设过程中自发出资出力人的名字。项一中则从文化历史的角度，为大家梳理了此次调研所经历的黄帝文化、民间信仰文化和地母文化。调研的最后，丁泽林与大家分享了自己作为成功农民企业家反馈和振兴乡村的心路历程，并欢迎国际友人为中国乡村建设谏言献策。留学生们鼓掌笑称自己在缙云收获好大，不但增长了见识，还找到了工作。

午餐之后，留学生回到好溪村的文化活动室，看见村民正在打乒乓球，Robert 与 Aya 兴致大发，直接拉开了与村民们的"中非友谊乒乓球比赛"，这让当天的乒乓球案台成了村民们的重要聚集地。村民和留学生们笑称，这是"小球转动大球"的历史性外交进程，留学生们也从稍有拘谨变得更加自如地和村民们互动。Robert 在打球空隙跟大家分享，"我从小跟我妈妈练乒乓球，没想到，这次意外地遇到对手了。不过，输给中国队，好像也不丢人"。

当天下午，留学生们来到了此行最后一站、缙云新农村建设模范村——陇东村。在该村讲解员卢海波的带领下，留学生们看到了"猪圈变花园，危房得再建"的社会主义新农村典范。在后来的报告中，Robert 惊讶地表示，"整个村庄产业结构的巨大调整足以反映当地政府激励村民的能力与改旧换新的魄力"。在陇东新建的绿化带中，Ingrid 还惊喜地发现了刻有《西游记》人物形象的树雕。她兴奋地说道，《西游记》唤起了她对童年追看电视剧的美好回忆，她甚至都不记得当时的电视剧是否有英文字幕或是配音，却深刻记得自己当时基本上是通过角色的动作和反应来理解剧情。在调研报告里，她也格外珍视这份收获，"缙云之行激发了我对加纳 90 后孩子们在成长过程中收看电视剧的研究兴趣，我希望可以进一步研究电视和媒体消费者的行为在这些年的演变历程"。Robert 也收获了学术上的启发，"此次调研旅程让我想进一步研究地方旅游业是如何利用社交媒体和其他媒体平台来与其他国家著名景点竞争的，如故宫"。Habiba 的启发则是"重新反思非洲与中国的关系"，她认为，"中非合作应该超越媒体合作和基础设施建设的各个方面，要更多地融入文化和可持续发展环境的创新战略上"。在后续的自由活动中，他们深度参观，和村民们热切交谈，也为此次调研画上圆满句号。

结尾，也是重新开始

从最初的旁观者姿态，到后来的全面主动参与，留学生们的积极性和主体性被缙云调研高潮迭起、惊喜连连的精彩过程全面调动。他们不断思考并热烈讨论对中国农村的全新认知，他们称赞这是一次完美的、前所未有的旅行。就像 Aya 总结的那样，"即便缙云并不是中国所有农村的代表，但缙云之行让她重新理解到，新乡土主义理念的核心是保护农村及其文化和生态的多样性，同时使农村更适合人类居住"。这次调研不仅让留学生们看到超出他们想象的中国农村，体验到乡村丰富多彩的民俗文化和精神生活，更挑战了他们有关传统与现代、城市与乡村、城市化与现代化之间关系的认知偏颇。

来自埃及的 Aya 在进入中加全球传播双硕士学位学习前已是该国的知名记者。与许多非西方国家的媒体精英一样，她对中国的认识深受西方主流媒体框架的影响。缙云之旅挑战了她的认知，让她获得了看待中国的新视角，她说："平坦的大路，一个堪与世界任何机场媲美的车站，多元的时装。这绝对不是我本以为会看到的中国乡村。在埃及和非洲许多地方，乡村等于贫穷。我们的旅行不仅重新为我定义了乡村，而且改变了我对整个中国抱有的一些成见。"她还真诚讲道："缙云教育了我，你可以是一个生活在绿树和田野中的农民，但仍然是'现代'世界的一部分。"

虽然头尾 5 天的缙云之行早已结束，但是，这群留学生在中国的学习有了新的开端。从通过微信群继续向民间学者陈育松请教道学问题到 Ingrid 对"卧薪尝胆"的解读在所有参与者中间引起的长久对话；从写出内容深刻的研习感想到发现自己的研究兴趣所在，这次旅行也成了留学生们重新认识中国、形成自己新的跨文化认知主体的新起点。而这样的"以乡村作为方法",在认识乡村中重新认识中国和认识自己的教学效果,正是赵月枝教授所倡导的跨文化传播政治经济学术实践所孜孜以求的。

当下,到中国来留学的各国留学生群体在增长,而这一群体在中外交流中的作用不言自明。如何通过生动丰富的教学实践,尤其是深入中国社会的田野教学实践,让他们尽快摆脱从西方教科书和媒体中所获得的有关中国的偏见,更全面地了解中国社会和中国文化,不仅是国际留学生教育所面临的挑战,也是中国对外传播所面临的挑战。从 2015 年组织 SFU—CUC 全球传播双硕士学位项目部分毕业生到河阳做为期 20 多天的"从全球到村庄:传播研究如何落地"学术调研到此次安排该项目在读学生在入学不久就深入中国乡村做短期研习,赵月枝教授基于河阳乡村研究院的跨文化传播研究和教学为高质量和高水平推进跨文化传播教育进行了令人耳目一新和卓有成效的尝试。在此过程中,缙云各界的热心支持和他们从演示剪纸技艺到解释基层民主甚至直接用英文讲解道学和地母信仰的能力更使我们认识到,软实力在民间,高手在乡野,开门办学魅力无穷,潜力无限。

【三】让世界认识中国乡村①

——河阳乡村研究院专家在加拿大成功讲学

陈思博

2018 年 10 月底到 11 月初，美丽的枫叶之国秋高气爽，层林尽染，枫叶红似火，蓝天碧如洗。应加拿大西蒙菲莎大学传播学院之邀，河阳乡村研究院特聘研究员项一中与麻松亘两位专家来到温哥华进行文化考察和学术交流活动。两位学者就中国乡村的变迁、乡土文化保护等议题与西蒙菲莎大学的师生以及来自温哥华的华人媒体和各界听众进行了深入交流。

11 月 1 日上午的主旨为"村庄到全球：传播、文化与中国乡村的转型"的学术演讲，是这次学术交流活动的核心内容。上午 9 点半，活动准时开始。西蒙菲莎大学温哥华市中心校区港湾中心大楼一个半弧形的学术报告厅里坐满了听众。此次学术活动的组织者赵月枝教授以该学院全球传播政治经济学加拿大国家特聘教授、该学院和中国传媒大学的全球传播双硕士学位创办人以及河阳乡村研究院执行院长的三重身份，首先做了简短的致辞。她回顾了河阳乡村研究院自 2014 年年底创办以来的学术实践活动及其特点，研究院不久前组织的中加双硕士学位学生在缙云的研习之旅，并着重阐述了将缙云乡土文化专家请来西蒙菲莎大学进行学术交流的意义。

赵教授指出，中外人文社科研究都普遍受到西方中心主义与城市中心主义的影响，而这样单向的学术思路既不利于发达国家与发展中国家以及城市与乡村之间平等与互惠的双向交流，也无助于我们为解决全球生态和文化危机从民间和草根寻找"希望之源"。她追忆起两年多以来，她曾在西蒙菲莎大学传播学院主办过两次"从全球到村庄"的学术报告会，由学院的学者报告自己在缙云调研的成果。这次，她希望通过两位缙云专家的"村庄到全球"之行，邀请加拿大的听众与她一起，倾听中国民间学者的声音，进而展开对

---

① 原载中国缙云新闻网 2018 年 11 月 26 日。

全球视野下的城乡关系、农耕文明的未来以及中国乡村振兴战略的意义等宏大命题的思考。

项一中老师随后登台演讲。作为中国先秦史学会会员和浙江省历史学会理事，他的演讲以《中国的乡村与乡愁》为题，以缙云一个叫"天堂"的小村庄做引子，从"我是谁？我从哪里来？要到哪里去？"这"人类最伟大的哲学命题"切入，高屋建瓴地引出他自己关于乡村的三大命题："乡村是谁创造的？""它从哪里来？""要到哪里去？"。

项一中老师回顾了中国乡村从落地生根、发展壮大、兴旺发达到逐渐衰败和空心化的历史脉络，并探讨了当代中国乡村复兴所面临的机遇与挑战。结合生动风趣的缙云乡村掌故和各种图片，他为听众娓娓讲述了古代风水思想对村落选址的影响，中国乡村的九种主要命名方法，中国乡村是如何靠耕读传家、修造庙宇、兴建祠堂、撰修宗谱等方式将世系文化与血脉一代代相承下来的。他认为，中国人习惯于把自己比作叶子，把乡村比作树根，"落叶归根"理念不但给乡村带回许多人一生的积累和财富，而且带回新的理念和当时最前沿的文化，促进了乡村的经济、社会和文化的不断发展。共产党领导的土地革命和集体化带来了乡村的兴盛和乡村人口前所未有的增长，但是，随着城乡二元户籍制度的确立和改革开放后人民公社的解体，特别是2001年加入世贸组织后，中国成了"世界工厂"，中国广大农村的人才和劳动力开始向城市单向流动，中国农村开始大面积衰落，"数千年的农耕社会开始全面凋敝"。好在"中国的领导层很快摸到了百姓的脉搏"，习近平总书记2013年那"温情脉脉"的"记得住乡愁"的话语拨动了中国人的心弦，知识分子和社会有识之士也纷纷开始关注乡村，乡村振兴战略的提出更成了"乡村的希望"。

项一中这位缙云地方历史学家在演讲的结尾深情地提出："中国的乡村是一本古老而又现代、厚重而又沉重的书籍，如今仅靠像河阳乡村研究院这些研究者来当此重任，可谓精卫填海、九牛一毛。希望有更多的专家和学者，关注和研究这些即将消失的乡村，并将中国乡村和加拿大乡村加以比较，深入研究他们的共性和特性、理念与发展之关系，推动两国乡村研究和经济文化的新交流。"

与项一中老师有关中国乡村来龙去脉的宏观社会历史画卷既成巧妙对比又有逻辑承接关系，缙云地方文化和民俗专家麻松亘接下来做了题为《缙云百姓的狂欢节：迎案》报告，为观众展现了一幅有关中国乡土文化和中国农民精神生活的细腻工笔画。

麻松亘老师结合自己对迎案习俗的多年深入研究和对缙云民间文化的精辟理解，向听众提供了有关缙云独特的迎案习俗的百科全书式的知识图景，以及近年来各级政府与民间组织在这一非物质文化遗产的保护与传承方面所做的种种努力。他从唐代缙云县令、大诗人李白族叔李阳冰和缙云城隍庙的传奇故事开始，首先回顾了缙云迎案的起源和它作为百姓恭请神灵代天巡狩、消灾祈福的民俗活动的千年演变历史。他认为，遍布全县的 20 多个迎案活动，已经构成了缙云民间当之无愧的"狂欢节"。在描述了技艺训练、礼俗筹办和包括炼火在内的场地清理等迎案筹备工作和程序以后，他以自己精选的色彩艳丽、构图精美的缙云各地迎案摄影图片为基本材料，为在座听众详细展示和解读了迎案程式中祭旗起案、献戏酬神、请神出案、代天巡狩、会案祈福、谢神赐福等步骤中所蕴含的丰富民俗学内容。其中，麻老师对缙云金竹关公案中烧纸马场景、张山寨七七会中"拼会场"场景、赤岩山等地会案中的各种民间艺术和武术表演，尤其是各种叠罗汉造型的介绍，颇有令人目不暇接、叹为观止之感。

麻老师曾任缙云人大教科文卫工委主任，他的发言最后落脚于缙云县有关方面落实"非遗"项目的"八个一"保护措施的成果。在"一个保护方案、一个专家指导组、一个工作班子、一个传承基地、一个展示平台、一套完备档案、一册普及读本、一项配套政策"的政策引导下，缙云相关部门围绕迎案活动的技艺培训、疏通筹资渠道、加大宣教力度等措施，正竭力推进迎案与相关活动的保护和传承工作。

两位专家三个多小时的高信息量学术演讲为观众送上了精神大餐，来自西蒙菲莎大学、不列颠哥伦比亚大学以及温哥华社会各界的 40 多名听众以极大兴趣聆听了这两场来自乡土缙云的学术报告，并在中场休息时间和最后提问环节外就自己感兴趣的问题与两位专家进行热烈的讨论。学术活动还吸引了当地华人电视记者的现场采访。正如赵月枝教授在学术活动的总结中所说的那样，大学里学术活动经常有，但这样来自乡土中国的别具一格、生动丰富的中英文双语报告可谓凤毛麟角。面对西方媒体关于中国崛起的单向度叙事甚至"中国威胁论"的甚嚣尘上，面对中美贸易战的热门话题，两位学者展示了西方很少知道的另一个中国。这样一个对加拿大学界看起来很边缘的题目，能在上课期间吸引到这么多校内外的热心听众，并就浙江不同地区的文化底蕴、风水、民间信仰、民俗仪式与迷信的区别等重要问题进行深入的讨论，使她感到非常欣慰。

这两场报告的主题和内容是赵月枝教授针对国外听众的兴趣，在两位专家多次成功为河阳乡村研究院国际暑期班授课的基础上与他们商定的。两位专家不仅有丰富的学术报告经验，而且对所讲内容精益求精，做了充分的准备。

这一学术活动本身还是一个"从全球到村庄"和"从村庄到全球"的来回沟通和多层次合作与跨文化传播过程。在缙云，县委组织部门为申请办理两位专家赴加讲学的签证做出了诸多努力；正在河阳乡村研究院做博士论文研究的西蒙菲莎大学传播学院博士生张晓星在与两位学者多次沟通的基础上，准备了精美和信息量丰富的中英文讲座海报；在温哥华，西蒙菲莎大学博士生陈思博和清华大学新闻传播学院—西蒙菲莎大学传播学院联合培养博士生盛阳花大力气把两位学者的演讲翻译成英文，并结合图片做成了总共160多页的英文PPT，还在赵月枝教授的安排下，事先就演讲内容进行了面对面的沟通。在讲座现场，观众听到了讲者和译者精彩的中英文双语报告。西蒙菲莎大学—中国传媒大学双硕士项目行政主管Dora Lau不但为学术活动的组织和宣传尽心尽力，而且用项目经费为活动准备了精美的早餐和午餐。

11月2日，赵月枝教授与两位缙云专家受邀来到加拿大多元文化电视台OMNI温哥华分部接受中文《丁果观点》节目的专访，与加拿大著名华裔媒体人丁果就中国媒体中关于"三农"的刻板印象、中国乡土文化的研究、城镇化与乡村发展、乡愁经济近年来的兴盛、传统文化的创造性转型等话题进行了深入探讨。基于此次专访所制作的四期特别节目将于近日在OMNI中文台播出。

赵月枝教授高度赞赏了两位学者所付出的努力。她说，就像三年前河阳乡村研究院组织参与缙云口述史研究的相关缙云本地人员到北京成功参加崔永元口述史中心的国际会议一样，这两位缙云乡土文化专家此次在温哥华的英文学术讲坛和在华人电视讨论乡土文化，是河阳乡村研究院立足缙云，从全球视野研究乡土中国，挖掘深藏于乡土的地方知识和日常智慧，弘扬蕴含于中国民间的丰富软实力，让乡土中国走向世界的又一个学术尝试。对于本次缙云乡土文化在海外学术殿堂的亮相，项一中老师表示深受在场听众及温哥华社会各界对中国乡土文化热情的鼓舞；麻松亘老师也同样深感鼓舞和振奋，觉得这次的宝贵经历坚定了他继续耕耘乡土文化，助力乡村复兴的信心。

【四】 留学生初探中国乡村，
最吃惊老乡要求 "加微信" [①]

田杰雄　杨亦静

2018 年 10 月，河阳乡村研究院发布的新闻《在乡村认识中国：一群国际留学生的缙云之旅》得到了新京报记者的关注。那一次缙云调研是赵月枝教授所主导的河阳乡村研究院乡土中国实习和培训活动的最新项目，目的就是让学生们走出教室，跳出静态的书籍和媒介文本，通过切身实地走访，获得第一手的感性经验，进而形成新的认知、思考和学术主体性。今年 5 月，记者们专程来到中国传媒大学，对参与缙云调研的来自加拿大、加纳、埃及、尼日利亚等地的留学生们进行深访。虽时隔半年，但留学生们对缙云调研记忆犹新，在毕业前夕与记者们重温了那次旅行，分享了他们对中国农村通信网络和电商生活的印象与思考。今天，本公众号转载了两篇发表在新京报上的中国传媒大学留学生缙云调研报道，与读者共同关注现代世界中中国乡村的另一种可能，以及 "开门办学" 的留学生跨文化传播研究教学实践的新道路。

新京报讯（记者 田杰雄 杨亦静）繁华或是凋敝？惊讶还是叹息？对来自遥远国家的年轻留学生们来说，京沪尚且陌生，遑论千差万别的中国乡村。日前，中国传媒大学的六名国际留学生也说，如果不是为期三天的浙江缙云之旅，或许他们再难与中国乡村产生交集。这些分别来自加拿大、加纳、埃及、尼日利亚等地方的留学生告诉新京报记者，他们说从来没想过乡村生活会是这样，那里新旧交织，人们在做田野山间农民的同时，也可以是 "现代" 世界的一部分。但留学生们也明白，三天所见，当然不是中国乡村的全部。

[①]　原载《新京报》2019 年 5 月 8 日

"贫穷大抵相似，美丽乡村各有特色"

从北京到缙云的高铁有 8 个小时，这趟车在上午近 11 点从北京出发，到达缙云时，天已经黑了。留学生们到达浙江缙云第一站是名为河阳的千年古村，村内名门望族先后中了 8 位进士。这里高高的马头墙，和祖先留下的 1500 多间古民居，依稀可见往日的辉煌。规整的一街一巷，皆流露出穿越千年的风韵，而铺面上张贴的二维码和浓浓的烟火气，也展现着现代的气息。

初到河阳，来自加拿大的 Beth 说，火车似乎把大家带到了另一个国家，"这里的新与旧完全交织在了一起，石墙上褪色的文字似乎能让人感受到时间流逝的痕迹，农民们耕耘着自己的土地，可另一边，年轻的企业家正尝试在老宅中依靠互联网成就新的事业"。

Robert 和 Ingrid 均来自加纳，面对历史悠久的古宅，他们都会感叹家族历史赋予人们的精神力量。这里厚重，又充满朝气，Robert 提道，"这里的年轻人正在以古韵历史为资源，讲述属于他们的新故事"。

Aya 到中传读硕士前，曾是埃及的一位记者，河阳乡村的样貌和她脑海中既定的乡村风貌有很大出入。她说，自己概念里的乡村，是较为贫困的地方，它们的发展程度与城市相比有非常大的距离，在埃及的一些地方，农村几乎是"贫民窟"的代名词。

与 Aya 印象中的中国乡村相比，这个位于东南省份的小村庄有些让她出乎意料，"这和我们来中国前，为了解中国时看的纪录片里的内容完全不同，在这之前，我想我大概了解中国偏远的乡村是什么样的，但在去过缙云之后，我想世界上贫穷的乡村可能大抵相似，而美丽的乡村却各有特色"。

"先加个微信吧"

除了繁荣和美好，留学生们也提到，互联网在中国乡村的覆盖程度也一度让他们吃惊。Aya 告诉新京报乡村频道记者，他们从未想过，在中国的一个村落，几乎每一笔消费，都可以通过电子支付完成。

在缙云村落走访期间，Aya 曾遇到过一位卖土蜂蜜的小哥，购买时也在现场添加了对方微信，后来 Aya 发现，即使自己身处北京，通过互联网居然真的买到了这位小哥的蜂蜜，"我之前很难相信，原来一个乡村的网络覆盖率可以这么高。很吃惊，在农村结识新的朋友，一开始他们总会说，'先加个微信吧'"。留学生们告诉新京报记者，他们在中国，接触到的一个很重要的"知识"，就是绝大多数的东西都可以在网上购买到，电商原来可以普及到这种程度。

这段经历虽然在许多国人眼中，未免太过寻常，但 Beth 回忆起来，仍有感慨，"中国各地网络购物的发展，为大城市以外的卖家创造了独特的机会，如果不是这样，很难想象这些卖家会如何真正进入城市市场里来"。

"拥有好的生活，不一定非要在大城市"

"中国太大了，缙云的乡村很好，但这应该不是中国乡村的普遍面貌。"来自尼日利亚的留学生 Olawale 说，了解到中国从南到北，从东到西，每个城市和村落都有它们自身的特点，有的面临自身不同程度的困境，而江浙一带其实算得上是中国相对更富裕的地方，在这样环境背景下的缙云，其实无从谈起它对于中国乡村的代表性。

面对同样的问题，Aya 缩小了缙云所能代表的中国乡村的范围，她告诉新京报乡村频道记者，自己认为，缙云的乡村或许只能作为中国典范乡村中的代表，"缙云对中国乡村来说，它像是代表了光谱中的一段，可能是一个整体发展的方向和思路。中国也会有一些地方，目前的发展还不是特别好，资源不丰富，也处于贫困的状态。我觉得这样的乡村才更应该看看缙云的乡村，这也是缙云作为乡村典范的意义"。

但 Aya 也说，虽然她知道缙云并不是所有中国乡村的代表，但这次旅行也让她意识到，在中国的一些村落，村民可以选择成为一个生活在树木和田地之间的农民，但他们也仍是"现代世界"的一部分，"拥有好的生活，不一定非要在大城市之中"。

【五】加拿大留学生初探中国乡村，最难理解"留守儿童"问题①

田杰雄

　　2018 年 10 月，河阳乡村研究院发布的新闻《在乡村认识中国：一群国际留学生的缙云之旅》得到了新京报记者的关注。那一次缙云调研是赵月枝教授所主导的河阳乡村研究院乡土中国实习和培训活动的最新项目，目的就是让学生们走出教室，跳出静态的书籍和媒介文本，通过切身实地走访，获得第一手的感性经验，进而形成新的认知、思考和学术主体性。今年 5 月，记者们专程来到中国传媒大学，对参与缙云调研的来自加拿大、加纳、埃及、尼日利亚等地的留学生们进行深访。虽时隔半年，但留学生们对缙云调研记忆犹新，在毕业前夕与记者们重温了那次旅行，分享了他们对中国农村"留守儿童"问题的印象与思考。今天，本公众号转载了两篇发表在新京报上的中国传媒大学留学生缙云调研报道，与读者共同关注现代世界中中国乡村的另一种可能，以及"开门办学"的留学生跨文化传播研究教学实践的新道路。

　　新京报讯（记者 田杰雄）发达国家与发展中国家的乡村生活有何不同？面对国家发展中可能始终难以迈过去的难题，发达国家和发展中国家又如何看待？日前，来自中国传媒大学的几名外国留学生初探了我国浙江缙云的乡村。回到北京后，他们告诉新京报记者，他们所看到的中国乡村与自己的国家乡村状况有千差万别，但也共同经历着一些绕不过的坎儿。

加拿大：变卖农田供教育经费

　　记者了解到，此前前往浙江缙云的几名留学生，均来自中国传媒大学传媒研究院，是加拿大西蒙菲莎大学和中国传媒大学联合培养的研究生，就读于赵月枝教授创办的中加全球传播双硕士项目。

---

　　① 原载《新京报》2019 年 5 月 10 日。

经历了在缙云乡村为期三天的体验调研后，新京报乡村频道记者日前采访了其中的几位留学生，听他们讲述了自己所看到的中国乡村与自己国家乡村发展所遭遇问题的异同。

Beth 首先提到，自己的国家与中国在农村分布上的最大不同，在于加拿大的农田和城市是完全有机结合在一起的，并不像中国有非常分明的界限，且在自己的国家，对农田的利用方式，也与中国并不一样。

她说，在自己从小长大的加拿大阿尔伯塔省，因为有石油资源，因此居民的生活都相对富裕一些。在她看来，"每个家庭里的孩子都很多，但很少有家庭出现集体搬迁到城市的情况。加拿大目前应该算是地广人稀，就算一些家庭会相对贫穷一些，也能通过家庭农田的出售，供给孩子们的教育经费"。Beth 介绍，因为北美地区的农业生产率在不断提高，即使在农田收缩状态下，产量也可以养活现有的人口。"许多地方城市的扩张都是源于农田不断出售后的地产开发。"

加纳：石油资源效益甚微

而同样具备石油资源，作为发展中国家的加纳，面临的情况则完全不同。在加拿大，Beth 的家乡里，可以说石油为这里带来了更好的生活，但在 Robert 和 Ingrid 的家乡，石油似乎从未为这里留下过什么，无论是机会，还是财富。

Robert 告诉记者，自己家乡附近的农村不久前刚刚发现了石油，但因为国家整体经济的问题，这个在中国看似充满生机的"发现"，并没有给当地带来任何发展的契机。

"所有的石油开采工作都是外来的工作人员完成，而作为传统的农民，油田的建设给他们带来的改变和影响，几乎是负向的，其实并不算是一个好消息——因为建设他们会失去一些相应的土地，虽然会被给予一定赔偿，但这个赔偿金额会很低，而且是一次性支付。"Robert 总结道，"发现油田"带来的经济效益在当地是没有办法反馈到农民身上的，它既不会向当地人提供工作岗位，也没有推动当地人技能的提高，此外，油田开发占用了土地，后期还很可能给当地带来环境污染。

Ingrid 进一步向记者解释，在当地开发油田的公司一般都来自美国。对他们来说，这只意味着外来的公司会把利益带走，根本不会把利益投入当地建设中，所以石油工业也完全不会推动当地城镇化的进程。中国的大庆以及以石油"命名"的克拉玛依等一系列因石油工业而兴起的新城市的发展模式，对加纳来说，好像仍是遥不可及的愿景。

"留守儿童"是发展中国家绕不开的阶段

对于现阶段中国乡村出现的"留守儿童"问题，在国际化的视角下，似乎也有着不同答案。例如，来自加拿大的 Beth 认为，由于现有家庭都是以原生家庭为单位，因此，"把孩子丢在乡村"其实对他们来说几乎是一件不可能做到的事情。

"在加拿大，如果父母把孩子交给了祖父母或者其他亲戚去抚养，那么只能说明他们的生活出现了一些不可抗力，如有虐待儿童的记录、吸毒、坐牢等。"Beth 表示，在加拿大，无论父母去哪里工作生活，他们流动也绝不是个体的迁徙，而是完全以原生家庭为单位进行的，每个家庭都更关注孩子心理的成长变化。

而对于发展中国家，情况又确实是另一回事。来自加纳的 Ingrid 和 Robert 觉得，父母为了生存发展离开家乡谋生，这件事是再正常不过的事情，在文化和心理上也并没有什么不好接受的。尤其很多国家没有户籍制度，除了去机会更多的城市工作，只有当家长选择出国到发达国家打工时，"留守儿童"才会真正出现。"这些出国工作的父母，直到孩子到了能上大学的年龄，才会把他们带过去，这种情况在非洲、南美洲一些国家都有的。"

"所谓留守儿童的问题，我们想其实应该是很多发展中国家都会面临的一个阶段。"留学生们认为，这并非个例，发展中国家所处的经济水平和发展阶段，注定他们还没有到能关注孩子心理健康这个层面，"解决刚需，能够度日，争取到高于原生环境的生活，才是发展中国家的许多家庭不得不面临的选择"。

【六】河阳，有一种神秘的力量在召唤[①]

钭小亚　虞　颖

"我想为家乡做些有意义的事"，2019年2月14日，加拿大国家特聘教授、清华大学特聘教授、河阳乡村研究院执行院长赵月枝在河阳，面对记者意味深长地说。

从2014年12月河阳乡村研究院成立以来，无论是让河阳走向世界，还是让世界认识河阳，赵月枝没有停止过行走的脚步。

作为一个集学术研究、文化建设和人才培训功能于一身的民办社会组织和民间智库，河阳乡村研究院以发展有国际视野和乡土中国立场的中国社会科学以及对中国百年乡村建设实践在新的历史条件下的创新为己任，沿着理论和实践相结合的路径，开展了多层面的参与式行动研究和乡村文化建设实践。

"致力于把河阳建成一个汇聚'三农'研究前沿思想的科研与教学高地和促进政府研究者与乡村建设实践者相互协作的平台，以此来助推古村落的活态保护与更新，探寻中国农村发展与复兴的模式和途径，思考'中国崛起'的意涵。"4年来，赵月枝立足千年古村落河阳，辐射缙云和丽水，以少而精的骨干为支点，以核心人员广泛的学术网络为依托，一头撬动"地球村"中的学术资源，一头调动本地的文化积淀来组织和开展工作，涵盖乡村文化研究和学术交流、乡村口述史研究和书写、乡村传播赋能、乡土中国研习与培训、乡土文化产业研究与发展以及乡村教育历史研究等领域。

在这4年中，河阳乡村研究院联合相关学术机构，搭建以"河阳论坛"为中心的中英文学术交流平台，成功举办了四届河阳论坛、四期"从全球到村庄"国际暑期班，以河阳和周边地区作为田野研究和国情调研基地，就中国新农村建设中的文化问题和农民主体性问题进行及时、有针对性和富有指

[①]　原载中国缙云新闻网2019年2月25日。

导意义的理论和政策探索，吸引了600余名中外学者到缙云进行学术交流和研习，在把世界邀请到河阳的同时，也让河阳走向世界。

河阳，与它所在的缙云，似乎有一种神秘的力量在召唤。仅仅是今年春节期间，就有来自英国牛津大学、加拿大西蒙菲莎大学、中国社会科学院、清华大学、北京大学、华东师范大学、中国传媒大学等高校与研究机构的九位青年学者到访缙云，开展了题材多样、内容丰富的学术调研。

今天，跟随三位国际博士生的脚步，一起来看看他们走进河阳进行深度学术调研的故事。

"乡村的淳朴，令我流连忘返"

来自江苏南通的张晓星，是赵月枝教授在加拿大西蒙菲莎大学的博士生。2015年6月，他第一次赴河阳，参加研究院组织的"从全球到村庄：传播学如何落地"中加联合调研项目。

"作为一个在城市长大、在海外求学多年的人，乡村距离我的学习与生活一直都很遥远，直到有幸加入赵教授带领的调研团队。没想到一踏进河阳，就被她深深吸引。此后，我每年都来，无论是'河阳论坛'还是国际暑期班。"几年下来，张晓星也慢慢想明白了，让他流连忘返的是河阳的淳朴。

"这个村落就像是一个世外桃源，错落有致的明清古民居遗存，清一色的灰色建筑群落，恬静，含蓄，温婉。加上独具魅力的古壁画、古诗词，斑驳的屋墙以及青砖黛瓦，记录着这个古村千百年的风雨历程。时不时还能见到成群结队的游客们，或穿着旗袍或穿着汉服，行走在长长的小巷子里，有一种穿越时空的感觉。"看到这个古村落，张晓星感觉到被一种神秘的力量所吸引。

"走在村里，你常常能看到人们脸上洋溢的微笑，是那种真心的微笑。"张晓星说，也正是这种微笑，吸引着他把毕业论文的课题定为"什么是好生活"，把调研的地点定在河阳，一住就是大半年，走遍了村里的每个角落。

"我喜欢在长长的小巷里与村民聊聊家长里短，嬉笑怒骂里，人与人之间的距离瞬间近了许多。看到老奶奶那慈祥的目光，会萌生一种特别亲切的感觉，就像是自己的亲奶奶。"说到这，张晓星脸上露出了自然的笑意。"静坐时，放空自己，抛开一切烦琐，卸下心中负累，看庭前花开花落，望天空云卷云舒，这种感觉特别舒畅。"

从小生活在城市里，新时代的乡村生活，村民的观念变化，着实出乎张晓星的意料，"这里，有络绎不绝的游客，有4G，与外界的沟通是顺畅的，生态环境是可持续发展的，经济与文化是呈现多样性的，邻里之间是和睦向善的，人们是励志向上的……卸下人性的种种枷锁，随意走在青山的环抱中、在青石板的长巷里、在老旧的木门旁，在热闹的小院里，获得心灵的平静和精神的自由，这就是我理想中的好生活"。

河阳，改变了他脑海中曾经落后的古村落样貌，打开了他新的视野，激发了他新的灵感。

"我既是局内人，又是局外人"

"今年是我第一次在老家过春节，第一次看到有这么多的亲戚聚在一起吃团圆饭。拎着礼品，挨个儿走亲戚。拜年文化，以往我只听爸妈说起，或者在电视上看到，今年算是实实在在地亲历了过年的热闹，感受到了中华民族博大精深的传统文化。"对赵月枝的女儿——牛津大学博士生潜韵琳来说，河阳代表着一种特殊的情怀。

"我于河阳而言，既是局内人，又是局外人，亲切而又陌生。作为介于中西两种文化交集中成长的我，收获了许多不一样的快乐。"潜韵琳腼腆地说，"想要尽快融入大家庭中，学会说缙云话很重要，我会努力的"。

从出生到成长，潜韵琳都在国外。由于中西方文化的差异，我们最热闹的春节期间，却是她在学校上课最忙碌的时候。"我爸妈常回老家来过春节，探望年迈的长辈和亲人，所以老家最热闹的时候，反倒是我最孤单的时候。"

赵月枝忙于学术交流，一年到头奔波于各个国家，与潜韵琳一起的时间少之又少，雏燕由此练就一双坚强的翅膀。而赵月枝渊博的学识、严谨的治学态度，润物细无声地滋润着她的心田。

2015年暑期，潜韵琳本科毕业，申请读硕，加入赵月枝的中加联合调研团队来到河阳。其间，她频频接触到"乡愁"一词。于是她认真地进行了一番跨文化解读，"'乡愁'和它最接近的英文翻译都表示对过去的思念，思念的对象可以是一个地方、时刻、人、事、物甚至一种香味、口感和情景。对我来说，中文'乡愁'一词的独特之处在于这种思念是深深根植于地理和文化意义上的'乡'"。

一首《乡愁》，更泛起了潜韵琳心中的涟漪，"我的乡愁也跟随着爸妈落地在河阳"。"乡愁旅游"顺理成章地成了她硕士学术论文的课题。

2019年元旦过后，已是牛津大学博士生的潜韵琳再次回到了河阳。此时，她早已将学术论文课题定为"乡愁与乡村振兴"，而河阳是她的研究案例。

"以前纯粹是为了看亲人而回河阳，现在是为了看河阳而回河阳，两者的感受完全不同了。"

村庄干净了，电瓶车多了，电商开业了，厕所变美了，祠堂修缮了……河阳的点滴变化，清晰地走入她的视线。

村民如何保护古村落，下步有什么规划，怎样才能结合中国发展趋势，乡村振兴该怎么走……河阳未来的路，不时地潜入她的脑海。

"我是河阳村民眼中的'洋朋友'"

"回来啦。""新年好啊！"小白（Byron Hauck）走在河阳村中，热情的问候不绝于耳。这位在河阳人气颇高的小白是位蓝眼睛、白皮肤的"洋朋友"，是张晓星的同门师兄，也是加拿大西蒙菲莎大学的博士生。

为何要漂洋过海来到河阳？小白说是被村民手中的手机所吸引。在第一次随赵月枝来河阳的调研过程中，小白就发现，不论男女老少，村民都爱捧着个手机。他们的手机里到底有什么乾坤？2018年8月，小白带着他的论文课题"新媒体时代的群众路线研究"来到了河阳，一待就是6个多月。

"我已经是河阳村民的老朋友了。"小白说，如今一走进河阳村，大家就纷纷拉他进屋聊天、喝茶，拿出好吃的招待他，"我要是不吃，村民还会'生气'"，小白不无得意地说。这份热情其实来之不易，一开始，村民十分羞涩，"刚见到我时，有些人会远远地猜测我是不是新疆人，却没人来问我"。

小白决定"入乡随俗"，过起地道的河阳生活。每天早上一起床，先到村里溜达，听广播，吃烧饼馄饨，看着各家各户忙忙碌碌着开启一天的生活。他用眼睛、用鼻子、用耳朵，感受着河阳的呼吸。有时，遇到村里人聚在一起做来料加工，小白也凑到妇女堆里帮忙。慢慢地，村民不再羞涩，对这位"洋朋友"大胆提问了："加拿大的农村是怎么样的？""加拿大的农民是怎么生活的？"面对一双双好奇的眼睛，小白耐心描述着大洋彼岸的生活。"加拿大好还是这儿好？"这是小白听到最多的提问，对此，他总是笑着反问："你说苹果好还是橘子好？"

"食过没？去嬉都？"几句铁硬的缙云话从小白嘴里说出，常常引得村民啧啧称赞。在小白的手机里有一个专门记录缙云话学习的文档，里面用拼音夹杂英语标注着一句句缙云话。小白说："汉语难，缙云话也难，但这是我了解河阳必需的桥梁，所以我很努力在学。"

小白喜欢河阳，喜欢这种"慢慢"的感觉。作为河阳村民的"洋朋友"，他希望能够与河阳平等相遇。每周五，小白会在村中开课，给孩子们教授英语；同时，他也在认真向孩子们、向村民学习汉语和缙云话，"我很尊重河阳，尊重河阳村民，他们教了我很多"。

3月份，这位会说几句缙云话、爱吃烧饼、会烧土爽面的"洋朋友"就要离开河阳了，他说："以后像赵月枝教授一样，带着学生来。"

【七】以红色精神引领绿色发展助力乡村振兴 全国顶级专家"鼎湖论剑"①

沈 隽 刘 斌

乡村故事里蕴含着中国道路的历史坐标与未来方向，中国道路上铭刻着乡村故事的历久弥新与百转千回。

2019 年 3 月 23 日至 26 日，第五届河阳论坛在缙云召开。这是一场国内顶级的学术盛宴，来自全国近 150 名学者、基层干部、企业家、乡村建设实践者齐聚缙云仙都街道乡村振兴讲习所，围绕"乡村故事擎举中国道路、中国道路镌刻乡村故事"这一主题展开学术研讨，以"新地球村"为愿景，从乡村故事的脉络里把握中国道路，在中国道路的求索中续写乡村故事。清华大学新闻与传播学院党委书记胡钰等 9 位国内顶级专家学者做了专题报告，并参与了如何以红色精神引领绿色发展助力乡村振兴的大讨论。

此次河阳论坛主题立意高远，不仅契合乡村振兴的时代主题，更将其置于中国发展道路的高度。正如会议主题阐述中所说的，乡村故事既是探寻中国革命正确道路的故事，也是中国农民对中国崛起做出巨大贡献的故事，更是践行"绿水青山就是金山银山"重要发展理念的故事。

论坛的安排亮点颇多。专题报告聚焦乡村故事与中国道路，从小农、乡建、农政勾连中国乡村的历史、现实与未来，并从新闻学科、知行关系、社会主义公共传播和红色精神探究城乡平衡的中国绿色发展道路。平行论坛打开多维度乡村议题和传播议题，包括"乡村与女性""乡村与城市""重新理解乡土社会""农民工面面观""乡土文化：保护与开发""乡村振兴·集体经济""乡村媒介研究的多维视野""乡村文化与传媒""重新发现乡村传播""乡村与影像""新框架·新视野"等 16 场。

丽水作为"两山"理念的重要萌发地，近年来以高质量绿色发展为目标，

---

① 原载《丽水日报》2019 年 3 月 28 日。

实现了生态文明建设、脱贫攻坚、乡村振兴协同推进，获得了习近平总书记的"丽水之赞"。受此激励，丽水市委市政府提出以"丽水之干"担纲"丽水之赞"，在"两山"发展大会上指出践行"两山"理念的三把"金钥匙"：跨山统筹、创新引领、问海借力，并且不忘初心，以弘扬"浙西南革命精神"为"丽水之干"注魂、赋能、立根。

作为呼应，论坛特设"从革命、建设到改革：探寻'缙云精神'与乡村振兴的力量源泉""绿色发展、全域旅游与乡村产业振兴：政府、企业与村庄的有机联动""返乡、新乡贤与乡村振兴的多元主体"三个圆桌论坛，以及"畲族文化研究"和"乡村文化领导权与村民主体性——基于缙云的历史与现实"两个专场研讨。

由于此前四届论坛的成功举办，河阳论坛已经成了乡村发展的探讨高地，吸引了各界人士的关注。本届论坛以超过50%的淘汰率最终收录了近70篇论文，与会人员不仅有长江学者、紫江学者这样的顶级学者，也有来自浙江省内外各院校不同学科的学者，不仅有改革开放后我国自己培养的第一位新闻学博士，也有在读的博士生、硕士生，不仅有中央及地方媒体，还有政府部门、村干部和民间企业的代表，体现了论坛一以贯之的跨学科性和理论与实践的融合性。

他们为何而来

本届河阳论坛吸引了150多名来自国内外的专家、学者、各界社会人士参与其中，在这场学术盛宴上，他们热烈地展开着不同的讨论和交流，发出同样一种声音：收获颇丰，还将再次到缙云来。

"这次初到缙云，既为山水之秀美所惊艳，聚会三天后，又为盈庭言论而鼓腹吸收，唯恐不及。此行还观摩了河阳祭祖的仪轨，总之，这是一场丰盛的飨宴，我将满载而归，并长怀思念不已。"

——作为论坛的受邀嘉宾，台湾世新大学传播学院退休教师蔡建仁和台湾成功大学台湾文学系钟秀梅教授等人是先坐飞机，再坐轮船，最后乘坐高铁才来到了丽水。蔡建仁打趣说，为了来到这里，可真是海陆空都走遍了，"作为第一次来到丽水的嘉宾，我感到不虚此行"。

"赵月枝教授在新闻传播学界有着无与伦比的号召力，非常有吸引力。可以说自己是抱着朝圣的心态过来学习的。参加论坛的讨论和学习，感觉与会专家的思想特别深邃，很多都是书本上没有的，可以帮助自己打开思路，激发想法，收获很大。"

——中国传媒大学传播研究院陶稳

"早就听说河阳论坛，这一次是专门赶回来参加的。相信这次在河阳论坛上的讨论和学习，将对自己正在拍摄一部中国现代农村题材的纪录片有很大帮助。"

——新西兰奥克兰理工大学项珊已经在新西兰生活多年，她说，很多新西兰人对中国人的认识还停留在一个世纪之前。他们觉得中国人都会神奇的功夫，都能烧得一手好菜，但是整个国家是落后的，人民是贫穷的。为了改变这些老外的偏见，项珊一直在致力于中国文化的国际传播。最近她正在着手拍摄一部反映中国现代农村的真实纪录片，而参加河阳论坛，非常有助于自己更为准确地把握这一命题。

赵月枝："丽水之干"的精髓在于用红色精神引领绿色发展

丽水是一方神奇而美丽的热土，它是革命老区，又是"两山"理念的重要发源地和生态文明建设的实践前沿。每次回到这里，都会被这里日新月异的变化所感动。这个春天，感受更是非同一般，我深深被丽水市委市政府高屋建瓴的顶层设计所激荡。"两山"发展大会与"浙西南革命精神"弘扬践行活动，两者相连，体现了"丽水之干"的精髓，这就是"用红色精神引领绿色发展"。没有比这更有人民历史性、引领前瞻性和可持续可操作性的中国发展道路前沿实践了；也没有比这更有丽水特色、中国高度、世界意义了。

"两山"发展理念不仅是生态文明建设之路，而且是中华文化复兴之路。丽水有极为深厚的农耕文明底蕴，是中国民间艺术之乡，又有伟大的浙西南革命精神，我们有条件从思想和文化的高度，进一步丰富"两山"发展理念的内涵，让丽水的绿色发展插上生态与文化双翼。这是因为，在丽水，每一方绿水，每一座青山，都有丰富而生动的人文故事。而这些故事，就是文化资源，它们与生态资源一起，为绿色发展提供了丰富的精神和物质能量。

我建议市里在乡村春晚等群众性文化活动取得巨大成功的基础上，抓几个重点文化建设项目，引领丽水、浙江和中国的软实力建设。比如，在青瓷小镇墙壁上记述的"龙泉青瓷"在新中国成立后得到恢复、成为国礼的故事，就是一个极为吸引人的"一带一路"和中外文化交流故事，它就是一部热播主旋律电视剧和一部电影大片的极好素材。前年在我举办的国际暑期班上，我带一位知名美国电影教授和一位年轻好莱坞编剧到丽水来参观，他们就对此表达了极大兴趣。

不仅如此，丽水深厚的人文底蕴与遍布世界的华侨网络高站位有机结合，让丽水成为引领绿色发展的世界人文与思想高地。在浙江乌镇，已有"世界互联网"大会，我希望，在浙江丽水的某个小镇，也许是我的故乡——缙云的千年古村落河阳，将会有"世界绿色发展"论坛。通过这个论坛，我们可以把中国"两山"发展理念和经验传扬到世界各地，尤其是"一带一路"沿线的发展中国家；通过这个论坛，我们还可以让"中国道路"学术和媒体话语，带着乡土丽水的韵味，唱响世界。

实际上，自从我2014年回乡创办缙云县河阳乡村研究院和每年举办"河阳论坛"与国际暑期班以来，我已在这方面进行了一些非常接地气，但也与世界接轨的有效尝试。我可以非常有信心地说，在丽水打造一个与乌镇"世界互联网大会"比肩的"世界绿色发展论坛"，有天时、地利、人和的条件。这两个世界级平台，一个技术、一个人文，在浙江的天空中交相辉映，将会是多么令人激动的场景。

吕新雨：丽水成了我的第二故乡

最近的这五年，是缙云发展最快的五年，我也亲眼见证着缙云的发展奇迹。还记得，我第一次来的时候还没通高铁，从上海过来是先坐高铁到杭州，然后再从杭州转乘大巴，经过四五个小时的奔波才到的这里。那时候想，这里还真是一个比较偏远的地方。现在到缙云来，全程只要两个小时多一点，已经是后花园的感觉了。目睹仙都景区的成长，目睹缙云乡村的进步，我感到特别欣慰。现在我每年都会来这里，已经把这里当成了自己的第二故乡。

这届论坛特别有意思的是，"红色精神引领绿色发展"成为本届论坛的讨论焦点。我觉得，这两个核心点的聚合本身就是水到渠成的过程。我做了很久的三农问题研究，提出新乡土主义，主要内容为"只有走社会主义才能让乡村和生态进行最好的结合"。第一届河阳论坛就讨论了生态社会主义。现在丽水提出以"红色精神引领绿色发展"，跟我的学术研究不谋而合，这是一件非常值得高兴的事情。

罗岗：缙云发展具有后发优势

这是我第二次来缙云，这次到缙云仙都，感觉变化很大，风景依然美丽迷人，整体环境上有了很大进步。在缙云独峰书院副院长刘芳庆的介绍下，发现缙云除了风景，历史底蕴也十分出众，并且吸引了许多电视作品在缙云拍摄，整体上已经有了绿色经济的味道。缙云属于浙西南革命根据地，自身有着良好的革命传统，如何把革命传统和绿色发展做一个结合非常重要。实际上，绿色发展本身就蕴含了红色精神，红色精神可以说是社会主义发展的理念、生态文明的理念。原来我们强调又快又好发展，而现在是又好又快发展，甚至是发展慢一点，要让环境好一点。而且强调生态文明，不仅是讲环境好一点，而是在这个环境下生活的人要追求平等、共同富裕的生活，这些都是包含在生态文明里的。缙云的发展有着后发优势，之前的缙云与其他地方相比，不是特别发达。虽然发展得晚，却有着自己的优势，比如说，缙云当地环境保护特别好，可以直接对接一些先进的理念，能够更好进行绿色发展，包括旅游以及旅游带动起来的民宿等，都有可以借鉴的经验。

不同的革命精神孕育形成于不同的时间空间、不同的环境条件，必然蕴含着不同的、独特的精神内涵。这也是其作为一种共同却又彼此不同的革命精神形态存在的价值和意义。无论是"浙西南革命精神"，还是"红船精神""井冈山精神""苏区精神""长征精神""延安精神""西柏坡精神"，其精神的内核都是相似的。所以从这一点来说，丽水提出的"红色精神引领绿色发展"在全国都有推广的意义。

【八】红色精神引领绿色发展创造多彩未来①

沈　隽　刘　斌

　　伟大的事业需要伟大的精神，伟大的精神成就伟大的事业。市委四届四次全会提出以"丽水之干"担纲"丽水之赞"。市委经济工作会议提出全面建设以"生态经济化、经济生态化"为基本内涵的现代化生态经济体系。全市"两山"发展大会提出深入践行"两山"理念，加快推动实现高质量绿色发展。这些目标任务的实现都离不开强大的精神力量和精神支撑。一个月前，在全市"浙西南革命精神"弘扬践行活动动员大会上，市委书记胡海峰强调，要以实际行动弘扬践行伟大的"浙西南革命精神"，让红色精神绽放出新的时代光芒，汇聚起"丽水之干"的磅礴伟力，为"丽水之干"注魂、赋能、立根。

　　2019年3月21日下午，市委副书记李锋来到市四届人大四次会议缙云代表团，与大家一起审议政府工作报告时进一步指出，当前，丽水正处在大建设、大发展、大跨越的重要历史关口，要积极弘扬践行"浙西南革命精神"，综合运用好跨山统筹、创新引领、问海借力三把"金钥匙"，以红色精神引领绿色发展，努力走在前列。

　　不谋而合的是，两天之后举行的第五届河阳论坛上，以红色精神引领绿色发展也成了本届论坛的讨论焦点。

　　鼎湖峰下，黄帝祠畔，一场学术盛宴影响深远。

　　"'乡村故事，中国道路'第五届河阳论坛暨乡村、文化与传播学术周"是由缙云县河阳乡村研究院协同中国传媒大学传播政治经济学研究所、华东师范大学康奈尔比较人文研究中心、中国社会科学院新闻与传播研究所国情调研缙云基地联合发起的跨学科与跨界乡村发展交流平台，正式创立于2015年，此后每年定期在缙云县召开年会，丽水市瓯江文化研究中心自2016年起

----

　　① 原载《丽水日报》2019年3月28日。

成为论坛的联合主办单位。

"河阳论坛"致力于乡村建设的思想交流,旨在梳理乡村建设历史脉络、汇集乡村研究前沿思想、分享乡村振兴实践创新经验、探索构建平衡互哺城乡关系的路径,以促进城乡政策制定者、乡村建设实践者以及学术研究者之间的沟通与协作,在全球化危机频发的时代探寻面向未来的生态文明建设与中国特色社会主义道路。

四年来,在缙云县委县政府和丽水学院大力支持下,论坛相继以"构建平衡互哺的城乡关系""乡土文化复兴:机遇与挑战""文化主体性与乡村发展:国家、市场与民间的联动""生态文明与传播:乡村作为前沿"为主题,开展了丰富多彩的实地调研、学术探讨与青年研习活动,累计参与人数超过500人,引起了学界、媒体的广泛关注与社会讨论,影响不断扩大。

第五届河阳论坛由浙江省丽水市社科联主办,丽水市瓯江文化研究中心、丽水学院民族学院与河阳乡村研究院承办,中国传媒大学传播研究院、华东师范大学传播学院协办。

胡钰:以学术研究助力乡村振兴

关于丽水发展

"两山"理念是指导我们中国乡村发展的指导性理念,作为这个理念的重要发源地,丽水已经在这个方面做得很好,成为引领和示范。

昨天来到这里,了解了"丽水之赞",也感受到了"丽水之干",我觉得丽水在新时代大背景下提出以"红色精神引领绿色发展",特别具有现实意义。在这个过程中,丽水可以成为创新的热土、实践的先锋,也为我们做学术研究提供了宝贵的研究对象。清华大学新闻与传播学院非常乐意全力支持河阳论坛,支持丽水的发展。祝愿丽水在红色精神引领下,坚持高质量绿色发展,最终创造多彩未来。

关于乡村振兴

乡村确实是一个大学研究领域特别关注的焦点。我也带队去过全国很多农村调研,我的一个体会是,在国家强大的精准扶贫工作下,乡村贫困很快就会消失了，而与此同时，乡村振兴才刚刚开始。

我认为，乡村振兴中很重要的一点就是乡村文化建设，这跟经济建设有着同等重要的地位。它不是一个补充，而是一个关键。我们这个论坛来研究乡村文化建设，可以说是正当其时。对缙云来说，它的红色文化是它的宝贵资源，把这个文化资源发掘出来，就是发掘缙云文化基因，也会激活缙云的文化细胞。那么把这种文化基因发掘出来，文化细胞激活以后，它就会转化为地方经济发展内在的、内生的动力，这一种持续的动力，会推动当地的发展。

关于乡贤回归

缙云的绿色发展得益于极有乡愁的乡贤，乡贤对于乡村建设是特别宝贵的。再著名的学者，再大的能人，再全国化的事业，人的根都在自己的出生地，自己的家乡。那么，当他游历一圈以后，这些人往往愿意把自己的资源全部导入自己的家乡。所以这就是我们说的"新乡绅"的重要性所在。现在赵月枝教授有这个情怀，有这种能力，对我们当地来说，就是要为这样的人配备资源，支持她更好地发展，更全身心地投入。对于重要的文化乡贤，地方党政要给她配团队，来支持她的发展。那么，她会如虎添翼，也会让他们的能量进一步释放，会让所有的资源被盘活，细胞被激活。

关于河阳论坛

我觉得河阳论坛是以学术研究助力乡村振兴的重要平台。通过这个活动，来自全国各地各个领域的专家学者，共同研讨乡村建设，共同关注缙云和丽水的发展。我想地方能够导入这种资源，对当地的发展是有非常积极作用的。

1971 年，瑞士日内瓦大学教授克劳斯·施瓦布（Klaus Schwab）倡议创建了达沃斯论坛，40 年之后，这已经成为一个全球顶级的政商论坛，全球的领导人都出席参加。我希望通过赵月枝教授本人的影响和大家的努力，吸引至少现在是国内各个方面的学者，聚集过来。坚持 20 年、40 年，把河阳论坛打造成"中国的达沃斯论坛"。

童兵：扩大宣传打造旅游新局面，深入挖掘发展红色旅游

我是第一次来缙云，到了之后，乘着蒙蒙细雨，我游览了鼎湖峰景区。

我觉得秀山丽水不仅风景美，而且拥有深厚人文底蕴。风景好的地方全国各地有不少，但像缙云这样自然风光与人文积淀相结合的景区就不多了。关于"红色精神引领绿色发展"，我与赵月枝老师有过沟通，很受启发。将两个场面的事情，结合在一起，是非常有意思的。"绿水青山就是金山银山"早在很多年前，习近平总书记就提出来了。缙云县已经有1300多年的历史了，青山绿水，优越的自然条件一直都在，但为什么这几年才发展这么迅速？这么好？其中党的领导、政府的领导、科学的政策非常重要。我觉得把党的领导、红色精神作为我们做一切工作的指导思想，再利用得天独厚的自然环境来发展，缙云的未来会非常辉煌、非常灿烂。

我觉得像缙云这样风景秀丽、人文底蕴深厚的地方，属于自己的宣传片、文化产品还是相对较少。旅游产业可以说是缙云非常重要的产业，离上海这么近，离南京也很近，地理位置很好。我在昨天游玩的时候了解到，虽然上海来的游客非常多，但南京的游客就不是很多了，而像我这样在北京工作了几十年，都不知道这个地方这么好玩。这就需要我们当地加大宣传，扩大影响力，吸引游客。还有关于浙西南红十三军革命精神也是如此，可以进一步开拓，发展红色旅游，将当地的红色精神与旅游业结合起来。中国本身就是旅游大国，很多人跑到国外去旅游，但其实国内的旅游资源是非常丰富的，只要我们加强宣传，旅游业发展前景是非常好的。

【九】从温哥华到轩辕街：
全球传播教育中的跨文化精神洗礼①

顾明敏

习近平总书记曾指出："乡村文明是中华民族文明史的主体，村庄是这种文明的载体，耕读文明是我们的软实力。"乡村是华夏文明的根与魂，中国的乡土社会不仅镌刻着中华文化的缩影，亦是西方社会理解中国道路的一面棱镜。正如2019年"乡村故事·中国道路"第五届河阳论坛的主题阐述所言："乡村故事里蕴含着中国道路的历史坐标与未来方向，中国道路上铭刻着乡村故事的历久弥新与百转千回。"易言之，乡村作为一个文明体，在如何讲好中国故事中有着重要的时代角色。

带着这样的初心与希冀，早在今年之初，加拿大皇家学会院士、西蒙菲

____

① 原载"从全球到村庄"微信公众号。

莎大学加拿大国家特聘教授、河阳乡村研究院执行院长赵月枝便着手酝酿一次全球传播教育中的跨文化学术旅程。2019年10月5日至9日，赵月枝教授邀请了6位加拿大西蒙菲莎大学传播学院新入职不久的教授同事以及"西蒙菲莎大学—中国传媒大学"全球传播双硕士项目的5位外籍学生来到浙江缙云，共同开启一段沉浸式的乡村文化之旅。

缙云县位于浙南腹地、中南部丘陵山区，唐武周万岁登封元年（公元696年）建县。这里既是农耕文明最早的发祥地之一，又融合先秦道家、汉魏南北朝神仙道教和儒学，形成了古老的"黄帝文化"，与此同时，缙云亦是近代中国革命史上，伟大的"浙西南革命精神"的发源地。一方面，缙云在文化与思想上折射了中国传统价值；另一方面，经过红色精神洗涤的缙云人民，又有着敢闯敢拼、不忘初心的优秀品质。在乡村振兴的当下，上述两个要素为乡村社会的重建和乡土文化的复兴提供了有力的保障。2015年7月，赵月枝教授主持的"河阳乡村研究院"项目，在其缙云老家正式成立，研究院以发展中国社会科学及中国百年乡村建设实践在新历史条件下的创新为己任，沿着理论和实践相结合的路径，开展多层面的参与式行动研究和乡村文化建设实践。自成立以来，河阳乡村研究院始终坚持立足本土，放眼全球，已经联合国内外学术机构开展了一系列卓有成效的学术活动。

此次缙云调研是赵月枝教授所主导的河阳乡村研究院乡土中国实习和培训活动的最新项目。此次别开生面的缙云行旨在构建跨文化传播教育的新路径，体认"从全球到村庄""从村庄到全球"的学术指向，让不同文化背景的年轻外籍教授和学生真正领略中国村庄的有机性、多样性，"从外向内"理解中国农村，再"从内向外"关涉中国社会的复杂性，建立新的跨文化学术主体意识，进而在一个充满迷惘、偏见和冲突世界中，成为推进跨文化团结的生力军。

初见：星辰与土地间的诗意村庄

在缙云县新建镇镇西约1.5千米处，有一处距今已有1000多年历史的河阳古民居。10月6日上午，加拿大的教授和外籍学生们来到这里，开启乡村调研的第一个篇章。这一天，赵月枝教授化身为一名英文导游，将马头墙的雅致、八士门典故、朱氏祠堂的传奇故事以及耕读传家的河阳精神娓娓道来。

穿行在河阳村的宗祠，鹿子情深、狮子爱子造型的牛腿木雕让来自加拿大的珍妮·皮尔森（Jennie Pearson）颇感震撼："很难想象古代的人民能够雕刻出如此传神的作品，并且将孝悌思想融入其中。"来自西蒙菲莎大学传播学院的柯尔斯顿·麦卡利斯特（Kirsten McAllister）教授也说道："我们习惯从工业化的角度去理解中国的乡村振兴，今天到了河阳村才意识到，底蕴深厚的中华文化才是探索中国乡村的入口。"行至途中，整洁的厕所似乎颠覆了调研团对农村厕所的刻板印象，赵月枝教授向调研团的教授和学员介绍："厕所革命是实施乡村振兴战略的一项重要的民生工程，提高了农村居民的生活质量。"而这也让调研团的外籍教授和学生从细微处看到了乡风文明之新风象。

随后，调研团队来到河阳乡村研究院所在地，赵月枝教授为外籍教授和学生讲述自己在国内发起河阳论坛、举办国际暑期班的经历以及自己学术兴趣的转向。这位接地气的国际知名学者，在方寸间的陋室中向我们细数了这些年深耕乡土的责任与坚守，对赵教授而言，"批判的目的在于建设，建设的一个重要方面就是改变国外学者对中国社会、对中国乡村的看法"。正是在这个意义上，此次调研是一次打破刻板印象的乡土感知，同时让随行的教授和学员们感受到了学术回应实践的内生性动力。

午餐结束后，调研团一行人来到舒红镇仁岸村的桥洞咖啡，品着香醇的咖啡，享受着午后仁岸的田园风光。此刻，咖啡与仁岸仿佛成了某种传统与现代有机结合、土味与洋气和谐共生的中国乡村象征。绿水青山背景下，水中的一群红鲤鱼与田岸上欢声笑语中的一排海外友人，构成了一幅"新地球村"的生动画面。下午,调研团前往缙云双溪口乡的姓潘村和双溪口村,品味美丽乡村建设的新图景与浙西南革命精神的故事。当地干部自豪地向来访的教授和留学生们介绍,姓潘村崇文重教,从新中国成立以来,已经走出了18位博士,调研团中的留学生们纷纷在博士山合影留念,祈祷未来的学术之路一帆风顺。在双溪口村,国外师生们不但走街串巷参观了该村美丽乡村建设的许多亮点,而且在著名的"树洞会议"革命遗址等地倾听了一系列有关浙西南革命的红色故事。该村走红色资源与良好生态环境相结合的发展道路,呼应了赵月枝教授所总结的"以红色精神引领绿色发展"的理念,为乡村注入了新的活力。来自加拿大的研究生施丹妮(Daniella Silva)激动地表示,缙云的中国特色美丽乡村确实太漂亮了,如果美国政府也能加大对美国乡村的投入,让美国的乡村也像双溪口乡村一样美丽起来、富裕起来,多好呀!

作为中国民间戏曲文化之乡,缙云的婺剧表演不可谓不繁荣。在欢迎晚宴结束后,教授和学生们观看了己亥(2019)年中国·仙都祭祀轩辕黄帝大典系列活动之一的"华夏同根·曲韵情深"戏曲音乐晚会。晚会节选了婺剧经典曲牌《花头台》、婺剧《三请梨花》《红灯记》《白蛇传》《轩辕飞天》中的经典唱段。其中,《白蛇传》选段给加拿大的教授和同学带来了很大的震撼,来自加拿大的教授米莱娜(Milena Droumeva)表示:"在中国传统的戏曲中,原来很早就涉及有关种族、阶层以及身份认同等议题的探讨,而舞台上演员们独特的唱腔与精彩演绎更是令她眼前一亮。"

透视:黄帝文化与道隐无名的现代启蒙

行程的第二天是九月初九重阳佳节。为了能让来自加拿大的师生观摩仙都祭祀黄帝的典礼,赵月枝教授在筹备之初便根据祭祀大典的时间对调研日程做了相契合的安排。这一天教授和留学生们受邀来到位于缙云仙都的黄帝祠宇,参加"己亥(2019)年中国·仙都祭祀轩辕黄帝大典",与全球各地来此祭拜的中华儿女共同缅怀中华民族人文始祖轩辕黄帝。来自加拿大的教授和学生们置身祭祀队伍之中，身着正装、肩披绶带，感受中华民族崇敬先祖的传统美德与恢宏盛大的轩辕黄帝祭祀典礼。

西蒙菲莎大学传播学院的教授艾哈迈德·阿尔拉维（Ahmed Al-Pawi）表示，"此前从未亲身感受过如此盛大的祭祀活动"。此次来到仙都黄帝祠宇，让他直观地领略了独特的华夏文明的现代生命力。来自中加全球传播双硕士项目的施丹妮则用影像记录下了祭祀典礼的精彩片段，以便今后和加拿大的朋友分享这些充满历史底蕴和人文情怀的瞬间。来自埃及的艾布德拉哈姆（Abdelrahman Fakida）从黄帝祭祀联想到自己国家的文化传统的消逝。受这个组织有序的祭祀典礼的启发，这位颇有跨文化素养的年轻留学生认为，"只有通过政府的支持，才能将一个地方的自然、文化、历史与当前的社会结合在一起，并且运用这些因素来促进人民的团结和国家的发展"。

午后，在观赏完倪翁洞的摩崖石刻后，赵月枝教授带领加拿大师生们来到缙云的文脉高地——为纪念南宋理学家朱熹在缙云讲学而建的独峰书院。在这个坐落于仙都倪翁洞景区内的充满古拙气息的书院里，缙云葛湖小学教师、倪翁道坛民间道学研究者陈育松先生为远道而来的外国朋友们开展了一场题为《问道缙云》的英文讲座。陈育松先生从丽水和缙云深厚的道家文化传统和人文底蕴切入，结合缙云民间的文化习俗和时下乡村振兴、生态文明建设的背景，深入浅出地阐释中国道家思想的哲学光影。

讲座结束后，西蒙菲莎大学的柯尔斯顿·麦卡利斯特教授和艾哈迈德·阿尔拉维教授与陈育松先生就老子所强调的"无为"思想展开讨论，围绕"何以为道？""无有之辨""如何顺应自然"等问题从理论、内涵、实践和现实意义深入剖析，令整场讲座充满思辨性和跨文化反思性。在古朴的讲堂、在恢宏的中厅，在楼上雅致的书房，有着东欧、北美、西非、北非、中东以及东亚背景的学者们沉浸于整个书院强大的中华人文气息之中，激荡出一束束跨文化交流的火花。

升华：在地文化的感知与中国故事的书写

第三天早晨，加拿大的教授与学生来到壶镇好溪村，与乡民们一同欢度一年一次的民俗活动——赤岩山"迎案"。这一日细雨蒙蒙，为祈神求福的"迎案"活动增添了一丝风调雨顺的好兆头。赤岩山迎案发轫于宋宣和年间，至今已有近900年历史，好溪村赤岩山"迎案"活动目前已被列入缙云县非物质文化遗产。活动以民间传统文化表演为主，祈神灵显神威，为百姓消灾降福。在现场，外籍师生们被"迎案"的热闹气氛所感染，融入村民的喜悦与祈福的欢腾中。村民们说着蹩脚的"hello"，而外籍教授和学生也说着并不标准的"你好"，彼时彼刻，"迎案"成了一个媒介纽带，为不同文化背景的人们创造了崭新的"共在"感，这种纽带关系让一个人了解另一个人、另一个国家、另一个文明体的方式变得柔和、友好且发人深省。

在广场观看"迎案"表演后，调研团一行人登上了远近闻名的赤岩山。这里庙宇众多，三将军殿、大雄宝殿、圆通宝殿、孟婆殿、阎王殿、福云庵、莲花庵、正觉庵等融合了释道两大宗教，香客络绎不绝。虽然不理解中国的佛教和道教文化，但加拿大的教授和学生模仿着其他的香客，焚香跪拜，祈愿求签，非常投入。虽然来自世界各地，有着不同文化背景，但大家对于美好生活的愿景和需求却是跨越地域、种族、阶层和文化的。这一片段也揭示了此次沉浸式的跨文化之旅所展现的独特意义和价值。

午餐结束后，来自西蒙菲莎大学的艾哈迈德·阿尔拉维教授看到好溪村文化活动室里村民正在打乒乓球，兴致勃勃的他便和村民展开了一场友谊赛，来自尼日利亚的米悦杰（Ejilayomi Ayomipo Mimiko）和来自埃及的艾布德拉哈姆也很快加入了比赛。有意思的是，去年河阳乡村研究院组织的外国留学生调研团队，在同样的地方也进行了一次乒乓友谊赛，虽然当地的村民与外国客人语言不通，但却凭着一颗"小球"勾连了"全球"，扮演了中外跨文化沟通的桥梁。

当天下午，教授与学生们来到此行最后一站——缙云小城镇环境综合整

治的样板地之一——壶镇溪头街。在壶镇书记的带领下，教授和学生们走在古镇的青石板上，感受着壶镇深厚的文化底蕴和历史积淀，聆听着书记告诉我们的"敢闯敢创、敢为人先"的壶镇精神。壶镇古典气质与现代精神的融合，引发了来自尼日利亚的米悦杰对自己家乡传统农村生活方式被破坏的反思，他认为"我们不能忽略与传统文化的联系，如果片面地用一种非理性的方式去追求理性，不利于'新地球村'愿景的实现，也不利于人类命运共同体的构建"。在缙云之行的尾声，赵月枝教授领着调研团一行人来到缙云新城，体验一年一度的缙云烧饼节的最后时光和这座新兴山城的都市气息。远道而来的教授和学生品尝着琳琅满目的网红美食，用味蕾记录下对缙云的美好记忆，喝着缙云县城的手工咖啡，回味着属于他们的乡愁。

尾声：以乡村作为方法，生生不息

这些远道而来的客人虽然生活在城市，却也都有着深浅不一的乡村和传统文化背景，从温哥华到缙云的跨文化体验，既是新鲜、超乎想象的和富有冲击力的，也是熟悉的、能唤起相同文化记忆和共情经历的。这种体验展现的是全球与地方的互构关系，是都市与乡土的相互交织、中国与世界的有机联系，也是在乡村故事里理解中国道路的独特理路。

自 2015 年始，赵月枝教授组织 SFU—CUC 全球传播双硕士学位项目的学生到缙云进行短期研习，以此为高质量、高水平推进跨文化传播研究和教育进行探索与尝试，努力填补西方中心主义和城市中心主义研究和教学的盲点与短板。这次的调研团队包含了外籍教授和外籍学生，是阵容最强大的一年。这些有着加拿大、乌克兰、伊拉克、埃及、韩国等不同文化背景的学者，在中国乡村这一片充满希望的田野里，教学相长，抛开成见、凝聚共识，一方面，在理论和方法层面实现创新与突破，另一方面，在城乡关系视野中，打破全球资本主义现代化主流叙事的傲慢与偏见，用理论与实践相结合的方式，体认中国道路之于世界的历史意义。

"教育教育者，这何尝不是一种最有意义的文化建设？"赵月枝教授如是说，从这个意义上而言，一次次跨文化交流活动和一次次深入中国社会田野的教学实践终将迎来雏鸟反哺的时刻，期待未来有更多的参与者、践行者、研究者在浩瀚的星河与坚实的土地间认识世界，反思自己，知行合一。

10 月 9 日，沐浴着温暖的秋阳，外籍教授和学生登上了从缙云直达北京的高铁，到清华大学和中国传媒大学参加学术活动，并游览天安门、故宫、长城等名胜古迹。从温哥华到缙云，再从缙云到北京，这些教授和学生，将会以什么样的视角和心情来继续体验和感受这场意义非凡的跨越东西方文化和跨越城乡中国的精神盛宴？回味着在缙云感受到的中国独特的现代性与乡土性、领略着车窗外依然沉浸在新中国 70 周年大庆中的壮丽山河大地，这些过去只从西方媒体和学术中认知中国的国外学者和学生，又将如何在这次跨文化的精神洗礼中，反观自己在认识世界和认识中国中的迷惘和偏颇？

　　把乡村作为起点，为我们在新时代、新语境下认识中国打开了一扇新的窗口。在这片一代代仁人志士探索与实践的沃土上，但愿在未来的某一天，所有的迷惘与偏颇都会化为一道清朗的秋色，让"跨文化传播政治经济研究的理论与实践"结满硕果，让构建"人类命运共同体"的美好愿景生生不息。

【十】西蒙菲莎大学

——中国传媒大学全球传播双硕士国际留学生零距离感受乡土中国魅力①

朱　迪

2019 年，10 月的缙云，秋谷入仓，霏霏的秋雨迫不及待扑入丰收的大地，装点着"花满金城水满湖"的"帝里仙乡"。伴着留客的江南雨，一群来自西蒙菲莎大学—中国传媒大学全球传播双硕士项目的国际留学生，来到这个地处浙江腹地的山区小县，开启了他们为期三天的中国乡村研习之行。

为了让外国留学生们更加深入地了解中国乡土现实、体验中国传统文化，作为传播研究院国际生教育创新实践的组成部分，来自中国传媒大学的 5 名中加全球传播双硕士项目国际留学生应项目创始人、河阳乡村研究院执行院长、中加全球传播双硕士项目创办人赵月枝教授的邀请，从北京来到浙江缙云，和加拿大西蒙菲沙大学的 6 名外国教授一起，展开了丰富而生动的乡村研习。今年已是这项乡村研习项目连续第五年举办。

参与此次乡村研习活动的 5 名不同肤色的国际留学生分别来自加拿大、尼日利亚和埃及三国，适值新中国成立 70 周年，在这样一个具有纪念意义的 10 月展开的中国乡村研习之行，让所有人都感到荣幸和期待。

与缙云的相遇：感受红色精神引领下的绿色乡村

经过 8 个小时的高铁旅程，留学生们到达了缙云车站，江南细雨中，他们呼吸到了湿润、清新、充满泥土芳香的空气。来自埃及的安博迪说，这样的空气和环境让他想起自己的家乡，疲惫的身体一下得到了舒展和放松。来自加拿大的美心感觉这样的旅途很奇妙，"仿佛是坐上了时光机，从现代化的大都市北京来到了静谧的缙云"。

---

① 原载中国教育新闻网 2019 年 11 月 1 日。

6 日上午，加拿大皇家学会院士、华人学者赵月枝教授率加拿大西蒙菲莎大学教授考察团、中国传媒大学全球传播双硕士研究生研习团一行 15 人，来到了河阳古民居，开启了此次乡村调研的第一站。赵月枝教授亲自担任导游，为调研团队讲解河阳村的古建筑特色和渊源，讲解八士门、陪嫁井等遗迹的历史故事，以及耕读传家的河阳精神。

6 日下午，调研团队来到缙云县双溪口乡姓潘村、双溪口村参观学习中国美丽乡村建设。来自加拿大的施丹妮曾在美国读书，当她看到缙云县双溪口村的长廊小桥、村居庭院以及历史古建时，不禁感叹："缙云的乡村太漂亮了，我自己在国外很少看到像双溪口村一样和自然结合得这么好的村庄，美丽乡村应该是全世界共同的心声！"

在中共缙云县特别支部树洞会议旧址的千年古树下，赵月枝教授还向调研团队讲起中国人民为争取民族独立、国家解放而开展的艰苦卓绝的革命斗争故事，为留学生们上了一堂生动的红色革命历史课。

与缙云的相识：留学生眼中的轩辕黄帝和道家文化

调研行程的第二天正值农历九月初九重阳佳节，留学生们一大早就着正装并佩戴黄色围巾来到了缙云仙都黄帝祠宇，共同参与了海峡两岸共祭轩辕黄帝——己亥（2019）年中国·仙都祭祀轩辕黄帝大典。

仙都鼎湖峰是传说中的轩辕黄帝飞升地，每年清明节和重阳节都在此举行祭祀典礼，轩辕黄帝祭典已成为中华儿女宣示"民族认同、血脉认同、文化认同"的精神高地。伴着古韵悠扬的乐曲声，依古礼依次向轩辕黄帝敬上高香、敬献花篮，敬献美酒，恭读完祭文，留学生和全体参祭人员向轩辕黄帝像行三鞠躬礼，遥寄他们对"中华人文初祖"的崇敬之意。

庄严神圣的祭祀现场、中国传统的礼乐歌舞深深感染着研习留学生。"我被小孩子们气势恢宏的高唱颂歌和乐舞告祭深深吸引，特别是当我看到黄龙升天时的那个场景，我甚至移不开我的眼睛。"来自加拿大的施丹妮说。

此前，留学生们于 6 日晚上观看了己亥（2019）年中国·仙都祭祀轩辕黄帝大典系列活动之一的"华夏同根·曲韵情深"戏曲音乐晚会。晚会整合了婺剧经典曲牌《花头台》、婺剧《三请梨花》《红灯记》《白蛇传》《轩辕飞天》中的经典唱段。来自加拿大的美心认为这次晚会让她初步认识了婺剧，"我印象最深刻的是《白蛇传》，我特意去网上读了这个故事，当我看到演员的精彩表演后，我被深深地震撼到了"。

7 日当天下午，在赵月枝老师的安排下，留学生们来到了位于仙都倪翁洞景区的独峰书院，在古色古香的教室里上了一堂以"问道缙云"为主题的英文讲座。缙云本地的英语老师、倪翁道坛民间道学研究者陈育松担当本次讲座的主讲人。据他介绍，独峰书院为宋元八大书院之一，是宋朝著名理学家朱熹在仙都的讲学纪念地。

在讲座中，陈育松老师着重为学员介绍了道家文化在缙云的起源和发展，包括对道坛、黄帝文化和老子思想的介绍。来自尼日利亚的米悦杰对道家文化非常感兴趣，在课堂上他积极向陈育松老师提问，"为什么课堂上摆着倪翁画像？""道家文化和中国乡村建设有什么联系？"。课后悦杰还特意加了陈育松老师的微信，希望多向他学习一些道家文化。

"道家文化主张天人合一，我认为缙云乡村的发展契合道家的思想，因它注重的是绿色发展，把乡村和自然很好地结合在一起。因此也使得我在中国不仅能够体会到大都市的繁华喧嚣，也能享受自然乡村的优美风景。"米悦杰说。

与缙云的相知：参与民间文化活动 感受当地风土民情

调研的最后一天，正赶上位于壶镇好溪村一年一度的赤岩山"迎案"民俗活动。罗汉班、唱莲花、秧歌、铜管乐队，精彩的中国民间传统民俗表演"你方唱罢我登台"，留学生穿梭在欢腾的村民与游客队伍中载歌载舞，完全为热烈古朴的江南乡情所感染，为赤岩山"迎案"传统民俗的独特魅力所折服。

来自加拿大的珍妮非常喜欢那些穿着戏服、画着花脸的小朋友。"这些小朋友太有趣、太勇敢了，他们表演的叠罗汉非常精彩，让我亲眼看到了中国传统的民俗杂耍，而这些都是我在课本上和大城市里无法切身接触到的。"

当天下午，学员们参加了传统活动"缙云烧饼节"的饕餮盛宴，体验了缙云当地的美食文化。缙云烧饼、土爽面、小馄饨……沿路来自东西南北、各式各样的带有乡土气息的美食深深吸引着留学生的眼球，让人目不暇接、流连忘返。"这些美食是在大城市中吃不到的，中国讲'民以食为天'，我想这些特色美食也是中国乡村的一种饮食文化，它们被保留下来，我觉得非常可贵"，来自埃及的安博迪说。

三天的浙江缙云之行，让国际留学生们依依不舍，走出课堂、跳出静态的课本学习，他们与中国的美丽乡村有了一次终生难忘的亲密接触。来自加拿大的美心说，自己的曾祖母在中国乡村长大，这趟缙云之行所看到的自然风光和人文风情，让她和从未谋面的曾祖母产生了联系。"小时候我父母经常和我讲他们的生活，去剧院看戏曲、坐在村居庭院里吃饭、奔跑在田角地头，这些都是我之前无法想象的。但是当我来到缙云，接触了这些乡村生活，我才真正开始把这些想象具体化，我也才真正开始了解中国乡村。"

三天前国际留学生们满怀期待与好奇开启了浙江缙云的乡村研习之行，三天后，当他们结束行程即将告别中国江南的美丽乡村时，在缙云的所见、所闻、所感已凝结成心中一个大大的感叹号！这也为他们了解中国、传播中国文化打下了基础。习近平总书记曾强调："乡村文明是中华民族文明史的主体，村庄是这种文明的载体，耕读文明是我们的软实力。"这一高屋建瓴的论断，如今在来自世界不同大洲的国际学子心中产生了心心相印的交响。

难忘在缙云县姓潘村和双溪口村参观走访的那个午后——留学生走在乡村的田角地头、博士山前、长廊小桥、村居庭院，看千年古树、观江南小筑、赏历史古建、探博士渊源、听中国革命故事，在廊桥上伴着老人们兴高采烈的山歌，与村民朋友一起载歌载舞——这段温馨而独特的跨文化交融的欢乐时光，足以在他们心中贮存良久，酝酿成关于人类命运共同体崭新想象的生动篇章。

【十一】"红绿"融合怎样落地乡村？^①

陈欧帆

2020 年 10 月 24 日至 25 日，著名三农问题专家温铁军教授应"丽水市社会科学界联合会第一届学术年会暨'两山发展'第六届河阳论坛"主办方邀请来到缙云，带队走访了舒洪镇的仁岸村、姓王村和三溪乡三溪村，考察了"红绿"融合落地丽水乡村的具体实践，并给出了具体评价、意见和建议。

仁岸村：激活历史文化，激活基础设施

10 月 24 日下午，风尘仆仆的温铁军教授一行 7 人乘坐开通尚未满月的衢宁铁路，从福建屏南进入丽水。在松阳下了高铁后，他们由缙云相关部门安排，直奔舒洪镇仁岸村调研激活乡村文化和实现生态价值转换的实践。在县发改局、舒洪镇和仁岸村相关负责人以及此次调研主要协调人赵月枝教授的陪同下，调研团队在风光如画的仁岸村边走边看，不但被这个村庄的历史文化底蕴和美丽蝶变故事所吸引，更对这里的各种传统和新兴业态充满了兴趣。从山上的杨梅到路边的立体动物画，从潘天寿一家曾在仁岸生活的故事到村水电站遗迹，从村口新建的旅游设施到溪边的别墅群，仁岸村立足文化与生态资源的发展让温铁军教授一行目不暇接，兴致盎然。这里的桥洞咖啡厅给温铁军教授留下了尤其深刻的印象，温铁军教授说，国家在乡村投入巨资建设基础设施，这笔庞大的固定资产完全可以多角度开发利用，仁岸的桥洞咖啡厅把原本只是公路设施的桥的价值充分利用起来，或者说重新开发出来，就是一个好样板。而且，咖啡屋和周边的休闲养生景观融为一体，构成了一幅别致的现代田园风光画面。这个案例很生动，它说明了设施性资产是可以被激活的。

---

① 原载《缙云报》2020 年 11 月 6 日。

舒洪镇爽面博物馆里的深入交流

随后，温铁军教授一行来到了舒洪镇的爽面博物馆，兴致勃勃地听当地干部讲述了这里根据自身资源特点和文化传统，以"山水田园，麦香小镇"为发展定位，发展乡愁富民产业的经验。温铁军教授赞赏爽面博物馆是激活农耕文明，由一产变成"三产融合"发展的典型案例。作为此次调研的深化，在爽面博物馆宽敞明亮的大厅里，温铁军教授一行一边品尝缙云黄茶与当地特色糕点，一边与缙云相关部门和乡镇干部就生态产品的价值实现机制问题进行了深入的交流与讨论。尽管10月24日下午的调研与座谈会共计只有3个多小时，但正如全程参与调研的赵月枝教授所观察到的那样，这是一场双方都有充分准备的十分高效和高水平政产学对话。通过河阳论坛这一平台，缙云争当丽水高质量绿色发展排头兵的努力正在进入权威学界视野，同时缙云的"两山"转化前沿实践也获得了难得的契机，受到了乡村振兴和生态文明建设方面的知名专家的现场理论指导。同时，作为对温铁军教授团队希望在参会期间就丽水的"生态产品价值实现机制"进行调研的期望的积极回应，也与这次论坛的"红绿融合的全面小康样本：历史、理论与实践"高度契合的是，缙云县发改局专门为此次调研和所有论坛参加者准备了题为《生态为基，创新为本：全力打通"两山"通道　蓄力高质量绿色发展——缙云县生态产品价值实现机制工作情况》的报告和相关资料。在围绕报告内容和所见所闻的深度交流和探讨中，温铁军教授把舒洪镇、仁岸村的多种实践，提炼成具有推广价值的学术思想，即以生态文明发展为核心，激活古代农耕文明，近现代文化遗产，激活当代基础设施；而缙云县和舒洪镇相关负责人也在回答温铁军教授的各种问题的同时，请他就近年发展规划提出意见。温铁军教授对缙云县和舒洪镇的生态产品价值实现机制相关规划和工作进展给予了高度评价。

三溪乡三溪村：对接传统与现代，找准"红绿"结合点

10月25日下午，温铁军教授团队与前来参加第六届河阳论坛的60多位来自全国各地的专家学者在三溪乡三溪村调研要素回流与红绿融合发展。三溪村坐落于丽水市缙云县东北角的山间谷地，距离缙云县城38千米，曾经是缙云县最落后的乡村之一。但是以浙江省美丽乡村建设为契机，三溪村充分发掘本村优势资源，在乡村基础设施建设、生态环境保护、农民文化生活建

设、生态产业开发等方面都走在了丽水市甚至浙江省的前列。调研团在乡、村两级党委的陪同下参观了乡贤馆、丽金台温边境革命纪念馆和村容村貌。三溪村在引领乡贤回归反哺方面走在缙云前列，为乡村振兴中的人才和资金要素的回流提供了生动的例证。乡贤馆里，温铁军"现场教学"，启发中青年学者追问这一新时代的新现象：为什么身为中小企业主的乡贤们，能够放弃追求个人利益最大化，转而追求公共利益最大化？从私人企业家到社会企业家，其中的根源和机制是什么？三溪曾经留下了粟裕率领的红军挺进师、傅振军带领的中共处属特委游击队的战斗足迹，丽金台温边境革命纪念馆是缙云县"以红色精神引领绿色发展"的精神源泉之一。温铁军教授在此继续启发随同调研的年轻学者们：红色精神如何具体引领绿色发展？结合点在哪里？仅以旅游开发为例，山间小路可否命名为"游击队小道"？建成打白匪的迷宫？

三溪村屋宇整洁，溪流清冽，层峦叠嶂之间留下了三溪人烧炭做瓦、烧瓷铸锅、种茶种橄榄……探索致富路的足迹。下午4点，调研团在三溪乡政府礼堂同当地干部和乡贤代表举行了座谈。三溪乡和三溪村干部全面介绍了三溪乡村两级的基本情况，描述了本地生态美、人文美、产业旺的发展现状。温铁军教授针对一个下午的"浅"调研做了深阐发：如何对接历史与当下，找到红绿融合最佳结合点？当代乡贤作为一种资本力量返乡，主要依靠仁义礼智信治村；民国年间岱石村两方村民为2亩田地之争打官司到缙云县、金华府甚至省司法机关，然而判决无效达10年之久，最后经中共壶镇区委书记陈天印劝说调解才妥当解决。这对今天我们的乡村有效治理，尤其是法治与德治的关系有什么启发？"红绿"融合不止于建设一个革命纪念馆，而是要对接历史与当下，找到最佳结合点。座谈会结尾，温铁军教授、赵月枝教授和乡、村两级党委还共同参与了"仙都国际人文交流中心三溪调研基地"授牌仪式。赵月枝教授以此次调研的主要组织者和仙都国际人文交流中心首席专家的双重身份总结发言，认为以三溪村为代表的缙云乡村实践，不但为"红绿"融合发展提供了丰富的案例和研究资源，而且为立足乡土中国，通过讲好乡村故事来对外讲好中国故事，为丽水的"重要窗口"建设提供了广阔的田野。

第六届河阳论坛上的主基调：生态资源价值实现 重构新型集体经济

10月26日上午，在布置得端庄大气的仙都街道文化礼堂里，温铁军教授结合两天来的调研经历，在丽水市社会科学界联合会第一届学术年会暨"两山发展"第六届河阳论坛上做了题为《生态资源价值实现与重构新型集体经济》的压轴主旨报告。在报告中，温教授再次提起仁岸村桥洞咖啡屋和周边休闲养生景观融为一体的案例，并以此延伸开来，畅谈当代新型城镇化发展中的康旅小镇、文旅小镇不能再像过去一样走粗放的数量型增长老路，而是要向质量效益型转变。县域经济发展应该根据本县乡镇、本村的具体自然条件，实现生态产品价值化。工业化时代，我们使用简单的市场手段把一体性的自然资源切碎卖掉，是一种粗暴的经济行为。但是在发展生态文明经济的过程中，就会发现山水田林湖草沙的一体性，即生态资源的整体性，是不能被切碎出卖的。工业时代的生产要素是指土地、人力、资本；在生态经济时代，水、空气、阳光等非标资源型资产都是重要的生产要素，都可以转变成标准化要素进入市场。比如，他曾走过的一家民宿主打"一缕斜阳"，吸引了很多摄影爱好者常驻拍摄；再比如，海拔 800 米以上地区属于冷凉气候带，其农产品生长期长，营养丰富，绿色无污染，非常受欢迎。特别是对城市中产绿色主义消费人群来说，洁净的水可以洗胃，清新的空气可以洗肺，干净温暖的阳光可以治疗抑郁，抚慰情绪，洗心，这就是生命产业。生态资源的一体化发展需要新型农村集体经济作为支撑。10 月 26 日下午，温铁军又赶到丽水市，在由丽水市委宣传部、市社科联、市农业农村局联合主办的丽水大讲堂对这一话题进行了宏观总结，他说，中央把乡村振兴作为应对全球化挑战的"压舱石"，只有在农村推动业态创新，通过重构新型农村集体经济，构建"生态产业化+产业生态化+生态资本化"的三级市场，形成"六产融合"的发展方式，才能既实现生态文明的发展要求，又能够形成有效应对全球大危机的内循环。会后，温铁军教师被聘任为丽水乡村振兴首席专家。10 月 26 日晚上 6 点多钟，马不停蹄的温铁军教授登上了赴福建的列车。27 号上午，这位把论文写在祖国大地上的知名学者，还要在福建农林大学上课。缙云之行，又将给他的课程带来什么样的鲜活资料？

【十二】 表彰｜河阳乡村研究院获
丽水市委市政府"突出贡献集体"称号①

梁媛

喜 报

2020 年 11 月 19 日，浙江省丽水市委、市政府对在"创新引领"工作中做出突出贡献的集体和个人进行表扬，在 60 个突出贡献集体中，河阳乡村研究院作为唯一的一个民间智库组织位列其中，这是对河阳乡村研究院 6 年多来工作的肯定，更是未来工作发展与规划的一剂强心针。今天就带领关注河阳乡村研究院的各位业内同仁与对研究院的相关工作给予过支持的各界朋友，一起回顾一下研究院走过的繁花卓茂、果实累累的 6 年时光。

一、河阳乡村研究院概况

缙云县河阳乡村研究院（以下简称"研究院"）是一个缙云县民政局批准成立的民办非企业单位，由缙云籍加拿大皇家学会院士、中国教育部长江学者讲座教授赵月枝于 2014 年 12 月在缙云县委组织部人才办的指导下牵头创建。作为赵月枝教授的一个在地化平台和创新型的民间智库，研究院融前沿学术研究、跨文化交流、人才培训和传播赋能等功能于一体，以发展有国际视野和乡土中国立场的中国社会科学以及对中国百年乡村建设传统在新时代的创新为宗旨，以引领学术界、教育教育者、影响媒体人、辐射文化圈为工作目标，以理论与实践相结合和参与式行动研究为方法，开展多层次的学术研究和中国软实力建设工作。

研究院既没有全职员工，也没有任何固定的资金支持，而是以核心人员

---

① 原载"从全球到村庄"微信公众号。

广泛的学术与媒体网络为依托，一头撬动"地球村"中的学术资源，一头调动本土文化积淀，围绕具体的活动和项目，来实现工作目标。目前，研究院已经聚集了一支近50人的中外兼职学术研究和跨文化交流队伍，包括30多位中外文化传播学者与博士生。

二、研究院主要成果

（一）连续举办五届"河阳论坛"暨乡村、文化与传播学术周

自2015年起，研究院在缙云县委、县政府以及丽水学院和丽水市社科联等单位的大力支持下，相继以"构建平衡互哺的城乡关系""乡土文化复兴：机遇与挑战""文化主体性与乡村发展：国家、市场与民间的联动""生态文明与传播：乡村作为前沿"与"乡村故事·中国道路：以红色精神引领绿色发展"为主题举办了五届"河阳论坛暨乡村、文化与传播学术周"。这一以河阳古村落命名的学术与文化传播活动，旨在梳理乡村建设历史脉络、汇集乡村研究前沿思想、分享乡村振兴实践创新经验、探索构建平衡互哺城乡关系的路径，以促进城乡政策制定者、乡村建设实践者以及学术研究者之间的沟通与协作，助推生态文明建设与中国特色社会主义建设，五年来累计吸引全国近千名学者、媒体人、地方干部和社会各界人士，在全国学术界、乡村建设领域以及缙云本地都产生了一定影响。2019年的第五届河阳论坛不但在学术水平上达到了50%的论文淘汰率，而且在吸引到全国顶级学者和缙云许多地方干部的同时，还吸引到了河南省沈丘县一个地方干部学习和观摩团队以及一个台湾乡村建设团队。这两个团队的参加，是河阳论坛影响力不断扩大的最好证明。

（二）连续举办五期"从全球到村庄"国际暑期班

自2015年起，研究院联合加拿大西蒙菲莎大学、英国西敏寺大学、清华大学、中国传媒大学、华东师范大学、西北大学、丽水学院等国内外高等院校与研究机构，先后以"传播学如何落地乡土中国""传播、文化与全球南方""乡村作为方法""理解乡土文化"和"西部传播与乡村振兴"为主题，连续举办了五届"从全球到村庄"国际暑期班。暑期班以专家学者与实践者授课和田野调查相结合的模式，举办了50多场学术讲座、实地走访调研了缙云和外地的数十个村庄，旨在搭建具有中国立场与全球视野的中英文学术交流平台，为中外青年学者的深度研习提供落地支撑，并大力推进跨学科、跨行业、跨领域的理论创新、实践转化与人才培养，5年来累计吸引了300多位海内外学者、博士生、硕士生、媒体从业者与社会实践者参与其中，并生产

出一大批优秀中英文学术成果。由于暑期班创新性、引领性和不断扩大的声誉，研究院成功把暑期班的"缙云模式"推广到西北，2019 年夏天以"乡村振兴与西部发展"为题，应邀与西北大学联合在西安联合举办暑期班，并创造了因报名人数爆满，最后只能以将近 4∶1 的比例录取学员的记录。

（三）发表各类中英文学术成果共计 254 项，引发乡村传播研究"范式转移"效果

2015 年以来，研究院团队发表的中文成果总计 202 项，包括著作和专刊 6 部、理论文章 91 篇、学术访谈 20 篇、媒体报道 40 篇、口述史研究 5 篇等；共发表英文成果 52 项，包括著作、专刊与国际会议专题 5 个、理论文章 24 篇、会议演讲 20 次。所涉课题涵盖"如何讲好中国故事""乡村春晚与中国软实力建设""农民的文化主体性与中国故事的重述""生态社会主义与乡村视野""传播政治经济学的乡村转向""重构传播学与乡村作为方法""重振农村集体经济""红色精神引领绿色发展"等极具原创性和时代性的领域。研究院所打造的"跨学科理论与实践相结合"的新型学术模式被认为有"范式转移"的引领和创新意义。从中国传媒教育界的专业刊物《教育传媒研究》（《乡村、文化与传播：一种研究范式的转移》（上、下），2017 年第 4、5 期）到国内社会科学界的最权威报纸《中国社会科学报》（《学者返乡催生乡村传播研究新范式》，2018 年 7 月 19 日）；从权威刊物上的学术综述论文（邹月华、梁媛，《探索跨学科理论与实践相结合的新型学术模式——河阳论坛暨"乡村、文化与传播"学术周活动之综述与启示》《新闻与写作》，2019 年第 10 期）到曾任清华大学新闻传播学院学术委员会主任的知名学者李彬教授的评论（《知行合一新探索——从"第五届河阳论坛暨乡村、文化与传播学术周"说开去》《出版参考》，2019 年 10 月），学界将研究院的学术成果定位为产生了"范式转移"效果的创新，给予了很高的评价。

（四）助力中国学术话语登上权威国际书刊和学术会议平台

2017 年，第一届"从全球到村庄"国际暑期班的 8 篇成果在 SSCI 学术刊物 *International Journal of Communication* 上发表，并组成了河阳古村落文化研究专刊。2018 年夏天，研究院学术团队携 12 篇聚焦缙云文化研究的学术论文分别在国际媒体与传播研究会年会（IAMCR）和国际文化研究双年会（ACS）上集体亮相；同年，河阳古村落研究作为唯一的文化、传播与社会发展案例，载入由全球 200 多名顶级学者合作完成的、由剑桥大学出版社出版的三卷本巨著 *Rethinking Society for the 21st Century‐Report of the International Panel on Social Progress*。2020 年 6 月，欧洲文化与传播研究中心的 SSCI 旗舰刊物

Javnost 出版了由赵月枝教授领衔主编的阐释中国特色社会主义文化与传播发展道路的专辑，其中包括研究院特约研究员、加拿大学者 Byron Hauck 的一篇基于缙云河阳村庄调研的学术论文。

（五）探索乡土文化"走出去"的新路径

2018 年秋天，研究院特聘研究员、缙云乡土文化专家项一中和麻松亘应赵月枝教授邀请赴加拿大西蒙菲莎大学讲学。项一中的演讲以《中国的乡村与乡愁》为题，回顾了中国乡村的落地生根、发展壮大、兴旺发达到逐渐衰败和空心化的历史脉络，探讨了当代中国乡村复兴所面临的机遇与挑战；麻松亘则结合自己对迎案习俗的多年深入研究和对缙云民间文化的精辟理解，为听众提供了有关缙云独特的迎案习俗的百科全书式的知识图景。在博士生的支持下，两位学者的报告以中英文双语进行。这样来自乡土中国的别具一格、生动丰富的中英文双语报告在加拿大可谓凤毛麟角，也因此引起了温哥华当地听众的极大兴趣。赵月枝教授和两位缙云专家之后更是做客加拿大多元文化电视台 MNI 温哥华分部的《丁果观点》节目，与加拿大著名华裔媒体人丁果就中国媒体中关于三农的刻板印象、中国乡土文化的研究、城镇化与乡村发展、乡愁经济近年来的兴盛、传统文化的创造性转型等话题进行了深入探讨。

（六）通过农民口述史挖掘抢救乡土文化遗产

自成立伊始，河阳乡村研究院就把"乡村口述史研究和书写"作为重要工作内容之一，认为乡村口述史研究在构建自下而上的中华人民共和国历史叙述和尊重农民作为历史主体的地位方面有不可替代的重要价值。2015 年 7 月，河阳乡村研究院启动了河阳乡村口述史项目，通过收集和采写河阳古村落中有代表性的村民的故事，展示 20 世纪中国农民不平凡的历史，乡村生活的各个侧面，以及不同历史阶段中乡村与国家、城市与农村的复杂互构关系。同年 12 月，口述史项目团队带着《农民口述史：急迫性、方法论与现实挑战——以河阳村为例》的学术论文，到北京参加了中国传媒大学崔永元口述历史研究中心主办的首届"口述历史在中国"国际学术研讨会。经过 3 年多的努力，项目组在出版了一篇 2.1 万字的《农民口述史：急迫性、方法论与现实挑战——以河阳村为例》的学术论文之后，已经收集、采写与整理了近 18 万字、涉及 20 多名研究对象的口述史资料。以此为基础，一部名为《河阳人生，中国故事》的口述史研究著作正在完善之中。

（七）多次组织国外学者与留学生研学活动

从 2016 年开始，研究院与中国传媒大学合作，策划与组织了三次外国学者与在华留学生在缙云的研学活动，提供了深入中华文化的机理、零距离了解中国风土人情以及见证中国乡村振兴与绿色发展的机会，增强了国外学者和来华留学生对中国发展的理解与认同。由于研学活动产生了深远的影响并对提高在华留学生的教育有创新与引领作用，《新京报》于 2019 年 5 月深入采访了最新一批中国传媒大学来缙研学留学生，并连续发表了两篇报道，中国传媒大学传播研究院也已经把中加双学位项目学生到缙云研学当作该项目的一个核心内容。

（八）发挥学术桥梁、纽带和学术智库的作用

研究院先后牵线让中国社会科学院新闻与传播研究所国情调研基地、《中国新闻年鉴社》的一个年会、中信发展与改革基金会的一个创新农村集体经济案例交流会、清华大学新闻与传播学院暑期社会实践基地等落地缙云，在扩大缙云在知识界和文化界知名度的同时，为使缙云从旅游经济向会展经济提升进行了初步的探索。

（九）发挥媒体、传播和文化研究的专业优势和智库功能

研究院充分发挥媒体、传播和文化研究的专业优势和智库功能，常态化助力缙云当地的外宣工作和文化建设工作；通过各级媒体和各种自媒体渠道（包括河阳乡村研究院微信公众号）宣传缙云，讲好中国故事的缙云篇章。除了各种平面媒体的报道和专题文章，研究院牵线央视 CCTV2 于 2016 年 11 月 23 日播出的《坐着火车去旅行——缙云烧饼的秘密》等影像内容在宣传缙云的过程中起到了很好的作用。同时，提供口述史专业知识培训和为相关村庄提供文化建设方面的智库服务和专业知识支撑。其中，研究院专家在 2019 年 4 月为缙云妇联提供了系统的口述史理论与实践培训，为缙云妇联在弘扬浙西南革命精神过程中成功编写在丽水妇联系统独树一帜的《缙云"革命妈妈"故事选编》提供了重要的智库支撑；研究院团队为河阳古村落宣传、场馆布展文字整理、翻译和相关展览内容写作等方面多年以来持续提供了智库支撑；同时，为挖掘潘天寿在仁岸村的历史、帮助村庄与潘天寿家人及潘天寿纪念馆馆长建立联系做了不少工作。此外，研究院还连续两年组织团队在新浪网上直播官店村与河阳村的乡村春晚。

（十）通过组织团队进行深入调研，为缙云社会经济发展提供智库服务

包括撰写累计十几万字的两份缙云烧饼品牌推广与产业培育评估与建议报告，以及向有关部门提交关于河阳古村落发展和缙云岩宕开发的参考意见等。

（十一）不断深化乡土文化人才培训与国际交流

虽然研究院以河阳村庄命名，注册地址在河阳，但是，从一开始，研究院就以互联网思维运作，不把自己的活动范围局限在任何具体的一个地方。2019 年 10 月以来，研究院在仙都景区的支持下，先后建立了以赵月枝教授为核心的独峰书院院士工作站和以她为首席专家的国际人文交流中心，致力于联合海内外专家学者，同时以仙都和河阳为主要平台，以缙云城乡为纵深，讲好中国故事，提升中华文化软实力。

三、研究院创新领域

（一）核心理念

研究院围绕"引领学术界、教育教育者、影响媒体人、辐射文化圈"的总体目标，从全球视野、中国立场、丽水特色和缙云经验出发，在"请进来"与"走出去"的双向过程中展示中华文化，创新了跨文化知识生产、国际化人才培训、人文交流与乡村传播赋能的"缙云模式"。

具体来说，研究院通过立足乡村的创新性平台，吸引国内外学生、学者和媒体人到缙云调研、开会、讲学、游学与研学。在国内层面，通过以乡土文化和乡村振兴为主题的人才培训和交流项目，把代表丽水前沿实践的"缙云经验"传扬到中国各地，从而为生态资源富集山区的绿色发展提供有益的借鉴；在国际层面，"缙云模式"通过来缙外籍专家学者以"第三方"身份进行的有效传播与扩散，为发展中国家，尤其是农民依然占大多数的东南亚和非洲国家探寻一条可持续的发展道路，提供了有益的参考。

（二）机构组织

研究院以缙云为基地，以缙云城乡为纵深，以国内外知名的传播与文化领域的专家学者为骨干，以优秀的地方行政人员、乡村基层干部以及本地文史专家为支撑，以具有乡村振兴问题意识的青年学生学者和媒体人为后续梯队，以本地导游、退休党员干部、教师志愿者和乡土文化爱好者为后备人才，以多年来合作或交流过的国内外高校与科研机构、民间文化组织、地方企业、媒体平台等为传播网络，充分发挥海内外高端人才与乡土文化力量的优势，形成政府、学界与民间的有机联动、"跨山统筹"。研究院的民非机构性质、所有成员的兼职性质以及大部分学者主要靠自带科研经费到缙云来参加学术活动的模式，使整个机构能低成本、高效率和以成果导向来运转。

（三）工作方式

研究院将缙云丰富的黄帝文化、农耕文化、红色文化以及高质量绿色发展前沿实践作为核心素材，成功打造了融旅游观光、非遗展示、文化传承、学术创新、暑期研习与沉浸式民俗风情体验于一炉，政府、市场与社会有机联动以及产学研媒深度融合的中国软实力建设的"缙云模式"。一方面，以最接地气的模式，调动学术和媒体力量助推本地民生与乡愁富民产业的发展，如与地方政府和海内外商界形成合力，不但助力缙云烧饼产业的发展，而且让缙云烧饼文化迈出国门，让"舌尖上的缙云"走向全球，让海外人士用味蕾感受中华文化、体验"烧饼中的乾坤"。另一方面，将以乡土为核心的实习和培训列入主要工作领域的规划之内，为国内外人才培养机构提供有关乡村文化、乡土文化教育和乡村发展的实习、培训和交流活动，同时吸引和指导更多的本地退休干部、文化爱好者和文化艺术界人才参与国内国际文化交流。

（四）成果传播

研究院不断探寻多层次、多渠道、全方位的"请进来"与"走出去"相结合的中华文化与中国话语传播方式，积极打通"从全球到村庄，从村庄到全球"的双向传播路径与人文交流渠道。一方面，围绕"河阳论坛""从全球到村庄"国际暑期班等学术品牌，开展丰富多彩的研学与观摩活动，以"缙云经验"为窗口，向国内外学生学者、媒体人与乡村建设者展示乡土中国最鲜活的生产生活实践、中华文化的博大精深以及在红绿融合中推进高质量发展的"丽水之干"的前沿实践。另一方面，发挥多年来参与研究院人文交流活动的中外媒体与学者的学术网络和媒体资源，积极通过主流中英文媒体、海外华人媒体以及自媒体平台，多层次、全方位地传播以仙都轩辕黄帝祭祀活动为代表的非遗文化和以缙云淘宝村为代表的数字乡村新气象，让乡土中国的文化与实践登上国内国际的高端交流平台。此外，研究院团队的核心领导者赵月枝教授，是最早通过内参、学术和媒体文章提出对外传播不但要大胆讲好红色故事，而且也要走"农村包围城市道路"——注重非英语和非欧美国家——的学者。

四、研究院主要先进事迹总结

作为浙江省的一个民办非企业单位，缙云河阳乡村研究院无论在其核心工作内容、组织形式还是在工作方法和成果传播层面，都是一个创新引领型的集体。在工作内容和核心主题方面，研究院早在乡村振兴成为国家战略之前就以乡村建设和乡土文化复兴为主题开展工作，并通过把学术研究和国际人文交流融为一体的方式，早就主动和自觉地成了努力使浙江成为新时代展示中国特色社会主义制度优越性重要窗口的先行先试者，在开展国际人文交流和有效讲好有中国故事缙云篇章方面积累了丰富的经验；在组织形式方面，研究院充分体现互联网思维，对人才不求所有但求所用，积极调动国内外学术网络和地方志愿者资源，围绕一个时期的中心工作和具体项目有效组织工作；在工作方法和成果传播方面，研究院成功创新了跨学科跨界跨文化理论与实践相融合的乡村振兴与提升中国软实力"缙云模式"，通过"从全球到村庄"和"从村庄到全球"的多层次和多种形式学术研究和文化传播创新实践，力求打通国内与国外、全球与村庄不同学术场与媒体空间，促进国家、市场与民间的有机联动以及官产学媒的深度融合。研究院所取得的成就，生动诠释了丽水在生态文明建设和高质量绿色发展中创新引领、问海借力、跨山统筹这三把"金钥匙"的作用。

河阳乡村研究院的创新成果，包括主要学术成果的汇编、所有出版成果的目录、主要系列活动的内容、相关媒体报道以及国内外专家学者和在华留学生的代表性评价和感言，已经在仙都独峰书院的"仙都国际人文交流成果展"上展出。

【十三】全球学者云端"聚会"
共探乡村绿色共富路①
——丽水市社会科学界联合会第二届学术年会暨第八届河阳论坛侧记
刘晓玲

4月1日上午，

缙云，春雨淅沥；

北京，春光明媚；

温哥华，春宵浪漫。

三个不同的时空，

因一场学术盛会而联结在一起

——丽水市社会科学界联合会

第二届学术年会

暨第八届河阳论坛启幕！

会议由丽水市社会科学界联合会、

中共缙云县委宣传部主办。

开幕式主持人，同时也是主要组织者，清华大学马新中心学术委员会主席、缙云县河阳乡村研究院执行院长赵月枝教授说，虽然因为疫情，她不能回到老家缙云召开这次会议，原定的文化观摩与实地考察环节取消，不免有些遗憾，但是，这场线上线下联动的盛会反而生动诠释了"从全球到村庄"的"新地球村"理念，这又是别样的收获。

40多位丽水市社科联和缙云县相关部门、乡镇干部在线下聆听这场以"厚植乡土 绿色共富"为主题的学术会议。这也是一道精神大餐：2天的议程内容满满，既有知名学者的主旨发言，又有汇聚了海内外新锐学者与媒体人

---

① 原载"缙云播报"2022年4月4日。

的"乡村故事与中国式现代道路"特别圆桌；既有凸显了丽水特色的"新时代绿色共富的实践与经验"主旨论坛，又安排了4场专门为来自全国各高校的青年学子打造的"论文工作坊"汇报与点评。

乡土文化复兴和乡村绿色共富

让时间回溯到7年前。彼时是河阳乡村研究院成立的第二年。这年的夏天，粉墙黛瓦、青石板路的河阳古村落，迎来了一位来自大洋彼岸的朋友——加拿大西蒙菲莎大学传播学院在读博士生小白，他的导师正是赵月枝教授。小白被现实的中国农村所吸引，第一次零距离感受到中国的乡村生活和乡村文化。此后，小白又多次来到河阳，在村里租了房子，开始他的乡村研究。舞龙、祭祀、剪纸等地方风俗，还有一个个南方的"四合院"都在小白面前打开了一扇独具特色的乡土文化之窗。

4月1日下午，在特别圆桌的学术讨论环节，身为加拿大奥肯拿根学院传播系教授的小白，也和大家分享了他的观点：回归中国乡村本身，理解它的政治、经济、社会、文化各方面内在机理和日常生活逻辑，而不是以西方固有的刻板印象得出一个结论。

乡村是中国传统文化的摇篮，农耕文明是中国传统文化脉络的主要构成部分。作为千年古县的缙云，是典型的山区"耕读文化""农耕文明"的代表。缙云既是乡土中国的典范，又是近现代中国革命和社会历史变迁的鲜活标本。它所蕴含的诸如黄帝祭祀、缙云杂剧、张山寨七七庙会等文化积淀，正是乡土文化复兴的力量源泉。"黄""红""绿"是标示缙云文化的三个核心词："黄"指黄帝文化，"红"为革命精神，"绿"是"绿水青山就是金山银山"的发展理念和生态文明实践。

当下的缙云大地，古老的乡村散发着蓬勃的现代气息。乡村春晚就是盛开的一朵乡土文化复兴报春花。缙云，文化礼堂星罗棋布，文艺氛围浓厚，为乡村春晚提供了坚实的物质条件和人才基础。作为河阳乡村研究院的骨干兼职学者，中国传媒大学传播研究院副研究员龚伟亮对此有独到的分析和见解：乡村春晚不仅是表演，更是当代中国农民的一种生活，它是村庄共同体以自发的文艺形式重申集体文化的表现，折射着最动人的世道人心和文化秩序。

而在加拿大西蒙菲莎大学传播学院博士研究生顾明敏的演讲课件上，出现了以缙云烧饼为背景的图表。他是浙江绍兴人，对缙云天然有着亲近感。2021年秋天，他带着丰富的缙云烧饼研究资料出国读博，目前正在一边完成学业，一边以缙云烧饼为例，与赵月枝教授一起撰写一部有关乡土文化与绿色共富的著作。小烧饼拉动大产业，它除了蕴含的文化价值之外，更是共同富裕路上的一个产业坐标。这一产业不仅国内网点遍布，而且走出国门，2020年产值达24亿元。顾明敏认为，缙云烧饼的发展模式体现了一种劳动者经济联合体的可能性，背后蕴含着乡愁经济和乡愁政治，不只是一个产业问题，而关涉到人与人、人与社会、人与自然的关系。与李子柒所代表的依靠乡土文化实现商业性个人富裕的道路不同，在缙云县委县政府引领下发展起来的缙云烧饼产业，切切实实带动大家一起走上了共富路。顾明敏也敏锐指出，怎样吸引更多的年轻人从事这一绿色共富产业，解决他们的医疗和教育这两个后顾之忧，这是以烧饼产业为代表的缙云乡愁富民产业面临的一个现实问题。

乡村振兴是一个系统工程，有产业、治理、生态、文化、生活等方方面面的内容；这是一项超越西方资本主义发展模式和能提炼中国社会主义学术理论的独特中国实践；要尊重农民的主体性，引导他们和乡贤等力量多元化参与到乡村振兴的宏伟蓝图中；共同富裕不仅是自上而下的政策支撑，而且是自下而上的农民创造和农民主体性的锻造过程，而家庭是这个过程的"最后一公里"。这是中国农业大学的卢凤君、何慧丽和华东师范大学的吕新雨等三位主旨发言专家的真知灼见。

厚植乡土，重新思考乡土性与生命、生活、生产、生态的关系，激活发展的内生动力，让绿色共富成为乡土文化的思想基石和乡村振兴的自觉行动，这是本届河阳论坛主题的要义。

对外传播与对内深挖故事

浙江，肩负着建设全面展示中国特色社会主义优越性"重要窗口"和"共同富裕示范区"的使命；缙云，在山区26县"一县一策"政策的覆盖下，正朝着奋力争当山区跨越式高质量发展先行县而努力。怎样对内凝聚共识，对外展示"窗口"的独特魅力，讲好中国故事，传递中国声音，这是时代给出的一道必答题。

2022年1月，仙都景区入选"浙江省国际人文交流基地"名单，这意味着缙云对外传播的舞台变得更宽广。身为仙都国际人文交流中心首席专家的赵月枝教授，早在2014年创办河阳乡村研究院之初，就以家乡缙云为基地，把提升中国的国际传播力，通过讲好乡村故事来讲好中国故事当作自己的使命。举办一年一届的"河阳论坛"、组织年度"从全球到村庄"国际暑期班、带领国外学者和留学生在缙云游学、在独峰书院举办国际人文交流成果展、以缙云乡村为田野开展学术研究、带领缙云文化志愿者讲述缙云故事：学术研究、文化展示、人文交流与乡土文化建设实践相互促进，前沿性的学术思想与创新性的传播模式，提升着缙云的国际传播力，引领着缙云的国际传播实践。

近年来，缙云县委县政府亦在这方面不断发力。提出"三城三地"目标，努力打造与世界对话的文化名片；支持升级办好"河阳论坛"，讲好中国故事"缙云篇"等，对外传播顶层设计不断加强。

借力各级媒体平台，缙云的传播效力逐渐显现。仙都，作为缙云的特有符号和金名片，频频登上央视、《人民日报》海外版、新华丝路网（英文版）、AFP News（法新社新闻）、Livedoor News（日本门户网）等上级和国外媒体，向世界展示缙云魅力和风范。

新华社浙江分社记者崔力不久前作为出镜记者，做了一个向全球观众介绍缙云烧饼的英文视频。她已不止一次通过新华社向国内外传播缙云文化。在她看来，深入乡村了解乡土无疑是向世界传播一个真实、立体、全面的中国的有效途径。她同时认为，乡村也是立足浙江做全球传播的一个非常鲜活和生动的素材库，是有待充分挖掘的一个新闻富矿。"通过认知河阳乡村研究院，我不知不觉地就把聚焦点更多地放到挖掘乡土故事中，深入农村，写农民的所思所想，寻找具有共情点的生动细节，这样的细节在国际传播上也是很有吸引力的。"

乡村是理解当代中国所必不可少的一个维度，乡村故事由谁讲述？为何讲述？在对外讲述的过程中会面临什么现实挑战？加拿大西蒙菲莎大学菲莎学院资深讲师黄樱芬是一位身在国外心系祖国的中国台湾学者。她是河阳乡村研究院建院伊始就介入各项工作的"元老级"兼职研究员，参与策划了2015年该研究院组织的首届中外学生学者暑期调研，后又与赵教授一起带领海外学者游学缙云，去年还牵头为仙都国际人文交流中心组织了"台湾学者眼中的大陆脱贫攻坚"线上线下学术活动。她在特别圆桌讨论中，从长期在国外大学任教和与各路国外学者打交道的体验出发，实事求是地提出了讲述中国乡村故事所面临的西方中心主义和城市中心主义的挑战。她在为仙都国际人文交流中心出谋划策的同时，真诚呼吁河阳论坛今后能吸引到更多的港澳台青年学者参加。

2022年是《在延安文艺座谈会上的讲话》80周年。《讲话》明确了文艺为人民大众首先是为工农兵服务的方向。为了谁？依靠谁？同样是乡村研究的出发点和落脚点。"劳动丰碑，人民万岁"，赵月枝教授在"缙云石匠"口述历史项目的序言中这样写道。在她所策划的"口述缙云"的计划中，打岩人、养鸭人、跑锯条人、烧炭人等既有缙云地域文化色彩又彰显中华民族勤劳质朴与坚韧不拔特质的缙云劳动人民，都将成为讲述缙云故事的主角。

学术大咖的加持和青年学子的参与

中国农业大学水利与土木工程学院教授、博导李保明的老家在有"博士之乡"美誉的双溪口乡姓潘村。这学期，在清华大学讲课的赵月枝教授曾与他相约，在清明期间，一起从北京回乡祭祖和举办河阳论坛。4月1日上午，当赵月枝教授以河阳论坛开幕式主持人的身份，用充满激情和自豪的语言，把自己这位曾获国际学术大奖的工科学术老乡介绍给论坛参加者，并邀请他主持论坛最重要的主旨发言环节时，这既是这个论坛的一次跨学科提升，又是老乡共有的故乡情结的深情表达。

这次论坛，共有全球各地上百位专家学者、媒体记者、基层工作者在线上线下参会。直到第二天论文工作坊的结束环节，还有60多名忠实线上听众。河阳论坛的"朋友圈"越来越大，仙都国际人文交流中心也正在开拓工作的广度与深度。大咖云集，新秀层出，他们或是赵月枝教授的同事与朋友，或是她的粉丝与新交。许多在论坛上挑大梁的海内外学术中坚既是河阳乡村研究院的兼职研究员又是仙都国际人文交流中心的兼职指导专家。除此之外，更多是慕名而来的全国高校普通投稿者和线上听众。

河阳论坛短短两天时间内容丰富，各环节安排紧凑，特别圆桌除了有发言人还有总结人，主旨论坛则主要邀请了丽水市县域内的党校干部，分享新时代绿色共富的实践与经验，工作坊遴选出的学生论文由作者本人加以阐述后，再由专家进行点评。从上午到下午，中场休息时间短暂，几位学术专家轮番上阵，中国传媒大学的姬德强、龚伟亮、张志华，中国社会科学院新闻与传播研究所的沙垚等学者更是在发言人、主持人和点评人等角色中频频切换，倾心为论坛奉献出自己的智慧。大家发言内容都做了精心准备，时间总是不够用。

论坛有学术大咖加持的同时，也有青年学子的积极参与。牛津大学全球与区域研究学院博士候选人潜韵琳是赵月枝教授的女儿，在特别圆桌环节她分享了童年的经历：出生于温哥华的自己在13岁后每个暑假都会跟着爸爸妈妈回国内的家乡看望亲人。在河阳做田野研究时，同为90、00后一代的她关注了在四合院创业做电商的几个青年。她觉得，全球的青年人都面临着同样的工作压力和后现代性的生活危机，因此，中国返乡青年的困惑、机遇与挑战问题在国外也有共鸣。

聚焦中国乡村，置身于现实的时空中触摸乡村的温度，把自己的论文视角转向乡村，这是新一代青年学子与时俱进的选择。当下，乡村振兴已是滚滚向前的时代潮流，需要更多的青年人勇立潮头，深耕田野。高校青年学子也不能置身事外。

在4月2日的工作坊环节，青年学子阐述的论文选题丰富，视角多样，农村文化礼堂、赤脚医生、新时代文明实践中心、网红青年等，涵盖乡村文化治理、乡村传统文化、基层治理、共同富裕、短视频叙事等方面。

点评老师在认真研读与分析论文之后做出了中肯甚至是一针见血的评论，肯定与批评共存。

当日原定下午5点结束，但时间延迟到了5点30分左右。那时，温哥华是凌晨2点30分，那里还聚集着一群青年学者，包括为组织这届论坛做出核心贡献的杜学志和顾明敏这两位赵教授的博士生。最后，赵教授做了闭幕总结。她感谢各界一如既往的支持，她更希望青年学子能深入中国农村，创新用学术和媒体语言讲述中国乡村故事的方式方法，提炼具有普遍意义的理论。她指出，乡村的实践远比书斋里的理论丰富多彩，要真正把论文写在大地上，让研究成果赋能乡村振兴事业，解决好"为何"和"何为"的问题，做好基于乡土的中国传播，成为一个行动派学者。

聚是一团火，
散是满天星，
走过八年的河阳论坛，
线上依旧精彩！

【十四】以自己为方法

——关于河阳论坛的一些回忆

白洪谭

    整理河阳乡村研究院的资料时我突发奇想，如果不把河阳论坛当成书写和研究的对象，而把自己当成研究对象和研究方法，将会怎样？

    以自己为方法，便可以从一些很幼稚的问题出发，尝试思考这些问题背后可能存在的结构性的东西，就像我一直在想一个问题：如果赵月枝老师不是自己回来，而是被"西学东渐"般地引进来，会是什么样的情形？这个不成问题的问题始于 2014 年冬天，当赵月枝老师全力筹备第一届河阳论坛时，我才发现她的回乡并不仅仅是因为乡愁，而更像一种新的学术转向或者扎根。尽管转到哪里做学术是一个很个人甚至私人的问题，但如果超越个人去追问以赵月枝老师为代表的活跃在国际学术舞台上的学者想解决什么问题？为什么要"从全球到村庄"去做学术？为什么要关注中国或者以中国甚至中国乡村为方法？这就似乎不单单是关于某位学者的问题了。

    在 2014 年，我并没有意识到这些问题。那一年，我刚刚跟随赵老师攻读中国传媒大学博士。尽管周围一些老师不断提醒我：赵老师的研究是全球性、跨文化和超越民族—国家框架的，但我总有一种中西二元对立的隐忧，即一些国外学者的研究如果被引进来，则往往能保持一种神秘感，让人不明觉厉；而一旦亲自跳入当下复杂的学术江湖，用中文去阐释关于当下中国的研究，这种"外来和尚会念经"的神秘感就消失了。人人都能听懂一位学者说什么的时候，争议甚至非议也往往如影随形了。由此造成一些现象，一些学者的文风逐渐晦涩甚至经院起来，一些人则转向了英文写作，两拨操作都为学术论辩设置了相当高的门槛，因为若想与其争鸣，首先要看得懂，其次要写得出，两者共同发力，论敌自然会少很多。在某种程度上，我感觉知名学者更像是书斋里的书法家，一般不开尊口，都是别人介绍，一旦自己开口介绍自己如何写字作画，就显得跌份了。所以我天真地想，赵老师归来真是得不偿失，倘若被我们这些做徒弟的引进来，那倒是两全其美的事情。

当时的赵老师，也没有得心应手的团队。2015年春天，第一届河阳论坛快开幕时，很多事情还没有落实下来。我们几位师兄弟虽有热忱，但毕竟没组织过这种学术活动，遇事手忙脚乱，既不知道如何争取学校相关部门的支持，也不知道如何与当地对接。于是，所有的负担都落在了赵老师肩上。我能深切感受到她当时面临的压力和焦虑，但并不知道该做些什么。我对第一届河阳论坛的记忆就是从自己狼狈不堪的协调会务开始的，幸好还有张志华、龚伟亮两位师兄鼎力相助，才勉强过关，没出太大的错误。

协助筹备河阳论坛让我学了不少东西。此前我想象的学术，全是坐在讲台上高谈阔论的一面，没有看到淹没在琐碎事务中的另一面，更没有想到成为一名学者，需要奔忙于汇总论文材料、打印宣传页、安排学者行程、填报各种申请表格、和各方进行沟通甚至安排接送参会客人的烦琐细节。每次组织会议，赵老师都在学者、会务、导游、司仪等各种角色间来回切换。但她并没有埋怨我的不力，而是严肃地告诉我不要眼高手低，也不要把学术想的那么神圣，不要太在乎学者的身份、面子和架子，而要脚踏实地把事情做成。这是非常宝贵的一课，让我明白学术不是象牙塔里"纯粹"的学术，而是和日常生活的各种细节交织在一起，各种烦琐的"非学术劳动"甚至生存本身就是学术的一部分。我在这些日常生活的细节中学着做人做事，坦然地把学术劳动和非学术劳动紧密联系起来。

当然，在学术上，我当时并不能理解赵月枝老师在做什么。我们在上海第二次见面的场景被她记忆并传播至今。那是2014年7月在复旦大学召开的批判传播学年会，主题是寻找中国媒体的政治坐标，我正襟危坐听了半天会，没听到一丁点熟悉的东西，便趁着茶歇间凑上去问赵老师："我看会议的主题是批判传播学年会，怎么没看到法兰克福学派、文化研究学派？"赵老师听了以后就急了，她把我拉到会场外，大概是不想让人知道她今年收了一个什么活宝。她对我说了很多话，我只记住一句"这怎么没有法兰克福学派？你没看到法兰克福学派的一些东西已经融入我们的血液中吗？"。我不知道该怎么回答，因为她的回答我也完全没有听懂。尽管在读博前的7年时间里，我做了300多本原著的读书笔记并粗略翻过几百本书，但积累的一些知识似乎都是死的知识、去政治化的知识。我没有想过它们会和当下的实践有什么联系，也没想过如何理解和对待这些知识是否关乎中国命运的问题。

按照我当时的学术设想，是赶紧在赵老师这里找一些国内不容易见到的材料并引介过来。因为以往的学习、工作都地处学术研究的边缘地带，长久苦于没有核心材料，而有幸跟随赵老师以后，我感觉材料终于不成问题了。因此，当时的激动之情难以言表，走路都是摩拳擦掌的，仿佛一个青年学者立刻呼之欲出了。但是和赵老师长聊了几次以后，我有点失落了。她告诉我，不要老想着引介和评述西方传播理论且明确"不准消费赵月枝，贩卖赵月枝"后，我有点茫然，以前焚膏继晷的食洋不化忽然没有了意义，因为过去读的书大多是欧美传播学的译著，但对长期活跃在"西方"传播研究前沿的赵老师来说，我并不知道该讲些什么才能让她感觉新鲜，而且如果一辈子沿着这条路走的话，就永远不可能超越自己的老师了。我当时的日记本里写的的确是"超越"二字，不管是否能够实现，这都是做学生的最宝贵的主体性和品格，但在我与赵老师聊天，无论如何都无法触及她知识的边界时，我感觉到了前所未有的挫败感，感觉这条路走不通了。当时，从超越"西方理论、中国经验"的二元对立到"本土化、自主性"以及"深度去西方化"的讨论已经持续了近10年的时间，但我仍感觉我和赵老师的遭遇简直是"本土"经验直接遭遇"西方"理论最真实的一个缩影，或许这也从个案的角度反映了一个阶段内传播学教育存在的一些问题，尽管我并不知道这种问题是不是有代表性。在我读本科的2003年至2007年，流行的传播学教材里面基本没有中国学者的名字，也鲜有中国的实践，对我们影响较大的是以施拉姆为核心的传播学框架，批判理论也存在，但因其名字总给人一种"只批判不建构"的感觉。因此，当赵老师在2013年夏天推荐我读《传播理论史：回归劳动》时，我仿佛感觉读天书一般。

我当时想，赵老师随便把自己在"西方"的见闻写写，对中国学者来说都有可能是新知。但她总是吝啬笔墨，除非有必要，她似乎不愿意把精力放在这些问题上，反而被我认为不是传播学的城乡关系等研究成为她的起点。她对学生的要求也是如此，希望我们站在她的肩膀上思考问题，但这个要求和门槛显然太高，以至于愚钝如我者在长时间不能写出像样的文章，我把那几年叫作学术休克。又加之国内博士培养一般都是三到四年，既要读书，又要做项目，还要完成各种量化的学术指标，因此学业压力很大。我也是在读博的第四年，因为各种压力而匆忙逃离了传媒大学。这和赵老师在加拿大带的六到七年的博士相比是大大缩水了。学术"接轨"没完成，实践和经验也残缺不全，想站在一定高度上去思考问题就显得很奢侈了。所以，当2015年赵老师开始在河阳做"什么是美好生活"的调研时，我总感觉美好生活是一个很个人的事情，从没有意识到它是可以标签在传播政治经济学之下的一个重要的学术概念，也没有想到它会涉及现代化、城市化背后幸福是什么、幸福在哪里的价值判断。后来"从全球到村庄"的中加学术团队发表了 8 篇 SS-CI，而我那一年还在加拿大夜以继日地搜集各种文献资料，想想还是挺滑稽的。其实，赵老师给我推荐的阅读文献也很有意思，如果在一张世界地图上看传播学的话，我知道比较多的是欧美的一些研究，但是赵老师推荐了关于拉丁美洲、中东北非和南亚、东南亚的一些研究。这种"向东看、往南走"的"全球南方"视角给我带来了一些启发。我的师兄张志华后来专事拉美的传播研究，而我也做了中东北非地区的阿拉伯媒体的研究。我的研究很不成熟，但是从边缘出发去思考中心还是有很多有意思的发现，也算是走出了"从全球到村庄"的第一步。

2014 年，赵老师带着我和龚伟亮师兄去缙云时，我们做的课题是"缙云烧饼"。那时我并没有想到会和缙云建立紧密的联系，也没有想到这个县城会成为我学术生涯的"发祥地"。其实，赵老师第一次对我说要下乡时，我嘴上答应，心里其实是拒绝的。因为进入传媒大学，我总想用几年的时间浸润这所学校的青春和时尚，但是要去乡下做田野，我还是没有太多的思想准备。我和龚伟亮师兄到了缙云，一边吃烧饼，一边想着烧饼和学术有什么样的联系。在吃了上百个缙云烧饼以至于有晕车的感觉之后，我坚定了一个结论：经验是很难上升到理论的。以现在的视角反思，当时的理论、经验不仅贫乏，而且对立。更重要的是，我把问题局限于传播学的学科框架，忽视了很多有价值但似乎和传播学没有关系的问题，也没有完全理解课题设计时的几个关键概念，如公共性、乡土文化、勤劳革命等。这些调研形成了两期"烧饼报告"，每期 6 万字，我执笔了第二期的烧饼报告，有些设想变成了现实，让人欣喜。现在，与赵老师一起把烧饼研究成果写成书稿的任务，落到了赵老师在加拿大的博士生顾明敏那里。当时的研究虽然很土，但从梅干菜、烧饼桶、古村落来看烧饼与乡土文化与地方产业，用当下传播学术圈的流行语，这也算是一种"物质性"研究吧。2022 年春天，当赵老师告诉我，中国农业大学团队作为"国家队"，正在把缙云烧饼产业作为提炼共同富裕教科书案例的对象时，我也感到很欣慰。

从研究缙云烧饼开始，赵老师的团队进入了更广泛的乡村文化的发现，龚伟亮参加了多场乡村的春晚，这成为他以后很重要的学术研究方向；在西蒙菲莎跟随赵老师读博的张晓星做了关于河阳的博士论文；另一位加拿大博士生 Byron Hauck 则用很长时间住在河阳去研究群众路线；沙垚发现了缙云的婺剧，正在带领一个团队写一部著作……缙云以及河阳论坛也引起了很多国内外知名学术团队的支持、参与和关注，一如这本著作所展示的那样。通过河阳论坛，越来越多的研究团队和缙云建立了联系，不同领域、不同观点、不同方法之间的对话和争鸣让河阳论坛精彩纷呈，也见证了很多青年学者的成长。

除了知名学者的主旨发言和圆桌讨论，让我印象最深的还是和很多青年学者在一起彻夜畅谈的场景，就像有位参加 2016 年暑期班的新华社年轻记者在报道中引用一位学员所说的那样，在中国南方，讨论全球南方，有一种说不出的浪漫。在我看来，和张晓星在缙云暑期班期间采访他的西蒙菲莎大学学长、从美国过来的印度裔政治经济学者蓬达库，是一种浪漫；跟蓬达库、Byron 一起和周村的很多小朋友在好溪里游泳，是一种浪漫；和很多青年学者在溪水边谈论着乡村、理想以及中国的命运问题，也是一种浪漫。在缙云的日子是积极向上的，我们很多的想法在这里萌生，刘楠博士建立探村博士联盟的想法，就是非常重要的一个。

从缙云走来，我也受到鼓舞，回到自己的家乡——山东一个无山无水无文物的村庄，开始了自己的实践和观察，通过创建合作农场、组织书院积累了第一手材料。这些材料先是变成了新闻报道和文学作品，又经几年的调研和沉淀形成论文并将陆续发表。虽然在学术上后知后觉且成长缓慢，但终于在实践中收获了自信，并把"全球"和"村庄"有机地联系起来。例如，我在老家调研鸡农的生计时惊讶地发现，老家的鸡棚和鸡农竟然和蓬达库讲的印度鸡棚与鸡农有异曲同工之妙，这真是全球南方的一种真实体验。

时光荏苒，我没有想到河阳论坛已经走过八年的时间。我很庆幸能和河阳论坛一起，度过自己的学术"青春期"。对青年学者来说，河阳论坛是一所没有围墙的大学，是开在田野的思政课堂，上演着永不落幕的青春故事。

我很高兴，在河阳论坛迈向第九个年头且相关学术作品结集出版之际，作为河阳乡村研究院的一名参与者，能有一篇并不学术的文章，以自己为方法，记录下我所初识的河阳论坛，也留下自己学术成长的一点痕迹。

【第三部分】历届河阳论坛与"从全球到村庄"
历届暑期班启事精编①

一、首届河阳论坛暨"乡村、文化与传播"学术周——构建平衡互哺的城乡关系

"乡村、文化与传播"国际学术周征文启事：乡村，传统中国安身立命的所在；乡村，近现代中国革命与变迁的焦点；乡村，当代中国剧烈变革的前沿；乡村，更是探索中国未来发展的关键。

家庭联产承包责任制的推行、人民公社的解体、市场改革的深化以及中国融入世界经济体系所带来的冲击，特别是当下方兴未艾的城镇化过程，不但历史性地重构了城乡关系，而且使乡村在探求政治、经济、社会、文化与生态"五位一体"协调发展过程中面临巨大挑战。目前，关于乡村问题的讨论中，往往缺少传播学这一重要层面，而传播学界，则普遍忽视乡村问题。

本次活动旨在从世界历史和文明变迁的高度，以城乡关系为视角和方法，聚焦中国农村社会变迁与发展进程中的文化、传播与农民主体性问题，反思乡村的现代化实践，探寻乡村社会的可持续发展道路与农耕文明的未来。本学术周力图超越西方中心主义、都市中心主义和技术中心主义局限，增进传播学界与其他人文与社会学科之间在乡村研究中的对话，促进中国传播研究在理论、方法论和现实指导意义层面的创新，并为中国社会科学研究的范式转变进行积极的探索。

让学术从都市象牙塔走进历史和田野，"乡村、文化与传播"国际学术周选择在浙江省缙云县举行。这个江南经济发达地区的古老山区小县不仅有深厚的历史文化底蕴，而且是在当代社会历史条件下，乡土中国如何能在文化与生态建设中得以复兴的社会实践热土。

二、第二届河阳论坛暨"乡村、文化与传播"学术周——乡土文化复兴：机遇与挑战

何为乡土？乡土是魂牵梦绕的土地，是故乡绮窗前的寒梅，是日夜忆咸

---

① 本部分所有启示均原载"从全球到村庄"微信公众号。

阳的归心，是近乡情更怯的忐忑。乡土是一种世代延绵的记忆、经验和情感，是有着几千年持续农耕文明的中国社会一个根本文化属性，是一种以边际效益递减和精细化为特征的"内卷化"社会经济发展方式和东方理性。中国社会的"乡土性"或曰"乡土中国"迄今仍是我们把握中国国情的钥匙和文化自觉的关键。

乡土何为？它不应只是作为对城市危机情感反应的中产阶级思乡病和乡愁寄托对象，而且是一种至关重要的社会机制和前瞻性文化价值。今天，乡土被城市蚕食，乡村面对现代转型，农村和农民成为以资本为动力的城市化和现代化的成本转嫁对象。在由金融资本主导的新自由主义在全球范围内制造重重社会危机和生态危机的时代，能够内部化处理外部性市场风险从而维持相对稳定的乡土社会是中国的维稳依托，是这个国家真正的"压舱石"。更重要的是，如果说文化是一种生活形态和生活方式，那么注重生态友好、可持续发展与社群协作的乡土文化——包括围绕农耕文明形成的物质文化、行为文化、制度文化和精神文化，能为我们在主流城市化、现代化道路之外提供另类想象。

三、第三届河阳论坛暨"乡村、文化与传播"学术周——文化主体性与乡村发展：国家、市场与民间的联动

"沉舟侧畔千帆过，病树前头万木春。"某些唱衰乡村的媒体叙事余音未尽，乡村社会发展与乡土文化复兴已然成为中华大地上撩拨心弦的音符。面对这一新春的蛰音，不可想象中国特色哲学社会科学能离开乡土中国这一既绵亘久远又日新月异的主题，实现真正创新。

"美丽乡村"，是美丽"中国梦"的实现基础。社会主义新农村建设与乡村发展，不仅是农民的心愿，也是社会各界的共同关注。

新时期的乡村发展离不开对城乡关系的整体性考量，离不开"乡土中国"的文化自觉和农民自身的文化主体性，离不开国家、市场与民间的良性互动。

乡村发展离不开文化主体性，文化自信是文化主体性的表现与实现方式。如习近平总书记指出的：道路自信、理论自信、制度自信，"其本质是建立在5000多年文明传承基础上的文化自信"。三大自信以文化自信为基础，文化自信以文化自觉为基础。乡土文化代表在上下五千年文明发展中孕育的中华优秀传统文化的基本成色，"耕读文明是我们的软实力"，以"乡土中国"的文化自觉为支撑的对于"中国乡土"的文化自信，是推动乡村发展的精神动力。

农民是有能力和自信来自我表达的主体。无论在革命、改革还是当前的"美丽乡村"建设中，农民都表现出一种勃发的能动性和创造力。中国民间，特别是当代中国农村社会农民的首创精神与他们在一系列实践中所展示出的经济、社会与文化想象力，令人叹服；在乡村春晚、民俗节庆、地方戏剧、民间音乐等活力四射的基层文化实践中，农民的主体性和村庄的文化自信更是得到生动展示。正视这种作为民族文化自信基础的农民自信、村庄自信，需要超越以城乡撕裂为代价的发展主义逻辑和充斥于诸多商业媒体的城市中心主义猎奇视角。

乡村发展需要城乡平衡互哺的整体视野，需要农民、农村和农业的主体立场，也需要有国家、市场与民间的联动。在将一个居于主体地位的、活跃和能动的乡土社会的存在置于首要地位的同时，应当告别源自右翼或左翼教条观念的社会与国家、社会与市场之间的分立和分裂。应当看到政府和社会互动的正面的可能，应当借鉴现代经济观念和企业制度的合理因素；乡村发展的关键在于调动村庄共同体内部的积极因素，激发农民的文化自信心和农村的内生活力，从而形成上动下顺、义利相融的国家、市场与民间的有机与良性互动。

四、第四届河阳论坛暨"乡村、文化与畲乡发展"学术周——生态文明与传播：乡村作为前沿

生态文明理念以"尊重自然、顺应自然、保护自然"为核心，体现了人类和宇宙辩证统一的世界观，是具有强烈民胞物与情怀的"天人合一"观念在全球环境危机时代的全新表述。它既是对西方现代性中的唯理性主义和只问"进步"不计代价的发展理念的一种"东方反思"，又是对我国多年来以牺牲环境为代价的经济发展模式的"扪心自问"，更是中华文明对国际流行的可持续发展理论从文明再造层面进行的深化与拓展。党的十九大报告已将生态文明建设提升到"中华民族永续发展的千年大计"的高度，并进一步提出了加快生态文明体制改革的具体方针。生态文明建设的特殊性体现在它没有明确的、独立的边界，只有在"五位一体"总体布局下与经济建设、政治建设、文化建设和社会建设有效融合才能生成全新的文明系统。

乡村蕴藏着指引生态文明建设的希望之源。相对于工业文明的标准化、单一化，乡土社会代表着生态文明理念所推崇的"物无非彼，物无非是"的多样性观念。一万年前，中国农耕文明的多样性就已经在长江黄河流域迥异

的原生农业中初现端倪。其后，围绕农耕活动经年累月而成的乡土文化，以生态友好、社群协作与永续发展为内核，为当代的生态文明实践提供了丰富生动的历史经验。然而，作为希望之源的乡村也绝非清净无染的"香格里拉"和"世外桃源"。无论前现代的伐林开荒，还是当代造成严重的环境和社会问题的农业化学化、农村工业污染以及消费主义对乡村传统生活方式的冲击，都提醒着我们乡村走可持续发展的生态文明之路所要面对的历史与现实困境。

五、第五届河阳论坛暨"乡村、文化与传播"学术周——乡村故事，中国道路

乡村故事里蕴含着中国道路的历史坐标与未来方向，中国道路上铭刻着乡村故事的历久弥新与百转千回。

乡村故事诉说着中国道路的"与众不同"。一个延续了数千年的农耕文明内生性地遏制了资本主义生产关系的发展，维系着乡土文化滋养下的道义经济、"天人合一"的生态理念与平衡互惠的城乡关系，这为反思西方线性史观下资本主义社会形态的"历史必然性"提供了有力的参照。一个内忧外患的半封建半殖民地国家通过一场以农民为主体、农村包围城市的社会革命实现了民族独立与人民解放，进而创造了令人瞩目的"现代化奇迹"，这为全世界受压迫的民众为赢得尊严而进行的斗争树立了标杆。一个架在几亿离乡别土农民工肩背之上迅速崛起的世界第二大经济体，面对颓败消逝的村庄与此起彼伏的唱衰乡村论调，不但早已将"三农"问题摆在国计民生的关键位置，而且正在着力实施乡村振兴战略，这为克服愈演愈烈的全球现代性危机开启了全新的思路。

中国道路也描绘着乡村故事的"另一种可能"。在依托圈地运动、殖民扩张与奴隶贸易建立起来的农业资本主义全球霸权下，中国农业不但成功地养活过近1/4的世界人口，而且包含着维护人与自然共生关系的可持续发展基因。与急切期盼土地改革的众多亚非拉农民和苦苦争取民族自决的北美保留地上的原住民不同，中国农民已然通过20世纪那场伟大的革命翻身成了中华人民共和国的主人，其所彰显的政治主体性与文化创造力是中国道路自信和文化自信的重要源泉。在资本主义全球性逻辑的胁迫下，作为城市对立面的乡村在经济上被掠夺、在文化上被挪用；面对这一普遍困境，中国乡村的集体主义精神财富和尚未完全分崩离析的共同体纽带与不断涌入的西方消费主义文化和占有性个人主义思潮相互碰撞，激荡出了建设中国特色社会主义道路上乡土文化复兴的时代强音。

　　总之，乡村故事既是中华民族文化根脉延绵不断的故事，也是探寻中国革命正确道路的故事；它既是"勤劳革命"和中国农民对中国崛起做出巨大贡献的故事，也是中国农民重建文化自信与村庄重获尊严的故事；它既是践行"绿水青山就是金山银山"重要发展理念的故事，也是在实现天人合一理想中追求美好生活的故事；它既是坚持农民在乡村振兴中的主体地位的故事，也是知识分子与人民群众相结合的故事。如此丰富的内涵，隐喻了不同社会形态与话语的历史变迁，折射出现代与传统、国家与社会、阶级与民族、精英与大众、城市与乡村、沿海与内陆、全球与地方错综复杂的动态互构关系，也诠释着探寻中国道路的艰难曲折及其前无古人、后启来者的世界历史意义。

六、丽水市社会科学界联合会第一届学术年会暨"两山发展"第六届河阳论坛

　　2020年是全面建成小康社会收官之年，也是"绿水青山就是金山银山"理念提出的15周年。面对新冠疫情全球大流行所带来的社会经济挑战和国际秩序百年未有之大变局，我们更加深刻体会到坚持以人民为中心的发展思想和走共同富裕道路的重要性，更加自觉认识到推进生态文明建设和实现高质量绿色发展的急迫性，也更加明确意识到总结各地全面建成小康社会成功经验于繁荣中国哲学社会科学、开拓当代中国马克思主义政治经济学新境界与讲好中国故事的关键性。

　　浙江是中国革命红船起航地、改革开放先行地、习近平新时代中国特色社会主义思想重要萌发地。2020年春天，在统筹推进疫情防控和经济社会发展的特殊时期，浙江又被赋予了"努力成为新时代全面展示中国特色社会主义制度优越性的重要窗口"的新目标新定位。丽水是浙江陆域面积最大、全省唯一所有县（市、区）都被省政府命名为革命老区的地级市。这个撤地建市刚好20周年的年轻城市，也是"两山"理念的重要发源地和实践地。丽水坚持"两山论"创新实践15年，在协同推进生态文明建设、脱贫攻坚和乡村振兴中打造"红绿"融合的全面小康样本，正在"努力成为全面展示浙江高水平生态文明建设和高质量绿色发展成果和经验的重要窗口"。

　　以"'红绿'融合的全面小康样本：历史、理论与实践"为主题，召开的丽水市社会科学界联合会第一届学术年会暨"两山发展"第六届河阳论坛，汇聚各地小康建设与绿色发展经验，进一步探讨如何在更高境界上实现以人民为中心和人与自然和谐共生的发展，使高颜值生态环境和高水平经济发展服务并最终统一于高品质的美好生活、人的全面发展以及全体人民的共同富裕，为马克思主义政治经济学创新发展贡献中国智慧。

七、从乡村革命到乡村振兴：红色土地上的百年思索——丽水市社会科学界联合会第二届学术年会暨第七届河阳论坛

打破一个旧世界，乡村革命了，才算真正肇始；建设一个新世界，乡村振兴了，才算真正成功。从"没有贫农，便没有革命"和乡村建设"实非建设乡村，而意在整个中国社会之建设"的真知灼见，到取得"精准扶贫，全面小康"的伟大成就，再到吹响"民族要复兴，乡村必振兴"的铿锵号角，中华民族在血与火的淬炼中筚路蓝缕、以启山林的探索中演绎凤凰涅槃的壮丽篇章。乡村革命是乡村振兴的历史起点，乡村振兴是乡村革命的当代延续。面对"使农民的民族从属于资产阶级的民族，使东方从属于西方"的全球资本主义秩序，中国共产党正带领人民谱写着以革命初心引领振兴步伐、以红色精神指引现实发展的历史交响。

浙江是中华农耕文明的重要发源地，也是中国革命红船的起航地，正肩负着建设展示中国特色社会主义优越性"重要窗口"和"共同富裕示范区"的新使命。在中国共产党百年华诞之际，丽水市社会科学界联合会第二届学术年会暨第七届河阳论坛诚邀各领域学者与各界人士相聚"浙里"山区，在丽水这片浙西南革命老区的红色土地上，从政治、经济、社会、文化、生态"五位一体"整体布局的高度，以历史逻辑、理论逻辑和实践逻辑相统一的视野，重思波澜壮阔的中国乡村百年变革历史，检视全面推进乡村振兴的当下机遇与挑战，探索共同富裕的社会主义现代化美好未来。

【论文集序言】

2021年10月22日下午，北京秋高气爽。我在清华大学讲完了《跨文化传播政治经济学》最后一堂名为"社会主义跨文化传播政治经济学作为知行合一的学术实践"的课程，带着两位研究生去教工食堂吃晚餐。其中一位在导师胡钰教授的支持下，正满怀期待，憧憬着如何全程跟踪即将召开的丽水市社科联第二届年会暨第七届河阳论坛，然后做一个视频报道，在自己刚刚建立的 B 站账号上发布。另外一位在餐桌上向我提出，她也非常希望去会议观摩学习，我当然欣然同意。与她们道别时，我兴奋地说："缙云见！"

　　没想到，到了晚上，北京和缙云之间一系列密集的电话讨论后，我参与了一个决定：由于疫情的原因，会议取消。

　　这是一个让我难过的决定。毕竟，自从上半年酝酿好今年的主题，我与山东师范大学的陈鸥帆老师讨论征文启事如何破题开始，许多人就为这个会议的成功召开，投入了大量心血。我们所请的主旨演讲嘉宾无一不答应。我们收到全国各地近百篇投稿，最后录取了 58 篇。我们聚集了一支由 10 多位来自全国高校的年轻老师和博士生、硕士生组成的会议报道和会议内容综述志愿者队伍。直至今天早上，当我打开邮箱，还看到有学生通过邮件表示，自己虽然没有投稿，但还希望来会议学习。这是一个得到许多人无条件支持的会议，这也是一个让我充满期待的会议。

　　从组织模式的角度，这还是一个真正的"从全球到村庄"的会议。自从征文启事发布开始，远在加拿大的西蒙菲沙大学博士生杜学志就开始了论文的接收工作。后来，顾明敏加入了他的行列。他们两位夜以继日，为编排会议议程和论文集，付出了辛勤的劳动。在过去的一个星期里，他们两位在温哥华，缙云社科联的陈晓兰主席和缙云县委宣传部的应梅芬在缙云，我自己在北京朝阳区与海淀区来回奔波的出租车上、在会议和讲课的间隙里，通过一个个电话、一条条微信，最终编成了议程和论文集，排好了村庄调研行程。

　　就在一切就绪，等待会议开幕的时候，疫情形势紧张，会议不得不取消。我们失去了一个相聚缙云的机会，我们无缘面对面深入交流，我们无法参与一场学术活动的即时生产。

　　然而，我希望，这个紧凑而丰富的议程，这本厚厚的论文集，依然能展现我们的最新思考，激发我们的学术想象，进而以自己适合的时间和方便的方式，进行点对点、群对群的交流。我相信，疫情能阻止人员的流动，但无法截断思想的流通。

　　从 2015 年秋天举办第一届河阳论坛暨乡村、文化与传播学术周活动到今天，每次会议，都令我难忘。虽然这个会议无法开幕，通过与所有人的交往，我分明闻到了一场思想盛宴扑鼻而来的浓烈气息。感恩所有人的贡献，感谢所有人的支持，感念所有人的理解，祈愿所有人安康，期待今后再聚！

　　谨序。

赵月枝

2021 年 10 月 23 日

于北京至杭州高铁途中

八、厚植乡土，绿色共富——丽水市社会科学界联合会第二届学术年会暨第八届河阳论坛

中华民族数千年的农耕文明所孕育的深挚厚朴的乡土性，蕴含着两条主要线索：一条是地理空间上的故土实体，顺藤而下缠绕着中国传统社会对土地的依存和对农耕实践的发展；另一条是文化意义上的乡愁书写，顺藤而上便牵引出他乡与全球、传统与现代互构中的东方哲学意涵。基于人与土地的互惠关系和对社群价值的珍视，乡土性天然带有一种对于市场脱嵌风险的抵御。然而，在从乡土中国到现代中国的转型中，在都市中心主义和消费主义思潮的催化下，乡土性的丰富内涵不断被遮蔽、篡改，进而被让渡给了交换价值。

今天，面对现代性的多重危机，我们正在超越启蒙主义式的故土之思和诗性的乡土书写，在乡村革命的延续和乡村振兴的新征程里，我们须将乡土性的赓续和更新视作一种文明复兴意义上的社会实践，进而赋予乡土性具有理论纵深的政治经济分析命题，为其拓展更加宏阔的社会人文变革空间。只有厚植乡土，重新思考乡土性与生命、生活、生产、生态的关系，激活其被消损与压制的内生动力，才能让绿色共富成为乡土文化的思想基石和乡村振兴的自觉行动，从而为新时代全面建设社会主义现代化国家贡献智慧与力量。

浙江是中华农耕文明的重要发源地之一，在新时代肩负着建设全面展示中国特色社会主义优越性"重要窗口"和"共同富裕示范区"的使命。位于"红色浙西南，绿色新丽水"的缙云，是中国唯一以中华民族人文始祖轩辕黄帝的名号命名的县。这个有"黄帝缙云，人间仙都"美誉和厚重乡土文化底蕴的千年古县，正在浙江努力实现山区 26 县"一县一策"全覆盖的目标下，奋力争当山区跨越式高质量发展先行县。这一方红绿融合发展的前沿实践热土，为我们回溯乡土性在波澜壮阔的近现代历史中的浮沉，锚定了多维的时空视点，为我们在数字化时代延续与更新乡土性，探索共同富裕的社会主义现代化美好未来，奠定了开阔的视野平台。

【历届河阳论坛征文二十大主题精选】

1. 乡村文化与传播生态的历史与现状

2. 城乡关系视野下的中国文化和传播政策

3. 少数民族地区的乡村文化传播

4. "传播与现代化"范式的历史、现状和未来

5. "新乡土主义"、传播研究的认识论和学术范式创新

6. "互联网+"时代的乡村形态与乡土文化

7. 要素回流与"三农"高质量跨越式发展

8. 乡土文化承传中的性别关系、长者角色与代际沟通

9. 农民口述史与民间生态记录

10. "乡村"与"全球南方"：经验共鸣与理论桥接

11. "新地球村"：生态文明和生态社会主义的乡村视野

12. 生态文明建设与生产生活生态"三生融合"

13. 乡村故事、文化自信与中国"软实力"建设

14. 党建引领与共同富裕的政治前提

15. 县域融媒体动态、乡村传播生态与村庄治理

16. "红绿"融合发展的历史坐标与未来走向

17. 世纪疫情中的乡土性、乡村社会与生命健康

18. 社会治理创新、乡村文化治理与基层社区建设

19. 乡村人才振兴与社会主义新农人的培养与涵化

20. 百年乡村革命与建设传统的历史脉络梳理与现实意义挖掘

从全球到村庄：传播学如何落地乡土中国（2015 年）

2015 年夏天，在加拿大国家特聘教授、中国传媒大学教育部长江学者赵月枝的带领下，一支朝气蓬勃的中加联合调研队伍来到了她的家乡——千年古村落浙江省缙云县河阳村。这支主要由中国传媒大学—西蒙菲莎大学全球传播双硕士项目毕业生与西蒙菲莎大学在读博士生所组成的年轻的学术团队，以河阳乡村研究院为研究基地，将跨文化传播政治经济学的理论框架与中国乡村的日常生活实践相结合，力求做既有理论高度和全球视野，又脚踏实地和贴近群众，更有深刻方法论反思和强烈主体意识的学术研究。

2015 年，首次举办的河阳乡村研究院暑期调研，旨在把文化和传播研究从全球层面"落地"到村庄层面，以便纠正学术研究中的城市中心主义倾向，从而提供更全面和更丰富的有关传播技术、媒体、现代化和社会变迁的知识。选择河阳村作为调研对象，不仅因这个村庄是中国保存最好的传统村落之一，而且正处于社区重建和文化复兴的十字路口。该村特殊的历史文化遗产和当下所面临的挑战使其成了从文化、传播和发展角度探讨农村问题的理想地点。研究成员将通过小组访谈和个人深度访谈等形式听取河阳村民对从

566

"家电下乡"到"广场舞""文化遗产"和什么是"美好生活"等一系列问题的看法。

传播、文化与全球南方（2016年）

"南方"是一个隐喻的视角。它力图在全球化与都市化的美妙愿景之外，提供反思性的理论与实践，以穿透那些纷繁复杂的表象，深入社会结构的内部机理。

一直以来，传播被认为是社会整合的"黏合剂"，但总有部分区域、国家、人群和文化被排除在传播研究的视野之外。一方面，互联网和新媒介技术似乎有能力跨越国族疆界，将空间碾平；另一方面，发达资本主义对发展中地区的剥夺、民族国家间的争竞、国家内部的阶层与族群分化、城乡间的社会与文化鸿沟，都在提醒我们，横亘于地理和社会空间的分野不仅不会轻易消失，反而有可能加深。

在中国，农村地区先为国家的工业化提供了物质基础，后被整合入新自由主义的全球生产，如今又成为电子商务与数字经济扩张的新领地。这一广阔领域中的生产关系和物质基础发生了什么变化？作为"工农联盟"主体的传统工人、农民已面临解体，新生代农民工正经历着身份危机，资本的力量催生了新的阶层政治，造就了社会的断裂与分化。其中存在着什么样的社会冲突与文化危机，又蕴含着什么样的抗争，以及可能催生什么样的新社会文化形式？中国的经济发展在一段时间内一枝独秀，似乎提供了替代性的道路，却也潜藏着生态环境的破坏、分配的不平等、社会矛盾的激化乃至社会传播的异化，它的破坏性早已垂滴至社会基层。如何在经济发展、社会公平、生活幸福感与生态维护之间寻找平衡？新的媒介技术、传播活动与文化实践在其中有何作用？

在探寻各种社会方案的时候，回归群众、基层、田野、实践，是一条必经之路。因此，我们特组织这一届暑期班，希望能够使传播与社会研究"重新扎根"，在田野里深化问题意识，从群众实践中挖掘理论的潜力。

从全球到村庄：以乡村作为方法（2017年）

"全球"与"村庄"都不是简单的空间概念，而是隐含了文化政治以及世界资本主义体系中城市与乡村、中心与边缘之间的悖论逻辑。一方面，资本主义全球扩张的过程就是城市掠夺，进而消耗乡村的过程，乡村在精神和文化层面作为城市的对立面，意味着落后与狭隘；另一方面，资本主义又把乡村作为转嫁和化解经济危机的安全阀，并且在精神和文化层面挪用和占有它，对它进行浪漫化、客体化和景观化处理。提出"从全球到村庄"和"从村庄到全球"，旨在挑战资本主义现代化主流叙事，打开主流全球化、城市化、现代化道路之外的另类想象。

21 世纪，当关注资本主义全球扩张过程中不平等文化权力关系的传播政治经济学者进入中国乡村时发现，这里既有基于"耕读家风"的乡土文化，又有中国共产党领导的社会主义革命和建设传统，更有"绿水青山就是金山银山"的新发展战略探索。而这些不正孕育着马克思主义传播学者所孜孜以求的超越西方中心主义、城市中心主义、消费主义的可能性吗？传播政治经济学乡村转向的大幕正在徐徐拉开。

以乡村作为方法，是近代以来从梁漱溟到毛泽东，一代代仁人志士寻求民族复兴的历史实践的延续；是对 30 多年来历史虚无主义者把乡村建构为问题的理性回应。随着生态问题、食品安全、农业危机越来越严重，我们有必要重新看待乡村在中国国家，乃至世界历史变迁中的作用，进而从中发现解决当代困境的办法。以转型期的中国乡村作为方法，更会产生出既具有中华民族的文化自信，又有全球关怀的新时代传播学理论。

从全球到村庄，传播政治经济学的乡村转向都离不开民族志，因为我们只有深入到乡村的机理中，进行长时段的参与式观察和深度访谈，才可能从乡村的内生性视角出发，了解其历史和文化的逻辑，从而在资本主义进入结构性危机的时刻探究世界政治经济和社会文化的另类可能性。

"从全球到村庄：乡村作为方法"便是将批判传播学与民族志相结合的一种跨学科的有益尝试。一方面，要超越以民族志为方法，以传播政治经济学为视野的机械结合，追求两者互为方法和视野的有机融合；另一方面，要以乡村作为研究场域，从人类学和政治经济学内部发掘具有批判取向的理论脉络，将之纳入传播学的框架中进行理论再生产，实现批判传播学的自我转型。

同时，"以乡村作为方法"，不只是技术性的路径启发，更重要的——正如"作为方法"最初由东亚学者提出（作为方法的亚洲/中国/日本等）时意在强调对于主体性的追求一样——"作为方法"意味着对一种凝固的现成知识的跳脱和打破，意味着通过一种自反性的审视形成新的主体。在最彻底的意义上，"方法"就是主体形成的过程。因而，"以乡村作为方法"，超越作为知识分野的三农研究，更超越乡村传播；结合"从全球到村庄"和"从村庄到全球"的视域转换，以乡村作为方法，意义不止于认识乡村，还在于认识世界；意义不止于认识世界，还在于认识自我。追求同时实现批判传播研究与研究者的自我转型，也正是本届暑期班以及同主题 2017 批判传播学工作坊的旨趣和目标所在。

从全球到村庄：理解乡土文化（2018 年）

伴随着人类文明的工业化、城市化与全球化进程，社会空间在地方至全球的各个维度上都逐渐呈现出城乡二元对立的形态。在这样的地缘关系变迁中，人们对于文化的理解、实践与想象也无可避免地被一分为二，受困于"都市"与"乡土"这两个似乎泾渭分明的范畴。

全球范围内，乡土文化的概念从"无"到"有"，其内涵与外延不断演化，折射出一系列共存互构的矛盾与张力：那是资本积累逻辑下城乡关系的不断撕裂与人类社群自我修复力之间的拉扯；是都市中产美学对乡土元素的挪用、仿造和重塑，与乡土农耕意识的传承、发展以及表达之间的碰撞；是以"现代"之名空投而来的关于"未来"的想象，和以"传统"为名对"过去"的执着坚守之间的角力；是以威尔士田园、新英格兰小镇为原型的静谧的田园牧歌和北美原住民以及黑奴所并未完结的血泪史诗之间的反差；也是经济、政治、地缘、社群、意识形态等层面的"中心"与相应的各个意义上的"边缘"之间的对抗、妥协、调和与反转。只有在把握这一系列矛盾与张力的前提下，我们才能够厘清乡土文化的历史脉络、现实表达与未来方向。

中国语境下，是鸦片战争的炮声，将"乡土"中国强行纳入了全球资本主义的世界想象。无论是充满异国情调的乌托邦叙述，还是意识形态化的"黄祸"论调，"乡土"中国都曾被扭曲并化约成资本主义体系中的一种"全球"景观。所幸，从土地革命过程中农民的自我觉醒与表达，到毛泽东《在延安文艺座谈会上的讲话》中号召文艺工作者以满腔热忱、真诚情感来表现农民，再到新中国前 30 年农村轰轰烈烈的新文化创造，"乡土"文化随着农民的解放与城乡关系的转变而焕发了新的生机，获得了与"全球"对话并抗争的自觉和自信。但是，在近 40 年的改革过程中，乡土中国的这份文化自觉与自信被逐渐消磨。从当年《河殇》把乡村与农民等同于落后与封闭，到近年来唱衰乡村的种种话语，"乡土"再次沦为了"全球"时空里的残余与边缘。

正是在这样的历史与现实条件下，"重拾""回归""复兴"乡土文化的呼声日益高涨。从"望得见山、看得见水、记得住乡愁"和实施乡村振兴的国家战略，到湖中山庄、山间隐宿林立的都市"后花园"图景；从央视"记住乡愁"的官方搭台，到浙江乡村春晚的民间唱戏；从电商下乡和农业信息化带来的理念创新，到返乡创业、重塑乡贤的舆论热潮；从"礼失求诸野"的重新发掘，到香火鼎盛、人头攒动的"奶奶庙"；从贾平凹、陈忠实、路遥笔下形形色色的村庄重获关注，到农民工文学《我是范雨素》红遍网络，乡土文化的"归来"中贯穿着国家、市场与民间的互动，精英意识与草根力量的博弈，文化传承与经济效益的权衡，以及农民与知识分子的再次"相遇"。因此，为了什么而"重拾"乡土文化，如何"回归"乡土文化，"复兴"的又将是怎样的乡土文化，都成了迫切需要我们回答的问题。

从全球到村庄：西部传播与乡村振兴（2019年）

"全球南方"先落地中国东南，再到中国西北，这不是巧合。如果说，全球南方是力图在全球化与都市化的迷梦中提供反思性的理论与实践，从而透过纷繁复杂的表象，打开全球社会结构的内在机理，那么，从中国东南到中国西北，便是在改革开放40年的大背景下，以新闻传播打开当代中国的正确方式。40年来，东南沿海地区勇立改革潮头，探索社会主义市场经济的中国特色、中国道路，但这远远不是当代中国的全部，重新扎根辽阔的大地，我们会发现，西北地区已经在成熟农耕社会的基础上生长出了一整套的文化和仪范，如何与现代化、全球化碰撞，如何在急剧变迁的社会环境中焕发出时代价值，关涉到未来发展的活力所在。

从东南到西北，也是革命之路、红色文化之路。20世纪以来，面对帝国主义、封建主义和官僚资本主义的压迫，为了寻求国家和民族的独立富强，中国共产党带领中国人民从嘉兴红船，到井冈山，再到延安……披荆斩棘、筚路蓝缕，历经重重艰难险阻，伟大的中华人民共和国由此孕育而生。

反思和振兴新时代新闻传播学，需要我们重返中国革命和社会主义建设的新闻传播实践，尤其是从西北山沟沟里发展出来的中国马克思主义的新闻传播学传统。也正是因为这个，缙云河阳乡村研究院立足于乡土中国的学术探索又一次被称为"山沟沟里的马克思主义"。今天，我们立足学科，立足历史，从缙云这块弘扬"浙西南革命精神"的实践热土到西安，是一种回归，也是一种再出发。

在这个文化自觉已然成为重要主题的"新时代"，新闻学要作为发展中国哲学社会科学的支撑性学科之一开拓自己的学术空间，就需要重新审视和对接中国社会主义的历史实践与乡村传统。中国共产党在西北（延安）的新闻传播实践——如通讯员制度、读报组、大众黑板报等，普通民众广泛、热情、主动地参与新闻传播活动，将新闻传播融入日常生产生活，用新闻传播改造民间社会——是把马克思主义新闻传播理论传统和中国国情、传统文化相结合，在广大农村地区进行的一次卓有成效的、现代性意义上"再造中国"的伟大社会探索。这不同于当代舶来的"传播学"，而是立足中国大地，完成革命的、现代的思想启蒙和社会动员，使中国共产党、社会主义观念成为人心所向，对新时代中国特色社会主义新闻传播学具有重要的意义。

在中国西部研习乡村传播，是当代中国新闻传播学者的必修课。从延安到北京，从乡村包围城市到乡村振兴，从礼失求诸野到以乡村为方法，历史的必由之路告诉我们乡村是中国的底色，中国的马克思主义与农村、农民密不可分。相约 2019 年初夏，在西北大学新闻传播学院与河阳乡村研究院共同举办的"从全球到村庄：西部传播与乡村振兴"国际暑期班，我们一起打开 20 世纪乡村新闻传播的长卷，一起见证历史、理论与实践的交汇。

从全球到村庄：文化传播赋能乡村振兴（2021 年）

2021 年是乡村振兴战略的全面推进之年。在这一年暑期班来到中原大地，有着特殊的意涵：其一，中华文化的根脉在中原，开封是中原重镇，历史文化悠久，中华传统文化复兴和乡村文化振兴都绕不过开封。其二，河南是中国最大的农业省，有着中国最广阔的农村和最广大的农民，是乡村振兴绕不过的一线阵地，很多火热的实践正在生机勃勃地展开。

乡村必定是 2021 年的学术热点，也是青年学子实现抱负理想的热土。新闻传播学理应参与其中，并贡献一臂之力。也唯有如此，才可能真正获得学科的主体性，并被其他相关学科所尊重。新闻传播学科本身有极强的实践性，要求学者和学生走出书斋，把论文写在祖国大地上。更为重要的是，新闻传播与文化创意是乡村振兴的关键性和支撑性力量，在行政和经济资源都相对匮乏，甚至不乏空心化、留守化的乡村，新闻传播赋能，是增加乡村政治、文化和生态附加值，实现弯道超车，真正为人类提供城市中心主义之外的存在样本的重要途径。因此，新闻传播学正在成为乡村振兴的前沿，既是学科发展的内在要求，也是其社会责任所在。

2021 年，我们从中原大地重新出发。

　　相约2021年初夏，在河南大学新闻与传播学院、中国农业大学人文与发展学院·兰考乡村振兴研究院与河阳乡村研究院共同举办的"从全球到村庄：文化传播赋能乡村振兴"暑期班，我们一起打开乡村历史文化的长卷，一起见证历史与现实、理论与实践、当下与未来的交汇，一起书写学术创新与乡村振兴的新时代篇章。

后 记

有道是，事不过三。这部书，有三次不同的开端，最后以现在这一形式完成，也算是水到渠成，顺应了天时地利人和。

第一次是过早了。那还是 2016 年，我围绕缙云乡村文化与传播的一些前沿研究问题，一口气组织了 10 多个暑期班调研小组。在暑期班结业时，听着每个小组都非常不错的调研报告，我萌生了在这些报告的基础上，引导各个团队深入研究，将成果结集出版的念头。然而，此事应了"理想是美好的，现实是骨感的"那句话，毕竟，这仅仅是一个暑期班而已。开学后，带队老师和学生们忙其他事情了。虽然也有一些小组愿意继续做下去，而且写了不错的文章初稿，但是，体量不够一本书。本书中关于农村广播历史的文章，以及我与张志华的那个关于乡村数字经济的访谈，都可以追溯到那个暑期班。张晓星当时作为我在加拿大西蒙菲沙大学的博士生研究助理，为那个暑期班的组织，做出了重要的贡献。在编辑这部书的后期，因中国农业大学团队把笕川村选为他们项目中的村庄案例，我才想起他所带的那个小组多年前关于笕川花海的调研，而且记忆中有自己在越洋电话中与他讨论笕川村发展的情景。很高兴当年的调研和随后我们的跟踪与讨论成果，最后能出现在本书中。

第二次还是有点早。随着乡村振兴逐渐成为热门话题，有几家出版社的编辑向我约书稿，可是，我一方面忙于别的写作，另一方面觉得自己关于乡村文化与传播的文章还不够系统，一直没有行动。不过，2021 年夏天，我还是请即将去西蒙菲莎大学读博的顾明敏，先把我自己的相关文章收集在一起。作为此书稿附文收集在一起的，还有河阳论坛与"全球到村庄"暑期班的历年启事——这些启事是我与团队精心写作的文字。到了 2021 年 8 月，一部分上下两编、十几万字的名为《传播与新地球村想象》的书稿，已经汇集在一起，等待我来处理。我需要对不同篇章中重复的部分进行删减。更重要的是，我需要写一个序言。然而，出于我自己现在都想不起来的"时间都去哪儿啦？"的原因，直到 2022 年 2 月，我还没有顾及这部书稿。在许多学术杂事之外，我试图完成一部拖了多年的国际传播书稿。为了这个目标，我是如此"豁出去了"，以至于在春节逆行，一个人从充满乡情的缙云，住到北京公寓里写作。不料，书没写完，我那一个人"一盘饺子，一两白酒"的年，却因一篇《致"四十不惑"的春晚》的短文，给朋友圈带来了谈资。

转眼到了 2022 年 2 月下旬，我的国际传播书稿还差两章没有修改完的时候，俄乌冲突爆发了。围绕这场冲突，全球传播领域的斗争如火如荼，我 10 多年前就开始的有关传播与全球权力转移问题的讨论，需要更新；村庄层面，我也像一个上了发条的陀螺，要不停转下去。疫情之下，2022 年的河阳论坛不但要继续开下去，而且根据缙云地方上某些情况的变化，最好在春天开！于是，我又是忙于确定第八届河阳论坛的主题，又是组织会议。

也是机缘巧合，第八届河阳论坛的征文启事，引起了中国传媒大学刚刚成立的乡村振兴研究院同事的关注。他们找到了这些年来一直与我有多项合作的姬德强，表达了希望资助我出版河阳论坛论文集的愿望。虽然我的第一反应是，出书我不缺钱，缺的是时间，但是，这个建议的确让我意识到，那一本本厚厚的河阳论坛会议论文集，毕竟不能代替正式出版的成果；我自己那本还来不及处置、没有序言的书稿，这么放着，不是办法，而把河阳乡村研究院的集体成果整理成册，真是刻不容缓的事了。

就这样，在回应姬德强的建议和与他的助理朱泓宇的互动中，我把无意识中以"小我"的专著形式编辑的《传播与新地球村想象》未完成书稿，扩展成了以河阳乡村研究院这个"大我"为主体的这部书稿；原来的十几万字，也变成了现在的 60 多万字。也正是在这个过程中，我才想起不止一篇被遗忘的文章初稿；才意识到，除了已经出版的中英文学术刊物专辑里的文章，大家这么些年来，还做了这么多的研究。也感谢吕新雨和何慧丽这两位第八届河阳论坛的主旨发言嘉宾，她们在百忙中把各自的演讲整理成文，丰富了本书有思想性的原创内容。

虽然书越编越厚，但是总还是觉得没有能把更多的学者、地方实践者的贡献包括进来。不过，有一位作者，我必须提到，这就是白洪谭。八年中，从当年的中国传媒大学博士生到今天的济南大学文学院教师，白洪谭不仅一开始就是河阳乡村研究院的缙云烧饼产业发展研究项目的骨干，而且在研究院各项活动中，事无巨细地默默贡献着自己的时间和思想。更让我感动的是，因为参与了河阳乡村研究院的工作，他不仅没有像上学时想象的那样，背对村庄，反而回到自己的山东村庄，也做起了乡村建设实践，成了把学问写在大地上的践行者之一。当他知道我在整理这部书稿时，主动说要写一篇感想文章。白洪谭曾用笔名发表过不少写学术界的高流量的、让人捧腹大笑的网文。没想到，他用他那写"新儒林外史"的风格来写他自己与我以及河阳论坛的关系。当我看到他的文章初稿，试图通过微信语音给他反馈时，我几次笑得无法说下去！谁说做学术，尤其做河阳乡村研究院，不是其乐无穷呢？能碰上这样的年轻学者，谁能不感到幸运呢？

对我来说，出版这部书，也是对我在我的母校——中国传媒大学——的工作的一个总结。2015 年夏天，我首先把西蒙菲莎大学的一群博士生和硕士生带到中国传媒大学，为到缙云做"从全球到村庄"的田野研究的理论和方法论的准备。此后，中国传媒大学的许多同事和学生，成了河阳乡村研究院的骨干。其中，曾在西蒙菲莎大学完成了博士阶段"联合培养"的姬德强，与我的"从全球到村庄"学术议程有许多交集之处，这次也因为他的主动性而促成我在他的硕士毕业生朱泓宇以及硕士研究生苏映潭的协助下编成这部书稿。总之，从 2009 年我把自己在中国传媒大学的长江学者讲座教授项目定为"文化、传播与城乡平衡发展"，到 2022 年中国传媒大学新成立的乡村振兴研究院成了这部著作的助产婆和资助者，一切好像都是冥冥之中的安排。

感谢所有的理解者、支持者、同行者。没有你们对我的相信，就没有河阳乡村研究院；没有你们的贡献，就没有这部书。感谢何云欢和何海洋在本书最后校对中的辛勤工作。有对我有更高期望的好友建议我，做事要有战略考虑，不能像猴子掰玉米，手忙脚乱，胡子眉毛一把抓。有时我自己也觉得，好像捡了芝麻，丢了西瓜；但是，有时我自己也犯糊涂：究竟哪个是西瓜，哪颗是芝麻？

全球话题，5 月份前完成书稿的希望落空了；村庄话题，这部书能编成，也算是做成一件事吧。

赵月枝
2022 年立夏之时
于北京朝阳封控公寓中